# DIODORE DE SICILE

EXTRAIT DE LA BIBLIOTHÈQUE CHARPENTIER.

# GÉOGRAPHIE
## HISTORIQUE, PHYSIQUE ET MILITAIRE,
### PAR THÉOPHILE LAVALLÉE,
AUTEUR DE L'HISTOIRE DES FRANÇAIS.

Un gros volume. Prix : 4 francs.

La géographie de M. Th. Lavallée ne ressemble en rien aux ouvrages composés sur le même sujet. C'est un livre absolument neuf par le plan, par l'exécution, et qui fait de la science géographique une étude pleine d'intérêt. La méthode de l'auteur est à la fois si simple, si naturelle, si conforme à la perception de notre esprit, qu'il est impossible même aux intelligences les plus vulgaires de ne pas être saisies par elle.

On va en juger :

Tous les autres traités de géographie décrivent le globe d'après les divisions établies arbitrairement par l'homme, ce qui en fait un aride catalogue de noms, de mots, de chiffres, où rien n'arrête l'esprit, où tout surcharge et fatigue la mémoire sans l'éclairer. On a fait ainsi de la géographie la science la plus rebutante de toutes et partant la moins appréciée et la moins connue.

M. Th. Lavallée procède d'une façon tout opposée. Il décrit la terre en elle-même, par ses propres divisions, d'après les grands traits de sa surface et avant de la considérer comme théâtre de l'activité humaine. Par cette méthode, tout se trouve lié et enchaîné de telle sorte que l'on va logiquement des masses aux détails et des généralités aux circonstances locales ; enfin l'homme n'est plus la base du travail, c'est la nature. Tout s'explique, se déduit et se classe naturellement dans l'esprit, sans peine et sans effort.

Exemple : quand M. Lavallée décrit une région, il la divise d'après la ligne de partage des eaux en deux ou trois grands versants, qu'il subdivise en bassins, et il décrit chaque bassin ; pour cela, il détaille la ceinture du bassin, c'est-à-dire la ligne de hauteur qui sépare les eaux qui tombent dans un fleuve de celles qui tombent dans le fleuve voisin ; il donne les cotes de ces hauteurs, leurs passages ou routes, leurs circonstances physiques les plus remarquables, etc.; puis il décrit la ceinture maritime ou la côte, il y désigne les caps, les baies, les ports, les îles, etc.; enfin, il prend le fleuve, le décrit avec tout ce qu'il rencontre sur son cours, et trouve ainsi moyen de placer en leur lieu naturel les villes, les places fortes, les points célèbres historiquement, etc. ; il en fait autant pour les affluents du fleuve, et se trouve ainsi avoir décrit les contours et l'intérieur du bassin. Tout se développe logiquement et simplement comme si, à vol d'oiseau, on voyait se dérouler devant soi la carte du pays.

Le but est donc rempli ; la géographie est devenue entre les mains de M. Lavallée une science géométrique par le plan, philosophique par le but, où le jugement précède et guide la mémoire, où l'on découvre avec un vif intérêt les mystérieux rapports qui unissent l'homme et le sol, où les migrations des peuples s'expliquent, où les invasions, les grandes guerres y ont leurs plans stratégiques, où la marche de l'humanité est éclaircie à chaque page, un livre enfin qui est l'appendice obligé de tous les livres d'histoire, car sans lui ils sont tous incomplets.

Aussitôt sa publication, cet excellent livre a été adopté par les principales écoles militaires de l'Europe, et même à Constantinople et à Alexandrie, ainsi que dans un grand nombre de colléges et d'établissements publics. La troisième édition, que nous publions maintenant, a été revue, corrigée avec soin et très-augmentée ; nous l'avons imprimée dans le format de l'*Histoire des Français* de l'auteur, dont elle est le complément.

DE L'IMPRIMERIE DE CRAPELET, RUE DE VAUGIRARD, 9.

# BIBLIOTHÈQUE HISTORIQUE

DE

# DIODORE DE SICILE

TRADUCTION NOUVELLE
AVEC UNE PRÉFACE, DES NOTES ET UN INDEX

## PAR M. FERD. HOEFER

TOME QUATRIÈME

PARIS
CHARPENTIER, LIBRAIRE-ÉDITEUR
17, RUE DE LILLE

1846

# BIBLIOTHÈQUE HISTORIQUE

DE

# DIODORE DE SICILE.

---

## LIVRE DIX-NEUVIÈME.

#### SOMMAIRE.

Par quels moyens Agathocle devient tyran de Syracuse. — Les exilés crotoniates marchent contre leur patrie et sont tous tués. — Olympias rentre avec son fils dans le royaume. — Captivité et mort d'Eurydice et du roi Philippe. — Eumène, à la tête des argyraspides, se rend dans les satrapies supérieures ; il réunit dans la Perse les satrapes et les troupes. — Attalus et Polémon sont pris et tués avec ceux qui avaient attaqué la garde. — Antigone, à la poursuite d'Eumène, est battu sur le bord du fleuve Copratès. — Il part pour la Médie, et perd beaucoup de soldats dans les défilés. — Bataille livrée par Antigone à Eumène et aux satrapes dans la Paratacène. — Antigone se retire avec son armée et prend ses quartiers d'hiver dans la Médie. — Expédition de Cassandre en Macédoine ; Olympias est assiégée à Pydna. — Marche d'Antigone à travers le désert ; il fait la chasse aux animaux dans ses cantonnements d'hiver. — Eumène trompe par un stratagème Antigone qui traverse le désert. — Antigone se rend maître de toute l'armée ennemie. — Il tue Eumène et les autres chefs qui lui étaient hostiles. — Inondation de Rhodes ; désastres de la ville. — Antigone fait tuer Python ; mort des rebelles en Médie. — Olympias est faite prisonnière par Cassandre ; sa mort. — Cassandre épouse Thessalonique, fille de Philippe, fils d'Amyntas, et fonde près de Pallène une ville, à laquelle il donne le nom de sa femme. — Polysperchon, désespérant des affaires des rois, se réfugie dans l'Étolie. — Cassandre rétablit la ville des Thébains, détruite par Alexandre. — Histoire ancienne de Thèbes ; combien de fois cette ville a été détruite. — Ce qui arriva à Cassandre dans le Péloponnèse. — Antigone descend avec son armée vers la mer ; Seleucus se réfugie auprès de Ptolémée, en Égypte. — Ptolémée, Seleucus, Cassandre et Lysimaque se concertent pour faire la guerre à Antigone. — Antigone construit de nombreux navires et envoie des généraux en Grèce et dans le Pont. — Il fait alliance avec Alexandre, fils de Polysperchon ; il assiége Tyr ; Alexandre se déclare pour Cassandre. — Polyclite, nauarque de Ptolémée, défait les généraux d'Antigone sur terre et sur mer. — Expédition d'Agathocle contre les Messiniens ; paix conclue avec les Carthaginois. — Révolte de Nucérie contre les Romains. — Ce qui arriva en Grèce aux généraux d'Antigone et de Cassandre. — Expédition de Cassandre contre l'Étolie et les contrées de l'Adriatique. — L'armée envoyée par Cassandre est prise dans la Carie. — Les bannis de Syracuse engagent les Agrigentins à faire la guerre à Agathocle ; ils font venir de Lacédémone le général Acrotatus. — Investi du commandement, il gouverne en paix ; les Agrigentins font la paix avec le tyran. — Actes des Romains en Apygie. — Les Collatins se révoltent contre Lysimaque. — Ce qui arrive aux troupes auxiliaires envoyées par Antigone. — Philippe, envoyé par Cassandre dans l'Étolie, remporte une victoire sur les Étoliens et les Épirotes. — Les Romains sont vainqueurs des Samnites ; peu de temps après, ils soumettent les Campaniens rebelles. — Antigone envoie Polémon avec une armée pour délivrer les Grecs ; ce qui arriva en Grèce. — Défection des Cyrénéens ; prise de leur ville ; expédition de Ptolémée contre l'île de Cypre et la Syrie. — Combat entre Démétrius et Ptolémée ; victoire de Ptolémée. — Télesphore, le général, abandonne Antigone. — Actes de Cassandre dans l'Épire et l'Adriatique. — Seleucus, chargé par Ptolémée du commandement d'une petite armée, s'empare de Babylone et recouvre son ancienne satrapie. — Antigone occupe, sans coup férir, la Cœlé-Syrie, et envoie une armée en Arabie. — Des mœurs des peuples de l'Arabie. — Du lac Asphaltite. — Antigone envoie son fils Démétrius avec une armée pour entrer dans la Babylonie. — Actes des Romains et des Samnites. — Agathocle trompe par un stratagème les Messéniens, et s'empare de leur ville. — Il fait égorger les Messiniens, les Tauroméniens et les Centoripiens. — Agathocle remporte une victoire sur Dinocrate et les bannis à Galarie. — Mort de Rhoxane et du roi Alexandre. — Actes des Romains en Italie. — Naufrage des Carthaginois. — Les Carthaginois battent Agathocle à Himère et le renferment dans Syracuse.

I. C'est un ancien dicton que ce ne sont pas des hommes vulgaires, mais des génies éminents qui renversent les gouvernements populaires. C'est pourquoi dans plusieurs États on regarde comme suspects les citoyens les plus influents, et on leur ôte leur célébrité. En effet, ceux qui ont en main l'autorité, n'ont qu'un pas à franchir pour arriver à l'asservissement de la patrie. Il est bien difficile de ne pas prétendre à la monarchie quand on est déjà assez élevé pour avoir l'espérance de s'en emparer. Car il est de la nature de l'homme ambitieux de vouloir toujours posséder davantage et de ne mettre aucun terme à ses désirs. C'est guidés par ces maximes que les Athéniens ont souvent condamné à l'exil des citoyens éminents, en leur appliquant la loi de l'ostracisme[1]. Ils appliquaient cette loi, non pas pour punir un

---

[1] Voyez livre II, chap. 87.

crime, mais pour enlever à ceux qui en seraient capables la faculté de nuire à la patrie. Les Athéniens se rappelaient sans doute la sentence de Solon qu'ils regardaient comme un oracle; cette sentence est renfermée dans ces vers élégiaques où Solon prédit la tyrannie de Pisistrate :

« Les grands hommes sont la ruine d'un État. Le peuple, « dans son imprévoyance, a courbé sa tête sous le joug d'un « tyran. »

Cette tendance à la monarchie s'est surtout manifestée en Sicile, avant que les Romains devinssent les maîtres de cette île. Les villes de la Sicile, séduites par les démagogues, élevèrent au pouvoir des citoyens infimes; et ces derniers devinrent les despotes de ceux qu'ils avaient trompés. Agathocle présente sous ce rapport l'exemple le plus frappant. En commençant avec de très-faibles moyens, il devint par la suite assez puissant pour plonger dans les plus grands maux, non-seulement Syracuse, mais toute la Sicile et même la Libye. Pauvre et sans ressources, il exerçait de ses mains le métier de potier; il parvint à un tel degré de puissance qu'il subjugua la plus grande et la plus belle de toutes les îles, qu'il occupa pendant quelque temps presque toute la Libye, ainsi qu'une partie de l'Italie, et qu'il remplit de meurtres et d'excès les villes de la Sicile. Aucun tyran n'avait, avant lui, porté aussi loin la cruauté envers ses sujets. Quand il avait quelque particulier à punir, il en égorgeait toute la famille; quand il avait à se venger d'une ville, il en massacrait toute la jeunesse. Il comprit ainsi dans la punition de quelques coupables un grand nombre d'innocents et fit périr les populations des villes.

Mais comme nous nous sommes proposé de raconter dans ce livre l'histoire de la tyrannie d'Agathocle, ainsi que d'autres événements, nous n'en dirons pas davantage ici, en nous bornant à rattacher le fil de notre récit à ce qui précède. Dans les dix-huit livres précédents, nous avons consigné tous les faits mémorables qui se sont passés dans les parties les plus connues de la terre, depuis les temps les plus reculés jusqu'à l'année antérieure à l'établissement de la tyrannie d'Agathocle. C'est ainsi qu'à dater de la prise de Troie, nous avons rempli un espace de huit cent soixante-six ans. Nous commencerons donc le présent livre à la dynastie d'Agathocle, et nous le terminerons à la bataille d'Himère que ce tyran livra aux Carthaginois, comprenant ainsi un espace de sept ans.

II. Démogène étant archonte d'Athènes, les Romains nommèrent consuls Lucius Plotius et Manius Fulvius[1]. Dans cette année, Agathocle le Syracusain devint le tyran de sa cité. Mais pour l'intelligence des détails qui vont suivre, nous allons reprendre l'histoire d'un peu plus haut.

Carcinus de Rhégium, exilé de sa patrie, était venu s'établir à Therme en Sicile, ville soumise aux Carthaginois. Il se maria avec une femme du pays, et pendant la grossesse de sa femme il fut tourmenté par des songes fréquents. Inquiété du sort de l'enfant qui devait naître, il chargea quelques théores carthaginois qui allaient se rendre à Delphes, d'interroger le dieu sur la destinée de l'enfant futur. Cette commission fut exactement remplie ; l'oracle répondit que cet enfant causerait de grands malheurs aux Carthaginois et à toute la Sicile. Effrayé de cette réponse, le père exposa son enfant, et mit auprès de lui des gardiens qui devaient le surveiller jusqu'à ce qu'il eût cessé de vivre. Comme après plusieurs jours d'exposition l'enfant n'avait pas encore cessé de vivre, les gardiens se relâchèrent de leur surveillance. En ce moment la mère arriva, enleva secrètement son enfant, et, craignant son mari, le fit déposer la nuit chez son frère Héraclide. Elle donna à son enfant le nom d'Agathocle, nom du père de la mère. Ainsi élevé chez son oncle, cet enfant devint, en grandissant, beau et bien plus robuste que les enfants de son âge. Il avait sept ans, lorsque son père Carcinus, invité par Héraclide à un sacrifice, vit Agathocle jouant avec quelques enfants du même âge, et fut frappé de sa beauté et de sa force. Sa femme lui rappelant alors que l'enfant qui avait

---

[1] Quatrième année de la CXVᵉ olympiade ; année 317 avant J.-C.

été exposé serait tout aussi grand, s'il lui avait été permis de l'élever, Carcinus se repentit de ce qu'il avait fait et versa des larmes abondantes. A ce témoignage de regret, la femme ne doutant plus qu'elle ne fût approuvée par son mari, raconta toute la vérité. Carcinus, plein de joie, accueillit son fils; mais, redoutant les Carthaginois, il se transporta avec toute sa famille à Syracuse. Comme il était pauvre, il fit apprendre à Agathocle, encore enfant, le métier de potier.

A cette époque, Timoléon le Corinthien venait de vaincre les Carthaginois dans une bataille livrée sur les bords du Crimissus, et accorda le droit de cité à tous ceux qui voulaient s'établir à Syracuse. Carcinus profita de cette occasion pour se faire inscrire, lui et son fils Agathocle, au nombre des citoyens, et il mourut quelque temps après. La mère avait placé dans un bois sacré la statue en pierre de son fils. Un essaim d'abeilles vint construire une ruche sur les flancs de la statue. Ce prodige fut raconté aux devins qui tous prédirent qu'Agathocle atteindrait à la fois un âge avancé et une grande célébrité. C'est ce qui arriva en effet.

III. Damas, un des citoyens notables de Syracuse, devint amoureux d'Agathocle, fournit amplement à son entretien et lui procura une fortune convenable. Damas, mis à la tête d'une expédition contre Agrigente, donna à Agathocle la place de chiliarque, devenue vacante par la mort de celui qui l'avait occupée. Déjà, avant cette expédition, Agathocle s'était fait remarquer par la dimension extraordinaire des armes dont il se servait. (Les armes qu'il avait l'habitude de manier dans les exercices militaires étaient si pesantes qu'aucun autre guerrier n'en aurait pu faire usage.) Nommé chiliarque, il ajouta à sa réputation par sa bravoure aussi bien que par son éloquence hardie et incisive. Après la mort de Damas, qui laissa toute sa fortune à sa femme, Agathocle épousa cette veuve et devint ainsi un des plus riches citoyens. Quelque temps après, les Syracusains envoyèrent au secours des Crotoniates, assiégés par les Bruttiens, une armée considérable sous les ordres d'Antander, frère d'Agathocle, et de quelques autres chefs; mais le commandement suprême avait été confié à Héraclide et à Sosistrate, deux hommes dont la vie avait été en grande partie souillée par les meurtres et les sacriléges dont nous avons parlé dans le livre précédent[1]. Agathocle fut désigné par le peuple pour faire partie de cette expédition, avec le grade de chiliarque. Il s'était déjà antérieurement distingué dans divers combats contre les Barbares; mais la jalousie de Sosistrate lui enleva la palme de la bravoure. Indigné de ce procédé, il accusa devant le peuple Sosistrate et ses collègues d'aspirer à la tyrannie. Les Syracusains ne prêtèrent pas d'abord l'oreille à cette accusation. Cependant, ces chefs, à leur retour de l'expédition de Crotone, devinrent en effet les tyrans de leur patrie.

IV. Agathocle étant l'ennemi de ces usurpateurs, resta d'abord en Italie avec ses partisans. Il essaya de s'emparer de Crotone; mais ayant échoué dans cette entreprise, il se réfugia à Tarente avec un petit nombre de soldats. Les Tarentins l'enrégimentèrent dans un corps de mercenaires; mais Agathocle devint bientôt suspect par la témérité de sa conduite, et il reçut son congé. Il réunit alors autour de lui les bannis qui se trouvaient en Italie, et se porta au secours des Rhégiens, qui étaient en guerre avec Héraclide et Sosistrate. Enfin, après que les Syracusains eurent renversé la tyrannie de Sosistrate et condamné ses partisans à l'exil, Agathocle revint dans sa patrie. A son arrivée il trouva la ville déchirée par deux factions ennemies, l'une composée des partisans de l'oligarchie, au nombre de six cents citoyens des plus distingués, l'autre composée de la faction démocratique ennemie des exilés. Comme les Carthaginois s'étaient alliés avec Sosistrate et son parti exilé, il y eut des conflits permanents dans lesquels Agathocle déploya, soit comme simple soldat, soit comme chef, la plus grande activité, en même temps qu'il s'acquit la réputation d'un homme adroit et sachant habilement tirer parti des circonstances. Voici pour preuve un

[1] Ces détails se trouvaient probablement dans la lacune de la seconde partie du livre XVII.

fait digne d'être rapporté. Les Syracusains étaient campés près de Géla. Pendant une nuit Agathocle pénétra dans l'intérieur de la ville avec mille hommes ; mais il fut repoussé par Sosistrate qui arriva avec des forces supérieures, et perdit ainsi trois cents hommes ; les autres cherchaient à se sauver en s'enfuyant par une rue étroite : ils désespéraient déjà de leur salut, lorsque Agathocle les tira du danger. Faisant preuve d'un courage héroïque, il reçut sept blessures, et ses forces faiblissaient par la grande quantité de sang qu'il perdait. Enfin, toujours pressé par l'ennemi, il ordonna aux trompettes de se porter dans deux points opposés, sur les murailles, et de sonner la charge. Cet ordre exécuté, les Géléens accoururent à la défense de leur ville, et, empêchés par l'obscurité de la nuit de s'assurer de la vérité, ils s'imaginèrent qu'un autre corps de Syracusains s'avançait du côté des murailles, et cessèrent leur poursuite ; se divisant en deux détachements, ils se hâtèrent d'aller défendre les points d'où partaient les sons des trompettes. Agathocle profita de ce moment de répit, et ramena sa troupe en toute sécurité dans les retranchements. En trompant l'ennemi par ce stratagème, il parvint à sauver miraculeusement les siens, ainsi que sept cents alliés.

V. Après cela, les Syracusains nommèrent au commandement de leurs troupes Acestoride le Corinthien. Agathocle, devenu par son habileté suspect de tyrannie, s'échappa du danger qui le menaçait. Acestoride, craignant une insurrection, ne voulut pas se défaire ouvertement de cet homme : il le fit chasser de la ville et envoya sur la route des sicaires qui devaient l'assassiner pendant la nuit. Mais Agathocle ayant pénétré le dessein du chef militaire, choisit parmi ses domestiques celui qui lui ressemblait le plus par sa taille et sa figure, lui fit prendre son armure, monter son cheval et revêtir ses habits, et trompa ainsi les sicaires apostés pour le tuer. Quant à lui-même, il se couvrit e haillons et prit son chemin par un sentier impraticable. À la ue des armes et des autres insignes, les assassins crurent reconnaître Agathocle, et, ne ou an

rent le but de leur mission.

Cependant les Syracusains rappelèrent Sosistrate et les autres exilés du même parti, et firent la paix avec les Carthaginois. Agathocle, toujours fugitif, se forma une armée dans l'intérieur des terres. Il se rendit ainsi redoutable, non-seulement aux Syracusains, mais encore aux Carthaginois, et il reçut l'invitation de rentrer dans sa patrie. Il y rentra, et, conduit par ses concitoyens dans le temple de Cérès, il fit le serment de ne jamais faire opposition à la démocratie. Il feignit d'être partisan zélé de la démocratie, et, affichant dans ses harangues des sentiments populaires, il fut nommé chef de l'armée et gardien de la paix, jusqu'à ce que la concorde fût parfaitement rétablie entre ceux qui avaient été rappelés à Syracuse; car il existait alors des factions nombreuses, qui toutes se faisaient la guerre entre elles. Le conseil des six cents, voulant établir le gouvernement oligarchique, faisait la plus vive opposition aux partisans d'Agathocle. Les citoyens les plus riches et les plus illustres de Syracuse étaient membres de cette réunion politique.

VI. Agathocle, qui ambitionnait le pouvoir, saisissait toutes les occasions favorables à ses desseins. Comme chef militaire, il était non-seulement maître de l'armée, [mais il pouvait encore facilement augmenter son influence]. Averti que quelques rebelles réfugiés dans l'intérieur du pays avaient rassemblé des troupes devant la ville d'Erbita, il fut autorisé à lever autant de soldats qu'il voudrait sans exciter aucun soupçon. Ainsi, sous le prétexte d'une expédition contre Erbita, il fit enrégimenter les Morgantins, les habitants d'autres villes de l'intérieur, et tous ceux qui avaient antérieurement servi sous ses ordres contre les Carthaginois. Tous ces hommes lui étaient dévoués en raison des nombreux bienfaits qu'il leur avait accordés pendant leur service militaire; ils s'étaient d'ailleurs toujours montrés ennemis de la faction oligarchique des six cents, et n'obéissaient que forcément au peuple qu'ils haïssaient. Leur nombre s'élevait à trois mille hommes, tous disposés au renver-

à cause de leur pauvreté, étaient jaloux des citoyens les plus influents de Syracuse.

Tout étant ainsi disposé, Agathocle ordonna à ses soldats de se réunir, à la pointe du jour, au Timoléontium. Il invita également à ce rendez-vous Pisarque et Déclés, réputés les chefs de la faction des six cents, pour délibérer avec eux sur les affaires de l'État. Ils s'y rendirent accompagnés de quarante de leurs amis. Agathocle, feignant d'être l'objet d'un attentat, les fit tous arrêter; il les accusa devant les troupes, disant que les six cents avaient voulu le traîner au supplice à cause de son affection pour le peuple, et il se mit à se lamenter sur son sort. Excitée par ces plaintes, la multitude demanda à grands cris qu'on exécutât les coupables sur-le-champ. Agathocle ordonna alors aux trompettes de donner le signal, et aux soldats de mettre à mort les coupables, de piller les biens des six cents et de leurs partisans. La ville fut aussitôt saccagée et plongée dans de grands malheurs. Les citoyens les plus considérables, ignorant le péril qui les menaçait, sortirent précipitamment de leur maison dans les rues, pour connaître la cause de ce tumulte. Les soldats, emportés par la fureur du pillage et exaspérés par la colère, tuèrent ces citoyens inoffensifs qui ignoraient encore le motif réel de ces troubles.

VII. Les issues étaient occupées par les soldats. Les uns massacraient les habitants dans les rues, les autres dans les maisons. Beaucoup d'innocents périssaient ainsi en demandant pourquoi on les tuait; car la populace, armée et déchaînée par la licence, ne reconnaissait plus ni amis ni ennemis; tout ce qui attirait leur rapacité était traité en ennemi. Toute la ville offrit ainsi le spectacle d'horribles massacres et des excès les plus déplorables. D'anciennes haines se ranimaient, et on donnait libre cours à l'emportement de la fureur. Les pauvres cherchaient à s'enrichir en assassinant les riches; les uns brisaient les portes des vestibules, les autres montaient avec des échelles sur les toits des maisons, et se battaient contre les habitants qui faisaient de la résistance. Les temples n'offraient plus de sécurité à ceux qui y cherchaient un asile : la férocité l'emporta sur la piété. Et tous ces excès étaient commis en pleine paix ; des Grecs déchiraient des Grecs au sein de la patrie ; des parents s'armaient contre des parents, sans respecter ni la nature, ni la foi des traités, ni les dieux ; horribles excès dont le récit doit émouvoir, je ne dis pas un ami, mais même l'ennemi le plus acharné, pour peu que son âme soit compatissante.

VIII. Toutes les portes de la ville ayant été fermées, plus de quatre mille citoyens, qui n'avaient d'autre tort que d'être plus influents que les autres, périrent dans cette sanglante journée. Ceux qui cherchaient à gagner les portes furent saisis ; d'autres, se précipitant du haut des murailles, parvinrent à se sauver dans les villes voisines ; quelques-uns, troublés par la frayeur, se jetèrent dans des précipices. Plus de six mille citoyens, expulsés de leur patrie, se réfugièrent pour la plupart à Agrigente, où ils obtinrent les soins convenables. Les soldats d'Agathocle, dans cette journée de massacres, n'épargnèrent pas non plus les femmes qu'ils livraient à toutes sortes d'outrages, croyant ainsi se venger des parents qui avaient échappé à la mort par l'exil. En effet, les maris et les pères devaient éprouver un supplice plus cruel que la mort en apprenant les violences exercées sur leurs femmes et le déshonneur de leurs filles. Mais arrêtons-nous ici, de crainte que notre récit ne devienne, particulièrement par la sympathie qu'excitent les malheurs, une tragédie, genre ordinaire des historiens. Le lecteur peut d'ailleurs se retracer facilement dans son esprit tous les détails de ce drame ; car des hommes qui ne craignaient pas d'égorger en plein jour, dans les rues et sur la place publique, leurs compatriotes innocents, devaient se permettre, pendant la nuit, tous les excès imaginables dans l'intérieur des maisons. On peut facilement se représenter les traitements qu'ils devaient faire subir aux vierges orphelines, aux femmes privées de tout secours et tombant entre les mains d'un ennemi tout-puissant et acharné. Après que ces massacres eurent duré pendant deux jours, Agathocle rassembla les prisonniers, et fit relâcher Dinocrate, en considération d'une ancienne amitié. Quant aux autres, qu'il regardait comme ses ennemis déclarés, il les fit mettre à mort ou envoyer en exil.

IX. Il convoqua ensuite une assemblée générale dans laquelle il accusa les six cents d'avoir favorisé l'oligarchie, et il ajouta que, la ville étant maintenant purgée de ceux qui prétendaient à l'usurpation du pouvoir, le peuple avait recouvré son indépendance absolue; enfin, il déclara qu'il voulait maintenant se retirer des affaires et vivre en simple particulier sur le pied d'une parfaite égalité avec tous les citoyens. En prononçant ces paroles, il ôta sa clamyde, revêtit la tunique ordinaire, et se mêla à la foule. En agissant ainsi, il savait parfaitement que la majorité de l'assemblée, ayant trempé dans ces forfaits, ne voudrait jamais choisir d'autre chef que lui. Aussitôt tous ceux qui avaient pris part au pillage des biens des infortunés citoyens demandèrent à grands cris qu'Agathocle ne les abandonnât pas, mais qu'il prît en main l'autorité suprême. Agathocle se tint d'abord à l'écart; mais la foule, insistant plus vivement, il consentit à prendre le commandement, à la condition qu'il ne le partagerait avec aucun collègue : « Je ne veux pas, disait-il, expier les fautes que des collègues au pouvoir pourraient commettre en transgressant les lois. » L'assemblée lui conféra donc le commandement militaire avec les pouvoirs d'un monarque absolu. Il se chargea ainsi de toute l'administration de l'État, et exerça souverainement l'autorité souveraine. Quant aux Syracusains qui avaient échappé à toutes ces exécutions sanglantes, les uns se laissèrent dominer par la crainte; les autres, contenus par la populace, ne montrèrent qu'une haine impuissante, tandis que les pauvres et les endettés accueillirent avec joie ce changement politique. En effet, un des premiers soins d'Agathocle ut de promettre, en pleine assemblée, l'abolition des dettes et la istribution des terres aux indigents. Il fit en partie cesser les eurtres et les vengeances, et, changeant soudain de conduite, il e montra affectueux et bienveillant envers la multitude; il donna

et, affectant envers tous un langage plein de douceur et d'humanité, il se concilia une affection non médiocre. Au reste, tout en exerçant l'autorité souveraine, il ne porta pas de diadème, ne s'entoura point de gardes, et ne se rendit pas d'un accès difficile, comme le font habituellement presque tous les tyrans. Il administra bien les revenus publics, remplit les magasins d'armes, et fit construire plusieurs vaisseaux longs qu'il ajouta à la flotte déjà existante. Enfin, il fit ranger sous son autorité la plupart des places et des villes de l'intérieur du pays. Tel était l'état des affaires en Sicile.

X. En Italie, les Romains étaient depuis neuf ans en guerre avec les Samnites. Dans les premiers temps, de puissantes armées avaient été mises en campagne. Mais, à cette époque, les Romains se bornèrent à des incursions sur le territoire ennemi, au siége des places fortes, au ravage des terres, et ne firent rien qui fût digne de mémoire. Ils avaient aussi dévasté toute la Daunie, dans l'Apulie. Ils soumirent les Canusiens et en reçurent des otages. En ce même temps, ils ajoutèrent aux tribus déjà existantes deux tribus nouvelles, la Falérine et l'Ofentine.

Tandis que ces événements se passaient, les Crotoniates firent un traité de paix avec les Bruttiens; mais ils continuèrent la guerre, qui durait depuis deux ans, contre les citoyens exilés par le gouvernement démocratique pour avoir pris part à la conspiration d'Héraclide et de Sosistrate, dont nous avons parlé en détail dans le livre précédent. Ils avaient confié le commandement des troupes à deux généraux célèbres, Paron et Ménédème. Les exilés firent une sortie de Thurium, et s'étant joints à trois cents mercenaires, ils entreprirent de rentrer pendant la nuit dans leur patrie. Mais, repoussés par les Crotoniates, ils vinrent camper sur les confins du territoire bruttien. Mais, bientôt, attaqués par des forces supérieures, formées de la milice nationale de Crotone, ils furent tous passés au fil de l'épée.

Après avoir raconté tout ce qui concerne l'Italie et la Sicile, nous allons aborder l'histoire des autres pays de l'Europe.

qu'Olympias se préparait à son retour, envoya dans le Péloponnèse, auprès de Cassandre, un messager porteur d'une lettre dans laquelle elle invitait ce dernier à venir le plus promptement possible à son secours. Elle chercha en même temps, par sa magnificence et des promesses magnifiques, à attirer dans son parti les Macédoniens les plus actifs. Cependant, Polysperchon réunit une armée, se joignit à Æacide l'Épirote, et ramena Olympias dans son royaume avec son fils Alexandre. Averti qu'Eurydice se trouvait avec son armée à Évia, en Macédoine, il marcha aussitôt contre elle, décidé à terminer les affaires par un combat. Les deux armées étaient déjà en présence, lorsque les Macédoniens, frappés de respect à la vue d'Olympias, qui leur rappelait tous les bienfaits qu'ils avaient reçus d'Alexandre, changèrent d'idée. Au lieu de se battre, ils s'emparèrent aussitôt du roi Philippe et de sa suite. Eurydice, qui s'était retirée à Amphipolis avec Polyclès, un de ses conseillers, fut de même arrêtée. Olympias ayant ainsi en son pouvoir ces deux personnes royales, monta sur le trône sans coup férir; mais elle n'usa pas de sa prospérité avec modération. Retenant Eurydice et son mari, Philippe, dans une étroite captivité, elle leur fit d'abord subir les plus mauvais traitements. Ces prisonniers étaient renfermés dans un espace tellement resserré qu'il n'y avait qu'un petit réservoir pour les besoins les plus indispensables de la vie. Mais, après avoir fait, pendant plusieurs jours, éprouver aux infortunés cet indigne traitement, elle s'aperçut qu'elle avait perdu dans l'estime des Macédoniens, affligés de ce spectacle. Elle ordonna alors à quelques Thraces de poignarder Philippe. Il avait régné six ans et quatre mois. Quant à Eurydice, qui avait tenu à l'égard d'Olympias un langage trop libre, et qui ne cessait de se récrier qu'elle avait plus de droit à la royauté, elle devint le point de mire d'une plus terrible vengeance. Olympias lui envoya une épée, un lacet et de la ciguë, et lui enjoignit de choisir elle-même le genre de mort qu'elle préférait; elle fut sans égard pour sa rivale, si indignement traitée, et sans pitié pour le malheur. Aussi, devait-elle à son tour éprouver les vicissitudes du sort, et avoir une fin digne de sa cruauté. Eurydice, en présence de celui qui lui avait apporté ces instruments de supplice, invoqua les dieux par des imprécations, et les pria d'envoyer un jour à Olympias les mêmes présents. Puis, après avoir essuyé les plaies de son mari, autant que les circonstances le permettaient, elle se pendit avec sa ceinture, et expira sans verser une larme sur son infortune et sans s'être laissé accabler par de si grands revers.

Ces deux victimes ne suffirent pas encore à la vengeance d'Olympias; elle fit mourir aussi Nicanor, frère de Cassandre, et détruisit le tombeau d'Iollas, de celui qui, disait-on, avait trempé dans la mort d'Alexandre. Enfin, elle désigna cent Macédoniens des plus illustres et qui avaient été amis de Cassandre, et les fit tous massacrer. Ce fut par ces crimes qu'Olympias assouvit sa colère; aussi devint-elle pour beaucoup de Macédoniens un objet de haine. Tous se rappelaient alors les paroles prophétiques qu'Antipater prononça au moment de sa mort :

« Gardez-vous bien de ne jamais laisser monter une femme sur le trône. »

Les choses en étaient là en Macédoine; une révolution devint imminente.

XII. En Asie, Eumène s'était rallié au corps des Macédoniens argyraspides; et leur chef Antigène avait pris ses quartiers d'hiver dans les villages des Cares, en Babylonie; il avait envoyé des députés à Seleucus et à Python pour les engager à venir au secours des rois et à marcher de concert contre Antigone. Python avait été nommé satrape de la Médie, et Seleucus de la Babylonie, dans le second partage des satrapies à Triparadisum. Seleucus répondit qu'il était prêt à servir la cause des rois, mais qu'il ne consentirait jamais à se soumettre aux ordres d'Eumène, qui avait été condamné à mort par un conseil des Macédoniens. Après divers pourparlers, Seleucus envoya de son côté un député à Antigène et aux argyraspides pour les décider à s'insurger contre le commandement d'Eumène. Mais les Macédoniens se refusèrent à cette proposition. Eumène loua la fidélité des Macédoniens, se remit en route avec son armée, atteignit les bords du Tigre et établit son camp à trois cents stades de Babylone. Il avait l'intention de se rendre à Suse pour tirer des satrapies de l'Asie supérieure des renforts de troupes et pour employer les trésors royaux aux besoins urgents de la guerre. Mais pour exécuter ce projet, il lui fallait traverser le fleuve et gagner le pays situé au delà du Tigre, où l'armée pouvait trouver des vivres en abondance. Il fit donc venir de tous côtés des barques pour effectuer ce passage, lorsque Seleucus et Python descendirent le fleuve sur deux trirèmes, accompagnés de plusieurs petites embarcations. C'étaient les bâtiments qu'Alexandre avait fait construire à Babylone et qui étaient restés sur les chantiers.

XIII. Ces deux satrapes s'approchèrent ainsi de l'endroit où le trajet devait s'effectuer, et firent de nouvelles tentatives pour engager les Macédoniens à déserter le drapeau d'Eumène et à ne pas obéir à un étranger qui avait fait périr un si grand nombre de Macédoniens. Mais comme ces tentatives restèrent sans succès auprès des troupes commandées par Antigène, Seleucus se porta vers un ancien canal, et en rompit la digue que le temps avait formée. Aussitôt le camp des Macédoniens fut inondé et transformé, pour ainsi dire, en un lac où l'armée entière faillit périr. Celle-ci resta toute une journée immobile et incertaine sur le parti qu'elle devait prendre ; mais le lendemain les barques qu'Eumène avait fait réunir arrivèrent au nombre de trois cents, en sorte que le gros de l'armée passa le fleuve sans obstacle ; car Seleucus n'avait avec lui que de la cavalerie bien inférieure en nombre à celle de l'ennemi. Cependant la nuit était survenue ; Eumène, inquiet pour les bagages, fit revenir les Macédoniens sur leurs pas. Un des naturels du pays lui montra alors un endroit qui, étant parfaitement déblayé, pouvait aisément recevoir les eaux du canal et rendre ainsi le sol praticable. Seleucus s'en étant aperçu, et ayant d'ailleurs hâte de se débarrasser des troupes d'Eumène, envoya des parlementaires pour négocier une trêve et accorder le passage du fleuve. Mais en même temps il envoya à Antigone, en Mésopotamie, des dépêches par lesquelles il le pressait d'arriver promptement avec son armée avant que les troupes, tirées des satrapies de l'Asie supérieure, n'eussent fait leur jonction avec les forces de l'ennemi.

Eumène passa donc le Tigre, et, arrivé dans la Susiane, il partagea son armée en trois divisions à cause de la rareté des vivres. En effet, à mesure qu'il s'avançait dans le pays, la disette se faisait sentir davantage; il ne distribuait à ses soldats que du riz, du sésame et des dattes, fruits dont cette région abonde. Les chefs des satrapies de l'Asie supérieure étaient déjà prévenus par les lettres des rois de se soumettre aux ordres d'Eumène et de lui obéir en tout. Eumène dépêcha alors également des messagers porteurs de lettres dans lesquelles il priait tous les satrapes de se rendre dans la Susiane et de réunir leurs troupes aux siennes. Dans ce même moment, les satrapes avaient déjà rassemblé leurs forces, et s'étaient concertés ensemble par d'autres motifs qu'il est indispensable de faire connaître.

XIV. Python, Parthe d'origine, avait été porté au gouvernement de la Médie et au commandement militaire des satrapies supérieures. Il avait fait assassiner Philotas, son prédécesseur, et avait nommé à sa place son propre frère Eudamus. Cet acte eut pour effet que tous les autres satrapes, craignant de subir le même sort, se réunirent contre Python, homme très-actif et méditant de grandes entreprises. Ils lui livrèrent donc un combat, le défirent, et, après lui avoir fait perdre beaucoup de monde, l'expulsèrent de la Parthie. Python se retira d'abord dans la Médie, et bientôt après il se rendit dans la Babylonie où il engagea Seleucus à le secourir et à faire cause commune avec lui. Voilà pourquoi les troupes des satrapes des gouvernements supérieurs se trouvaient toutes réunies en un seul camp et prêtes à entrer en campagne, lorsqu'arrivèrent les messagers porteurs des lettres d'Eumène. Le plus distingué des chefs et auquel avait été, d'un commun accord, déféré le commandement en chef, était Peuceste, ancien garde du corps du roi Alexandre, et qui devait son avancement à sa bravoure. Il possédait depuis plusieurs années le gouvernement de la Perse, et était très-estimé des naturels du pays. C'est pourquoi Peuceste fut, dit-on, le seul Macédonien auquel Alexandre eût permis de porter la robe persique pour complaire aux Perses, et se rendre ainsi la nation entièrement soumise. Peuceste avait alors sous ses ordres dix mille archers et frondeurs perses, trois mille hommes de divers pays, armés à la macédonienne, six cents cavaliers grecs et thraces, et plus de quatre cents cavaliers perses. Polémon le Macédonien, satrape de la Carmanie, commandait une troupe formée de quinze cents fantassins et de sept cents cavaliers. Sibyrtius, gouverneur de l'Arachosie, avait fourni mille hommes d'infanterie et cent seize cavaliers. Androbazus avait été envoyé du pays des Paropamisades, dont Oxyarte était satrape, avec douze cents hommes d'infanterie et quatre cents cavaliers. Stasandre, satrape de l'Arie et de Drangine, qui s'était réuni aux troupes de la Bactriane, avait sous ses ordres quinze cents fantassins et mille cavaliers. Enfin Eudamus avait amené de l'Inde cinq cents cavaliers, trois mille fantassins et cent vingt éléphants; à la mort d'Alexandre, il s'était emparé de ces animaux, après avoir assassiné le roi Porus. Ainsi, tous ces satrapes étaient parvenus à rassembler un peu plus de dix-huit mille sept cents hommes d'infanterie et quatre mille six cents cavaliers.

XV. Après que ces troupes se furent rendues dans la Susiane pour faire leur jonction avec Eumène, on convoqua une assemblée générale dans laquelle fut débattu le commandement en chef; Peuceste, en raison du nombre des soldats qu'il avait sous ses ordres, et à cause de l'avancement qu'il avait obtenu sous Alexandre, croyait avoir des droits à ce commandement. Antigène, général des Macédoniens argyraspides, soutenait qu'il fallait laisser le choix du commandement en chef aux Macédoniens qui avaient combattu sous Alexandre en Asie, et qui, par leur bravoure, s'étaient acquis la réputation d'invincibles.

Eumène, craignant que ces débats ne donnassent à Antigone le temps de se préparer au combat, conseilla de ne pas du tout nommer de commandant en chef, mais de réunir dans la cour royale les satrapes et les généraux déjà nommés par l'armée, et de délibérer tous les jours sur les mesures à prendre. (En effet, on avait élevé en l'honneur d'Alexandre une tente où était placé un trône devant lequel on brûlait de l'encens, et on tenait habituellement conseil.) Cette proposition fut unanimement agréée comme très-convenable; on se réunissait ainsi tous les jours pour délibérer comme dans un État démocratiquement gouverné. Ces choses arrêtées, les chefs confédérés se rendirent à Suse, et Eumène se fit livrer par les trésoriers les sommes nécessaires pour les dépenses de la guerre. Lui seul avait été autorisé par les lettres des rois à se faire remettre tout l'argent dont il pourrait avoir besoin. Il paya alors aux Macédoniens six mois de solde et deux cents talents à Eudamus, qui avait amené de l'Inde des éléphants, sous prétexte que cette somme était nécessaire pour la subsistance de ces animaux, mais en réalité pour se rendre par cette munificence agréable à Eudamus; car la voix de ce dernier avait une grande prépondérance dans tous les différends, et ses éléphants pouvaient rendre des services extraordinaires. Les autres satrapes entretenaient chacun leurs troupes avec les revenus de leurs provinces. Eumène s'arrêta dans la Susiane et y fit reposer son armée.

Antigone, qui avait pris ses quartiers d'hiver en Mésopotamie, eut d'abord le projet de poursuivre sans relâche Eumène, sans lui laisser le temps d'augmenter ses forces. Mais lorsqu'il apprit que les satrapes avaient réuni leurs troupes aux Macédoniens, il comprima son ardeur, fit faire halte à son armée et recruta de nouvelles troupes; car il voyait bien que la guerre qu'il aurait à soutenir serait sérieuse et demanderait d'immenses ressources.

XVI. Pendant que ces choses se passaient, les généraux, Attalus, Polémon, Docimus, Antipater et Philotas, faits prisonniers après la défaite de l'armée d'Acétas, étaient détenus dans une place extrêmement forte. En apprenant qu'Antigone se dirigeait vers les satrapies supérieures, ces généraux crurent l'occasion favorable pour séduire quelques gardiens, et s'échappèrent de la captivité. Mis en possession de quelques armes, ils attaquèrent vers minuit la garnison, forte de quatre cents hommes ; ils n'étaient qu'au nombre de huit, mais d'une bravoure et d'une habileté dont ils avaient donné des preuves pendant les campagnes d'Alexandre. Ils se saisirent d'abord de Xénopithès, commandant de la garnison, et le jetèrent par-dessus le mur de pierre d'un stade de hauteur. Quant aux soldats, ils massacrèrent les uns, expulsèrent les autres de leurs baraques, auxquelles ils mirent le feu, et firent entrer une cinquantaine de leurs partisans qui attendaient au dehors. La forteresse étant abondamment approvisionnée de vivres et de munitions de guerre, ils délibérèrent entre eux s'il fallait garder cette place en attendant l'arrivée des secours d'Eumène, ou s'il ne valait pas mieux prendre immédiatement la fuite, errer dans la campagne et attendre les événements. Après plusieurs discours pour et contre, Docimus émit l'avis de se retirer ; mais Attalus fut d'opinion qu'il était impossible de supporter les fatigues d'une vie errante après avoir si longtemps souffert dans la captivité. Pendant que ces généraux délibéraient ainsi entre eux, une troupe, composée de plus de cinq cents fantassins et de quatre cents cavaliers, accourut des places voisines, et, renforcée par plus de trois mille indigènes commandés par leur propre chef, cerna la forteresse. C'est ainsi que ces généraux furent de nouveau bloqués dans cette forteresse. Mais Docimus ayant découvert un passage non gardé, envoya un message à la femme d'Antigone, Stratonice, qui se trouvait dans le voisinage, et lui-même, suivi d'un seul compagnon, s'enfuit par ce sentier ; mais le secret fut éventé, et Docimus fut remis en prison. Quant à son compagnon, il servit de guide aux ennemis, en introduisit un grand nombre dans la forteresse, et occupa un des rochers sur lesquels elle était assise. Quoique bien inférieur en force, Attalus se soutint par son courage et opposa journellement aux attaques de l'ennemi une résistance opiniâtre. Enfin, après un siége d'un an et quatre mois, la place fut prise de vive force.

XVII. Démoclide étant archonte d'Athènes, Caïus Junius et Quintus Æmilius consuls à Rome, on célébra la CXVI<sup>e</sup> olympiade, dans laquelle Dinomène le Laconien fut vainqueur à la course du stade[1]. Dans cette année, Antigone quitta la Mésopotamie et se rendit dans la Babylonie, où il conspira avec Seleucus et Python; après avoir rallié leurs troupes, il jeta sur le Tigre un pont de bateaux flottants, y fit passer ses soldats et marcha contre l'ennemi. Prévenu de ce mouvement, Eumène ordonna à Xénophile, qui gardait la citadelle de Suse, de ne délivrer à Antigone aucune somme d'argent et de ne pas entrer avec lui en pourparlers. Puis, se mettant à la tête de ses troupes, il s'avança vers le Tigre, distant de Suse d'une journée de marche, dans le point où il touche aux montagnes habitées par une peuplade indépendante, connue sous le nom d'Uxiens. Ce fleuve a dans plusieurs endroits trois stades de large, quelquefois même quatre; au milieu du courant, sa profondeur égale la hauteur d'un éléphant. A partir des montagnes, il parcourt un espace de sept cents stades et se jette dans la mer Rouge. Ce fleuve nourrit [à son embouchure] beaucoup de poissons de mer et des monstres marins qui apparaissent surtout à l'époque de la canicule. Ce fut sur le bord de ce fleuve qu'Eumène s'établit, le garnit de postes militaires depuis ses sources jusqu'à la mer, et y attendit l'ennemi. Mais, comme ce système de défense exigeait un long échelonnement, Eumène et Antigène prièrent Peuceste de faire venir dix mille archers de l'intérieur de la Perse. Peuceste s'y refusa d'abord, tout mécontent de ne pas avoir obtenu le commandement en chef; mais ensuite il y consentit, lorsqu'on lui eut fait comprendre que si Antigone était victorieux, il courrait risque, non-seulement de perdre sa satrapie, mais encore la vie. Craignant pour sa personne et se flattant d'arriver à un plus grand commandement en raison du

---

[1] Première année de la CXVI<sup>e</sup> olympiade; année 316 avant J.-C.

plus grand nombre de soldats sous ses ordres, il se décida à
faire venir les dix mille archers qu'on lui avait demandés. Bien
que plusieurs détachements de Perses se trouvassent à une distance d'une trentaine de jours de marche, l'ordre leur arriva à
tous le même jour, par la disposition ingénieuse des postes
chargés de la transmission des dépêches. Nous devons dire un
mot de cette institution. La Perse est un pays garni de nombreuses vallées et de collines élevées; sur ces collines on a établi
des sentinelles très-rapprochées, choisies parmi les indigènes
qui ont la voix la plus forte. Les distances sont calculées à portée
de voix, et les ordres sont ainsi transmis d'un poste à l'autre
jusqu'à ce qu'ils arrivent au terme de leur destination.

XVIII. Pendant qu'Eumène et Peuceste étaient occupés à ces
choses, Antigone se rendit avec son armée dans la résidence
royale de Suse, nomma Seleucus satrape de la province, et lui
laissa un corps d'armée avec l'ordre d'investir la citadelle; car
Xénophile, le trésorier, s'était refusé aux injonctions d'Antigone.
Quant à Antigone lui-même, il se remit en mouvement avec son
armée et se porta vers l'ennemi, malgré les chaleurs de la saison,
qui rendaient cette marche extrêmement pénible à des soldats
non acclimatés. Il fut donc obligé de ne marcher que pendant
la nuit, et de camper sur les bords du fleuve avant le lever du
soleil. Mais, malgré toutes ces précautions, il ne put se soustraire aux effets de ce dangereux climat; car il perdit un grand
nombre de soldats par suite de la chaleur excessive à l'époque
de la canicule. Enfin, arrivé sur les bords du fleuve Copratès[1],
il fit faire halte, et se prépara au passage de ce fleuve qui prend
sa source dans les montagnes voisines et se jette dans le Pasitigre. Dans cet endroit, éloigné à peu près de quatre-vingts
stades du camp d'Eumène, le Pasitigre a environ quatre plèthres
de large[2], son cours est très-rapide et on ne peut le traverser
que sur des barques ou sur un pont. Antigone y trouva un petit
nombre de bateaux; il s'en servit pour transporter sur l'autre

---

[1] Fleuve de la Susiane, à peu de distance du Pasitigre.
[2] Cent vingt mètres.

rive un détachement d'infanterie, qui avait reçu l'ordre de s'entourer d'un fossé et de palissades, et d'attendre dans ce retranchement l'arrivée du reste de l'armée. Averti par ses espions du projet de l'ennemi, Eumène passa, avec quatre mille hommes d'infanterie et treize cents cavaliers, le pont qu'il avait fait jeter sur le Pasitigre, et vint attaquer le corps d'Antigone qui avait déjà traversé le fleuve. Ce corps était composé de plus de trois mille hommes d'infanterie, de quatre cents cavaliers, indépendamment des soldats qui s'étaient, comme d'habitude, dispersés dans la campagne, pour se procurer des vivres et des fourrages[1]. Attaquées à l'improviste, ces troupes furent aussitôt mises en déroute; les Macédoniens, eux-mêmes, après une vigoureuse résistance, furent obligés de se jeter dans le fleuve; tous voulant à la fois se sauver sur des barques, celles-ci sombrèrent sous le poids du fardeau. Ceux qui osaient se jeter à la nage, furent, en grande partie, entraînés par le courant et périrent; un petit nombre parvint à se sauver. Quant aux soldats qui ne savaient point nager, ils préférèrent la captivité à la mort, et se constituèrent prisonniers au nombre d'environ quatre mille. Antigone resta spectateur de la perte de son armée, car le manque d'embarcations ne lui permettait de porter aucun secours aux siens.

XIX. Regardant ainsi le passage du fleuve comme impossible, Antigone se dirigea sur la ville de Badacès[2], située sur le bord de l'Eulée. Les chaleurs étaient excessives, beaucoup de soldats périrent des fatigues de la route, et l'armée fut complétement découragée. Antigone s'arrêta quelques jours dans la ville de Badacès et y laissa reposer ses troupes. Il jugea utile de se rendre ensuite à Ecbatane, en Médie, et de se rendre maître des satrapies supérieures. Deux routes conduisaient dans la Médie, toutes deux également difficiles : l'une, passant à travers les mon-

---

[1] Le texte porte que les soldats ainsi répandus dans la campagne étaient au nombre d'au moins six mille; ce qui est invraisemblable, puisque le corps entier n'atteint pas ce chiffre.

[2] Il n'est nulle part ailleurs fait mention de cette ville, qui est peut-être celle qu'Hérodote nomme *Choaspès*.

agnes, était belle ; c'était la route royale ; elle était longue, xposée à la chaleur du soleil, et demandait près de quarante ours ; l'autre route, allant par le pays des Cosséens, passait par les gorges étroites et un pays ennemi ; les environs offraient peu de ressources ; mais c'était la route la plus courte et on n'y était pas incommodé par la chaleur du soleil. Il n'est pas aisé de parourir cette route sans en avoir obtenu la permission des Barares qui occupent les montagnes. Ces Barbares vivent dans l'inlépendance depuis les temps les plus reculés ; ils habitent des avernes et se nourrissent de glands, de champignons et de vianles salées d'animaux sauvages. Antigone considéra comme une âcheté d'acheter par un traité ou par des présents la permission lu libre passage, quand on se trouvait à la tête d'une si forte arnée. Il choisit donc pour avant-garde l'élite de ses peltastes, t après avoir divisé en deux corps les archers, les frondeurs et e reste de ses troupes légères, il mit l'un de ces corps sous les rdres de Néarque, qui devait se porter en avant et occuper les éfilés ; l'autre corps devait conserver le milieu de la route ; il tait précédé de la phalange sous le commandement immédiat 'Antigone. Python forma l'arrière-garde. Les soldats de Néarue, envoyés en éclaireurs, s'emparèrent de quelques positions levées ; mais, privés de vivres, ils éprouvèrent de grandes ertes, et se frayèrent avec peine un passage à travers les Barares qui les harcelaient sans cesse. La division d'Antigone, ngagée dans les défilés, courut les plus grands dangers ; car les ndigènes, ayant une parfaite connaissance des localités, s'étaient ostés sur des hauteurs inaccessibles d'où ils faisaient rouler sur s passants d'énormes quartiers de roche ; en même temps ils nçaient une grêle de traits sur les soldats d'Antigone, auxquels difficulté du terrain ne permettait pas de se défendre. Enfin, s éléphants, les chevaux, les hoplites furent dans l'impossiilité de s'avancer dans un chemin impraticable. Ainsi acculé ans cette impasse, Antigone se repentit de n'avoir pas suivi ython, qui lui avait conseillé d'acheter le droit de passage. Ce e fut qu'après avoir essuyé beaucoup de pertes et couru de grands dangers, qu'il atteignit, neuf jours après, la contrée habitée de la Médie.

XX. L'armée, irritée des continuelles fatigues qu'on lui imposait, commençait à murmurer hautement contre Antigone; de plus, en moins de quarante jours elle avait essuyé trois grands revers. Cependant, par sa familiarité et en fournissant des vivres en abondance, Antigone parvint à calmer les esprits. Il détacha Python avec l'ordre de parcourir toute la Médie et de rassembler le plus grand nombre possible de chevaux et de bêtes de somme. Comme cette contrée abondait en quadrupèdes de ce genre, Python exécuta promptement cet ordre, et revint avec deux mille cavaliers et plus de mille chevaux tout équipés. Enfin, il amena avec lui un nombre suffisant de bêtes de somme, pour le service de toute l'armée, et, de plus, il apporta cinq cents talents tirés du trésor royal [1]. Avec ces secours Antigone combla les vides de son armée, donna des chevaux à ceux qui les avaient perdus, distribua une immense quantité de bêtes de somme, et s'acquit de nouveau l'affection des soldats.

XXI. Avertis de la présence de l'ennemi en Médie, les satrapes et les généraux qui s'étaient joints à Eumène ne s'accordèrent pas entre eux sur le parti à prendre. Eumène et Antigène, commandants des argyraspides, ainsi que tous les chefs qui avaient pris part à cette expédition dans l'intérieur du pays, étaient d'avis de regagner les bords de la mer, tandis que les satrapes de la haute Asie, craignant pour leurs provinces, disaient au contraire qu'il fallait s'assurer les régions de la haute Asie. La dispute allait s'échauffer lorsque Eumène, prévoyant que si l'armée se divisait en deux camps elle s'affaiblirait, se rangea de l'opinion des satrapes des provinces supérieures. Il quitta donc les bords du Pasitigre et s'avança vers la résidence royale de Persépolis, éloignée de vingt-quatre jours de marche. La route, depuis son point de départ jusqu'au lieu appelé l'Échelle, était une gorge de montagne où se concentraient les rayons du

---

[1] Deux millions sept cent cinquante mille francs.

soleil et les environs manquaient de subsistances; mais le reste de la route étant montagneux, avait un air très-salubre et abondait en fruits de toutes sortes. Cette portion du chemin, coupée par des vallons nombreux et ombragés, était bordée d'une riche végétation, d'arbres de toute espèce, et arrosée par des sources d'eau naturelles; elle présentait des sites aussi agréables à la vue que favorables au repos. La contrée offrait un riche butin que Peuceste, envoyé en éclaireur, avait enlevé aux indigènes et distribué aux soldats pour se concilier leur affection. Ce pays est habité par les Perses les plus guerriers, qui sont tous archers et frondeurs; elle est plus populeuse qu'aucune autre satrapie.

XXII. Arrivé dans la résidence royale de Persépolis, Peuceste, satrape et commandant militaire de cette province, offrit un pompeux sacrifice aux dieux, à Alexandre et à Philippe. Il avait fait venir de presque toute la Perse une masse de victimes, et tout ce qui était nécessaire pour la célébration de cette solennité. Il donna à l'armée un grand festin. Tous ceux qui prenaient part à cette fête étaient rangés en quatre cercles disposés concentriquement, dont le plus grand avait dix stades de circonférence[1]. Il était occupé par les mercenaires et les alliés; le second, qui avait huit stades de circuit, était composé des Macédoniens argyraspides et des hétaires, qui avaient fait les campagnes d'Alexandre; le troisième avait quatre stades de tour, et était formé par les officiers subalternes et leurs amis, ainsi que par les généraux du bataillon de discipline. Enfin, le quatrième cercle, le plus intérieur de tous, ayant deux stades de tour, était occupé par les tentes des généraux d'infanterie et de cavalerie, et par les Perses les plus distingués. Au centre se trouvaient placés les autels consacrés aux dieux, à Alexandre et à Philippe. Les tentes étaient ornées de feuillage et couvertes de tapis précieux tels qu'en fournit la Perse, riche en tout ce qui peut flatter le luxe et la mollesse. Les intervalles qui séparaient ces cercles concentriques étaient ménagés de manière à ce que les

---

[1] Environ mille huit cent cinquante mètres.

convives ne fussent en rien gênés dans leurs mouvements, et qu'ils eussent à leur portée tout ce qu'ils pouvaient désirer.

XXIII. Cette fête valut à Peuceste les applaudissements et l'affection de l'armée. Eumène, à qui rien n'échappait, vit clairement que Peuceste usait de ce moyen politique pour arriver au commandement suprême. Pour contrarier ce projet, il eut recours à des lettres supposées. Ces lettres avaient pour objet de rendre les soldats plus disposés au combat, d'abaisser l'orgueil de Peuceste et d'élever Eumène au-dessus de ses rivaux. Le sens de ces lettres était qu'Olympias, après avoir fait périr Cassandre, s'était saisie des fils d'Alexandre et régnait en maîtresse absolue sur toute la Macédoine, que Polysperchon était passé en Asie, pour combattre Antigone avec l'élite de l'armée royale et avec ses éléphants, et qu'il était déjà entré en Cappadoce. Cette lettre, écrite en caractères syriens, était supposée envoyée par Oronte, satrape de l'Arménie, ami de Peuceste. On y ajouta donc foi d'autant plus facilement que les satrapes correspondaient depuis longtemps familièrement entre eux. Eumène la fit circuler dans tout le camp, et montrer aux chefs, ainsi qu'à un très-grand nombre de soldats. Toute l'armée changea de sentiments, et mit toutes ses espérances en Eumène, comme le seul capable, avec l'appui des rois, de faire tout ce qui lui plairait, et de tirer vengeance des coupables. A la fin de ce festin, Eumène, pour intimider ceux qui seraient tentés de lui désobéir, en même temps que ceux qui voudraient aspirer au commandement en chef, mit en accusation Sibyrtius, satrape de l'Arachosie, et ami intime de Peuceste ; il envoya secrètement un détachement de cavalerie chez les Arachosiens, avec l'ordre d'intercepter les convois. Enfin Sibyrtius courait de si grands dangers que, s'il n'était pas parvenu à s'échapper, il aurait été mis à mort par la foule.

XXIV. Par ce moyen d'intimidation, Eumène gagna en influence et changea de conduite : il s'attacha Peuceste par des promesses et un langage insinuant, et le décida à défendre avec lui la cause des rois. Il eut hâte aussi de se faire donner, de la part des autres satrapes et commandants militaires, des gages de leur fidélité. Dans ce but, il feignit de manquer d'argent, et les sollicita individuellement de faire, chacun selon ses moyens, une avance au roi. Il reçut ainsi, des divers chefs auxquels il s'était adressé, quatre cents talents[1]; et dès ce moment il trouva en eux les gardiens les plus fidèles de sa personne et les auxiliaires les plus dévoués. Pendant qu'Eumène était occupé à prendre ces précautions, il arriva de la Médie des messagers annonçant qu'Antigone marchait avec toute son armée contre la Perse. A cette nouvelle, Eumène se mit en route, résolu d'aller au-devant de l'ennemi et de lui présenter le combat. Le second jour de sa marche, il s'arrêta pour offrir un sacrifice aux dieux, et, à l'occasion de ce sacrifice, il donna à ses troupes un splendide repas. Mais il tomba malade par suite d'un excès de boisson et la maladie fut assez grave pour retarder de quelques jours la marche de l'armée. Les soldats furent découragés, en voyant que les ennemis allaient approcher, pendant que leur meilleur général était retenu par une maladie. Cependant le mal cessa, Eumène se rétablit peu à peu, et donna à Peuceste et à Antigène l'ordre de former l'avant-garde de l'armée, qui se remit ainsi en mouvement. Quant à lui, il suivit l'arrière-garde en se faisant porter dans une litière, afin de n'être pas incommodé par le bruit de la marche et le passage dans les défilés.

XXV. Lorsque les deux armées n'étaient plus qu'à une journée de marche l'une de l'autre, les chefs envoyèrent des deux côtés des espions pour reconnaître les forces et les plans de leurs adversaires. Ils allaient s'attaquer, lorsqu'ils se retirèrent sans livrer bataille. Ils se trouvaient séparés par une rivière et par les retranchements naturels qui ne permettaient ni aux uns ni aux autres d'en venir aux mains. Les deux armées établirent leur camp à trois stades de distance l'une de l'autre, se harcelèrent pendant quatre jours à coups de traits, et, manquant de vivres, ils allaient fourrager dans la campagne. Le cinquième jour, Antigone envoya des députés aux satrapes et aux Macédoniens

---

[1] Environ deux millions deux cent mille francs.

pour les engager à désobéir à Eumène ; il promettait aux satrapes de leur conserver leurs provinces, et aux généraux de leur distribuer des terres ou de les renvoyer dans leur patrie, comblés d'honneur et de présents ; enfin, de donner à ceux qui voudraient continuer le service militaire des avancements convenables. Mais les Macédoniens repoussèrent ces propositions. Ils poursuivaient de leurs menaces les émissaires d'Antigone, lorsque Eumène survint, et loua la fidélité de ses troupes en récitant une ancienne parabole tout à fait applicable à la circonstance. « Un lion, leur dit-il, devint amoureux d'une jeune fille, et s'adressa au père pour l'obtenir en mariage. Le père répondit qu'il était prêt à lui donner sa fille, mais qu'il craignait les dents et les ongles du prétendant qui, devenu époux, pourrait un jour traiter sa jeune épouse d'une manière trop sauvage. Le lion se fit donc arracher les ongles et les dents. Mais le père, dès qu'il vit le lion privé de ses armes redoutables, l'assomma facilement à coups de bâton. Voilà, ajouta Eumène, ce que fera Antigone : il tiendra sa promesse tant qu'il ne sera pas encore maître de l'armée, mais une fois en possession du pouvoir, il se vengera de la même façon de tous vos chefs. » Ce discours fut applaudi, et l'assemblée se sépara.

XXVI. Pendant la nuit, arrivèrent quelques transfuges qui annonçaient qu'Antigone avait donné à ses troupes l'ordre du départ vers la seconde veille. Eumène devina que le plan de l'ennemi devait être de se retirer dans la Gabiène. Cette contrée était à trois journées de marche, riche en vivres et en fourrages, pouvant amplement fournir à l'entretien de nombreuses troupes. A tous ces avantages, cette contrée joignait celui d'être traversée par des rivières et des ravins impraticables. Eumène se servit du même stratagème pour devancer l'ennemi ; il engagea quelques mercenaires, à prix d'argent, à passer comme transfuges dans le camp ennemi et à y répandre la nouvelle qu'Eumène se proposait d'attaquer les retranchements pendant la nuit. En même temps, il fit partir d'avance les bagages, ordonna aux soldats de prendre le repas et de se mettre immédiatement en route, ce qui fut promptement exécuté. Antigone, averti par les transfuges qu'il allait être attaqué par l'ennemi pendant la nuit, contremanda le départ et rangea son armée en bataille. Pendant qu'Antigone attendait ainsi avec anxiété l'attaque de l'ennemi, Eumène se mit secrètement en route, et se dirigea rapidement vers la Gabiène. Antigone avait déjà tenu quelque temps ses soldats sous les armes, lorsque des espions lui annoncèrent la retraite des ennemis. Il reconnut alors qu'il avait été dupe d'un stratagème, mais il ne renonça pas pour cela à son projet. Il ordonna donc de se mettre en mouvement et d'aller au pas de course comme s'il s'agissait de poursuivre l'ennemi. Mais lorsqu'il vit qu'Eumène avait sur lui six heures d'avance, et qu'il n'était pas facile de l'atteindre avec la totalité de son armée, il eut recours à un autre moyen. Il laissa une partie de l'armée sous les ordres de Python qui devait le suivre lentement, tandis que lui-même commandait la cavalerie lancée au galop. À la pointe du jour, il atteignit l'arrière-garde de l'ennemi qui descendait d'une colline, et, arrivé sur la hauteur, il se montra à ses adversaires. Eumène, apercevant de loin la cavalerie d'Antigone, crut qu'elle était suivie du gros de l'armée. Il fit donc faire halte, et rangea son armée en bataille comme si le combat devait immédiatement s'engager. Ainsi les chefs des deux armées se trompaient réciproquement par des stratagèmes, comme s'ils eussent voulu montrer toutes les ressources de leur génie, sur lesquelles chacun fondait les espérances de la victoire. Antigone parvint ainsi à empêcher les ennemis de continuer leur route, et il laissa aux siens le temps de le rejoindre. Toute l'armée étant réunie, Antigone se disposa à son tour au combat, et descendit de la colline dans une attitude formidable.

XXVII. Antigone avait sous ses ordres, en comptant les troupes de Python et de Seleucus, plus de vingt-huit mille hommes d'infanterie, huit mille cinq cents cavaliers et soixante-cinq éléphants. Les deux généraux, rivalisant en expérience militaire, avaient chacun adopté un ordre de bataille nouveau. Eumène avait placé à l'aile gauche Eudamus, le même qui avait amené les éléphants de l'Inde, et qui était entouré d'un détachement de cavalerie, composé de cent cinquante chevaux. Ce détachement servait d'avant-garde à deux escadrons de lanciers d'élite, chaque escadron ayant cinquante hommes de profondeur. Cette cavalerie s'appuyait sur les troupes qui occupaient une position forte au pied de la montagne. A la suite de ces troupes, Eumène plaça Stasandre, qui commandait neuf cent cinquante cavaliers; Amphimaque, satrape de la Mésopotamie, avec six cents cavaliers; puis six cents cavaliers arachosiens qui avaient été d'abord commandés par Sibyrtius, mais qui, depuis la fuite de Sibyrtius, avaient passé sous les ordres de Céphalon; vinrent ensuite cinq cents hommes, tirés du pays des Paropamisades, et un nombre égal de Thraces, tirés des colonies supérieures. En avant du front de bataille, Eumène avait rangé en forme de croissant quarante-cinq éléphants, et dans les intervalles un nombre suffisant d'archers et de frondeurs. Après avoir ainsi fortifié son aile gauche, il y rattacha la phalange dont les extrémités étaient occupées par plus de six mille mercenaires. A la suite de la phalange, vinrent environ cinq mille hommes de diverses nations, armés à la macédonienne.

XXVIII. Après cette ligne, venait le corps des Macédoniens argyraspides, formé de plus de trois mille hommes, troupe invincible dont la bravoure était redoutée des ennemis. Ce corps était complété par plus de trois mille hypaspistes, rangés, comme les argyraspides, sous le commandement d'Antigène et de Teutamus. En avant de la phalange, étaient placés quarante éléphants dont les intervalles étaient remplis par des soldats armés à la légère. L'aile droite, s'appuyant sur la phalange, était composée de huit cents cavaliers carmaniens, sous les ordres du satrape Tlépolème, puis du corps des hétaires, fort de neuf cents hommes, et des détachements de Peuceste et d'Antigène, composés de trois cents cavaliers réunis en un seul escadron. A l'extrémité de cette aile se trouvait la division d'Eumène, formée d'un égal nombre de cavaliers, et en avant de cette division, deux autres escadrons d'Eumène, composés chacun de cinquante cavaliers; et en dehors de l'aile étaient placés, dans une disposition oblique, quatre escadrons parmi lesquels il y avait deux cents cavaliers d'élite. Indépendamment de ces troupes, Eumène avait choisi, dans tous les corps de cavalerie, une élite de trois cents cavaliers qu'il plaça en arrière de sa propre division; enfin quarante éléphants occupaient le front de l'aile droite. Toutes les forces d'Eumène se composaient de trente-cinq mille hommes d'infanterie, de six mille cent cavaliers et de cent quatorze éléphants.

XXIX. Antigone, voyant du haut de la colline l'ordre de bataille des ennemis, disposa ses troupes en conséquence. Comme il avait remarqué que l'aile droite d'Eumène s'appuyait sur les éléphants et sur l'élite de la cavalerie, il lui opposa sa cavalerie légère, qui devait attaquer l'ennemi de front, simuler une fuite et se reformer plus loin pour recommencer le combat. Antigone plaça en avant de cette phalange mille archers et lanciers à cheval, Mèdes et Arméniens, très-propres à ce genre de combat. A leur suite venaient deux mille deux cents Tarentins, guerriers habiles et très-attachés à Antigone; puis, mille Phrygiens et Lydiens; quinze cents hommes amenés par Python, quatre cents lanciers sous les ordres de Lysanias; enfin, en avant de la ligne, étaient placés les *amphippes*[1], au nombre de huit cents, tirés des provinces supérieures. L'aile gauche était formée de toute la cavalerie, sous le commandement de Python. Quant à l'infanterie, la première ligne était occupée par les mercenaires au nombre de plus de neuf mille, puis venaient en seconde ligne trois mille Lyciens et Pamphyliens, et plus de huit mille hommes de diverses nations, armés à la macédonienne. Enfin venaient les Macédoniens au nombre de près de huit mille, qui avaient été fournis par Antipater alors qu'il était encore régent du royaume. A la phalange touchait la première ligne de la cavalerie de l'aile droite, formée de cinq cents mercenaires; puis venaient mille Thraces et cinq cents alliés, mille hétaires commandés par Démétrius,

---

[1] Ἀμφίπποι, sautant d'un cheval à l'autre; *voltigeurs à cheval.*

premières armes sous son père. A l'extrémité de cette aile, se trouvait un escadron de trois cents cavaliers, également commandé par Démétrius. Derrière cet escadron, étaient placées trois colonnes parallèles, composées des gens de service d'Antigone, soutenues par cent Tarentins. En avant de toute l'aile étaient placés trente éléphants des plus robustes; ils étaient disposés sous forme de croissant, et les intervalles remplis par des hommes d'élite, armés à la légère. La plupart des autres éléphants occupaient le front de la phalange d'infanterie; un petit nombre se trouvait avec la cavalerie à l'aile gauche. Après avoir ainsi mis son armée en ordre de bataille, Antigone descendit de la colline en suivant une direction oblique. L'aile droite, sur laquelle il comptait le plus, ouvrait la marche; l'aile gauche, qui devait simuler la fuite et revenir au combat, suivait à distance.

XXX. Les deux armées étant en présence, on donna des deux côtés le signal du combat; le cri de guerre retentit sur toute la ligne et les trompettes sonnèrent la charge. La cavalerie de Python, confiante dans sa supériorité numérique et la vitesse de ses chevaux, essaya la première de profiter de ses avantages. Ne jugeant pas prudent d'attaquer les éléphants de front, elle les attaqua sur les flancs et en blessa un grand nombre à coups de traits, tandis que la vitesse de ses chevaux la mit hors de la portée des armes de l'ennemi, qui se trouvait empêché dans ses mouvements. Lorsque Eumène vit son aile droite ainsi accablée par les archers à cheval, il tira de l'aile gauche la cavalerie légère d'Eudamus, et, joignant cette petite troupe au reste de la cavalerie légère, il tomba sur les assaillants. Secondé par les éléphants, Eumène mit facilement en déroute la colonne de Python, et la poursuivit jusqu'au pied de la colline. Pendant que ceci se passait, les phalanges d'infanterie en vinrent aux mains, et, après quelques pertes réciproques, Eumène fut victorieux, grâce à la bravoure des argyraspides qui, bien que déjà avancés en âge, n'étaient surpassés en audace et en habileté par aucune autre troupe : leur choc était irrésistible. Aussi ces trois mille

Macédoniens formaient-ils la force de toute l'armée. Témoin de
la déroute de son aile gauche et de toute la phalange d'infanterie,
Antigone ayant encore auprès de lui un corps intact, ne voulut
point prêter l'oreille à ceux qui lui conseillaient de rétrograder
et de gagner la colline pour y rallier les fuyards. Profitant
habilement d'un moment de répit, il parvint, non-seulement à
sauver les débris de son armée, mais à décider la victoire en sa
faveur. Les argyraspides d'Eumène, et le reste de l'infanterie,
s'étaient mis aussitôt à poursuivre jusqu'au pied de la colline la
phalange qu'ils avaient mise en déroute. Antigone, s'apercevant
du vide que cette poursuite produisit dans les rangs de l'ennemi, s'avança à la tête de son infanterie, et prit en flanc l'aile
gauche commandée par Eudamus. Antigone mit donc à son tour
les ennemis en déroute, et, après leur avoir tué beaucoup de
monde, il détacha la cavalerie légère pour rallier les fuyards et
les ramener au combat. Eumène, voyant la défaite des siens,
rappela les soldats de la poursuite, et se porta en toute hâte au
secours d'Eudamus.

XXXI. C'était déjà l'heure où l'on allume les flambeaux[1],
lorsque les deux armées, après avoir rappelé les fuyards, revinrent à la charge. Une immense ardeur anima, non-seulement
les chefs, mais tous les soldats. La nuit était sereine et éclairée
par la lune. Les deux armées n'étaient qu'à quatre plèthres de
distance l'une de l'autre; le hennissement des chevaux et le
bruit des armes semblaient venir de la distance d'une portée de
la main. Les deux armées, suivant une marche parallèle,
s'éloignèrent d'environ trente stades du champ de bataille; il
était déjà minuit, lorsque, également accablées de fatigues et
pressées par la faim, elles furent forcées de renoncer au combat
et d'établir leur camp. Eumène voulait revenir sur ses pas pour
enlever les morts du champ de bataille et rendre au moins la
victoire indécise, mais ses soldats lui désobéirent en s'écriant
qu'il fallait rejoindre les bagages qui se trouvaient encore à une

---

[1] Censorinus de *Die natal.*, cap. 23 : *Post id sequitur tempus, quod dicimus*
LUMIBUS ACCENSIS; *antiqui* PRIMA FACE *dicebant.*

grande distance. Eumène fut obligé de céder à la multitude, car ni le temps ni les circonstances ne lui permettaient de punir cette infraction à la discipline. Antigone, au contraire, dont l'autorité était mieux assise, força ses troupes à revenir sur le champ de bataille, et, après avoir fait enterrer ses morts, il rendit au moins la victoire incertaine, puisque celui qui enlève les morts est censé avoir eu le dessus. Antigone avait perdu dans cette bataille trois mille sept cents hommes d'infanterie et cinquante-quatre cavaliers; et il comptait plus de quatre mille blessés. Eumène n'avait perdu que cinq cent quarante fantassins et très-peu de cavaliers; il avait un peu plus de neuf cents blessés.

XXXII. Antigone, voyant ses soldats découragés à la suite de cette bataille, résolut de s'éloigner le plus promptement et le plus loin possible de l'ennemi. Pour rendre son armée plus légère à la marche, il fit transporter les blessés et le gros bagage dans une ville voisine. A la pointe du jour, il fit enterrer les morts, il retint les hérauts que les ennemis lui avaient envoyés pour traiter de l'enlèvement des morts, et ordonna à l'armée de faire son repas. A la fin de la journée, il renvoya les hérauts et remit au lendemain le soin d'enlever les morts. Mais, au commencement de la première veille, il partit lui-même avec toute son armée; faisant des marches forcées, il parvint à laisser les ennemis bien loin derrière lui, et atteignit une contrée encore intacte, riche en subsistances. Il arriva ainsi jusqu'au pays des Gamargues dans la Médie; ce pays appartenait au gouvernement de Python, et pouvait fournir à l'entretien de nombreuses troupes. Eumène ne se mit point à la poursuite d'Antigone, car son armée était fatiguée et manquait de vivres. Il enleva les morts, et leur fit de magnifiques funérailles. A propos de ces obsèques, nous allons raconter un fait bien singulier et tout à fait éloigné des mœurs des Grecs.

XXXIII. Céteus, un des généraux indiens qui étaient venus joindre Eumène, avait été tué dans la bataille, après une brillante défense. Il laissa deux femmes qui l'avaient suivi à armée : l'une mariée récemment, l'autre depuis quelques années ; toutes deux lui étaient très-attachées. D'après une ancienne coutume établie chez les Indiens, les jeunes gens et les jeunes filles ne se marient pas d'après la décision de leurs parents, mais d'après un consentement réciproque. Or, comme ces mariages étaient conclus dès la première jeunesse, il arrivait qu'à un âge plus avancé les parties contractantes ne se convenaient plus et se repentaient chacune de son choix ; les femmes se livraient à l'intempérance en aimant d'autres hommes, et, comme elles ne pouvaient pas décemment se séparer de leurs premiers maris, elles s'en débarrassaient par le poison d'autant plus facilement que ce pays produit des poisons nombreux et variés dont il suffit de teindre seulement les mets ou la boisson pour causer la mort. La corruption des mœurs allait en augmentant, et la punition des coupables ne suffisait plus pour détourner les autres des mêmes crimes. On fit donc porter une loi d'après laquelle toutes les femmes, à l'exception de celles qui étaient grosses ou qui avaient des enfants, devaient être brûlées sur le même bûcher que leur mari. La femme qui refusait d'obéir à cette loi, devait rester veuve toute sa vie, et la participation aux sacrifices et aux autres cérémonies religieuses, qui était interdite comme coupable d'impiété. C'est par cette institution que les penchants criminels des femmes furent changés. La crainte du châtiment les fit veiller à la sécurité de leurs époux comme à un bien commun ; elles rivalisaient de zèle pour acquérir la plus grande gloire. C'est ce qui se manifesta dans la circonstance qui nous occupe.

XXXIV. Bien que la loi ordonnât qu'une seule femme fût brûlée sur le bûcher, les deux épouses de Céteus se disputèrent le droit de mourir comme s'il se fût agi d'un prix à remporter. La décision de ce différend fut déférée aux tribunaux. La plus jeune femme déclara que l'autre était enceinte, et que, aux termes de la loi, elle ne pouvait pas mourir ; la seconde soutenait, au contraire, que cet honneur lui revenait à elle seule comme étant la plus âgée ; « car, disait-elle, ne voit-on pas partout les personnes plus âgées avoir la préséance sur les personnes plus jeunes ? » Les généraux devant lesquels cette cause était plaidée, ayant fait constater, par des gens experts en accouchement, que la plus âgée de ces deux femmes était enceinte, décidèrent que la plus jeune avait gagné son procès. Après le prononcé de ce jugement, celle qui venait de perdre sa cause s'en alla en poussant des gémissements, s'arracha les cheveux, déchira son diadème, comme si on lui avait annoncé un très-grand malheur. L'autre, au contraire, joyeuse de sa victoire, s'avança vers le bûcher, couronnée de mitres par ses servantes, parée comme pour une noce, et précédée de ses parents qui chantaient des hymnes à sa louange. Lorsqu'elle fut près du bûcher, elle se dépouilla de ses ornements, et les distribua à ses amis et à ses domestiques, comme un souvenir qu'elle laissait à ceux qui l'avaient aimée. Voici quels étaient ces ornements : elle portait aux doigts des bagues, enrichies de pierres précieuses de différentes couleurs ; sur sa tête brillait un grand nombre d'étoiles d'or, enchâssées de pierres précieuses ; autour du cou, des colliers de dimension graduée. Enfin, après avoir embrassé ses domestiques, elle monta sur le bûcher, appuyée sur le bras de son frère, et elle termina sa vie héroïquement, au milieu d'une foule de spectateurs. Toute l'armée en armes défila trois fois autour du bûcher avant qu'on y mît le feu. La jeune femme se coucha à côté du corps de son mari, et ne fit pas sortir de sa bouche une seule plainte au moment où les flammes la dévoraient. Ce spectacle excita autant de pitié que de louanges. Cependant quelques Grecs blâmèrent cette coutume comme trop sévère et comme sauvage [1].

Après la sépulture des morts, Eumène quitta le pays des Parétaques, et s'avança vers la Gabiène, pays encore intact et riche en provisions. Eumène ne se trouvait alors qu'à vingt-cinq étapes d'Antigone, en suivant la route habitée, et à neuf seulement, en traversant une région déserte et sans eau. C'est

---

[1] Cette coutume barbare existe encore aujourd'hui dans l'Inde. Malgré les efforts des Anglais, maîtres de ce pays, elle n'a pu être abolie.

ces distances qu'Eumène et Antigone prirent leurs quartiers d'hiver, et laissèrent les troupes se reposer de leurs fatigues.

XXXV. En Europe, Cassandre assiégeait la ville de Tégée, dans le Péloponnèse, lorsqu'il apprit le retour d'Olympias en Macédoine, la mort d'Eurydice et du roi Philippe, ainsi que le meurtre de son propre frère, et la destruction du tombeau d'Iollas. A ces tristes nouvelles, il conclut une trêve avec les Tégéates. Il se remit en route à la tête de son armée et se dirigea sur la Macédoine. Son départ laissa ses alliés dans un grand embarras; car Alexandre, fils de Polysperchon, menaçait avec ses troupes les villes du Péloponnèse. Pour se rendre agréable à Olympias et à Polysperchon, les Étoliens avaient occupé les Thermopyles et fermé le passage à Cassandre. Celui-ci renonça à forcer le défilé; mais il fit venir des barques de l'Eubée et de la Locride, sur lesquelles il transporta son armée par mer en Thessalie. Averti que Polysperchon avait occupé la Perrhébie, Cassandre détacha Callas avec l'ordre d'attaquer Polysperchon; Dinias s'était d'avance mis en possession des défilés, et se portait à la rencontre des troupes envoyées par Olympias. Informée que Cassandre s'approchait de la Macédoine à la tête d'une puissante armée, Olympias nomma Aristonoüs au commandement des troupes royales et le chargea de s'opposer à la marche de Cassandre. Elle se rendit ensuite à Pydna, emmenant avec elle le fils d'Alexandre et sa mère Rhoxane; en outre, elle était accompagnée de Thessalonique, fille de Philippe, fils d'Amyntas; de Déidamie, fille d'Æacide, roi des Épirotes, et sœur de ce Pyrrhus qui fit plus tard la guerre aux Romains; enfin des filles d'Attalus. A ce cortége se réunit un grand nombre d'amis et de parents, troupe de gens pour la plupart inutiles à la guerre, et qui, faute de vivres, ne devaient pas pouvoir soutenir un long siège. Bien que le danger fût évident pour tout le monde, Olympias s'obstina à rester dans Pydna, espérant que les Grecs et les Macédoniens lui apporteraient du renfort par mer. Elle avait alors auprès d'elle quelques cavaliers ambraciotes, la plupart des soldats qui faisaient le service habituel de la cour, enfin les éléphants que Polysperchon lui avait laissés. Les autres animaux de même espèce étaient tombés entre les mains de Cassandre lors du premier envahissement de la Macédoine.

XXXVI. Cassandre avait traversé les défilés de la Perrhébie et était arrivé sous les murs de Pydna, qu'il entoura d'une circonvallation aboutissant des deux côtés à la mer. En même temps il demanda à ses alliés des navires, des fournitures d'armes et des machines de guerre, se proposant d'investir par terre et par mer la place où Olympias se tenait renfermée avec sa cour. En apprenant qu'Æacide, roi des Épirotes, se portait au secours d'Olympias, Cassandre détacha Atarrhias, un de ses lieutenants, avec l'ordre d'aller à la rencontre des Épirotes. Atarrhias s'empressa d'exécuter cet ordre, occupa d'avance les passages, et fit échouer l'entreprise d'Æacide, d'autant plus facilement que la majorité des Épirotes marchait avec répugnance contre la Macédoine et s'était même soulevée dans le camp. Cependant Æacide, qui voulait absolument venir au secours d'Olympias, licencia les mécontents et ne prit avec lui que ceux qui se montraient disposés à partager les chances de l'expédition. Mais, ainsi affaibli, il ne fut plus en état de tenir tête à l'ennemi. Les soldats licenciés, une fois revenus dans leur patrie, s'insurgèrent contre le roi absent, le firent, par un décret du peuple, condamner à l'exil, et conclurent une alliance avec Cassandre. Jamais événement semblable n'était arrivé en Épire depuis que Néoptolème, fils d'Achille, avait régné dans ce pays; car les enfants avaient toujours régulièrement succédé aux rois, leurs pères, jusqu'à l'époque actuelle. Cassandre fit occuper l'Épire en vertu du traité d'alliance. Il y envoya Lycisque en qualité de gouverneur civil et militaire. Bientôt après, les Épirotes, qui déjà antérieurement étaient opposés à l'alliance macédonienne, abandonnèrent Olympias, dont les affaires semblaient désespérées, et se réunirent à Cassandre. Il ne restait donc plus à Olympias d'autre secours que celui que Polysperchon devait lui amener; mais ce secours lui manqua aussi contre toute attente. On se rappelle que Callas avait été détaché par Cassandre pour se porter à l'encontre de Polysperchon, qui se trouvait avec son armée en Perrhébie. Callas parvint à corrompre, à force d'argent, la majorité de l'armée de Polysperchon, en sorte qu'il ne restait plus à celui-ci qu'un très-petit nombre de fidèles. C'est ainsi que s'évanouirent en peu de temps les espérances d'Olympias.

XXXVII. En Asie, Antigone tenait toujours ses quartiers d'hiver à Gadamales[1] en Médie. Voyant que son armée était plus faible que celle des ennemis, il se hâta d'attaquer ces derniers à l'improviste et de les battre par un stratagème. Eumène avait établi ses cantonnements dans plusieurs points; quelques-uns étaient séparés par une distance de six jours de marche. Antigone renonça à traverser la contrée habitée, parce que cette route était longue et plus facile à garder par l'ennemi. Il osa prendre celle qui conduit à travers le désert, route difficile, mais plus favorable à l'exécution de ses desseins; non-seulement elle était plus courte, mais il était aisé, en la suivant, de tomber inopinément sur les ennemis qui, sans se douter de rien, étaient dispersés dans les villages et se tenaient mal sur leurs gardes. Ce plan arrêté, Antigone ordonna aux soldats de se tenir prêts pour le départ, et de se procurer pour dix jours de vivres qui n'auraient pas besoin d'être cuits. Puis, après avoir fait répandre le bruit qu'il se portait sur l'Arménie, il prit soudain, contre l'opinion de tous, le chemin du désert, bien que l'on fût à l'époque du solstice d'hiver. Il prescrivit de n'allumer du feu dans les camps, que pendant le jour, et de l'éteindre pendant la nuit, afin que leur marche ne fût point aperçue des hauteurs qui environnent presque de toutes parts le désert plat. Enfin, près cinq jours d'une marche pénible, les soldats, contraints ar le froid, allumèrent du feu nuit et jour dans leurs camps. e feu ayant été aperçu par quelques naturels du pays, ceux-ci 'empressèrent d'envoyer à Eumène et à Peuceste des messaers qui, montés sur des dromadaires, apportèrent la nouvelle e même jour; car ces animaux peuvent faire en une journée nviron quinze cents stades[2].

[1] Ce peuple porte plus haut le nom de Gadamargues.
[2] Environ vingt-sept myriamètres.

XXXVIII. A la nouvelle qu'on voyait l'ennemi au milieu de la route, Peuceste voulut se retirer jusque dans ses derniers cantonnements d'hiver, afin de n'être pas surpris par les ennemis avant d'avoir réuni toutes ses troupes auxiliaires ; mais Eumène, regardant ce mouvement comme une lâcheté, lui dit de prendre courage et de garder ses quartiers aux frontières du désert, ajoutant qu'il trouverait le moyen de retarder Antigone de trois ou quatre jours ; que si ce moyen réussissait, il lui serait facile de réunir toutes ses forces éparses et de venir à bout d'un ennemi exténué de fatigue et de besoin. Pendant qu'on cherchait à deviner un si singulier commandement, et comment on pourrait empêcher les ennemis de s'avancer, Eumène ordonna aux chefs qui se trouvaient près de lui de le suivre avec leurs soldats, qui porteraient du feu dans plusieurs vases. Il choisit ensuite un lieu élevé et parfaitement en vue du désert ; puis il traça un contour d'environ soixante-dix stades. Il enjoignit à chacun des détachements qui le suivaient d'allumer pendant la nuit des feux à une distance d'environ vingt coudées l'un de l'autre, et d'entretenir, à l'heure de la première veille, une grande flamme, comme les soldats, déjà sur pied, ont coutume de le faire lorsqu'ils préparent leur repas ; de laisser tomber le feu à la seconde veille, afin de le laisser s'éteindre à la troisième, de manière à faire croire de loin à un véritable campement. Les soldats exécutèrent cet ordre. Quelques amis de Python, satrape de la Médie, aperçurent de loin les feux allumés sur la montagne opposée ; ne doutant pas qu'ils eussent sous leurs yeux un véritable camp, ils descendirent dans la plaine et vinrent en avertir Antigone et Python. Frappés de cette nouvelle inattendue, ils firent faire halte et délibérèrent sur ce qu'ils devaient faire. Il leur paraissait chanceux de se battre avec des troupes fatiguées, privées du nécessaire, contre des ennemis qui vivaient dans l'abondance. Soupçonnant une trahison qui aurait découvert à Eumène leurs projets, Antigone et Python abandonnèrent la route directe, et, inclinant sur la droite, ils allèrent, chacun de son côté, se rendre dans la contrée habitée pour y remettre les troupes de leurs fatigues.

XXXIX. Après avoir ainsi trompé l'ennemi, Eumène rappela de toutes parts ses troupes dispersées dans les cantonnements d'hiver et dans les villes, il fit entourer d'un retranchement et d'un fossé profond le camp qu'il venait de tracer, reçut les alliés qui y affluaient, et rassembla toutes les provisions nécessaires. Antigone, après avoir traversé le désert, apprit de quelques indigènes qu'Eumène était parvenu à rallier presque toutes ses troupes, mais que les éléphants, qui avaient également quitté leurs quartiers d'hiver, avaient été laissés dans le voisinage, sans aucune escorte. Antigone détacha donc deux mille lanciers mèdes à cheval, deux cents Tarentins et toute l'infanterie légère, espérant qu'il se rendrait facilement maître de ces animaux laissés seuls, et qu'il enlèverait ainsi à l'ennemi sa plus grande force. Mais Eumène, devinant le plan de l'ennemi, avait déjà envoyé une escorte de quinze cents cavaliers d'élite et de trois mille hommes d'infanterie légère. Le détachement d'Antigone se montra le premier. A cette vue, les conducteurs firent ranger les éléphants en carré, et, plaçant les bagages au milieu, ils continuèrent leur marche, protégés par une arrière-garde de plus de quatre cents cavaliers. Cette arrière-garde reçut tout le choc de l'attaque de l'ennemi, et, impuissante à résister, elle fut mise en déroute. Les guides qui montaient les éléphants se défendirent d'abord avec courage, mais ils furent bientôt criblés de blessures et mis hors de combat. Dans cet instant critique apparurent soudain les troupes envoyées par Eumène, qui arrachèrent les leurs au danger. Peu de jours après, les deux armées, campées à quarante stades de distance l'une de l'autre, se rangèrent en bataille, prêtes à livrer un combat décisif.

XL. Antigone plaça sa cavalerie aux deux ailes. Il avait confié le commandement de l'aile gauche à Python et celui de l'aile droite à Démétrius, à côté duquel il se proposait lui-même de combattre. L'infanterie était placée au centre, et les éléphants en avant du front de toute la ligne. Les intervalles que laissaient entre eux ces animaux étaient remplis par des hommes armés à

d'infanterie, de neuf mille cavaliers, y compris ceux qui avaient été enrôlés dans la Médie, et de soixante-cinq éléphants. Informé qu'Antigone commandait lui-même l'aile droite à la tête de sa meilleure cavalerie, Eumène se plaça en face de lui, et prit le commandement de l'aile gauche composée de l'élite de ses troupes. C'est à cette aile que se trouvaient la plupart des satrapes, avec l'élite de la cavalerie des alliés. On y remarquait aussi Mithridate, fils d'Ariobarzane, descendant d'un de ces Perses qui avaient jadis détrôné le mage Smerdis. Ce Mithridate était un homme remarquable par sa bravoure, et élevé dès son enfance dans le métier des armes. En avant de l'aile gauche, Eumène avait établi, en forme de croissant, soixante de ses plus forts éléphants, dont les intervalles étaient remplis par de l'infanterie légère. Au centre, les hypaspistes occupaient le premier rang; au second rang se trouvaient les argyraspides, et au troisième les mercenaires armés à la macédonienne. Le front de la ligne était occupé par des éléphants et par un nombre suffisant d'hommes légèrement armés. L'aile droite était formée de la partie la plus faible de la cavalerie et des éléphants les moins robustes; Philippe en avait le commandement. Celui-ci avait reçu l'ordre de combattre en fuyant et d'observer les mouvements de l'autre aile. Le total de l'armée d'Eumène se montait en ce moment à trente-six mille sept cents hommes d'infanterie, à six mille cinquante cavaliers et cent quatorze éléphants.

XLI. Un peu avant l'engagement, Antigène, chef des argyraspides, envoya un de ses cavaliers macédoniens vers la phalange ennemie, avec l'ordre de se faire entendre à haute voix lorsqu'il en serait assez près. Ce cavalier partit au galop, et lorsqu'il fut à portée de voix de la phalange d'Antigone, il s'écria : « Comment! mauvaises têtes, vous portez les armes contre vos pères qui ont fait toutes les campagnes de Philippe et d'Alexandre! contre des guerriers qui, dans un moment, vont vous apprendre qu'ils sont dignes de ces deux grands rois et de la gloire qu'ils ont acquise dans tant de batailles. » En effet, à cette époque, les plus jeunes des argyras-

ans; beaucoup d'entre eux en avaient soixante et dix, et quelques-uns étaient même plus âgés encore; ils étaient tous d'une expérience militaire et d'une bravoure à laquelle rien ne résistait. Cette proclamation produisit l'effet désiré; des voix mécontentes s'élevèrent dans les rangs d'Antigone; les soldats exprimaient le regret d'être forcés à se battre contre leurs parents et des hommes d'un âge si respectable, tandis que dans l'armée d'Eumène on demandait à grands cris à tomber immédiatement sur les ennemis. Eumène mit à profit cet enthousiasme, donna le signal du combat, et fit sonner la charge; le cri de guerre retentit sur toute la ligne.

XLII. Le combat commença par l'attaque des éléphants; puis la cavalerie prit part à l'engagement. Le champ de bataille était formé par une vaste plaine complétement stérile à cause des efflorescences de sel qui s'y trouvaient. La cavalerie fut bientôt enveloppée d'un nuage de poussière qui ne permit de distinguer à peu de distance aucun mouvement. Antigone, profitant de cette circonstance, envoya un détachement de Mèdes et de Tarentins pour attaquer les bagages de l'ennemi. Il espérait, ce qui devait arriver, que cette manœuvre ne serait point aperçue à cause de la poussière, et que l'enlèvement des bagages lui assurerait facilement la victoire. Ce détachement de cavaliers tourna donc l'aile gauche de l'ennemi, et se précipita sur les bagages qui étaient à environ cinq stades du champ de bataille. Ne rencontrant qu'une troupe de gens inutiles, le détachement d'Antigone culbuta la faible garde qui voulait lui résister, et s'empara de tous les bagages. Sur ces entrefaites, Antigone avait engagé le combat avec les rangs qui lui étaient opposés, et, se montrant à la tête de sa cavalerie, il étourdit Peuceste, satrape des Perses, qui, sortant d'un tourbillon de poussière, entraîna avec lui une colonne de quinze cents hommes. Eumène, abandonné avec un petit nombre des siens à l'extrémité de l'aile droite, regarda comme une honte de céder au sort et de prendre la fuite. Décidé à mourir plutôt que de manquer à la fidélité qu'il avait vouée aux rois, il se porta sur Antigone. Un combat acharné s'engagea entre la cavalerie ; les soldats d'Eumène l'emportaient en courage, mais ceux d'Antigone étaient supérieurs en nombre. Les pertes étaient déjà grandes de part et d'autre, lorsqu'il arriva qu'un des éléphants d'Eumène, placé au front de la ligne, tomba sous les coups du plus fort de ces animaux qui se trouvaient en face. Eumène, se voyant alors battu sur tous les points, fit sortir de la mêlée le reste de sa cavalerie, et se porta à l'autre aile pour joindre Philippe qui avait reçu l'ordre de fuir en combattant. Telle fut l'issue de l'action de cavalerie.

XLIII. Quant au combat d'infanterie, les argyraspides attaquèrent les ennemis en colonne serrée ; ils tuèrent les uns et forcèrent les autres à prendre la fuite. Leur attaque fut si impétueuse que, bien qu'ils eussent à combattre toute la phalange d'Antigone, ils passèrent plus de cinq mille hommes au fil de l'épée, et mirent en déroute toute l'infanterie, qui était très-nombreuse, sans qu'eux-mêmes eussent perdu un seul homme. Informé de la perte de ses bagages, Eumène chercha à rallier les cavaliers de Peuceste, qui n'étaient pas très-éloignés, et à les ramener contre Antigone ; car il espérait, s'il réussissait, reprendre non-seulement ses propres bagages, mais encore s'emparer de ceux de l'ennemi. Mais Peuceste se refusa à cette manœuvre, et continua à se retirer du champ de bataille. La nuit commençait déjà, et Eumène fut obligé de céder au temps. Cependant Antigone avait partagé sa cavalerie en deux corps ; il se mit lui-même à la tête de l'un pour poursuivre Eumène ; l'autre fut confié à Python avec l'ordre d'attaquer les argyraspides privés du secours de la cavalerie. Cet ordre fut exécuté. Les Macédoniens, se formant en carré, se retirèrent en sécurité au bord du fleuve et reprochèrent à Peuceste d'être cause de la défaite de la cavalerie. A l'heure où on allume les flambeaux, ils allèrent trouver Eumène, et se réunirent pour délibérer sur le parti qu'il fallait prendre dans cette situation critique. Les satrapes émirent l'avis qu'il fallait se retirer sur-le-champ dans les satrapies supérieures ; Eumène fut au contraire d'opinion qu'il fallait rester et renouveler le combat,

'autant plus que la phalange ennemie avait été déjà mise en
éroute, et que la cavalerie était, des deux côtés, animée d'une
gale ardeur. Mais les Macédoniens ne voulaient rien entendre
i à l'une ni à l'autre proposition ; car ils pensaient à leurs ba-
ages, à leurs femmes, à leurs enfants, et à un grand nombre
e parents qui se trouvaient entre les mains de l'ennemi. Dès ce
ioment, ils entrèrent secrètement en pourparler avec Antigone ;
ls se saisirent d'Eumène et le livrèrent à ses ennemis. Antione leur rendit leurs bagages, et, après avoir reçu leurs ser-
ients, il incorpora les Macédoniens dans son armée. Pareille-
ient, les satrapes, les autres chefs et la plupart des soldats
bandonnèrent leur général, et ne songèrent qu'à leur propre
ureté.

XLIV. Antigone devint ainsi tout d'un coup maître de la per-
onne d'Eumène et de toute l'armée ennemie. Il fit d'abord
rrêter Antigène, le chef des argyraspides, l'enferma dans une
aisse et le brûla vif. Il fit également mettre à mort Eudé-
ius qui avait amené des éléphants de l'Inde, Celbanus et
uelques autres chefs qui lui avaient toujours été hostiles.
uant à Eumène, tenu au secret, Antigone cherchait le moyen
e le sauver; car il désirait avoir avec lui un général habile et
ui lui fût obligé, bien qu'il ne pût guère compter sur sa foi, à
ause de son attachement pour Olympias et les rois ; car après
voir été déjà épargné à Nora en Phrygie, Eumène n'en avait
as moins continué à se montrer dévoué pour la cause des rois.
ais voyant que les Macédoniens insistaient impitoyablement
ur le châtiment d'Eumène, Antigone le fit mettre à mort. Ce-
endant, fidèle à d'anciens liens d'amitié, il rendit au corps
'Eumène les derniers devoirs, le fit brûler, et renferma ses os
ans une urne qu'il envoya à la famille d'Eumène. Au nombre
es prisonniers blessés se trouvait aussi l'historien Hieronymus
e Cardia, qui avait joui précédemment de l'estime d'Eumène,
t qu'après la mort d'Eumène Antigone honora de sa bien-
eillance et de son amitié.

Antigone reconduisit toute son armée dans la Médie, et éta-

pitale de cette contrée. Il distribua ensuite ses troupes dans toute la satrapie et particulièrement dans l'éparchie de Rhaga, qui tire ce nom des malheurs qu'avait éprouvés cette contrée dans des temps anciens. En effet, il y avait autrefois plusieurs villes très-florissantes, lorsque des tremblements de terre les firent disparaître avec tous leurs habitants, et changèrent la face entière du pays, au point qu'on y vit des fleuves et des lacs qui n'existaient pas auparavant.

XLV. A cette époque, la ville de Rhodes éprouva une troisième inondation où périt un grand nombre d'habitants. La première inondation n'avait pas causé beaucoup de mal; car la ville, récemment fondée, était encore peu considérable; la seconde, plus sérieuse, avait fait périr beaucoup plus de monde. La dernière enfin arriva au commencement du printemps, précédée de torrents de pluies et d'une immense grêle; les grêlons étaient du poids d'une mine[1] et même plus gros; leur chute détruisit des maisons et tua beaucoup d'hommes. Comme la ville de Rhodes est bâtie en amphithéâtre et que les eaux qui s'en écoulent se réunissent presque toutes en un seul point, les parties basses furent aussitôt complétement inondées; car, l'hiver ayant paru passé, on avait négligé de nettoyer les égouts, et les canaux se trouvaient obstrués. Les eaux s'étaient donc accumulées, et avaient inondé tout le marché et la place de Bacchus; déjà elles menaçaient d'envahir le temple d'Esculape. Tous les habitants, saisis de frayeur, ne cherchaient qu'à se sauver par différents moyens. Les uns se réfugiaient sur les navires, les autres couraient vers le théâtre, d'autres, enfin, pressés par le danger, montaient sur les autels les plus élevés et grimpaient sur les statues. Enfin la ville, avec ses habitants, était sur le point de périr, lorsqu'elle fut sauvée par un hasard inespéré. Le mur s'écroula dans une grande étendue, les eaux s'écoulèrent dans la mer par l'issue qu'elles s'étaient naturellement frayée, et

---

[1] Quatre cent trente-six grammes.

encore à sauver les habitants, c'est que l'inondation eut lieu pendant le jour ; la plus grande partie d'entre eux eurent donc le temps de se soustraire à l'eau, en se précipitant hors de leurs maisons et en gagnant les points les plus élevés de la ville; de plus, comme les maisons n'étaient pas en briques, mais en pierres, les habitants pouvaient se réfugier en sécurité sur les toits. Plus de cinq cents personnes périrent dans ce désastre. Les maisons avaient été ou renversées ou très-endommagées. Telle fut l'inondation qui désola la ville de Rhodes.

XLVI. Antigone occupait ses quartiers d'hiver dans la Médie, lorsqu'il apprit que Python cherchait à corrompre ses soldats par des promesses ou des présents, et méditait un projet de révolte. Antigone feignit de n'ajouter aucune foi aux dénonciateurs; il leur reprocha, en présence de beaucoup de monde, de vouloir rompre des liens d'amitié. En même temps, il fit répandre au dehors le bruit qu'il allait laisser à Python le commandement militaire des satrapies supérieures avec un corps d'armée suffisant pour s'y maintenir en sécurité. Il écrivit aussi à Python une lettre dans laquelle il l'invitait à se rendre le plus tôt possible auprès de lui, afin qu'ils pussent s'entendre ensemble sur leurs intérêts communs, et descendre promptement vers les côtes. Antigone employa cette ruse afin d'écarter tout soupçon, et de persuader Python, laissé satrape du pays, de venir le trouver. Il n'était guère possible d'employer la force pour arrêter un homme aussi remarquable, dont le mérite avait déjà été apprécié par Alexandre, et qui, alors satrape de la Médie, avait rendu de grands services à l'armée. Python se trouvait aux frontières de la Médie, où il avait établi ses cantonnements d'hiver ; il avait déjà gagné, par la séduction, un grand nombre de partisans, lorsque ses amis l'informèrent par écrit des intentions d'Antigone, et lui firent concevoir les plus grandes espérances. Séduit par ces vaines promesses, il se rendit auprès d'Antigone. Celui-ci se saisit de Python, et le fit traduire devant un conseil de guerre. Python fut condamné sans difficulté et exé-

seul camp; il nomma le Mède Orontobate satrape de la Médie, et Hippostrate chef militaire, commandant trois mille cinq cents fantassins mercenaires. Quant à lui, il se rendit à Ecbatane à tête de son armée, et prit dans le trésor cinq mille talents d'argent non monnayé[1]. Il se dirigea ensuite vers la Perse, et eut encore vingt jours de marche à faire pour atteindre la résidence de Persépolis.

XLVII. Pendant qu'Antigone était en route pour Persépolis, les amis de Python, qui avaient pris part à cette tentative de révolte, et dont les principaux étaient Méléagre et Ménœtas, parvinrent à réunir les soldats d'Eumène et de Python, qui erraient dans la campagne. Cette troupe se composait de huit cents cavaliers; elle ravagea d'abord le pays des Mèdes qui avaient refusé de tremper dans l'insurrection. Apprenant ensuite qu'Hippostrate et Orontobate marchaient contre eux, ces cavaliers attaquèrent de nuit le camp de l'ennemi; leur entreprise faillit réussir. Mais, accablés par des forces supérieures, ils furent obligés de se retirer, après avoir néanmoins entraîné dans leur parti un certain nombre de soldats. Armés à la légère et tous bien montés, ils firent des incursions dans les environs, et répandirent le trouble et le désordre dans le pays. Mais quelque temps après ils furent renfermés dans un défilé entouré de précipices; les uns furent tués, les autres faits prisonniers. Méléagre, Cranès le Mède, et quelques autres chefs célèbres trouvèrent au nombre des morts. Telle fut la fin des rebelles en Médie.

XLVIII. Antigone s'était rapidement avancé dans la Perse. Les habitants lui décernèrent des honneurs royaux, comme s'il était le souverain de l'Asie. Il réunit ses amis en conseil, et mit en délibération le choix des satrapes. Il conserva la Carmanie à Tlépolème et la Carmanie à Stasanor, car il ne lui était pas facile d'expulser ces hommes de leurs provinces, par un simple

[1] Vingt-sept millions cinq cent mille francs.

trapies, et qu'ils avaient parmi les habitants de nombreux partisans. Évitus obtint l'Arie, et, après sa mort, qui eut lieu bientôt après, il fut remplacé par Évagoras, homme admiré pour sa bravoure et son habileté. Il conserva à Oxyarte, père de Roxane, le gouvernement du pays des Paropamisades; car il aurait fallu beaucoup de temps et une forte armée pour l'en chasser. Enfin, il fit venir de l'Arachosie Sibyrtius, qui lui était très-dévoué; il le confirma dans sa satrapie et lui donna le commandement du corps le plus turbulent des argyraspides, en apparence pour le service de la guerre, mais en réalité pour arriver à se défaire de ce corps. En effet, Antigone lui avait ordonné en particulier de le faire décimer peu à peu dans des entreprises périlleuses : ce corps renfermait ceux qui avaient trahi et livré Eumène. Ainsi, les hommes qui avaient abandonné leur général, devaient être promptement châtiés. Si les actions impies peuvent être utiles aux souverains, elles sont toujours une source de grands malheurs pour les particuliers qui les commettent. Antigone savait que Peuceste jouissait d'une grande considération parmi les Perses; il commença d'abord par lui ôter son gouvernement. Comme les indigènes se montraient irrités de cet acte, Antigone fit mettre à mort Thespias, un des hommes les plus considérés du pays et qui avait déclaré trop témérairement que les Perses n'obéiraient à d'autres chefs qu'à Peuceste. Il nomma Asclépiodore satrape de la Perse et lui confia un corps d'armée suffisant pour se maintenir. Après avoir exalté l'ambition de Peuceste par des espérances chimériques, il parvint à le faire sortir du pays.

Ces dispositions terminées, Antigone se mit en route vers Suse. Il rencontra sur les bords du Pasitigre Xénophile, gardien des trésors de Suse, qui avait été envoyé par Seleucus avec l'ordre de faire tout ce qui lui serait recommandé. Antigone feignit de compter Seleucus au nombre de ses plus grands amis; mais en réalité il craignait que Seleucus ne changeât d'idée et ne lui fermât le passage. Antigone prit possession de la citadelle de

Suse, où il s'empara de l'arbre d'or [1] et d'une foule d'autres objets précieux, évalués à environ quinze mille talents [2]. A cela il faut joindre tout l'argent qu'il avait retiré de la vente du butin, des couronnes d'or et de divers présents, ce qui faisait une nouvelle somme de cinq mille talents, indépendamment des trésors qu'il avait recueillis dans la Médie et à Suse. Le total de ces richesses s'élevait donc à vingt-cinq mille talents [3]. Tel était l'état des affaires d'Antigone.

XLIX. Après avoir raconté les événements qui se sont passés en Asie, nous allons reprendre la narration de ce qui concerne l'Europe. Cassandre tenait Olympias bloquée à Pydna; mais la saison d'hiver ne lui permettait pas de pousser vivement le siége de la ville. Cependant il avait entouré la ville d'un retranchement dont les deux extrémités touchaient à la mer. Il avait en outre investi le port, et interceptait tous les convois envoyés au secours des assiégés. Les vivres ayant été bientôt consommés, il se fit sentir dans l'intérieur de la place une disette qui épuisait les forces des assiégés. Cette disette devint telle que chaque soldat ne recevait pour sa ration mensuelle que cinq chenices de blé [4]; on faisait manger aux éléphants de la sciure de bois, et on abattait les animaux de trait et les chevaux pour s'en nourrir. Bien que la ville se trouvât livrée à cette affreuse disette, Olympias ne renonça pas encore à l'espoir de recevoir du secours du dehors. Cependant les éléphants périssaient de faim, les cavaliers irréguliers, qui n'avaient pas été soumis à la ration, mouraient presque tous, et le même sort était réservé à un grand nombre de fantassins. Quelques Barbares, surmontant la répugnance naturelle, ramassaient les cadavres, et en mangeaient la chair. La ville se remplissait de morts; les chefs du corps de la reine firent enterrer une partie de ces cadavres et jeter les autres par-dessus le mur, afin de les soustraire aux regards des vivants, et faire dis-

---

[1] Présent que le riche Pythius avait fait à Darius, père de Xerxès. Voyez Hérodote, liv. VII, ch. 28.
[2] Quatre-vingt-deux millions de francs.
[3] Cent trente-sept millions cinq cent mille francs.
[4] Environ cinq à six litres.

araître la puanteur, devenue insupportable, non-seulement pour [l]es femmes de la cour, habituées à une vie délicate, mais encore [p]our les soldats, accoutumés à tous les désagréments de la vie.

L. Le printemps commençait et la disette allait en croissant. [B]eaucoup de soldats supplièrent Olympias de leur accorder la [r]etraite. Olympias, se voyant dans l'impossibilité absolue de leur [d]onner des vivres et de faire lever le siége, accorda leur de[m]ande. Ils se rendirent tous dans le camp de Cassandre qui les [a]ccueillit avec bienveillance, et les envoya cantonner dans les [v]illes, espérant que les Macédoniens apprendraient ainsi la dé[t]resse d'Olympias et se décideraient à abandonner son parti. Ce [q]u'il avait prévu arriva. Tous ceux qui avaient d'abord résolu [d]e combattre pour les assiégés, passèrent dans le parti de Cassandre. En Macédoine, Aristonoüs et Monimus restèrent seuls [fi]dèles. Aristonoüs était maître d'Amphipolis, et Monimus de [P]ella. Olympias voyant que presque tout le monde l'abandonnait [p]our défendre les intérêts de Cassandre, et que le reste de ses [a]mis n'était pas assez fort pour la défendre, voulut faire mettre [e]n mer un bâtiment quinquerème et s'y sauver avec ses affidés. [M]ais un transfuge ayant dénoncé ce projet, Cassandre fit mettre [à] la voile et s'empara de ce bâtiment. Olympias, désespérant [a]lors de se sauver, envoya à Cassandre des parlementaires pour [tr]aiter d'un accommodement. Cassandre, qui croyait d'abord [for]cer la reine à se rendre à discrétion, ne lui garantit qu'à [p]eine la vie sauve. Cassandre prit possession de la ville et envoya [d]es détachements pour s'emparer de Pella et d'Amphipolis. [M]onimus, commandant de Pella, instruit du sort d'Olympias, [re]ndit la ville. Mais Aristonoüs, qui avait sous ses ordres une [tr]oupe nombreuse, et qui venait de remporter quelques succès, [a]vait résolu de se défendre. En effet, quelques jours auparavant, [il] avait attaqué Cratevas, un des généraux de Cassandre, lui [a]vait tué beaucoup de monde, et avait obligé Cratevas lui-même [à] se jeter avec deux mille hommes dans Bedys[1] en Bisaltie[2] où il

---

[1] Il n'est fait nulle part ailleurs mention de la ville de Bedys.
[2] Région de la Thrace.

vint l'assiéger, lui fit mettre bas les armes, et le renvoya par capitulation. Encouragé par ce succès et croyant Eumène encore vivant, se flattant, en outre, qu'Alexandre et Polysperchon viendraient à son secours, Aristonoüs refusa de rendre Amphipolis. Ce ne fut que sur un ordre écrit d'Olympias, qui lui enjoignit l'obéissance, qu'Aristonoüs livra la ville, et prit des garanties de sûreté.

LI. Cependant, jaloux de la considération dont jouissait Aristonoüs en raison de l'estime dont l'avait honoré Alexandre, et résolu d'ailleurs à se défaire de tous ceux qui pouvaient lui porter ombrage, Cassandre fit tuer Cratevas[1] par ses parents. Il excita ensuite les familles de ceux qu'Olympias avait fait périr, et les amena à mettre cette femme en accusation dans une assemblée générale des Macédoniens. Le projet réussit. Olympias, absente, et sans avoir pu se défendre, fut condamnée à mort par le tribunal des Macédoniens. Cassandre envoya aussitôt à Olympias quelques-uns de ses affidés, chargés de conseiller à la reine de s'enfuir secrètement et de s'embarquer dans un navire frété pour Athènes. Cassandre agissait ainsi, non avec l'intention de sauver Olympias, mais afin que, s'étant elle-même condamnée à la fuite, elle ne parût avoir subi qu'un châtiment mérité, si elle venait à périr dans la traversée; car il n'ignorait pas de quel respect cette femme était entourée et combien les Macédoniens étaient changeants. Mais Olympias se refusa à la fuite; elle déclara, au contraire, qu'elle était toute prête à paraître devant tous les Macédoniens pour subir un jugement. Redoutant l'effet que la défense de la reine pourrait produire sur la masse, et craignant que la nation entière, se souvenant des bienfaits d'Alexandre et de Philippe, ne réformât son jugement, Cassandre détacha deux cents de ses soldats les plus dévoués avec l'ordre de tuer Olympias sur-le-champ. Ces soldats, après avoir pénétré dans le palais, furent saisis de respect à la vue du noble maintien d'Olympias, et revinrent sans avoir rempli leur mission. Mais les parents de ceux qu'Olympias avait fait mettre à mort, ayant leur propre vengeance à assouvir et voulant ce

[1] Il faudrait peut-être lire Aristonoüs, au lieu de Cratevas que donne le texte.

même temps complaire à Cassandre, égorgèrent la reine, qui ne proféra aucun cri qui aurait trahi la faiblesse de son sexe[1]. Telle fut la fin d'Olympias qui avait été pendant sa vie comblée d'honneurs. C'est ainsi que périt la fille de Néoptolème, roi des Épirotes, sœur de cet Alexandre qui avait porté la guerre en Italie, femme de Philippe qui fut un des plus puissants souverains de l'Europe, enfin mère d'Alexandre, de ce roi qui avait accompli de si grandes et de si belles choses.

LII. Après avoir ainsi réussi à souhait, Cassandre aspira au trône de la Macédoine. Pour y préparer les voies, il épousa Thessalonique, fille de Philippe et sœur d'Alexandre, afin de se présenter comme un allié de la maison royale. Il fonda alors dans la Pallène une ville qu'il appela d'après son nom Cassandria. Il y transféra des habitants tirés des villes de la Chersonèse, de Potidée et de plusieurs endroits voisins. Il la peupla également de tous ceux qui avaient survécu à la ruine d'Olynthe, et qui étaient en assez grand nombre. Enfin, il distribua aux Cassandriens beaucoup de terres fertiles ; la nouvelle cité, ainsi favorisée par Cassandre, prit un rapide accroissement et devint une des premières de la Macédoine. Cassandre avait aussi résolu la mort du fils d'Alexandre et de sa mère Rhoxane, afin qu'il ne restât aucun prétendant légitime à la couronne. Mais désirant auparavant connaître l'impression qu'avait produite sur le public la mort d'Olympias, et attendre en même temps des nouvelles d'Antigone, il se borna, pour le moment, à mettre Rhoxane et son fils en lieu de sûreté. Il la fit transporter dans la citadelle d'Amphipolis, commandée par Glaucias, un des alliés de Cassandre. Il enleva au jeune prince les enfants qui étaient élevés avec lui, et le fit traiter comme un enfant du peuple. Ensuite Cassandre, s'attribuant déjà les droits de la souveraineté, fit inhumer Eurydice et le roi Philippe, ainsi que Cynna, qu'Alcétas avait tué, dans la ville d'Aigues, où l'on avait coutume d'ensevelir les rois, et il célébra des jeux funèbres

---

[1] Comparez Justin, XIV, 6.

sur les tombeaux de ces morts. Enfin Cassandre enrôla l'élite de la jeunesse macédonienne, et se décida à faire une expédition dans le Péloponnèse.]

Tandis que ces choses se passaient, Polysperchon était assiégé à Naxium[1], dans la Perrhébie. Après avoir appris la mort d'Olympias, il désespéra des affaires de la Macédoine et s'échappa de la ville avec un petit nombre des siens. Il quitta la Thessalie, se réunit à Æacide, et se retira dans l'Étolie. Là, il attendit en sécurité la suite des événements. Les habitants du pays l'avaient accueilli avec bienveillance.

LIII. Après avoir mis sur pied une armée considérable, Cassandre partit de la Macédoine, empressé d'expulser du Péloponnèse Alexandre, fils de Polysperchon. C'était le seul ennemi qui restât encore avec une armée à sa disposition; il avait pris des villes et des places fortes. Cassandre traversa sans obstacle la Thessalie, mais il trouva les Thermopyles gardées par les Étoliens, et ce ne fut qu'avec peine qu'il parvint à les forcer et à se rendre dans la Béotie. Arrivé dans ce pays, il appela près de lui tous les Thébains qui avaient survécu au désastre de leur ville; il les engagea à relever Thèbes : l'occasion lui paraissait très-belle pour faire rebâtir cette ville célèbre par son histoire et ses traditions, enfin pour s'acquérir par un tel bienfait une gloire immortelle. Cette ville avait, en effet, subi de nombreuses et bien grandes révolutions; elle avait été plusieurs fois renversée de fond en comble. Nous allons entrer dans quelques détails à ce sujet.

Après le déluge de Deucalion, Cadmus fonda la ville qui, d'après lui, porta le nom de *Cadmée*. Cette ville fut d'abord habitée par un peuple que quelques historiens appellent *Spartos*[2], parce qu'il se composait d'hommes accourus de tous côtés, et que d'autres nomment *Thébagène*, parce que ce peuple, chassé et dispersé par le déluge, avait tiré son origine de la ville

---

[1] Wesseling (tom. VIII, p. 530 de l'édit. Bipont.) propose de lire ici *Azorus*, ville mentionnée par Strabon (VIII, p. 501, édit. Casaub.) et par Tite-Live (XLII, 53).

[2] Σπαρτός, dispersé.

entionnée. Enfin, les habitants de Cadmée furent plus tard chassés par les Enchéliens, ce qui obligea les Cadméens à se réfugier en Illyrie. Après ces événements, Amphion et Zéthus s'emparèrent de ce lieu et y construisirent pour la première fois la ville de Thèbes, ainsi que l'atteste le poëte par ce vers :
« Ceux qui les premiers jetèrent le fondement de Thèbes aux sept portes [1]. » Ces nouveaux habitants furent à leur tour chassés par l'arrivée de Polydore, fils de Cadmus, méprisant le pouvoir d'Amphion, affligé de la perte de ses enfants. Sous le règne des successeurs de Polydore, toute la contrée reçut le nom de *Béotie*, de Béotus, fils de Mélanippe et de Neptune, qui avait régné dans ce pays; les Thébains furent pour la troisième fois chassés par les Épigones venus d'Argos qui prirent la ville d'assaut. Les habitants ainsi expulsés se réfugièrent dans la ville d'Alalcomenia et sur le mont Tilphosium. Après que les Argiens se furent retirés, les Thébains rentrèrent dans leur patrie. Plus tard, pendant que les Thébains étaient partis en Asie, pour la guerre de Troie, le reste des habitants de Thèbes fut chassé ainsi que les autres Béotiens par les Pélasges. Ils essuyèrent ensuite beaucoup d'autres revers, et ce ne fut que très-peu de temps après la quatrième génération que, rappelés par l'oracle des corbeaux [2], les habitants rentrèrent en Béotie et reprirent possession de la ville de Thèbes. Depuis ce temps, cette ville resta debout pendant près de huit cents ans; les Thébains étaient d'abord à la tête de leur nation; ensuite ils disputaient aux autres la suprématie de la Grèce, lorsqu'Alexandre, fils de Philippe, emporta leur ville d'assaut et la détruisit de fond en comble.

LIV. Vingt ans après, Cassandre, avide de gloire, releva avec l'aide des Béotiens cette ville, et la rendit aux débris des Thébains. Plusieurs villes grecques concoururent même à cette œuvre

---

[1] *Odyssée*, XI, v. 262.
[2] L'oracle avait prédit aux Béotiens habitant Arné, en Thessalie, qu'ils rentreraient dans leur patrie, quand ils auraient vu un corbeau blanc. Un enfant s'étant amusé à lâcher des corbeaux blancs, les Béotiens retournèrent dans leurs foyers. Zenobius, cent. III, 87.

tant par sympathie pour le malheur, qu'à cause de l'ancienne renommée de Thèbes. Ainsi les Athéniens rebâtirent une grande partie de l'enceinte ; d'autres villes, non-seulement de la Grèce, mais encore de la Sicile et de l'Italie, contribuèrent, chacune selon ses forces, à la reconstruction de Thèbes, soit en prêtant des ouvriers, soit en fournissant des sommes d'argent pour les besoins les plus urgents. Ce fut de cette manière que les Thébains recouvrèrent leur patrie.

Cassandre s'était avancé vers le Péloponnèse à la tête de son armée. Trouvant l'isthme de Corinthe occupé par Alexandre, fils de Polysperchon, il se rendit à Mégare. Là, il fit construire des bateaux sur lesquels il embarqua ses éléphants pour les transporter à Épidaure ainsi que ses troupes. De là il se rendit à Argos et força cette ville à abandonner l'alliance d'Alexandre et à embrasser son propre parti. Il se mit ensuite en possession des villes de la Messénie, à l'exception d'Ithome, et prit Hermionis par capitulation. Alexandre refusant le combat, Cassandre laissa à l'isthme de Géranie [1] une garnison de deux mille hommes, sous les ordres de Molycus et retourna en Macédoine [2].

LV. L'année étant révolue, Praxibulus fut nommé archonte d'Athènes, et les Romains élurent pour consuls Spurius Nautius et Marcus Popilius [3]. Dans cette année, Antigone laissa, comme satrape de la Susiane, Aspisas, un des naturels du pays. Il songea ensuite à faire transporter toutes ses richesses sur le bord de la mer. Il fit donc préparer des chars et des chameaux, et se dirigea avec son armée, suivie de ce convoi, vers la Babylonie. En vingt-deux jours il atteignit Babylone. Seleucus, satrape de cette province, fit à Antigone un accueil royal, l'honora de présents, et offrit un festin à toute son armée. Mais, lorsque Antigone lui demanda le détail de ses revenus, Seleucus répondit qu'il n'avait aucun compte à lui rendre au sujet de cette province, qui lui avait été donnée par les Macédoniens en récompense des ser-

[1] On ne connaît pas d'isthme de ce nom. Pausanias (I, 40) parle d'une montagne de *Gerania*.
[2] Le texte paraît ici tronqué.
[3] Deuxième année de la CXVI[e] olympiade ; année 315 avant J.-C.

ces qu'il avait rendus du vivant d'Alexandre. La mésintelligence de ces deux chefs augmenta de jour en jour; Seleucus, ngeant au sort de Python, craignit qu'Antigone ne saisît quelque rétexte pour lui ôter la vie; car Antigone passait pour un omme empressé de se débarrasser de tous ceux qui auraient pu i susciter des obstacles. En proie à ces inquiétudes, Seleucus échappa avec cinquante cavaliers, dans l'intention de se retirer l Égypte auprès de Ptolémée, dont tout le monde connaissait bonté et l'humanité avec laquelle il accueillait les réfugiés. A nouvelle de cette fuite, Antigone ne se contint plus de joie de voir délivré de la nécessité de porter la main sur un compagnon armes auquel il avait été si longtemps attaché par les liens de mitié, et qui, par cette fuite volontaire, lui livrait, sans coup rir, une satrapie importante. Des Chaldéens vinrent ensuite ouver Antigone, et lui prédirent que Seleucus, s'il parvenait à échapper, soumettrait un jour toute l'Asie, et que lui, Antione, perdrait la vie, s'il livrait une bataille à Seleucus. Saisi e repentir, Antigone fit partir des hommes chargés d'atteindre fugitif et de le ramener. Mais, après l'avoir poursuivi pendant uelque temps, ils revinrent sans avoir rempli leur mission. ntigone qui, d'habitude, n'avait jamais tenu compte de ces rtes de prédictions, fut néanmoins effrayé de celle des Chaléens qui passaient pour si habiles dans l'art de prédire l'avenir dans l'observation la plus exacte des astres; car les Chaldéens ssaient pour s'être livrés à ces sciences depuis des myriades 'années. Il n'ignorait pas qu'ils avaient annoncé à Alexandre e, s'il allait à Babylone, il y mourrait. Enfin, de même que prédiction à l'égard d'Alexandre, celle qui concernait Seleus s'accomplit, ainsi que nous le raconterons en temps conveable.

LVI. Seleucus, qui était parvenu à se sauver en Égypte, fut rfaitement bien accueilli par Ptolémée. Il se plaignait amèment d'Antigone, et l'accusait de chasser de leurs satrapies us les hommes considérés et particulièrement les généraux ui avaient servi sous Alexandre; il citait comme exemples

Python, qui avait été tué; Peuceste, destitué du gouvernement de la Perse; enfin, son propre sort. Cependant, ajouta-t-il, personne n'a jamais offensé Antigone; tous lui ont, au contraire, rendu de grands et nombreux services d'amitié, et voilà comment il les a payés de retour. Seleucus parla ensuite en détail des forces dont Antigone disposait, de ses immenses richesses et de ses succès récents qui avaient, selon lui, excité l'ambition d'Antigone au point de prétendre à tout l'empire des Macédoniens. Ce fut par de tels discours que Seleucus détermina Ptolémée à faire des préparatifs de guerre; il envoya en Europe quelques-uns de ses amis chargés d'y répandre des discours semblables, et de faire de Cassandre et de Lysimaque des ennemis d'Antigone. Cette mission fut bientôt remplie; ce fut là l'origine de guerres sérieuses. Cependant Antigone, devinant le plan de Seleucus, avait, de son côté, envoyé des députés auprès de Ptolémée, de Lysimaque et de Cassandre, pour les prier de lui conserver leur ancienne amitié. Il nomma Python, arrivé de l'Inde, satrape de la Babylonie, et se porta avec son armée vers la Cilicie. Arrivé à Mallum, il distribua ses troupes dans les cantonnements d'hiver, après le coucher de l'Orion. Il prit ensuite à Cuindes dix mille talents, indépendamment de ses revenus annuels, qui s'élevaient à onze mille talents[1]. C'est ainsi qu'Antigone s'était rendu redoutable tant par la force de ses troupes que par ses richesses.

LVII. Pendant qu'Antigone s'avançait vers la Syrie, les envoyés de Lysimaque et de Cassandre vinrent le joindre. Introduits dans le conseil, ces envoyés demandèrent que la Cappadoce et la Lycie fussent remises à Cassandre; la Phrygie hellespontique, à Lysimaque; toute la Syrie, à Ptolémée, et la Babylonie à Seleucus. Ils réclamèrent en outre le partage des trésors dont Antigone s'était emparé après la défaite d'Eumène, appuyant leurs réclamations sur ce que la guerre avait été faite en commun. Enfin, ils ajoutèrent que si leurs demandes étaient rejetées, i

---

[1] C'était un total de vingt et un mille talents ou de cent quinze millions cinq ce mille francs.

réuniraient tous pour déclarer la guerre à Antigone. Celui-ci répondit brusquement qu'il était tout préparé à la guerre [1]. Les envoyés se retirèrent donc sans avoir obtenu aucun résultat. A la suite de cette négociation, Ptolémée, Lysimaque et Cassandre firent entre eux un traité d'alliance, réunirent leurs troupes et préparèrent des magasins d'armes et de munitions de guerre. Antigone, voyant ligués contre lui tant d'hommes puissants, comprit toute la gravité de la guerre qui le menaçait. Il appela donc sous les armes les peuples, les villes et les souverains sur l'alliance desquels il pouvait compter. Il envoya Agésilas auprès des rois de Cypre; à Rhodes, Idoménée et Moschion; il fit partir son neveu, Ptolémée, dans la Cappadoce, avec un corps d'armée pour faire lever le siége de la ville d'Amisus : il devait chasser tous les soldats envoyés par Cassandre dans la Cappadoce, et se rendre ensuite dans l'Hellespont pour empêcher Cassandre de faire passer une armée d'Europe en Asie. De plus, il envoya dans le Péloponnèse Aristodème de Milet avec mille talents [2]; il le chargea de conclure un traité d'amitié et d'alliance avec Alexandre, fils de Polysperchon, et de lever des troupes suffisantes pour faire la guerre à Cassandre. Antigone, maître de toute l'Asie, avait établi, au moyen de courriers et de flambeaux, un système de poste qui lui permettait de faire promptement parvenir les dépêches.

LVIII. Ces dispositions terminées, Antigone se dirigea vers la Phénicie, ayant hâte d'armer une flotte; car ses ennemis tenaient la mer avec de nombreux navires qui lui manquaient alors totalement. Il vint donc établir son camp sous les murs de Tyr, en Phénicie, et comme il avait l'intention de faire le siége de cette ville, il appela près de lui les rois de la Phénicie et les hyparques de Syrie. Il engagea les rois à faire construire des bâtiments; car Ptolémée avait emmené en Égypte tous les navires phéniciens avec leurs équipages. En même temps, il ordonna aux

---

[1] J'adopte ici la leçon proposée par M. Dindorf, et je lis πρὸς πόλεμον au lieu de ὡς Πτολεμαῖον, qui n'offre pas un sens bien exact.

[2] Cinq millions cinq cent mille francs.

hyparques de tenir aussitôt à sa disposition quatre millions cinq cent mille médimnes de blé[1]; c'était la consommation pour une année. Il fit de tous côtés venir des bûcherons, des scieurs de bois, des charpentiers maritimes, et transporta du Liban, au bord de la mer, les matériaux que huit mille ouvriers étaient occupés à couper dans cette montagne, et que mille attelages étaient employés à charger. Le Liban s'étend le long des villes de Tripolis, de Byblos et de Sidon. Cette montagne est couverte de bois de cèdre, de pins et de cyprès d'une beauté et d'une élévation prodigieuses. Trois chantiers furent établis en Phénicie; à Tripolis, à Byblos et à Sidon. Un quatrième fut élevé en Cilicie, qui tirait ses matériaux du mont Taurus; enfin, un cinquième à Rhodes, où les habitants faisaient venir le bois par mer. Pendant qu'Antigone était occupé à ces travaux et qu'il campait dans le voisinage de la mer, Seleucus arriva de l'Égypte avec cent navires bons voiliers et équipés avec une magnificence royale. Cette flotte longea la côte en bravant l'armée ennemie. Les villes alliées et tous les partisans d'Antigone en furent découragés; car ils prévoyaient que les ennemis, maîtres de la mer, viendraient ravager leur territoire afin de les punir de leur attachement pour Antigone. Cependant Antigone exhorta ses alliés à prendre courage, et les assura que l'été prochain il pourrait mettre en mer cinq cents navires.

LIX. Pendant que ces choses se passaient, Agésilas, de retour de Cypre où il avait été envoyé en députation, vint annoncer que Nicocréon et les principaux rois de l'île avaient fait alliance avec Ptolémée; mais que les gouverneurs de Cittium, de Lapithum, de Marium et de Cerynia, s'étaient déclarés pour lui. Sur ce rapport, Antigone laissa trois mille hommes sous les ordres d'Andronicus pour continuer le siége de Tyr, et il se dirigea lui-même, à la tête de son armée, vers Joppé et Gaza, villes qui avaient désobéi à ses ordres; il les emporta d'assaut et incorpora dans les rangs de son armée les soldats qu'y a-

---

[1] Près de deux millions d'hectolitres.

laissés Ptolémée ; enfin il plaça dans ces villes une garnison suffisante pour tenir les habitants en respect. Cela fait, il retourna dans son camp près de Paléo-Tyr, et fit des préparatifs de siége.

Vers ce même temps, Ariston, auquel Eumène avait confié les os de Cratère, remit ces dépouilles à Phila, femme de Cratère. Cette femme, qui, après la mort de Cratère, avait épousé Démétrius, fils d'Antigone, était d'une rare intelligence ; par ses manières conciliantes, elle avait apaisé bien des troubles dans l'armée ; elle avait élevé à ses frais les sœurs et les filles des guerriers pauvres, et délivré beaucoup d'accusés innocents. On rapporte même qu'Antipater, son père, un des hommes d'État les plus sages de son époque, consultait Phila, encore jeune fille, sur les affaires les plus importantes. Nous ferons d'ailleurs connaître davantage le caractère de cette femme, lorsque nous parlerons des changements qui eurent lieu par la suite, et de la fin du règne de Démétrius. Voilà ce que nous avions pour le moment à dire d'Antigone et de Phila, femme de Démétrius.

LX. Cependant Aristodème, un des généraux émissaires d'Antigone, aborda en Laconie, et, sur l'autorisation des Spartiates, fit dans le Péloponnèse une levée de huit mille hommes. Il conclut en même temps, au nom d'Antigone, un traité d'alliance avec Alexandre et Polysperchon. Il laissa à Polysperchon le commandement du Péloponnèse, et engagea Alexandre à se rendre en Asie, auprès d'Antigone. Ptolémée[1], un autre des généraux d'Antigone, arriva avec son armée en Cappadoce, fit lever à Asclépiodore, lieutenant de Cassandre, le siége d'Amisus, renvoya par capitulation les troupes d'Asclépiodore, et se mit en possession de la province. Après ce succès, Ptolémée s'avança vers la Bithynie, surprit Zibœtès, roi des Bithyniens, alors occupé au siége des villes des Astacéniens et des Chalcédoniens, et l'obligea de se désister de son entreprise. Enfin il fit une alliance avec ces villes et avec Zibœtès lui-même, prit des otages et se porta sur l'Ionie et la Lydie. Car Antigone lui avait écrit

---

[1] Ce n'est point le satrape d'Égypte, mais le neveu d'Antigone, qui s'appelait aussi Ptolémée. Voyez plus haut, ch. 57.

de venir à son secours et de se rendre immédiatement sur la côte où Seleucus devait stationner avec sa flotte. Seleucus bloquait alors Érythrée; mais, en apprenant l'approche de l'ennemi, il renonça à son entreprise.

LXI. Antigone se lia d'amitié avec Alexandre, fils de Polysperchon, qui venait d'arriver en Asie. Il convoqua en une assemblée les soldats et les voyageurs étrangers, et accusa publiquement Cassandre. Son accusation était fondée sur la mort d'Olympias et sur le mauvais traitement qu'avaient éprouvé Rhoxane et le roi. Il ajouta en outre que Cassandre avait forcé Thessalonice à l'épouser, et qu'il avait évidemment l'ambition de s'approprier le trône de Macédoine; qu'il avait rétabli les Olynthiens, les ennemis les plus acharnés des Macédoniens, dans une ville qui portait son nom [1]; enfin qu'il avait relevé Thèbes, rasée par les Macédoniens. Toute l'assemblée fut indignée, et elle rendit un décret d'après lequel Cassandre était déclaré ennemi de la patrie, s'il ne démolissait pas les villes qu'il venait de rétablir, s'il ne faisait pas sortir de prison le roi et sa mère Rhoxane pour les rendre aux Macédoniens, enfin s'il refusait de se soumettre aux ordres d'Antigone, investi de la régence du royaume. Ce même décret portait que tous les Grecs seraient libres, affranchis de toute garnison étrangère et entièrement indépendants. Ratifié par l'armée, ce décret fut publié en tous lieux. Antigone comptait ainsi, par la perspective de la liberté, trouver dans les Grecs des auxiliaires dévoués, et donner le change aux satrapes de l'Asie supérieure et aux commandants militaires qui soupçonnaient Antigone de ne faire la guerre que pour détrôner les rois, successeurs d'Alexandre. Ces mesures prises, Antigone donna à Alexandre cinq cents talents, et, après l'avoir ébloui par de brillantes espérances, il le renvoya dans le Péloponnèse. Il fit ensuite venir de Rhodes les navires qu'il y avait fait construire, en arma le plus grand nombre, et se porta sur Tyr. Maître de la mer, et interceptant les

---

[1] La ville de Cassandria. Voyez plus haut, chap. 52.

convois de vivres, Antigone bloqua Tyr pendant un an et trois mois, et réduisit les assiégés à une affreuse disette. Enfin la ville se rendit par capitulation ; les soldats de Ptolémée obtinrent la permission de se retirer avec leurs bagages, et Antigone mit une garnison dans la place.

LXII. Sur ces entrefaites, Ptolémée, qui avait été informé de la teneur du décret rendu par les Macédoniens à l'instigation d'Antigone, en rédigea de son côté un autre tout à fait semblable, pour faire connaître aux Grecs qu'il n'était pas moins jaloux qu'Antigone de leur indépendance ; car les deux rivaux voyaient bien de quelle importance serait dans les conjonctures actuelles l'amitié des Grecs qu'ils se disputaient. Ptolémée fit alliance avec Cassandre[1], satrape de Carie, qui avait sous sa domination un grand nombre de villes. Il envoya un renfort de troupes aux rois de Cypre, auxquels il avait déjà fait passer antérieurement un corps de trois mille hommes, afin de contraindre à l'obéissance ceux qui lui avaient jusqu'à présent résisté. Ce renfort se composait de dix mille hommes sous les ordres de Myrmidon d'Athènes, et de cent navires commandés par Polyclite. Ménélas, frère de Ptolémée, avait le commandement en chef. Ces généraux, abordés en Cypre, rallièrent la flotte de Seleucus et se réunirent en conseil pour délibérer sur ce qu'il convenait de faire. Il fut arrêté que Polyclite se porterait avec cinquante navires vers le Péloponnèse, et qu'il ferait la guerre à Aristodème, à Alexandre et à Polysperchon ; que Myrmidon, à la tête des mercenaires, passerait dans la Carie pour secourir Cassandre, pressé par Ptolémée, lieutenant d'Antigone ; enfin que Seleucus et Ménélas resteraient en Cypre, où, s'alliant avec le roi Nicocréon et les autres, ils feraient la guerre à la faction ennemie. L'armée ayant été ainsi divisée, Seleucus alla assiéger Cérynnia et Lapithum ; puis, après s'être allié avec Stasiœcus, roi des Maniens, il obligea le souverain des Amathusiens à lui remettre des otages ; mais, n'ayant pu entraîner dans son parti la

---

[1] Wesseling (tom. VIII, p. 537) pense qu'il faut lire ici *Asandre*, ainsi que dans tous les passages où il est question du satrape de la Carie. Voyez XVIII, 39.

ville de Citium, il l'assiégea sans relâche avec toute son armée. En ce même temps Antigone reçut quarante navires que lui avait amenés de l'Hellespont et de Rhodes le nauarque Thémison. Dioscoride lui amena de ces mêmes contrées quatre-vingts barques. Après avoir réuni à ces bâtiments ceux qui se trouvaient déjà tout prêts dans les ports de la Phénicie, et particulièrement dans le port de Tyr, au nombre de cent vingt navires, Antigone se trouva à la tête d'une flotte de deux cent quarante vaisseaux armés en guerre. Dans ce nombre il y avait quatre-vingt-dix quadrirèmes, dix quinquérèmes, trois novirèmes, dix décirèmes et trente bâtiments dépontés. En divisant ces forces navales, il détacha cinquante bâtiments dans le Péloponnèse, confia les autres aux ordres de Dioscoride, son neveu, chargé de se mettre en croisière, de défendre les alliés et de s'emparer des îles qui ne s'étaient pas encore déclarées alliées. Telle était la situation des affaires d'Antigone.

LXIII. Après avoir parlé des événements arrivés en Asie, nous allons revenir à ceux d'Europe. Apollonide, nommé par Cassandre commandant de la ville d'Argos, entra de nuit dans l'Arcadie et s'empara de la ville des Stymphaliens. Pendant qu'il était occupé à cette expédition, les habitants d'Argos, mal disposés pour Cassandre, appelèrent Alexandre, fils de Polysperchon, lui promettant de lui livrer leur ville. Mais, Alexandre tardant à se rendre à cette invitation, Apollonide eut le temps de le devancer et de revenir à Argos. Il y trouva les conjurés réunis au nombre de cinq cents dans le Prytanée ; il en fit fermer les issues, mit le feu à l'édifice, et brûla vifs tous ceux qui s'y trouvaient. Il exila plusieurs autres conjurés et en condamna un petit nombre à mort. Lorsque Cassandre apprit la descente d'Aristodème dans le Péloponnèse, et la levée des troupes étrangères, il fit d'abord des tentatives pour détacher Polysperchon du parti d'Antigone ; mais comme Polysperchon s'y refusa, Cassandre se mit à la tête de son armée, traversa la Thessalie et entra dans la Béotie. Là, il aida les Thébains à rebâtir les murs de leur ville ; puis il se rendit dans le Péloponnèse, s'empara de force de la ville de Cenchrée et ravagea le territoire des Corinthiens. Il prit ensuite d'assaut deux forteresses, et en fit sortir la garnison d'Alexandre par capitulation. De là il vint attaquer la ville d'Orchomène, où il fut introduit par quelques habitants mécontents d'Alexandre. Il y laissa une garnison ; les amis d'Alexandre ayant cherché un asile dans le temple de Diane, il accorda aux autres habitants la faculté d'agir à leur égard comme ils l'entendraient. Les Orchoméniens traitèrent ces suppliants avec la dernière rigueur, et les mirent à mort, contrairement à la loi commune des Grecs.

LXIV. Cassandre entra ensuite dans la Messénie ; mais trouvant la ville des Messéniens bien défendue par une garnison de Polysperchon, il renonça pour le moment à en faire le siége. De là, il s'avança vers l'Arcadie, et laissa Damis gouverneur de la ville de * * *[1]. De là, il revint vers l'Argolide, célébra les jeux Néméens, et retourna dans la Macédoine. Après le départ de Cassandre, Alexandre visita avec Aristodème les villes du Péloponnèse. Il essaya d'expulser les garnisons des villes occupées par Cassandre et de déclarer les autres indépendantes. Averti de ces tentatives, Cassandre dépêcha Prépellus pour l'engager d'abandonner le parti d'Antigone et de se rallier franchement à lui. Il ajouta que si Alexandre acceptait cette proposition, il lui donnerait le commandement de tout le Péloponnèse, le proclamerait chef de l'armée, et l'honorerait selon ses mérites. Alexandre, voyant que c'était là précisément pourquoi il faisait, depuis l'origine, la guerre à Cassandre, accepta l'alliance proposée et fut, dès ce moment, reconnu commandant du Péloponnèse.

Sur ces entrefaites, Polyclite, émissaire de Seleucus, quitta les eaux de Cypre, et vint mouiller à Cenchrée. Mais, en apprenant la défection d'Alexandre et ne voyant plus d'ennemi à combattre, il remit à la voile pour la Pamphylie. De là il se rendit à Aphrodisias en Cilicie. C'est là qu'il apprit que Théodote, nauarque d'Antigone, parti de Patare en Lycie, passait

---

[1] Le nom de la ville manque dans le texte.

dans ces parages avec des bâtiments rhodiens, équipés en Carie. Il apprit aussi que Périlaüs longeait la côte avec des troupes de terre, sous la protection de la flotte. Polyclite usa d'un stratagème pour se défaire de ces deux lieutenants d'Antigone. A cet effet, il débarqua ses troupes, les mit en embuscade dans un endroit où les ennemis devaient passer; puis il se remit en mer, et se cacha avec ses navires derrière un promontoire où il attendit l'arrivée des ennemis. La troupe de terre tomba la première dans l'embuscade; Périlaüs perdit beaucoup de monde et fut fait prisonnier avec plusieurs autres guerriers. Pendant que la flotte s'apprêtait à venir au secours de la troupe de terre, Polyclite l'attaqua soudain et la mit facilement en déroute. Tous les navires et une grande partie de l'équipage tombèrent au pouvoir de Polyclite. Dans le nombre des prisonniers se trouvait aussi Théodote qui, blessé grièvement, mourut peu de jours après. Vainqueur sans avoir couru aucun risque, Polyclite se porta vers Cypre, et de là il se rendit à Péluse. Ptolémée le combla d'éloges et de présents, et lui donna de l'avancement en récompense de ce grand succès. Quant à Périlaüs et aux autres prisonniers, Ptolémée les remit en liberté sur les instances d'Antigone. Enfin, il se rendit lui-même dans un lieu appelé *Ecregma*[1], où il eut une conférence avec Antigone. Celui-ci n'ayant pas consenti aux propositions qui lui étaient faites, Ptolémée rentra en Égypte.

LXV. Après avoir raconté tout ce qui s'est passé en Grèce et en Macédoine, nous allons revenir à l'histoire des pays occidentaux de l'Europe.

Agathocle, tyran des Syracusains, avait enlevé aux Messiniens une forteresse, et promettait de la leur rendre pour une rançon de trois cents talents[2]. Les Messiniens fournirent cet argent, mais Agathocle, non-seulement ne leur rendit pas la forteresse, mais il entreprit même de s'emparer de Messine. Averti qu'une

---

[1] Ἔκρηγμα, précipice. Sur les frontières de l'Égypte et de la Palestine, à l'endroit où le lac Serbonis communique avec la mer. Voyez Pline, *Hist. nat.*, V, 13

[2] Cent soixante-cinq mille francs.

rtie des murailles de cette ville était tombée en ruines, il tira
e Syracuse un détachement de cavalerie qu'il fit venir par terre;
uis il remit en mer quelques *hémioles*[1], et s'approcha de la
lle pendant la nuit. Mais les habitants ayant appris à temps ce
ouvement, Agathocle échoua dans son entreprise. Après cet
succès il se dirigea sur Myles, et fit le siége de la place qui se
ndit par capitulation. Enfin, il revint à Syracuse. Pendant la
ison des récoltes, il entreprit une nouvelle expédition contre
essine. Il vint camper près de la ville, et lui livra de continuels
sauts, sans faire grand mal à l'ennemi ; car les Syracusains
défendaient vigoureusement, secondés par le grand nombre
s exilés qui se trouvaient dans la ville, et qui étaient tous
imés d'une haine implacable contre le tyran. A cette époque
rivèrent des envoyés carthaginois qui reprochaient à Aga-
ocle d'avoir, par ses actes, violé les traités. Ils parvinrent à
tablir la paix et à faire rendre aux Messiniens la forteresse
u'Agathocle leur avait enlevée. Cette mission remplie, ils re-
urnèrent en Libye. Agathocle se rendit ensuite à Abacène,
lle alliée, et y égorgea plus de quarante habitants qui lui parais-
ient hostiles.

Pendant que ces événements avaient lieu, les Romains, en
erre avec les Samnites, s'emparèrent de Phérente, ville de
pulie[2]. Les habitants de Nucéria, appelée aussi Alphaterna,
traînés par quelques-uns de leurs concitoyens, renoncèrent à
mitié des Romains, et firent alliance avec les Samnites.

LXVI. L'année étant révolue, Nicodore fut nommé archonte
Athènes, et les Romains élurent pour consuls Lucius Papirius
Quintus Popilius, l'un pour la quatrième fois et l'autre pour
seconde fois[3]. Dans cette année, Aristodème, lieutenant
Antigone, informé de la défection d'Alexandre, fils de Poly-
erchon, convoqua l'assemblée générale des Étoliens, et, faisant
ns un discours ressortir la justice de sa cause, il décida la

Bâtiments légers; des espèces de demi-trirèmes.
Elle était située dans une vallée, à peu de distance de Venusium.
Troisième année de la CXVI[e] olympiade; année 314 avant J.-C.

multitude à se déclarer en faveur d'Antigone. Il passa ensuite de l'Étolie dans le Péloponnèse, à la tête d'un détachement de mercenaires, et surprit Alexandre et les Éliens occupés à faire le siége de Cyllène. Son apparition opportune fit lever le siége. Il laissa à Cyllène une garnison suffisante pour la défendre, et s'avança vers l'Achaïe ; il délivra Patras de la garnison que Cassandre y avait établie. Il prit d'assaut la ville d'Égium et se rendit maître de la garnison ; mais il fut empêché par la circonstance suivante de rendre aux Égiens leur indépendance, en exécution d'un traité d'Antigone : des soldats s'étaient livrés au pillage ; ils furent pour la plupart égorgés par les Égiens dans leurs propres maisons. Aristodème retourna donc en Étolie sans avoir rendu aux Égiens leur indépendance. Les Dyméens avaient reçu une garnison envoyée par Cassandre. Ils entourèrent leur ville d'une enceinte, de manière à la séparer complétement de la citadelle où se trouvait cette garnison. S'exhortant ensuite réciproquement à reconquérir leur indépendance, ils firent le siége de la citadelle. Instruit de ce soulèvement, Alexandre arriva avec son armée, força l'enceinte, se rendit maître de la ville, et condamna les Dyméens, les uns à la mort, les autres à la réclusion, et plusieurs à l'exil. Le reste des habitants, consternés de la grandeur du désastre, et privés d'alliés, se tinrent pendant quelque temps tranquilles. Mais après le départ d'Alexandre, Aristodème fit venir d'Égium des troupes mercenaires ; es Dyméens attaquèrent de nouveau la garnison, s'emparèrent de la citadelle et délivrèrent la ville. Le reste de la garnison, ainsi que les citoyens, partisans d'Alexandre, furent passés au fil de l'épée.

LXVII. Sur ces entrefaites, Alexandre, fils de Polysperchon, parti de Sicyone à la tête de son armée, fut assassiné par Alexion le Sicyonien, et quelques autres qui avaient caché leur dessein sous les dehors de l'amitié. La femme d'Alexandre, Cratésipolis, se chargea de la direction des affaires. Elle maintint l'ordre dans l'armée : elle était très-aimée des soldats parce qu'elle faisait beaucoup de bien ; elle secourait les malheureux et soulageait les pauvres. Son intelligence pratique et son courage la mettaient au-dessus de son sexe. Les Sicyoniens avaient méprisé cette femme depuis qu'elle était privée de l'appui de son mari ; ils avaient couru aux armes pour reconquérir leur liberté. Cratésipolis leur livra bataille, les vainquit et en tua un grand nombre. Après cette victoire, elle fit arrêter une trentaine de citoyens des plus turbulents et les punit du supplice de la croix. Après avoir ainsi recouvré sa sécurité, Cratésipolis régna sur les Sicyoniens, ayant sous ses ordres de nombreux soldats, prêts à tout événement. Tel était l'état des affaires dans le Péloponnèse.

Cependant Cassandre, voyant que les Étoliens continuaient à servir dans les rangs d'Antigone, et qu'ils étaient en guerre avec les Acarnaniens, leurs voisins, jugea utile de s'allier avec les Acarnaniens et d'abaisser l'orgueil des Étoliens. Il partit donc de la Macédoine à la tête d'une puissante armée, se rendit en Étolie, et vint établir son camp sur les bords du fleuve Campylus[1]. Il réunit les Acarnaniens en une assemblée générale, dans laquelle il leur représenta combien ils avaient eu de tout temps à souffrir de ces guerres de frontières. Il leur conseilla donc de quitter leurs petites forteresses pour se transporter dans un petit nombre de villes. Il ajouta qu'en suivant ce conseil ils pourraient se porter des secours mutuels, et résister en commun aux attaques imprévues de l'ennemi. Convaincus par ces raisons, les Acarnaniens se transférèrent pour la plupart à Stratos, ville considérable et très-forte. Les Œniades et quelques autres tribus se réunirent à Sauria, et les Dériens[2] à Agrinium. Cassandre laissa dans le pays un corps d'armée considérable, sous le commandement de Lycisque, qui avait reçu l'ordre de soutenir les Acarnaniens. Quant à lui, il marcha sur Leucade ; la ville lui fut livrée par ne députation. Il s'avança ensuite vers les côtes de la mer Adriatique, et prit en passant la ville d'Apollonias ; puis il pénétra dans l'Illyrie, franchit l'Hébrus[3], et livra bataille à Glau-

---

[1] Le nom de ce fleuve ne se rencontre nulle part ailleurs.
[2] Les noms de *Sauria* et de *Dériens* ne se retrouvent chez aucun autre auteur.
[3] L'Hébrus est un fleuve de la Thrace. Wesseling pense qu'il faut ici lire *Apsus*.

cias, roi des Illyriens. Il défit ce roi, et conclut avec lui un traité, par lequel Glaucias s'engageait à ne jamais porter les armes contre les alliés de Cassandre. Enfin, après avoir occupé la ville d'Épidaure, il revint en Macédoine.

LXVIII. Après que Cassandre se fut éloigné de l'Étolie, trois mille Étoliens vinrent de concert assiéger Agrinium, et entourèrent la ville de retranchements. Les habitants conclurent un accommodement à la condition qu'ils rendraient la ville et qu'ils se retireraient en sécurité. Mais les Étoliens, violant le traité, se mirent à la poursuite des Acarnaniens inoffensifs, et les passèrent presque tous au fil de l'épée.

Arrivé en Macédoine, Cassandre apprit que les villes de la Carie, alliées de Ptolémée et de Seleucus, étaient attaquées par l'ennemi. Il fit aussitôt partir une armée en Carie, tant pour secourir les alliés que pour donner à Antigone assez d'embarras pour l'empêcher de faire une descente en Europe. A cet effet, il écrivit à Démétrius de Phalère et à Denys, commandant la garnison de Munychie, pour leur enjoindre d'envoyer à Lemnos vingt navires. Cet ordre fut promptement exécuté. Les navires partirent sous les ordres d'Aristote qui aborda à Lemnos, rallia la flotte de Seleucus et engagea les Lemniens à se détacher d'Antigone. Comme ceux-ci ne prêtèrent point l'oreille à cette proposition, Aristote ravagea leur territoire et mit leur ville en état de siège; Seleucus remit ensuite à la voile pour l'île de Cos. En apprenant le départ de Seleucus, Dioscoride, navarque d'Antigone vint mouiller en face de Lemnos; il expulsa de cette île Aristote, et lui prit la plupart des bâtiments avec tout leur équipage.

Cassandre et Prépélaüs eurent le commandement de l'armée envoyée par Cassandre en Carie. A la nouvelle que Ptolémée, lieutenant d'Antigone, avait distribué ses troupes dans les cantonnements d'hiver, et qu'il était en ce moment occupé aux funérailles de son père, Prépélaüs et Cassandre détachèrent Eupolemus avec huit mille hommes d'infanterie et deux mille cavaliers, pour surprendre les ennemis près de Caprima[1] en Carie. Mais

---

[1] Ce lieu est tout à fait inconnu.

u même moment Ptolémée, instruit par quelques transfuges du
lan de l'ennemi, fit venir des cantonnements huit mille trois
cents hommes d'infanterie et six cents cavaliers; puis, tombant
ut à coup, au milieu de la nuit, sur le camp des ennemis
u'il surprit pendant le sommeil, il fit prisonnier Eupolémus et
rça les soldats à se rendre. Telle était la situation des généraux
nvoyés en Asie par Cassandre.

LXIX. Antigone, voyant que Cassandre cherchait à se sou-
ettre l'Asie, laissa son fils Démétrius en Syrie, avec l'ordre
'observer les mouvements de Ptolémée, auquel il soupçonnait
 projet de partir de l'Égypte pour envahir avec une armée la
yrie. Voici quelles étaient les troupes qu'Antigone laissa sous
s ordres de Démétrius : dix mille fantassins mercenaires, deux
ille Macédoniens, cinq cents Lyciens et Pamphyliens, quatre
nts archers et frondeurs perses, cinq mille cavaliers et plus
 quarante éléphants. En même temps il lui adjoignit quatre
nseillers, Néarque le Crétois, Python, fils d'Agénor, qui
epuis peu de jours était arrivé de Babylone; Andronicus
'Olynthe et Philippe. C'étaient tous des hommes âgés et qui
aient fait toutes les campagnes d'Alexandre. Ces conseillers
aient nécessaires à Démétrius, qui était alors un tout jeune
mme, car il n'avait que vingt-deux ans. Quant à Antigone,
 se mit à la tête du reste de l'armée, et voulut d'abord fran-
ir le Taurus; mais, arrêté par la neige et le froid qui lui fit
rdre beaucoup de monde, il renonça à ce dessein et retourna
ns la Cilicie où il attendit un temps plus favorable. Enfin il
aversa cette montagne en sécurité et atteignit Celènes, en Phry-
e, où il prit ses quartiers d'hiver. Peu de temps après, il fit
nir de Phénicie sa flotte commandée par Médius. Celui-ci ren-
ntra trente navires pydnéens, engagea un combat naval, et se
ndit maître des bâtiments ennemis avec tout l'équipage. Tel
ait l'état des affaires en Grèce et en Asie.

LXX. En Sicile, les bannis de Syracuse réfugiés à Agrigente
gagèrent les magistrats de cette ville à ne pas rester spectateurs
anquilles des entreprises d'Agathocle. Ils leur faisaient com-

prendre qu'il vaudrait mieux combattre le tyran sans y être provoqué, avant qu'il ne devînt trop puissant, et avant qu'on ne fût obligé forcément à lui faire la guerre. Ces considérations entraînèrent la conviction des citoyens. Le peuple d'Agrigente déclara donc la guerre au tyran : il attira dans son alliance les Géléens ainsi que les Messiniens, et envoya à Lacédémone plusieurs réfugiés chargés de prier les Spartiates de lui fournir un général capable de diriger les affaires. Soupçonnant leurs compatriotes d'être trop enclins à la tyrannie, les Agrigentins pensaient qu'un chef étranger administrerait les affaires avec plus de justice, témoin Timoléon de Corinthe. Arrivés en Laconie, les envoyés rencontrèrent Acrotatus, fils du roi Cléomène ; il avait pour ennemis beaucoup de jeunes gens de Sparte, et désirait chercher fortune à l'étranger. [Voici l'origine de cette inimitié :] Après la victoire d'Antipater, ceux des Macédoniens qui avaient échappé à la défaite furent, par un décret, lavés de la tache d'infamie dont la loi les frappait. Acrotatus seul s'était opposé à ce décret. Cette opposition lui avait aliéné beaucoup de jeunes gens, mais surtout ceux qui avaient joui du bénéfice de la loi. Ligués contre lui, ils le maltraitaient de coups et ne cessaient de lui tendre des piéges. C'est pourquoi Acrotatus désirait servir à l'étranger, et accepta avec joie l'invitation des Agrigentins. Il partit sans le consentement des éphores, emmena avec lui un petit nombre de navires, et se dirigea sur Agrigente. Assailli par une tempête, il fut emporté dans la mer Adriatique et jeté sur le territoire d'Apollonias. Cette ville était alors assiégée par Glaucius, roi des Illyriens. Acrotatus fit lever le siége et engagea le roi à faire un traité de paix avec les Apolloniates. De là il fit voile pour Tarente. Arrivé dans cette ville, il exhorta le peuple à aider les Syracusains à recouvrer leur liberté, et fit décréter un renfort de vingt navires. Acrotatus exerça ainsi une grande influence due à sa famille et à l'origine qui liait les Tarentins aux Lacédémoniens.

LXXI. Pendant que les Tarentins étaient occupés à ces préparatifs, Acrotatus se rendit à Agrigente, et y prit le commandement. Il inspira d'abord une grande confiance, et tout le monde s'imagina qu'il allait bientôt renverser le tyran. Mais le temps se passa sans que ce chef eût rien fait de digne de sa patrie ni de sa naissance. Il se montrait, au contraire, plus cruel et plus sanguinaire que le tyran. De plus, il avait renoncé aux mœurs de ses ancêtres et se livrait aux jouissances de la vie, de manière qu'on l'aurait pris pour un Perse plutôt que pour un Spartiate. Il dissipait par de folles dépenses les revenus publics. Un jour il assassina, au milieu d'un festin, Sosistrate, le plus illustre des bannis et qui avait souvent commandé des armées; il l'assassina uniquement pour se débarrasser d'un homme courageux qui aurait pu lui reprocher sa mauvaise administration. A cette nouvelle, tous les bannis accoururent et se déclarèrent contre Acrotatus. Les Agrigentins commencèrent d'abord par le destituer du commandement, et se mirent bientôt à l'assaillir à coups de pierres. Enfin, craignant la fureur de la populace, il s'enfuit la nuit, et revint secrètement en Laconie. En apprenant ce départ, les Tarentins rappelèrent la flotte qu'ils avaient envoyée en Sicile. Les Agrigentins, les Géléens et les Messiniens firent la paix avec Agathocle, par la médiation d'Amilcar le Carthaginois. Les principales clauses de ce traité portaient que les villes grecques de la Sicile, Héraclée, Sélinonte et Himère, seraient, comme précédemment, soumises à l'autorité des Carthaginois, et que toutes les autres se gouverneraient d'après leurs propres lois, sous la souveraineté de Syracuse.

LXXII. Agathocle voyant la Sicile évacuée par les troupes ennemies, soumit impunément à son pouvoir les villes et les bourgs, et consolida promptement sa puissance. Il avait de nombreux alliés, de riches revenus et une forte armée. Indépendamment des troupes auxiliaires de la Sicile et de celles enrôlées à Syracuse, il avait sous ses ordres un corps de mercenaires, composé de dix mille hommes d'infanterie et de trois mille cinquante cavaliers. Il fit des provisions d'armes de toute espèce, sachant bien que les Carthaginois, qui avaient condamné Amilcar à une amende pour avoir conclu ce traité, ne tarderaient pas à rallumer la guerre. Tel était alors l'état des affaires en Sicile.

En Italie, les Samnites, qui étaient depuis plusieurs années en guerre avec les Romains, avaient pris d'assaut Plistie, ville occupée par une garnison romaine. Ils avaient persuadé les habitants de Sora de massacrer les Romains qui se trouvaient chez eux, et de faire alliance avec les Samnites. Ils se montrèrent ensuite avec une forte armée devant Saticola, assiégée par les Romains. Une bataille acharnée s'engagea ; les pertes furent considérables de part et d'autre, mais enfin les Romains l'emportèrent. Après cette victoire, les Romains s'emparèrent de la ville de Saticola, et soumirent sans obstacle à leur domination les petites villes et les bourgs du voisinage. Après que la guerre avait été portée dans les villes de l'Apulie, les Samnites appelèrent sous les armes toute la population valide, et vinrent camper en face de l'ennemi, résolus à courir les chances d'une bataille décisive. Instruit de cette détermination de l'ennemi, le peuple romain mit en campagne une nombreuse armée. Ayant pour coutume, dans les circonstances difficiles, de nommer un dictateur parmi les citoyens les plus distingués, il arrêta son choix sur Quintus Fabius, et lui adjoignit Quintus Aulius comme maître de cavalerie. Ces deux généraux livrèrent bataille aux Samnites, près de Laustoles[1], et perdirent beaucoup de monde. Le désordre avait gagné tous les rangs, lorsque Aulius, honteux de fuir, se mit à résister seul à toute la force de l'ennemi, non dans l'espoir de vaincre, mais afin d'épargner à sa patrie la honte d'une déroute complète. C'est ainsi qu'Aulius trouva une mort glorieuse sur le champ de bataille. Dans la crainte de perdre toute l'Apulie, les Romains envoyèrent une colonie à Luceria, une des villes les plus célèbres du pays ; elle devait leur servir de place d'armes pour continuer la guerre contre les Samnites. Cette place leur fut non-seulement utile dans la guerre actuelle, mais elle leur rendit de grands services par la suite et même jusqu'à nos jours,

---

[1] *Lautulæ* de Tite-Live (IX, 23).

contre les incursions des peuples voisins. Tels sont les événements arrivés dans le cours de cette année.

LXXIII. Théophraste étant archonte d'Athènes, les Romains élurent pour consuls Marcus Poplius et Caïus Sulpicius[1]. Dans cette année, les Callantiens, habitant sur la gauche du Pont-Euxin, chassèrent la garnison de Lysimaque, et recouvrèrent leur indépendance. Cet exemple fut suivi des habitants d'Istria et d'autres villes voisines ; ils conclurent entre eux une alliance pour combattre le tyran qui les opprimait. Les Thraces et les Scythes du voisinage entrèrent aussi dans cette ligue, qui s'accrut ainsi considérablement et fut en état de se mesurer avec de nombreuses armées. A cette nouvelle, Lysimaque marcha contre les rebelles. Il prit son chemin par la Thrace, franchit le mont Hémus, et vint camper dans le voisinage d'Odessus ; il fit le siége de cette ville et intimida les habitants qui se rendirent par capitulation. Il soumit de même les Istriens, et s'avança contre les Callantiens. Dans ce moment arrivèrent les Scythes et les Thraces avec une armée nombreuse pour venir, conformément au traité, au secours de leurs alliés. Lysimaque se porta à leur rencontre, étourdit les Thraces par une attaque imprévue, et les amena à se rendre. Quant aux Scythes, il les défit en bataille rangée, leur tua beaucoup de monde, et poursuivit le reste de leurs troupes jusqu'au delà des frontières. Il investit la ville des Callantiens, impatient de châtier les chefs de la rébellion. Pendant qu'il était occupé à ce siége, quelques messagers vinrent annoncer qu'Antigone avait envoyé au secours des Callantiens deux armées, l'une par mer, l'autre par terre ; et que Lycon, commandant de la flotte, avait déjà paru dans le Pont-Euxin, tandis que Pausanias, ayant sous ses ordres de nombreuses troupes de terre, venait d'établir son camp près de l'endroit appelé le *Monument sacré*[2]. Effrayé de ces nouvelles, Lysimaque laissa sur les lieux un corps d'armée suffisant pour continuer le siége, tandis que lui-même se mit à la tête de la

---

[1] Quatrième année de la CXVI<sup>e</sup> olympiade ; année 313 avant J.-C.
[2] Ἱερόν. Il était situé sur la côte de l'Asie, à l'entrée du Bosphore.

plus forte partie de ses troupes, pour présenter la bataille aux ennemis. Mais au moment de franchir l'Hémus, il rencontra Seuthès, roi des Thraces, qui, partisan d'Antigone, avait occupé les défilés avec de nombreux détachements. Lysimaque attaqua l'ennemi ; après un combat assez long, les pertes furent considérables de part et d'autre. Enfin, il parvint à forcer le passage. Il se montra tout à coup en présence de Pausanias, qui s'était réfugié dans les défilés. Il prit d'assaut ces défilés, tua Pausanias, et fit presque tous les soldats prisonniers. Il renvoya les uns moyennant une rançon, et incorpora les autres dans les rangs de son armée. Tel était l'état des affaires de Lysimaque.

LXXIV. Après avoir échoué dans cette entreprise, Antigone envoya vers le Péloponnèse une flotte de cinquante navires et des troupes suffisantes, sous le commandement de Télesphore, qui avait reçu l'ordre de délivrer les villes. Il espérait se concilier la fidélité des Grecs, en leur prouvant qu'il avait réellement à cœur leur indépendance, en même temps il croyait recevoir des nouvelles certaines sur la situation de Cassandre. À son arrivée dans le Péloponnèse, Télesphore délivra toutes les villes des garnisons d'Alexandre, à l'exception de Sicyone et de Corinthe, car ces deux dernières villes étaient occupées par Polysperchon, plein de confiance en ses nombreuses troupes, et en la position forte des lieux.

Sur ces entrefaites, Philippe, envoyé par Cassandre pour faire la guerre aux Étoliens, entra rapidement avec son armée dans l'Acarnanie, et commença les hostilités en ravageant le territoire des Étoliens. Apprenant ensuite qu'Æacide, roi des Épirotes, rentré dans ses États, rassemblait des troupes nombreuses, il résolut de marcher contre lui sur-le-champ. Il trouva déjà les Épirotes prêts au combat, et un engagement eut lieu immédiatement. Philippe tua un grand nombre d'ennemis, et fit beaucoup de prisonniers. Parmi ces derniers se trouvaient ceux qui, au nombre de cinquante, avaient fait rentrer le roi dans ses États. Philippe les envoya enchaînés à Cassandre. Cependant les soldats d'Æacide, revenus de leur fuite, s'étaient réunis aux Étoliens. Philippe les attaqua de nouveau, les battit, et en tua une grande partie. Le roi Æacide se trouva lui-même au nombre des morts. Ainsi, en très-peu de jours, Philippe remporta des avantages considérables; il répandit une telle terreur parmi les Étoliens qu'ils abandonnèrent leur ville et se réfugièrent, avec leurs enfants et leurs femmes, dans les lieux les plus inaccessibles des montagnes. Telle fut l'issue des événements arrivés en Grèce.

LXXV. En Asie Cassandre, maître de la Carie, mais pressé par la guerre, traita avec Antigone. Cassandre s'engagea à livrer toutes ses troupes à Antigone, et à évacuer les villes grecques; en exécution de ces clauses, il devait recevoir les satrapies qu'il avait déjà eues précédemment, et l'amitié d'Antigone. Enfin Cassandre donna en otage son frère Agathon. Mais, peu de jours après, il se repentit de la conclusion de ce traité : il employa la ruse pour délivrer son frère qu'il avait donné en otage, et envoya une députation à Ptolémée et à Seleucus pour les engager à venir à son secours. Irrité de ce manque de foi, Antigone envoya des forces de terre et de mer pour rendre aux villes grecques leur indépendance; la flotte était sous les ordres du nauarque Médius, et l'armée de terre sous le commandement de Docimus. Ces deux généraux se montrèrent d'abord sous les murs de la ville de Milet; ils emportèrent d'assaut la citadelle, gardée par une garnison, et établirent un gouvernement indépendant.

Pendant que ces choses se passaient, Antigone prit d'assaut la ville de Tralles; de là il se rendit à Caunus, rallia sa flotte, et se rendit maître de la ville, à l'exception de la citadelle, qu'il entoura d'un retranchement du côté où elle pouvait être attaquée, et dirigea de là de continuels assauts. Cependant, [son neveu] Ptolémée avait été envoyé avec un corps d'armée considérable contre la ville d'Iasus. Cette ville fut forcée de se soumettre à Antigone. C'est ainsi que toutes les villes de la Carie furent rangées sous son autorité. Peu de jours après, Antigone reçut une députation des Étoliens et des Béotiens, avec lesquels il conclut une alliance. Il eut aussi un entretien avec Cassandre au sujet de la guerre de l'Hellespont, mais ils se séparèrent sans avoir pu s'entendre. Ayant ainsi perdu tout espoir d'un accommodement, Cassandre se décida à s'occuper de nouveau des affaires de la Grèce. Il se dirigea donc avec trente navires sur Orée[1], et fit le siége de cette ville. Déjà la place, vivement pressée, allait se rendre, lorsque Télesphore, arrivant du Péloponnèse, se montra avec vingt bâtiments, montés par mille hommes, amenés au secours des Orites, et Médius apparut avec cent autres bâtiments, également destinés au secours des habitants d'Orée. Trouvant la flotte de Cassandre mouillée dans le port, ces deux généraux y mirent le feu; quatre bâtiments devinrent la proie des flammes, et tous faillirent également périr. Dans cette situation périlleuse, Cassandre reçut d'Athènes un renfort inattendu; il se porta de nouveau sur les ennemis qui le croyaient déjà abattu, leur coula bas une trirème et en prit trois avec tout l'équipage. Tels sont les événements arrivés en Grèce et dans le Pont.

LXXVI. En Italie, les Samnites vinrent avec une nombreuse armée dévaster les villes d'Italie, qui s'étaient déclarées en faveur de leurs ennemis. De leur côté, les consuls romains s'empressèrent d'arriver au secours de leurs alliés en danger. Ils vinrent établir leur camp en face de l'ennemi, près de la ville de Cinna qui fut aussitôt délivrée de ses alarmes. Peu de jours après, il se livra une bataille sanglante; beaucoup de soldats tombèrent de part et d'autre; enfin les Romains, rompant les rangs ennemis, furent victorieux. Ils poursuivirent les Samnites à une grande distance, et en passèrent plus de dix mille au fil de l'épée. Les Campaniens, qui ignoraient encore cette victoire, se révoltèrent contre les Romains qu'ils méprisaient. Aussitôt le peuple de Rome dirigea contre eux une forte armée, après avoir nommé Caïus Mænius dictateur, et Mænius Fulvius maître de cavalerie. Cette armée vint camper près de Capoue, et les Campaniens se disposaient déjà à l'attaque, lorsqu'ils apprirent

---

[1] Aujourd'hui Négrepont, en Eubée.

la défaite des Samnites. Croyant avoir affaire à toutes les forces de l'ennemi, ils firent la paix avec les Romains, et livrèrent même les auteurs de la révolte; mais ceux-ci, sans attendre le jugement qui devait les condamner, se donnèrent eux-mêmes la mort. Les villes obtinrent leur pardon, et rentrèrent dans l'alliance des Romains.

LXXVII. L'année étant révolue, Polémon fut nommé archonte d'Athènes; les Romains élurent consuls Lucius Papirius pour la cinquième fois, et Caïus Junius; on célébra la CXVII⁰ Olympiade, dans laquelle Parménion de Mitylène remporta le prix de la course du stade[1]. Dans cette année, Antigone envoya en Grèce son lieutenant Polémon, pour délivrer les Grecs. Il fit en même temps partir une flotte de cent cinquante vaisseaux longs, sous les ordres du nauarque Médius, et une armée de cinq mille fantassins et de cinq cents cavaliers. Antigone conclut une alliance avec les Rhodiens; il en tira dix bâtiments armés en guerre qu'il envoya également au secours des Grecs. Ptolémée entra avec toute cette flotte dans une rade de Béotie, appelée le *Port profond*. Là, il fut rejoint par un renfort de Béotiens, formé de deux mille deux cents fantassins et de treize cents cavaliers. Enfin il fit venir d'Orée les bâtiments qui s'y trouvaient, et assembla toutes ses forces dans la ville de Salganée, qu'il fortifia; car il se flattait que les Chalcidiens, les seuls Eubéens qui eussent encore une garnison étrangère, embrasseraient son parti; mais Cassandre, craignant de perdre Chalcis, leva le siége d'Orée et fit de Chalcis le rendez-vous de ses troupes. Dès qu'Antigone apprit que les deux armées étaient à Eubée, en présence l'une de l'autre, il rappela la flotte de Médius en Asie. Il se mit sur-le-champ lui-même à la tête de ses troupes, et s'avança en toute hâte vers l'Hellespont. Antigone se proposait ainsi, ou de s'emparer de la Macédoine, laissée sans défense, pendant que Cassandre resterait en Eubée, ou de faire revenir Cassandre sur ses pas, et de lui abandonner les affaires de la Grèce. Mais Cas-

[1] Première année de la CXVII⁰ olympiade; année 312 avant J.-C.

sandre devinant le plan d'Antigone, laissa à Chalcis une garnison sous le commandement de Plistarque, tandis qu'il se mit lui-même en mouvement avec son armée, emporta d'assaut la ville d'Orope, et fit une alliance avec les Thébains. Après avoir conclu une trêve avec les autres Béotiens, il laissa Eupolémus commandant en Grèce, et revint en Macédoine, attendant avec anxiété l'arrivée des ennemis. Cependant Antigone atteignit la Propontide, et envoya une députation aux Byzantins, pour les solliciter d'entrer dans son parti; mais comme ils avaient en même temps reçu des envoyés de Lysimaque, qui les engageaient à ne se déclarer ni pour ni contre Cassandre, les Byzantins résolurent de rester neutres. Après avoir échoué dans cette négociation, Antigone établit dans les villes ses quartiers d'hiver.

LXXVIII. Pendant que ces choses se passaient, les Corcyréens, arrivés au secours des Apolloniates et des Épidamniens, renvoyèrent par capitulation les garnisons de Cassandre, délivrèrent Apollonias, et remirent Épidamne à Glaucias, roi des Illyriens. Après que Cassandre se fut retiré en Macédoine, Ptolémée, lieutenant d'Antigone, surprit la garnison de Chalcis, s'empara de la ville, la délivra de la garnison étrangère, afin de faire voir qu'Antigone voulait réellement la liberté des Grecs, ainsi qu'il l'avait annoncé. Chalcis était parfaitement bien située pour servir de place d'armes à celui qui voudrait faire une guerre décisive. Polémon[1] prit de vive force la ville d'Orope, la rendit aux Béotiens, et soumit les soldats de Cassandre. Après avoir fait alliance avec les Érétriens et les Carystiens, il entra dans l'Attique. Démétrius était alors gouverneur d'Athènes. Les Athéniens avaient envoyé secrètement des députés à Antigone pour le prier de délivrer leur ville. En apprenant alors que Ptolémée s'approchait de leur cité, ils devinrent plus hardis, et forcèrent Démétrius à conclure une trêve et à envoyer une députation à Antigone au sujet d'une alliance. Ptolémée quitta

---

[1] Peut-être faut-il lire ici Ptolémée. Le texte offre ici, comme dans la plupart des chapitres de ce livre, beaucoup d'incohérence dans l'exposé des événements. Plusieurs noms propres sont ou omis ou estropiés.

l'Attique et se rendit en Béotie. Il s'empara de la Cadmée, chassa la garnison et délivra Thèbes. De là, il s'avança vers la Phocide, se rendit maître de la plupart des villes de cette contrée, et expulsa de toutes parts les garnisons de Cassandre. Il entra ensuite dans la Locride, assiégea la ville des Opuntiens, occupée par une garnison de Cassandre, et la pressa par des attaques sans cesse renouvelées.

LXXIX. Dans le courant de l'été, les Cyrénéens se révoltèrent contre Ptolémée, assiégèrent la citadelle de Cyrène, et tentèrent d'en expulser la garnison. [Pendant qu'ils étaient occupés à ce siège,] il arriva d'Alexandrie des députés qui engagèrent les rebelles à cesser leurs hostilités; mais, au lieu de se rendre à cette invitation, ils égorgèrent les envoyés, et n'en pressèrent que plus vivement le siège de la citadelle. Irrité de cet acte, Ptolémée détacha avec une armée de terre le général Agis; il fit aussi partir une flotte qui, sous le commandement d'Épænétus, devait agir de concert avec l'armée de terre. Agis attaqua vigoureusement les rebelles, se rendit maître de la ville, mit dans les fers les auteurs de la rébellion, et les envoya à Alexandrie. Quant aux autres habitants, il leur fit déposer les armes, et après avoir réglé, conformément à ses intérêts, l'administration de la ville, il revint en Égypte. Ayant ainsi terminé à son gré les affaires de Cyrène, Ptolémée partit de nouveau à la tête d'une armée, et se rendit dans l'île de Cypre pour châtier les rois qui lui avaient désobéi. Trouvant Pygmalion en négociation avec Antigone, il le tua; puis il fit arrêter Praxippe, roi de Lapithie, ainsi que le souverain de Cerynnie, qu'il soupçonnait être ses ennemis; il se saisit également de Stasiœcus, roi de Malium, rasa la ville et transféra les habitants à Paphos. Ces mesures prises, il remit à Nicocréon le commandement militaire de Cypre, et lui confia les villes et les revenus qui avaient appartenu aux rois chassés; puis il mit à la voile pour la haute Syrie, prit les villes de Posidium et de Potamos-Caron[1], les

---

[1] Le nom de cette ville ne se rencontre chez aucun autre auteur. Posidium était une ville assez célèbre de la Syrie (Ptolémée, V, 15).

livra au pillage, se porta résolument sur la Cilicie où il prit Mallum, dont il vendit les habitants comme esclaves. Il ravagea le territoire voisin, et, après avoir gorgé son armée de butin, il se rembarqua pour l'île de Cypre. Par sa conduite politique, Ptolémée s'était tellement attaché les soldats qu'ils étaient prêts à braver pour lui tous les périls.

LXXX. Démétrius, fils d'Antigone, était toujours dans la Cœlé-Syrie pour observer les mouvements des armées d'Égypte. Lorsqu'il apprit les succès de Ptolémée, il laissa au commandement des places Python avec les éléphants et le gros train de l'armée, tandis qu'il se mit à la tête de sa cavalerie et de ses bataillons légers, et se porta rapidement sur la Cilicie pour venir au secours des opprimés. Mais il arriva trop tard ; car les ennemis s'étaient déjà remis en mer ; il revint donc dans son camp, après avoir perdu en route une partie de ses chevaux. Car, depuis Mallum, il avait fait vingt-quatre étapes en six jours[1]. La rapidité de cette marche fut telle, que les bagages et les soldats du train restèrent en arrière, exténués de fatigues.

Après tous ces succès, Ptolémée retourna en Égypte. Mais bientôt après, à l'instigation de Seleucus et en raison de l'inimitié qu'il portait à Antigone, Ptolémée résolut de marcher sur la Cœlé-Syrie et de battre Démétrius. Après avoir rassemblé de tout côté des troupes, il se rendit d'Alexandrie à Péluse avec dix-huit mille hommes d'infanterie et quatre mille cavaliers, tant Macédoniens que mercenaires, indépendamment d'un grand nombre d'Égyptiens, dont les uns étaient chargés du transport des bagages et les autres armés militairement. De Péluse, Ptolémée passa par le désert, et vint camper en face de l'ennemi, aux environs de l'ancienne Gaza en Syrie. Démétrius de son côté avait fait sortir ses troupes des quartiers d'hiver, et s'était dirigé vers l'ancienne Gaza où il attendit l'ennemi.

LXXXI. Ses amis lui avaient conseillé de ne pas se mesurer avec une armée aussi considérable ni avec un chef aussi habile

---

[1] L'étape, σταθμός équivalait en général à une journée de marche.

que Ptolémée. Mais Démétrius n'écouta point ces conseils, et, bien qu'il fût encore très-jeune, il se disposa, sans l'appui de son père, à une bataille décisive. Il réunit donc les soldats en une assemblée générale; tout troublé et ému, il monta à la tribune. L'assemblée s'en étant aperçu, lui cria d'une seule voix de prendre courage, et aussitôt le plus grand silence s'établit avant même que le héraut l'eût ordonné. [Cette marque d'intérêt était fondée;] car on n'avait aucun reproche à faire à Démétrius, ni pour son commandement militaire, ni pour sa conduite politique; il n'y avait d'ailleurs pas longtemps qu'il était revêtu de la dignité de chef. (Il ne ressemblait pas à ces vieux généraux qui, en un seul moment, accumulent sur leurs têtes tant d'accusations, que la foule, impatiente du joug qui l'opprime, n'attend qu'un instant favorable pour éclater.) Le père était d'ailleurs avancé en âge; tout l'avenir de la royauté et les espérances de la multitude reposaient donc sur le fils. Au reste, Démétrius était aussi doué d'avantages personnels: il était beau, d'une haute taille et revêtu d'une armure royale; son aspect avait quelque chose d'imposant et qui gagnait la foule en sa faveur. Il avait une certaine candeur, qui sied parfaitement à un jeune roi, et lui attirait les cœurs de tout le monde. Aussi les rangs se rompirent pour l'entendre, et chacun montra un réel intérêt pour sa jeunesse et pour l'importance de la lutte qui allait s'engager. Car il ne s'agissait pas seulement de combattre des forces supérieures, mais de se mesurer avec deux des plus grands généraux, Ptolémée et Seleucus, qui avaient fait toutes les campagnes d'Alexandre, commandé en maintes batailles, et qui passaient alors pour invincibles. Démétrius exhorta donc ses troupes par un discours convenable, et, après leur avoir promis des récompenses et un riche butin, il les rangea en bataille.

LXXXII. Démétrius plaça à l'aile gauche, où il se proposait lui-même de combattre, un détachement de deux cents cavaliers d'Égypte, parmi lesquels se trouvaient tous ses amis et Pyn, compagnon d'armes d'Alexandre, qu'Antigone avait nommé lieutenant de son fils et son associé au commandement. En avant de ces détachements étaient postés trois escadrons de cavalerie et trois autres sur les flancs. En dehors de cette aile, se trouvaient trois escadrons de Tarentins, qui devaient combattre en éclaireurs, de manière que Démétrius avait autour de sa personne cinq cents lanciers à cheval et cent Tarentins. A la suite venait le corps de cavalerie des *Hétaires* au nombre de huit cents hommes; puis venaient cinq mille cavaliers de diverses nations. Les éléphants occupaient le front de l'aile; les intervalles que ces animaux laissaient entre eux, étaient remplis par des troupes légères, formées de mille lanciers ou archers et de cinq cents frondeurs perses. L'aile gauche était donc disposée de façon à donner au combat une tournure décisive. A cette aile, touchait la phalange d'infanterie, composée de onze mille hommes, dont deux mille Macédoniens, mille Lyciens et Pamphyliens et huit mille mercenaires. L'aile droite était occupée par le reste de la cavalerie, composé de quinze cents hommes, sous les ordres d'Andronicus. Celui-ci devait disposer sa ligne obliquement, combattre en fuyant et observer les mouvements de l'aile opposée. Treize éléphants étaient placés en avant du front de la phalange d'infanterie; les intervalles étaient comblés par des hommes armés à la légère. Telle était la disposition de l'armée de Démétrius.

LXXXIII. Ptolémée et Seleucus, ignorant les dispositions faites dans l'armée ennemie, avaient concentré leurs forces sur l'aile gauche; mais, avertis par des espions, ils changèrent leur ordre de bataille, et fortifièrent l'aile droite pour la mettre en état de résister à l'aile gauche de Démétrius. Ils placèrent donc à cette aile trois mille cavaliers d'élite, à côté desquels Ptolémée et Seleucus se proposaient eux-mêmes de combattre. En avant de la ligne, étaient placés des soldats portant une sorte de retranchement mobile, formé par des chaînes de fer pour servir de défense contre les éléphants. Par ce moyen on arrêtait facilement ces animaux dans leur course. En avant de cette même aile étaient aussi placés quelques détachements d'infanterie légère, qui avaient reçu l'ordre de diriger sans cesse leurs javelots et leurs flèches contre les éléphants et les guides qui les montaient. Après avoir ainsi fortifié cette aile et mis en ordre de bataille le reste de l'armée, Seleucus et Ptolémée commencèrent l'attaque en poussant le cri de guerre. L'engagement eut d'abord lieu aux extrémités des ailes entre les cavaliers. Démétrius remporta de grands avantages ; mais bientôt après Ptolémée et Seleucus enveloppèrent l'aile de l'ennemi, et l'entamèrent avec leurs escadrons. Le combat fut acharné de part et d'autre. Dans ce premier choc, les lanciers furent pour la plupart écrasés ; beaucoup de blessés restèrent sur le champ de bataille. A la seconde charge, on se battit à l'arme blanche, et la mêlée ne fut pas moins sanglante. Les généraux, payant de leur personne, exhortèrent leurs subalternes à braver tous les dangers. Les deux ailes, formées des deux côtés de l'élite de la cavalerie, rivalisèrent d'ardeur sous les yeux de leurs commandants.

LXXXIV. L'engagement de cavalerie avait déjà duré longtemps, lorsque les Indiens lancèrent au combat les éléphants. Ces animaux, auxquels rien ne semblait devoir résister, répandirent quelque temps la terreur ; mais ils rencontrèrent le retranchement mobile, et furent accueillis par une nuée de javelots et de flèches. Excités par leurs conducteurs, ils vinrent, les uns se clouer contre le retranchement artificiel, les autres, devenus furieux par la douleur de leurs blessures, mirent le désordre dans les rangs. Autant ces animaux sont des ennemis irrésistibles dans un terrain plat et mou, autant leur force est inutile sur un terrain inégal et rocailleux, à cause de la mollesse de leurs pieds. Ptolémée s'était donc ingénieusement servi d'une espèce de retranchement contre lequel les éléphants épuisaient leurs forces. Enfin la plupart des conducteurs indiens ayant été tués à coups de flèches, tous les éléphants tombèrent au pouvoir de l'ennemi. Ce succès fit tourner bride à la majeure partie de la cavalerie de Démétrius. Démétrius, entouré d'un petit nombre de guerriers, supplia chacun de tenir ferme ; mais personne ne l'écoutait : il fut lui-même forcé d'abandonner le champ de bataille. Il s'enfuit à Gaza, accompagné de la plus grande partie de la cavalerie qui se retira en bon ordre, et tint les poursuivants en respect. Une vaste plaine facilitait cette retraite. A la suite de la cavalerie venaient les fantassins qui avaient quitté leurs armes pour être plus légers à la fuite. Démétrius arriva à Gaza au coucher du soleil. Quelques cavaliers se détachèrent pour entrer dans la ville et en emporter leur bagage. Les portes furent ouvertes, et chacun s'empressait de prendre dans le bagage ce qui lui appartenait; dans cette confusion on avait oublié de fermer les portes pour empêcher Ptolémée d'y entrer. Les ennemis pénétrèrent donc dans l'intérieur des murs, et Ptolémée se rendit maître de la ville.

LXXXV. Telle fut l'issue de cette bataille. Démétrius atteignit vers minuit Azotus[1], après deux cent soixante-dix stades de chemin[2]. Il envoya de cette ville un héraut pour traiter de l'enlèvement des morts, auxquels il voulait de toute manière rendre les derniers devoirs; car la plupart de ses amis étaient tombés sur le champ de bataille, et, parmi les plus distingués, Python, qui avait partagé avec Démétrius le commandement de l'armée, et qui avait si longtemps vécu dans l'intimité de son père Antigone et partagé tous ses secrets.

Le total des morts était de plus de cinq mille[3], la plupart des hommes d'élite; plus de huit mille hommes avaient été faits prisonniers. Ptolémée et Seleucus accordèrent l'enlèvement des morts et renvoyèrent même sans rançon tous les prisonniers de la maison de Démétrius, ainsi que son bagage d'une magnificence royale. « Ce n'est pas, disaient-ils, pour de pareilles dépouilles que nous sommes en guerre avec Antigone; mais parce que, après avoir fait la guerre en commun, d'abord contre Perdiccas, puis contre Eumène, Antigone s'est refusé à partager avec ses amis les pays conquis, et que, violant les

---

[1] Ville située entre Gaza et Ascalon.
[2] Environ quarante-neuf kilomètres.
[3] Le texte porte cinq cents. Je suis ici la correction de Wesseling, adoptée par M. Dindorf.

traités, il a enlevé à Seleucus, contre toute justice, la satrapie de Babylone. »

Ptolémée envoya les autres prisonniers en Égypte et les distribua dans les départements maritimes. Il fit à tous les morts de magnifiques funérailles, puis il marcha avec son armée contre les villes de la Phénicie; il soumit les unes par la force, les autres par la persuasion.

Démétrius, n'ayant plus avec lui assez de troupes pour résister à l'ennemi, prévint son père par un courrier de lui envoyer le plus prompt secours. Il s'avança lui-même vers Tripolis en Phénicie, et rappela de Cilicie toutes les troupes qui formaient la garnison des villes et des forteresses très-éloignées des ennemis.

LXXXVI. Ptolémée, maître de la campagne, entraîna dans son parti Sidon; puis il vint camper près de Tyr, et somma Andronicus, commandant de la garnison, de lui livrer la ville, en même temps qu'il lui offrit beaucoup de récompenses et d'honneurs. Andronicus répondit qu'à aucune condition il ne trahirait la foi jurée à Antigone et à Démétrius, et il accompagna cette réponse de paroles injurieuses pour Ptolémée. Peu de temps après, les soldats de la garnison se révoltèrent, et chassèrent de Tyr Andronicus qui tomba entre les mains de l'ennemi. Il s'attendait à être sévèrement puni pour avoir insulté Ptolémée et pour son refus de livrer Tyr. Mais il n'en arriva rien. Ptolémée oublia le passé; il combla, au contraire, Andronicus de présents, et s'en fit un ami dévoué. Ptolémée était un souverain généreux à l'excès, magnanime et bienfaisant. Aussi, ses qualités personnelles contribuèrent-elles le plus à l'augmentation de sa puissance, et beaucoup de monde recherchait son amitié. Il avait fait à Seleucus, chassé de Babylone, un accueil bienveillant; il faisait participer tous ses autres amis à sa prospérité. Quand Seleucus lui demanda des troupes pour rentrer à Babylone, Ptolémée s'empressa de les lui accorder, et lui promit de le seconder de tous ses efforts, jusqu'à ce qu'il l'eût rétabli dans son ancienne satrapie. Telle était la situation des affaires en Asie.

LXXXVII. En Europe, Télesphore, nauarque d'Antigone, stationnait toujours dans les eaux de Corinthe. Lorsqu'il vit que Ptolémée [, neveu d'Antigone,] lui était préféré pour diriger les affaires de la Grèce, et inspirait plus de confiance que lui, il en fit des reproches à Antigone, et lui rendit les navires qu'il avait sous ses ordres. Réunissant ensuite une troupe de volontaires, il fit la guerre pour son propre compte. Il entra d'abord dans l'Élide, et, se faisant encore passer pour l'ami d'Antigone, il fortifia la citadelle et subjugua la ville. Il profana ensuite le temple d'Olympie, d'où il enleva plus de cinquante talents d'argent pour solder ses troupes. C'est ainsi que, jaloux de Ptolémée, Télesphore trahit l'amitié d'Antigone. Cependant Ptolémée, lieutenant d'Antigone, et chargé de la conduite des affaires de la Grèce, informé de la rébellion de Télesphore, de la prise de la ville des Éliens, et de la profanation du temple d'Olympie, s'avança vers le Péloponnèse à la tête d'une armée. Il pénétra dans l'Élide, détruisit la citadelle de la ville, et rendit aux Éliens leur indépendance et aux dieux leurs richesses. Enfin il entra en négociation avec Télesphore, reprit la ville de Cyllène, occupée par ce dernier, et la remit aux Éliens.

LXXXVIII. Tandis que ces événements se passaient, les Épirotes, après la mort d'Æacide, leur roi, donnèrent la royauté à Alcétas, qui avait été exilé par son père Arybilas[1], et qui s'était toujours montré hostile à Cassandre. C'est pourquoi Lycisque, nommé par Cassandre au commandement militaire de l'Acarnanie, entra avec une armée en Épire, espérant facilement détrôner Alcétas dont l'autorité ne paraissait pas encore bien affermie. Lycisque vint établir son camp aux environs de la ville Cassopia. Alcétas, de son côté, envoya ses deux fils, Alexandre et Teucrus, dans les villes, avec l'ordre d'y faire de grandes levées de troupes. Quant à lui, il partit à la tête de son armée, et, arrivé à peu de distance de l'ennemi, il attendit le retour de ses fils. Mais, attaqué par Lycisque qui commandait

---

[1] D'autres écrivent *Arybbas*. C'était le grand oncle d'Alexandre le Grand.

des forces supérieures, les Épirotes, frappés de terreur, abandonnèrent Alcétas qui se réfugia à Eurymenas, ville de l'Épire. Pendant qu'il y était assiégé, son fils Alexandre lui apporta du secours. Il s'engagea un combat sanglant dans lequel furent tués plusieurs chefs, entre autres Micythus, Lysandre l'Athénien, chargé par Cassandre du gouvernement de la Leucadie. Bientôt après, Dinias arriva au secours de Lycisque, près de succomber, et renouvela le combat. Alexandre et Teucrus furent vaincus et se réfugièrent avec leur père dans une place forte. Lycisque prit d'assaut la ville d'Eurymenas, et la détruisit de fond en comble.

LXXXIX. Lorsque Cassandre apprit la défaite de ses troupes, il se rendit en toute hâte en Épire pour secourir Lycisque, car il ignorait encore le succès du second combat. Trouvant Lycisque victorieux, il fit la paix avec Alcétas, et conclut avec lui un traité d'alliance; il se dirigea ensuite avec une partie de l'armée sur le bord de la mer Adriatique, dans l'intention de faire le siége de la ville des Apolloniates qui avaient chassé sa garnison et traité avec les Illyriens. Cependant les Apolloniates ne se laissèrent pas effrayer; ils reçurent des renforts de leurs alliés, et se rangèrent en bataille au pied de leurs murs. Le combat fut long et acharné; enfin les Apolloniates, supérieurs en nombre, forcèrent leurs ennemis à prendre la fuite. Cassandre perdit beaucoup de monde, et, n'étant pas assez fort pour tenir la campagne, et voyant d'ailleurs l'hiver approcher, revint en Macédoine. Après son départ, les Leucadiens, secondés par les Corcyréens, chassèrent la garnison de Cassandre. Les Épirotes continuèrent pendant quelque temps à être gouvernés par le roi Alcétas, mais comme ce souverain se montra trop dur envers le peuple, il fut égorgé avec ses deux fils encore en bas âge, Hésionée et Nisus.

XC. En Asie, Seleucus, après la défaite de Démétrius à Gaza en Syrie, obtint de Ptolémée un détachement d'environ huit cents hommes d'infanterie et de deux cents cavaliers, et partit pour la Babylonie. Il avait tant d'espoir que, bien qu'il 'eût aucune armée sous ses ordres, il n'hésita pas à se rendre avec ses amis et ses enfants dans les provinces supérieures; car il était persuadé qu'il pourrait compter sur l'affection des Babyloniens, et que l'armée d'Antigone, dispersée sur un grand espace, lui laisserait le temps nécessaire à l'accomplissement de ses desseins. Mais, en considérant que le nombre de ses compagnons était bien petit pour tenir tête à un ennemi qui disposait de forces et de ressources immenses, ses amis ne furent pas médiocrement découragés. En voyant leur embarras, Seleucus s'empressa de les rassurer : « Les anciens compagnons d'Alexandre, leur disait-il, élevés par leur bravoure, ne doivent se fier ni à la force ni à l'argent, mais à leur habileté et à leur expérience qui leur ont fait accomplir des entreprises si prodigieuses; ils doivent aussi mettre leur confiance dans les avertissements des dieux qui ont prédit que la fin couronnerait l'œuvre. Car l'oracle établi chez les Branchides a prédit que Seleucus serait roi, et Alexandre lui-même, m'apparaissant en songe, m'a annoncé cette future grandeur. Enfin n'est-il pas vrai que toutes les grandes choses si admirées des hommes ne s'accomplissent ni sans labeur ni sans péril ? » Seleucus se conduisait très-habilement à l'égard de ses compagnons d'armes : il se montrait en tout leur égal, afin de les déterminer à braver avec lui plus volontiers tous les dangers.

XCI. Cependant Seleucus s'avança vers la Mésopotamie. Il trouva les Cares[1] habités par des Macédoniens qu'il attira dans son parti, les uns par la persuasion, les autres par la force. Lorsqu'il entra dans la Babylonie, beaucoup d'indigènes vinrent à sa rencontre, et lui offrirent spontanément leurs services. Car Seleucus avait été pendant quatre ans satrape de cette contrée, et il s'était, par sa conduite bienveillante, concilié l'affection de tous les habitants; il s'était de longue main ménagé des auxiliaires dévoués, dans le cas où les circonstances l'appelleraient à disputer le rétablissement de son pouvoir. Il fut bientôt rejoint par Polyarque, un des administrateurs du pays, et qui

---

[1] Voyez page 295 de ce volume, note 3.

lui amena un renfort de plus de mille soldats. Les partisans d'Antigone, se voyant dans l'impossibilité de s'opposer à cet entraînement irrésistible de la multitude, cherchèrent un asile dans la citadelle de Babylone, dont le commandement était confié à Diphile. Seleucus fit le siége de cette citadelle, la prit d'assaut, et en fit sortir ceux de ses enfants et de ses amis qui, après son départ pour l'Égypte, avaient été mis en prison. Cela fait, il leva des troupes, acheta des chevaux et les distribua à ceux qui pouvaient les monter. Enfin il se montra si affable et si bienveillant envers tout le monde qu'il fit naître de bonnes espérances, et la population était prête à défendre sa cause à tout événement. Voilà comment Seleucus recouvra la Babylonie.

XCII. Cependant Nicanor, gouverneur militaire de la Médie, après avoir tiré de la Médie, de la Perse et des contrées limitrophes, plus de dix mille hommes d'infanterie et environ sept mille cavaliers, se porta rapidement en avant pour combattre Seleucus qui n'avait pas plus de trois mille hommes d'infanterie et quatre cents cavaliers. Seleucus traversa le Tigre, et, averti que les ennemis n'étaient plus qu'à peu de journées de marche, il cacha ses soldats dans les marais voisins du fleuve, avec le projet d'attaquer les ennemis à l'improviste. Nicanor arriva sur les bords du Tigre, et, ne trouvant pas d'ennemis, il établit son camp auprès d'une station royale établie sur la route, dans la conviction que Seleucus s'était enfui plus loin. La nuit étant venue, les troupes de Nicanor, méprisant un ennemi si peu redoutable, se tenaient mal sur leurs gardes, lorsque Seleucus parut soudain, et mit, par une attaque imprévue, le désordre et la confusion dans le camp de Nicanor. Le combat s'était engagé entre les Perses, qui perdirent dans cette mêlée leur satrape Évagre, et quelques autres chefs. Après cette défaite, la plupart des soldats, effrayés des dangers qui les menaçaient, et mécontents d'ailleurs du parti d'Antigone, se déclarèrent pour Seleucus. Nicanor, abandonné de ses troupes et craignant d'être livré à ses ennemis, s'enfuit avec quelques amis à travers le désert. Seleucus accueillit avec bonté tous ceux qui s'étaient livrés à lui, et, devenu maître d'une forte armée, il s'empara facilement de la Susiane, de la Médie, et de quelques pays limitrophes. Il écrivit ensuite à Ptolémée et à ses autres amis les détails de ses succès, et s'entoura déjà d'une splendeur royale.

XCIII. Pendant que ces choses se passaient, Ptolémée séjournait en Cœlé-Syrie, depuis la grande victoire qu'il avait remportée sur Démétrius, fils d'Antigone. En apprenant que Démétrius revenait de la Cilicie et se portait avec une armée vers la haute Syrie, il désigna un de ses amis, Cillès le Macédonien, pour se mettre à la poursuite de Démétrius avec un corps d'armée suffisant pour l'expulser de la Syrie, ou l'envelopper et l'écraser. Mais Démétrius, informé par ses espions que Cillès était campé négligemment près de Myunte[1], laissa ses bagages, et prit avec lui un détachement de troupes légères; après une rapide marche de nuit, il vint, vers l'heure de la veille du matin, tomber à l'improviste sur les ennemis; il s'empara de l'armée sans coup férir, et fit Cillès lui-même prisonnier. Ce succès compensa la défaite précédente. Cependant, en apprenant que Ptolémée marchait contre lui avec toutes ses forces réunies, il alla établir son camp derrière des marais et des étangs qui lui servaient de retranchements naturels. Il manda ensuite à son père le succès qu'il venait de remporter, et le pria de lui envoyer au plus vite des troupes ou de venir lui-même en Syrie. Antigone était alors en Célænes en Phrygie; en recevant la lettre de Démétrius, il se réjouit d'apprendre que son fils, quoique bien jeune, sût si bien se relever par ses propres efforts, et se montrer digne du trône. Il partit ensuite de la Phrygie, franchit en peu de jours le Taurus, et vint rallier ses troupes à celles de Démétrius.

Averti de la présence d'Antigone, Ptolémée réunit en conseil ses amis et les chefs de l'armée, et mit en délibération s'il valait mieux rester en Syrie et risquer une bataille décisive, ou s'il

---

[1] Les géographes se taisent sur la position de cette ville.

fallait transporter en Égypte le théâtre de la guerre, comme on l'avait fait précédemment dans la lutte contre Perdiccas. Tous étaient d'avis qu'il ne fallait pas se mesurer avec des forces si supérieures, soutenues par un grand nombre d'éléphants et commandées par un général qui n'avait point encore été vaincu. Il leur paraissait donc plus convenable de combattre en Égypte, pays abondant en ressources et sûr de ses places fortes. Ptolémée résolut donc de quitter la Syrie, après avoir détruit les villes les plus considérables dont il s'était emparé, telles que Acé, dans la Syrie phénicienne, Joppé, Samarie et Gaza en Syrie. Puis il revint en Égypte avec son armée et toutes les richesses qu'il avait pu emporter.

XCIV. Après avoir, sans coup férir, recouvré toute la Syrie et la Phénicie, Antigone entreprit une expédition dans le pays des Arabes Nabatéens qu'il croyait lui être hostiles. Il confia d'abord à Athénée, un de ses amis, une troupe de quatre mille hommes d'infanterie légère et de six cents cavaliers, montés sur des chevaux habitués à la course. Il lui ordonna d'attaquer ces Barbares à l'improviste, et de leur enlever tout leur butin. Mais il est utile de donner préalablement quelques détails sur les mœurs de ces Arabes et de faire connaître les institutions auxquelles ils semblent devoir la conservation de leur indépendance.

Les Arabes Nabatéens vivent en plein air; ils donnent le nom de patrie à une contrée où l'on ne voit ni habitations, ni rivières, ni sources abondantes qui puissent procurer de l'eau à une armée ennemie. D'après une [1] loi du pays, ils ne sèment pas de blé, ne plantent aucun arbre fruitier, ne boivent pas de vin et ne construisent aucune maison. Ceux qui font le contraire sont punis de mort. Les Nabatéens maintiennent cette loi, persuadés que ceux qui se créent des besoins deviennent facilement les esclaves de ceux qui peuvent les satisfaire. Ils élèvent, les uns des chameaux, les autres des moutons, et habitent le désert.

---

[1] Le prophète Jérémie, chap. XXXV, 7, semble faire allusion à cette loi en parlant des Réchabites.

Presque toutes les tribus arabes mènent une vie nomade; mais les Nabatéens, bien que leur nombre ne dépasse pas dix mille, sont beaucoup plus riches que les autres, parce qu'ils ont, pour la plupart, l'habitude d'aller vendre sur les côtes l'encens, la myrrhe et les plus précieux aromates qu'ils reçoivent des marchands qui les apportent de l'Arabie heureuse. Ils sont jaloux de leur liberté, et, lorsqu'un ennemi puissant s'approche de leur pays, ils s'enfuient dans le désert comme dans une forteresse. Ce désert manque d'eau et est inaccessible à tout autre, excepté pour eux. Ils y ont creusé des réservoirs murés qui fournissent l'eau nécessaire à leur existence. Car, le terrain étant argileux et calcaire, on y pratique facilement de profondes citernes dont l'ouverture est très-étroite, mais le fond très-large et de forme carrée, chaque côté étant d'environ un plèthre[1]. Lorsque ces réservoirs se sont remplis d'eau de pluie, les Arabes en ferment l'ouverture et en font disparaître toute trace; ils y laissent seulement quelques signes à eux seuls connus. Ils y abreuvent leurs troupeaux pendant trois jours, afin que les bestiaux n'éprouvent pas le besoin de boire dans des contrées désertes, et dans leurs courses vagabondes. Leur nourriture consiste en chair, en lait et en produits naturels du sol. On voit dans leur pays une espèce de poivrier et beaucoup de miel sauvage qui, mélangé d'eau, leur sert de boisson. Il y a encore d'autres tribus arabes; quelques-unes d'entre elles exercent l'agriculture, et sont mêlées à des peuples qui paient tribut; leurs mœurs ressemblent à celles des Syriens, seulement ils n'habitent pas comme ceux-ci des maisons.

XCV. Telles sont les institutions et les mœurs de ces Arabes. L'époque d'une grande fête approchait. Les habitants des environs se donnèrent rendez-vous, les uns pour vendre, les autres pour acheter des marchandises. Mais, en partant, ils eurent soin de déposer auparavant à Pétra leurs biens, enfants, femmes, vieillards. C'était une place très-forte, quoique sans

---

[1] Trente mètres.

enceinte, et qui n'était qu'à deux jours de marche du pays habité. Athénée jugea le moment favorable pour se porter sur Pétra avec ses troupes légères. A partir de l'éparchie d'Idumée, il parcourut en trois jours et trois nuits un espace de deux mille deux cents stades[1]; enfin il atteignit Pétra au milieu de la nuit et à l'insu des Arabes. Quant à ceux qui avaient été laissés dans cette place, les uns tombèrent sous le fer, les autres furent faits prisonniers ou abandonnés blessés. Athénée s'empara ensuite des magasins d'encens et de myrrhe, ainsi que d'une somme de cinq cents talents[2]. Il y passa environ le temps d'une veille, et, craignant d'être poursuivi par les Barbares, il se hâta de repartir. Arrivés à une distance de deux cents stades, les Grecs, épuisés de fatigue, établirent leur camp, et se gardèrent négligemment, dans la conviction que les Barbares ne pourraient les atteindre avant deux ou trois jours. Cependant, instruits, par des témoins oculaires, du mouvement de l'ennemi, les Arabes quittèrent sur-le-champ la fête et se rendirent à Pétra. Là, ils apprirent, de la bouche des blessés, tout ce qui s'était passé, et se mirent immédiatement à la poursuite des Grecs. Pendant que le camp d'Athénée était encore plongé dans le sommeil, et négligemment gardé, quelques prisonniers parvinrent à s'échapper et annoncèrent aux Nabatéens la situation des ennemis. A l'heure de la troisième veille, les Nabatéens, au nombre d'au moins huit mille[3], attaquèrent le camp des Grecs, égorgèrent une grande partie de ceux qui dormaient, et percèrent à coups de traits ceux qui, s'étant éveillés, couraient aux armes. Enfin, tous les hommes d'infanterie furent massacrés; cinquante cavaliers seulement, dont la plupart blessés,

---

[1] Plus de quarante myriamètres.
[2] Environ deux millions sept cent cinquante mille francs.
[3] Miot a traduit : « Informés de l'état dans lequel se trouvaient les ennemis, les Nabatéens n'hésitèrent pas à attaquer *le camp des Grecs, quoiqu'il fût fort près de huit mille hommes.* Le texte porte : « Οἱ Ναβαταῖοι μαθόντες τὰ κατὰ τοὺς πολεμίους, ἐπέθεντο τῇ στρατοπεδείᾳ περὶ τρίτην φυλακήν, ὄντες οὐκ ἐλάττους ὀκτακισχιλίων. On voit par là que le nombre de *huit mille* se rapporte, non pas aux Grecs, mais, au contraire, aux Nabatéens. D'ailleurs, l'auteur a indiqué plus haut le nombre des soldats grecs qui avaient pris part à cette expédition.

parvinrent à s'échapper. C'est ainsi qu'une expédition, dont le commencement avait si bien réussi, échoua complétement par l'incapacité d'Athénée. Il est dans la nature des hommes ordinaires de s'endormir sur leurs succès. Aussi, quelques philosophes pensent-ils qu'il est plus facile de supporter le malheur que d'user sagement de la prospérité; car, dans le malheur, l'avenir nous préoccupe, tandis qu'on ne s'en soucie guère dans la prospérité; c'est ce qui empêche de prévoir les événements futurs.

XCVI. Après avoir si bien châtié leurs ennemis, les Nabatéens revinrent avec leurs biens à Pétra. Ils adressèrent ensuite à Antigone une lettre, écrite en caractères syriens, dans laquelle ils exposaient leurs griefs contre Athénée, ainsi que leur apologie. Antigone leur répondit par écrit qu'ils avaient eu raison de se défendre, et il ajouta qu'Athénée était répréhensible d'avoir agi contrairement aux ordres qui lui avaient été donnés. Sous ce langage, Antigone cherchait à cacher ses véritables desseins. Il se flattait d'amener les Barbares à négliger leur défense, pour qu'il pût les attaquer inopinément et réussir dans son entreprise. Car, sans employer la ruse, il n'était pas facile de venir à bout de ces nomades, ayant pour asile un désert inaccessible. Les Arabes se virent donc avec joie délivrés de leurs craintes. Cependant, ils ne se fièrent pas entièrement aux paroles d'Antigone, et, dans leur incertitude, ils établirent d sentinelles sur les hauteurs d'où il était facile de voir au loi toute tentative qu'un ennemi ferait contre l'Arabie. Ces mesur prises, ils attendirent les événements. Antigone, qui croyait avoi endormi les Barbares par des assurances d'amitié, jugea le m ment favorable pour exécuter ses desseins. Il choisit donc da son armée quatre mille fantassins légers, bien exercés à course, et plus de quatre mille cavaliers. Il leur ordonna d'e porter des vivres tout préparés pour plusieurs jours, et chargea son fils Démétrius de diriger cette nouvelle expédition mise en mouvement à l'heure de la première veille, et châtier les Arabes à tout prix. Démétrius suivit pendant tr jours des routes impraticables, afin de dérober sa marche aux Barbares.

XCVII. Mais les sentinelles des Nabatéens aperçurent l'armée ennemie, et ils en instruisirent leurs compatriotes au moyen de signaux de feu [1]. Informés ainsi de la marche rapide des Grecs, les Barbares déposèrent leurs bagages à Pétra, et laissèrent une bonne garde dans cette place, qui n'est accessible que par une seule entrée, faite par la main de l'homme; puis ils partagèrent leur bétail en plusieurs troupeaux qu'ils dispersèrent dans le désert. Cependant Démétrius s'approcha de Pétra et attaqua cette place sans relâche. Ceux qui s'y trouvaient renfermés se défendirent vaillamment, rassurés par la position forte du lieu. Après avoir combattu jusqu'au soir, Démétrius fit sonner la retraite. Le lendemain, au moment où Démétrius renouvelait ses attaques, un des Barbares se mit à crier à haute voix : « Roi Démétrius, que nous veux-tu? qui t'a forcé à nous faire la guerre, à nous qui habitons le désert, et des lieux où il n'y a ni eau, ni blé, ni vin, ni aucune de ces choses dont vous avez besoin? Pour nous soustraire à l'esclavage, nous nous sommes réfugiés dans cette contrée qui manque de tout ce qui, ailleurs, est regardé comme nécessaire à la vie; nous avons choisi une existence entièrement sauvage, et nous ne vous avons fait jamais aucun mal. Nous te prions donc, toi et ton père, de ne commettre aucune injustice à notre égard, mais d'accepter nos présents, d'éloigner votre armée, et de considérer à l'avenir les Nabatéens comme des amis. Car, lors même que tu voudrais rester ici plusieurs jours, tu ne le pourrais pas, dans ce lieu, manquant d'eau et de vivres. Tu ne pourras pas non plus nous faire adopter un genre de vie différent, et les quelques prisonniers que tu feras ne seront que des esclaves découragés et incapables de vivre sous d'autres lois. » Après avoir entendu ces paroles, Démétrius fit éloigner son armée, et demanda aux

---

[1] Je ne suis pas éloigné de croire que le nom de *Nabatéens*, évidemment d'origine sémitique, dérive de l'hébreu נבט (*nabbat*); *prospicere*, c'est-à-dire découvrir au loin l'ennemi.

IV. 9

Nabatéens de lui envoyer des députés pour traiter avec eux. Les Arabes choisirent pour cette députation les hommes les plus âgés qui répétèrent qu'il fallait accepter les beaux présents qu'on lui offrait et faire la paix.

XCVIII. Démétrius accepta les présents convenus, prit des otages, et se retira de Pétra. Après trois cents stades de marche[1], il vint établir son camp sur les bords du lac Asphaltite[2]. Il ne sera pas sans intérêt de nous arrêter un moment sur les particularités que présente ce lac.

Le lac Asphaltite est situé au centre de l'éparchie d'Idumée; il a environ cinq cents stades[3] de longueur sur soixante de largeur[4]. L'eau en est très-salée[5] et tellement fétide qu'elle ne peut nourrir aucun poisson ni aucun autre animal aquatique. Bien que de grands fleuves y amènent des eaux douces, leur mélange ne l'emporte pas sur la fétidité. Du milieu de ce lac se soulève tous les ans une masse d'asphalte solide, tantôt de plus de trois plèthres[6], tantôt d'à peu près un plèthre. La plus grosse masse est appelée par les Barbares *taureau*, et la plus petite, *veau*. Cet asphalte nage à la surface de l'eau et présente de loin l'aspect d'une île. Son éruption s'annonce vingt jours d'avance par l'odeur d'un gaz malsain d'asphalte qui se répand à plusieurs stades à la ronde, et qui enlève à l'argent, à l'or et au cuivre leur couleur naturelle. Ces métaux reprennent leur couleur dès que tout l'asphalte a fait son éruption[7]. Enfin, le pays environnant, rempli d'exhalaisons inflammables et fétides, n'est habité

---

[1] Environ cinquante-six kilomètres.

[2] La description qui va suivre est en grande partie la reproduction presque littérale de ce qui a été dit livre II, ch. 28.

[3] Plus de soixante-douze kilomètres.

[4] Onze kilomètres et demi.

[5] C'est un fait aujourd'hui chimiquement démontré, que de toutes les eaux, celle de la mer Morte (*lac Asphaltite*) contient le plus de chlorures alcalins. C'est de l'eau presque complètement saturée de sels. C'est ce qui explique pourquoi aucun animal ne peut y vivre.

[6] Quatre-vingt-dix mètres.

[7] Le gaz inflammable fétide, malsain, qui noircit l'argent, n'est autre que le gaz hydrogène sulfuré. Mais il n'est pas vrai que les métaux ainsi ternis reprennent leur couleur primitive dès que l'asphalte a fait éruption.

que par des gens maladifs et d'une constitution chétive. Cependant le sol est fertile en palmiers, partout où il est arrosé par des rivières et des sources fécondantes. On trouve aussi dans une vallée des environs ce qu'on appelle *le baume* [1] dont la vente est très-lucrative; car cette plante ne se trouve dans aucun autre pays; elle est très-recherchée par les médecins pour la préparation des remèdes.

XCIX. Les habitants des bords du lac s'emparent de l'asphalte ainsi rejeté, et se livrent en quelque sorte entre eux des combats pour s'arracher leur proie. Ils enlèvent l'asphalte sans le secours d'aucune barque et d'une manière qui leur est propre. A cet effet, ils lient ensemble plusieurs bottes de roseaux très-longues, et les jettent dans le lac; trois hommes, mais pas plus, s'asseoient sur ces espèces de radeaux; deux sont employés à les faire mouvoir avec des rames bien attachées; le troisième, armé d'un arc, repousse ceux qui oseraient en approcher. Arrivés à portée de la masse d'asphalte, ces hommes sautent dessus, et, avec leurs haches, ils en coupent des morceaux comme si c'était de la pierre tendre, et en chargent leur frêle embarcation qu'ils ramènent ensuite en arrière. Si un de ces hommes tombe dans l'eau, par suite de la rupture du lien qui le tenait attaché, il ne s'y noie pas, comme cela arriverait dans les autres eaux, lors même qu'il ne sait pas nager; mais il se soutient à la surface comme un habile nageur [2]; car l'eau de ce lac porte tout corps lourd, susceptible d'augmenter de volume ou de respirer; mais il n'en est pas de même des substances solides qui, par leur masse compacte, ressemblent à l'argent, à l'or, au plomb et à d'autres métaux. Cependant ces corps y tombent plus lentement au fond que lorsqu'on les jette dans d'autres lacs. Les Barbares qui font le commerce de cet asphalte le transportent

---

[1] Matière résineuse demi-liquide qui s'écoule de plusieurs espèces d'arbres de la famille des Styracées ou de la famille des Laurinées.
[2] Ce phénomène s'explique par la grande densité de ces eaux si salées. — Jamais les Arabes ne se baignent dans la mer Morte; ils éprouvent la plus grande répugnance à en toucher seulement les eaux. Ce fait a été particulièrement constaté par un de mes amis, M. Delorme, qui a longtemps voyagé dans l'Orient.

ensuite en Égypte où on l'achète pour les embaumements des morts ; car les corps ne pourraient pas se conserver longtemps, si on ne mélangeait pas l'asphalte avec les autres aromates.

C. A son retour, Démétrius raconta les détails de son expédition. Antigone lui reprocha d'avoir tenu une conduite trop pacifique à l'égard des Nabatéens ; il lui fit comprendre que ces Barbares deviendraient bien plus audacieux, en raison même de l'impunité qui leur avait été accordée ; et qu'ils croiraient devoir leur pardon, non à la générosité, mais à l'impuissance. Quant aux renseignements donnés au sujet du lac Asphaltite, Antigone pensa qu'il y trouverait une nouvelle source de revenus, et il chargea Hiéronymus l'historien de s'occuper de cette affaire. En conséquence, il lui ordonna de faire construire des barques, d'enlever tout l'asphalte et de le transporter dans un entrepôt. Mais ce projet ne réussit pas selon les espérances d'Antigone : les Arabes, au nombre de six mille, arrivèrent sur leurs radeaux de jonc, et tuèrent, à coups de flèches, presque tous les hommes qu'Hiéronymus avait amenés avec lui. Antigone renonça donc aux revenus du lac Asphaltite, non-seulement à cause de l'échec qu'il venait d'éprouver, mais parce qu'il avait l'esprit occupé d'autres objets plus sérieux ; car il venait alors de recevoir des lettres de Nicanor, satrape de Médie et de plusieurs autres provinces. Ces lettres lui apprirent le retour de Seleucus et les succès qu'il avait remportés. Alarmé au sujet des satrapies supérieures, Antigone fit partir son fils Démétrius à la tête de cinq mille hommes d'infanterie macédonienne, de dix mille mercenaires et de quatre mille cavaliers. Il lui avait ordonné de marcher jusqu'à Babylone, de reconquérir cette satrapie et de revenir promptement sur les côtes de la mer. Démétrius partit aussitôt de Damas, en Syrie, et se hâta d'exécuter les ordres de son père. Patroclès, nommé par Seleucus gouverneur militaire de la Babylonie, n'osa pas attendre l'arrivée de l'ennemi, à cause du petit nombre de troupes qu'il avait à sa disposition. Il ordonna donc à une partie de ses amis de quitter la ville, d s'éloigner de l'Euphrate, et de se réfugier dans le désert, tandis qu'une autre partie passerait le Tigre et se rendrait dans la Susiane, auprès d'Eutelès, et sur les bords de la mer Rouge[1]. Quant à Patroclès lui-même, il prit avec lui les troupes dont il disposait, se retrancha derrière les fleuves et les canaux, et se maintint dans sa province. Tout en harcelant les ennemis, il instruisit Seleucus, alors en Médie, de tout ce qui s'était passé, et le sollicita de lui envoyer immédiatement des secours. Cependant Démétrius arriva à Babylone. Trouvant la ville abandonnée, il entreprit le siége des forteresses. Il emporta l'une d'assaut et la donna en pillage à ses soldats. Quant à l'autre, il l'assiégea pendant plusieurs jours, et, comme le siége traînait en longueur, il laissa Archélaüs, un de ses amis, avec cinq mille fantassins et mille cavaliers pour continuer les assauts de la forteresse. Comme le terme qui lui avait été prescrit pour cette expédition était déjà passé, Démétrius redescendit avec le reste de son armée sur le littoral de la Méditerranée.

CI. Tandis que ces choses se passaient, les Romains étaient toujours en guerre avec les Samnites. Des excursions continuelles, des siéges, des bivouacs, des batailles, voilà le tableau de cette guerre. En effet, les deux nations les plus guerrières de l'Italie se disputaient la suprématie. Les consuls romains étaient venus avec une partie de leur armée établir leur camp en face de l'ennemi; ils protégeaient leurs alliés et n'épiaient que le moment favorable pour engager le combat. Quintus Fabius, élu dictateur, se mit à la tête du reste de l'armée, s'empara de la ville de Phretomane[2], et fit prisonniers les habitants les plus mal disposés pour le peuple romain. Ces prisonniers étaient au nombre de deux cents. Fabius les conduisit à Rome, les exposa sur la place publique, et, après les avoir battus de verges, selon la coutume nationale, il leur trancha la tête. Peu

---

[1] Ce nom était souvent appliqué au golfe Persique.
[2] Sans doute la ville de Frégelles. (Tite-Live, IX, 28.)

de temps après[1], il pénétra dans le pays ennemi, prit d'assaut Célia et la forteresse de Nola, recueillit un immense butin et distribua le territoire à ses soldats. Le peuple, ayant réussi à souhait dans ses entreprises, envoya une colonie dans l'île appelée Pontia.

CII. En Sicile, un traité de paix venait d'être conclu entre Agathocle et les Siciliens, à l'exception des Messiniens. Les bannis de Syracuse se rassemblèrent dans la ville de Messine, qu'ils considéraient comme la plus hostile au tyran. Agathocle, pour disperser ce rassemblement, détacha Pasiphilus avec un corps d'armée, et lui donna des instructions secrètes. Pasiphilus envahit donc inopinément le territoire de Messine, fit de nombreux prisonniers et s'empara d'un riche butin; il engagea ensuite les Messiniens à conclure une alliance, et à ne pas se laisser entraîner dans le parti le plus acharné contre Agathocle. Les Messiniens saisirent l'occasion qui leur était offerte de terminer la guerre sans courir aucun risque, expulsèrent les bannis syracusains, et accueillirent Agathocle avec son armée. Le tyran se montra d'abord très-affectueux envers les habitants, et leur conseilla de rappeler les exilés messiniens qui servaient dans son armée. Quelque temps après, il fit venir de Tauroménium et de Messine ceux qui précédemment s'étaient toujours opposés à l'établissement de sa tyrannie, et les fit tous égorger; ils étaient au nombre d'environ six cents. Car, ayant le projet de faire la guerre aux Carthaginois, il voulait auparavant se débarrasser de tous ceux qui auraient pu lui susciter des obstacles. Cependant les Messiniens, qui venaient de chasser de leur ville les étrangers les plus dévoués, capables de les défendre contre le tyran, ces Messiniens qui venaient de voir des citoyens ennemis d'Agathocle égorgés sous leurs yeux, et qui venaient d'être forcés de rappeler de l'exil des traîtres justement condamnés, se repentirent de ce qu'ils avaient fait; mais ils devaient pour le moment se soumettre à la force. Agathocle se

---

[1] Je propose de lire ici μετ' ὀλίγον, *peu de temps après*, au lieu de μετ' ὀλίγων, *avec peu de monde*.

disposait à prendre possession de la ville d'Agrigente, lorsqu'il apprit que soixante navires carthaginois avaient paru en mer. Il renonça donc à son projet sur Agrigente, envahit le territoire des Carthaginois, le ravagea et se rendit maître des garnisons, soit de force, soit par capitulation.

CIII. Sur ces entrefaites, Dinocrate, chef des bannis syracusains, avait entamé une négociation avec les Carthaginois qu'il sollicitait de venir au secours de la Sicile, avant qu'Agathocle l'eût entièrement subjuguée. Puis, après s'être réuni aux exilés de Messine, et mis sur pied une nombreuse armée, il envoya Nymphodore, un de ces émigrés, avec une partie de ses forces, pour s'emparer de la ville des Centorippiens, où Agathocle avait mis une garnison. Quelques citoyens ayant promis qu'ils livreraient la ville sous la condition qu'elle serait déclarée indépendante, Nymphodore pénétra la nuit dans Centorippia; mais les commandants de la garnison, avertis de ce mouvement, tuèrent Nymphodore ainsi que tous ceux qui essayèrent de pénétrer dans l'intérieur des murs. Agathocle saisit cette occasion pour adresser de vifs reproches aux Centorippiens, et pour faire massacrer tous ceux qu'il croyait coupables d'avoir trempé dans le complot.

Sur ces entrefaites, les Carthaginois étaient entrés, avec cinquante bâtiments, dans le grand port de Syracuse, mais ils n'y purent faire aucune capture importante, car ils n'y rencontrèrent que deux vaisseaux de transport, dont l'un appartenait aux Athéniens; ils l'attaquèrent, le coulèrent bas et coupèrent les mains à ceux qui le montaient. Cet acte de cruauté envers des gens inoffensifs, devait être bientôt vengé par la divinité. En effet, quelques bâtiments carthaginois, mouillés à Bruttium, furent capturés par les lieutenants d'Agathocle, et l'équipage qui les montait éprouva le même traitement que les Phéniciens[1] avaient infligé à ceux qui leur étaient naguère tombés entre les mains.

CIV. Les exilés, réunis autour de Dinocrate, composaient alors une armée de trois mille hommes d'infanterie et d'environ deux mille cavaliers. Cette armée se mit en possession de la ville

---

[1] Diodore donne souvent ce nom aux Carthaginois.

de Galaria, sur l'invitation même des habitants qui venaient de chasser la garnison d'Agathocle. Instruit de cela, Agathocle dirigea immédiatement contre Galaria une troupe de cinq mille hommes, commandés par Pasiphilus et Démophilus. Il s'engagea un combat avec l'armée des exilés, dont Dinocrate et Philonide commandaient les ailes. On déploya de part et d'autre une égale valeur, et la victoire resta assez longtemps indécise, lorsque Philonide, l'un des généraux de l'armée des exilés, tomba mort, et causa la déroute de Dinocrate, son collègue. Pasiphilus se mit à la poursuite des fuyards, et en tua un grand nombre. Après cette victoire, il s'empara de Galaria et châtia les chefs de la révolte. Cependant Agathocle, en apprenant que les Carthaginois étaient venus occuper dans le territoire de Géla une colline nommée Ecnomos, se décida à les attaquer avec toute son armée. Il marcha donc contre les Carthaginois, et, arrivé à proximité de leur camp, il les provoqua au combat, se targuant de ses succès précédents. Les Barbares n'osant point accepter le défi, il se rendit sans coup férir maître de la campagne environnante, et retourna à Syracuse où il fit orner les temples de magnifiques dépouilles. Tels sont les événements arrivés dans le cours de cette année, et qui sont parvenus à notre connaissance.

CV. Simonide étant archonte d'Athènes, les Romains nommèrent consuls Marcus Valérius et Publius Décius[1]. Dans cette année, Cassandre, Ptolémée et Lysimaque conclurent la paix avec Antigone. Voici à quelles conditions : Cassandre gardait le commandement de l'armée en Europe, jusqu'à la majorité d'Alexandre, fils de Rhoxane; Lysimaque était reconnu souverain de la Thrace, Ptolémée, maître de l'Égypte et des villes limitrophes, de la Libye et de l'Arabie, et Antigone de toute l'Asie; les Grecs étaient déclarés indépendants. Les conditions de ce traité furent bientôt violées, car chacun se servait de quelque prétexte spécieux pour agrandir sa puissance. Voyant

---

[1] Deuxième année de la CXVII<sup>e</sup> olympiade; année 311 avant J.-C.

Alexandre, fils de Rhoxane, avancé en âge, et entendant dire dans toute la Macédoine qu'il était temps de tirer de sa prison le jeune prince et de l'asseoir sur le trône de son père, Cassandre pensa que son existence était menacée. Il ordonna donc à Glaucias, commandant de la prison, d'égorger Rhoxane et le jeune roi, de cacher leurs corps et de faire disparaître toutes les traces de ce double assassinat [1]. Après l'exécution de cet ordre, Cassandre, Lysimaque, Ptolémée et Antigone se trouvèrent délivrés de la crainte de voir un jour le fils réclamer le royaume de son père Alexandre. Dès ce moment, ils conçurent l'espérance de régner en rois sur les nations et les villes qui se trouvaient rangées sous leur autorité. Tel était l'état des affaires en Asie et en Europe.

En Italie, les Romains dirigèrent de nombreuses troupes d'infanterie et de cavalerie sur Pollitium, ville des Marrhuciniens. Ils envoyèrent une partie de leurs citoyens fonder la ville d'Interamna [2].

CVI. En Sicile, Agathocle, dont la puissance grandissait de jour en jour, rassemblait des forces considérables. Les Carthaginois, alarmés de voir le tyran soumettre les villes de la Sicile et déployer des ressources supérieures à celles de leurs généraux, se décidèrent à conduire la guerre plus énergiquement. Cette résolution prise, ils équipèrent cent trente trirèmes, et nommèrent Amilcar, un de leurs plus illustres généraux, au commandement de cette expédition. Il avait sous ses ordres deux mille hommes de milice nationale, parmi lesquels se trouvaient beaucoup de guerriers célèbres ; dix mille Libyens, mille mercenaires tyrrhéniens, et deux cents chars à deux chevaux. A ces forces s'ajoutaient mille frondeurs baléares et de grandes provisions de vivres, d'armes et d'autres munitions de guerre. Après son départ de Carthage, toute la flotte fut assaillie par une violente tempête ; soixante trirèmes disparurent, et deux cents

---

[1] D'après Pausanias (IX, 7), Cassandre fit mourir Rhoxane et Alexandre par le poison. Justin (XV, 2) raconte la chose autrement.

[2] Aujourd'hui *Teramo*, dans le royaume de Naples.

vaisseaux de transport sombrèrent. Le reste de la flotte ayant éprouvé de fortes avaries, parvint avec peine à se sauver en Sicile. Plusieurs citoyens carthaginois de distinction périrent dans cette tempête, et la ville fit ordonner un deuil public : selon l'usage pratiqué à l'occasion d'une grande calamité, les murs de Carthage furent couverts de draps noirs[1]. Amilcar recueillit les débris de la flotte, réunit des mercenaires et fit des levées dans les villes alliées de la Sicile. Après avoir joint ces nouvelles troupes à son armée qu'il réorganisa complétement, il se vit en état d'ouvrir la campagne avec quarante mille hommes d'infanterie et près de cinq mille cavaliers. Amilcar répara ainsi promptement le revers qu'il venait d'éprouver ; sa réputation d'habile général ranima le courage abattu des alliés, et il inspira à l'ennemi de vives inquiétudes.

CVII. En présence de ces forces considérables des Carthaginois, Agathocle comprit que beaucoup de garnisons qu'il entretenait dans les villes, mécontentes de lui, passeraient, à la première occasion, dans le parti des Phéniciens, et il craignait surtout la défection des Géléens dont le territoire était occupé par toutes les forces de l'ennemi. Pour comble d'inquiétude, sa flotte venait alors d'éprouver un échec considérable : vingt de ses navires, stationnés dans le détroit, étaient tombés, avec tout leur équipage, au pouvoir des Carthaginois. Mais comme il savait de quelle importance serait pour lui l'occupation de Géla, au moyen d'une forte garnison, il ne perdit pas cet objet de vue : mais il n'osa point y introduire de troupes ouvertement, afin qu'il ne donnât pas aux Géléens un prétexte pour justifier leur rébellion, et qu'il ne perdît pas une ville qui devait lui fournir de grandes ressources. Agathocle y fit donc entrer les soldats en quelque sorte un à un, comme pour des affaires particulières, jusqu'à ce qu'enfin leur nombre dépassât de beaucoup celui des citoyens. Bientôt après, Agathocle y entra lui-même, et accusa les Géléens de trahison et de révolte ; soit que les Géléens s'en

---

[1] Les lambeaux de draps (ῥάκια, σάκκοι) et les cendres étaient des signes de deuil chez les peuples d'origine phénicienne. Voyez saint Mathieu, XI, 21.

fussent réellement rendus coupables, soit que cette accusation eût été basée sur le rapport calomnieux des bannis, soit que le vrai motif fût de s'emparer des richesses de la ville, quoi qu'il en soit, Agathocle fit mettre à mort plus de quatre mille Géléens, et confisqua leurs biens. Il ordonna ensuite aux autres Géléens de lui apporter, sous peine de mort, tout l'argent et l'or non monnayé en leur possession. La terreur fit promptement exécuter cet ordre; Agathocle amassa ainsi d'immenses richesses et répandit la terreur parmi les populations soumises à son autorité. Cependant, comme il reconnut lui-même qu'il avait traité les Géléens avec trop de cruauté, il fit enterrer les morts dans des fosses creusées en dehors des murs, et, après avoir laissé dans la ville une garnison suffisante, il vint camper en face de l'ennemi.

CVIII. Les Carthaginois occupaient Ecnomos, qui passe pour une ancienne forteresse de Phalaris. C'est là que, selon la tradition, ce tyran avait fait construire le fameux taureau d'airain qui, étant chauffé par le feu, servait aux tortures des condamnés. C'est en mémoire de ces cruautés que cette place reçut le nom d'Ecnomos[1]. A l'opposite du camp ennemi, Agathocle avait occupé une autre forteresse de Phalaris, qui, pour cela, portait le nom de *Phalarium*. L'espace laissé entre les deux camps était traversé par un fleuve qui servait en quelque sorte de retranchement naturel aux deux armées opposées. D'après une ancienne tradition, c'est dans ce lieu que devait se livrer un jour une sanglante bataille. Mais comme cette tradition n'indiquait pas quel serait le parti vaincu, une crainte superstitieuse s'était emparée des deux armées, et personne n'osait commencer l'attaque. Elles restaient ainsi longtemps en présence l'une de l'autre, lorsqu'une circonstance imprévue les força à un combat décisif. Quelques Libyens avaient pillé le territoire ennemi. Agathocle, irrité, s'en vengea par un acte semblable. Mais, au moment où les Grecs emportaient leur butin, et le chargeaient sur quelques bêtes de somme, tirées du camp, un détachement de Cartha-

---

[1] Ἔκνομος, hors la loi.

ginois sortit des retranchements et se mit à la poursuite des pillards. Prévoyant ce qui devait arriver, Agathocle mit en embuscade, sur les bords du fleuve, une troupe de soldats d'élite. Les Carthaginois, poursuivant les Grecs chargés de leur butin, traversaient le fleuve, lorsqu'ils furent soudain assaillis par les hommes placés en embuscade, et facilement mis en déroute. Les Barbares furent en grande partie massacrés, et le reste s'enfuit dans le camp. Jugeant l'occasion favorable pour engager la bataille, Agathocle fit sortir toute son armée et marcha droit au camp ennemi. Il l'attaqua à l'improviste, combla promptement une partie du fossé, détruisit les retranchements, et pénétra de force dans le camp. Surpris par cette attaque imprévue, les Carthaginois, sans garder leurs rangs, combattaient au hasard, là où ils rencontraient des ennemis. Un combat acharné s'engagea autour du fossé qui fut bientôt rempli de cadavres. Les plus distingués des Carthaginois, voyant leur camp pris, arrivèrent au secours de leurs soldats; et, de leur côté, les troupes d'Agathocle, animées par ce succès, et espérant par une seule bataille terminer toute la guerre, tombaient sur les Barbares avec un nouvel acharnement.

CIX. Cependant Amilcar, voyant ses troupes vivement repoussées par les Grecs, qui pénétraient de plus en plus dans l'enceinte du camp, fit avancer les frondeurs baléares au nombre de mille environ. Ceux-ci lancèrent une grêle de pierres énormes, blessèrent beaucoup d'assaillants et en tuèrent plusieurs, en brisant les armes défensives; car ces frondeurs sont habitués à lancer des pierres du poids d'une mine, exercés qu'ils sont depuis leur enfance à ce genre de talent, et leur secours contribua beaucoup à la victoire. Ce sont eux qui repoussèrent les Grecs hors du camp et l'emportèrent. Mais Agathocle avait commencé l'attaque également sur d'autres points, et il allait déjà se rendre maître du camp, lorsque les Carthaginois reçurent de la Libye un secours inattendu qui ranima leur courage. Pendant que les Carthaginois combattaient de front pour la défense de leur camp, les renforts arrivés à leur secours enveloppèrent les Grecs qui furent ainsi fort maltraités. Aussitôt la bataille prit une autre tournure : les Grecs s'enfuirent ; les uns gagnèrent les bords du fleuve Himéra, les autres se retirèrent dans leur camp, qui était à quarante stades de distance ; et là, comme ils avaient une vaste plaine à parcourir, les fuyards furent facilement atteints par la cavalerie des Barbares, forte d'au moins cinq mille hommes. Aussi tout cet espace fut-il couvert de morts, et le fleuve lui-même semblait avoir conspiré la perte des Grecs. On était à l'époque de la canicule ; cette poursuite avait lieu vers midi : un grand nombre de fuyards, épuisés par les fatigues, la chaleur et la soif, se désaltéraient avidement avec l'eau de ce fleuve, qui est salée comme celle de la mer [1]. On compta donc sur le champ de bataille autant d'hommes morts pour avoir bu de cette eau, que de soldats tombés sous le fer de l'ennemi. Les Barbares perdirent dans cette bataille environ cinq cents hommes, tandis que les Grecs en perdirent au moins sept mille.

CX. Après cette défaite, Agathocle recueillit les débris de son armée, mit le feu à son camp, et se retira à Géla. De là, il fit courir le bruit qu'il avait résolu de retourner en toute hâte à Syracuse. Trois cents cavaliers libyens rencontrèrent quelques soldats d'Agathocle qui leur annoncèrent que ce dernier était retourné à Syracuse ; ces cavaliers entrèrent alors comme amis dans Géla, où, déçus dans leur espérance, ils furent massacrés. Agathocle s'était renfermé dans Géla, d'abord parce qu'il lui était impossible de se retirer à Syracuse, ensuite, parce qu'il voulait occuper les Carthaginois au siége de Géla, afin de laisser aux Syracusains le temps de faire rentrer leurs récoltes. Amilcar songea réellement, dans le premier moment, à faire le siége de Géla ; mais il renonça à ce dessein, lorsqu'il apprit qu'Agathocle y tenait une forte armée et qu'il était pourvu de toutes sortes de provisions. Amilcar alla donc ranger sous son autorité les autres villes et les forteresses du pays, et, par sa conduite humaine, il se concilia l'affection de tous les Siciliens.

---

[1] Vitruve (VIII, 3) rapporte qu'une des branches seulement du fleuve Himéra charriait des eaux salées.

Les Camarinéens, les Léontins, les Catanéens, les Tauroménites, envoyèrent aussitôt des députés pour traiter avec les Carthaginois. Peu de temps après, les Messiniens, les Abacéniens et les habitants de plusieurs autres villes s'empressèrent de se déclarer pour Amilcar. Cet empressement était en raison de la haine que l'on portait au tyran.

Cependant Agathocle ramena à Syracuse les débris de son armée. Il fit réparer les murailles et remplir les magasins de blé ; car il avait le projet de laisser à une bonne garnison la garde de la ville, de faire passer en Libye la plus grande partie de ses troupes, et de transporter sur le continent le théâtre de la guerre. Mais nous ne parlerons de cette expédition d'Agathocle que dans le livre suivant, ainsi que nous l'avons annoncé au commencement.

# LIVRE VINGTIÈME.

### SOMMAIRE.

Agathocle passe en Libye, remporte une victoire sur les Carthaginois et s'empare d'un grand nombre de villes. — Cassandre arrive au secours d'Autoléon et fait une alliance avec Ptolémée, lieutenant rebelle d'Antigone. — Ptolémée prend quelques villes de la Cilicie; Démétrius, fils d'Antigone, les recouvre. — Polysperchon entreprend de rétablir sur le trône paternel Hercule, fils [d'Alexandre et de Barsine; Ptolémée met à mort Nicocréon, roi des Paphiens. — Actes des rois dans le Bosphore; actes des Romains et des Samnites en Italie. — Expédition de Ptolémée contre la Cilicie et le littoral qui avoisine ce pays. — Hercule est tué par Polysperchon. — Amilcar, général des Carthaginois, prend Syracuse. — Les Agrigentins essaient de délivrer les Siciliens. — Prise de vingt navires syracusains. — Révolte en Libye; danger que court Agathocle. — Appius Claudius le censeur. — Corinthe et Sicyone se livrent à Ptolémée. — Cléopâtre est tuée à Sardes. — Agathocle remporte une victoire sur les Carthaginois; il fait venir auprès de lui Ophellas, soupçonné de conspiration, le tue et réunit aux siennes les troupes d'Ophellas. — Bomilcar, accusé d'aspirer à la tyrannie, succombe. — Agathocle envoie des dépouilles en Sicile; quelques-uns de ses navires font naufrage. — Les Romains viennent au secours des Marses, assiégés par les Samnites; ils prennent d'assaut Caprium dans la Tyrrhénie. — Démétrius Poliorcètes entre dans le Pirée; prise de Munychie. — Délivrance des Athéniens et des Mégariens. — Expédition de Démétrius en Cypre; combat contre le général Ménélas; siège de Salamine. — Combat naval de Démétrius contre Ptolémée; victoire de Démétrius. — Soumission de toute l'île de Cypre et de l'armée de Ptolémée. — Après cette victoire, Antigone et Démétrius se ceignent du diadème, et, à leur exemple, les autres souverains se donnent le nom de rois. — Agathocle prend d'assaut Utique et fait passer une partie de son armée en Sicile. — Les Agrigentins, combattant les lieutenants d'Agathocle, sont vaincus. — Agathocle soumet Héraclée, Thermes et Céphalidium; il réduit en esclavage le pays et la ville des Apolloniates. — Agathocle bat les Carthaginois en Sicile ainsi que les Agrigentins. — Agathocle passe pour la seconde fois en Libye; sa défaite. — Troubles dans les deux camps. — Fuite d'Agathocle qui retourne en Sicile. — Massacre des Siciliens par Agathocle. — Le roi Antigone marche avec de nombreuses troupes sur l'Égypte. — Rébellion de Pasiphile, lieutenant d'Agathocle. — Les Carthaginois font la paix avec Agathocle. — Démétrius lève le siège de Rhodes. — Les Romains sont vainqueurs des Samnites dans deux batailles. — En partant de Rhodes, Démétrius se dirige sur la Grèce; il délivre la plupart des villes. — Agathocle, après avoir injustement levé des impôts sur les Liparéens, perd ses navires qui transportent le butin. — Les Romains font la guerre aux Éques ; ils concluent la paix avec les Samnites. — Actes de Cléonyme en Italie. — Motifs pour lesquels Cassandre, Lysimaque, Seleucus et Ptolémée ont, de concert, déclaré la guerre à Antigone. — Expédition de Cassandre contre Démétrius en Thessalie, et de Lysimaque en Asie. — Docimus et Phénix se révoltent contre Antigone. — Antigone marche contre Lysimaque avec des forces supérieures. — Antigone fait venir de la Grèce son fils Démétrius. — Ptolémée soumet les villes de la Cœlé-Syrie ; Seleucus descend des satrapies supérieures et se dirige vers la Cappadoce. — Toutes les troupes se dispersent dans les cantonnements d'hiver.

I. On a quelque raison de blâmer les historiens qui intercalent dans leurs récits de longues harangues et de fréquentes déclamations de rhéteur. Ces discours ainsi intercalés mal à propos, non-seulement coupent le fil de la narration, mais fatiguent l'attention du lecteur. Sans doute l'écrivain qui vous montre son éloquence est libre de composer, comme il l'entend, des harangues d'orateurs, des discours de députés, des éloges, des critiques ou tout autre exercice de ce genre. L'écrivain qui comprendrait en même temps bien l'économie du sujet qu'il traite, et qui serait également habile dans les deux genres comme orateur et comme historien, mériterait les plus grands éloges. Mais il y a aujourd'hui plusieurs écrivains qui, ne songeant qu'à briller comme rhéteurs, transforment toute l'histoire en un discours de tribune. Dans leurs ouvrages, non-seulement le style est mauvais et désagréable, mais encore, à part quelques bonnes qualités, les convenances des temps et des lieux ne sont nullement respectées. C'est pourquoi, parmi les lecteurs de pareils ouvrages, les uns passent ces déclamations de rhéteurs, bien qu'elles soient bien faites ; les autres, ennuyés de la longueur du sujet, mettent tout à fait le livre de côté, et ils ont parfaitement raison. En effet, le genre historique est simple, bien homogène et semblable à un corps vivant, qui perd toute la grâce que donne la vie dès qu'on lui enlève un membre. Une composition historique doit donc offrir un ensemble harmonieux pour que le lecteur saisisse clairement tous les détails [1].

II. Il ne faut pas cependant bannir de l'histoire toutes les

---

[1] Polybe (I, 5) professe à peu près les mêmes idées.

ressources oratoires ; car l'histoire a besoin de cet ornement dans bien des circonstances, et moi-même je ne voudrais pas m'en priver. Lorsqu'un envoyé ou un conseiller prononce un discours nécessité par les événements, un auteur qui n'oserait pas hardiment entrer dans cette arène ouverte à l'éloquence, serait certainement coupable, et ces occasions se présentent assez fréquemment. D'ailleurs, ce serait une négligence blâmable de passer sous silence tant de beaux discours éloquents dont le souvenir mérite d'être conservé, et qui servent à éclaircir les détails qu'expose l'histoire. Enfin, nous devons faire usage de développements oratoires convenables pour expliquer un dénoûment inattendu.

Mais en voilà assez sur ce sujet : nous allons maintenant reprendre le fil de notre narration. Dans les livres précédents, nous avons écrit l'histoire des Grecs et des Barbares depuis les temps les plus reculés jusqu'à l'année qui précède l'expédition d'Agathocle en Libye, comprenant ainsi, à compter de la prise de Troie, un espace de plus de huit cent quatre-vingt-trois ans [1]. Le livre présent commence à l'expédition d'Agathocle en Libye, et finit à l'année où les rois, se liguant entre eux, commencèrent à faire en commun la guerre à Antigone, fils de Philippe, ce qui forme un intervalle de neuf ans.

III. Hiéromnémon étant archonte d'Athènes, les Romains élurent pour consuls Caïus Julius et Quintus Émilius [2]. Dans cette année, Agathocle, vaincu par les Carthaginois à la bataille d'Himéra, où il avait perdu la plus grande partie de son armée, s'était réfugié à Syracuse. Voyant que tous ses alliés l'abandonnaient, que les Barbares étaient maîtres de toute la Sicile, à l'exception de Syracuse, et qu'ils disposaient d'immenses forces

---

[1] Wesseling pense qu'il faut lire ici ἑβδομήκοντα au lieu d'ὀγδοήκοντα, ce qui ne ferait que huit cent soixante-treize ans. Cette conjecture a été adoptée par M. Dindorf. En effet, depuis la prise de Troie jusqu'à la troisième année de la CXVe olympiade, l'auteur compte lui-même ( livre XIX, 1 ) huit cent soixante-six ans, qui, ajoutés aux sept ans écoulés jusqu'à la deuxième année de la CXVIIe olympiade ( année qui précède l'expédition d'Agathocle en Libye, donnent la somme de huit cent soixante-treize ans.

[2] Troisième année de la CXVIIe olympiade ; année 310 avant J. C.

de terre et de mer, il accomplit une entreprise aussi hardie qu'inattendue. Au moment où tout le monde s'imaginait le voir reculer devant la puissance des Carthaginois, Agathocle conçut le dessein de laisser Syracuse sous bonne garde, de faire des levées de troupes et de passer avec une armée en Libye ; car il se flattait qu'il trouverait Carthage plongée dans toutes les jouissances de la vie, fruits d'une longue paix, et qu'avec des soldats habitués aux fatigues de la guerre il viendrait facilement à bout d'une population incapable d'affronter les périls des combats ; il espérait en même temps que les alliés libyens, gémissant depuis bien longtemps sous un joug pesant, saisiraient l'occasion de se soulever ; en outre, ce qu'il y avait de plus important, il pensait qu'en apparaissant soudain, il lui serait facile de livrer au pillage un pays qui n'avait pas encore été ravagé par l'ennemi, et où les Carthaginois avaient accumulé toute sorte de richesses. Enfin, d'après ce plan, il délivrait sa patrie et toute la Sicile du joug des Barbares, et transportait en Libye tout le théâtre de la guerre. C'est ce qui arriva en effet.

IV. Agathocle, sans communiquer ce plan à aucun de ses amis, confia à son frère Antandre le gouvernement de Syracuse, avec une forte garnison. En même temps, il fit de grandes levées de troupes, et ordonna aux fantassins de se tenir sous les armes, et aux cavaliers de se munir, indépendamment d'une armure complète, de selles et de brides, afin qu'ils fussent prêts à monter les chevaux dont ils pourraient s'emparer. Car, dans sa dernière défaite, la plus grande partie de l'infanterie avait péri, et presque tous les cavaliers étaient parvenus à se sauver ; mais ils ne pouvaient pas emmener avec eux leurs chevaux en Libye. Agathocle songea alors au moyen d'empêcher les Syracusains de faire, après son départ, quelque tentative d'insurrection. Dans ce but, il rompit toutes les relations de famille ; il sépara les frères de leurs frères, enleva aux pères leurs enfants, en laissant les uns dans la ville et emmenant les autres avec lui. Il était donc évident que si ceux qui restaient à Syracuse étaient mécontents du tyran, ils n'oseraient rien tenter, retenus par l'affection pour des fils ou des parents emmenés en Libye. Comme Agathocle avait besoin d'argent, il enleva aux tuteurs les biens des mineurs, alléguant qu'il les administrerait mieux et qu'à la majorité des enfants il en rendrait plus fidèlement compte. Il fit en outre des emprunts aux marchands, enleva des temples plusieurs riches offrandes, et se fit même livrer les bijoux des femmes. S'apercevant ensuite que les citoyens les plus opulents étaient mécontents de ces actes et mal disposés pour lui, il convoqua une assemblée où il déplora sur un ton lamentable les revers qu'il venait d'essuyer et les malheurs qui l'attendaient. « Pour moi, disait-il, habitué à tous les maux, je supporterai bien facilement les fatigues d'un siége, mais ce qui m'attendrit, c'est le sort des citoyens qui, renfermés dans leur île, seront exposés à tant de misères. » En prononçant ces paroles, il engagea les habitants à se sauver avec tous leurs biens, pour ne pas endurer les calamités qui les menaçaient. Les citoyens les plus riches et les plus hostiles au tyran se retirèrent ainsi de la ville ; mais à peine en furent-ils sortis, qu'Agathocle envoya à leur poursuite un détachement de mercenaires, les fit tous égorger et confisqua leurs biens[1]. Ainsi, par ce seul crime, Agathocle se procura des richesses, et il purgea la ville de ses ennemis. Il donna ensuite la liberté à tous les esclaves en état de porter les armes.

V. Tous les préparatifs terminés, Agathocle fit embarquer ses troupes sur soixante bâtiments, et attendit un moment favorable pour mettre à la voile. Comme il n'avait communiqué son projet à personne, quelques-uns conjecturaient qu'il méditait une expédition en Italie ; d'autres, qu'il allait ravager le territoire de la Sicile, soumis à la domination des Carthaginois ; mais tous étaient d'accord pour désespérer du salut des hommes qui faisaient partie de cette expédition, et pour accuser de folie le tyran. Cependant la station navale des ennemis, qui se composait d'un très-grand nombre de trirèmes, força pendant quelques jours les troupes d'Agathocle à rester consignées sur leurs navires et à

---

[1] Ces victimes étaient, suivant Justin (XXII, 4), au nombre de mille six cents.

demeurer dans le port. Bientôt après, des bâtiments de transport, chargés de vivres, s'approchèrent de la ville; les Carthaginois en ayant été avertis vinrent avec toute leur flotte attaquer ces bâtiments. Agathocle, qui avait déjà désespéré de son entreprise, profita de ce moment pour sortir du port, ainsi débloqué, et s'éloigna à force de rames. Les Carthaginois étaient près d'atteindre les bâtiments de transport, lorsqu'ils virent la flotte ennemie marcher à voiles déployées. Ils s'imaginèrent d'abord qu'Agathocle venait au secours des bâtiments de transport, et ils se rangèrent en ligne de bataille. Mais lorsqu'ils virent que la flotte ennemie continuait sa route en ligne droite, et qu'elle avait beaucoup d'avance sur eux, ils se portèrent à lui donner la chasse. Pendant que les deux flottes luttaient ainsi de vitesse, les navires de transport échappèrent inopinément au danger qui les menaçait, et ramenèrent beaucoup de vivres à Syracuse, qui commençait déjà à souffrir de la disette. Agathocle faillit tomber au pouvoir des Carthaginois, mais l'approche de la nuit lui apporta un moyen de salut inespéré. Le jour suivant arriva une éclipse de soleil telle que le jour semblait être changé en nuit, et que les astres se voyaient partout au ciel[1]. Les troupes d'Agathocle, prenant ce phénomène pour un présage funeste de la divinité, virent leurs inquiétudes pour l'avenir s'accroître de plus en plus.

VI. La flotte d'Agathocle était en mer depuis six jours et autant de nuits, lorsque le septième jour au matin parut soudain en vue la flotte carthaginoise à peu de distance. Les deux flottes rivalisèrent d'efforts de rames ; les Carthaginois espéraient qu'une fois les vaisseaux d'Agathocle pris, ils soumettraient facilement Syracuse et sauveraient leur patrie des dangers dont elle était menacée ; les Grecs, de leur côté, redoutaient la vengeance à laquelle ils se voyaient exposés, ainsi que l'affreux esclavage de leurs parents laissés en Sicile. Cependant la côte de la Libye se montrait au loin ; à cette vue, une nouvelle ardeur

---

[1] Cette éclipse totale arriva, suivant Calvisius et Petau, le 15 du mois d'août.

anima les équipages, et l'émulation fut portée à son comble; mais les Barbares, faits depuis longtemps au métier de rameurs, marchèrent plus vite, et ne laissèrent que très-peu d'intervalle entre eux et les Grecs. Dans cette marche rapide, les deux flottes atteignirent presque en même temps le rivage. L'arrière-garde d'Agathocle ne se trouva qu'à une portée de trait de l'avant-garde des Carthaginois. Un combat s'engagea entre les archers et les frondeurs, mais il ne dura pas longtemps, car, comme les Barbares avaient moins de bâtiments, Agathocle l'emporta par le nombre de ses soldats. Les Carthaginois se rembarquèrent donc sur leurs navires, et, la poupe en avant, ils se retirèrent hors de la portée des flèches. Agathocle acheva de débarquer son armée à l'endroit de la côte qu'on appelle les *Latomies*; il éleva un retranchement dont les deux bouts touchaient à la mer, et vint s'y embosser avec ses bâtiments.

VII. Après cette hardie tentative, Agathocle en fit une autre bien plus hardie encore. Il appela auprès de lui tous les chefs qu'il savait lui être dévoués, et, après avoir offert un sacrifice à Cérès et à Proserpine, il convoqua une assemblée générale de l'armée. Il s'avança vers la tribune, la tête ornée d'une couronne, vêtu d'un habillement splendide, et prononça un discours approprié à la circonstance. « Au moment, dit-il, où nous étions poursuivis par les Carthaginois, j'ai fait vœu à Cérès et à Proserpine, déesses protectrices de la Sicile, de faire de tous nos bâtiments des torches allumées en leur honneur. Maintenant que nous sommes sauvés, je dois remplir ce vœu. En échange de ces bâtiments, je promets de vous en donner un bien plus grand nombre si vous combattez vaillamment, car les déesses nous annoncent par les victimes une victoire complète. » Pendant qu'il prononçait ces paroles, un de ses serviteurs lui apporta une torche allumée, il s'en saisit, et après en avoir fait remettre une à chaque triérarque, il adressa une invocation aux déesses, et s'avança le premier vers le vaisseau commandant; il se plaça debout sur la poupe, et ordonna aux triérarques d'en faire autant de leur côté. Tous mirent alors le feu aux bâtiments, et pendant que la flamme s'élevait dans les airs, les trompettes sonnèrent la charge, l'armée poussa le cri de guerre, et tout le monde adressa aux déesses des prières, implorant un heureux retour. Agathocle avait pris cette mesure d'abord pour enlever aux soldats tout moyen de fuite et pour les forcer à chercher leur salut dans la victoire, ensuite pour avoir sous sa main toutes ses forces et n'être point obligé de les diviser, en en laissant une partie pour la défense des navires qui autrement seraient tombés au pouvoir des Carthaginois.

VIII. Cependant, le spectacle de toute la flotte embrasée remplit d'effroi l'âme des Siciliens. Dans le premier moment, entraînés, fascinés par les paroles d'Agathocle et la rapidité de l'exécution, les soldats avaient tous consenti. Mais plus tard la réflexion fit naître en eux le repentir; lorsqu'ils calculaient l'étendue des mers qui les séparaient de leur patrie, ils désespéraient de leur salut. Agathocle s'empressa de relever le courage abattu de ses soldats, et conduisit l'armée à Mégalopolis, ville carthaginoise. Tout le pays intermédiaire, qu'il fallait traverser, était entrecoupé de jardins et de vergers arrosés par de nombreuses sources et par des canaux. Des maisons de campagne bien construites et bâties à la chaux bordaient la route et annonçaient partout la richesse; les habitations étaient remplies de tout ce qui contribue aux jouissances de la vie, et qu'une longue paix avait permis aux habitants de mettre en réserve. Le terrain était cultivé en vignes, en oliviers et en une foule d'arbres fruitiers. Des deux côtés, la plaine nourrissait des troupeaux de bœufs et de moutons, et aux environs des gras pâturages des marais on voyait des haras de chevaux. En un mot, dans ces lieux se trouvait accumulée cette opulence variée des propriétaires les plus distingués de Carthage, et qui aimaient à employer leurs richesses aux plaisirs de la vie. Saisis d'admiration, à la vue de ce beau et riche pays, les Siciliens sentirent leurs espérances renaître : ils considéraient que tout cela serait un prix digne de la victoire. Dès qu'Agathocle remarqua que ses soldats, revenus de leur découragement, étaient prêts au combat, il entreprit immédiatement d'attaquer les murs de la ville. Par cette attaque imprévue, et grâce à l'inexpérience des habitants dans l'art de la guerre, Agathocle réussit facilement à s'emparer de la ville. Il la livra en pillage à ses soldats, et remplit l'armée de butin en même temps que de courage. De là il conduisit son armée directement contre Tynès la blanche, qui n'est qu'à deux mille[1] stades de Carthage, et s'en empara également. Ces deux villes prises, les soldats voulaient les conserver, et ils y déposèrent leur butin. Mais Agathocle, conformément à son plan arrêté, fit comprendre à l'armée qu'elle n'aurait aucun lieu de refuge tant qu'elle n'aurait pas remporté une victoire complète. Il rasa les villes, et fit bivouaquer ses troupes.

IX. Cependant, les Carthaginois, mouillés près de la station sicilienne, se réjouissaient à la vue de l'incendie, s'imaginant que c'était la crainte qui avait déterminé Agathocle à mettre le feu à ses bâtiments; mais lorsqu'ils apprirent que l'armée ennemie s'avançait dans l'intérieur du pays, ils augurèrent de cet incendie de grands malheurs pour eux. Ils couvrirent donc les proues de leurs navires de draperies noires, comme c'est la coutume lorsqu'une calamité publique menace la ville de Carthage. Ils prirent ensuite les armatures d'airain des navires d'Agathocle pour les employer à leurs propres trirèmes, et envoyèrent à Carthage des messagers annoncer les événements qui venaient de se passer. Mais déjà, avant l'arrivée de ces messagers, les Carthaginois avaient été avertis du débarquement d'Agathocle. Dans leur consternation, ils s'imaginèrent que toutes leurs forces de terre et de mer avaient péri en Sicile; car, selon eux, Agathocle n'aurait point osé tenter cette expédition s'il n'avait pas été victorieux en Sicile. Aussi toute la ville fut-elle en proie à la frayeur et à la confusion; le peuple accourait sur la place publique, et le sénat se réunissait pour délibérer. On n'avait aucune armée à opposer à l'ennemi, et les citoyens, inexpérimentés dans la guerre, étaient tombés dans le plus profond

[1] Trente-six myriamètres.

découragement, et on s'attendait déjà à voir les ennemis aux portes de la ville. Quelques-uns conseillaient d'envoyer des parlementaires pour traiter de la paix, en même temps que pour reconnaître la situation des ennemis; d'autres étaient d'avis d'attendre jusqu'à ce qu'on eût reçu un rapport plus détaillé de tout ce qui s'était passé. Pendant que cette confusion régnait dans la ville, les messagers envoyés par le commandant de la flotte descendirent à terre et firent connaître l'état réel des choses.

X. Sur le rapport de ces messagers, tous les citoyens reprirent de la confiance. Le sénat adressa de vifs reproches aux nauarques pour avoir laissé l'ennemi débarquer en Libye, et en même temps il nomma au commandement des armées Hannon et Bomilcar. Ces deux généraux étaient divisés par des haines de famille, mais le sénat pensait que cette inimitié elle-même tournerait au profit de l'État : ce fut là une grave erreur. Bomilcar depuis longtemps aspirait à la tyrannie, mais il lui avait manqué jusqu'alors le pouvoir et le temps favorable pour exécuter son projet : le commandement dont il était investi lui en offrait maintenant l'occasion. La cause de tout cela doit être cherchée dans l'extrême rigueur avec laquelle les Carthaginois punissent leurs agents[1]. En temps de guerre, ils donnaient le commandement suprême aux citoyens les plus distingués, les croyant dévoués pour la défense de la patrie; mais la paix rétablie, ces mêmes généraux étaient calomniés, on leur intentait par jalousie d'injustes procès et on les condamnait. C'est pourquoi, parmi les hommes appelés au commandement, les uns abdiquaient le pouvoir, de crainte de se voir livrer aux tribunaux, et les autres aspiraient à la tyrannie; c'est ce que fit alors Bomilcar, l'un des deux généraux dont nous aurons l'occasion de parler plus tard. Pour le moment, les généraux des Carthaginois, voyant que le temps pressait, sans attendre l'arrivée des forces de leurs alliés, firent des levées de troupes à Carthage même,

---

[1] Consultez Polybe, I, 11, 24; Tite-Live, epitom. 50; Justin XIX, 2, XXI, 4, 6; Valerius Maximus, II, 7; Polyen, V, 11.

et mirent en campagne une armée d'au moins quarante mille hommes d'infanterie, de mille cavaliers et de deux mille chars. Ils vinrent ensuite occuper une colline à peu de distance de l'ennemi, et rangèrent leur armée en bataille. L'aile droite était commandée par Hannon, qui avait également sous ses ordres le bataillon sacré. Bomilcar se mit à la tête de l'aile gauche, et disposa ses troupes en une phalange profonde, car le terrain ne permettait pas de les déployer davantage. Les chars et la cavalerie étaient placés en avant du front de la phalange, et devaient commencer l'attaque.

XI. Après avoir reconnu les dispositions de l'armée des Barbares, Agathocle confia à son fils Archagathus le commandement de l'aile droite, formée de deux mille cinq cents hommes d'infanterie. A la suite venaient trois mille cinq cents Syracusains, puis trois mille mercenaires grecs, et enfin trois mille Samnites, Tyrrhéniens et Celtes. Quant à Agathocle, il se mit à la tête de l'aile gauche où il s'entoura de sa garde et de mille hoplites pour faire face au bataillon sacré des Carthaginois. Enfin, il distribua sur les deux ailes cinq cents archers et frondeurs. Mais ces soldats n'étaient pas suffisamment armés : quelques-uns n'avaient pas même de boucliers. Pour y suppléer, Agathocle ordonna de distendre sur des baguettes les étuis des boucliers; ces étuis offraient ainsi au loin l'aspect de véritables boucliers. Cependant, voyant que ses soldats continuaient à s'effrayer des forces des Barbares, si supérieurs en cavalerie, il fit lâcher sur plusieurs points de la ligne des chouettes qu'il avait tenues prêtes d'avance, pour ranimer le courage de ses troupes. En effet, ces oiseaux, après avoir voltigé au-dessus de la phalange, vinrent s'abattre sur les boucliers et les casques des soldats qui tirèrent un heureux augure de la présence de cet animal consacré à Minerve. Bien que ces croyances ne soient, aux yeux de bien des gens, que de vaines superstitions, elles rendirent néanmoins souvent de grands services, comme cela arriva ici; car à la vue de ces oiseaux, les soldats s'inspiraient une mutuelle confiance et affrontaient le danger, en se répétant entre eux que la divinité leur promettait évidemment la victoire.

XII. Les Carthaginois commencèrent l'attaque par les chars de guerre, mais une partie fut broyée par les balistes; une autre partie fut évitée par les Grecs qui entr'ouvraient leurs rangs, enfin le plus grand nombre fut rejeté en arrière sur l'infanterie. L'armée d'Agathocle soutint également le choc de la cavalerie carthaginoise. Beaucoup de ces derniers furent blessés et prirent la fuite. Pendant ce brillant combat des avant-postes, toute l'infanterie des Barbares en vint aux mains avec l'ennemi. La lutte s'étant bravement engagée, Hannon, à la tête du bataillon sacré, jaloux de remporter par lui-même la victoire, tomba de tout son poids sur les Grecs, et en fit un grand carnage. Bien qu'accablé d'une grêle de flèches et couvert de blessures, il ne céda point le terrain, et pressa l'attaque jusqu'à ce qu'épuisé de force il expira. La mort d'Hannon jeta le découragement parmi les Carthaginois, tandis que les troupes d'Agathocle reprirent confiance. Informé de cet événement, Bomilcar, le second général, pensa que c'était là l'occasion offerte par les dieux pour réaliser le projet de saisir la tyrannie, et il raisonnait ainsi en lui-même : « Si l'armée d'Agathocle périt, je ne pourrai jamais prétendre à l'autorité souveraine, car mes concitoyens ne le permettraient pas; si au contraire Agathocle est victorieux, et qu'il abatte l'orgueil des Carthaginois, ceux-ci, une fois vaincus, deviendront plus faciles à manier. Quant à Agathocle, je pourrai le combattre quand bon me semblera. » Ces réflexions faites, Bomilcar se retira avec son avant-garde, cédant ainsi tranquillement le terrain aux ennemis; et après avoir annoncé aux siens la mort d'Hannon, il leur ordonna de se réfugier en bon ordre sur une hauteur voisine. « Cette manœuvre, leur disait-il, est d'une grande utilité. » Mais comme les ennemis pressaient vivement les Carthaginois, cette retraite ressemblait à une déroute, car les Libyens, qui se succédaient par colonnes, s'imaginant que l'avant-garde était battue, tournèrent le dos. Cependant le bataillon sacré se défendit encore vigoureusement après la mort d'Hannon ; et, debout sur le corps de ceux qui étaient tombés, ils affrontèrent tous les périls. Mais lorsque les soldats de ce bataillon apprirent qu'une grande partie de l'armée avait pris la fuite et qu'ils allaient être enveloppés par l'ennemi, ils furent aussi forcés de lâcher pied. Tout le camp des Carthaginois étant mis en déroute, les Barbares s'enfuirent vers Carthage. Agathocle, après les avoir poursuivis pendant quelque temps, revint sur ses pas et pilla le camp des Carthaginois.

XIII. Les Grecs perdirent dans cette bataille environ deux cents hommes, et les Carthaginois pas moins de mille, d'autres disent six mille. On trouva, entre autres objets, dans le camp des Carthaginois, plusieurs chars contenant plus de vingt mille menottes. Car les Barbares, espérant venir facilement à bout des Grecs, se promettaient d'avance un grand nombre de prisonniers, qui devaient être enchaînés et employés aux travaux publics. C'est ainsi que la divinité s'est plu à humilier l'orgueil des Carthaginois, qui essuyèrent tout le contraire de ce qu'ils espéraient. Agathocle, victorieux contre toute attente, força les Carthaginois à se renfermer dans leurs murs : la fortune, inconstante, fit ainsi succéder le revers à la victoire. En effet, en Sicile, les Carthaginois avaient battu Agathocle et assiégé Syracuse; en Libye, Agathocle en fit autant à l'égard des Carthaginois ; et, ce qu'il y a de plus merveilleux, c'est que le tyran qui avait été battu en Sicile à la tête de ses troupes intactes, venait, avec les débris de son armée, battre, sur le continent, ses propres vainqueurs.

XIV. Attribuant au pouvoir des dieux la défaite qu'ils venaient d'essuyer, les Carthaginois eurent recours aux prières publiques, et croyant qu'Hercule, dont ils se disaient être une colonie, était particulièrement irrité, ils envoyèrent à Tyr une immense quantité de riches offrandes. Descendants de cette ville, les Carthaginois étaient jadis dans l'usage d'envoyer à ce dieu le dixième de tous leurs revenus; mais par la suite, devenus riches et opulents, ils n'envoyèrent presque plus rien, croyant pouvoir se dispenser de la protection du dieu. Leur désastre récent les ramena au repentir, et tous se souvinrent du dieu de Tyr. Parmi les offrandes qu'ils envoyèrent se trouvaient des chapelles d'or, tirées de leurs propres temples, pensant que par ce genre de consécration ils parviendraient plus facilement à apaiser le courroux de la divinité. Ils se reprochèrent aussi de s'être aliéné Saturne, parce qu'ils lui avaient autrefois offert en sacrifice les enfants des plus puissants citoyens, qu'ils avaient plus tard renoncé à cet usage en achetant des enfants secrètement et en les élevant pour être immolés à ce dieu. Des recherches établirent que plusieurs de ces enfants sacrifiés étaient des enfants supposés. En considérant toutes ces choses et en voyant, de plus, les ennemis campés sous les murs de leur ville, ils furent saisis d'une crainte superstitieuse, et ils se reprochèrent d'avoir négligé les coutumes de leurs pères à l'égard du culte des dieux. Ils décrétèrent donc une grande solennité dans laquelle devaient être sacrifiés deux cents enfants, choisis dans les familles les plus illustres; quelques citoyens, en butte à des accusations, offrirent volontairement leurs propres enfants, qui n'étaient pas moins de trois cents. [Voici quelques détails concernant ce sacrifice.] Il y avait une statue d'airain représentant Saturne, les mains étendues et inclinées vers la terre, de manière que l'enfant qui y était placé roulait et allait tomber dans un gouffre rempli de feu. C'est probablement à cette coutume qu'Euripide fait allusion lorsqu'il parle des cérémonies du sacrifice accompli en Tauride; le poëte met dans la bouche d'Oreste la question suivante : « Quel sera le tombeau qui me recevra lorsque je mourrai? — Un feu sacré allumé dans un vaste gouffre de la terre [1]. » Il paraît aussi que l'ancien mythe des Grecs, d'après lequel Saturne dévora ses propres enfants, trouve son explication dans cette coutume des Carthaginois.

XV. Après ces grands revers arrivés en Libye, les Carthaginois s'empressèrent d'envoyer une députation en Sicile pour prier Amilcar de leur envoyer de prompts secours; ils lui firent remettre en même temps les armatures des vaisseaux d'Agatho-

---

[1] Euripide, *Iphigénie en Tauride*, v. 625 et 626.

cle. Amilcar ordonna à ces envoyés de garder le plus profond silence sur la défaite des Carthaginois, et fit répandre dans l'armée le bruit qu'Agathocle avait perdu ses navires et toute son armée. Il fit en même temps partir quelques-uns de ces messagers pour Syracuse, où ils devaient montrer les armatures des navires d'Agathocle et sommer les habitants de rendre leur ville, ajoutant que l'armée des Syracusains avait été détruite par les Carthaginois et leurs vaisseaux brûlés; enfin, ils devaient montrer aux incrédules les éperons des vaisseaux. Lorsque cette prétendue défaite d'Agathocle fut annoncée à Syracuse, la plupart des habitants y ajoutèrent foi; mais les magistrats eurent l'air de conserver quelques doutes afin de prévenir tout désordre, et renvoyèrent immédiatement les députés; puis ils chassèrent de la ville les parents et les amis des bannis, ainsi que tous les mécontents, dont le nombre s'élevait à au moins huit mille. A la suite de cette mesure, qui condamna à l'exil un si grand nombre d'habitants, la ville devint le théâtre de troubles affreux, et on n'y entendait que les gémissements des femmes, car il n'y avait pas de maison qui ne fût alors en deuil. Les partisans de la tyrannie d'Agathocle plaignaient son infortune et celle de leurs enfants. Parmi les citoyens, les uns pleuraient leurs amis ou parents qu'ils croyaient morts en Libye; les autres, ceux qui devaient quitter leurs foyers et leurs pénates, et auxquels il n'était permis ni de rester ni de sortir hors des murs de la ville, investie par les Barbares. Enfin, pour achever de peindre ce tableau, les exilés étaient obligés d'emmener avec eux les femmes et les enfants encore à la mamelle. Cependant Amilcar donna un sauf-conduit aux bannis qui vinrent se réfugier auprès de lui, et il se disposait à attaquer Syracuse, dont il espérait facilement se rendre maître, car elle était privée de toute défense, et le petit nombre d'habitants qui restaient étaient abattus par tant de calamités.

XVI. Avant de commencer l'attaque, Amilcar avait envoyé des députés chargés de sommer Antandre de livrer la ville et de lui promettre toute sécurité dans le cas où il la lui rendrait. A cette proposition, les principaux magistrats de Syracuse se réunirent en conseil, et, après plusieurs discours prononcés pour et contre, Antandre émit l'avis de livrer la ville. C'était un homme naturellement timide, et dont le caractère était tout l'opposé de celui de son frère[1]. Mais Erymnon l'Étolien, qui avait été placé par Agathocle comme conseiller auprès de son frère, fut d'une opinion contraire, et il décida tous les membres de l'assemblée à patienter jusqu'à ce qu'on eût appris toute la vérité sur les affaires de la Libye. En apprenant cette résolution, Amilcar fit approcher les machines de guerre et se décida à entreprendre le siége de la ville.

Après la défaite des Carthaginois, Agathocle fit construire deux barques à trente rames et en fit partir une pour Syracuse. Il avait fait monter cette barque par les meilleurs rameurs, et avait choisi, parmi ses plus fidèles amis, Néarque pour annoncer aux Syracusains la nouvelle de sa victoire. Après une navigation heureuse, les envoyés arrivèrent le cinquième jour, pendant la nuit, dans les eaux de Syracuse : couronnés de fleurs et entonnant les chants de victoire, ils essayèrent au point du jour d'entrer dans la ville; mais les navires carthaginois, mis en sentinelle, donnèrent la chasse à la barque, et, comme ils étaient près de l'atteindre, il s'engagea une espèce de lutte à la rame. Pendant cette lutte, assiégeants et assiégés accoururent vers le port, et chacun encourageait les siens, par des cris, à redoubler d'efforts. Déjà la barque allait être prise : les Barbares poussèrent des clameurs de joie, tandis que les Syracusains, dans l'impossibilité de venir au secours, adressèrent aux dieux des prières; mais, au moment où la proue du bâtiment ennemi allait venir à l'abordage, la barque arriva à portée de trait, et les Syracusains, accourus à son secours, la sauvèrent d'un péril imminent. Tous les habitants de la ville s'étant ainsi précipités vers le port,

---

[1] On ne saurait s'empêcher de faire ici un rapprochement frappant entre Antandre et Joseph Bonaparte. Tous deux frères de deux grands hommes, ils trahirent la confiance qu'on avait mise en eux : l'un et l'autre, en face de l'ennemi, au lieu de se défendre jusqu'à la dernière goutte de sang, émirent l'avis de capituler et de livrer les capitales de leurs frères absents. Le rapprochement peut même être poursuivi pour toute la première moitié de ce chapitre.

Amilcar pensa qu'une partie du mur devait avoir été laissée sans défense, et chargea un détachement d'élite de le franchir avec des échelles. Les hommes de ce détachement trouvant les portes abandonnées, montèrent sans être aperçus; ils allaient se mettre en possession des courtines, lorsque la ronde ordinaire découvrit les ennemis. Aussitôt un combat s'engagea; les habitants s'empressèrent d'arriver sur les lieux, et, prévenant les ennemis, ils en tuèrent une partie et précipitèrent le reste du haut des créneaux. Attristé par cet insuccès, Amilcar leva le siége de Syracuse, et fit partir pour Carthage un renfort de cinq mille hommes.

XVII. Pendant que ces choses se passaient, Agathocle, maître de la campagne, prit d'assaut les forteresses de l'alentour de Carthage, et entraîna dans son parti les villes, moitié par voie d'intimidation, moitié par la haine qu'elles avaient vouée aux Carthaginois. Il établit ensuite près de Tynès un camp retranché, et, après y avoir laissé une forte garnison, il se porta sur les villes maritimes. Il prit d'abord Néapolis, et traita les habitants avec humanité; puis il se dirigea sur Adrymetum, dont il fit le siége, après avoir conclu une alliance avec Élymar, roi des Libyens. Informés de ces mouvements, les Carthaginois firent marcher toutes leurs troupes contre Tynès, se rendirent maîtres du camp d'Agathocle, et livrèrent à la ville de fréquents assauts. En apprenant la défaite des siens, Agathocle laissa un corps d'armée pour continuer le siége d'Adrymetum, et, se mettant à la tête de sa garde et d'un petit détachement de troupes, il vint, à l'insu des ennemis, occuper une hauteur d'où il pouvait être aperçu tout à la fois des Adrymetiens et des Carthaginois, occupés au siége de Tynès. Il ordonna à ses soldats d'allumer des feux dans une grande étendue, afin de faire croire aux Carthaginois qu'il marchait contre eux avec une puissante armée, et aux assiégés qu'il allait leur amener des renforts considérables. Par ce stratagème il réussit à tromper également les deux partis. L'ennemi, qui assiégeait Tynès, se sauva à Carthage en abandonnant ses machines de guerre, et les Adrymetiens, dominés par la frayeur, livrèrent leur ville. Agathocle leur accorda une capitulation, se porta ensuite sur Thapsus, qu'il prit d'assaut; il s'empara ainsi de toutes les autres villes du littoral au nombre de plus de deux cents, et se décida à porter ses armes dans la Libye supérieure.

XVIII. Agathocle était déjà depuis plusieurs jours en route pour la Libye supérieure, lorsque les Carthaginois reçurent les renforts qui leur avaient été envoyés de Sicile ; après les avoir réunis à leurs autres troupes, ils tentèrent de nouveau le siège de Tynès, et s'emparèrent de plusieurs places qui avaient été occupées par l'ennemi. En ce moment, Agathocle fut instruit du mouvement des Carthaginois par des courriers envoyés de Tynès, et aussitôt il revint sur ses pas. Arrivé à la distance d'environ deux cents stades de l'ennemi, il établit son camp et défendit à ses soldats d'allumer des feux. Il profita de la nuit pour se porter en avant, et vint à la pointe du jour tomber soudain sur les Carthaginois, sortis de leur camp et dispersés dans la campagne en fourrageurs. Agathocle en massacra plus de deux mille, fit un grand nombre de prisonniers et s'assura des succès pour l'avenir. Les Carthaginois, après avoir reçu des renforts de Sicile et augmenté leur armée des troupes auxiliaires de la Libye, semblaient avoir des forces supérieures à celles d'Agathocle ; mais ce dernier succès abattit de nouveau l'orgueil des Barbares, d'autant plus qu'Élymar, roi des Libyens, qui s'était détaché du parti d'Agathocle, venait d'être vaincu, et perdit lui-même la vie avec un grand nombre de Barbares. Tel était l'état des affaires en Sicile et en Libye.

XIX. En Macédoine, Cassandre avait porté des secours à Autoléon, roi de Péonie, qui était en guerre avec les Autariates. Il le sauva d'un danger imminent en transférant sur le mont Orbélus vingt mille Autariates, avec leurs enfants et leurs femmes. Sur ces entrefaites, Ptolémée, chargé par Antigone du commandement des troupes du Péloponnèse, abandonna son maître dont il ne se croyait pas assez récompensé, et fit alliance avec Cassandre. Ptolémée avait laissé l'administration de la satrapie de l'Hellespont entre les mains de Phénix, un de ses plus fidèles amis; il lui envoya des troupes avec l'ordre de garder les forteresses et les villes de la contrée, et de ne plus obéir à Antigone. D'un autre côté, comme dans le traité conclu entre les généraux successeurs d'Alexandre, il avait été stipulé que les villes grecques seraient déclarées indépendantes, Ptolémée, le souverain de l'Égypte, reprocha à Antigone d'avoir conservé les garnisons dans plusieurs de ces villes, et s'apprêta à lui déclarer la guerre. Ptolémée fit en effet partir Léonidas à la tête d'une armée, qui s'empara des villes de la haute Cilicie, soumises à l'autorité d'Antigone. Il envoya aussi des députés dans les villes soumises à Cassandre et à Lysimaque, pour les solliciter d'agir de concert avec lui, en empêchant Antigone de devenir trop puissant. Antigone dépêcha pour l'Hellespont Philippe, son plus jeune fils, afin de s'opposer aux progrès de Phénix et des rebelles; il envoya Démétrius en Cilicie. Ce dernier poussa l'expédition avec vigueur, vainquit les lieutenants de Ptolémée, et recouvra les villes de la Cilicie.

XX. Pendant que ces événements avaient lieu, Polysperchon était toujours resté dans le Péloponnèse. Ennemi de Cassandre, contre lequel il ne cessait de lancer des accusations, il n'avait point encore renoncé à l'empire de la Macédoine. Dans ce dessein, il fit venir auprès de lui Hercule, fils d'Alexandre et de Barsine. Ce jeune homme, élevé à Pergame, avait environ dix-sept ans. Polysperchon s'en était souvent entretenu dans ses correspondances avec ses amis et tous ceux qu'il savait mécontents de Cassandre; il le priait maintenant de l'aider dans son projet de faire monter ce jeune homme sur le trône paternel. Il écrivit en même temps au conseil général des Étoliens pour avoir une armée afin de réaliser ce projet, promettant, en cas de réussite, une multitude de faveurs. Polysperchon obtint dans cette négociation un plein succès. Les Étoliens accédèrent à la demande qui leur était adressée; se réunissant à plusieurs autres cités également favorables à l'établissement du jeune roi, ils parvinrent à mettre sur pied une armée de plus de vingt mille hommes d'infanterie et d'au moins mille cavaliers. Polysperchon, tout occupé aux préparatifs de cette guerre, recueillit des sommes considérables, et engagea ses amis de Macédoine à le seconder dans ses efforts.

XXI. Ptolémée était toujours maître des villes de Cypre. Averti que Nicoclès, roi des Paphiens, avait secrètement traité avec Antigone, il donna à Argée et à Callicrate, deux de ses amis, la mission d'assassiner Nicoclès, car il craignait que plusieurs autres chefs ne fussent encouragés à la révolte par l'impunité[1] des premiers rebelles. Les deux émissaires de Ptolémée abordèrent dans l'île, et, après s'être fait donner du général Ménélas un détachement de soldats, ils investirent la maison de Nicoclès, lui communiquèrent les ordres dont ils étaient chargés, et lui commandèrent de se préparer à mourir. Nicoclès chercha d'abord à se justifier, mais sa défense n'ayant pas été écoutée, il s'ôta lui-même la vie. Axiothéa, femme de Nicoclès, en apprenant la mort de son mari, tua elle-même ses filles encore vierges, afin qu'elles ne tombassent pas au pouvoir de l'ennemi; en même temps elle engagea les femmes des frères de Nicoclès à se donner la mort avec elle, bien que Ptolémée n'eût rien ordonné au sujet de ces femmes, et qu'il leur eût, au contraire, garanti leur sûreté personnelle. Le palais ayant été rempli de ces meurtres et de ces catastrophes imprévues, les frères de Nicoclès fermèrent toutes les portes, mirent le feu à la maison, et se tuèrent eux-mêmes. Telle fut la fin tragique de la famille des rois de Paphos. Après avoir raconté ces événements, nous allons reprendre le fil de notre histoire.

XXII. A cette même époque mourut Parysadas, roi du Bosphore Cimmérien. Les enfants qu'il laissait se disputèrent entre eux la succession au trône. Ils se nommaient Eumelus, Satyrus et Prytanis. Satyrus, l'aîné des trois frères, avait légitimement succédé à son père qui avait régné trente-huit ans; mais Eumelus, ayant conclu une alliance avec quelques peuplades barbares du voisinage, était parvenu à rassembler de nombreuses troupes, et

---

[1] J'adopte ici la correction proposée par M. Stroth, en lisant ἀθῴους, *impunis*, au lieu de ἀθρόους, *nombreux*, que donne le texte.

disputait la royauté à son frère. Satyrus marcha contre lui à la tête d'une puissante armée, traversa le fleuve Thapsis, et vint camper à peu de distance de l'ennemi. Il environna son camp de nombreux chars qui avaient servi au transport des vivres, et, après avoir disposé ses troupes sur une longue file, il se plaça lui-même au centre de la phalange, comme c'est la coutume des Scythes. Il avait dans son armée plus de deux mille mercenaires grecs et autant de Thraces; le reste était formé d'alliés scythes au nombre de plus de vingt mille hommes d'infanterie et de près de dix mille cavaliers. De son côté, Eumelus avait pour alliés Ariopharne, roi des Thraces, qui lui avait amené un secours de vingt mille cavaliers et vingt-deux mille hommes d'infanterie. La lutte fut opiniâtre; Satyrus, entouré de ses soldats d'élite, commença un combat de cavalerie en se portant au centre de l'armée opposée, occupée par Ariopharne; après des pertes réciproques, il parvint à enfoncer les rangs ennemis et à mettre en déroute le roi des Barbares. Il serra de près les fuyards et massacra tous ceux qu'il atteignit. Mais, averti un moment après que son frère Eumelus avait eu l'avantage à l'aile droite et forcé les troupes mercenaires à prendre la fuite, Satyrus se désista de sa poursuite. Il vola au secours des siens, rétablit le combat, et remporta pour la seconde fois la victoire. Toute l'armée ennemie fut mise en déroute, de manière à faire voir à tout le monde qu'il était, tout à la fois par sa naissance et son courage, digne de succéder au trône de ses ancêtres.

XXIII. Ariopharne et Eumelus, vaincus dans cette bataille, se réfugièrent dans le palais du roi. Ce palais était situé sur les bords du Thapsis qui l'environnait de tous côtés, et dont les eaux assez profondes en rendaient l'accès difficile. Les environs étaient semés de grands précipices et couverts d'une forêt qui n'offrait que deux entrées, ouvrage de l'homme; l'une, conduisant au palais, était garnie de tours élevées et de retranchements; l'autre, du côté opposé, aboutissait à des marais, et se trouvait défendue par des palissades; enfin, le palais lui-même reposait sur une assise qui élevait les habitations au-dessus des eaux.

Telle était la position forte de ce lieu. Satyrus ravagea d'abord le territoire ennemi et incendia les villages, où il fit beaucoup de prisonniers et recueillit un immense butin. Voulant ensuite forcer les passages, il perdit beaucoup de monde à l'attaque du retranchement et des tours, et fut obligé de se retirer. Il dirigea ensuite ses forces du côté des marais, et se rendit maître des fortifications en bois, et, après les avoir démolies, il passa la rivière et se mit à abattre la forêt qu'il fallait traverser pour arriver au palais. Toutes ces choses furent faites avec la plus grande activité. Le roi Ariopharne, craignant que la citadelle ne fût emportée de force, résolut de combattre avec intrépidité, ne voyant d'autre moyen de salut que la victoire. Il échelonna sur les deux côtés de la route des archers qui blessaient facilement les ouvriers occupés à abattre la forêt, et ne pouvant parer les traits ni se défendre à cause de l'épaisseur du bois. Les gens de Satyrus passèrent ainsi trois jours d'un travail pénible, à abattre assez de bois pour se frayer un chemin. Enfin, le quatrième jour, ils s'approchèrent de l'enceinte du palais; mais, accueillis par une grêle de traits et acculés dans une impasse, ils essuyèrent de grandes pertes. Meniscus, chef des mercenaires, homme d'intelligence et de courage, déboucha par le chemin, et, parvenu jusqu'à la muraille, il fut repoussé après un brillant combat, car les assiégés avaient fait une sortie avec des troupes supérieures en nombre. Satyrus, en apercevant Meniscus ainsi en danger, vint promptement à son secours et arrêta l'impétuosité du choc, mais il fut atteint au bras par un coup de lance; grièvement blessé, il retourna au camp où il expira la nuit suivante. Satyrus n'avait régné que neuf mois depuis la mort de son frère Parysadas. Meniscus, général des mercenaires, leva le siège et ramena son armée dans la ville de Gargaza[1]; de là, il fit transporter par la rivière jusqu'à Panticapée le corps du roi qui fut remis à son frère Prytanis.

XXIV. Prytanis fit à son frère de magnifiques funérailles; il déposa le corps dans les caveaux royaux, et se rendit rapidement

---

[1] Le nom de cette ville ne se rencontre nulle part ailleurs.

à Gargaza, où il prit le commandement de l'armée, et se mit en possession du trône. Eumelus envoya une députation pour demander à Prytanis sa part du royaume, mais ce dernier se refusa à tout partage : il laissa à Gargaza une garnison, et revint à Panticapée pour y consolider la royauté. En ce même temps, Eumelus, soutenu par les Barbares, prit Gargaza ainsi que plusieurs autres villes et places des environs. Prytanis marcha à la rencontre de son frère ; mais il fut vaincu dans une bataille, puis bloqué dans un isthme près du Palus-Méotide et forcé de capituler. Aux termes de cette capitulation, Prytanis livra son armée et abdiqua la couronne. Mais, de retour à Panticapée, résidence ordinaire des rois du Bosphore, il fit une nouvelle tentative pour recouvrer le pouvoir; mais, vaincu, il se réfugia à Cépes où il fut tué. Eumelus, voulant après la mort de ses deux frères régner en sûreté, se débarrassa des amis de Satyrus et de Prytanis, ainsi que des femmes et des enfants de ses deux frères. Parysadès, fils de Satyrus, échappa seul à ce massacre. C'était un tout jeune homme ; il sortit à cheval de la ville et parvint à se réfugier auprès d'Agarus, roi des Scythes. Voyant que les habitants de Panticapée étaient indignés de ces meurtres, Eumelus convoqua une assemblée générale où il essaya de justifier sa conduite, et annonça le rétablissement de l'ancienne forme de gouvernement. Il rendit ainsi aux Panticapéens les immunités dont jouissaient leurs ancêtres; il promit de leur remettre tous les impôts; enfin, dans un long discours, il chercha à capter les suffrages du peuple. Ayant ainsi, à force de bienfaits, recouvré l'affection dont il jouissait auparavant, il continua à gouverner ses sujets selon les lois établies, et s'attira par ses qualités personnelles une admiration peu commune.

XXV. Eumelus combla de bienfaits les Byzantins, les Sinopéens et la plupart des autres Grecs du Pont. Il accueillit aussi environ mille Callantiens que la famine avait forcés d'abandonner leur ville, assiégée par Lysimaque ; et non-seulement il leur accorda un asile, mais il leur donna à habiter la ville de Psoa, et leur en distribua le territoire. Eumelus purgea aussi la mer des pirates, et protégea la navigation du Pont en faisant la guerre aux Hénioques, aux Taures et aux Achéens qui infestaient ces parages de leurs corsaires. Aussi les marchands qui recueillaient le bénéfice de cette guerre, firent-ils dans presque toutes les contrées du monde les plus grands éloges du roi Eumelus. Il ajouta ensuite à son territoire une grande partie du pays limitrophe, et rendit son royaume un des plus célèbres. Enfin, il entreprit de ranger sous son autorité tous les peuples du Pont, et il aurait réussi dans son entreprise, si la mort ne l'avait pas surpris au milieu de ses projets. Eumelus avait régné cinq ans et cinq mois, et la manière dont il perdit la vie mérite d'être rapportée. Il revenait chez lui de la Scythie, pressé d'offrir aux dieux un sacrifice. Le quadrige qui le reconduisait au palais avait quatre roues et était recouvert d'une tente ; les chevaux s'emportèrent, et, comme le cocher n'était plus maître des rênes, Eumelus, craignant d'être jeté dans les fossés qui bordaient la route, essaya de sauter en bas du char, mais son épée s'étant embarrassée dans une des roues, il fut emporté par le mouvement de rotation, et expira sur-le-champ[1].

XXVI. Au sujet de la mort des frères Eumelus et Satyrus, on parlait beaucoup de deux oracles qui, bien qu'absurdes, étaient crus des habitants. En effet, on rapporte que le dieu interrogé par Satyrus lui avait répondu de prendre garde que *mys*[2] ne lui donnât la mort. Depuis lors, Satyrus ne souffrit auprès de lui aucun homme libre ou en esclavage qui portât le nom

---

[1] On n'a pas besoin de faire intervenir ici l'embarras d'une épée pour comprendre ce genre de mort, dont l'histoire offre un exemple tout récent et arrivé à peu près dans les mêmes circonstances. Il y a là un concours de plusieurs forces dont l'action n'a pas été encore suffisamment examinée : 1° la force communiquée par le train ; 2° la force de projection au moment où l'homme s'élance vers le sol ; 3° la force de la pesanteur, perpendiculaire à la force communiquée par le train ; 4° la résistance qu'oppose le milieu atmosphérique. Toutes ces forces réunies, agissant simultanément et sous des angles déterminés, doivent produire un effet terrible sur la charpente osseuse de l'homme sauté à terre. On s'explique ainsi facilement ces fractures multiples du crâne et ces lésions profondes du cerveau et de la moelle épinière, qui déterminent une mort presque instantanée.

[2] Mys, μῦς qui n'est pas ici un nom propre, signifie également rat et muscle.

de *mys*; et il avait une telle peur des rats, qu'il avait ordonné à ses domestiques de tuer ces animaux partout où ils les rencontreraient, et d'en boucher les retraites. Il prit ainsi toutes les précautions imaginables pour éluder le destin, lorsqu'il fut frappé dans le muscle (*mys*) du bras, et perdit la vie. Quant à Eumelus, l'oracle lui avait dit de se garder d'une maison ambulante; aussi n'entrait-il jamais dans une maison sans la faire auparavant examiner par ses domestiques pour s'assurer si le toit et le fondement étaient bien solides. Tout le monde trouva donc l'accomplissement de cet oracle dans la mort d'Eumelus, occasionnée par le char recouvert d'une tente. Mais en voilà assez sur ce qui s'est passé dans le Bosphore.

En Italie, les consuls romains entrèrent avec une armée en Apulie, et défirent les Samnites près d'*Italium*[1]. Les vaincus se retirèrent sur une colline, connue sous le nom de Mont-Sacré, et la nuit étant déjà venue, les Romains rentrèrent dans leur camp. Le lendemain le combat recommença; un grand nombre de Samnites périrent dans cette journée, et plus de deux mille deux cents furent faits prisonniers. Par suite de ce succès des Romains, les consuls ravagèrent impunément la campagne, et soumirent les villes qui avaient jusqu'à présent refusé de leur obéir. Ils prirent d'assaut Cataracta et Ceraunilia, où ils établirent des garnisons. Enfin ils réussirent, par voie de persuasion, à soumettre quelques autres villes de la contrée.

XXVII. Démétrius de Phalère étant archonte d'Athènes, les Romains nommèrent consuls Quintus Fabius, pour la seconde fois, et Caïus Marcius[2]. Dans cette année, Ptolémée, souverain d'Égypte, informé que ses lieutenants avaient perdu les villes de la Cilicie, se mit en mer avec une armée considérable, et vint aborder à Phaselis. Après s'être emparé de cette ville, il se rendit dans la Lycie, et prit d'assaut Xanthum, défendue par une garnison d'Antigone; de là il se porta sur Caunum, soumit cette ville à son autorité, et emporta d'assaut les forteresses.

---

[1] Nom sans doute altéré.
[2] Quatrième année de la CXVII<sup>e</sup> olympiade; année 309 avant J.-C.

Puis il se rendit maître d'Heraclium. Persicum lui fut livré par trahison. Il remit ensuite à la voile pour l'île de Cos, où il fit venir près de lui Ptolémée, neveu d'Antigone, qui avait abandonné son oncle et fait cause commune avec Ptolémée, le souverain d'Égypte. Le neveu d'Antigone quitta donc Chalcis pour se rendre à Cos, où il fut d'abord très-bien accueilli par Ptolémée; mais celui-ci ne tarda pas à s'apercevoir que son nouvel allié avait trop de prétentions, et cherchait à s'attacher les chefs de l'armée par des discours et des présents. Il le prévint donc dans ses desseins, le fit arrêter, et le força à boire la ciguë. Quant aux soldats qui l'avaient accompagné, Ptolémée les gagna par de magnifiques promesses, et les incorpora dans les rangs de son armée.

XXVIII. Sur ces entrefaites, Polysperchon avait rassemblé des forces considérables, et ramenait en Macédoine Hercule, fils d'Alexandre et de Barsine, pour le mettre en possession du trône de son père. Cassandre marcha contre Polysperchon qui campait aux environs de Stymphalia [1]. Les deux armées ayant ainsi établi leur camp à peu de distance l'une de l'autre, Cassandre s'aperçut que les Macédoniens n'étaient pas trop opposés au retour du jeune prince, et craignit qu'ils ne passassent dans le camp d'Hercule. En proie à ces inquiétudes, il fit partir des députés chargés d'éclairer Polysperchon et de lui faire comprendre que le rétablissement de ce jeune roi l'exposait à se donner un maître qui exigerait de lui une obéissance absolue; tandis qu'en se joignant à son parti, et en faisant périr ce jeune homme, il rentrerait sur-le-champ dans toutes les dignités dont il avait précédemment joui en Macédoine; que, de plus, il aurait une armée, et serait chargé du commandement du Péloponnèse; en un mot, qu'il partagerait avec Cassandre l'autorité souveraine, et recevrait les plus grands honneurs. Ces propositions, et beaucoup d'autres magnifiques promesses, séduisirent Polysperchon, qui traita en secret avec Cassandre, et s'engagea à faire assassiner le jeune prince. Polysperchon le fit en effet mettre à mort, et se déclara

---

[1] C'est sans doute *Stymphéa* qu'il faut lire ici, ainsi que Palmérius l'a fait observer.

ouvertement pour Cassandre. Il se fit faire des donations en Macédoine; et, en vertu du traité conclu avec Cassandre, il prit le commandement d'une armée, composée de quatre mille hommes d'infanterie macédonienne et de cinq cents cavaliers thessaliens. Avec cette armée, à laquelle se joignirent beaucoup de volontaires, Polysperchon entreprit de traverser la Béotie pour entrer dans le Péloponnèse, mais il fut arrêté dans sa marche par les Béotiens et les Péloponnésiens; il retourna à Locres où il établit ses quartiers d'hiver.

XXIX. Pendant que ces choses se passaient, Lysimaque fonda dans la Chersonèse une ville qui, d'après lui, reçut le nom de *Lysimachia*.

Cléomène, roi des Lacédémoniens, mourut après un règne de soixante ans et dix mois; son fils Arée, qui lui succéda, régna pendant quarante-quatre ans.

A la même époque, Amilcar, commandant des troupes carthaginoises en Sicile, après s'être emparé d'un grand nombre de places fortes, marcha sur Syracuse dans le dessein de l'emporter d'assaut. Longtemps maître de la mer, il avait intercepté tous les convois de vivres; il avait détruit les récoltes et cherchait à s'emparer d'Olympium, situé aux portes de Syracuse. Mais aussitôt après, il se décida à attaquer les murailles de Syracuse sur la prédiction d'un devin qui, d'après l'inspection des victimes, avait annoncé qu'Amilcar dînerait le même jour à Syracuse. Mais les habitants, avertis du dessein de l'ennemi, firent sortir pendant la nuit un corps de trois mille hommes d'infanterie et de quatre cents cavaliers, avec ordre d'occuper le fort Euryelus. Cet ordre fut exécuté. Cependant les Carthaginois s'avancèrent de nuit vers la ville, s'imaginant avoir dérobé leurs mouvements aux ennemis. Amilcar se trouvait à la tête de la colonne; Dinocrate le suivait avec sa cavalerie; l'infanterie avait été partagée en deux phalanges, l'une formée des Barbares, l'autre des auxiliaires grecs. L'armée était en outre accompagnée d'une foule de gens non enrôlés, tous inutiles, attirés par l'appât du pillage, et qui étaient souvent la cause des troubles et des désordres qui éclataient dans l'armée. Comme la route était étroite et peu praticable, quelques goujats et maraudeurs se prirent de querelle au sujet du passage. Bientôt la foule s'accrut, il s'engagea même une lutte et le tumulte se répandit dans toute l'armée. En ce moment les Syracusains, qui avaient occupé Euryelus, et qui voyaient ce tumulte de loin, se précipitèrent sur les ennemis; quelques-uns, postés sur des hauteurs, attaquèrent les Carthaginois à coups de traits, d'autres leur fermèrent le passage, d'autres enfin, poursuivant les Barbares jusque sur les rochers, les forcèrent à se jeter dans les précipices, car l'obscurité et l'ignorance des lieux avaient fait croire aux Barbares qu'ils étaient attaqués par des forces supérieures. Ainsi, les Carthaginois, affligés du désordre de leur propre armée, étourdis par l'apparition inattendue de l'ennemi, et engagés dans des défilés qu'ils ne connaissaient pas, furent mis en déroute. Comme le terrain n'offrait point d'issue assez large, les uns furent foulés sous les pieds de leurs propres chevaux, les autres, trompés par l'obscurité de la nuit, se battaient entre eux et se tuaient réciproquement. Dans le commencement, Amilcar soutint vigoureusement le choc des ennemis, et exhorta ceux qui l'entouraient à tenir ferme. Mais ensuite, abandonné par ses soldats épouvantés, Amilcar, ne parvenant point à se sauver, tomba presque mort entre les mains des Syracusains.

XXX. Remarquez ici la singularité du destin en contradiction avec toutes les prévisions humaines. Agathocle, cet homme si vaillant, est vaincu à Himère lui et sa puissante armée. Ici une poignée de Syracusains terrasse les forces des Carthaginois et fait prisonnier Amilcar, leur plus illustre général. Enfin un petit corps de cavalerie n'ayant pour auxiliaires que la ruse et la connaissance des lieux, l'emporte sur cent vingt mille hommes d'infanterie et cinq mille cavaliers, et confirme ainsi le dicton que la guerre est un jeu de hasard[1]. Les Carthaginois, dispersés de tous côtés, purent à peine se rallier le lendemain

---

[1] Comparez XVII, 86.

de leur défaite. Les Syracusains, chargés de butin, rentrèrent dans leur ville et livrèrent Amilcar à la vengeance de ses ennemis. Ils se rappelaient le devin qui avait prédit à Amilcar qu'il dînerait le lendemain à Syracuse ; cette prédiction fut ainsi accomplie. Les parents de ceux qui avaient péri dans la guerre contre les Carthaginois traînèrent Amilcar enchaîné dans les rues de la ville, et, après lui avoir infligé les derniers outrages, ils le mirent à mort. Les magistrats de la ville lui coupèrent ensuite la tête et l'envoyèrent en Libye à Agathocle, qu'ils prévinrent en même temps de leur heureux succès.

XXXI. L'armée des Carthaginois eut beaucoup de peine à se remettre de la terreur que venait de lui inspirer sa défaite dont elle n'ignorait pas la cause. Étant sans chef, les Barbares et les Grecs se divisèrent sur le choix d'un général. Les exilés, réunis aux autres Grecs, nommèrent Dinocrate ; tandis que les Carthaginois désignèrent au commandement ceux qui, après Amilcar, occupaient le second rang. A cette époque les Agrigentins, attentifs aux événements arrivés en Sicile, jugèrent l'occasion favorable pour prétendre à la suprématie de l'île. En effet, ils se flattaient que les Carthaginois ne pourraient guère continuer à tenir tête à Agathocle ; que d'un autre côté Dinocrate, n'ayant qu'une faible armée, composée de bannis, ne serait pas difficile à battre, et que les Syracusains, pressés par la famine, ne pourraient faire aucune tentative pour leur disputer le premier rang ; enfin, ce qui était le principal motif, les Agrigentins espéraient qu'en mettant sur pied une armée destinée à proclamer l'indépendance des villes, celles-ci s'empresseraient de se rallier à eux tant en raison de la haine qu'on portait aux Barbares que par le désir naturel de reconquérir la liberté. Les Agrigentins choisirent donc pour général Xenodicus et l'envoyèrent faire la guerre à la tête d'une armée considérable. Xenodicus marcha immédiatement sur Gela, où il fut introduit de nuit par quelques-uns de ses amis ; il se rendit maître de la ville ainsi que de la garnison et des richesses qui s'y trouvaient. Les Geléens, déclarés libres, se réunirent aux Agrigentins pour les aider à rendre aux autres villes leur indépendance. A peine le bruit de l'entreprise des Agrigentins se fut-il répandu que toutes les villes de la Sicile s'enthousiasmèrent pour la liberté. Les habitants d'Enna furent les premiers à envoyer des députés et à livrer leur ville aux Agrigentins. Ceux-ci y établirent un gouvernement libre, et se dirigèrent ensuite sur Erbessus, défendu par une forte garnison. Il se livra un combat sanglant; mais les Agrigentins, secondés par les habitants, enlevèrent la garnison ; un grand nombre de Barbares restèrent sur le champ de bataille ; environ cinq cents déposèrent les armes et se rendirent prisonniers.

XXXII. Pendant que les Agrigentins étaient ainsi occupés, un détachement de ces soldats qu'Agathocle avait laissés à Syracuse, s'empara d'Echetla, et ravagea le territoire de Léontium et de Camarine. Indignées de ces dévastations qui détruisaient toutes les récoltes, ces deux villes appelèrent à leur secours Xénodicus. Celui-ci se rendit sur les lieux, et délivra les Léontins et les Camarinéens de l'ennemi qui désolait leur campagne. Xénodicus prit ensuite d'assaut la place forte d'Echetla, y rétablit le gouvernement démocratique, et répandit la terreur parmi les Syracusains. Enfin, continuant ses excursions, il délivra les places et les villes du joug des Carthaginois.

Pendant que ces choses se passaient, les Syracusains, toujours pressés par la famine, apprirent que plusieurs bâtiments, chargés de vivres, faisaient voile pour Syracuse. Ils équipèrent donc vingt trirèmes ; puis, saisissant le moment où les Barbares, qui se tenaient habituellement en croisière, étaient absents, ils sortirent du port et se portèrent vers Mégare, où ils attendirent l'arrivée des bâtiments marchands. Mais les Carthaginois envoyèrent trente navires pour donner la chasse aux Syracusains, et un combat naval s'engagea. Les Syracusains furent promptement jetés sur la côte, se sauvèrent à la nage et se réfugièrent dans un temple de Junon. Le combat se renouvela autour des embarcations que les Carthaginois arrachèrent du rivage avec des mains de fer. Les Syracusains perdirent ainsi dix trirèmes, les autres furent sauvées par les renforts qui leur arrivaient de la ville. Tel était l'état des affaires en Sicile.

XXXIII. Cependant les envoyés, qui apportaient la tête d'Amilcar, débarquèrent en Libye. Agathocle prit cette tête, et, s'approchant jusqu'à portée de voix du camp carthaginois, il la montra aux ennemis, et leur fit connaître la défaite de leurs troupes en Sicile. Les Carthaginois, saisis de douleur, se prosternèrent suivant l'usage des Barbares, prirent le deuil, et, regardant la mort de leur roi comme une calamité publique, ils perdirent courage pour tout le reste de la guerre. Agathocle, enivré de ses succès, se crut à l'abri de tous les dangers; mais la fortune, dont les faveurs sont si inconstantes, suscita au tyran les plus grands dangers dans le sein même de son armée. Lycisque, un des chefs de troupes, pris de vin, insulta Agathocle au milieu d'un banquet auquel il avait été invité. Cependant Agathocle ménagea Lycisque en considération des services qu'il lui avait rendus dans la guerre, et ne répliqua que par des plaisanteries; mais son fils Archagathus, moins patient, s'emporta en reproches et en menaces. Après le banquet et pendant que les conviés se retiraient dans leurs tentes, Lycisque s'exhala en invectives contre Archagathus, et lui reprocha son amour adultère avec sa belle-mère. En effet, le bruit courait qu'Archagathus entretenait un commerce secret avec Alcia, femme de son père. Archagathus, transporté de colère, arracha à un des gardes une pique et la plongea dans le flanc de Lycisque, qui mourut sur-le-champ. Son corps fut transporté dans sa tente et remis à la garde de ses domestiques. Le lendemain matin, les amis du mort se réunirent, et leur indignation fut partagée par un grand nombre de soldats; un immense tumulte éclata dans le camp; plusieurs chefs, qui avaient à craindre quelques punitions pour des délits qu'ils avaient commis, choisirent ce moment pour organiser un soulèvement général. Toute l'armée se mit sous les armes et cria vengeance; elle demanda qu'Archagathus fût mis à mort, et que, si Agathocle s'y refusait, on fît tomber la vengeance sur le père. Pour comble de désordre, les troupes demandèrent leur solde arriérée, et nommèrent eux-mêmes leurs officiers; enfin quelques soldats s'emparèrent des fortifications de Tynès, et mirent le tyran sous bonne garde.

XXXIV. Informés de cette rébellion, les Carthaginois envoyèrent quelques émissaires chargés de promettre aux soldats d'Agathocle une paie plus forte et de beaux présents. Plusieurs chefs s'engagèrent à changer de parti et à prendre service dans l'armée carthaginoise. Agathocle, voyant que son salut ne tenait pour ainsi dire qu'à un fil, et craignant d'être livré à des ennemis qui le feraient mourir ignominieusement, aima mieux périr par les mains de ses soldats que par celles de l'ennemi. Il déposa donc son manteau de pourpre, et, prenant l'humble vêtement d'un simple soldat, il s'avança au milieu de l'armée. Il se fit un silence profond. Beaucoup de curieux étaient accourus pour entendre ce qu'il allait dire. Agathocle harangua les soldats dans un discours approprié à la circonstance; il rappela ses exploits antérieurs et déclara qu'il était prêt à mourir, si sa mort pouvait être utile à ses compagnons d'armes; mais qu'il n'aurait jamais la lâcheté de racheter sa vie par une action indigne de lui. Et, en prenant à témoin de ses paroles tous ceux qui l'entouraient, il tira son épée comme pour se tuer. Au moment où il allait se frapper, l'armée lui défendit à haute voix de commettre ce suicide. De tous côtés on s'écria qu'il était absous des accusations portées contre lui; enfin l'armée le supplia de reprendre le manteau royal; ce qu'Agathocle fit en versant des larmes, et uniquement, disait-il, pour complaire aux soldats. Cette scène fut vivement applaudie par la multitude.

Rétabli dans son pouvoir, Agathocle, qui n'ignorait pas que les Carthaginois s'attendaient à tout moment à voir passer l'armée grecque dans leurs rangs, saisit cette occasion pour conduire ses troupes contre l'ennemi. Les Barbares, persuadés que ces troupes venaient pour passer dans leurs rangs, ne se doutèrent pas de la réalité. Arrivé en présence des ennemis, Agathocle fit sonner la charge, tomba soudain sur eux et en fit un grand carnage. Les Carthaginois battus se sauvèrent dans leur camp, et perdirent beaucoup de soldats. Ainsi Agathocle, après avoir couru les plus grands dangers par la faute de son fils, non-seulement parvint, grâce à son courage, à sortir de ces embarras, mais encore il trouva le moyen de défaire les ennemis. Les auteurs de cette rébellion, ainsi que tous les mécontents, au nombre de plus de deux cents, passèrent dans le camp des Carthaginois.

Après avoir raconté ce qui s'est passé en Libye et en Sicile, nous allons parler des événements arrivés en Italie.

XXXV. Les Tyrrhéniens marchèrent contre la ville de Sutrium, colonie des Romains. Les consuls arrivèrent avec de grands renforts au secours de cette ville, défirent les Tyrrhéniens en bataille rangée et les poursuivirent jusque dans leur camp. Dans ce même temps, les Samnites profitèrent de l'absence de l'armée romaine pour ravager impunément le territoire de l'Iapygie où Rome avait des garnisons. Les consuls furent donc obligés de diviser leurs forces. Fabius resta dans la Tyrrhénie; Marcius dirigea un autre corps contre les Samnites, prit d'assaut la ville d'Allifas, et vint au secours des alliés assiégés par l'ennemi. Pendant que les Tyrrhéniens revenaient en masse à l'attaque de Sutrium, Fabius repassa à leur insu les frontières, et pénétra dans la Tyrrhénie supérieure qui depuis longtemps n'avait été dévastée par aucun ennemi. Ainsi arrivé à l'improviste, il ravagea une grande étendue de pays, défit les habitants venus à sa rencontre, en tua un grand nombre et fit beaucoup de prisonniers. Après ce succès, Fabius remporta une seconde victoire sur les Tyrrhéniens près de Péruse; il en tua un grand nombre et frappa de terreur la population : ce fut le premier Romain qui envahit cette contrée avec une armée. Fabius conclut une trêve avec les Arretiniens, les Crotoniates et les Pérusiens. Enfin il prit d'assaut la ville de Castola et força les Tyrrhéniens à lever le siége de Sutrium [1].

---

[1] Voyez Tite-Live, IX, 37.

XXXVI. Dans cette même année, les Romains élurent deux censeurs; l'un d'eux, Appius Claudius, qui avait un grand ascendant sur son collègue Lucius Claudius, entreprit de grandes réformes dans les anciennes institutions. Pour plaire au peuple, il anéantit l'influence du sénat. C'est lui qui le premier fit venir à Rome l'eau, appelée d'après lui *eau Appienne*, tirée d'une distance de quatre-vingts stades [1]. Les dépenses de cet aqueduc absorbèrent des sommes considérables, qui furent prises sur le trésor public, sans l'autorisation du sénat. C'est encore lui qui construisit la voie Appienne, pavée dans une grande étendue en pierres solides, et qui conduit de Rome à Capoue dans un espace de plus de mille stades. Pour exécuter cette voie, des montagnes furent percées, des précipices et des vallons comblés; ces travaux épuisèrent les revenus de l'État, mais ils laissèrent un monument immortel et utile à la société. Appius réforma aussi le sénat en y introduisant non-seulement les nobles et les grands dignitaires, mais encore un grand nombre de plébéiens et même quelques affranchis, ce qui blessa l'orgueil des patriciens. De plus, il accorda aux citoyens la faculté de fixer eux-mêmes leur cens et de choisir la tribu à laquelle ils voudraient appartenir. Enfin, sachant qu'il avait accumulé sur sa tête la haine de la noblesse, il évita soigneusement d'offenser les autres citoyens, et se fit de leur affection un rempart contre ses ennemis. Ainsi, dans le recensement de l'ordre des chevaliers, il n'enleva à aucun d'eux son cheval, et dans la conscription du sénat il n'éloigna personne pour cause d'indignité, ainsi que les censeurs avaient coutume de le faire. Cependant les consuls, mus par la jalousie, et pour plaire aux patriciens, ne convoquèrent jamais le sénat d'après la liste arrêtée par Claudius, mais d'après celle des censeurs ses prédécesseurs. Par opposition, le peuple, pour témoigner sa sympathie à Claudius en même temps que pour assurer aux plébéiens l'admission aux charges publiques, nomma à la dignité la plus élevée, celle

---

[1] Environ quinze kilomètres.

d'édile, Cnéius Flavius, fils d'un affranchi. Flavius, quoique né d'un père qui avait été esclave, fut le premier Romain à qui cette dignité eût été décernée. Appius se démit bientôt de sa charge de censeur; redoutant la haine du sénat, il feignit d'avoir perdu la vue et vécut en homme privé.

XXXVII. Charinus étant archonte d'Athènes, Publius Décius et Quintus Fabius consuls à Rome, les Éliens célébrèrent la CXVIII⁰ olympiade, dans laquelle Apollonide le Tégéate fut vainqueur à la course du stade[1]. A cette époque, Ptolémée, parti de Myndus avec une flotte puissante, traversa l'Archipel, et, dans le cours de cette navigation, chassa la garnison d'Andros et rendit à l'île son indépendance. Il se porta ensuite vers l'isthme; il prit possession de Sicyone et de Corinthe, qui lui avaient été livrées par Cratesipolis. Comme nous avons raconté dans le livre précédent[2] pour quels motifs ces villes s'étaient soumises à Cratesipolis, il est inutile d'en parler ici. Ptolémée entreprit de délivrer les autres villes grecques, jugeant utile à ses intérêts de se concilier l'affection des Grecs. Mais lorsque les Péloponnésiens, invités à fournir des vivres et de l'argent, se refusèrent à exécuter les clauses du traité, le souverain, irrité, fit la paix avec Cassandre, sous la condition que chacun d'eux resterait maître des villes dont il se trouvait en possession. Ptolémée mit ensuite une garnison à Sicyone et à Corinthe, et repartit pour l'Égypte.

Pendant que ces choses se passaient, Cléopâtre, ennemie d'Antigone, et penchant par ses propres inclinations pour Ptolémée, avait quitté Sardes pour aller rejoindre l'allié de son choix. Cléopâtre était sœur d'Alexandre, le conquérant de la Perse, fille de Philippe, fils d'Amyntas, et veuve de cet Alexandre qui avait entrepris une expédition en Italie. Son illustre naissance lui avait attiré beaucoup de prétendants : Cassandre, Lysimaque, Antigone, Ptolémée, enfin les généraux les plus célèbres d'Alexandre; car chacun d'entre eux espérait, par cette

---

[1] Première année de la CXVIII⁰ olympiade; année 308 avant J.-C.
[2] Livre XIX, chap. 67.

alliance avec la maison royale, obtenir les suffrages des Macédoniens et légitimer en quelque sorte sa prétention au trône. Le gouverneur de Sardes, qui avait reçu d'Antigone l'ordre de garder à vue Cléopâtre, s'opposa à son départ, et, d'après un nouvel ordre de son maître, il la fit assassiner par quelques femmes. Cependant Antigone, pour n'être point accusé d'avoir trempé dans ce meurtre, fit punir plusieurs de ces femmes comme coupables de ce meutre, et fit enterrer le corps de Cléopâtre avec une pompe royale. C'est ainsi que la sœur d'Alexandre, dont les plus illustres chefs s'étaient disputé la main, périt avant l'accomplissement de son nouveau mariage. Après avoir parlé en détail des événements arrivés en Asie et en Grèce, nous allons raconter l'histoire des autres pays de la terre.

XXXVIII. En Libye, les Carthaginois envoyèrent une armée pour faire rentrer dans l'obéissance les Numides rebelles. Agathocle, informé de ce dessein, laisse son fils Archagathus à Tynès avec une partie de ses troupes, tandis que lui-même marche en toute hâte contre l'ennemi avec huit mille hommes d'infanterie, huit cents cavaliers et cinquante chars libyens. Cependant les Carthaginois avaient déjà atteint les Numides appelés Zuphones, et étaient parvenus à soumettre une grande partie des indigènes et à faire rentrer dans leur alliance quelques-uns de ces rebelles. A la nouvelle de l'approche des ennemis, les Carthaginois allèrent établir leur camp sur une hauteur, environnée d'une rivière profonde et difficile à traverser. Dans ce camp, ils étaient à l'abri d'une surprise de la part de l'ennemi ; ils détachèrent ensuite l'élite des Numides avec l'ordre de harceler les Grecs et de les empêcher de se porter en avant. Cet ordre fut exécuté. Agathocle envoya contre ces Numides des frondeurs et des archers, tandis qu'il marchait lui-même avec le reste de son armée sur le camp ennemi. Devinant le dessein d'Agathocle, les Carthaginois firent sortir leurs troupes du camp et les rangèrent en bataille. Voyant Agathocle traverser déjà la rivière, ils tombèrent sur lui en colonnes serrées, et, comme le passage de la rivière était difficile, ils tuèrent un grand nombre d'ennemis. Mais les Grecs, qui cherchaient à forcer ce passage, déployèrent une valeur supérieure à celle des Barbares qui l'emportaient en nombre. Les deux armées se battaient déjà depuis longtemps, lorsque les Numides se retirèrent des deux côtés du champ de bataille, et attendirent la fin du combat dans l'intention de piller les bagages du parti vaincu. Agathocle, entouré de l'élite de ses soldats, enfonça les bataillons ennemis, et détermina par cette déroute la fuite du reste des Barbares. Un corps de cavalerie grecque, qui servait dans les rangs des Carthaginois, et qui était commandé par Clinon, soutint seul le choc des troupes d'Agathocle. Mais presque tous les hommes de ce corps, ayant fait des prodiges de valeur, moururent glorieusement sur le champ de bataille. Le reste fut assez heureux pour échapper au carnage.

XXXIX. Agathocle cessa la poursuite, et marcha contre les Barbares qui s'étaient réfugiés dans leur camp. Dans cette nouvelle attaque, Agathocle eut autant à lutter contre la difficulté du chemin que contre les Carthaginois eux-mêmes. Néanmoins il ne démentit pas son audace, et, exalté par la victoire, il brûlait d'emporter d'assaut le camp des Carthaginois. Pendant ce temps, les Numides, qui attendaient l'issue de la bataille, ne pouvaient pas se jeter sur les bagages des Carthaginois, parce que la lutte entre les deux armées avait lieu trop près du camp; ils se portèrent donc sur celui des Grecs, voyant qu'Agathocle s'en était très-éloigné. Les Numides pénétrèrent ainsi facilement dans le camp laissé sans défense; ils tuèrent le petit nombre de ceux qui leur opposaient quelque résistance, et firent une foule de prisonniers ainsi qu'un immense butin. Prévenu de cette attaque, Agathocle se tourna rapidement contre les Numides, leur reprit une partie des bagages; mais la plus grande partie resta entre les mains des Numides qui, à la faveur de la nuit, s'éloignèrent à une grande distance. Agathocle éleva un trophée, et partagea les dépouilles entre ses soldats, afin de les dédommager de celles qu'ils venaient de perdre. Quant aux prisonniers grecs qui avaient servi dans l'armée des Carthaginois, il les fit déposer dans une place forte. Ces prisonniers, redoutant la vengeance du tyran, attaquèrent pendant la nuit la garnison de la forteresse; vaincus dans un combat, ils allèrent occuper une position forte, au nombre de mille environ, dont plus de cinq cents Syracusains. Informé de cet événement, Agathocle arriva avec son armée, entra en négociation avec les Grecs qui, sur la foi d'un traité, quittèrent la hauteur où ils s'étaient retirés. A peine en furent-ils descendus qu'Agathocle les passa tous au fil de l'épée.

XL. Après ce combat, Agathocle prit toutes ses mesures pour arriver à une soumission complète des Carthaginois. Il envoya d'abord à Cyrène, auprès d'Ophellas[1], le Syracusain Orthon. Ophellas avait fait toutes les campagnes d'Alexandre dont il avait été l'ami; maître des villes de la Cyrénaïque et de forces nombreuses, il prétendait à une souveraineté plus grande. Ophellas était dans ces espérances, lorsque arriva l'envoyé d'Agathocle, qui le pria de prendre part à la guerre contre les Carthaginois, et lui annonça qu'en retour de ce service, Agathocle le laisserait maître de la Libye. La possession de la Sicile, ajouta Orthon, suffit à Agathocle qui, une fois débarrassé des Carthaginois, se rendra impunément maître de toute l'île; d'ailleurs il a devant lui l'Italie dans le cas où il voudrait augmenter ses domaines; enfin, la Libye séparée de la Sicile par une vaste mer, dangereuse à traverser, ne convient nullement à Agathocle : il y est venu non par ambition, mais par nécessité. Ophellas voyant ainsi flatter les espérances qu'il nourrissait depuis longtemps, accepta avec joie la proposition d'Agathocle. Il envoya aussi une députation aux Athéniens pour conclure avec eux une alliance, car Ophellas avait épousé Euthydice, fille de Miltiade, qui faisait remonter son origine au vainqueur de Marathon. Ce mariage et d'autres services lui avaient acquis la faveur des Athéniens, dont un grand nombre s'empressèrent de prendre service dans l'armée d'Ophellas. Beaucoup d'autres Grecs s'em-

---

[1] Voyez sur Ophellas, XVIII, 21 ; et Justin, XXII, 7.

pressèrent de prendre part à cette expédition, espérant se mettre en possession d'une grande partie du territoire libyen, et d'avoir leur part de richesses au sac de Carthage. A cette époque, la Grèce avait été affaiblie par les guerres continuelles que des souverains ambitieux s'étaient faites entre eux. Il n'était donc pas étonnant de voir les Grecs animés du désir non-seulement de s'enrichir, mais de se soustraire aux maux de leur patrie.

XLI. Après avoir fait tous ses préparatifs de guerre, Ophellas ouvrit la campagne avec une armée de plus de dix mille hommes d'infanterie, de six cents cavaliers, de cent chars de guerre, montés par plus de trois cents hommes, tant conducteurs que combattants; enfin plus de dix mille hommes non enrégimentés accompagnaient cette armée. Beaucoup d'entre eux amenaient leurs femmes et leurs enfants, de manière que l'armée ressemblait à une colonie. Après dix-huit jours de marche, comprenant un espace de trois mille stades, Ophellas vint camper près d'Automola. De là il continua sa route, et arriva au pied d'une montagne escarpée au milieu de laquelle se trouvait un ravin profond d'où s'élevait un rocher lisse taillé à pic. Au pied de ce rocher existait une caverne spacieuse, ombragée de lierre et de smilax. C'est là que la tradition place le séjour de la reine Lamia, célèbre par sa beauté; mais, en raison de sa cruauté, elle eut plus tard la figure changée en celle d'un animal féroce. On raconte en effet qu'après avoir perdu tous ses enfants, poussée par le chagrin et par la jalousie envers les autres femmes plus heureuses qu'elle, elle ordonna que l'on arrachât les enfants des bras de leurs mères et qu'on les fît mourir sur-le-champ. Cette tradition s'est conservée jusqu'à nos jours où l'on fait peur aux enfants en prononçant le nom de la reine Lamia. On raconte encore que, lorsque cette reine était ivre, elle permettait à ses sujets de faire impunément tout ce qu'ils voulaient; et comme elle ne s'inquiétait alors de rien de ce qui se passait dans le pays, on s'imagina qu'elle était aveugle. C'est pourquoi l'on dit, métaphoriquement, de ceux auxquels le vin a fait commettre un acte de coupable négligence, qu'ils ont jeté leurs yeux dans un sac, comme pour indiquer que le vin ôte la vue. Euripide lui-même semble attester que Lamia était née en Libye, lorsqu'il dit : « Quel est le mortel qui ne connaît pas le nom odieux de cette Lamia, Libyenne de naissance ? »

XLII. Ophellas, à la tête de ses troupes, traversa le désert, infesté d'animaux sauvages ; il y eut beaucoup à souffrir du manque d'eau et de vivres, et faillit perdre toute son armée[1]. On trouve aux environs des syrtes beaucoup de serpents d'espèces variées, dont la plupart sont venimeux[2]. Les soldats qui en étaient mordus éprouvaient les plus graves accidents, d'autant plus qu'ils n'avaient ni médecins ni amis à leur secours. Quelques-uns de ces serpents, ayant la couleur de leur peau peu différente de celle du sol, ne pouvaient être distingués par les soldats, qui les foulaient sous les pieds et en recevaient des morsures mortelles. Enfin, après plus de deux mois de marche et de fatigues, Ophellas parvint à joindre Agathocle ; leurs camps se dressèrent à peu de distance l'un de l'autre. Les Carthaginois furent consternés en apprenant la jonction de ces deux armées. Agathocle alla au-devant d'Ophellas, lui fournit amicalement toutes les subsistances nécessaires, et l'engagea à faire reposer ses troupes de leurs fatigues. Il passa quelques jours à examiner les dispositions du camp de ses nouveaux alliés ; lorsqu'il eut remarqué que la plupart des soldats s'étaient répandus dans la campagne pour se procurer du fourrage et des vivres, et qu'Ophellas était dans la plus grande insouciance, Agathocle convoqua une assemblée de ses troupes. Il y insinua qu'Ophellas, venu sous prétexte d'alliance, n'était qu'un traître ; puis, après avoir enflammé les esprits, il marcha sur-le-champ contre les Cyrénéens. Surpris d'une attaque aussi imprévue, Ophellas essaya néanmoins de se défendre ; mais il lui fut impossible de résister, avec des forces inférieures en nombre, à un choc aussi impétueux, et il mourut en combattant. Agathocle

[1] Suivant Théophraste (*Hist. plant.*, IV, 4), les soldats d'Ophellas s'étaient nourris du fruit du lotus en arbre. Ce lotus de la Libye était une espèce de nerprun, et par conséquent tout différent de celui d'Égypte.

[2] Comparez Élien, *Hist. animal.*, XVI, 10.

obligea le reste de l'armée à mettre bas les armes ; il s'attacha les soldats par des promesses, et devint ainsi maître de toute l'armée. C'est ainsi que périt Ophellas qui avait nourri de grandes espérances et s'était trop fié à la foi du tyran.

XLIII. A Carthage, Bomilcar, aspirant depuis longtemps à la tyrannie, cherchait une occasion favorable pour l'exécution de ses projets. Plusieurs fois cette occasion semblait s'offrir, mais toujours quelque événement de peu d'importance l'empêchait de la saisir ; car les hommes qui veulent tenter des crimes ou de grandes entreprises sont superstitieux, et ils préfèrent les délais à l'action ; c'est ce qui arriva ici. Bomilcar, profitant des circonstances qui s'étaient offertes, avait envoyé les citoyens les plus distingués combattre les Numides, afin qu'il n'y eût dans la ville aucun habitant considérable qui pût s'opposer à lui. Cependant, toujours retenu par la crainte, il n'osait point encore se déclarer ouvertement le tyran de sa patrie. Ce fut au moment où Agathocle attaquait Ophellas, que Bomilcar cherchait à s'emparer de l'autorité suprême. Des deux côtés on ignorait l'état réel des choses ; car si Agathocle avait eu connaissance de la tentative de Bomilcar et des troubles de Carthage, il se serait facilement emparé de cette ville, car Bomilcar aurait préféré joindre Agathocle plutôt que de livrer sa personne à la vengeance de ses concitoyens. De même, si les Carthaginois avaient eu connaissance du dessein d'Agathocle, ils se seraient ralliés à Ophellas, et seraient facilement venus à bout de leur ennemi. On s'explique cependant raisonnablement cet oubli de part et d'autre de mettre à profit les événements importants qui s'étaient passés à de courts intervalles. En effet, Agathocle, tout occupé à se débarrasser d'un ami, n'avait pas le loisir de songer à ce qui se passait du côté des ennemis. De son côté, Bomilcar, absorbé par la pensée d'ôter à sa patrie la liberté, ne s'inquiétait guère des mouvements de l'armée d'Agathocle ; car ce n'était pas pour le moment l'ennemi, mais ses concitoyens qu'il voulait combattre. Au reste, est-ce la faute de l'historien s'il est obligé d'enregistrer tant d'événements divers, arrivés dans un seul espace de temps, et de les raconter dans un ordre chronologique, nécessité par la nature même du sujet? La réalité des choses offre un tableau animé ; l'histoire qui la décrit ne peut jamais donner qu'un faible reflet de la réalité.

XLIV. Bomilcar fit la revue de ses troupes à Néapolis, située à peu de distance de l'ancienne Carthage[1]. Il congédia [les soldats sur lesquels il ne pouvait compter,] garda près de lui ceux qui étaient initiés dans ses projets, et, à la tête de cinq cents citoyens et de quatre mille mercenaires, il se proclama tyran de sa patrie. Divisant ensuite ses soldats en cinq corps, il égorgea dans les rues tous les habitants qui s'opposaient à son passage. Un tumulte et une confusion effroyables s'élevèrent dans la ville : les Carthaginois crurent d'abord que la ville était livrée, et que l'ennemi y avait pénétré ; mais lorsqu'on apprit la vérité, toute la jeunesse courut aux armes et marcha contre le tyran. Cependant Bomilcar, balayant tout le monde devant lui, se porta sur la place publique, atteignit beaucoup de citoyens non armés et les massacra. Les Carthaginois, occupant les maisons élevées qui entourent la place, lancèrent de là une grêle de traits sur les insurgés. Ainsi blessés de toutes parts, les insurgés se formèrent en colonnes serrées, et essayèrent, au milieu d'une grêle de projectiles, de se frayer un passage jusqu'à Néapolis. Les Carthaginois occupèrent cependant une hauteur, et, appelant toute la population aux armes, ils firent face aux rebelles. Enfin le sénat envoya en députation ses membres les plus considérés, conclut un accommodement en accordant une amnistie à tous les rebelles, afin de ne pas exposer la ville à de plus grands dangers. Cependant, malgré la foi jurée, Bomilcar fut ignominieusement mis à mort[2]. Ainsi les Carthaginois, à la veille d'une ruine complète, recouvrèrent leur ancienne forme de gouvernement.

Agathocle embarqua les dépouilles dont il venait de s'emparer, et les envoya à Syracuse ainsi que tous les Cyrénéens

---

[1] Suivant Wesseling, Néapolis était un faubourg de Carthage.
[2] Il fut crucifié. Voyez Justin, XXII, 7.

inaptes au service militaire. Les navires de transport furent assaillis par une tempête : une partie périt dans les flots, une autre fut jetée aux îles Pithécusses, situées en face de l'Italie; un petit nombre parvint à se sauver à Syracuse.

En Italie, les consuls romains arrivèrent au secours des Marses en guerre avec les Samnites. Ils furent victorieux et tuèrent beaucoup d'ennemis. Ils traversèrent ensuite le territoire des Ombriens, pénétrèrent dans la Tyrrhénie, alors en guerre avec Rhodes, et prirent d'assaut la forteresse de Caprium. Les habitants envoyèrent des députés, et une trêve de quarante ans fut conclue avec les Tarquiniens, et d'une année seulement avec tous les les autres Tyrrhéniens.

XLV. L'année étant révolue, Anaxicrate fut nommé archonte d'Athènes et les Romains élurent consuls Appius Claudius et Lucius Volumnius[1]. A cette époque, Démétrius, fils d'Antigone, quitta Éphèse avec des forces de terre et de mer considérables, ainsi qu'avec un approvisionnement suffisant d'armes et de machines de guerre. Son père lui avait donné ordre de déclarer libres toutes les villes de la Grèce, en commençant par Athènes où Cassandre tenait une garnison. Démétrius entra donc dans le Pirée, investit la place de toutes parts, et publia une proclamation dans laquelle il annonçait aux Athéniens le but de son expédition. Denys, commandant de la garnison de Munychie, et Démétrius de Phalère, gouverneur de la ville au nom de Cassandre, mirent sur pied de nombreuses troupes et défendirent les murailles. Mais quelques soldats d'Antigone forcèrent l'enceinte, pénétrèrent dans l'intérieur de la place du côté du rivage, et y introduisirent plusieurs de leurs camarades; c'est ainsi que le Pirée fut enlevé. Denys se réfugia dans Munychie, et Démétrius de Phalère se retira dans l'intérieur de la ville. Le lendemain, le gouverneur de la ville fut envoyé avec plusieurs autres citoyens en députation auprès de Démétrius; il conclut un accommodement qui garantissait à Athènes son indépendance et à lui sa sûreté personnelle. Abdiquant le pouvoir, Démétrius

---

[1] Deuxième année de la CXVIII<sup>e</sup> olympiade; année 307 avant J.-C.

se réfugia à Thèbes et plus tard en Égypte auprès de Ptolémée. C'est ainsi que Démétrius de Phalère, après avoir gouverné Athènes pendant dix ans, fut chassé de sa patrie. Le peuple décerna les plus gands honneurs aux auteurs de son indépendance. Cependant le fils d'Antigone fit approcher de Munychie les balistes et autres machines de guerre, et se disposa à investir la place par terre et par mer. Les troupes de Denys, qui se trouvaient enfermées dans l'enceinte, se défendirent vaillamment ; elles avaient d'ailleurs l'avantage des lieux ; car Munychie n'est pas seulement une place naturellement forte, mais elle est encore défendue par des retranchements. Cependant Démétrius l'emportait par le nombre de ses soldats et ses munitions de guerre. Enfin, après deux jours de siège, la garnison, maltraitée par le jeu des catapultes et des balistes, et n'étant pas soutenue par des troupes fraîches, lâcha le terrain ; les troupes de Démétrius, au contraire, sans cesse relevées par des colonnes fraîches, et balayant le mur par des balistes, parvinrent à faire évacuer Munychie, et pénétrèrent dans l'intérieur de la place. La garnison fut obligée de mettre bas les armes, et son commandant Denys fut fait prisonnier.

XLVI. Cette expédition avait été terminée en peu de jours. Démétrius détruisit Munychie, rendit au peuple son indépendance absolue et conclut avec les Athéniens un traité d'alliance. Les Athéniens, sur la proposition de Stratoclès, décrétèrent qu'on élèverait des statues curules en or à Antigone et à Démétrius, placées à côté de celles d'Harmodius et d'Aristogiton ; qu'on décernerait à Antigone et à Démétrius des couronnes de la valeur de deux cents talents ; qu'on leur dresserait un autel avec cette inscription : *Aux sauveurs ;* qu'on ajouterait aux dix tribus anciennes deux tribus nouvelles sous le nom de *Démétriade* et d'*Antigonide ;* que chaque année on célébrerait en leur honneur des jeux, des processions et des sacrifices ; enfin que leurs images seraient tissues annuellement dans le voile de Minerve[1]. Le peuple athénien recouvra donc,

---

[1] Le voile ou *peplum* de Minerve n'était montré en public que tous les cinq ans.

contre toute attente, son ancien gouvernement populaire, qui avait été depuis quinze ans aboli par Antipater pendant la guerre Lamiaque.]

Démétrius prit d'assaut Mégare, chassa la garnison, et rendit au peuple son indépendance. Les Mégariens, pour lui témoigner leur reconnaissance, lui décernèrent de grands honneurs. Antigone reçut alors une députation d'Athènes qui lui apporta le décret dont il vient d'être parlé, et négocia en même temps des vivres et des matériaux de marine. Antigone donna aux envoyés cent cinquante mille médimnes de bled[1] et du bois pour la construction de cent navires. Il fit ensuite sortir d'Imbros la garnison qui l'occupait, et délivra la ville. Enfin, il écrivit à son fils Démétrius de convoquer un conseil des villes alliées, et de délibérer en commun sur les intérêts de la Grèce. Il lui ordonna aussi de se porter avec une armée dans l'île de Cypre, et de combattre au plus vite les généraux de Ptolémée. Démétrius exécuta immédiatement tous les ordres de son père. Il se rendit dans la Carie, et exhorta les Rhodiens à prendre part à la guerre contre Ptolémée; mais ceux-ci, préférant rester en paix avec tout le monde, ne l'écoutèrent pas. De là l'origine de l'inimitié qui éclata plus tard entre les Rhodiens et Antigone.

XLVII. Démétrius aborda en Cilicie. De là il s'embarqua pour l'île de Cypre avec quinze mille hommes d'infanterie et quatre cents cavaliers; il avait plus de cent dix trirèmes légères, cinquante-trois trirèmes de guerre, un nombre suffisant de bâtiments de transport pour le train de l'infanterie et de la cavalerie. Démétrius vint d'abord camper sur la côte de Carpasie; il tira ses vaisseaux à terre et entoura son camp d'un fossé profond ainsi que d'un retranchement palissadé. Il vint ensuite attaquer les places voisines, et prit d'assaut Uranie et Carpasie. Après avoir laissé un poste nombreux pour la défense des navires, il se porta avec son armée sur Salamine. Ménélas,

---

à l'époque des Panathénées. Voyez la note de Wesseling, tom. IX, p. 456 de l'édit. Bipont.

[1] Plus de soixante-cinq mille hectolitres.

chargé par Ptolémée du commandement militaire de l'île, avait rassemblé les soldats des garnisons à Salamine, où il séjournait. Lorsque les ennemis n'étaient plus qu'à quarante stades de distance, Ménélas sortit de la ville à la tête de douze mille hommes d'infanterie et de huit cents cavaliers. Il s'engagea peu de temps après un combat dans lequel les troupes de Ménélas furent mises en déroute. Démétrius les poursuivit jusque dans la ville, fit au moins trois mille prisonniers, et mille hommes restèrent sur le champ de bataille. Démétrius amnistia ses prisonniers, et les incorpora dans son armée, mais ces prisonniers désertèrent et revinrent auprès de Ménélas, parce qu'ils avaient laissé leurs bagages en Égypte, entre les mains de Ptolémée. Démétrius fit arrêter ces soldats indisciplinables, les embarqua et les envoya à Antigone, en Syrie. Antigone était alors occupé dans la haute Syrie à fonder sur les bords du fleuve Oronte une ville qui reçut d'après lui le nom d'*Antigonia*. Cette ville, bâtie avec magnificence, avait soixante-dix stades de tour. Elle était très-bien située pour servir de place d'armes tout à la fois contre la Babylonie et les satrapies supérieures, ainsi que contre les satrapies inférieures et celles d'Égypte. Cette ville, néanmoins, ne subsista pas longtemps : elle fut détruite par Seleucus qui en transféra les habitants dans une autre ville fondée par lui, et appelée *Seleucia*. Mais nous parlerons de tout cela avec plus de détail en temps convenable.

Après la défaite qu'il venait d'essuyer, Ménélas fit mettre les murailles de la ville en état de défense, échelonna ses soldats sur les créneaux, et se prépara à soutenir le siége dont Démétrius menaçait Salamine. Il envoya en même temps des messagers en Égypte pour prévenir Ptolémée de l'échec qu'il venait d'éprouver, et pour le supplier de lui envoyer des secours afin de rétablir les affaires de l'île.

XLVIII. Démétrius voyant que Salamine n'était pas une prise facile, et qu'elle renfermait de nombreux défenseurs, résolut de faire construire d'énormes machines, des catapultes, des balistes et d'autres ouvrages formidables. Dans ce but, il fit venir des ouvriers de l'Asie, ainsi que du fer, du bois et d'autres matériaux nécessaires à la construction de ces machines. Après s'être entouré de toutes ces ressources, il fit fabriquer une machine, connue sous le nom d'*hélépole*[1], dont chaque côté avait quarante-cinq[2] coudées de largeur, et dont la hauteur était de quatre-vingt-dix coudées, divisée en neuf étages. Cette machine reposait sur quatre roues solides, de huit coudées de haut. Il fit aussi construire d'énormes béliers et deux tortues porte-béliers. Aux étages inférieurs de l'hélépole étaient fixées des balistes de diverses dimensions, dont les plus grandes lançaient des pierres de trois talents[3]; aux étages du milieu se trouvaient les plus fortes catapultes, et les étages les plus élevés étaient occupés par les balistes et les catapultes de moindre dimension. Toutes ces machines, destinées à lancer des projectiles, étaient servies par deux cents hommes; en s'approchant de la ville, elles balayaient les créneaux en même temps que les béliers ébranlaient les murs. Cependant les assiégés se défendirent vaillamment, et ripostèrent aux décharges des balistes et des catapultes. Le siége durait ainsi depuis plusieurs jours, et on se faisait beaucoup de mal de part et d'autre. Enfin une brèche s'ouvrit, et la ville allait être prise d'assaut, lorsque l'approche de la nuit fit cesser le combat. Ménélas comprit que la ville serait perdue, s'il ne trouvait quelque nouveau moyen de défense. Il rassembla donc une grande quantité de bois sec qu'il fit jeter pendant la nuit sur les machines de l'ennemi, en même temps que du haut des murs on lançait des flèches tout allumées qui mirent en flamme les ouvrages les plus importants. Les soldats de Démétrius se hâtèrent d'accourir pour éteindre l'incendie; mais le feu avait déjà consumé les machines, et beaucoup de soldats y trouvèrent la mort. Démétrius, quoique trompé dans son espérance, n'en continuait pas moins à bloquer la ville par terre et par mer, persuadé qu'avec le temps il viendrait à bout de l'ennemi.

[1] Ἑλέπολις, preneur de villes.
[2] Environ vingt-deux mètres.
[3] Environ soixante-dix-huit kilogrammes.

XLIX. Lorsque Ptolémée apprit ce revers des siens, il quitta l'Égypte avec des forces considérables de terre et de mer. Ayant abordé à Paphos, en Cypre, il se fit fournir par les villes des embarcations, et se rendit à Citium, à deux cents stades de Salamine. Il avait sous ses ordres cent quarante vaisseaux longs, dont les plus grands étaient à cinq rangs de rames, et les plus petits à quatre. Ces vaisseaux étaient suivis de plus de deux cents bâtiments de guerre, qui ne portaient pas moins de dix mille hommes d'infanterie. Ptolémée avait fait avertir Ménélas par quelques messagers envoyés par terre, de lui faire parvenir promptement, s'il lui était possible, soixante navires, stationnés dans le port de Salamine. Il espérait qu'avec une flotte de deux cents bâtiments qu'il réunirait il lui serait facile de défaire l'ennemi dans une bataille navale. Démétrius devina ce dessein, laissa une partie de son armée pour continuer le siège de Salamine, et fit embarquer l'élite de ses troupes sur des bâtiments dont les proues étaient munies de balistes et de catapultes capables de lancer des flèches de trois spithames[1] de longueur. Démétrius fit donc toutes ses dispositions pour ce combat naval, tourna la ville, et vint mouiller à peu de distance de l'entrée du port, mais hors de la portée des traits. Il passa la nuit dans cette station, s'opposant à la jonction des navires de Ménélas avec ceux de Ptolémée, et se tint prêt pour un combat naval. Cependant Ptolémée s'avança vers Salamine, et comme sa flotte était suivie des bâtiments de transport, elle présenta de loin l'aspect d'une ligne formidable.

L. A l'approche de la flotte ennemie, Démétrius détacha le nauarque Antisthène avec dix bâtiments à cinq rangs de rames pour se mettre à l'entrée étroite du port, et empêcher les bâtiments qui s'y trouvaient d'en sortir au moment où le combat serait engagé; en même temps il ordonna à sa cavalerie de se tenir sur le rivage, et de protéger en cas de revers ceux qui en nageant viendraient gagner la côte. Enfin, il mit sa flotte en ordre

---

[1] Un peu moins d'un mètre.

de bataille, et marcha droit à la rencontre des ennemis. Il avait sous ses ordres plus de cent huit bâtiments, y compris ceux qui avaient été enlevés des places [de la côte]; les plus grands étaient à sept rangs de rames, et la plupart à cinq. L'aile gauche était occupée par sept navires phéniciens à sept rangs de rames, et par trente navires athéniens à quatre rangs de rames, sous les ordres du nauarque Medius. En avant de cette ligne étaient placés dix bâtiments à six rangs de rames, et autant à cinq rangs; c'était l'aile la plus forte, où Démétrius se proposait lui-même de combattre. Le centre était occupé par des embarcations légères, commandées par Themison le Samien et Marsyas qui a écrit une histoire de Macédoine [1]. L'aile droite était sous les ordres d'Hégésippe d'Halicarnasse et de Plistias de Cos, le maître pilote de toute la flotte. Cependant Ptolémée se porta en toute hâte la nuit même sur Salamine, pensant devancer l'ennemi, et le premier entrer dans le port. Mais lorsqu'à la pointe du jour la flotte de Démétrius apparut à peu de distance, Ptolémée se disposa de son côté au combat; il ordonna donc aux bâtiments de transport de le suivre de loin, et rangea les autres bâtiments dans un ordre convenable. Il occupa lui-même l'aile gauche avec les plus grands navires. Ces dispositions faites de part et d'autre, les contre-maîtres [2] donnèrent le signal des prières qu'on adressait, selon l'usage, aux dieux, et les équipages y répondaient à haute voix.

LI. Les deux chefs opposés, comprenant qu'il s'agissait d'un combat où il fallait vaincre ou mourir, sentirent leur cœur battre violemment. Démétrius, à trois stades environ de distance de l'ennemi, hissa le signal du combat; c'était un bouclier doré qui fut aperçu sur toute la ligne. Ptolémée en fit autant, et aussitôt l'intervalle qui séparait les deux flottes disparut. Les trompettes ayant sonné la charge et les armées poussé le cri de guerre,

---

[1] Il y avait deux historiens de ce nom, tous deux Macédoniens d'origine. Voyez Vossius, *Hist. graec.*, I, 10.

[2] Κελευσταί. Les Céleustes remplissaient à peu près les fonctions de nos contre-maîtres.

tous les bâtiments s'attaquèrent avec une horrible impétuosité. Le combat eut d'abord lieu à coups de flèches, de javelots et de pierres lancées par les balistes; des deux côtés il y eut beaucoup de blessés. Puis les navires s'approchaient; le moment de l'abordage était arrivé, les ponts étaient couverts de combattants, et les rameurs, excités par la voix des contre-maîtres, redoublaient d'efforts. Le premier choc fut terrible; quelques navires, ayant les rames brisées, ne pouvaient ni avancer ni reculer, et les équipages étaient ainsi mis hors de combat. D'autres navires se frappaient de front à coups d'éperon; les soldats placés sur le pont se blessaient à bout portant. Quelques triérarques ordonnaient l'abordage par les flancs, et les navires, ainsi accrochés, se transformaient en un champ de bataille sanglant; les uns, en sautant à l'abordage, glissèrent, tombèrent dans la mer, et furent sur-le-champ massacrés à coups de piques; les autres, plus heureux, se maintinrent sur le bâtiment ennemi, tuèrent une partie de l'équipage, et précipitèrent l'autre dans la mer. En un mot, des combats variés et étranges animaient la scène. Ici un faible équipage l'emportait par ses bâtiments à haut bord; là un équipage plus fort fut écrasé, parce que les ponts étaient trop bas, et que l'inégalité des circonstances est aussi pour beaucoup dans ces sortes de combats. Dans les combats qui se livrent sur terre, le courage est manifeste, et aucun événement étranger ne peut lui enlever la palme, tandis que dans les batailles navales beaucoup de causes diverses peuvent sottement abattre le courage et contribuer à la victoire.

LII. Démétrius, debout sur la poupe d'un bâtiment à sept rangs de rames, déploya la plus brillante valeur. Partout enveloppé d'ennemis, il frappait les uns à coups de lance et tuait les autres de sa propre main, tandis qu'il parait les traits lancés contre lui, soit par un mouvement de côté, soit par ses armes défensives. Il avait près de lui trois porte-boucliers; l'un tomba frappé d'un coup de lance, les deux autres furent blessés; enfin Démétrius rompit la ligne ennemie, mit en déroute l'aile droite, et fit virer de bord les navires qui se trouvaient successivement sur son passage. Cependant Ptolémée, entouré de ses plus grands bâtiments et de ses meilleures troupes, parvint de son côté à mettre facilement en déroute la ligne qui lui était opposée; il coula bas une partie des navires et s'empara des autres avec les hommes qui les montaient. Victorieux sur cette aile, il se tourna d'un autre côté, dans l'espoir de se rendre facilement maître du reste de la flotte ennemie. Mais, lorsqu'il vit que son aile gauche était écrasée, tous les navires mis en fuite et vivement poursuivis par Démétrius, Ptolémée se retira à Citium. Vainqueur dans cette bataille, Démétrius confia les bâtiments de guerre à Néon et à Burichus avec l'ordre de continuer la poursuite et de recueillir les hommes qui cherchaient à se sauver à la nage. Il orna ensuite ses navires des dépouilles opimes, et, traînant à la remorque les bâtiments prisonniers, il fit son entrée dans le port et gagna le camp. Au moment où la bataille était engagée, Ménélas, commandant de Salamine, fit équiper soixante navires et les envoya, sous les ordres du nauarque Menœtius, au secours de Ptolémée. Un combat fut livré, à l'entrée du port, entre les navires de Démétrius et ceux de la ville qui voulaient forcer le passage. Les dix navires de Démétrius furent forcés de se réfugier auprès de l'armée de terre; mais les navires de Menœtius, arrivés trop tard sur le champ de bataille, rentrèrent à Salamine. Telle fut l'issue de cette bataille. Plus de cent bâtiments, montés par près de huit mille hommes, tombèrent au pouvoir de Démétrius; quarante vaisseaux longs furent également pris avec tout leur équipage, et quatre-vingts navires, fortement avariés, furent traînés par les vainqueurs dans le camp qu'ils occupaient près de la ville. Démétrius n'eut que vingt embarcations endommagées, qui toutes furent remises en état de tenir la mer.

LIII. Après sa défaite, Ptolémée renonça à la possession de l'île de Cypre, et retourna en Égypte. Démétrius rangea sous son autorité toutes les villes de l'île, et incorpora dans les rangs de son armée les garnisons, composées de seize mille hommes d'infanterie et d'environ six cents cavaliers. Il s'empressa ensuite d'embarquer, sur un de ses plus grands bâtiments, des messagers chargés d'annoncer à son père cette victoire. En apprenant cette victoire signalée, Antigone s'enfla d'orgueil, se ceignit du diadème, se donna le nom de roi, et accorda le même titre à son fils Démétrius. De son côté, Ptolémée, rien moins qu'abaissé par sa défaite, se ceignit également du diadème, et se donna dans tous ses édits le titre de roi. Les autres souverains imitèrent cet exemple, et se nommèrent rois à leur tour. De ce nombre était Seleucus, qui venait de se remettre en possession des satrapies supérieures, Lysimaque et Cassandre qui possédaient leurs anciens domaines. Mais en voilà assez sur ce sujet; racontons maintenant ce qui s'est passé en Libye et en Sicile.

LIV. Lorsque Agathocle apprit que les souverains que nous venons de nommer, avaient pris le diadème, il prit également le titre de roi, car il ne se croyait point inférieur aux autres, ni par l'étendue de ses États ni par l'éclat de ses actions. Cependant il ne se ceignit point du diadème, car il portait toujours, depuis son avénement à la tyrannie, une couronne sur la tête, emblème d'une dignité sacerdotale, et il ne l'avait jamais quittée depuis qu'il avait combattu pour le maintien de son autorité. Quelques-uns prétendent que c'était à dessein qu'il portait cette couronne afin de cacher sa calvitie. Quoi qu'il en soit, pour justifier l'éclat du titre qu'il venait de prendre, il entreprit une expédition contre les habitants d'Utique qui s'étaient révoltés; il attaqua soudain leur ville, fit environ trois cents prisonniers parmi les citoyens qui étaient restés à la campagne, puis il promit une amnistie dans le cas où on lui livrerait la ville. Cette offre ayant été refusée, Agathocle construisit une machine à laquelle il suspendit tous les prisonniers, et la fit approcher des murs de la ville. Les habitants d'Utique furent touchés de commisération à la vue de leurs malheureux concitoyens; mais, préférant la liberté de tous à la conservation de quelques-uns, ils mirent les murs en état de défense, et soutinrent vaillamment le siége. Agathocle établit alors sur cette machine des frondeurs et des archers, d'où ils lancèrent des projectiles contre les assiégés qu'ils remplirent des plus cruelles angoisses. Les défenseurs postés sur les murs hésitèrent d'abord à se servir de leurs armes qui auraient frappé leurs concitoyens, parmi lesquels s'en trouvaient quelques-uns de la plus grande distinction; mais, de plus en plus vivement pressés par l'ennemi, ils se virent forcés de se défendre contre les assaillants. Cette nécessité causa aux habitants d'Utique la plus profonde affliction, d'autant plus qu'elle était irrémédiable. En effet, les Grecs s'étant placés derrière les prisonniers d'Utique, il fallait ou, en épargnant des concitoyens, laisser tomber la patrie au pouvoir de l'ennemi, ou, en secourant la ville, tuer impitoyablement un grand nombre d'infortunés. C'est ce dernier événement qui eut lieu. Les assiégés se servirent donc de leurs armes contre les ennemis, et, en frappant ceux-ci, ils frappèrent en même temps leurs concitoyens suspendus à la machine; quelques-uns de ces derniers y furent cloués par des flèches, et subirent en quelque sorte le supplice de la croix; et ce supplice cruel leur était infligé par les mains de leurs parents ou de leurs amis! La nécessité ne leur permettait pas même de respecter ce qu'il y a de plus sacré parmi les hommes.

LV. Pendant que les habitants d'Utique bravaient le danger sans s'émouvoir, Agathocle enveloppa toute la place, força un point faiblement fortifié, et pénétra dans l'intérieur de la ville. Emporté par la colère, Agathocle égorgea les habitants qui cherchaient à se réfugier soit dans les maisons soit dans les temples. Les uns furent massacrés sur place, les autres furent saisis et pendus, et même ceux qui s'étaient réfugiés dans les temples n'échappèrent pas à la vengeance du vainqueur. Agathocle s'empara des richesses d'Utique, et laissa une garnison dans la ville. Il marcha ensuite sur Hippoacra[1], ville environnée d'un lac et naturellement très-forte. Il poussa vigoureusement le siége de cette place, défit les indigènes dans un combat naval et s'empara de la

---

[1] Aujourd'hui *Biserte*.

ville. Il prit de la même façon la plupart des villes maritimes, et se rendit maître des populations de l'intérieur, à l'exception des Numides. Quelques tribus de ces derniers conclurent avec lui un traité d'alliance, tandis que les autres attendaient les événements.

Quatre races différentes se sont partagé le territoire de la Libye : les Phéniciens qui habitaient alors Carthage ; les Libophéniciens, en possession de la plupart des villes maritimes et attachés aux Carthaginois par les liens du sang, ce qui leur a valu le nom qu'ils portent ; les Libyens, ou l'ancienne race indigène, la plus populeuse, animés d'une haine implacable contre les Carthaginois qui leur ont imposé un joug pesant ; enfin, les Numides, qui habitent une grande partie de la Libye jusqu'au désert.

Agathocle avait alors des forces supérieures aux Carthaginois par les alliances qu'il s'était ménagées avec les Libyens ; mais, inquiet des affaires de la Sicile, il fit construire des navires ouverts et à cinquante rames, et y embarqua deux mille hommes d'infanterie. Il laissa à son fils Archagathus le commandement des troupes de la Libye, et retourna lui-même en Sicile.

LVI. Sur ces entrefaites, Xenodocus, général des Agrigentins, avait déclaré libres un grand nombre de villes, et fit naître le même désir d'indépendance dans les autres cités de la Sicile. Il conduisit alors contre les lieutenants d'Agathocle une armée de plus de dix mille hommes d'infanterie et de près de mille cavaliers. De leur côté, Leptine et Démophile, ayant tiré de Syracuse et des places fortes un corps de huit mille deux cents hommes d'infanterie et de douze cents cavaliers, se portèrent à la rencontre de Xenodocus. Une bataille sanglante fut livrée. Xenodocus, vaincu, se réfugia à Agrigente après avoir perdu environ quinze cents hommes. Accablés de ce revers, les Agrigentins abandonnèrent leur belle entreprise, et firent évanouir chez leurs alliés l'espoir de la liberté. A peine cette bataille venait-elle d'être livrée, qu'Agathocle aborda en Sicile. Il débarqua à Sélinonte et commença par forcer les Héracléotes, qui s'étaient déclarés indépendants, à rentrer sous sa domination ; puis, se rendant sur le côté opposé de l'île, il soumit par capitulation les Thermites qui avaient admis dans leur ville une garnison carthaginoise. Il prit d'assaut la ville de Cephalidium, et en donna le gouvernement à Leptine. Il continua sa marche dans l'intérieur de l'île, et entreprit de pénétrer nuitamment dans la ville de Centoripa, où il s'était ménagé quelques intelligences ; mais ce projet ayant été découvert, la garnison accourut à la défense de la ville et repoussa Agathocle qui perdit plus de cinq cents hommes. Mandé ensuite par quelques habitants d'Apollonia, qui s'engageaient à lui livrer la ville, Agathocle se remit en route. Mais les traîtres avaient été découverts et châtiés. Agathocle fut donc obligé d'entreprendre le siége de la ville. Le premier jour il n'obtint aucun résultat ; le jour suivant il ne parvint à s'emparer de la ville qu'après avoir éprouvé des pertes considérables. La plupart des Apolloniates furent massacrés, et leurs biens livrés au pillage.

LVII. Sur ces entrefaites, Dinocrate, chef des bannis, avait repris le projet des Agrigentins, et s'était déclaré le protecteur de la liberté commune. Une foule de partisans accoururent de toutes parts auprès de lui ; les uns mus par l'instinct naturel de la liberté, les autres par la haine que leur inspirait la tyrannie d'Agathocle. Ils parvinrent ainsi à mettre sur pied une armée composée d'au moins vingt mille hommes d'infanterie et de quinze cents cavaliers. Ces hommes, tous habitués aux maux de l'exil et aux fatigues de la guerre, bivaquèrent en rase campagne et provoquèrent le tyran au combat ; mais Agathocle, de beaucoup inférieur en forces, céda le terrain. Dinocrate, le poursuivant sans relâche, le vainquit pour ainsi dire sans coup férir. A partir de cette époque, la fortune d'Agathocle alla en déclinant tant en Sicile qu'en Libye. Archagathus qui, après le départ de son père, avait pris le commandement de l'armée en Libye, remporta d'abord quelques avantages par l'expédition confiée à Eumachus dans la haute Libye. En effet, Eumachus s'était emparé de Toca, ville considérable, et avait rangé sous son autorité plusieurs tribus nomades des environs. Il prit ensuite d'assaut Phelline, seconde ville du pays, et força à l'obéissance les populations limitrophes, connues sous le nom d'*Asphodélodes*[1], qui, par le teint de leur peau, ressemblent aux Éthiopiens. Eumachus se rendit ensuite maître d'une troisième ville très-grande, nommée Meschela, fondée anciennement par des Grecs revenus de la guerre de Troie, et dont nous avons parlé dans le troisième livre[2]. Il prit ensuite la ville Hippoacra, du même nom que celle qu'Agathocle avait soumise à sa domination. Enfin, il se rendit maître d'Acris, ville indépendante, réduisit les habitants en esclavage, et livra la ville au pillage de ses soldats.

LVIII. Eumachus, chargé d'un immense butin, revint joindre Archagathus. S'étant acquis la réputation d'un habile général, il entreprit une nouvelle expédition dans la haute Libye. Dépassant les villes qu'il avait précédemment soumises, il s'avança jusqu'à Miltine, qu'il attaqua à l'improviste. Mais les Barbares, revenus de leur surprise et maîtres de la ville, chassèrent Eumachus et lui tuèrent beaucoup de monde. De là, il se dirigea en avant et franchit une haute montagne qui s'étend dans un espace de deux cents stades : elle est remplie de chats sauvages ; aucun oiseau n'y fait son nid ni sur les arbres ni dans les fentes des rochers, à cause de l'inimitié naturelle qui existe entre ces deux familles d'animaux. Après avoir traversé cette contrée montagneuse, il entra dans un pays peuplé de singes, et où se trouvent trois villes qui portent, d'après ces animaux, le nom de *Pithécusses*, en traduisant en grec la dénomination par laquelle les naturels du pays désignent le singe[3]. Les habitants ont des mœurs en grande partie bien différentes des nôtres. Les singes habitent les mêmes maisons que les hommes. Ces animaux y sont regardés comme des dieux, ainsi que les chiens le sont chez les Égyptiens. Les singes ont donc libre accès dans les magasins de vivres, dont ils disposent à leur gré. Les parents donnent le

---

[1] Hérodote (IV, 190) parle de Libyens nomades qui avaient construit des cabanes avec des tiges d'asphodèles, plantes de la famille des oignons.
[2] Il n'en est nulle part question dans le III<sup>e</sup> livre.
[3] Πίθηκος, singe.

plus souvent à leurs enfants des noms de singes, comme on leur donne chez nous des noms de divinités. Ceux qui tuent un de ces animaux sont condamnés au dernier supplice, comme coupables du plus grand sacrilége. C'est de là que viennent ces mots qui, chez quelques-uns, ont passé en proverbe, lorsqu'on parle de gens qui sont morts pour un motif futile : *Ils ont bu du sang de singe*. Eumachus prit une de ces villes d'assaut et la livra au pillage ; les deux autres firent leur soumission. Averti que les Barbares des environs rassemblaient de nombreuses troupes, Eumachus hâta sa marche et se décida à revenir sur le littoral.

LIX. Jusqu'alors tout avait réussi en Libye à Archagathus. Le sénat de Carthage, après avoir mûrement délibéré sur la conduite de cette guerre, décréta que Carthage mettrait sur pied trois armées : la première destinée à la défense des villes maritimes ; la seconde, pour l'intérieur du pays, et la troisième, pour la haute Libye. Par ces mesures, le sénat se flattait d'abord de garantir la ville d'un siége en même temps que de la famine. (Une foule de gens s'étant réfugiés à Carthage, la disette s'était déjà fait sentir ; quant à un siége, il n'était guère à craindre, tant à cause de la solidité des murailles que des fortifications naturelles du côté de la mer.) Ensuite, le sénat pensait que les alliés demeureraient plus fidèles, se voyant soutenus par plusieurs armées. Mais ce qui l'avait surtout déterminé à rendre ce décret, c'est que l'ennemi serait obligé de diviser ses forces et de s'éloigner de Carthage. Toutes ces prévisions se réalisèrent. Trente mille hommes furent ainsi mis en campagne et sortirent de la ville ; les commerçants qui y restaient trouvèrent des subsistances suffisantes, et y vécurent même dans l'abondance. Les alliés, que la crainte avait rapprochés de l'ennemi, resserrèrent les liens qui les rattachaient aux Carthaginois.

LX. En voyant toute la Libye occupée par des troupes ennemies, Archagathus partagea également son armée en plusieurs corps : l'un fut envoyé sur les côtes, un autre fut mis sous

---

J'ai préféré la leçon ancienne ποτίσειαν, à ἀποτίσειαν proposée par Henri Étienne et Wesseling.

les ordres d'Æschrion ; enfin, Archagathus se mit lui-même à la tête du troisième corps et laissa une forte garnison à Tynès. Le pays était donc traversé en tout sens par plusieurs corps d'armée. Un changement dans les affaires devint inévitable, et tout le monde en attendait le moment avec anxiété. Hannon, mis à la tête de l'armée de l'intérieur, dressa une embuscade à Æschrion, l'attaqua à l'improviste, et lui tua plus de quatre mille hommes d'infanterie et environ deux cents cavaliers. Æschrion lui-même se trouva au nombre des morts ; les autres furent faits prisonniers ou parvinrent à se sauver dans le camp d'Archagathus, qui était à cinq cents stades de distance. Cependant Imilcon, chargé du commandement de l'armée de la haute Libye, se mit sur les traces d'Eumachus, dont l'armée traînait après elle un lourd bagage, fruit des dépouilles des villes prises d'assaut. Néanmoins les Grecs se rangèrent en bataille, et provoquèrent les ennemis au combat. Imilcon laissa une partie de son armée cantonnée dans la ville qu'il avait occupée, avec l'ordre, lorsqu'il se replierait sur la ville, de faire une sortie et de tomber soudain sur l'ennemi qui se serait mis à sa poursuite. Imilcon s'avança lui-même avec la moitié de ses troupes ; arrivé à peu de distance du camp, il engagea le combat et s'enfuit comme frappé de terreur. Les soldats d'Eumachus, exaltés par le succès et ne gardant plus leurs rangs, se mirent à la poursuite de ceux qui leur cédaient le terrain ; tout à coup l'autre corps d'armée d'Imilcon sortit de la ville en bon ordre, poussa le cri de guerre et répandit l'épouvante parmi les Grecs, qui furent aisément mis en déroute. Les Carthaginois leur ayant coupé la retraite, les troupes d'Eumachus se réfugièrent sur une hauteur voisine qui manquait d'eau. Investis de toute part par les Phéniciens, épuisés de soif et accablés par les ennemis, presque tous les Grecs perdirent la vie. Sur huit mille fantassins, trente seulement parvinrent à s'échapper, et sur huit cents cavaliers, quarante.

LXI. Abattu par ce revers, Archagathus retourna à Tynès ; il rappela près de lui les débris de ses troupes, et envoya des messagers en Sicile pour prévenir immédiatement son père de ce qui venait de se passer, et le prier de lui envoyer de prompts secours. A tant de revers se joignit bientôt un autre malheur : presque tous les alliés se détachèrent d'Archagathus. Les troupes de l'ennemi se concentrèrent et menacèrent déjà le camp des Grecs. Imilcon avait occupé tous les défilés et intercepté les communications avec l'intérieur du pays; il ne se trouvait lui-même qu'à cent stades du camp ennemi. D'un autre côté, Atarbas, autre général carthaginois, était venu camper à quarante stades de Tynès. Ainsi les ennemis, à la fois maîtres de la mer et de l'intérieur du pays, coupèrent aux Grecs les vivres, et les pressèrent de toutes parts. Les Grecs étaient donc profondément découragés. Dans cet intervalle, Agathocle apprit les revers que son armée avait éprouvés en Libye, et il fit préparer dix-sept vaisseaux longs pour les envoyer au secours d'Archagathus. Les affaires de la Sicile elle-même prenaient une mauvaise tournure, car le parti de Dinocrate, chef des bannis, augmentait de jour en jour. Agathocle confia à Leptine la conduite de la guerre dans l'île, et, après avoir équipé ses navires, il attendit une occasion favorable pour s'embarquer, en échappant à trente navires carthaginois qui étaient en croisière dans les eaux de Sicile. En ce même temps il lui arriva de la Tyrrhénie un secours de dix-huit navires qui entrèrent de nuit dans le port, à l'insu des Carthaginois. Agathocle saisit cette occasion pour tromper les ennemis par un stratagème : il ordonna à ses alliés de la Tyrrhénie de rester dans le port jusqu'à ce qu'ayant mis à la voile il aurait entraîné à sa poursuite les Phéniciens. En effet, ainsi qu'il l'avait dit, il sortit rapidement du port avec dix-sept bâtiments. Aussitôt les Carthaginois se mirent à sa poursuite. Au même moment les Tyrrhéniens sortirent du port; Agathocle fit volte face, attaqua les Barbares, et leur livra un combat naval. Déconcertés par cette attaque imprévue et enveloppés par l'ennemi, les Carthaginois furent mis en déroute. Les Grecs se rendirent maîtres de cinq bâtiments avec tout leur équipage; le général carthaginois montant le vaisseau commandant, fut lui-même pris; mais, préférant la mort à la captivité, il se poignarda; cependant il était inspiré par un mauvais génie, car le vaisseau que ce général avait monté profita d'un vent favorable, et parvint à se dégager.

LXII. Agathocle qui avait déjà renoncé à tout espoir de l'emporter par mer sur les Carthaginois, fut contre toute attente vainqueur dans ce combat naval; et, devenu maître de la mer, il rendit aux marchands toute sécurité. Ainsi les Syracusains virent prospérer le commerce, et passèrent de la disette à l'abondance. Le tyran, enflé par les succès qu'il venait de remporter, ordonna à Leptine de ravager le territoire ennemi et celui des Agrigentins; car Xenodocus, outragé depuis sa dernière défaite par une faction ennemie, était en opposition avec une partie des citoyens, et fomentait la révolte. Agathocle ordonna donc à Leptine de provoquer Xenodocus au combat, persuadé qu'on aurait facilement raison de troupes qui n'étaient pas d'accord entre elles, et en quelque sorte vaincues d'avance; c'est ce qui arriva en effet. Leptine envahit le territoire des Agrigentins et le ravagea. Xenodocus resta d'abord inactif, ne se croyant pas assez fort pour résister aux lieutenants d'Agathocle; mais, accusé de lâcheté par ses concitoyens, il entra en campagne, quoique son armée fût inférieure à celle de Leptine, tant en nombre qu'en courage, car elle n'était composée que de citoyens élevés dans l'oisiveté et à l'ombre du foyer, tandis que celle de Leptine n'était formée que de soldats habitués au bivouac et rompus au métier de la guerre. Aussi, dans le combat qui s'engagea, les soldats de Leptine mirent bien vite en déroute les Agrigentins, et les poursuivirent jusque dans leur ville. Dans cette bataille, les vaincus perdirent environ cinq cents hommes d'infanterie et plus de cinquante cavaliers. Les Agrigentins furent exaspérés contre Xenodocus, auquel ils reprochèrent de s'être laissé battre deux fois. Xenodocus, pour se soustraire au jugement dont il était menacé, se retira à Géla.

LXIII. Victorieux, à peu de jours d'intervalle, sur terre et sur mer, Agathocle offrit des sacrifices aux dieux, et traita ses amis par des festins splendides. Dans ces banquets il déposait la majesté souveraine, et se mettait même au-dessous d'un simple particulier. Par une telle conduite, il captait la bienveillance de la multitude, et en même temps, par la liberté qui régnait dans ces banquets, il était mis à même de pénétrer les sentiments de chacun des convives ; car c'est dans le vin que la vérité déguisée se montre au jour. Agathocle était d'une humeur joviale, satirique, bon mime, et dans les assemblées publiques il s'amusait quelquefois à contrefaire, par des gestes et des mimes, plusieurs des assistants, au point que la foule éclatait souvent de rire, comme en présence d'un histrion ou d'un prestidigitateur. Il n'avait d'autre garde que le peuple qui l'environnait ; et bien différent de Denys le tyran, il se rendait seul dans les assemblées. Denys, en effet, poussait la défiance envers tout le monde si loin, qu'il laissait croître ses cheveux et sa barbe, afin de n'être pas obligé de soumettre au fer du barbier les parties principales du corps. Si quelquefois il avait besoin de se faire tondre, il se faisait brûler les cheveux, disant que la défiance était l'unique sauvegarde de la tyrannie. Il en était tout autrement d'Agathocle. Un jour dans un festin, saisissant une grande coupe d'or, il s'écria qu'il ne cesserait de cultiver l'art du potier que lorsqu'il serait parvenu à fabriquer des coupes aussi bien travaillées ; car, loin de renier la profession qu'il avait exercée, il en tirait au contraire vanité, montrant ainsi que, par ses propres moyens, il avait su s'élever de la plus humble condition au rang suprême. Un jour il assiégea une ville assez importante ; un des habitants lui cria du haut des murs : « Potier, chauffeur de fours, quand paieras-tu les gages de tes soldats ? — Quand j'aurai pris la ville, » reprit-il. Enfin, par la familiarité de ses manières qu'il montrait dans les festins, il était parvenu à découvrir au milieu de l'ivresse des convives ceux qui nourrissaient les sentiments les plus hostiles à la tyrannie. Un jour il invita de nouveau à un banquet ceux qu'il savait être ses ennemis, ainsi que les Syracusains les plus distingués ; ils étaient au nombre de cinq cents : il les fit entourer d'une troupe de mercenaires dévoués, et les fit tous égorger. Cet acte avait été dicté par la crainte que, pendant qu'il serait en Libye, ses ennemis ne renversassent la tyrannie, secondés dans cette entreprise par les exilés réunis autour de Dinocrate. Après avoir ainsi pourvu à sa sécurité, Agathocle quitta le port de Syracuse.

LXIV. Arrivé en Libye, Agathocle trouva l'armée découragée et manquant de vivres. Il jugea donc utile de tenter le sort d'une bataille. Il exhorta ses soldats à une nouvelle lutte, et les fit marcher contre les Barbares. Il avait encore sous ses ordres six mille Grecs et presque un nombre égal de Celtes, de Samnites et de Tyrrhéniens, sans compter à peu près dix mille Libyens, troupe infidèle, qui passait selon les circonstances d'un parti dans l'autre. Indépendamment de l'infanterie, il avait encore quinze cents cavaliers et plus de six mille chars libyens. Les Carthaginois avaient établi leur camp sur une hauteur presque inaccessible, et ne jugèrent pas prudent d'en venir aux mains avec des hommes réduits au désespoir. Ils restèrent donc dans leur camp, amplement munis de provisions, et espérant dompter l'ennemi par la famine et le temps. Mais Agathocle ne réussissant pas à les attirer dans la plaine, et pressé par les circonstances de tout risquer, conduisit son armée à l'attaque du camp des Barbares. Ceux-ci sortirent donc de leur camp, favorisés par le nombre et par la difficulté des lieux. Les troupes d'Agathocle soutinrent d'abord pendant quelque temps le choc des Carthaginois; mais enfin, pressés de toutes parts, les mercenaires et les autres Grecs lâchèrent pied et se retirèrent dans le camp. Les Carthaginois, se mettant à leur poursuite, les serrèrent de près, ayant soin d'épargner les Libyens, afin de captiver leur bienveillance; mais ils firent un grand carnage des Grecs et des mercenaires qu'ils reconnaissaient à leurs armes, et les poursuivirent jusque dans leur camp. Agathocle laissa environ trois mille hommes sur le champ de bataille. Dans la nuit suivante, il arriva un événement étrange et inespéré, également fatal aux deux armées.

LXV. Après la victoire, les Carthaginois choisirent parmi

leurs prisonniers les hommes les plus beaux, et passèrent la nuit à les offrir aux dieux en sacrifice d'actions de grâces. Une grande flamme enveloppait les victimes, lorsque soudain, par un vent violent, le feu atteignit le tabernacle placé au pied de l'autel; du tabernacle la flamme gagna la tente du général, puis successivement les tentes des autres chefs. Cet incendie remplit toute l'armée d'effroi : les uns cherchaient à éteindre le feu, les autres à emporter leurs armes et leurs biens les plus précieux; mais ils devinrent tous la proie des flammes. Comme les tentes étaient en roseaux et en paille[1], et que le vent devenait de plus en plus violent, tous les secours furent inutiles; aussi en peu de temps tout le camp fut-il en feu. Beaucoup de Carthaginois, abandonnés dans les passages étroits du camp, furent brûlés vifs, et subirent ainsi sur place le même supplice que leur cruauté impie avait réservé aux prisonniers. Quant à ceux qui parvinrent, au milieu de ce tumulte, à s'échapper du camp, ils coururent un danger bien plus grand encore.

LXVI. Les Libyens, qui au nombre de cinq mille servaient dans l'armée d'Agathocle, désertèrent dans la même nuit pour passer dans le camp des Barbares. Ces Libyens ayant été aperçus par les sentinelles du camp carthaginois, l'alarme se répandit parmi les Carthaginois qui croyaient que toute l'armée des Grecs s'avançait contre eux. Chacun cherchait son salut dans la fuite : les soldats n'obéissaient plus à leur chef, et, quittant leurs rangs, tombaient, dans leur frayeur, les uns sur les autres; trompés par l'obscurité et aveuglés par la terreur, ils se battaient contre leurs propres camarades, les prenant pour des ennemis. Il en résulta un grand carnage ; les uns, victimes de l'erreur, restèrent sur place; les autres, s'enfuyant sans armes et égarés par la peur, se jetèrent dans des précipices, où ils périrent. Enfin, plus de cinq mille hommes perdirent ainsi la vie, le reste parvint à se sauver à Carthage. Les habitants de cette ville, trompés par la rumeur publique, crurent que leur armée venait d'être battue, et qu'elle était en grande partie détruite. Dans cette

[1] Voyez Tit-Live, XXX, 3.

anxiété, ils ouvrirent les portes de la ville, et reçurent les fuyards au milieu du tumulte et d'une consternation générale, car on s'imaginait que l'ennemi était à leurs trousses; mais lorsque le jour parut, ils apprirent la vérité, et leur frayeur se calma.

LXVII. Dans ce même moment les troupes d'Agathocle furent victimes d'une erreur semblable : les déserteurs libyens voyant le camp carthaginois tout en flammes, et entendant le tumulte qui s'en élevait, n'osèrent s'avancer et revinrent sur leurs pas. Quelques Grecs qui les aperçurent, et qui s'imaginaient que l'armée des Carthaginois approchait, vinrent donner l'alarme au camp d'Agathocle. Le tyran ordonna de prendre les armes, et les soldats se précipitèrent dans le plus grand désordre hors du camp. La flamme qui s'élevait du camp ennemi, ainsi que le tumulte et les cris qui en partaient ne firent plus douter que les Barbares ne s'avançassent avec toutes leurs forces. Une frayeur universelle gagna le camp d'Agathocle, et les soldats prirent la fuite. Cependant les Libyens vinrent se mêler aux autres troupes, et, la nuit prolongeant l'erreur, les soldats se battaient entre eux. Dans cette nuit désastreuse, et au milieu de cette terreur panique, plus de quatre mille hommes perdirent la vie. Enfin, la vérité étant connue, ceux qui avaient échappé au carnage rentrèrent dans le camp. Voilà comment les deux armées furent également maltraitées par un événement funeste, et justifièrent ainsi le proverbe, que la guerre est un jeu de hasard.

LXVIII. Après ce revers et voyant que les Libyens l'abandonnaient, et que le reste de l'armée était dans l'impossibilité de continuer la guerre contre les Carthaginois, Agathocle se décida à quitter la Libye. Mais, faute de moyens de transport, il ne pouvait emmener avec lui toute son armée, et il n'était pas assez fort pour se mesurer avec les Carthaginois, alors maîtres de la mer; il ne croyait pas non plus réussir à faire la paix avec les Barbares, qui disposaient de troupes numériquement supérieures, et qui étaient résolus à compléter la ruine de ceux qui, les premiers, avaient osé débarquer dans leur pays, afin de détourner les autres d'une semblable expédition. Agathocle se décida donc à partir secrètement avec une suite peu nombreuse, et il s'embarqua avec son plus jeune fils Héraclide. Quant à Archagathus, dont il craignait le caractère audacieux et ses intelligences avec sa belle-mère, il le laissa en Libye. Mais Archagathus, soupçonnant le dessein de son père, guetta le moment du départ pour le dénoncer aux officiers et faire échouer ce dessein. Car il regardait comme une iniquité que lui, qui avait pris part à tous les périls, et s'était exposé pour les jours de son père et de son frère, fût seul privé d'une chance de salut et livré à la vengeance des ennemis. Voilà pourquoi il dénonça à quelques chefs Agathocle, qui se disposait déjà à s'enfuir secrètement pendant la nuit. Les chefs non-seulement s'opposèrent à l'embarquement, mais ils firent connaître dans toute l'armée ce lâche dessein d'Agathocle. Les soldats irrités se saisirent du tyran, et le jetèrent enchaîné dans une prison.

LXIX. L'anarchie et la confusion régnaient dans l'armée. Le bruit se répandit pendant la nuit que les ennemis approchaient. Une terreur panique envahit tout le camp; les soldats abandonnèrent leurs postes sans l'ordre de leurs chefs. Dans ce moment, ceux qui gardaient le tyran, non moins effrayés que les autres, crurent qu'ils avaient été appelés par quelques-uns de leurs camarades. Ils arrivèrent aussitôt, amenant Agathocle chargé de chaînes; à cette vue l'armée passa de l'exaspération à la pitié, et tous demandèrent à grands cris qu'on le relâchât. Agathocle, remis en liberté, s'embarqua avec quelques amis sur un vaisseau de transport, et partit secrètement. C'était à l'époque du coucher des pléiades, à l'approche de l'hiver. C'est ainsi qu'Agathocle, ne songeant qu'à sa propre sûreté, abandonna ses fils. Ces derniers, après la fuite de leur père, furent égorgés par les soldats qui élurent d'autres chefs, et traitèrent avec les Carthaginois. La paix fut conclue aux conditions suivantes: les Grecs rendraient toutes les villes qu'ils possédaient, et recevraient une somme de trois cents talents[1]; les soldats qui voudraient pren-

---

[1] Un million six cent cinquante mille francs.

dre du service chez les Carthaginois toucheraient une solde régulière ; les autres, qui ne prendraient point de service, seraient transportés en Sicile, et auraient pour demeure la ville de Solonte. La majorité de l'armée donna son assentiment à ces conditions du traité qui fut ratifié. Toutes les villes, qui voulaient rester fidèles à Agathocle, furent prises d'assaut. Les Carthaginois mirent en croix les chefs des garnisons, et chargèrent de chaînes les simples soldats, qui furent employés aux travaux des champs et forcés ainsi à réparer leurs propres dégâts. C'est de cette manière que les Carthaginois furent délivrés d'une guerre qui avait duré quatre ans.

LXX. Il importe de signaler ici la fin de tout ce que l'expédition d'Agathocle en Libye a d'étrange, et surtout la manière dont la providence divine s'est vengée sur les enfants des crimes des pères. Vaincu en Sicile, Agathocle passa en Libye avec les débris de son armée, et y fit la guerre à ceux qui venaient de le vaincre. Ayant perdu toutes les villes de la Sicile, il fut réduit à soutenir le siége de Syracuse ; puis, passant en Libye, il se rend maître de toutes les villes de ce pays, et renferme les Carthaginois dans l'intérieur de leur ville, comme si la fortune eût voulu montrer sa puissance en déjouant les combinaisons humaines. Mais lorsqu'il voulut trop s'élever et qu'il eût assassiné Ophellas, son allié et son hôte, la divinité lui fit sentir son influence vengeresse par les événements qui arrivèrent dans la suite. En effet, le même mois et le même jour où il avait assassiné Ophellas et pris son armée, Agathocle perdit lui-même ses enfants et sa propre armée. Et ce qu'il y a de plus particulier, c'est que la divinité, comme un juge impartial, lui fit éprouver un double châtiment pour un ami qu'il avait injustement fait mettre à mort : il perdit ses deux fils, et cela par les mains de ces mêmes soldats qui avaient suivi Ophellas. Que cet exemple serve à ceux qui seraient tentés de mépriser l'influence divine.

LXXI. Aussitôt qu'Agathocle fut débarqué en Sicile, il fit venir auprès de lui une partie de son armée et marcha sur la ville d'Egeste son alliée. Manquant d'argent, il força les plus riches citoyens à lui abandonner une grande partie de leur fortune. Egeste comptait alors environ dix mille habitants. Comme cette exaction produisit une indignation générale, Agathocle saisit ce prétexte pour accuser les Égestiens de conspirer contre lui, et exerça sur eux les dernières rigueurs. Il fit traîner les pauvres hors de la ville et les égorgea aux bords du Scamandre. Quant à ceux auxquels il supposait quelque fortune, il leur fit avouer, au milieu des plus grandes tortures, la somme de leurs richesses. Les uns eurent les membres disloqués par une roue; d'autres, attachés à des catapultes, furent lancés au loin; quelques-uns eurent les os du pied réséqués, et éprouvèrent par un raffinement de tortures les plus atroces douleurs[1]. Agathocle imagina un autre genre de supplice semblable au taureau de Phalaris. Il fit fabriquer un lit d'airain, ayant la forme d'un corps humain et garni d'une claie sur laquelle les patients étaient attachés : en y mettant le feu, on les brûlait vifs. Cet instrument de supplice ne différait du taureau de Phalaris qu'en ce que les malheureux périssaient sous les yeux même des spectateurs. Les femmes elles-mêmes des citoyens riches n'échappèrent pas à ces tortures : les unes eurent les talons serrés avec des tenailles, les autres les seins coupés; celles qui étaient enceintes eurent le bas-ventre comprimé par des briques amoncelées, jusqu'à ce que le poids des pierres les fît avorter. Tels sont les moyens dont se servit le tyran pour découvrir les richesses et remplir la ville de terreur. Quelques habitants, poussés par le désespoir, mirent le feu à leurs maisons et se jetèrent dans les flammes; quelques autres s'étranglèrent. C'est ainsi qu'en un seul jour la malheureuse ville d'Égeste perdit la fleur de sa population. Agathocle fit transporter

---

[1] Le texte porte : ἐνίων δ' ἀστραγάλους ἐπίτεμε, καὶ προστιθέμενος βιαιότερον, δεινοτέραις ἀλγηδόσι περιέβαλλεν. Miot me semble avoir complétement méconnu le sens de cette phrase, en la rendant ainsi : « Quelques-uns, *déchirés à coups de fouet garnis d'osselets*, furent livrés aux plus affreuses douleurs. » On voit que le texte ne parle en aucune façon de *fouets garnis d'osselets*. D'ailleurs, aucun supplice ne devait causer des douleurs plus affreuses que l'arrachement des os du pied.

en Italie les jeunes filles et les enfants mâles, et les vendit aux Bruttiens. Il ôta même à la ville son ancien nom : il l'appela Dicéopolis, et la donna pour demeure à des transfuges.

LXXII. En apprenant la mort de ses fils, Agathocle, furieux contre tous ceux qu'il avait laissés en Libye, envoya quelques-uns de ses amis à Syracuse, auprès de son frère Antandre, pour lui donner l'ordre de mettre à mort tous les parents de ceux qui avaient pris part à l'expédition contre Carthage. Cet ordre fut promptement exécuté. Que de meurtres ! on conduisit à l'échafaud non-seulement les frères, les pères ou les enfants de ces soldats, mais encore les grands-pères et même les pères de ces derniers, si toutefois il existait encore de ces vieillards arrivés à l'extrême limite de la vie ; les enfants mêmes, dans les bras de leurs nourrices, et que leur innocence aurait dû protéger, ne furent point épargnés ; les femmes, pour peu qu'elles eussent quelque parenté avec les soldats libyens, furent de même mises à mort. Enfin, aucun de ceux dont la perte pouvait causer quelque chagrin aux soldats restés en Libye, n'échappèrent à la colère du tyran. Une foule immense accompagnait les malheureux qui étaient conduits au supplice sur les bords de la mer. Arrivés en présence des bourreaux, les larmes coulèrent, des prières et des lamentations furent proférées tant par les malheureuses victimes que par les spectateurs épouvantés ; et, ce qu'il y avait de plus terrible, tous ces cadavres furent jetés sur le rivage. Aucun parent ni ami n'osait leur rendre le dernier devoir, de crainte de passer pour un parent. Les flots de la mer, teints du sang de ces victimes, annoncèrent au loin ces atroces exécutions.

LXXIII. L'année étant révolue, Corœbus fut nommé archonte d'Athènes, et les Romains élurent consuls Quintus Martius et Publius Cornélius[1]. A cette époque, le roi Antigone perdit son plus jeune fils Phénix, et lui fit faire des funérailles d'une magnificence royale. Il rappela ensuite de Cypre Démétrius, et concentra ses troupes à Antigonia, dans le dessein de porter la guerre en Égypte.

---

[1] Troisième année de la CXVIII<sup>e</sup> olympiade ; année 306 avant J.-C.

Il se mit lui-même à la tête de ses troupes de terre, et traversa la Cœlé-Syrie avec plus de quatre-vingt mille hommes d'infanterie, huit mille cavaliers et plus de quatre-vingt-trois éléphants. Il donna à Démétrius l'ordre de le suivre de conserve avec une flotte de cent cinquante vaisseaux longs et de cent bâtiments de transport, chargés d'une immense quantité de traits. Avant de mettre à la voile, les pilotes furent d'avis qu'il fallait attendre le coucher des pléiades qui, selon eux, devait avoir lieu dans huit jours. Mais Démétrius leur reprocha leur timidité et les obligea de partir. Antigone, empressé de devancer Ptolémée, vint camper à Gaza. Là, il ordonna à ses soldats de s'approvisionner de vivres pour dix jours, et chargea sur les chameaux, fournis par les Arabes, cent trente mille médimnes [1] de blé, et une quantité de foin suffisante pour les chevaux et les bêtes de somme. Il fit transporter les armes de trait sur des chars à deux chevaux. En traversant le désert, l'armée eut beaucoup à souffrir des fatigues de la route, dans un terrain marécageux, et particulièrement aux environs des Barathres [2].

LXXIV. La flotte, commandée par Démétrius, quitta les eaux de Gaza vers le milieu de la nuit. Il y eut pendant quelques jours un calme plat, et les bâtiments de course traînèrent à la remorque les bâtiments de charge. Mais ensuite, à l'époque du coucher des pléiades, il s'éleva une tempête qui jeta plusieurs tétrarèmes vers la ville de Raphia, dont la rade est d'un accès difficile et entourée de marais. Une partie des navires, chargés du transport des armes, périrent dans cette tempête; l'autre rentra dans le port de Gaza, et les plus forts bâtiments résistèrent seuls à la violence des flots et atteignirent la hauteur de Casius. Cet endroit n'est pas très-éloigné du Nil; mais, comme il est sans port et inabordable dans le gros temps, les bâtiments furent obligés de mouiller à environ deux stades de la côte; les brisants menaçaient de faire échouer les bâtiments; la côte inhospitalière et occupée par l'ennemi n'offrait

---

[1] Soixante-six mille quatre cent vingt hectolitres.
[2] Voyez liv. I, chap. 30.

aucun asile, ni aux navires ni aux hommes qui auraient voulu s'y sauver à la nage; et, pour comble de malheur, l'équipage manquait d'eau, à tel point que, si la tempête eût duré encore un seul jour, tous les hommes auraient péri de soif. Déjà tout le monde s'attendait à mourir, lorsque la tempête se calma; et l'armée d'Antigone, apparaissant sur le rivage, vint camper en face de la flotte. Les équipages descendirent alors à terre, se procurèrent de l'eau et attendirent le retour des autres bâtiments que la tempête avait séparés de la flotte. Dans cette tempête périrent trois bâtiments à cinq rangs de rames; une partie de leurs équipages avait gagné la côte en nageant. Antigone continua ensuite sa marche, et vint camper à deux stades du Nil.

LXXV. Cependant Ptolémée avait mis en état de défense les principales places de guerre. Puis il avait fait embarquer quelques émissaires chargés de s'approcher du lieu du débarquement de l'ennemi et de faire crier par des hérauts que le roi d'Égypte donnerait à chaque soldat, qui déserterait le drapeau d'Antigone, deux mines[1], et à chaque officier un talent[2]. Cette proclamation produisit l'effet désiré. Un grand nombre de mercenaires, et même plusieurs chefs avides de changement, désertèrent. Antigone prit alors des mesures sévères; il plaça sur le bord du fleuve des archers et des frondeurs et plusieurs catapultes qui devaient d'abord repousser toutes les barques qui feraient mine d'approcher. Les déserteurs arrêtés furent soumis à des supplices cruels, afin d'intimider ceux qui seraient tentés d'imiter un pareil exemple.

Après avoir rallié les navires qui étaient restés en arrière, Antigone entra à Pseudostomon[3], croyant pouvoir y débarquer une partie de ses troupes. Mais trouvant ce point très-fortifié et défendu par des balistes et d'autres machines de guerre, il se retira à l'approche de la nuit; puis il ordonna aux pilotes de suivre le fanal allumé du vaisseau commandant. Il entra ainsi

---

[1] Cent quatre-vingt-trois francs.
[2] Cinq mille cinq cents francs.
[3] Une des fausses embouchures du Nil.

dans l'embouchure du Nil appelée la *bouche Phagnitique*. A la pointe du jour il fut obligé d'attendre qu'on eût ramené les bâtiments qui étaient restés en arrière.

LXXVI. Dans cet intervalle, Ptolémée avait eu le temps d'arriver avec des troupes et de les ranger en bataille sur le rivage. Démétrius renonça donc au débarquement, et, instruit que la côte voisine était naturellement inabordable à cause des marais et des étangs, il rebroussa chemin avec toute sa flotte. Bientôt un gros vent du nord s'éleva; les vagues s'amoncelèrent; trois tétrarèmes ainsi que plusieurs bâtiments de transport furent jetés par les brisants contre la côte, et tombèrent au pouvoir de Ptolémée; les autres parvinrent à force de rames à se sauver dans le camp d'Antigone.

Ptolémée avait mis en état de défense tous les points accessibles à l'ennemi aux embouchures du fleuve. Ce fleuve lui-même était couvert d'un grand nombre de barques portant des machines de guerre et des hommes pour les servir. Ces dispositions n'inquiétèrent pas médiocrement Antigone; car ses forces navales lui devenaient inutiles, puisque l'entrée du fleuve par la bouche Pelusiaque lui était interdite; ses forces de terre restaient dans l'inaction, la profondeur du fleuve ne lui permettant pas d'en tenter le passage. Enfin, ce qu'il y avait de plus fâcheux, déjà depuis plusieurs jours le manque de vivres et de fourrages s'était fait sentir et avait découragé l'armée. Antigone réunit donc les chefs en une assemblée pour délibérer s'il valait mieux continuer la guerre, ou s'il fallait retourner en Syrie et attendre l'époque où le décroissement du Nil permettrait de risquer une expédition dans des circonstances plus favorables. Tous les chefs furent d'avis qu'il fallait se retirer le plus promptement possible. Antigone se rangea lui-même de cet avis, et ordonna à l'armée de lever le camp. Il revint ainsi en Syrie, accompagné de toute la flotte qui marchait de conserve avec les troupes de terre. Après le départ des ennemis, Ptolémée offrit aux dieux des sacrifices en actions de grâces, et traita ses amis splendidement. Il écrivit ensuite à Seleucus, à Lysimaque et à

Cassandre pour leur annoncer ses heureux succès et le grand nombre de transfuges dont il avait accru son armée. Ainsi, après avoir une seconde fois combattu pour la possession de l'Égypte, il la regarda désormais comme sa conquête et revint à Alexandrie.

LXXVII. Pendant que ces choses se passaient, Denys, tyran d'Héraclée dans le Pont, mourut après un règne de trente-deux ans. Ses fils Zathras et Cléarque lui succédèrent et régnèrent dix-sept ans.

En Sicile, Agathocle visitait les villes soumises à sa domination, se les assurait par des garnisons et en extorquait de l'argent ; il craignait que les Siciliens, irrités par les malheurs qu'ils venaient d'éprouver, ne se soulevassent pour conquérir leur indépendance. En ce même temps le général Pasiphilus, informé des revers essuyés en Libye et de la mort des fils d'Agathocle, méprisa l'autorité du tyran, et passa dans le parti de Dinocrate avec lequel il conclut une alliance. Il entraîna ensuite les villes confiées à sa garde et séduisit, par de brillantes promesses l'armée, qui se déclara contre le tyran. Agathocle fut tellement abattu et humilié qu'il entra en négociation avec Dinocrate, prêt à traiter avec lui aux conditions suivantes : Agathocle abdiquerait le pouvoir souverain et rendrait aux Syracusains leur indépendance ; Dinocrate rentrerait dans ses foyers ; enfin on accorderait à Agathocle la possession de deux forteresses, Therme et Céphalidium, ainsi que le territoire dépendant de ces villes.

LXXVIII. C'est avec raison qu'on pourrait s'étonner comment un homme tel qu'Agathocle, qui dans maintes circonstances s'était montré si intrépide, et qui dans les plus graves périls n'avait jamais désespéré, devint tout à coup assez lâche pour reculer, sans coup férir, devant ses ennemis et céder le pouvoir qu'il avait acquis au prix de si grands dangers ; et comment, chose incroyable, maître de Syracuse ainsi que de beaucoup d'autres villes, possédant une flotte, de l'argent et une armée proportionnée, il perdit toute sa présence d'esprit et ne se rappela plus l'exemple de Denys le tyran. Ce dernier se trouvant un jour dans une position reconnue désespérée, et réduit, par de graves circonstances, à renoncer à l'autorité souveraine, se disposait à monter à cheval pour sortir de Syracuse, lorsque Héloris, le plus ancien de ses amis, accourut et le détourna de son dessein par ces mots : « O Denys, la tyrannie est une belle épitaphe! » Mégaclès, gendre de Denys, lui parla dans le même sens : « Celui qui perd, lui disait-il, le pouvoir souverain, ne doit se laisser tirer du trône que par la jambe ; jamais il n'en doit descendre volontairement. » Encouragé par ces paroles, Denys reprit courage et fit face aux dangers. Sa puissance s'accrut, il vieillit sur le trône et laissa à ses descendants une des plus grandes souverainetés de l'Europe.

LXXIX. Agathocle, à jamais abattu et déçu dans ses espérances d'homme, ne se sentit pas le courage de tenter la fortune, et abandonna son empire aux conditions proposées. Mais ces conditions, souscrites par Agathocle, furent rejetées par l'ambition de Dinocrate. En effet, celui-ci, ennemi de la démocratie de Syracuse, aspirait à la monarchie et tenait à se maintenir dans l'autorité dont il jouissait alors. Il avait sous ses ordres plus de vingt mille hommes d'infanterie, trois mille cavaliers et s'était soumis plusieurs villes considérables. Aussi, bien qu'il ne portât le titre que de général des bannis, il exerçait en réalité une autorité royale et absolue. Rentré à Syracuse, il devait y vivre absolument comme simple particulier et inscrit au nombre des citoyens ; car l'indépendance d'une ville implique en même temps l'égalité des habitants ; dans les élections populaires, un simple orateur peut l'emporter, tandis que la multitude se montre toujours hostile aux citoyens trop puissants. Aussi est-il vrai de dire que si Agathocle a abdiqué la tyrannie, c'est l'ambition de Dinocrate qui la lui a rendue. Pendant qu'Agathocle continuait ses négociations et demandait qu'on lui accordât au moins deux places pour sa subsistance, Dinocrate cherchait divers prétextes spécieux pour faire reculer l'espoir d'un accommodement. Tantôt il exigeait qu'Agathocle s'éloignât de la Sicile, tantôt que ses enfants lui fussent livrés en otage. Cependant Agathocle, devinant la pensée de Dinocrate, envoya aux émigrés syracusains une députation accusant Dinocrate de s'opposer à ce qu'ils reprissent leur indépendance, et en même temps il envoya une autre députation aux Carthaginois avec lesquels il conclut un traité de paix. Ce traité portait que les Phéniciens garderaient toutes les villes de la Sicile qu'ils possédaient antérieurement, et qu'Agathocle recevrait une somme d'or équivalente à trois cents talents d'argent, ou, selon Timée, à cent cinquante seulement, et en outre deux cent mille médimnes[1] de blé. Tel était l'état des affaires en Sicile.

LXXX. En Italie, les Samnites prirent d'assaut les villes de Sora et d'Atia, alliées des Romains, et réduisirent les habitants à l'esclavage. Les consuls envahirent ensuite la Iapigie avec des forces nombreuses, et vinrent établir leur camp près de Stilbium. Cette ville était défendue par une garnison de Samnites, et soutint un siége de plusieurs jours. Enfin elle fut emportée d'assaut; plus de cinq mille hommes furent faits prisonniers, et les consuls y recueillirent beaucoup de butin. De là ils entrèrent dans le pays des Samnites, ravagèrent les champs et détruisirent les récoltes. Depuis nombre d'années, Rome était en guerre avec cette nation qui lui disputait la suprématie; les consuls se flattaient qu'en détruisant les propriétés de leurs ennemis ils parviendraient à les dompter plus facilement. Ils dévastèrent donc pendant cinq mois le territoire ennemi, incendièrent les habitations rurales et rendirent la terre inculte. Après quoi ils déclarèrent la guerre aux Anagnites[2] dont ils avaient à se plaindre; ils emportèrent d'assaut Phrusinon et vendirent le territoire.

LXXXI. L'année étant révolue, Euxenippe fut nommé archonte d'Athènes, et les Romains élurent pour consuls Lucius Posthumius et Tibérius Minucius[3]. Dans cette année la guerre

[1] Quatre-vingt-six mille huit cents hectolitres.
[2] Le texte porte par erreur *Éginètes*.
[3] Quatrième année de la cxviii<sup>e</sup> olympiade; année 305 avant J.-C.

éclata entre les Rhodiens et Antigone ; en voici les causes. La ville de Rhodes, forte par sa puissance navale et très-bien administrée par les Grecs, était une pomme de discorde pour les souverains et les rois successeurs d'Alexandre : tous se disputaient l'alliance de cette ville. Mais calculant de loin ses intérêts, cette ville avait toujours gardé la plus stricte neutralité. Aussi chaque roi s'était-il empressé de l'honorer de ses faveurs; enfin une longue paix avait contribué à l'accroissement de sa prospérité. Elle était arrivée à un tel degré de puissance, que par ses seuls moyens elle pouvait faire la guerre aux pirates et purger la mer de ces malfaiteurs. Enfin Alexandre, le plus puissant des monarques dont l'histoire fasse mention, l'avait honorée entre toutes les villes en la choisissant pour y déposer son testament. Les Rhodiens avaient donc montré une égale amitié pour tous les successeurs d'Alexandre, et s'étaient mis à l'abri de tout reproche; cependant ils inclinaient plus particulièrement pour Ptolémée. Car c'est avec l'Égypte qu'ils entretenaient un commerce maritime très-lucratif, et c'est à ce royaume que leur ville devait en quelque sorte son existence.

LXXXII. Antigone, auquel rien de tout cela n'avait échappé, s'empressa d'entraîner les Rhodiens dans son parti. Déjà à l'époque où ils faisaient la guerre avec Ptolémée au sujet de la guerre de Cypre, il avait envoyé des députés pour les engager à conclure avec lui un traité d'alliance et à fournir des vaisseaux à Démétrius; les Rhodiens s'y étant refusés, Antigone avait détaché un de ses navarques avec l'ordre de capturer tous les bâtiments qui se rendraient de Rhodes en Égypte, et de confisquer leurs cargaisons. Mais ce commandant ayant été repoussé par les Rhodiens, Antigone prit ce prétexte pour les accuser d'être cause d'une guerre injuste, et les menaça de venir assiéger leur ville avec des forces considérables. Dans le premier moment, les Rhodiens décrétèrent à Antigone de grands honneurs et lui envoyèrent une députation pour le supplier de ne pas forcer leur ville à violer les traités en prenant part à une guerre contre Ptolémée. Cette députation fut très-mal accueillie par le roi, qui fit partir son fils Démétrius avec une armée et des machines de guerre. Les Rhodiens, effrayés de la supériorité des forces du roi, envoyèrent une députation à Démétrius, et promirent de seconder Antigone dans sa guerre contre Ptolémée. Mais Démétrius exigea qu'on lui livrât en otage cent citoyens des plus notables, et que sa flotte fût reçue dans les ports de l'île. Les Rhodiens s'imaginèrent que Démétrius avait médité quelque projet contre leur ville; ils se préparèrent donc activement à la guerre. De son côté, Démétrius rassembla toutes ses troupes dans le port de Loryme et appareilla sa flotte pour attaquer l'île de Rhodes. Cette flotte était formée de deux cents vaisseaux longs et de plus de cent soixante-dix bâtiments de transport, sur lesquels étaient embarqués environ quarante mille hommes, y compris quelques cavaliers et des pirates alliés. Indépendamment d'une immense quantité d'armes de trait et de machines de siège, cette flotte était suivie de près de mille bâtiments privés; car, comme depuis bien des années le territoire des Rhodiens n'avait point été ravagé par l'ennemi, on voyait accourir de tous côtés une foule de gens qui font métier de tirer profit du malheur d'autrui.

LXXXIII. Démétrius étendit sa flotte sur une ligne formidable, comme s'il allait engager un combat naval. Les vaisseaux longs, portant sur leur proue des balistes, destinées à lancer des flèches de trois spithames de long[1], ouvraient la marche; à leur suite venaient les navires de transport, chargés de troupes et de chevaux, navires remorqués par des barques à rameurs; en dernière ligne venaient les bâtiments corsaires et les navires marchands dont le nombre était immense, de telle façon que l'espace de mer compris entre l'île et la côte opposée paraissait entièrement couvert de bâtiments, et offrait aux habitants de la ville un spectacle imposant. Les soldats des Rhodiens, échelonnés sur les murailles, attendaient l'arrivée des ennemis; les vieillards et les femmes étaient montés sur les maisons, d'où

---

[1] Environ sept décimètres.

ils observaient les mouvements de la flotte ennemie. La ville étant bâtie en amphithéâtre, tous les habitants pouvaient jouir du spectacle que leur offraient cette immense flotte et les armes dont l'éclat était réfléchi par les eaux de la mer. Cependant Démétrius aborda dans l'île; il débarqua ses troupes et établit son camp près de la ville, hors de la portée du trait. Aussitôt il détacha des pirates et quelques autres soldats capables de désoler l'île par terre et par mer. Il fit ensuite couper les arbres de la campagne et démolir les habitations rurales; il employa les matériaux retirés de ces dévastations à fortifier son camp d'une triple enceinte de retranchements palissadés, de manière à faire servir à sa propre sécurité les dommages causés aux ennemis. Il fit ensuite travailler les troupes de terre et de mer à une digue entre la ville et le lieu de débarquement; cette digue, élevée en peu de jours, formait un port assez spacieux pour contenir la flotte.

LXXXIV. Les Rhodiens négocièrent encore quelque temps avec Démétrius pour le déterminer à épargner leur ville. Mais lorsqu'ils virent que leurs tentatives étaient sans succès, ils se décidèrent à envoyer une députation à Ptolémée, à Lysimaque et à Cassandre, pour solliciter leurs secours et leur protection. Ils prirent ensuite à leur service, en qualité de volontaires, tous les étrangers domiciliés à Rhodes, et renvoyèrent tous les gens inutiles à la défense de la ville. Ils prirent ce parti pour prévenir une disette, et, partant, toute trahison. En faisant le recensement de leurs forces, ils trouvèrent environ six mille citoyens et mille étrangers en état de porter les armes, sans compter mille étrangers domiciliés. Par un décret du peuple, les esclaves les plus vigoureux furent rachetés, mis en liberté et incorporés dans les rangs de la milice citoyenne. Les corps de ceux qui périraient dans cette guerre devaient être enterrés aux frais de l'État, leurs parents et leurs enfants entretenus aux frais du trésor public, leurs filles nubiles dotées par l'État, et leurs enfants mâles adultes revêtus d'une armure complète et couronnés en plein théâtre pendant les fêtes de Bacchus. Par ces dispositions ils faisaient un appel au courage de tous les combattants ; mais ils prirent encore d'autres mesures. La population étant animée d'une égale ardeur, les riches apportaient leur argent, les artisans leur talent pour la fabrication des armes ; enfin chacun contribuait, selon ses moyens, à la défense commune. Les uns travaillaient aux balistes et aux pétroboles, les autres à d'autres moyens de défense. Ici, on s'occupait à réparer les murailles ; là, on entassait des pierres. Trois des meilleurs navires furent envoyés pour intercepter aux ennemis les convois de vivres. Ces navires attaquèrent à l'improviste plusieurs bâtiments fourrageurs, et les coulèrent bas. Quelques autres bâtiments ennemis furent tirés sur le rivage et brûlés ; les prisonniers pouvant être rachetés furent transportés dans la ville ; car, d'après une convention conclue entre les Rhodiens et Démétrius, les prisonniers de guerre devaient être rendus en payant une rançon de mille drachmes [1] pour un homme libre, et de cinq cents pour un esclave.

LXXXV. De son côté, Démétrius s'était pourvu de tous les matériaux nécessaires à la construction de diverses machines de guerre. Il fit d'abord construire deux tortues, l'une pour mettre les assiégeants à l'abri des pétroboles, et l'autre pour les garantir des balistes. Ces deux tortues étaient placées chacune sur deux bâtiments de transport, attachés ensemble. Démétrius fit ensuite construire deux tours à quatre étages, plus élevées que les tours du port. Chacune de ces tours était placée sur deux bâtiments d'égale dimension, liés ensemble, afin que le poids de la tour portât également sur l'un et l'autre bâtiment, qui lui servaient de base. Enfin, Démétrius éleva une palissade flottante sur des solives équarries, clouées ensemble, afin d'empêcher les bâtiments ennemis d'attaquer à coups d'éperon les barques sur lesquelles étaient placées les machines de guerre. Ces dispositions achevées, Démétrius fit rassembler un grand nombre de petites embarcations. Après les avoir jointes ensemble et re-

---

[1] Neuf cents francs.

couvertes de planches solides, il y établit des catapultes lançant très-loin des flèches de trois spithames de long; il y avait, en outre, placé des hommes habiles à s'en servir et des archers crétois. Démétrius fit approcher les bâtiments jusqu'à la portée des traits; puis il fit jouer les machines qui blessèrent plusieurs habitants, occupés à la réparation de l'enceinte la plus élevée du port. Lorsque les Rhodiens virent que Démétrius dirigeait sa principale attaque contre le port, ils y concentrèrent leurs moyens de défense. A cet effet, ils dressèrent deux machines sur la digue et trois autres sur des bâtiments de charge, près de l'entrée du petit port. Ces machines portaient un grand nombre de balistes et de catapultes de différentes dimensions; elles devaient être employées contre les ennemis qui tenteraient de débarquer. Enfin, sur les navires de transport qui stationnaient dans le port, ils établirent des ponts destinés à recevoir des catapultes.

LXXXVI. Tous ces préparatifs étant terminés de part et d'autre, Démétrius essaya d'abord de diriger ses machines contre les deux ports; mais une mer houleuse s'opposa à ses tentatives. Il profita ensuite d'une nuit calme pour s'approcher secrètement du rivage, vint occuper le môle qui domine le grand port, et s'y retrancha immédiatement. Cette position n'étant qu'à cinq plèthres[1] des murs de la ville, il y fit débarquer quatre cents soldats et une immense quantité d'armes de trait. A la pointe du jour, les troupes de Démétrius introduisirent les machines dans le port, au son des trompettes et au milieu d'immenses clameurs. Aussitôt on fit jouer les balistes, dont les projectiles, lancés au loin, repoussaient les ouvriers occupés à l'enceinte du port; puis, au moyen des pétroboles dirigées contre les machines des ennemis et l'enceinte du môle, Démétrius parvint à ébranler cette enceinte faible encore, et à ouvrir une brèche. Cependant la garnison de la ville se défendit vaillamment, et, dans cette journée, les deux partis furent également maltraités. A

---

[1] Un peu plus de deux cent cinquante mètres.

l'approche de la nuit, Démétrius fit remorquer ses machines hors de la portée des traits. Les Rhodiens lancèrent alors contre les machines de l'ennemi des barques remplies de combustibles et de torches de résine, et ils y mirent le feu ; mais arrêtés par la palissade flottante et par une grêle de traits, ils furent forcés de revenir sur leurs pas. La flamme prit du développement ; quelques mariniers parvinrent cependant à se sauver sur leurs barques, après avoir éteint la flamme ; mais le plus grand nombre abandonna les embarcations tout enflammées, et, se jetant dans la mer, gagna la côte à la nage. Le lendemain, Démétrius essaya une nouvelle attaque par mer : il ordonna de débarquer sur tous les points au bruit des trompettes et des cris de guerre, afin de répandre parmi les Rhodiens les plus vives alarmes.

LXXXVII. Après un siége de huit jours, Démétrius parvint à briser avec les pétroboles talantéens[1] les machines que les assiégés avaient placées sur les môles du port, et à ébranler les courtines des fortifications. Un détachement de soldats allait s'emparer d'une partie de l'enceinte, lorsque les Rhodiens, accourus en nombre supérieur, le forcèrent à rétrograder. Les assiégés étaient, dans cette action, secondés par la nature des lieux ainsi que par les monceaux de pierres et les matériaux de construction entassés. Plusieurs barques, qui portaient un assez grand nombre de soldats, se firent, de frayeur, échouer sur la côte, où les Rhodiens les incendièrent et les réduisirent en cendres. Pendant que ces choses se passaient, Démétrius attaqua un autre point de la ville, et cherchait à pénétrer dans l'intérieur au moyen des échelles appliquées contre les murs. Tous les habitants accoururent, et un combat acharné fut livré aux assiégeants qui voulaient forcer l'enceinte. Beaucoup de combattants s'exposèrent au premier rang ; un grand nombre escaladent les murs ; la lutte devient opiniâtre entre les assiégeants qui voulaient pénétrer dans l'intérieur, et entre les assiégés arrivés au secours des points menacés. Enfin, les Rhodiens ayant dé-

---

[1] Machines qui lançaient des pierres du poids d'un talent, c'est-à-dire de plus de vingt-six kilogrammes.

ployé toute leur valeur, une partie des assiégeants fut précipitée du haut des murs, les autres, blessés, furent faits prisonniers, et parmi ces derniers se trouvaient plusieurs chefs distingués. Après cet échec, Démétrius fit rentrer dans son port les barques et les machines de guerre ; il répara celles qui avaient reçu des avaries. Les Rhodiens enterrèrent les citoyens morts dans cette journée, et consacrèrent aux dieux les armes enlevées aux ennemis ainsi que les ornements des proues des navires. Cela fait, ils réparèrent les murailles endommagées par les pétroboles.

LXXXVIII. Démétrius mit sept jours à réparer ses machines et ses barques. Après cela il recommença le siége et s'approcha de nouveau du grand port, car tous ses efforts tendaient à s'emparer de ce point, et à intercepter les convois destinés à alimenter la ville. Arrivé à portée des traits, il fit lancer des brûlots contre les navires des Rhodiens, rangés dans le port, en même temps que les projectiles, lancés par les pétroboles et les balistes, battaient les murs et blessaient les assiégés qui se montraient. Ces attaques continuelles jetèrent la terreur parmi les Rhodiens. Les marins, tremblant pour leurs navires, éteignirent les flammes. Les prytanes[1], craignant que le port ne tombât au pouvoir de l'ennemi, appelèrent l'élite des citoyens à la défense de la patrie. Tous se rendirent à cet appel. Trois des plus forts navires, montés par les meilleurs marins, reçurent l'ordre de tenter de percer les barques de Démétrius, et de les couler bas avec les machines qu'elles portaient. Quoique accueillis par une nuée de flèches, ces marins réussirent à rompre les retranchements, et attaquèrent à coups d'éperon les barques des ennemis qui se remplirent d'eau. Deux des machines de Démétrius périrent ; la troisième, traînée à la remorque, fut sauvée. Mais les Rhodiens, enhardis par ce succès, se laissèrent emporter trop loin : enveloppés par les bâtiments ennemis, grands et nombreux, ils eurent les coques de leurs navires bri-

---

[1] Les premiers magistrats de Rhodes.

sées à coups d'éperon ; le nauarque Execeste, ainsi que plusieurs triérarques, furent blessés et faits prisonniers ; le reste de l'équipage plongea dans la mer et parvint à se sauver auprès des siens. Un seul des navires rhodiens tomba au pouvoir de Démétrius ; les autres s'échappèrent. Après ce combat naval, Démétrius fit construire une machine trois fois plus haute que les autres, et large en proportion. Elle fut également dirigée contre le port ; mais en ce moment un torrent de pluie, accompagné d'un violent vent du midi, remplit d'eau les barques employées à la remorque de la machine, qui fut mise hors de service. Les Rhodiens, profitant de cette occasion, ouvrirent les portes de la ville et tombèrent sur les postes qui occupaient le môle. Il s'engagea un combat acharné qui dura longtemps ; mais comme Démétrius ne pouvait, à cause de la tempête, recevoir des renforts, et que les Rhodiens étaient continuellement relevés par des troupes fraîches, les soldats du roi, au nombre d'environ quatre cents, furent obligés de mettre bas les armes. A la suite de ce succès, les Rhodiens reçurent les secours envoyés par leurs alliés. Les Cnossiens leur fournirent cent cinquante hommes ; Ptolémée plus de cinq cents, dont plusieurs mercenaires rhodiens, qui servaient dans l'armée du roi. Voilà où en était le siége de Rhodes.

LXXXIX. En Sicile, Agathocle ayant échoué dans ses négociations avec Dinocrate et les émigrés syracusains, se décida à marcher contre eux avec les troupes dont il disposait ; car il sentait la nécessité de tenter un dernier effort. Il n'avait sous ses ordres que cinq mille hommes d'infanterie et environ huit cents cavaliers. Les réfugiés réunis autour de Dinocrate se portèrent avec empressement à la rencontre de l'ennemi auquel ils étaient de beaucoup supérieurs en nombre, car ils comptaient plus de vingt-cinq mille hommes d'infanterie et au moins trois mille cavaliers. Les deux armées établirent leur camp près de Gorgium[1], et se rangèrent bientôt après en ordre de bataille. Le combat fut

---

[1] Aucun autre auteur n'a fait mention de ce lieu. Hesychius parle du *mont Torgium*.

acharné, car on déployait de part et d'autre une égale ardeur. Un instant après, un corps de troupes, mécontent de Dinocrate, passa, au nombre de plus de deux mille hommes, dans les rangs du tyran et causa ainsi la défaite des réfugiés. Si cette défection ranima le courage des soldats d'Agathocle, elle découragea complétement ceux de Dinocrate qui, s'imaginant que les déserteurs étaient beaucoup plus nombreux, prirent la fuite. Agathocle les poursuivit pendant quelque temps; enfin il fit cesser le carnage et envoya une députation aux vaincus : il les engageait à mettre un terme aux hostilités en les faisant rentrer dans leurs foyers. Cette défaite devait apprendre aux réfugiés qu'ils ne pourraient jamais l'emporter sur Agathocle, puisque, dans ce moment même, avec des forces supérieures, ils n'étaient pas parvenus à le vaincre. Toute la cavalerie des réfugiés s'était sauvée dans la forteresse d'Ambica. Quant à l'infanterie, quelques détachements étaient parvenus à s'échapper à la faveur de la nuit, mais la majeure partie vint occuper une hauteur : séduits par l'espérance de revoir leur patrie et d'y retrouver leurs parents, leurs amis et leurs biens, ils traitèrent avec Agathocle. La paix ayant été garantie, les réfugiés descendirent de la hauteur fortifiée qu'ils avaient occupée, et déposèrent les armes. En ce moment, Agathocle les enveloppa de son armée et les fit tous passer au fil de l'épée; ils étaient au nombre de sept mille, suivant Timée, et de quatre mille, suivant d'autres historiens. Ce tyran s'était, en effet, toujours joué de la foi jurée; il tirait sa force, non de ses propres moyens, mais de la faiblesse de ses sujets, et redoutait les alliés bien plus que les ennemis.

XC. Ayant ainsi détruit l'armée des bannis, Agathocle en recueillit les débris. Puis, il fit la paix avec Dinocrate, lui donna même un commandement dans son armée, et lui témoigna une confiance qui ne se démentit jamais. On s'étonnera sans doute qu'Agathocle, ce tyran si défiant et si ombrageux, ait conservé jusqu'à sa mort une amitié inaltérable pour Dinocrate. Ce dernier trahit ses anciens alliés, arrêta Pasiphilus à Géla et le mit à mort. Enfin, dans l'espace de deux ans, il rangea sous l'autorité d'Agathocle les forteresses et les villes qui s'étaient déclarées contre lui.

En Italie, les Romains battirent les Paliniens, leur enlevèrent leur territoire, tandis qu'ils accordèrent le droit de cité à ceux qui s'étaient montrés favorables aux Romains. Les consuls marchèrent ensuite contre les Samnites, qui ravageaient le territoire de Falerne. Il s'engagea un combat d'où les Romains sortirent victorieux; ils prirent vingt enseignes et firent plus de vingt-deux mille prisonniers. Les consuls venaient de s'emparer de la ville de Vola, lorsque Caïus Gellius, chef des Samnites, apparut à la tête de six mille hommes. Après un combat acharné Gellius fut pris, et la plus grande partie des Samnites resta sur le champ de bataille. Quelques-uns seulement furent faits prisonniers. A la suite de cette victoire, les consuls recouvrèrent les villes alliées de Sora, d'Harpinum et de Serennia, dont les Samnites s'étaient rendus maîtres.

XCI. L'année étant révolue, Phéréclès fut nommé archonte d'Athènes, les Romains élurent pour consuls Publius Sempronius et Publius Sulpicius, et les Éliens célébrèrent la CXIX<sup>e</sup> olympiade, dans laquelle Andromène de Corinthe fut vainqueur à la course du stade[1]. Démétrius continua le siége de Rhodes. Malheureux dans ses attaques par mer, il résolut d'attaquer la ville par terre. Après s'être procuré une immense quantité de matériaux, il fit construire une machine appelée *hélépole*[2] plus grande que toutes celles inventées jusqu'alors. La base était carrée; chaque côté formé de poutres équarries, jointes ensemble par des crampons de fer, avait à peu près cinquante coudées de long[3]. L'espace intérieur était étagé par des planches, laissant entre elles environ une coudée d'intervalle[4], et destinées à porter ceux qui devaient faire jouer la machine. Toute la masse était supportée par des roues au nombre de huit,

---

[1] Première année de la CXIX<sup>e</sup> olympiade; année 301 avant J.-C.
[2] Ἑλέπολις, preneur de ville.
[3] Environ vingt-cinq mètres.
[4] Près d'un demi-mètre.

grandes et solides. Les jantes des roues, garnies de cercles de fer, avaient deux coudées d'épaisseur, et, pour pouvoir imprimer à la machine toute sorte de directions, on y avait adopté des pivots mobiles. Les quatre angles étaient formés par quatre piliers de cent coudées de hauteur, et légèrement inclinés en haut et de manière que toute la bâtisse était partagée en neuf étages. Le plus bas se composait de quarante-trois planches et le plus élevé de neuf. Trois côtés de cette bâtisse étaient recouverts extérieurement par des lames de fer pour les garantir contre les torches allumées. Sur le quatrième côté, faisant face à l'ennemi, étaient pratiquées, à la hauteur de l'étage, des fenêtres proportionnées aux projectiles qui étaient lancés sur l'ennemi. Ces fenêtres étaient garnies d'auvents, fixés par des ressorts, et derrière lesquels se trouvaient à l'abri les hommes qui lançaient des projectiles. Ces auvents étaient formés de peaux cousues ensemble et bourrées de laine pour amortir le choc des pierres lancées par les lithoboles. Enfin, à chaque étage étaient deux échelles larges; l'une servait pour monter et apporter les munitions nécessaires, et l'autre pour descendre, afin de ne pas troubler la régularité du service. Les hommes les plus vigoureux de l'armée, au nombre de trois mille quatre cents, furent choisis pour mettre en mouvement cet immense appareil de guerre. Les uns, placés en dedans, les autres en dehors et en arrière, firent leurs efforts pour le faire mouvoir, secondés par les moyens de l'art.

Démétrius fit en outre construire deux tortues, l'une servant à protéger les terrassiers, l'autre l'action des béliers; il y ajouta des galeries où les ouvriers pouvaient travailler en sécurité. Il employa les équipages des navires à niveler, dans une étendue de quatre stades, le sol sur lequel les machines devaient passer. Enfin ces travaux de Démétrius faisaient face à six mésopyrges[1], et à sept tours des murailles de Rhodes. Près de trente mille ouvriers y avaient été employés.

XCII. Ces ouvrages, si promptement terminés, épouvantè-

---

[1] Μεσοπύργια, espace compris entre deux tours.

rent les Rhodiens par leur grandeur. A cela il faut ajouter les troupes nombreuses et l'habileté du roi dans les travaux de siége. En effet, Démétrius avait le génie si inventif dans l'art de construire des machines de guerre, qu'il avait reçu le surnom de *Poliorcète*[1], et on disait de lui qu'il n'y avait pas de place assez forte pour lui résister. A ce talent, il joignait un extérieur imposant. Il avait la taille et la beauté d'un héros, et cette beauté était rehaussée par la pompe royale dont il s'entourait. Aussi, tout le monde se pressait sur son passage pour le contempler. Avec cela, il avait le goût de la magnificence, et, dans son orgueil, il méprisait non-seulement le commun des hommes, mais même les autres souverains; et ce qui le faisait le plus remarquer, c'est qu'il passa les loisirs de la paix dans l'ivresse des banquets et au milieu des danses et des jeux; en un mot, il imitait la manière de vivre de Bacchus, lorsque, selon la tradition mythologique, ce dieu vivait parmi les hommes; mais en temps de guerre, il était sobre et d'une grande activité, et conservait dans ses actions la même force de corps et d'esprit. Ce fut à l'époque de Démétrius que furent inventées différentes machines de guerre supérieures à celles qui sont en usage chez les autres nations. Ce fut encore lui qui, après la mort de son père, et postérieurement au siége de Rhodes, fit mettre en mer les plus grands navires.

XCIII. En voyant les progrès de ces travaux de siége, les Rhodiens construisirent dans l'intérieur un mur parallèle à celui qui devait essuyer les assauts de l'ennemi. Pour construire ce mur, ils employèrent des matériaux enlevés au théâtre, aux édifices voisins et même à quelques temples, en promettant aux dieux de leur élever des temples plus beaux après la délivrance de la ville. Ils firent ensuite partir neuf navires, en ordonnant au commandant de se mettre en croisière, d'attaquer tous les bâtiments qu'il rencontrerait, de les couler bas ou de les amener dans la ville. Cette escadre se partagea en trois divisions. L'une, commandée par Damophilus, qui avait sous ses

---

[1] Πολιορκητής, assiégeur de villes.

ordres les bâtiments que les Rhodiens appellent gardes-côtes, se porta vers l'île de Carpathos. Damophilus atteignit plusieurs navires de Démétrius, les fit en partie couler, et jeta les autres sur la côte, où ils furent brûlés, et fit prisonniers les marins qui les montaient. Il s'empara aussi d'une grande quantité de fruits qu'il envoya à Rhodes. Une autre division navale, formée de trois triémioles[1], sous les ordres de Ménédème, fit voile pour Patare, dans la Lycie ; elle s'empara d'un bâtiment mouillé dans le port, et y mit le feu pendant que l'équipage était à terre. Ménédème captura plusieurs navires de transport, chargés de vivres, et les envoya à Rhodes ; enfin, il enleva une tétrarème ayant à bord les vêtements et les ornements royaux que Phila, femme de Démétrius, avait travaillés elle-même avec le plus grand soin, et qu'elle envoyait à son mari. Ménédème fit passer en Égypte ces vêtements royaux, qui, tissus de pourpre, devaient orner la personne du roi ; il traîna le bâtiment à la remorque, et vendit à l'enchère les marins qui avaient monté cette tétrarème, ainsi que les autres bâtiments capturés. Enfin, la troisième division, formée de trois bâtiments, sous les ordres d'Amyntas, se dirigea vers les îles, et rencontra les navires chargés des matériaux de construction pour l'ennemi. Les uns furent coulés bas, et les autres capturés. Sur ces derniers, se trouvèrent onze ouvriers des plus habiles dans l'art de construire des balistes et des catapultes.

Dans une assemblée générale de Rhodiens, quelques citoyens ouvrirent l'avis de renverser les statues d'Antigone et de Démétrius. Il est honteux, disaient-ils, de combler comme des bienfaiteurs ceux qui assiègent la ville. Mais le peuple indigné s'opposa à cette proposition : il conserva intacts tous les honneurs qu'il avait décernés à Antigone, et, en cela, il fut très-bien conseillé, tant pour sa gloire que pour ses intérêts. Car cette preuve de magnanimité et cette décision d'un gouvernement démocratique reçurent les plus grands éloges chez les autres

---

[1] Embarcations moins complètes qu'une trirème. Voyez Gronov, *Thesaurus Antiq. græc.*, tom. XI, p. 581.

nations, en même temps qu'elles firent changer les ressentiments des assiégeants. En effet, Démétrius et Antigone, qui n'avaient recueilli aucune reconnaissance des bienfaits dont ils avaient comblé les autres villes de la Grèce, en leur rendant leur indépendance, devaient s'affliger de chercher à réduire à l'esclavage précisément ceux qui avaient manifesté des sentiments de gratitude aussi inébranlables. D'ailleurs, dans le cas où, contre toute attente, la ville serait prise, ce souvenir d'affection devait leur assurer quelque ménagement de la part du vainqueur. La résolution des Rhodiens était donc sage et prudente.

XCIV. Cependant Démétrius fit entreprendre des travaux de mines. Un déserteur vint avertir les assiégés que les mines étaient déjà parvenues presque dans l'intérieur des murs. Aussitôt les Rhodiens creusèrent un fossé profond, parallèle au mur qui était supposé devoir tomber, en même temps qu'ils se mirent à pratiquer des contre-mines pour s'opposer à la marche envahissante de l'ennemi. Pendant que ces travaux souterrains s'exécutaient secrètement de part et d'autre, quelques hommes de Démétrius tentèrent de séduire, par des offres d'argent, Athénagore, chef de la garde des Rhodiens. Cet Athénagore, Milésien d'origine, avait été envoyé par Ptolémée en qualité de commandant des troupes mercenaires. Il promit de livrer la ville, et indiqua un jour où Démétrius enverrait un de ses lieutenants les plus distingués, lequel, après s'être introduit dans la ville par la voie souterraine, reconnaîtrait lui-même le point le plus faible. Après avoir ainsi donné de grandes espérances à Démétrius, Athénagore vint tout dévoiler au sénat de Rhodes. Démétrius chargea de l'exécution de ce projet un de ses amis, Alexandre, Macédonien d'origine. Aussitôt que celui-ci fut sorti de la voie souterraine, les Rhodiens s'en saisirent. Athénagore, en récompense de ce service, reçut une couronne d'or et cinq talents d'argent; le peuple chercha de même à gagner l'affection des autres mercenaires et des étrangers.

XCV. Après que les machines furent terminées, et tout l'espace en avant des murailles déblayé, Démétrius plaça l'hélépole au milieu de cet espace, et disposa huit tortues de manière à protéger les travaux de sapement; quatre de chaque côté de l'hélépole. Chaque tortue était munie d'une galerie où les travailleurs pouvaient manœuvrer à l'abri. On monta ensuite deux béliers d'une énorme dimension; chacun, plaqué de fer, avait cent vingt coudées de longueur [1], et la tête ressemblait à un éperon de navire. Ces béliers, bien suspendus, étaient mis en branle par un millier d'hommes. Au moment de l'attaque, les pétroboles et les balistes furent placées, chacune proportionnellement à sa grandeur, sur les étages de l'hélépole. Démétrius avait établi sa flotte dans le port et aux environs, et échelonné ses troupes de terre en face de la muraille qui devait éprouver l'effet des machines. A un signal donné, les troupes élevèrent le cri de guerre, et l'attaque commença sur tous les points à la fois. Pendant que les béliers et les pétroboles ébranlaient les murailles, Démétrius reçut une députation de Cnidiens, qui le priaient de cesser le siége, lui promettant d'obtenir des Rhodiens tout ce que l'on pourrait exiger d'eux. Le roi y consentit, et les députés entrèrent en négociation avec les Rhodiens; mais après de longs pourparlers, qui demeurèrent sans résultat, le siége recommença avec plus de vigueur. Démétrius fit crouler une des tours les plus solides de la muraille; ces tours étaient carrées et bâties en pierres; l'intervalle qui les joignait à la tour voisine fut tellement endommagé, qu'il était impossible d'aborder dans ce point les créneaux de la muraille.

XCVI. Pendant la durée de ce siége, le roi Ptolémée fit parvenir aux Rhodiens un grand nombre de bâtiments de transport, chargés de trois cent mille artabes [2] de blé et de légumes. Au moment où ces bâtiments allaient entrer dans la ville, Démétrius détacha des embarcations pour les capturer et les amener dans son camp. Mais les bâtiments de Ptolémée profitèrent d'un vent favorable, et entrèrent à pleine voile dans le port de Rhodes, en sorte que le détachement de Démétrius revint sans avoir

[1] Environ soixante mètres.
[2] Cent trente-huit mille hectolitres.

rien fait. De son côté, Cassandre envoya aux Rhodiens dix mille médimnes d'orge[1], et Lysimaque quarante mille médimnes de froment et autant d'orge. Ces provisions ranimèrent les forces déjà abattues des assiégés. Jugeant quel avantage il y aurait à détruire les machines de l'ennemi, les Rhodiens préparèrent une immense quantité de projectiles enflammés, et garnirent leurs remparts de balistes et de catapultes. Pendant la nuit, à l'heure de la seconde veille, ils attaquèrent soudain à coups de baliste la garde du camp ennemi, en même temps qu'ils lançaient toute sorte de projectiles enflammés sur les machines et sur les hommes qui accouraient pour éteindre la flamme. Démétrius, surpris par cette attaque inattendue, et craignant pour ses ouvrages construits à tant de frais, accourut lui-même au secours. Comme la nuit était sans lune, les projectiles enflammés répandirent une vive clarté permettant aux assiégés d'ajuster leurs balistes et leurs catapultes, qui tuèrent un grand nombre d'ennemis égarés par l'obscurité. Le côté de l'hélépole exposé aux projectiles enflammés des Rhodiens, fut dégarni de ses lames de fer, et le bois dénudé menaça de prendre feu. Démétrius, craignant que sa machine ne fût mise, par l'effet du feu, hors d'état de servir, essaya d'éteindre la flamme au moyen des réservoirs d'eau ménagés aux divers étages de l'hélépole. Enfin, il parvint, au son de la trompette, à réunir les hommes préposés au service de ces machines, qu'il fit reculer hors de la portée des traits.

XCVII. Au lever du jour, Démétrius fit ramasser par ses satellites les traits qui avaient été lancés par les Rhodiens, pour juger, d'après cela, des ressources dont pouvaient disposer les assiégés. Il compta ainsi plus de huit cents projectiles enflammés et au moins quinze cents flèches lancées par des balistes. Un si grand nombre de traits, dépensés dans le court espace d'une nuit, fit juger avec étonnement des moyens de défense que la ville devait avoir à sa disposition.

Démétrius répara ensuite ses ouvrages; il fit enterrer les

---

[1] Quatre mille trois cents hectolitres.

morts et panser les blessés. Les Rhodiens profitèrent de ce temps de relâche pour construire un troisième mur d'enceinte, dans toute l'étendue de l'espace le plus exposé aux attaques de l'ennemi. Enfin, ils entourèrent d'un fossé profond la partie de la muraille tombée, afin d'empêcher le roi de pénétrer par un coup de main dans l'intérieur de la ville. Les Rhodiens détachèrent leurs meilleurs navires sous les ordres d'Amyntas. Ce nauarque se montra sur la côte opposée de l'Asie où il atteignit à l'improviste quelques corsaires au service de Démétrius. Ces pirates, montés sur trois navires ouverts, se croyaient forts de la protection du roi; mais, après un combat naval, les Rhodiens se rendirent maîtres des bâtiments corsaires avec tous les équipages, parmi lesquels se trouvait Timoclès, chef des corsaires. Amyntas captura ensuite quelques navires marchands, ainsi qu'un assez grand nombre de barques chargées de blé, et il entra avec sa prise, pendant la nuit, dans le port de Rhodes.

Démétrius, après avoir fait réparer ses machines, les dirigea de nouveau contre les murailles et balaya des créneaux les soldats établis pour la défense des remparts; puis, à coups redoublés de béliers, il parvint à faire crouler deux mésopyrges; la tour du milieu fut vivement défendue par les assiégés, relevés par des renforts continuels. Dans cette action, beaucoup de Rhodiens perdirent la vie; et leur général Aminias, qui s'était vaillamment défendu, se trouva lui-même au nombre des morts.

XCVIII. Sur ces entrefaites, le roi Ptolémée fit parvenir aux Rhodiens une cargaison de vivres aussi considérable que la première, ainsi qu'un renfort de quinze cents hommes commandés par Antigone le Macédonien. En ce même temps arrivèrent auprès de Démétrius plus de cinquante députés, envoyés tant par les Athéniens que par les autres villes de la Grèce. Tous ces députés vinrent solliciter le roi de faire la paix avec les Rhodiens. Un armistice fut accordé; mais, après de longs pourparlers entre le peuple de Rhodes et Démétrius, il ne fut rien conclu, et les députés partirent sans avoir obtenu aucun résultat. Démétrius résolut de diriger une attaque nocturne contre la brèche ouverte.

Il choisit donc quinze cents soldats parmi les plus forts de l'armée, et leur ordonna d'approcher en silence de l'enceinte vers l'heure de la seconde veille. Cette disposition arrêtée, Démétrius ordonna aux autres troupes de garder leur ordre de bataille, et, à un signal donné, de pousser le cri de guerre en attaquant tout à la fois la ville par terre et par mer. Ces ordres furent exécutés. Le premier détachement pénétra par la brèche ouverte dans l'intérieur de la ville, et, après avoir égorgé les sentinelles établies sur les remparts, ils vinrent occuper les environs du théâtre. Les habitants, surpris à l'improviste, accoururent dans le plus grand désordre sur les points menacés; mais les chefs ordonnèrent aux soldats de garder les postes qu'ils occupaient soit près du port soit sur les remparts, et de repousser les assaillants. Puis, réunissant un corps d'élite et les troupes qui venaient d'arriver d'Alexandrie, ils marchèrent contre l'ennemi qui se trouvait dans l'intérieur des murs. Cependant le jour parut, et Démétrius donna le signal d'un assaut général. Aussitôt les troupes poussèrent le cri de guerre et attaquèrent tout à la fois le port et les remparts, et inspirèrent une nouvelle ardeur à leurs camarades qui se battaient autour du théâtre. Toute la ville retentissait des gémissements des femmes et des enfants, s'imaginant que la ville était déjà prise. Cependant, la colonne qui avait pénétré dans l'intérieur des murs avait un combat très-opiniâtre à soutenir contre les Rhodiens, et, malgré des pertes réciproques, aucun parti ne voulait céder le terrain. Mais bientôt les Rhodiens, se battant pour leur patrie et leurs plus chers biens, écrasèrent les troupes du roi : Alcimus et Mantias, qui les commandaient, tombèrent criblés de blessures. La plupart des soldats restèrent sur le champ de bataille; un grand nombre furent faits prisonniers, et très-peu parvinrent à rejoindre le roi. Les Rhodiens perdirent également beaucoup de monde; Damotelès, un de leurs prytanes, homme d'un courage distingué, était au nombre des morts.

XCIX. Malgré cet échec, Démétrius ne cessa pas de continuer le siége. Mais dans cet intervalle son père lui avait écrit de traiter avec les Rhodiens à la première occasion favorable. De son côté, Ptolémée avait d'abord écrit aux Rhodiens qu'il leur enverrait des provisions de blé et un renfort de trois mille hommes ; mais plus tard, il leur avait conseillé de traiter avec Antigone, à des conditions autant que possible modérées. Il en résulta que les deux partis inclinaient également pour la paix. En même temps arrivèrent des députés de la ligue étolienne pour conseiller à leur tour un accommodement. Les Rhodiens conclurent donc avec Antigone la paix aux conditions suivantes : la ville de Rhodes garderait son indépendance et ses revenus ; les Rhodiens fourniraient à Antigone des troupes auxiliaires, excepté le seul cas où il marcherait contre Ptolémée ; enfin, ils donnaient en otage cent citoyens, que Démétrius choisirait, excepté dans l'ordre des magistrats.

C. C'est ainsi que les Rhodiens, après avoir été assiégés pendant un an, furent délivrés de la guerre. Les soldats qui s'y étaient le plus distingués furent honorés de belles récompenses, et les esclaves qui s'étaient conduits en braves furent affranchis, et obtinrent le droit de cité. Les Rhodiens élevèrent aussi des statues aux rois Cassandre et Lysimaque, et à d'autres alliés moins célèbres qui avaient beaucoup contribué à la délivrance de la ville. Mais c'est surtout à l'égard de Ptolémée qu'ils voulurent surpasser tous les autres témoignages de reconnaissance. Ils envoyèrent donc en Libye des théores chargés de demander à l'oracle d'Ammon s'il leur conseillait d'honorer Ptolémée comme un dieu. Sur la réponse affirmative de l'oracle, les Rhodiens élevèrent dans leur ville un temple auquel ils donnèrent le nom de *Ptolemeum.*] Ce temple était de forme carrée, et chaque côté, d'un stade de large, avait un portique. Ils rebâtirent aussi le théâtre et réparèrent les murailles ainsi que les points qui avaient souffert pendant le siége.

Démétrius, après avoir conclu la paix avec les Rhodiens, conformément aux ordres de son père, remit à la voile avec toute son armée. Il traversa l'Archipel et aborda à Aulis en Béotie, s'empressant de proclamer la liberté des Grecs. (Cassandre et Polysperchon, depuis quelque temps délivrés de la crainte de l'ennemi, avaient ravagé la plupart des contrées de la Grèce.) Démétrius délivra d'abord la ville de Chalcis, occupée par une garnison béotienne, et força les Béotiens d'abandonner le parti de Cassandre. Il conclut ensuite une alliance avec les Étoliens, et se prépara à marcher contre Polysperchon et Cassandre.

Pendant le cours de ces événements, Eumélus, roi du Bosphore, mourut après un règne de six ans. Son fils Spartacus lui succéda et régna vingt ans.

CI. Après avoir parlé en détail des affaires de la Grèce et de l'Asie, nous allons passer à l'histoire des autres pays de la terre. En Sicile, Agathocle vint attaquer en pleine paix les Lipariens, et leur imposa, contre toute justice, une contribution de cinquante talents d'argent. Ici se présente un exemple venant à l'appui d'une croyance générale à l'intervention de la divinité qui châtie les actions criminelles. Les Lipariens avaient demandé un délai pour le paiement du reste de la contribution, car ils ne voulaient pas, disaient-ils, toucher aux offrandes sacrées. Mais Agathocle se fit donner de force le trésor déposé dans le Prytanée, consacré partie à Éole et partie à Vulcain ; et, après cette spoliation, il se rembarqua. Mais, assailli par une violente tempête, il perdit onze navires avec tout l'argent qu'ils portaient ; cet événement fut, par beaucoup de monde, attribué à la vengeance immédiate du dieu des vents. Vulcain se vengea plus tard par la mort du tyran, qui fut brûlé vif sur des charbons ardents. C'était aussi un effet de la justice distributive de Vulcain, lorsque, dans une irruption de l'Etna, il sauva des hommes pieux et punit les impies en leur faisant sentir sa puissance. Au reste, ce que nous venons de dire ici sera confirmé à la mort d'Agathocle, dont nous parlerons plus tard. Nous allons exposer maintenant ce qui s'est passé en Italie.

Les Romains et les Samnites conclurent entre eux la paix, après une guerre de vingt-deux ans et six mois. Publius Sempronius, nommé consul, envahit le pays des Èques, à la tête d'une armée, et prit quarante villes dans l'espace de cinquante jours; et, après avoir rangé toute la nation sous l'autorité des Romains, il retourna à Rome où il obtint les honneurs d'un grand triomphe. Enfin le peuple romain conclut une alliance avec les Marses, les Pélignes et les Marruciniens.

CII. L'année étant révolue, Léostrate fut nommé archonte d'Athènes, et les Romains élurent pour consuls Servius Cornélius et Lucius Genucius [1]. Dans cette année, Démétrius se disposa à faire la guerre à Cassandre, à délivrer les Grecs et à administrer régulièrement les affaires de la Grèce. Il se flattait d'acquérir ainsi une grande gloire, en même temps que de paralyser Prepelaüs, un des lieutenants de Cassandre, avant de menacer la puissance de Cassandre lui-même. Il se dirigea d'abord sur la ville de Sicyone, occupée par une garnison du roi Ptolémée (elle était commandée par Philippe, général très-distingué), l'attaqua à l'improviste, pendant la nuit, et pénétra dans l'intérieur des murs. La garnison se réfugia dans la citadelle; Démétrius se rendit maître de la ville, et vint occuper l'espace compris entre les maisons de la ville et la citadelle. Démétrius allait faire avancer ses machines, lorsque la garnison, effrayée de cet appareil de guerre, rendit la citadelle par capitulation et s'embarqua pour l'Égypte. Démétrius engagea les Sicyoniens à se transporter dans la forteresse, et fit raser la partie de la ville attenante au port qui était d'une assiette très-forte. Il fournit aux citoyens les moyens de construire une nouvelle demeure, leur donna un gouvernement libre et reçut pour ses bienfaits les honneurs divins. Ils donnèrent à leur ville le nom de *Démétriade*, instituèrent des sacrifices, des panégyriques et des jeux annuels, enfin ils lui attribuèrent les mêmes honneurs qu'au fondateur d'une ville. Mais le temps, qui amène tant de changements, fit disparaître ces institutions. Cependant les Sicyoniens, ayant trouvé un meilleur emplacement, ont continué à l'occuper jusqu'à ce jour. L'enceinte de la citadelle, étendue et environnée partout de précipices inaccessibles, est tout à fait inabordable aux machines de guerre. La citadelle renferme d'ailleurs beau-

---

[1] Deuxième année de la CXIX<sup>e</sup> olympiade, année 303 avant J.-C.

coup d'eau qui arrose de nombreux jardins, de manière qu'il faut admirer la sagacité du roi qui a su choisir un emplacement qui procure tout à la fois les jouissances de la paix et assure aux habitants leur défense pendant la guerre.

CIII. Après avoir réglé l'administration de Sicyone, Démétrius se porta avec toute son armée sur Corinthe, occupée par Prepelaüs, lieutenant de Cassandre. Introduit par quelques habitants, pendant la nuit, dans l'intérieur des murs, Démétrius se rendit maître de la ville et des ports. Une partie de la garnison se réfugia dans le Sisyphium, et les autres dans Acrocorinthe. Démétrius fit avancer ses machines, et, après avoir maltraité les assiégés, il emporta d'assaut le Sisyphium. Il se tourna ensuite contre ceux qui s'étaient réfugiés dans Acrocorinthe, et réussit, par des menaces, à se faire livrer la citadelle; car ce roi déployait une grande activité dans les travaux de siége, et il possédait un talent remarquable pour la construction des machines de guerre. Après avoir ainsi délivré les Corinthiens, il mit une garnison dans Acrocorinthe, car les citoyens voulaient que leur ville fût gardée par le roi jusqu'à ce que la guerre contre Cassandre aurait été terminée. Prepelaüs, honteusement expulsé de Corinthe, se retira auprès de Cassandre. Démétrius entra ensuite dans l'Achaïe, prit d'assaut Buta et rendit aux habitants leur indépendance. Dans l'espace de quelques jours il s'empara de Scyrum, dont il chassa la garnison. Il parcourut ensuite les autres villes de l'Achaïe et les déclara également libres. De là il marcha sur Ægium, l'entoura d'une enceinte, et entra en pourparler avec Strombichus, commandant de la garnison, pour l'amener à lui livrer la ville. Mais Strombichus se refusant à cette proposition, et disant en outre des paroles injurieuses à Démétrius, le roi fit avancer ses machines de siége, renversa les murailles et prit la ville d'assaut. Après la prise de cette ville, Démétrius fit saisir Strombichus, lieutenant de Polysperchon, ainsi que quelques autres habitants mal disposés pour lui, et les fit tous, au nombre de quatre-vingts, mettre en croix devant les portes de la ville. Les garnisons des forteresses voisines, ne croyant pas pouvoir résister aux forces du roi, livrèrent leurs places. Pareillement, les garnisons des autres villes, n'étant secourues ni par Cassandre, ni par Prepelaüs, ni par Polysperchon, et voyant Démétrius s'approcher avec une armée puissante et d'immenses machines de guerre, se rendirent volontairement. Telle était la situation des affaires de Démétrius.

CIV. En Italie, les Tarentins, en guerre avec les Lucaniens et les Romains, envoyèrent des députés à Sparte pour demander des secours et le général Cléonyme. Les Lacédémoniens accordèrent volontiers la demande des Tarentins. Cléonyme employa l'argent et les bâtiments envoyés par les Tarentins pour lever aux environs du cap Ténare, en Laconie, cinq mille soldats, et les embarqua immédiatement pour Tarente. Là il rassembla un nombre à peu près égal de mercenaires, et enrôla plus de vingt mille hommes d'infanterie et deux mille cavaliers de milice citoyenne. Enfin il joignit à ces troupes un grand nombre de Grecs d'Italie et les Messapiens. Les Lucaniens, effrayés de ces préparatifs formidables, firent la paix avec les Tarentins. Les Métapontins n'ayant pas voulu se soumettre, Cléonyme engagea les Lucaniens à envahir avec lui leur territoire, et, saisissant ainsi une occasion favorable, il vint répandre la terreur parmi les Métapontins; quoiqu'il entrât dans leur ville comme ami, il leur imposa une contribution de plus de six cents talents d'argent, en même temps qu'il exigea qu'on lui livrât en otage deux cents jeunes filles, moins comme garantie de la foi jurée que pour satisfaire ses goûts voluptueux. En effet, Cléonyme, déposant le vêtement spartiate, se livrait à des jouissances luxurieuses et retenait comme esclaves ceux qui s'étaient fiés à sa parole. Malgré les forces et les ressources considérables dont il disposait, Cléonyme ne fit rien de digne de Sparte. Il avait, il est vrai, le projet de faire une descente en Sicile, de renverser la tyrannie d'Agathocle et de rendre aux Siciliens leur indépendance; mais il laissa passer l'occasion favorable à l'exécution de ce projet. Il aborda à Corcyre, s'empara de la ville, lui imposa une contribution considérable et y établit une garnison, pensant faire de cette position une place d'armes d'où il pouvait diriger ses opérations stratégiques contre la Grèce.

CV. Cléonyme reçut alors une députation de Démétrius Poliorcète et de Cassandre, qui lui proposèrent une alliance; mais il refusa leurs propositions. Instruit que les Tarentins et quelques autres alliés s'étaient soulevés, il laissa à Corcyre une garnison suffisante, et s'empressa de se rendre avec le reste de son armée en Italie pour châtier les rebelles. Il aborda dans la place que défendaient les Barbares, prit leur ville d'assaut, vendit les habitants à l'enchère et ravagea leur territoire. Il traita de même Triopium, qu'il prit d'assaut, et fit trois mille prisonniers. En ce même temps les Barbares, accourus de toutes parts, attaquèrent pendant la nuit le camp de Cléonyme. Un combat s'engagea. Plus de deux cents hommes de la troupe de Cléonyme restèrent sur le champ de bataille, environ mille furent faits prisonniers. En ce même moment, une tempête détruisit vingt navires mouillés près du camp. Abattu par ce double revers, Cléonyme revint à Corcyre avec les débris de son armée.

CVI. L'année étant révolue, Nicoclès fut nommé archonte d'Athènes, et les Romains élurent pour consuls Marcus Livius et Marcus Émilius[1]. Dans cette année, Cassandre, roi des Macédoniens, voyant la puissance des Grecs s'accroître et un orage accumulé sur sa tête près d'éclater, conçut de vives inquiétudes pour l'avenir. Il envoya donc des députés en Asie pour traiter avec Antigone. Celui-ci répondit qu'il ne connaissait qu'un seul moyen d'accommodement, c'était que Cassandre se mît tout à fait à sa discrétion. Consterné de cette réponse, Cassandre fit venir Lysimaque de la Thrace pour conclure avec lui une alliance offensive et défensive. Dans toutes les situations critiques, Cassandre avait l'habitude de recourir à Lysimaque, tant à cause de sa bravoure que parce

---

[1] Troisième année de la CXIX[e] olympiade; année 302 avant J.-C.

que son royaume était limitrophe de celui de la Macédoine. Après que ces deux rois eurent délibéré sur leurs intérêts communs, ils envoyèrent des députés auprès de Ptolémée, roi d'Égypte, et auprès de Seleucus, maître des satrapies de l'Asie supérieure. Ils firent connaître à tous deux la réponse hautaine d'Antigone, et leur firent comprendre que la guerre qui les menaçait devait être commune pour tous. En effet, Antigone, une fois maître de la Macédoine, ne pourrait-il pas dépouiller les autres rois de leurs États? N'avait-il pas déjà donné plusieurs preuves de son ambition et de son désir de ne partager l'empire avec personne? N'était-il donc pas de l'intérêt de tous de combattre Antigone à outrance? Toutes ces raisons, exposées par les envoyés, déterminèrent Ptolémée et Seleucus à mettre sur pied de nombreuses troupes et à venir au secours de Cassandre.

CVII. Cassandre jugea à propos de prévenir l'attaque de l'ennemi et d'ouvrir le premier la campagne. Il confia donc une partie de l'armée à Lysimaque et le fit partir avec ce commandement, tandis que lui-même entra en Thessalie à la tête d'une armée pour combattre Démétrius et les Grecs. Lysimaque passa avec ses troupes d'Europe en Asie, et proclama l'indépendance des habitants de Lampsaque et de Parium qui étaient volontairement entrés dans son parti; puis il prit d'assaut Sigée et y laissa une garnison. Il détacha Prepelaüs avec six mille hommes d'infanterie et mille cavaliers pour soumettre les villes de l'Éolie et de l'Ionie. Quant à lui-même, il tenta le siége d'Abydos, et fit pour cela de grands préparatifs. Mais lorsque les assiégés reçurent par mer un renfort considérable de troupes envoyées par Démétrius, il renonça à son entreprise et se dirigea vers la Phrygie hellespontique; il la rangea sous son autorité et vint assiéger Synas, ville qui renfermait les bagages du roi. Il réussit à séduire Docimus, lieutenant d'Antigone, qui lui livra Synas et quelques autres places où se trouvaient les trésors royaux. Prepelaüs, envoyé par Lysimaque dans l'Éolie et dans l'Ionie, se rendit maître d'Adramyttium, assiégea Éphèse et s'empara de la ville par voie d'intimidation. Maître de la ville, il renvoya dans leur patrie les cent otages rhodiens fournis à Démétrius, et remit les Éphésiens en liberté. Mais il brûla tous les navires mouillés dans le port pour enlever à l'ennemi l'empire de la mer et rendre ainsi incertain le sort de la guerre. Après cela, il entraîna dans son parti les Téïens et les Colophoniens, mais il ne réussit point à s'emparer des villes d'Érythrée et de Clazomène, dont les habitants avaient reçu des secours par mer. Il se borna donc à ravager leur territoire, et marcha sur Sardes. Là, il parvint à séduire Phénix et Docimus, lieutenants d'Antigone, et prit possession de la ville, à l'exception de la citadelle qui était gardée par Philippe, un des amis les plus fidèles d'Antigone. Tel était l'état des affaires de Lysimaque.

CVIII. Pendant que ces choses se passaient, Antigone célébra des jeux et des panégyriques à Antigonia où il avait réuni à grands frais les artistes et les athlètes les plus célèbres. Lorsqu'il apprit l'invasion de Lysimaque et la défection de ses lieutenants, il fit cesser les fêtes, et renvoya les athlètes et les artistes en leur donnant au moins deux cents talents. Il se mit ensuite à la tête de son armée, sortit de la Syrie, et hâta sa marche pour atteindre l'ennemi. Arrivé à Tarse, en Cilicie, il tira de Cuyndes[1] une somme assez considérable pour payer aux troupes trois mois de solde ; en outre il emporta lui-même trois mille talents, afin de ne pas manquer de ressources. Il franchit le Taurus, envahit la Cappadoce, et fit rentrer dans son ancienne alliance les rebelles de la haute Phrygie et de la Lycaonie. En ce moment, Lysimaque apprit l'arrivée de l'ennemi, et délibéra avec ses amis sur le meilleur parti à prendre dans ces graves circonstances. Il fut arrêté qu'on ne risquerait un combat que lorsqu'on aurait reçu les secours de Seleucus ; que l'on se bornerait à occuper les places fortes, à se renfermer dans un camp retranché, et à attendre de pied ferme l'attaque de l'ennemi : c'est ce qui fut fait. Antigone, arrivé en présence de l'ennemi, rangea ses troupes en bataille, et provoqua l'ennemi

[1] Voyez plus haut, liv. XVIII, chap. 62.

au combat. Mais personne n'ayant accepté ce défi, il alla occuper quelques positions par où devaient passer les convois de vivres destinés aux ennemis. Lysimaque, craignant d'être pris par la famine, partit pendant la nuit, et, après quatre cents stades de marche, vint camper près de Doryléum. Cette place abondant en blé et en provisions de toutes sortes, est entourée d'une rivière qui contribuait à la sécurité du camp, qu'il fit en outre entourer d'un fossé profond et d'un triple retranchement palissadé.

CIX. Informé de la retraite des ennemis, Antigone se mit aussitôt à leur poursuite, et s'approcha de leur camp. Mais comme ils refusèrent le combat, il entreprit de les assiéger dans leur propre camp; il fit en conséquence venir des catapultes et des armes de trait en quantité. Quelques escarmouches eurent lieu près du fossé; les troupes de Lysimaque essayèrent de repousser les ouvriers à coups de flèches, mais, dans tout cet engagement, les troupes d'Antigone eurent l'avantage. Enfin, peu de temps après, ces ouvrages de siége furent terminés; mais Lysimaque, voyant que les vivres commençaient à manquer, leva le camp, et partit pendant une nuit orageuse pour se retirer dans la haute contrée, et y établir ses quartiers d'hiver. Lorsqu'à la pointe du jour Antigone se fut aperçu de la retraite de l'ennemi, il se mit sur ses traces à travers la plaine. Mais des pluies abondantes avaient rendu le terrain, naturellement boueux, si impraticable, qu'un grand nombre de bêtes de somme, et même quelques hommes, périrent; en un mot, toute l'armée eut beaucoup à souffrir des fatigues de cette marche. C'est pourquoi le roi renonça à la poursuite de Lysimaque, d'autant plus volontiers que la saison de l'hiver était proche. Il choisit donc ses quartiers d'hiver dans les lieux les plus convenables, et distribua son armée dans les cantonnements. Enfin, averti que Seleucus descendait des satrapies supérieures avec une armée considérable, Antigone envoya quelques-uns de ses amis en Grèce auprès de Démétrius pour l'engager à venir le joindre immédiatement avec ses troupes; car il craignait que tous les rois ligués contre lui ne le forçassent à une bataille décisive avant qu'il eût pu rallier les troupes qu'il avait en Europe. Lysimaque avait établi son quartier d'hiver dans la plaine de Salmonia; il fit venir des vivres d'Héraclée, dont les habitants lui étaient attachés depuis le mariage qu'il avait contracté parmi eux : il avait épousé Amestris, fille d'Oxyarte et nièce du roi Darius; elle avait été donnée par Alexandre en premières noces à Cratère, et régnait souverainement sur Héraclée. Tel était l'état des affaires en Asie.

CX. En Grèce, Démétrius séjournant à Athènes, voulait se faire initier dans les mystères d'Éleusis. Mais comme l'époque où ces initiations ont lieu, conformément au rite établi, était encore éloignée, le peuple athénien, en reconnaissance des bienfaits qu'il avait reçus de Démétrius, dérogea aux coutumes antiques. Démétrius se livra donc sans armes aux prêtres de Cérès, et fut initié avant le jour ordinairement fixé pour ces cérémonies. Démétrius quitta ensuite Athènes, et se rendit à Chalcis, en Eubée, où il rassembla sa flotte et ses troupes de terre. Instruit que Cassandre avait occupé tous les passages, il renonça à la route de terre pour traverser la Thessalie. Il fit donc embarquer ses soldats, et vint aborder dans le port de Larisse. Il mit son armée à terre, s'empara de la ville, et prit d'assaut la citadelle; il chargea de fers les hommes de la garnison, les jeta en prison, et rendit aux Larisséens leur indépendance. Il soumit ensuite les villes de Prona et de Pteleum; il empêcha aussi les habitants d'Orchomène et de Dium de quitter leur ville et de se transporter à Thèbes, ainsi que l'avait ordonné Cassandre. En voyant ces succès de Démétrius, Cassandre mit de fortes garnisons à Phères et à Thèbes, et, après avoir concentré ses troupes dans un seul point, il vint camper en face de Démétrius. Cassandre avait alors sous ses ordres vingt-neuf mille hommes d'infanterie et deux mille cavaliers. L'armée de Démétrius était composée de quinze cents cavaliers, d'environ huit mille hommes d'infanterie macédonienne et de près de quinze mille mercenaires. A ces troupes se joignaient vingt-cinq mille hommes fournis par diverses villes de la Grèce, et plusieurs bataillons de pirates armés à la légère, que l'espoir du pillage avait fait accourir de toutes parts, et dont le nombre ne s'élevait pas à moins de huit mille hommes ; en sorte que le total de l'armée de Démétrius pouvait se monter à cinquante-six mille hommes. Les deux armées restèrent ainsi pendant plusieurs jours campées en face l'une de l'autre. Des deux côtés on se borna à se ranger en bataille, mais sans en venir aux mains ; on attendait l'issue des événements qui devaient se passer en Asie. Démétrius, sur l'invitation des Phéréens, se rendit à Phères avec ses corps d'armée, prit d'assaut la citadelle, renvoya la garnison, et rendit aux habitants la liberté.

CXI. Sur ces entrefaites, les envoyés d'Antigone arrivèrent auprès de Démétrius, qui prit ainsi connaissance des ordres de son père. En conséquence de ces ordres, Démétrius conclut une trêve avec Cassandre, à la condition que les clauses ne seraient définitives que lorsqu'elles auraient été ratifiées par Antigone. Démétrius savait bien que son père avait résolu de terminer cette guerre par les armes ; mais il voulait, avant tout, que son départ de la Grèce ne ressemblât point à une fuite. Il y avait dans ce traité une clause d'après laquelle, non-seulement les villes de la Grèce, mais encore celles de l'Asie seraient déclarées indépendantes. Cette trêve conclue, Démétrius fit tous ses préparatifs de départ, mit à la voile avec toute sa flotte, traversa l'Archipel, et vint aborder à Éphèse ; là, il débarqua ses troupes, établit son camp sous les murailles d'Éphèse, força la ville à rentrer sous son ancienne autorité, et renvoya la garnison qu'y avait mise Prepelaüs, lieutenant de Lysimaque. Après avoir établi lui-même une garnison dans la citadelle, il partit pour l'Hellespont ; il se remit en possession de Lampsaque, de Parium et de quelques autres villes qui avaient changé de parti. Arrivé à l'embouchure du Pont-Euxin, il établit son camp près du temple des Chalcédoniens, et laissa dans cette place un détachement de trois mille hommes d'infanterie et de trente vaisseaux longs. Il distribua ensuite le reste de son armée dans les villes où il établit ses quartiers d'hiver.

A cette époque, Mithridate, soumis à Antigone, mais soupçonné de favoriser le parti de Cassandre, perdit la vie près de Cium, en Mysie. Il avait été pendant trente-cinq ans souverain de Cium et d'Arrhine. Son fils Mithridate lui succéda, et augmenta considérablement ses domaines; il régna trente-six ans sur la Cappadoce et la Paphlagonie.

CXII. En ce même temps, Cassandre, après le départ de Démétrius, recouvra les villes de la Thessalie, et envoya Plistarque en Asie pour aller avec un corps d'armée au secours de Lysimaque. Ce corps d'armée se composait de douze mille hommes d'infanterie et de cinq cents cavaliers. Arrivé à l'embouchure du Pont-Euxin, Plistarque trouva les environs occupés d'avance par l'ennemi, et renonçant à tenter le passage, il se rendit à Odessus, ville située entre Apollonia et Galatia, et en face d'Héraclée, où Lysimaque avait laissé une partie de son armée. Mais, privé de bâtiments de transport, il partagea ses troupes en trois divisions; la première parvint heureusement à Héraclée, la seconde tomba, à l'embouchure du Pont-Euxin, au pouvoir des vaisseaux gardes-côtes de Démétrius; la troisième, dont Plistarque faisait lui-même partie, fut assaillie par une tempête qui fit échouer la plupart des bâtiments avec leurs équipages. Le bâtiment à six rangs de rames qui portait le général, sombra : trente-trois hommes seulement, des cinq cents qui composaient l'équipage, parvinrent à se sauver. Dans ce nombre se trouvait Plistarque, qui gagna la terre à demi-mort sur un débris du bâtiment naufragé. Il fut de là transporté à Héraclée, et, après s'être remis de ses fatigues, il rejoignit les quartiers d'hiver de Lysimaque; il avait perdu la plus grande partie de ses troupes.

CXIII. Dans ces mêmes jours, le roi Ptolémée quitta l'Égypte à la tête d'une armée considérable, et rangea sous son autorité toutes les villes de la Cœlé-Syrie. Pendant qu'il était occupé au siége de Sidon, il reçut la fausse nouvelle que les rois Lysimaque et Seleucus avaient été battus et s'étaient retirés à Héraclée; enfin, qu'Antigone, victorieux, s'avançait vers la Syrie. Trompé par cette fausse nouvelle, Ptolémée conclut avec les Sidoniens une trêve de quatre mois ; et après avoir laissé de fortes garnisons dans les villes qu'il avait soumises, il retourna en Égypte avec son armée.

Sur ces entrefaites, un grand nombre de soldats de Lysimaque désertèrent les quartiers d'hiver, et passèrent dans le camp d'Antigone ; ces déserteurs se composaient de deux mille Autariates et d'environ huit cents Lyciens et Pamphyliens. Antigone les reçut avec bienveillance, les combla de présents et leur donna la solde qu'ils réclamaient à Lysimaque. En ce même temps arriva Seleucus des satrapies de la haute Asie. Il était entré dans la Cappadoce avec une nombreuse armée, et avait fait construire des baraques pour abriter ses soldats dans les cantonnements d'hiver. Il avait sous ses ordres environ vingt mille hommes d'infanterie, près de douze mille archers à cheval, quatre cent quatre-vingts éléphants et plus de cent chars armés de faulx. Telles étaient les forces réunies des rois, tous décidés à terminer la guerre par les armes en attendant l'été prochain.

Ainsi que nous l'avons annoncé dans le commencement, nous raconterons, dans le livre suivant, les détails de la guerre dans laquelle tous ces rois se disputaient le pouvoir souverain.

# FRAGMENTS.

## AVERTISSEMENT.

Aucune critique n'a discuté le choix et la disposition des fragments dans les diverses éditions de Diodore. La répartition de ces fragments entre les livres qui manquent (V-XI, XX-XL) est souvent purement arbitraire : ils offrent d'ailleurs, pour la plupart, assez peu d'intérêt. Nous aurions pu même retrancher un grand nombre de ces fragments, d'abord comme n'appartenant probablement pas à Diodore, ensuite comme n'étant que la reproduction de quelques passages des livres qui nous sont intégralement parvenus. Nous nous en sommes abstenus de crainte de voir notre traduction taxée d'incomplète.

On comprendra, d'après cela, pourquoi nous n'avons pas intercalé dans le texte même de l'ouvrage les fragments de la lacune comprise entre le V⁰ et le XI⁰ livre, et pourquoi nous avons placé à la fin tous les fragments tant anciens que nouveaux. Quelques-uns de ces derniers se trouvent ici pour la première fois traduits en français [1].

## LIVRE SIXIÈME (?).

*Diodore*, I, 4. — Les six premiers livres de notre ouvrage contiennent l'histoire ancienne et mythologique, antérieure à la guerre de Troie ; de ces six livres, les trois premiers traitent des antiquités barbares, et les trois suivants, des antiquités grecques.

[1] Les nouveaux fragments, recueillis en grande partie par Angelo Mai (*Excerpta Vaticana*), ont été traduits sur la nouvelle édition de A. Didot, *Diodori Siculi quæ supersunt, ex nova recensione L. Dindorfii*, etc. Parisiis, 1841 (2 vol. in-8). Ils ont été marqués par un astérisque, pour les distinguer des anciens, qui sont en grande partie tirés du recueil : *Excerpta De Virtutibus et Vitiis ; De legationibus*, composé par l'ordre de Constantin IX Porphyrogénète (Voyez la *Préface*).

\* *Diodor. Excerpt. Vatican.*, p. 131, éd. Maï. — Nous avons renfermé dans quarante livres l'histoire universelle ; dans les six premiers, nous avons décrit l'histoire fabuleuse, antérieure à la guerre de Troie.

\* *Diodore*, XIII, 1. — Dans les six livres précédents, nous avons exposé l'histoire antérieure à la guerre de Troie jusqu'à la guerre que les Athéniens ont déclarée aux Syracusains.

\* *Diodore*, XIV, 2. — Dans les sept livres précédents, nous avons poursuivi notre histoire depuis la prise de Troie jusqu'à la fin de la guerre du Péloponnèse et de la suprématie des Athéniens, comprenant ainsi un espace de sept cent soixante-dix-neuf ans.

\* *Euseb. Præparat. Evangel.*, II, p. 59-61. — Diodore aussi, dans le sixième livre de son ouvrage, approuve la doctrine théogonique d'Évhémère le Messénien, en s'exprimant ainsi :

« Les anciens ont transmis à leurs descendants deux opinions différentes sur les dieux. Ils prétendent que les uns sont éternels et immuables, tels que le Soleil, la Lune et les autres astres du ciel ; ils placent au même rang les Vents et les autres objets de semblable nature. Ils leur assignent à chacun une existence éternelle. Ils disent que les autres dieux sont nés sur la terre et que, pour leurs bienfaits envers les hommes, ils ont obtenu une gloire immortelle : tels sont Hercule, Bacchus, Aristée et tous les autres qui leur ont ressemblé. Les historiens et les mythographes ont forgé sur ces divinités terrestres des récits nombreux et divers. Parmi les historiens, Évhémère, auteur de l'*Histoire sacrée*, a émis une opinion qui lui est propre ; et parmi les mythographes, Homère, Hésiode, Orphée et d'autres encore ont imaginé sur les divinités des mythes où domine le merveilleux. Nous allons essayer de faire connaître, en abrégé et sans dépasser de justes limites, les écrits des uns et des autres. Ainsi, Évhémère, ami du roi Cassandre, obligé pour le service de ce roi d'entreprendre de longs voyages, raconte qu'il s'avança très-loin au midi dans l'Océan ; que, parti de l'Arabie, il avait navigué plusieurs jours sur l'Océan et qu'il avait rencontré des îles situées dans la haute mer. L'une d'elles, appelée Panchéa, était habitée par les Panchéens, distingués pour leur piété, vénérant les dieux par les plus beaux sacrifices et leur consacrant de magnifiques monuments en argent et en or. Cette île, selon Évhémère, est consacrée aux dieux et offre plusieurs autres monuments admirés pour leur antiquité et leur belle architecture; nous en avons parlé en détail dans les livres précédents. Il y a aussi dans cette île, sur une colline très-élevée, un temple de Jupiter Triphylien, fondé par ce dieu lui-même à l'époque où il régnait sur toute la terre et qu'il séjournait encore parmi les hommes. Dans ce temple se voit une colonne d'or sur laquelle est tracée en caractères panchéens l'histoire d'Uranus, de Saturne et de Jupiter. Selon le même auteur, Uranus fut le premier roi, homme d'un caractère doux, bienfaisant et instruit dans le mouvement des astres; le premier il fit des sacrifices en l'honneur des dieux célestes. C'est pourquoi il reçut le nom d'Uranus. Il eut de sa femme Vesta deux fils, Pan et Saturne, et deux filles, Rhéa et Cérès. Après Uranus, régna Saturne, qui épousa Rhéa, dont il eut Jupiter, Junon et Neptune. Jupiter succéda à Saturne et épousa Junon, Cérès et Thémis. De la première il eut pour enfants les Curètes; de la seconde, Proserpine, et de la troisième, Minerve. Il se rendit à Babylone où il fut l'hôte de Bélus; il alla ensuite dans l'île Panchéa, située dans l'Océan, et y éleva un autel en l'honneur de son aïeul Uranus; de là il traversa la Syrie pour visiter Casius, alors souverain de cette contrée, et qui a laissé son nom au mont Casius. Il vint de là dans la Cilicie où il vainquit dans un combat Cilix, roi de ce pays. Il visita une foule d'autres nations qui toutes lui décernèrent des honneurs divins.[1] »

Voilà ce que cet auteur nous raconte, entre autres choses semblables, des dieux, comme s'il parlait d'hommes mortels.

En voilà assez sur le récit d'Évhémère qui a écrit une histoire sacrée. Nous allons maintenant essayer d'exposer sommairement

[1] Comparez, liv. V, 42-47.

les traditions des mythologues grecs, suivant Hésiode et Orphée.

*Jo. Malal. Chronogr.*, p. 64. — Dans ses écrits sur les dieux, le très-savant Diodore s'exprime ainsi : « A leur naissance les dieux ont été des hommes qui, par leurs bienfaits envers la société, furent regardés comme immortels et reçurent le nom de dieux. Quelques-uns même n'ont été désignés que d'après les noms des pays dont ils s'étaient emparés. L'ignorance seule conduisit les hommes à agir ainsi. »

*Eustathius ad Iliad.*, I, 1190, 55. — Diodore dit, dans son histoire mythologique, que Xanthus et Balius avaient été d'abord Titans, et qu'ils étaient venus en aide à Jupiter; Xanthus était le compagnon d'armes de Neptune, et Balius celui de Jupiter; dans le combat, ils avaient demandé à changer de forme, parce qu'ils craignaient d'être reconnus par leurs frères les Titans; ensuite ils avaient été livrés à Pélée. C'est pourquoi le poëte dit que Xanthus avait prédit à Achille sa mort.

\* Picus, [surnommé] Jupiter, frère de Ninus, fut roi de l'Italie, et régna pendant cent vingt ans sur l'Occident. Il engendra avec les plus belles femmes du pays des fils et de nombreuses filles. Il abusa de ces femmes par des enchantements, et leur fit croire qu'elles étaient séduites par un dieu. Ce même Picus, qu'on appelle aussi Jupiter, eut un fils du nom de Faunus; on le nomme aussi Mercure, d'après la planète de ce nom. Au moment de mourir, Jupiter ordonna de déposer ses restes mortels dans l'île de Crète. Ses enfants lui élevèrent un temple et l'y déposèrent. Ce tombeau existe encore aujourd'hui et porte cette épitaphe : « Ici repose Picus, qu'on appelle aussi Jupiter. » Diodore, le plus savant des chronographes, en a fait mention.

*Excerpt. de Virt. et Vit.*, p. 545. — Castor et Pollux, appelés aussi Dioscures, surpassèrent de beaucoup leurs contemporains en vertu, et ils furent d'un grand secours aux Argonautes dans leur expédition; bien souvent ils vinrent en aide aux infortunés : en un mot, leur courage, leur amour pour la justice, leur habileté dans la guerre, leur piété, leur ont acquis l'estime de presque tous les hommes : leur apparition soulageait ceux qui étaient exposés à de très-grands périls. C'est par une conduite si noble et si généreuse qu'ils ont mérité de passer pour fils de Jupiter, et qu'ils ont obtenu les honneurs après avoir quitté le séjour des hommes.

Épopéus, roi de Sicyone, défia les dieux au combat, profana leurs temples et leurs autels.

On dit que Sisyphe surpassa les autres hommes en méchanceté et en finesse, et que, sur l'inspection des entrailles des victimes, il prédisait aux hommes tout ce qui devait leur arriver.

Salmonée était aussi impie qu'arrogant : il se moquait de la divinité et élevait ses actions au-dessus de celles de Jupiter même. Au moyen d'une machine il produisait un son effrayant, semblable au bruit du tonnerre ; il n'offrait point de sacrifice aux dieux, et ne célébra jamais leurs fêtes.

Ce même Salmonée eut une fille nommée Tyro, nom qui lui fut donné à cause de la blancheur et de la finesse de son teint.

Admète, homme pieux et juste, devint l'ami des dieux, qui honorèrent sa vertu au point de mettre Apollon à son service, lorsque celui-ci tomba dans la disgrâce de Jupiter. On dit aussi qu'on lui donna pour femme Alceste, la seule de toutes les filles de Pélias qui n'eût pas participé au crime impie exercé sur son père.

Mélampus, remarquable par sa piété, devint ami d'Apollon.

*De Malal. Chronogr.*, p. 83. — Le royaume des Argiens dura donc cent quarante-neuf ans, ainsi que l'a écrit le plus savant des historiens.

## LIVRE SEPTIÈME (?).

*Tzetzes, Hist.*, t. XII, p. 179. — Orphée fut contemporain d'Hercule ; l'un et l'autre ont vécu cent ans avant la guerre de Troie. Orphée, parlant de lui-même dans le livre *sur les Pierres*[1],

---

[1] Voyez sur l'authenticité de ce livre mon *Histoire de la Chimie*, tom. I, p. 207.

dit qu'il est de peu de temps postérieur à Hélénus. Or, Homère est d'une génération postérieure à Hélénus; Homère, qui, suivant Denys le cyclographe, a vécu à l'époque de l'expédition contre Thèbes, et de celle que les Grecs ont entreprise à cause d'Hélène. Diodore et mille autres s'accordent avec Denys.

*Excerpt. de Virt. et Vit.*, p. 548. — A la prise de Troie, Énée s'étant retranché avec quelques compagnons d'armes dans un quartier de la ville, s'y défendit contre les assaillants. Ensuite les Grecs consentirent, sous la foi d'un traité, à renvoyer les Troyens, et ils accordèrent à chacun d'eux la liberté d'emporter tout ce qu'ils possédaient de biens. Tous les autres se chargèrent d'or, d'argent et d'effets précieux; mais Énée prit son père, déjà très-vieux, et l'emporta sur ses épaules. Ravis d'admiration, les Grecs lui permirent encore de choisir tout ce qu'il voudrait dans les richesses de son palais. Il prit alors les dieux de ses pères, et ce second choix augmenta encore le respect de ses ennemis envers un homme si vertueux; car il se montra, au milieu de la plus grande désolation, tout occupé de son amour pour son père et de sa vénération pour les dieux. Aussi les Grecs lui fournirent-ils les moyens nécessaires pour qu'il pût sortir en toute sûreté de Troie et se retirer où il voudrait avec le reste des Troyens.

*Georg. Syncell. Chron.*, p. 179 et *Euseb.*, p. 163 éd. Mai. — A la suite de cet exposé, nous allons dire comment furent peuplées par des colonies doriennes les villes de Corinthe et de Sicyone[1]. Les Héraclides à leur retour chassèrent presque toutes les nations du Péloponnèse, à l'exception des Arcadiens. Dans le partage qu'ils firent de ce pays, ils choisirent Corinthe et son territoire voisin; puis ils firent venir près d'eux Alétès et l'établirent possesseur de cette contrée. Pendant les trente-huit ans qu'il régna sur Corinthe, il rendit son nom illustre et accrut la puissance de cette ville. A sa mort, ses descendants lui succédèrent sans interruption, selon l'ordre de primogéniture, jus-

---

[1] La disposition des fragments dans l'édition de Dindorf diffère ici comme ailleurs de celle adoptée dans l'édition de Deux-Ponts, que j'ai sous les yeux.

qu'à la tyrannie de Cypselus, qui eut lieu quatre cent quarante-sept ans après le retour des Héraclides. Ixion, le premier successeur d'Alétès, régna trente-huit ans ; Agélas lui succéda et régna pendant trente-sept ans. A ceux-ci succéda Prumnis, qui régna trente-cinq ans et eut pour successeur Bacchis ; celui-ci régna le même espace de temps, et fut le plus célèbre de tous ses prédécesseurs. C'est pourquoi ses successeurs s'appelèrent Bacchides au lieu d'Héraclides. Bacchis eut pour successeur Agélas, qui régna trente ans, ensuite Eudémus, qui régna vingt-cinq ans et eut pour successeur Aristomède, qui régna trente ans. A sa mort, il laissa un fils en bas âge, nommé Téleste, à qui Agémon, son oncle et son tuteur, ravit le sceptre héréditaire, et régna seize ans. Son successeur Alexandre régna vingt-cinq ans. Il fut tué par Téleste, qui avait été dépouillé de la royauté de son père, et qui régna douze ans. Ses parents l'ayant fait mourir, Automène lui succéda et régna un an. Ensuite les Bacchides, descendants d'Hercule, au nombre de plus de deux cents, s'emparèrent du pouvoir souverain et gouvernèrent tous en commun la cité. Chaque année on choisissait l'un d'entre eux, qui, sous le nom de *prytane*, exerçait la royauté. La tyrannie de Cypselus détruisit ce gouvernement, qui avait duré quatre-vingt-dix ans.

*Ex Ulpiano ad Demosthenem pro Coron.*, p. 155. — Diodore, d'après Hellanicus, explique le nom de Munychium en disant que les Thraces ayant autrefois fait la guerre aux habitants d'Orchomène-Mynien, ville de la Béotie, les chassèrent de cet endroit ; que ces exilés vinrent à Athènes implorer le roi Munychus, qui leur donna pour s'y fixer le territoire de Munychie, auquel ils imposèrent ce nom, d'après celui du roi.

*Excerpt. de Virt. et Vit.*, p. 546. — Romulus Silvius, qui toute sa vie fut plein d'orgueil, osait même défier la divinité. Lorsqu'il entendait tonner, il ordonnait à ses soldats de frapper tous ensemble, à un signal donné, leurs boucliers avec leurs épées, et il prétendait que le bruit qu'ils faisaient, surpassait celui du tonnerre. C'est pour cela qu'il fut frappé de la foudre.

*Excerpt. de Virt. et Vit.*, p. 547. — Il y eut dans la ville de Cumes un tyran nommé Malacus, qui, aimé du peuple, parvint, en calomniant les plus puissants citoyens, à s'emparer du pouvoir souverain. Il fit périr les plus riches, confisqua leurs biens, en solda une garde et devint la terreur des habitants de Cumes.

\* *Excerpt. Vatican.*, p. 1-3. — Lycurgue avait porté la vertu à un si haut degré qu'étant venu dans le temple de Delphes, la pythie lui adressa ces vers : « Tu entres dans mon riche temple, « ô Lycurgue, ami de l'univers et de tous les immortels qui ha- « bitent l'Olympe ; j'hésite si je te dois parler comme à un dieu « ou comme à un homme. Je te salue plutôt comme un im- « mortel, ô Lycurgue. Tu viens me demander une bonne lé- « gislation ; je t'en indiquerai une comme jamais aucune cité « n'en a eu sur la terre. »

Lycurgue ayant interrogé la pythie sur les lois les plus utiles à donner aux Spartiates : « Ce sont, répondit-elle, celles qui forceront les uns à bien commander, et les autres à bien obéir. — Et que faut-il faire, lui demanda-t-il, pour bien commander et pour bien obéir? » A quoi la pythie donna la réponse suivante : « Il existe deux chemins très-distants l'un de l'autre : l'un conduit au vénéré domicile de la liberté, l'autre mène à la demeure de l'esclavage, que les mortels doivent fuir. On parcourt l'un en s'appuyant sur le courage et sur la bonne harmonie ; c'est la route que tu dois montrer aux peuples. L'autre n'offre que de lamentables discordes et d'affreuses misères. C'est celle-là qu'il faut se garder de prendre. »

Le principal point est que cet oracle prescrit le courage et la plus grande concorde, comme les seuls moyens capables d'assurer la liberté, sans laquelle il n'y a rien de profitable ; et on n'a pas ce que le vulgaire appelle un bien, dès qu'on est le sujet des autres. Tous ces préceptes s'adressent aux chefs et non aux sujets. Ainsi, celui qui acquiert des biens pour soi, et non pour les autres, doit avant tout s'assurer la liberté. L'oracle ordonne encore aux uns et aux autres la prévoyance, car ni le courage ni la concorde ne suffisent isolément au bonheur des hommes. Car à quoi sert le courage s'il n'est pas uni à la concorde; et à quoi sert aux lâches la concorde s'ils ne savent pas la défendre ?

Le même Lycurgue rapporta de Delphes l'oracle suivant, relatif à l'avarice, et qui est passé en proverbe : « L'amour de l'argent, et rien autre chose, perdra Sparte. C'est là l'oracle que le souverain Apollon, à la chevelure dorée et à l'arc d'argent qui atteint de loin, prononce du fond de son sanctuaire. Que les rois, aimés des dieux, auxquels est confiée la belle ville de Sparte, et les sénateurs vénérables soient les premiers dans le conseil; que les citoyens exécutent les lois, en ne disant et ne faisant rien d'injuste; enfin en ne conspirant point contre l'État. La victoire et la force accompagneront le peuple des Spartiates. Voilà ce que Phœbus ordonne à Sparte. »

Ceux qui ne sont pas pieux envers la divinité sont encore moins justes envers les hommes.

*Excerpt. de Virt. et Vit.*, p. 547. — Les Lacédémoniens, gouvernés par les lois de Lycurgue, de faibles qu'ils étaient, devinrent les plus puissants des Grecs. Ils conservèrent cette suprématie pendant plus de quatre cents ans. Mais, dans la suite, ayant négligé peu à peu chacune de ces lois, et dégénéré jusqu'à faire usage de la monnaie et à acquérir des richesses, ils perdirent cette suprématie.

Les Éliens étaient devenus une population nombreuse et se gouvernaient par des lois sages. Les Lacédémoniens virent d'un œil jaloux l'accroissement de cette puissance et cherchèrent à amener les Éliens à une vie commune, au sein d'une douce paix, pour leur ôter le goût et l'expérience de l'art de la guerre. Aussi, ayant obtenu le consentement de presque tous les Grecs, ils les consacrèrent au culte de la divinité. Les Éliens furent exemptés de prendre part à l'expédition contre Xerxès, comme étant uniquement dévoués au service divin. Dans toutes les guerres civiles que les Grecs se faisaient entre eux, les Éliens n'ont jamais éprouvé aucun dommage. Au contraire, tous les Grecs défendaient la ville et le territoire de l'Élide comme un pays sacré et inviolable. Cependant, dans la suite, après plusieurs générations, ils prirent part aux guerres des Grecs, et firent la guerre pour leurs propres intérêts[1].

*Georg. Syncell. Chron.*, p. 262. — Voici la généalogie de Caranus, d'après Diodore et beaucoup d'autres historiens du nombre desquels est Théopompe. Caranus fils de Phidon, fils d'Aristodamidas, fils de Mérops, fils de Théostius, fils de Cissius, fils de Timénus, fils d'Aristomaque, fils de Cléotades, fils d'Hyllus, fils d'Hercule. Quelques écrivains donnent cette généalogie autrement et disent que Caranus était fils de Pœan, fils de Crésus, fils de Cléodéus, fils d'Eurybiade, fils de Déballus, fils de Lacharès, fils de Téménus, qui rentra dans le Péloponnèse.

*\* Excerpt. Vatic.*, p. 4. — Perdiccas, voulant accroître sa puissance, interrogea le dieu de Delphes qui lui répondit : « Le pouvoir royal sur une contrée fertile est départi aux nobles descendants de Téménus; Jupiter, qui porte l'égide, le leur accorde. Marche vers la Bottéide, riche en troupeaux. Là où tu rencontreras des chèvres blanches aux cornes brillantes, endormies sur le sol, offre-les, à la même place, en sacrifice aux dieux, et y pose les fondements d'une cité[2]. »

## LIVRE HUITIÈME.

*\* Excerpt. Vatican.*, p. 4. — Les Éliens n'eurent aucune part aux guerres communes [de la Grèce]. En effet, lorsque Xerxès envahit la Grèce à la tête de tant de milliers de combattants, les alliés dispensèrent les Éliens du service militaire, parce que les chefs jugeaient que ces derniers seraient plus utiles en s'occupant du culte des dieux.

*\* Ibid.*, p. 4. — Tout commerce secret avec un homme est illicite. Qui serait assez insensé pour échanger le plaisir d'un instant contre le bonheur de toute la vie?

*Excerpt. de Virt. et Vit.*, p. 547. — Romulus et Rémus, qui

---

[1] Ce fragment est placé au commencement du livre VIII, dans l'édition de M. A. Didot.

[2] Ægues en Macédoine; cette ville fut par la suite appelée *Pella*.

avaient été exposés, étant parvenus à l'âge viril, surpassèrent de beaucoup en beauté et en force les hommes de leur temps. Ils défendaient tous les troupeaux d'animaux domestiques ; car ils repoussaient les brigands qui avaient coutume de les inquiéter ; ils en tuaient un grand nombre dans l'attaque même, et en prenaient quelques-uns vivants. Indépendamment de la gloire qu'ils acquirent ainsi, ils devinrent très-chers aux bergers du voisinage ; ils se trouvaient à toutes les assemblées, se montraient bienveillants et faisaient également bon accueil à tous ceux qui s'adressaient à eux. Ainsi, la tranquillité reposant sur Romulus et Rémus, tous se soumirent à leur commandement ; ils exécutaient leurs ordres et s'empressaient d'accourir aux lieux qu'ils leur désignaient.

\* *Excerpt. Vatican.*, p. 5.—Lorsque Romulus et Rémus consultaient le vol des oiseaux sur l'emplacement d'une ville, l'augure se manifesta à la droite ; et l'on rapporte que Rémus, surpris, cria à son frère : « Il arrivera souvent dans cette ville que des conseils sinistres seront couronnés de succès. » Il envoya immédiatement un messager, et bien qu'il se fût lui-même complétement trompé, le hasard répara sa faute.

Romulus, en fondant Rome, s'empressa d'entourer d'un fossé le mont Palatin, afin d'empêcher quelques peuples du voisinage de venir troubler son entreprise. Rémus, irrité de se voir exclu du premier rang, et jaloux de la fortune de son frère, visitait les ouvriers et critiquait leurs travaux ; il leur démontrait que le fossé était trop étroit pour garantir la ville, et que les ennemis le franchiraient facilement. Emporté par la colère, Romulus s'écria : « J'ordonne à tous les citoyens de châtier le premier qui essaierait de traverser ce fossé. » Rémus se moqua de nouveau des ouvriers, en leur disant que leur fossé était trop étroit, et que les ennemis le passeraient aisément, ainsi que lui-même pourrait le faire, et, à ces mots, il le franchit. Mais, parmi les ouvriers, il y en eut un du nom de Céler qui prit la parole, et dit : Eh bien, moi, je châtierai celui qui a transgressé l'ordre du roi, » et aussitôt il frappa Rémus d'un coup de pioche sur la tête, et l'étendit roide mort[1].

*Tzetz. Schol. ad Exeges. Iliad.*, p. 141. — Denys d'Halicarnasse, Dion et Diodore parlent de Romulus et Rémus.

*Georg. Syncell.*, p. 194, et *Euseb. Chron.*, p. 210. — Quelques historiens se sont trompés en supposant que Romulus, fondateur de Rome, était fils d'une des filles d'Énée. Voici la vérité : Dans l'intervalle de temps qui s'est écoulé entre Énée et Romulus, de nombreux rois ont régné, car la ville fut bâtie environ vers la seconde année de la VII<sup>e</sup> olympiade[2]. Ainsi, Rome fut fondée plus de quatre cent trente ans après la guerre de Troie. Énée, trois ans après la prise de Troie, s'empara de la royauté des Latins, et, après un règne de trois ans, il disparut et obtint les honneurs divins. Ascagne, son fils, lui ayant succédé à l'empire, fonda la ville d'Albe, maintenant appelée *la Longue*; il la nomma ainsi du nom primitif du fleuve Alba, appelé aujourd'hui le Tibre. Fabius, qui a écrit une histoire des Romains, lui donne une origine mythologique. « L'oracle, dit-il, avait annoncé à Énée qu'un quadrupède le conduirait au lieu où il devait construire une ville ; un jour qu'Énée allait offrir un sacrifice, il rencontra une truie pleine et de couleur blanche ; il arriva qu'elle lui échappa des mains et atteignit une colline où elle mit bas trente petits. Alors Énée, admirant ce prodige et se rappelant l'oracle, se mit à élever une ville dans ce lieu ; mais une vision qu'il eut la nuit lui défendit de continuer, et lui conseilla de n'élever la ville qu'au bout de trente ans, nombre égal à celui des petits de la truie ; il se désista donc de son entreprise. »

*Excerpt. de Virt. et Vit.*, p. 548. — Polycharès de Messine, homme distingué par sa naissance et ses richesses, se mit en société de biens avec Évæphne de Sparte. Celui-ci s'étant chargé de la direction et de la surveillance des troupeaux et des bergers,

---

[1] Il n'est pas probable que ce fragment soit de Diodore, car cet historien n'entre jamais dans de si grands détails en traitant de l'histoire des Romains, ainsi qu'il est facile de s'en assurer par la lecture des livres qui nous restent.

[2] Année 751 avant J. C.

fut tenté de s'enrichir frauduleusement; mais son dessein fut bientôt découvert. Ayant vendu des bœufs avec leurs bergers à des marchands qui devaient les exporter, il supposa que des voleurs les avaient enlevés de force. Cependant les marchands, faisant voile pour la Sicile, longeaient le littoral du Péloponnèse, lorsqu'une tempête s'éleva et jeta les navires sur la côte. Les bergers en descendirent pendant la nuit, et prirent la fuite, rassurés par la connaissance qu'ils avaient de ces lieux. Lorsqu'ils furent arrivés à Messine, et qu'ils eurent découvert à leur maître la vérité, Polycharès les cacha, et fit venir de Sparte son associé. Celui-ci, persistant dans sa première déclaration, répétait que des voleurs avaient tué une partie de ses bergers et enlevé les autres, quand tout à coup Polycharès les fit paraître. En les voyant, Évæphne, saisi de frayeur et convaincu de fraude, eut recours aux prières; il promit de restituer les bœufs dérobés, et employa toutes les supplications pour obtenir sa grâce. Polycharès, respectant l'hospitalité, se laissa fléchir; il tint le fait caché et se contenta d'envoyer son fils avec le Spartiate pour obtenir justice. Mais Évæphne, violant sa promesse, assassina le jeune homme qui devait l'accompagner à Sparte. Indigné de ce forfait, Polycharès en demanda justice aux Lacédémoniens. Ceux-ci ne l'écoutèrent pas; mais ils envoyèrent à Messine le fils d'Évæphne, avec une lettre pour inviter Polycharès à venir lui-même porter son accusation devant les éphores et les rois. Usant du droit de talion, Polycharès tua ce jeune homme et ravagea les campagnes de Sparte.

*Excerpt. Vatican.*, p. 6. — Les Messéniens ayant pris les hurlements des chiens pour un fâcheux augure, un des anciens engagea la foule à ne pas ajouter foi aux sottes prédictions des devins. « Car, disait-il, ceux qui dans leur vie privée commettent tant de fautes sont incapables de prévoir l'avenir, que les dieux seuls doivent connaître. » Il conseilla donc d'envoyer une députation à Delphes. La pythie répondit ainsi : « Sacrifiez une des filles de la race des Æpytides; si celle qui est désignée par le sort ne pouvait être offerte aux dieux, il faudrait sacrifier une vierge que les parents auraient donnée volontairement. En agissant ainsi, vous aurez la victoire et vous l'emporterez sur vos ennemis. Aucun honneur, quelque grand qu'il soit, ne peut compenser la douleur qu'éprouvent les parents de la perte de leurs enfants.... »

\* *Ibid.*, p. 6. — Il tomba dans des fautes indignes de sa gloire; car un amour violent rend criminels les jeunes gens et surtout ceux qui sont fiers de leur force physique. C'est pourquoi les anciens mythographes nous ont représenté l'invincible Hercule vaincu par la puissance de l'amour.

*Excerpt. de Virt. et Vit.*, p. 548. — Archias de Corinthe, épris du jeune Actéon, lui envoya d'abord un confident chargé de lui faire les plus belles promesses. Mais la vigilance du père et la sagesse de l'enfant même ayant déjoué toutes les tentatives, Archias réunit la plupart de ses compagnons pour enlever de force celui qui résistait à ses insinuations et à ses prières. S'étant enivré de vin, il se laissa tellement aveugler par la passion, qu'il se précipita avec ses convives dans la maison de Mélissus pour en arracher l'enfant. Le père, secondé par tous ses gens, opposa une vive résistance. Pendant la lutte qui avait lieu entre les deux partis, l'enfant mourut, sans qu'on y prît garde, dans les mains de ses défenseurs. En considérant un événement si extraordinaire, on ne peut s'empêcher d'être touché du sort de cet infortuné, et d'admirer la singularité du destin : celui qui portait le même nom périt dans une catastrophe semblable; l'un et l'autre furent privés de la vie et presque de la même manière, par ceux-là mêmes qui auraient dû les défendre.

Agathocle, chargé de diriger la construction du temple de Minerve, en fit la dépense sur ses propres fonds; il choisit les plus belles pierres de taille, et en fit bâtir pour lui-même une maison magnifique. La divinité s'en vengea : Agathocle fut frappé de la foudre, et périt dans les flammes de sa maison. Les Géomores déclarèrent que ses biens appartenaient à l'État, malgré la protestation des héritiers qui prouvaient qu'Agathocle n'avait rien pris sur les fonds consacrés au culte. Ils consacrèrent cette maison et en défendirent l'approche. On l'appelle encore aujourd'hui *la maison du tonnerre*.

Après ces événements, le roi, remis de ses blessures, songea à décerner le prix de la bravoure. Cléonnis et Aristomène, qui s'étaient l'un et l'autre distingués par quelque action d'éclat, entrèrent dans la lice. Cléonnis avait couvert de son bouclier le roi tombé, et tué huit Spartiates qui l'assaillaient, au nombre desquels étaient deux chefs célèbres. Après les avoir tués, il les avait dépouillés de leurs armures qu'il avait remises à ses écuyers pour attester sa valeur à l'époque du jugement. Il avait succombé enfin sous le nombre des blessures qu'il avait toutes reçues par devant, preuve bien évidente qu'il n'avait reculé devant aucun des guerriers. Quant à Aristomène, dans le combat autour du roi, il avait tué cinq Lacédémoniens, et leur avait enlevé leurs armures au milieu des attaques de l'ennemi; il avait su se garantir de toute blessure, et sortant du combat pour se retirer dans la ville, il avait fait un exploit digne de louange : Cléonnis, épuisé par de nombreuses blessures, ne pouvait faire un pas ni seul ni soutenu. Aristomène le chargea sur ses épaules, et le rapporta dans la ville, avec toute son armure, quoique Cléonnis n'eût point son égal pour la taille ni la grosseur du corps. Voilà les titres qu'ils avaient à faire valoir pour remporter le prix. Le roi s'assit sur son tribunal, entouré de ses généraux, conformément à la loi. Alors Cléonnis, prenant la parole, s'exprima en ces termes :

« Je serai court en parlant du prix de la valeur, car nos juges
« ont été les témoins oculaires de la bravoure de chacun de nous.
« Je dois seulement vous rappeler que chacun de nous a com-
« battu les mêmes ennemis, dans le même temps et dans le
« même lieu, mais que c'est moi qui en ai tué le plus grand
« nombre. Il est donc évident que celui qui, dans les mêmes cir-
« constances, a tué le plus d'ennemis, l'emportera aussi par vos
« suffrages. Nos corps vous fourniront d'ailleurs les preuves les
« plus convaincantes de la supériorité du courage. L'un s'est
« retiré tout couvert de blessures reçues par devant, l'autre,

« n'ayant pas même été effleuré par le fer de l'ennemi, s'est re-
« tiré d'un si grand combat comme d'une fête pompeuse. Aris-
« tomène pourra être jugé plus heureux, mais non pas plus
« brave que nous. Il est de toute évidence que celui dont le
« corps a été ainsi lacéré n'a pas épargné sa personne pour le
« salut de la patrie ; tandis que celui qui, au milieu de la
« mêlée et entouré de tant de dangers, a pu conserver son corps
« intact, a bien pris garde de s'exposer. Aussi serait-il bien ab-
« surde qu'en présence des spectateurs du combat celui qui a
« tué le moins d'ennemis et le moins payé de sa personne, l'em-
« portât sur l'autre qui lui est supérieur dans les deux cas.
« Porter hors du combat un corps épuisé par ses blessures,
« c'est faire preuve d'une grande force de corps, mais ce n'est
« point un signe de courage. Mais ce discours doit suffire ; car
« il s'agit de remporter le prix non pour des paroles, mais pour
« des faits. »

Aristomène, à son tour, s'exprima ainsi : « Je m'étonne moi-
« même que celui qui a été sauvé vienne disputer la palme à
« son sauveur. Il faut qu'il croie que ses juges sont privés de
« raison, ou bien qu'il fasse dépendre leur jugement des paroles
« actuellement prononcées et non des exploits récemment ac-
« complis. Il est facile de montrer, non-seulement l'infériorité
« de Cléonnis, mais encore son ingratitude. Laissant de côté ses
« exploits, il s'attache à dénaturer les miens, et montre une in-
« juste ambition. Il me ravit par une basse jalousie la gloire de
« mes hauts faits, au lieu de me témoigner la plus grande re-
« connaissance pour lui avoir sauvé la vie. J'avoue que j'ai été
« heureux dans cette lutte ; mais j'avais déjà donné des preuves
« de ma bravoure. Si j'avais évité le choc des ennemis pour m'é-
« pargner des blessures, je ne m'appellerais pas heureux, mais
« lâche; et aujourd'hui, loin de disputer le prix de la valeur,
« j'invoquerais le châtiment prescrit par les lois. Mais si, com-
« battant au premier rang, et répandant autour de moi le
« carnage, je n'ai reçu aucune blessure, on doit non-seule-
« ment me dire heureux mais encore vaillant. En effet, ou ma

« bravoure a fait que les ennemis épouvantés n'ont pas osé m'at-
« taquer, et leur terreur est mon plus grand éloge; ou bien les en-
« nemis qui résistaient tombaient sous mes coups, tandis que je
« parais les leurs, unissant ainsi le courage à la prudence : celui
« qui, dans l'ardeur du combat, sait habilement éviter le péril
« possède également les qualités du corps et celles de l'esprit.
« Mais c'est à des hommes meilleurs que mon adversaire que je
« devrais adresser ces raisons. Cependant, quand je portai Cléon-
« nis évanoui hors du combat dans la ville, tout en conservant
« mon armure, je crois qu'il me rendait justice; si alors je l'a-
« vais abandonné, probablement aujourd'hui il ne me disputé-
« rait pas le prix de la valeur, et ne dirait pas, pour diminuer la
« grandeur de ce service, qu'un tel acte était fort peu de chose,
« puisqu'en ce moment l'ennemi avait quitté le champ de ba-
« taille. Qui ne sait pas que bien souvent les ennemis, après s'être
« retirés du combat, reviennent subitement et ont par ce moyen
« obtenu plus d'une fois la victoire? Ces paroles me paraissent
« suffisantes, et je crois qu'il n'est pas nécessaire que j'en dise
« davantage. »

Après ce discours, les juges décidèrent à l'unanimité qu'Aristomène avait mérité le prix.

*Excerpt. Vatican.*, p. 7. — Ils reprirent courage; car les
hommes, exercés dès leur enfance au courage et à la patience,
n'ont besoin que d'une simple parole pour se relever dans l'adversité. Quoi qu'il en soit, les Messéniens se ranimèrent, et con-
fiants dans leurs forces.....

Les Lacédémoniens, battus par les Messéniens, envoyèrent
consulter l'oracle de Delphes. La pythie leur répondit : « Phœbus t'ordonne de ne pas te fier seulement à ton bras dans les combats : le peuple a obtenu la Messénie par la ruse, il la perdra par
les mêmes artifices. »

Cet oracle signifiait qu'il ne fallait pas seulement avoir recours
à la force, mais encore à l'astuce.

*Excerpt. de Virt. et Vit.*, p. 549. — Pompilius, roi des Romains, passa tout le temps de sa vie en paix. On dit qu'il avait

été disciple de Pythagore, de qui il tenait les lois qu'il établit sur le culte des dieux, ainsi que beaucoup d'autres connaissances. C'est par là qu'il s'était rendu illustre et qu'il avait été élu roi, quoique étranger.

*Excerpt. Vatic.*, p. 7 et 8. — Nous ne pouvons, quand même nous le voudrions, honorer la divinité comme elle le mérite. Et comment ne serions-nous pas reconnaissants selon nos forces? quelles espérances pourrions-nous avoir d'une vie future, si nous offensons par nos crimes les dieux auxquels rien n'échappe? Comme tout en eux est immortel, les bienfaits comme les châtiments, il est évident que leur colère est éternelle comme leur bienveillance.

La différence entre la vie des impies et celle des hommes pieux est si grande que les uns espèrent avec confiance dans la prière adressée à la divinité, tandis que les autres n'attendent que les malédictions de leurs ennemis.

Enfin, si nous venons au secours de l'ennemi qui se réfugie auprès de l'autel, et que nous gardions intactes les garanties accordées à ceux avec lesquels nous sommes en guerre, combien plus ne devons-nous pas nous empresser de servir les dieux qui non-seulement distribuent le bonheur pendant la vie, mais qui encore après la mort accordent aux hommes religieux un bonheur éternel? Aussi n'y a-t-il pas dans la vie d'occupation plus importante que le culte des dieux.

On peut trouver chez les animaux le courage, la justice et les autres qualités qui caractérisent l'homme, mais on n'y trouve jamais la piété qui sépare l'homme des animaux de toute la distance qui sépare ce dernier de la divinité.

Si la pratique de la religion convient aux individus, elle convient bien plus encore aux cités; car celles-ci approchent par leur durée de l'immortalité des dieux, et obtiennent, en raison de leur piété, le commandement, de même qu'elles sont punies en raison de leur négligence du culte [1].

---

[1] Ce fragment n'est ni dans les idées ni dans le style de Diodore. Il y a des locutions dont aucun auteur antérieur à l'ère chrétienne ne se serait servi.

*Excerpt. de Virt. et Vit.*, p. 549. — Déjocès, roi des Mèdes, au milieu des crimes dont il était entouré, pratiquait la justice et les autres vertus.

\* *Excerpt. Vatican.*, p. 8 et 9. — Myscellus, Achéen d'origine, partit de Crète pour consulter l'oracle de Delphes au sujet de sa postérité. La pythie lui répondit en ces termes : « Myscellus au dos court, Apollon qui atteint de loin, t'aime et te donnera de la progéniture ; mais il t'ordonne auparavant de fonder la grande ville de Crotone dans une belle campagne. » Comme Myscellus ignorait l'emplacement de Crotone, la pythie lui répondit de nouveau : « Le dieu dont les traits portent au loin te parle, et écoute bien. Là, tu verras d'abord le mont Taphius non cultivé, ici Chalcis, plus loin la terre sacrée des Curètes, enfin les Échinades, et à ta gauche la vaste mer. Garde-toi de manquer le cap Lacinium, la sainte Crimise et le fleuve Esarus. » Myscellus, chargé par l'oracle de fonder la ville de Crotone, voulait la construire dans le pays de Sybaris dont il admirait la beauté ; mais l'oracle lui dit : « Myscellus au dos court, tu cherches en gémissant ce que le dieu ne t'ordonne pas ; contente-toi du présent que le dieu te donne. »

*Excerpt. de Virt. et Vit.*, p. 550. — Les Sybarites sont esclaves de leur ventre et luxurieux. En cela ils vont si loin que, parmi les nations étrangères, ils font le plus grand cas des Ioniens et des Tyrrhéniens, parce que ceux-là surpassent tous les Grecs et ceux-ci tous les Barbares dans le goût des plaisirs.

\* *Excerpt. Vatican.*, 9 et 10. — On raconte qu'un riche Sybarite, ayant entendu d'un autre que l'aspect des travailleurs avait fait sur lui un effet déchirant, s'écria : « Je ne m'en étonne pas, car en écoutant seulement ton récit, je me sens un point de côté. » — Un autre Sybarite qui avait visité Sparte, disait qu'auparavant il avait bien admiré le courage des Spartiates, mais que depuis qu'il les avait vus vivre si mesquinement et au milieu de si grandes fatigues, il était d'opinion que les Spartiates sont les derniers des hommes ; « car, ajouta-t-il, le plus lâche des Sybarites aimerait mieux mourir trois fois que de mener une vie pareille. » Celui qui paraît s'être fait le plus remarquer par son luxe s'appelait Mindyride.

*Excerpt. de Virt. et Vit.*, p. 550. — Mindyride passe pour avoir été le plus somptueux des Sybarites. Clisthène, tyran de Sicyone, qui venait d'être vainqueur à la course des chars, avait fait publier par un héraut que tous ceux qui rechercheraient sa fille, qui était d'une grande beauté, eussent à se rendre à Sicyone. Mindyride partit donc de Sybaris sur un vaisseau à cinquante rames, dont l'équipage n'était composé que de ses domestiques qui étaient les uns pêcheurs et les autres oiseleurs. Arrivé à Sicyone, il surpassa par sa magnificence non-seulement tous ses rivaux, mais le tyran lui-même, quoique toute la cité eût contribué à l'éclat de cette fête. Dans le repas qui se donna aux prétendants assemblés, un des convives voulut coucher à côté de Mindyride; ce dernier le repoussa en disant que, s'en tenant aux termes de la proclamation du héraut, il voulait coucher avec une femme ou coucher seul.

*Excerpt. Vatican.*, p. 10 et 11. — Un Sybarite, de retour d'un voyage à Milet, dont les habitants passent pour très-luxurieux, raconta entre autres à ses compatriotes qu'il avait, dans son voyage, trouvé une ville libre, celle des Milésiens.

Les Épeunactes ayant conspiré avec Phalanthe, il fut convenu que l'insurrection éclaterait sur la place publique au moment où Phalanthe, armé, mettrait son casque sur la tête. Mais ce projet fut dénoncé aux éphores. La majorité ayant voté la mort de Phalanthe, Agathiadas, ami de ce dernier, représenta que cette condamnation plongerait Sparte dans les plus grands troubles; que si on l'emportait, cette victoire serait sans doute avantageuse, mais qu'une défaite serait la ruine de la patrie. Il conseilla donc qu'un héraut ordonnerait à Phalanthe de garder son casque dans ses mains. Là-dessus, les Parthéniens[1] renoncèrent à leur entreprise et se dispersèrent. — Les Épeunactes envoyè-

---

[1] Parthéniens ou *efféminés*. On donnait ce surnom aux Épeunactes qui étaient les enfants nés du commerce des Hotes avec les femmes lacédémoniennes pendant l'absence de leurs maris occupés à la guerre de Messénie.

rent des théores à Delphes pour demander si l'oracle leur accorderait la Sicyonie. La pythie répondit : « Le pays situé entre Corinthe et Sicyone est sans doute beau, mais tu ne l'habiteras pas lors même que tu serais tout d'airain. Tourne tes regards vers Satyrium, vers l'eau limpide de Tarente et le port Scéen, où le varech embrasse avec le sommet de sa barbe velue les flots salés; là, construis Tarente assise sur le territoire de Satyrium. » Comme les théores ne comprirent pas le sens de cet oracle, la pythie s'expliqua ainsi plus clairement : « Je t'ai donné Satyrium pour domicile ainsi que Tarente avec sa riche population; je t'ai permis d'exterminer la race des Iapyges. »

*Excerpt. de Virt. et Vit.*, p. 550. — Hippomène, archonte des Athéniens, tira de sa fille, qui s'était laissé séduire, une vengeance atroce et inouïe. Il l'enferma dans une écurie avec un cheval, et, privant l'animal de nourriture pendant plusieurs jours, il le contraignit à assouvir sa faim sur le corps de cette malheureuse.

*Excerpt. de legat.*, p. 618, 619. — Tullus Hostilius étant roi des Romains, les Albaniens virent d'un œil jaloux l'agrandissement de la puissance des Romains. Pour les humilier, ils prétendirent que des brigands romains avaient envahi leurs terres. Ils envoyèrent donc des députés à Rome pour obtenir réparation, ou pour déclarer la guerre en cas de refus. Hostilius, ayant appris que les Albaniens cherchaient un prétexte pour faire la guerre, ordonna à ses amis de recevoir les députés et de les traiter avec beaucoup d'égards. Pour lui, il évita d'avoir une entrevue avec eux, et envoya des députés à Albe pour y porter les mêmes plaintes de la part des Romains. En cela le roi suivait une ancienne coutume d'après laquelle on ne devait entreprendre que des guerres injustes; et dans la crainte de ne pouvoir découvrir les auteurs des brigandages ni de les livrer aux Albaniens, il ne voulait pas paraître faire une guerre injuste. Les députés des Romains demandèrent les premiers satisfaction, et, ne l'ayant pas obtenue, ils déclarèrent que la guerre commencerait dans trente jours. Tullus répondit donc aux députés d'Albe que les Albaniens n'ayant pas donné la satisfaction qui leur avait été demandée, les Romains leur avaient déclaré la guerre. C'est de cette manière qu'en vinrent aux mains deux peuples jusque-là unis par des liens d'amitié et de famille.

*Tzetz. Hist.*, V., p. 15. — Jadis les Romains, issus des Latins, ne faisaient jamais la guerre sans l'avoir déclarée : ils lançaient sur le territoire du peuple ennemi un javelot qui était le signal des hostilités. Ensuite ils faisaient la guerre à ce peuple. Voilà ce que rapporte Diodore.

\* *Excerpt. Vatican.*, p. 11 et 13. — Antiphème et Entimus, fondateurs de Géla, consultèrent la pythie, qui leur donna la réponse suivante : « Entimus et toi, fils belliqueux du glorieux Craton, vous qui tous deux êtes venus habiter la terre de Sicile, construisez une ville à la fois crétoise et rhodienne à l'embouchure du Géla, et donnez à cette ville le nom sacré de ce fleuve. » Les Chalcidiens, qui avaient été consacrés par voie de décimation, vinrent consulter l'oracle au sujet d'une colonie, et obtinrent la réponse suivante : « Au point où l'Apsias, le plus saint des fleuves, verse ses eaux dans la mer, vous trouverez une femelle qui éprouve les étreintes du mâle ; là, construisez une ville, car le dieu vous accorde la contrée de l'Ausonie. » Ils trouvèrent, en effet, au bord du fleuve Apsias, une vigne embrassant un figuier sauvage surnommé *hermaphrodite*, et ils y fondèrent une ville.

Un passant s'écria à haute voix : « Quel est celui qui, au prix d'une vie périssable, veut acquérir une gloire immortelle ? je suis le premier à donner ma vie pour la sûreté publique. »

Quelqu'un demanda à ceux qui se rendaient à la campagne ce qu'il y avait de nouveau dans la ville. Le magistrat de Locres condamna ce curieux à une amende, tant était sévère la pratique de la justice.

La pythie répondit aux Sicyoniens qu'ils seraient pendant cent ans gouvernés par des licteurs. Ceux qui voulaient savoir quel serait ce premier licteur reçurent pour réponse : « Ce sera celui qui, après un voyage sur mer, apprendra le premier qu'il lui est né un fils pendant son absence. » Or, les théores avaient été par hasard accompagnés d'un boucher qui devait immoler les victimes; il s'appelait André, et il était en qualité de licteur aux gages des magistrats….

Les Spartiates, vaincus par les Messéniens, envoyèrent à Delphes consulter le dieu au sujet de la guerre. L'oracle répondit qu'ils devaient prendre un chef athénien.

Les Lacédémoniens étaient tellement excités au combat par Tyrtée, que les guerriers écrivaient leurs noms sur des scytales et les attachaient à leurs bras, afin que les morts fussent reconnus. Ils étaient ainsi prêts à se vouer à une mort glorieuse, si la victoire venait à leur manquer.

*Tzetz. Hist.*, t. I, p. 16. — Terpandre, le joueur de lyre, était natif de Méthymne. Les Lacédémoniens étaient en proie à une guerre civile, quand l'oracle leur annonça que la concorde se rétablirait entre eux si Terpandre de Méthymne venait jouer de la lyre à Sparte. Et en effet, Terpandre fit entendre des accords si mélodieux qu'il rétablit l'harmonie chez les Lacédémoniens, comme le rapporte Diodore. Ramenés à l'union, ils s'embrassèrent les uns les autres en versant des larmes.

\*Excerpt. Vatican., p. 12. — Aristotelès, qu'on appelle aussi Battus, voulant fonder Cyrène, obtint de la pythie la réponse suivante : « Battus, tu viens pour chercher un remède à ta voix[1]. Le roi Phœbus Apollon t'envoie dans la belle Libye régner sur la vaste Cyrène et jouir des honneurs de la royauté. Au moment où tu aborderas en Libye, des Barbares habillés de peaux t'attaqueront; mais toi, en invoquant Jupiter, Minerve aux yeux bleus et Phœbus à la longue chevelure, fils de Jupiter, tu remporteras facilement la victoire, et tu régneras en paix, toi et ta race, sur la belle Libye; Phœbus Apollon est ton guide. »

L'envie avilit ceux qui par leur gloire occupent le premier rang.

*Excerpt. de Virt. et Vit.*, p. 550, 554. — Arcésilaüs, roi des Cyrénéens, accablé de maux, consulta l'oracle de Delphes.

---

[1] Battus vient de βατταρίζω, je bégaie.

Apollon lui répondit que les dieux étaient irrités de ce que les rois successeurs de Battus s'étaient écartés de l'exemple de ce premier prince. En effet, content du titre de roi, Battus avait gouverné avec justice et selon les vœux du peuple, et surtout il avait conservé le culte des dieux, tandis que ses successeurs, faisant de plus en plus sentir leur tyrannie, s'étaient approprié les revenus publics, et ne s'occupaient nullement des devoirs pieux à rendre à la divinité.

Démonax de Mantinée, homme très-célèbre par sa prudence et son équité, fut choisi pour juger [les différends qui s'étaient élevés dans la Cyrénaïque]. Il débarqua à Cyrène, et ayant été unanimement accepté pour arbitre, il réconcilia les villes entre elles.

Lucius Tarquin, roi des Romains, avait reçu une excellente éducation et se livrait avec ardeur à l'étude des sciences; il s'était acquis par ses vertus une grande réputation. Parvenu à l'âge viril, il s'attacha au roi des Romains Ancus Marcius, dont il devint l'ami le plus intime et partagea souvent avec lui les soins de la royauté. Il employa ses richesses, qui étaient très-considérables, à secourir de nombreux indigents. Il se conduisit avec bienveillance envers tout le monde. Il fut exempt de tout reproche, et devint très-célèbre par sa sagesse.

\* *Excerpt. Vatican.*, p. 13 et 14. — Les Locriens envoyèrent à Sparte pour demander des secours. Les Lacédémoniens, en entendant parler de la puissance des Crotoniates et voulant se dévouer, répondirent que le seul moyen de sauver les Locriens était de leur donner pour auxiliaires les Tyndarides. Les envoyés, soit inspiration divine, soit interprétation de l'augure, acceptèrent ce secours; ils dressèrent sur leur navire un lit où furent couchées les images des Dioscures, et retournèrent dans leur pays.

De quel accablement devaient être atteints les pères qui voyaient leurs fils maltraités par les Barbares sans pouvoir les secourir, et qui, s'arrachant leurs cheveux blancs, trouvèrent la fortune sourde à leurs gémissements?

## LIVRE NEUVIÈME (?).

*Excerpt. de Virt. et Vit.*, p. 531. — Solon était fils d'Exécestide, originaire de Salamine, dans l'Attique. Il surpassa tous ses contemporains en sagesse et en science. Porté à la vertu par un heureux naturel, il eut la noble ambition d'acquérir tous les talents. Il s'appliqua longtemps aux études et devint exercé dans toutes les vertus. Il avait eu dès son enfance les meilleurs maîtres, et, arrivé à l'âge viril, il se lia avec les plus grands philosophes. Ce fut en les fréquentant et en participant à leurs entretiens qu'il mérita d'être mis au nombre des sept sages. Il obtint même sur eux la palme de la sagesse, ainsi que sur tous ceux que la vertu a rendus illustres. Le même Solon s'est fait une réputation immortelle par l'institution de ses lois; il se faisait également admirer dans ses entretiens particuliers par ses réponses, et dans les conseils par la profondeur de ses vues, résultat de son instruction.

La ville d'Athènes avait adopté les mœurs de l'Ionie, et ses citoyens s'abandonnaient à l'oisiveté et aux plaisirs. Solon vint à bout de les amener à la pratique de la vertu, et de leur inspirer l'amour des entreprises courageuses. Harmodius et Aristogiton, vivement pénétrés de l'esprit des lois de Solon, conçurent le dessein de renverser la tyrannie des Pisistratides.

\* *Excerpt. Vatican.*, p. 14 à 16. — Crésus, roi des Lydiens, possédant de grandes armées et ayant accumulé beaucoup d'argent et d'or, fit venir auprès de lui les plus sages des Grecs; il s'entretenait avec eux familièrement et les renvoyait comblés de présents. Le commerce avec ces hommes lui avait beaucoup profité. Un jour il montra à un de ces sages ses troupes et ses richesses, et lui demanda s'il connaissait quelqu'un plus heureux. Solon, avec la franchise ordinaire des philosophes, répondit : « Aucun être vivant n'est heureux; car celui qui s'estime heureux et qui croit pouvoir compter sur la fortune ignore si elle lui restera fidèle jusqu'à la fin; il faut donc examiner la fin de la vie, et celui qui jusque-là est favorisé par la fortune doit seul être appelé heureux, » Crésus, devenu plus tard prisonnier de Cyrus, se rappela la sentence de Solon au moment où le bûcher allait s'allumer; au milieu de la flamme il prononça sans cesse le nom de Solon. Cyrus envoya s'informer pourquoi son prisonnier prononçait sans cesse le nom de Solon. Instruit de la vérité, il changea de dessein; reconnaissant la justesse de la sentence de Solon, il revint à des sentiments plus humains, fit éteindre la flamme et admit Crésus au nombre de ses amis.

Solon pensait que les lutteurs, les coureurs du stade et les autres athlètes ne pouvaient guère être d'un grand secours pour les États; enfin que les hommes sages et courageux pouvaient seuls défendre la patrie en danger.

La pythie s'exprima ainsi au sujet du trépied d'or en litige : « Enfant de Milet, tu interroges Phébus relativement au trépied. Quel est le premier de tous par sa sagesse ? C'est à celui-là que j'adjuge le trépied. » Quelques-uns racontent la chose autrement : au moment où la guerre eut éclaté entre les Ioniens, un trépied fut retiré de la mer par des pêcheurs, et on interrogea le dieu sur la fin de cette guerre; la pythie répondit : « La guerre entre les Méropes [1] et les Ioniens ne cessera pas avant que vous n'ayez renvoyé le trépied d'or, ouvrage de Vulcain, et que vous ne l'ayez placé dans le domicile de l'homme qui, par sa sagesse, pénètre le présent et l'avenir. » Les Milésiens, obéissant à l'oracle, destinèrent ce trépied à Thalès de Milet, comme étant le premier des sept sages. Mais celui-ci déclara qu'il n'était pas le plus sage de tous, et conseilla d'envoyer le présent à un autre plus sage que lui. Les autres sages ayant de même refusé le trépied, il fut enfin offert à Solon qui semblait, par sa sagesse et sa prudence, surpasser tous les hommes. Celui-ci conseilla de le consacrer à Apollon comme au plus sage de tous.

Lorsqu'à la fin de sa vie, Solon vit Pisistrate briguer la faveur populaire et incliner vers la tyrannie, il essaya d'abord par ses

---

[1] Habitants de l'île de Cos.

paroles de le détourner de ce dessein, mais ses représentations étant inutiles, il s'avança sur la place publique armé de pied en cap, quoiqu'il fût déjà bien vieux. La foule accourut à ce spectacle inattendu, et Solon exhorta les citoyens à prendre les armes et à renverser sur-le-champ le tyran. Mais personne ne l'écouta, tous le jugèrent fou, et quelques autres l'excusèrent à cause de sa vieillesse. En ce moment arriva Pisistrate, accompagné de plusieurs de ses gardes, et il demanda à Solon sur quoi il comptait pour renverser la tyrannie. « Sur ma vieillesse, » reprit Solon. Frappé de cette sage réponse, Pisistrate ne lui fit aucun mal.

Celui qui a transgressé les lois et commis des actes injustes ne doit pas recevoir le nom de sage.

Le Scythe Anacharsis, fier de sa réputation de sagesse, vint demander à la pythie lequel parmi les Grecs était plus sage que lui. L'oracle répondit : « Il existe, dit-on, au pied du mont OEta un certain Myson; il est plus intelligent que toi. » Ce Myson était Malien; il habitait près du mont OEta, dans un village appelé Chênes.

*Ex Ulpiano ad Timocratem*, p. 480. Il faut savoir que Solon a vécu dans le temps où Athènes était sous la domination des tyrans, avant la guerre des Perses. Dracon lui était antérieur de quarante-sept ans. Ainsi le rapporte Diodore.

*Excerpt de Virt. et Vit.*, p. 552. Myson, Malien de naissance, habitait dans un village nommé Chênes, où il passait sa vie aux travaux de la campagne et inconnu des autres hommes. Il fut mis au nombre des sept sages, à la place de Périandre de Corinthe, qui était devenu un tyran trop dur.

* *Excerpt. Vatican.*, p. 17. — Solon, examinant l'endroit où Myson séjournait, rencontra ce dernier dans la grange, occupé à mettre un manche à sa charrue. Solon, pour l'éprouver, lui demanda : ‹ Je ne vois pas, ô Myson, à quoi puisse maintenant te servir ta charrue. — Je ne veux pas, répliqua Myson, non plus m'en servir maintenant, mais seulement la mettre en état de me servir. »

*Excerpt. de Virt. et Vit.*, p. 552. — Chilon menait une vie conforme à ses paroles; ce qu'on ne voit pas souvent. Car la plupart des philosophes de notre temps disent les plus belles choses et commettent les plus vilaines actions. Ils condamnent donc par la pratique ce qu'ils professent en théorie. Pour Chilon, il consacra sa vie entière à la pratique de la vertu, et les nombreuses sentences qu'on a de lui sont dignes de mémoire.

\* *Excerpt. Vatican.*, p. 17 et 18. — Chilon arriva à Delphes, et, pour offrir aux dieux en quelque sorte les prémices de son esprit, il grava sur une colonne ces trois sentences : *Connais-toi toi-même. Rien de trop. Réponds pour un autre, et tu t'en repentiras.* Chacune de ces sentences brèves et laconiques renferme un grand sens. En effet, *Connais-toi toi-même*, veut dire qu'il faut s'instruire et devenir prudent; car alors seulement on apprendra à se connaître; ceux qui sont privés d'instruction et sans esprit se croient en général les plus éclairés, ce qui est, selon Platon, la plus grande des sottises : ils prennent les méchants pour des hommes de bien et les vauriens pour des gens probes. Celui-là seul qui est instruit et intelligent peut se connaître lui-même et les autres. *Rien de trop* signifie qu'il faut de la mesure dans tout, et que dans les choses humaines il ne faut rien pousser jusqu'aux dernières limites, à l'exemple des Épidamniens. Ceux-ci habitaient le littoral de l'Adriatique et étaient en guerre entre eux : ils jetèrent dans la mer des masses de fer incandescentes en jurant qu'ils ne mettraient un terme à leur inimitié que lorsqu'ils retireraient de la mer ces masses de fer encore brûlantes. Serment absurde et contraire au précepte : *Rien de trop ;* car les Épidamniens furent plus tard forcés par les circonstances d'en venir à un accommodement et de laisser leur masse de fer se refroidir au fond de l'abîme. *Réponds pour un autre, et tu t'en repentiras :* cette sentence est appliquée par quelques-uns au mariage; car chez la plupart des Grecs on appelle le contrat de mariage un engagement, et la vie en commun confirme cette interprétation : les plus grands malheurs et la plupart des peines viennent des femmes. Quelques autres, au contraire, prétendent que cette interprétation est indigne de Chilon, puisque la société ne peut pas exister sans le mariage; ils appliquent donc le dommage qu'éprouvent ceux qui répondent pour un autre à ceux qui s'engagent comme caution dans les contrats civils ou dans les transactions d'argent. Aussi Euripide s'exprime-t-il ainsi : « Je ne m'engage pour personne; celui qui aime à se rendre caution pour les autres en est bientôt puni. Les paroles de l'oracle de la pythie, d'ailleurs, le défendent [1]. » — Quelques-uns soutiennent que cette sentence n'est pas de Chilon, et que ce n'est pas un principe social de refuser de secourir les amis dans le besoin; mais ce qui importe, c'est de se refuser à prendre des engagements trop stricts dans les affaires humaines. Il ne faut pas faire comme les Grecs lorsqu'ils luttèrent contre Xerxès : ils jurèrent à Platée qu'ils légueraient aux enfants de leurs enfants leur haine contre les Perses, et que cette haine durerait tant que les fleuves couleraient vers la mer, tant que le genre humain vivrait, et tant que la terre porterait des fruits. Cependant, malgré cet engagement qui devait braver la fortune, les Grecs envoyèrent quelque temps après des députés auprès d'Artaxerxès, fils de Xerxès, pour lui demander son amitié et son alliance. — Ces courtes sentences de Chilon renferment le meilleur sens pratique, et ces apophthegmes sont les plus belles offrandes consacrées à Delphes. Les briques d'or de Crésus et les autres objets précieux ont disparu et attiré dans le temple de cupides profanateurs; mais ces sentences durent éternellement, et sont déposées comme le plus beau trésor dans l'esprit des hommes instruits; ni les Phocidiens, ni les Gaulois n'ont porté leurs mains sur ce trésor.

*Excerpt. de Virt. et Vit.*, p. 552. — Pittacus de Mitylène était non-seulement admiré pour sa sagesse, mais il était encore un citoyen tel que l'île de Lesbos n'en avait jamais eu et, selon moi, n'en aura jamais, quand même elle produirait un

---

[1] Ces deux vers ne se trouvent dans aucune des pièces d'Euripide parvenues jusqu'à nous.

vin plus abondant et plus doux. Pittacus fut un excellent législateur, il fut l'ami et le bienfaiteur de ses concitoyens; il délivra sa patrie des trois plus grands maux, la tyrannie, le désordre et la guerre.

Pittacus, d'un esprit très-profond et d'un cœur noble et généreux, cherchait en lui-même l'excuse des fautes des autres. Aussi était-il généralement regardé comme l'homme le plus parfait. Ses lois attestent sa politique et sa prudence; il était fidèle à sa parole, courageux à la guerre, et les attraits du gain ne lui inspiraient jamais qu'un profond dédain.

\* *Excerpt. Vatican.*, p. 19. — Lorsque les Mitylénéens donnèrent à Pittacus la moitié du champ pour lequel il avait soutenu un combat singulier, il la refusa et fit distribuer à chacun une part égale, disant que l'égal valait mieux que le plus : il reconnaissait sagement que l'avantage est toujours du côté de la modération et non du côté du lucre. « Car, ajoutait-il, la gloire et la sécurité sont les compagnes de l'égalité; une trop grande fortune entraîne la médisance et la crainte, ce qui lui ôterait bientôt le don qu'on lui offrait. » — Il était conséquent avec lui-même lorsqu'il refusa les offres que Crésus lui fit de ses trésors. « Je ne puis, disait-il, accepter ce don, car je possède déjà le double de ce que je souhaite. » Crésus, étonné de cette indifférence de Pittacus pour l'argent, en demanda la raison. Pittacus répondit que son frère, mort sans enfants, lui avait laissé une fortune égale à celle qu'il avait déjà, et qu'il en était tout attristé. — Lorsque le poëte Alcée, son plus grand ennemi, et qui l'avait amèrement outragé dans ses vers, fut tombé en son pouvoir, il fit entendre ces paroles : « Le pardon vaut mieux que le châtiment. »

*Excerpt. de Virt. et Vit.*, p. 552. Les habitants de Priène racontent que Bias ayant racheté à des brigands qui les avaient enlevées, des jeunes filles de Messène d'un rang distingué, les traita avec honneur comme ses propres enfants. Quelque temps après, leurs parents étant venus à Priène pour les ramener, Bias les rendit, et ne réclama ni la rançon qu'il avait donnée pour elles, ni les frais de leur entretien; au contraire, il leur fit de grands présents. Aussi ces jeunes filles le regardèrent toujours comme leur père, tant à cause du grand bienfait qu'elles en avaient reçu, que pour le soin qu'il avait pris d'elles dans sa maison. De retour au sein de leur famille, elles n'oublièrent jamais la reconnaissance qu'elles lui devaient.

Des pêcheurs messéniens, ayant jeté leur filet, ne retirèrent autre chose qu'un trépied d'airain portant cette inscription : *Au plus sage*. Ils l'emportèrent, et le donnèrent à Bias.

Bias était le plus grand orateur de son temps; mais il fit de son éloquence un usage tout différent de celui des autres orateurs. Il ne l'employa jamais pour gagner de l'argent ni pour en retirer quelque profit; mais il la consacra à la défense des opprimés. C'est ce qu'on voit bien rarement.

\* *Excerpt. Vatican.*, p. 20. — Ce n'est pas un grand avantage d'exceller par sa force, mais de s'en servir opportunément. A quoi a servi à Milon de Crotone sa prodigieuse force? Polydamas le Thessalien, écrasé par un rocher, est un exemple évident combien il est trompeur d'avoir une grande force de corps et un petit jugement.

\* *Tzetz. Hist.*, t. II, 38. — Ce Polydamas était natif de la ville de Scotusse; avec ses mains nues il tuait des lions comme des agneaux; par la vitesse de ses pieds, il dépassait les chars les plus rapides et soutenait de son bras la voûte d'une caverne qui allait s'écrouler.

\* *Excerpt. Vatican.*, p. 20. — Les Cirrhéens ayant eu un long siége à soutenir, parce qu'ils avaient tenté de profaner l'oracle, quelques-uns des Grecs retournèrent dans leur patrie; les autres interrogèrent la pythie, qui leur répondit : « Vous ne parviendrez point à renverser les tours de cette ville, avant que les flots de la bleue Amphitrite viennent se briser contre mon temple, et baigner les rivages sacrés. »

Périlaüs, le statuaire, avait construit pour le tyran Phalaris un taureau d'airain destiné au supplice de ses compatriotes; c'est sur lui qu'on fit le premier essai de cet horrible genre de supplice. Ceux qui donnent aux autres de mauvais conseils sont d'ordinaire les premiers punis [1].

Solon parut dans l'assemblée[2] . . . . . . . . . . . . . . et prédit ainsi aux Athéniens la tyrannie de Pisistrate : « Des nuages tombent la neige et la grêle, le tonnerre succède à la foudre brillante. L'État périt sous les coups des grands hommes ; le peuple est tombé par son imprudence sous le joug d'un monarque. Il est bien difficile de contenir celui qui est trop élevé ; mais maintenant il faut s'attendre à tout. » — Lorsque plus tard Pisistrate fut devenu tyran, Solon s'exprima ainsi : « Si, par votre lâcheté, vous êtes malheureux, n'en accusez pas les dieux. En lui donnant des gardes, vous avez augmenté vos malheurs, et vous vous êtes imposé une triste servitude. Chacun de vous suit la piste du renard, et cependant vous tous réunis n'avez pas le nez assez fin. Vous regardez la langue, vous écoutez les discours subtils de l'homme, mais vous ne le regardez pas à l'œuvre. » — Pisistrate engagea Solon à se taire et à jouir des biens de la tyrannie ; mais, ne pouvant en aucune façon le faire changer de conduite, et le voyant de plus en plus exaspéré contre le tyran dont il menaçait de se venger, Pisistrate lui demanda sur qui il comptait pour l'aider dans ses projets : « Sur ma vieillesse, répondit Solon. »

*Africanus in Euseb. Præp. Ev.*, X, p. 488. — Diodore, dans un de ses dix premiers livres, où il parle des Siciliens et des Sicaniens, a connu la distinction qu'on fait entre un Sicule et un Sicanien, comme nous l'avons dit plus haut.

Cyrus devint roi des Perses dans l'année où l'on célébra la LVᵉ olympiade, selon Diodore.

Cyrus, fils de Cambyse et de Mandane, fille d'Astyage, roi des Mèdes, surpassa tous ses contemporains en valeur, en prudence, et par les autres grandes qualités. Son père lui avait donné une éducation royale en dirigeant ses pensées vers les

---

[1] *Tzetz.*, *Hist.*, I, 646, raconte ce fait avec plus de détails.
[2] La phrase omise n'est que la répétition de ce qui a été dit plus haut, p. 243.

objets les plus élevés. Aussi on ne douta pas qu'il ne fît un jour de très-grandes choses au-dessus de son âge.

Astyage, roi des Mèdes, vaincu et réduit à une fuite honteuse, exhala sa colère sur ses soldats. Il envoya tous les officiers et leur en substitua de nouveaux. Ensuite tous ceux qui avaient causé la déroute furent mis à part et livrés au dernier supplice. Il était persuadé que cet exemple retiendrait les autres dans le devoir au moment du danger. Il était d'ailleurs d'un caractère dur et implacable. Mais ce châtiment, loin de frapper de terreur le reste de l'armée, ne rendit que plus odieuse la cruauté du roi et excita les soldats à la révolte. Aussi les soldats s'attroupaient-ils, tenaient des discours séditieux et s'exhortaient réciproquement les uns les autres à venger la mort de leurs compagnons d'armes.

Cyrus était non-seulement d'un courage à toute épreuve, en présence de l'ennemi, mais il était encore clément et généreux à l'égard de ses sujets. Aussi les Perses lui donnèrent-ils le surnom de Père.

*Excerpt. Vatican.*, p. 22-24. — Crésus faisait construire des vaisseaux de guerre, et le bruit courait qu'il voulait marcher contre les îles. Bias, qui venait de visiter les îles, contempla ces armements. Interrogé par le roi s'il n'avait rien entendu de nouveau chez les Grecs, Bias répondit : « Tous les insulaires se procurent des chevaux dans le dessein de marcher contre les Lydiens. — Plût à Dieu! s'écria Cyrus, qu'on eût conseillé aux insulaires de se battre avec des chevaux contre les Lydiens. — Crois-tu donc, répliqua Bias, que les Lydiens, qui habitent le continent, puissent prendre sur terre les habitants des îles? ne crois-tu pas que les insulaires doivent adresser des prières aux dieux pour atteindre les Lydiens sur mer, afin de se venger des revers que les Grecs ont essuyés sur mer et de la servitude que tu as imposée aux hommes de leur race? » Crésus, frappé de ces paroles, changea aussitôt de dessein et fit cesser les travaux maritimes; car il jugeait que ceux qui se savaient supérieurs en cavalerie aux Lydiens devaient l'être aussi en infanterie. — Crésus fit venir de la

Grèce les hommes les plus sages, afin de leur montrer ses richesses ; il comblait de présents ceux qui préconisaient sa félicité. Il appela également auprès de lui Solon et quelques autres qui avaient la plus grande réputation en philosophie ; car il voulait prendre ces hommes pour témoins de son bonheur. C'est ainsi que se rendirent chez lui Anacharsis le Scythe, Bias, Solon, Pittacus. Dans les festins et dans les conseils, Crésus les plaçait au premier rang ; il leur montrait ses richesses et l'étendue de sa souveraineté. Les hommes instruits affectaient alors un langage sentencieux. Crésus, faisant voir à ses hôtes la prospérité de son règne et le nombre des nations soumises, demanda à Anacharsis, le plus âgé des sages, lequel était le plus courageux des êtres vivants ? « Les animaux les plus sauvages, répondit Anacharsis, parce que seuls ils meurent intrépidement pour leur liberté. » Crésus, persuadé que le sage s'était trompé, et que dans une seconde réponse il lui serait plus favorable, demande de nouveau qui il estimait le plus juste parmi les êtres vivants ? « Les plus sauvages des animaux, répliqua Anacharsis, car seuls ils vivent selon la nature et non selon les lois ; or, la nature est l'œuvre de Dieu et les lois l'œuvre de l'homme : il vaut donc mieux se conformer aux conventions de Dieu qu'à celles des hommes. » Enfin Crésus, voulant pousser à bout Anacharsis, lui demanda si les animaux les plus sauvages étaient aussi les plus sages. « Certainement, répondit le philosophe, car c'est le propre de la sagesse de préférer la vérité de la nature aux lois de l'homme. » Crésus se mit à rire et se moqua d'Anacharsis de ce qu'il avait puisé ses réponses dans les mœurs sauvages des Scythes[1].... Crésus demanda à Pittacus quel était le meilleur empire qu'il eût vu ? « Celui du bois peint, répondit-il, en faisant allusion aux lois affichées sur les poteaux. » — Ésope était le contemporain des sept sages ; il disait d'eux qu'ils ne savaient pas parler à des souverains, et qu'avec de tels hommes il fallait parler très-peu et très-doux.

---

[1] Les phrases omises ne sont que la répétition un peu plus prolixe de ce qui a été dit plus haut à propos de Solon, p. 241.

Le même Ésope disait dans un langage figuré que la victoire s'obtient par le courage et non par le nombre de bras.

*Excerpt. de Virt. et Vit.*, p. 553. — Le Phrygien Adraste, dans une partie de chasse, lança son javelot sur un sanglier, et atteignit mortellement le fils de Crésus, nommé Atys. Quoiqu'il l'eût tué bien involontairement, il se crut indigne de vivre. Aussi engagea-t-il Crésus de ne point lui pardonner, mais de l'immoler sur-le-champ sur le tombeau de son fils. Crésus était d'abord exaspéré contre Adraste et menaçait de le faire brûler vif. Mais voyant que ce jeune homme, loin de vouloir éviter le supplice, venait offrir sa vie pour expier le résultat déplorable d'un événement imprévu, il passa de la colère à la clémence et fit grâce à cet infortuné, ne pouvant s'en prendre qu'au destin. Néanmoins Adraste se rendit seul sur le tombeau d'Atys et s'y donna la mort.

†*Excerpt. Vatican.*, p. 25 et 26. — Phalaris voyant une troupe de pigeons poursuivie par un seul épervier, s'écria : « Voyez, citoyens, n'est-ce pas lâcheté qu'une si grande troupe se laisse poursuivre par un seul? S'ils osaient faire volte-face, ils viendraient facilement à bout de celui qui les poursuit. » En prononçant ces mots, il abdiqua la tyrannie, ainsi que nous l'avons rapporté en parlant de la succession des rois.

Crésus, au moment de marcher contre Cyrus le Perse, consulta l'oracle. Celui-ci répondit : « Crésus, traversant le fleuve Halys, mettra fin à un grand empire. » En interprétant cet oracle ambigu dans le sens le plus favorable à ses projets, il tomba dans le malheur. — Il interrogea de nouveau l'oracle pour savoir s'il régnerait longtemps. Le dieu lui répondit en ces termes : « Lorsqu'un mulet sera devenu roi des Mèdes, alors, ô Lydien aux pieds tendres, fuis sans retard sur les rives de l'Hermus sablonneux, et ne rougis pas d'être lâche. » Le mulet de l'oracle, c'était Cyrus, né d'une mère mède et d'un père perse. — Cyrus, roi des Perses, arrivé avec toute son armée dans les défilés de la Cappadoce, envoya des hérauts à Crésus pour explorer ses États et lui annoncer que Cyrus lui pardonnerait ses premiers torts et le nommerait satrape de la Lydie, s'il voulait se présenter à sa porte, et se déclarer comme les autres son esclave. Crésus répondit aux hérauts : « Cyrus et les Perses devraient être bien plutôt mes esclaves, car ils ont été jadis sujets des Mèdes, tandis que moi je n'ai encore été aux ordres de personne. »

*Excerpt. de Virt. et Vit.*, p. 553. — Crésus, roi des Lydiens, feignant de consulter l'oracle de Delphes, envoya Eurybate l'Éphésien dans le Péloponnèse avec une grande somme d'argent pour engager au service du roi beaucoup de soldats grecs. Mais Eurybate se rendit auprès de Cyrus, roi des Perses, à qui ce traître découvrit les projets de Crésus. Cette trahison se répandit dans toute la Grèce, où encore aujourd'hui on donne le nom d'Eurybate à tout homme noté d'infamie.

* *Excerpt. Vatican.*, p. 26. — Les méchants, lors même qu'ils ont échappé à la vengeance de ceux auxquels ils ont fait du mal, restent toujours voués à l'infamie qui s'attache à eux autant que possible, même après la mort. On raconte que Crésus, avant de faire la guerre à Cyrus, avait envoyé des théores à Delphes pour demander comment son fils [qui était muet] pourrait recouvrer la parole. La pythie répondit : « O Lydien, roi de tant de peuples, insensé Crésus, ne veuille pas entendre dans ton palais la voix tant désirée de ton fils; tu en seras beaucoup plus heureux, car le jour où il parlera sera néfaste. »

Il faut supporter sagement la fortune et ne pas se fier à la prospérité humaine, qui en un clin d'œil peut éprouver de grands changements.

Après que Crésus, prisonnier de Cyrus, fut descendu du bûcher éteint, il vit la ville livrée au pillage, et emporter beaucoup d'argent et d'or. Il demande à Cyrus ce que font ces soldats : « Ils emportent tes richesses, répliqua le roi en souriant. — Mais, par Jupiter, répondit Crésus, ce ne sont pas les miennes, mais les tiennes; car je ne possède plus rien en propre. » Frappé de ces paroles, Cyrus se repentit aussitôt, rappela les soldats du pillage et fit déposer dans le trésor royal les richesses trouvées à Sardes.

*Excerpt. de Virt. et Vit.*, p. 553. — Cyrus, persuadé que Crésus était un homme d'une grande piété parce qu'un torrent de pluie avait éteint le bûcher qui devait le consumer, et se rappelant en outre la réponse de Solon, le garda auprès de lui et le combla d'honneurs. Il l'admit même à son conseil, pensant que la prudence et le savoir devaient être le partage d'un homme qui avait vécu dans l'intimité avec tant de sages.

\* *Excerpt. Vatican.*, p. 27-29. — Lorsque Harpagus fut nommé commandant du littoral par Cyrus le Perse, les Grecs de l'Asie envoyèrent auprès de lui une députation pour conclure une alliance avec Cyrus. Harpagus leur répondit qu'il se conduirait à leur égard comme on s'était, il y avait quelque temps, conduit envers lui. « Je voulus, dit-il, un jour me marier, et je demandai au père la main de sa fille. Celui-ci, ne me jugeant pas d'abord digne de son alliance, destina sa fille à un autre plus puissant que moi. Mais lorsqu'il me vit plus tard dans les faveurs du roi, il m'offrit lui-même sa fille. Mais je lui répondis que je ne consentirais plus à prendre sa fille comme femme légitime, mais comme concubine. Vous autres Grecs, vous tenez la même conduite; car lorsque Cyrus vous offrit l'amitié des Perses, vous n'en vouliez point. Maintenant que la fortune est changée, vous recherchez l'amitié de Cyrus; mais ne vous attendez pas à être traités comme des alliés : il faudra vous soumettre comme des esclaves, si vous voulez obtenir la protection des Perses. » — Informés que les Grecs de l'Asie couraient des dangers, les Lacédémoniens envoyèrent à Cyrus des députés pour lui déclarer que les Grecs de l'Asie étant de leur race, ils lui défendaient de les réduire en esclavage. Surpris de ce langage, le roi répondit qu'il saurait apprécier leur valeur quand il aurait envoyé un de ses esclaves subjuguer la Grèce.

Sur le point de soumettre l'Arcadie, les Lacédémoniens reçurent de l'oracle la réponse suivante : « Tu me demandes l'Arcadie? tu me demandes beaucoup; je ne te la donnerai pas. Beaucoup d'Arcadiens ne vivent que de glands; ils te repousseront; cependant je te veux du bien; je te donnerai donc Tégée à fouler sous tes pieds en dansant, et une belle plaine à mesurer au cordeau. »

Les Lacédémoniens envoyèrent à Delphes demander dans quels lieux reposaient les os d'Oreste, fils d'Agamemnon. L'oracle répondit : « Dans une plaine de l'Arcadie se trouve Tégée. Là, deux vents soufflent sous l'empire de la nécessité ; le coup s'ajoute au coup et le mal au mal. C'est là que la terre est vivifiante, et recèle dans son sein le fils d'Agamemnon ; quand tu l'auras enlevé, tu seras vainqueur de Tégée. » C'était une forge : les vents étaient les soufflets, les coups l'enclume et le marteau, et le mal le fer, parce qu'il a été inventé pour le malheur des hommes.

Il vaut mieux mourir que de vivre avec les siens et d'être témoin des crimes qui méritent la mort. — Pendant que la fille de Pisistrate, remarquable par sa beauté, portait la corbeille des sacrifices, un jeune homme s'approcha d'elle effrontément et lui donna un baiser. Les frères, irrités de cet outrage, conduisirent ce jeune homme auprès de leur père, en demandant justice. Pisistrate leur dit en souriant : « Que ferons-nous à ceux qui nous haïssent, si nous punissons ceux qui nous aiment[1] ? » — Ce même Pisistrate, se promenant un jour à la campagne, remarqua un homme qui, près du mont Hymette, labourait un champ très-maigre et rocailleux. Étonné de l'activité de cet homme, il envoya lui demander quel profit il croyait retirer de son travail. Le laboureur répondit aux envoyés qu'il ne retirait de son champ que des fatigues ; mais que cela lui était égal, parce qu'une partie devait en revenir à Pisistrate. Le tyran sourit à cette réponse, et exempta le champ de tout impôt ; c'est de là que vient le proverbe : les produits desséchés exemptent de l'impôt.

## LIVRE DIXIÈME (?).

*Excerpt. de Virt. et Vit.*, p. 553-555. — Servius Tullius,

---

[1] Il y a ici un jeu de mots impossible à rendre en français : φιλεῖν signifie à la fois aimer et donner un baiser.

roi des Romains, régna quarante-quatre ans, et sa vertu lui inspira un grand nombre de maximes utiles à l'État.

Dans la LXI⁰ olympiade, Téricles étant archonte d'Athènes¹, Pythagore le philosophe, déjà fort instruit, devint célèbre. Jamais aucun philosophe n'a mérité autant que lui de vivre dans la mémoire des hommes. Il était Samien d'origine; d'autres disent qu'il était Tyrrhénien. Il avait dans ses paroles tant d'éloquence et de grâce que chaque jour tous les habitants de la ville accouraient pour entendre ce sage qu'ils considéraient à l'égal d'un dieu. Mais il ne se contenta pas de l'emporter sur les autres par l'éloquence, il fut encore digne d'admiration par la pureté de ses mœurs, qui étaient le meilleur modèle à proposer à la jeunesse. Il détourna de la mollesse et du luxe tous ceux qui le fréquentaient, quoique à cette époque l'abus des richesses entraînât les hommes à l'oisiveté et à la corruption, vices également nuisibles au corps et à l'âme.

*Excerpt. Vatican.*, p. 29. — Lorsque, pendant la révolte de Tarquin, Servius Tullius se rendit dans le sénat et qu'il aperçut les dispositions qu'on avait faites contre lui, il ne dit que ces mots : « Quelle audace ! Tarquin. — Quelle est donc la tienne, reprit Tarquin, toi, fils d'esclave, qui as osé te déclarer roi des Romains; toi qui nous as enlevé, contre les lois, le sceptre héréditaire, qui nous revenait; toi qui t'es arrogé un pouvoir qui ne t'appartient en aucune façon ! » En prononçant ces paroles, il s'avança sur Tullius, le saisit par le bras et le jeta à bas du trône. Tullius se releva et essaya de s'enfuir tout en boitant à cause de la chute qu'il venait d'essuyer, mais il fut tué.

*Excerpt. de Virt. et Vit.*, p. 553-555. — Pythagore, informé que Phérécyde, qui avait été son maître, se trouvait dangereusement malade à Délos, s'embarqua aussitôt pour se rendre d'Italie dans cette île. Là, il soigna pendant quelque temps le vieillard, et fit tous ses efforts pour lui rendre la santé; mais Phérécyde succomba à la vieillesse et à la maladie. Pytha-

---

¹ Année 533 avant J. C.

gore lui rendit les derniers devoirs, comme un fils à son père, et revint en Italie.

Lorsque parmi les pythagoriciens il y en avait qui perdaient leur fortune, les autres partageaient leurs biens avec eux comme entre frères, et ce n'était pas seulement ceux qui vivaient en communauté qui agissaient ainsi les uns à l'égard des autres, mais cette maxime s'étendait à tous les disciples de cette école.

Clinias de Tarente, de la secte des pythagoriciens, ayant appris que Prorus de Cyrène avait perdu tout son bien dans une émeute et était tombé dans l'indigence, partit aussitôt de l'Italie pour se rendre à Cyrène. Il avait emporté une forte somme d'argent qu'il remit à Prorus pour le rétablir dans ses affaires, quoiqu'il ne l'eût jamais vu, mais seulement parce qu'il avait entendu dire que Prorus était de la secte de Pythagore. On rapporte plusieurs traits semblables des pythagoriciens. Ce n'était pas seulement par des secours d'argent que les pythagoriciens se témoignaient leur amitié, ils s'exposaient volontiers aux plus grands dangers pour se secourir entre eux. Sous la tyrannie de Denys, Phintias, pythagoricien, ayant conspiré contre ce tyran, devait dans quelques jours subir le dernier supplice, lorsqu'il demanda à Denys la permission d'aller mettre ordre à ses affaires, et lui offrit pour sa caution un de ses amis. Le tyran, étonné qu'en pareille circonstance on pût trouver un ami qui voulût se donner pour garant, lui accorda sa demande. Phintias appela donc un de ses amis, nommé Damon, philosophe pythagoricien. Celui-ci vint sans hésiter prendre la place de l'ami condamné à mort. Parmi les témoins, les uns louaient cette amitié extraordinaire, les autres la taxaient de folie. Cependant le jour fixé pour le supplice étant arrivé, tout le peuple accourut pour voir si Phintias viendrait délivrer celui qui lui servait de caution. Le jour étant déjà très-avancé, tout le monde désespérait de le voir venir. Damon marchait déjà au supplice, lorsque Phintas arriva hors d'haleine au moment décisif. Tout le monde admira une telle amitié; le tyran fit grâce au coupable et demanda à être reçu en tiers dans cette amitié.

Les pythagoriciens exerçaient leur mémoire avec le plus grand soin, et voici comment ils s'y prenaient. Ils ne sortaient jamais du lit sans avoir repassé dans leur esprit tout ce qu'ils avaient fait la veille, du matin au soir. S'il leur arrivait d'avoir plus de loisir que d'habitude, ils poussaient cet examen commémoratif jusqu'au troisième et quatrième jour précédent, et même au delà. Ils considéraient cet exercice comme très-propre à fortifier la mémoire et à pourvoir l'esprit de beaucoup de connaissances.

Voici comment ils s'exerçaient à la tempérance. Ils se faisaient servir tous les mets les plus exquis, et restaient longtemps à les regarder. Lorsque ensuite ce spectacle avait excité leurs sens, ils faisaient desservir la table et se retiraient sans avoir goûté d'aucun des mets.

\* *Excerpt. Vatican.*, p. 29-31. — Pythagore professait la doctrine de la métempsycose ; il regardait la chair comme un aliment défendu, parce qu'il soutenait que les âmes des animaux passent, après la mort, dans d'autres êtres vivants. Il disait se souvenir que lui-même avait été, à l'époque de la guerre de Troie, Euphorbe, fils de Panthus, et tué par Ménélas. — On raconte que, voyageant un jour à Argos, il pleurait en voyant parmi les dépouilles troyennes un bouclier suspendu au mur, et que, interrogé par les Argiens sur le motif de son chagrin, il répondit : « Ce bouclier était à moi quand j'étais Euphorbe, à Troie. » Comme on ne voulait pas le croire et qu'on le traitait même de fou, il ajouta qu'on trouverait la preuve du fait ; qu'il y avait sur la partie interne du bouclier, le mot *Euphorbe* tracé en anciens caractères. Tout le monde demanda avec surprise qu'on détachât le bouclier, et on y trouva en effet l'inscription indiquée. — Callimaque rapporte de Pythagore qu'il avait inventé une partie des problèmes de géométrie, et qu'il avait, le premier, introduit les autres de l'Égypte en Grèce. Au nombre de ces problèmes étaient ceux qu'Euphorbe le Phrygien avait appris aux hommes, sur le triangle scalène ; sur les sept cercles de longitude ; il enseigna aussi aux hommes de s'abstenir de manger de la chair des animaux qui respirent ; mais tous les hommes ne lui ont pas obéi.

Pythagore recommandait la frugalité, parce que le luxe de la table ruine tout à la fois la fortune et le corps de l'homme. En effet, la plupart des maladies viennent de l'indigestion, qui elle-même est une suite des repas somptueux. Il persuada à beaucoup de monde de ne faire usage que d'aliments non cuits, et de ne boire que de l'eau toute la vie, afin d'avoir l'esprit dispos pour la recherche de la vérité. Mais aujourd'hui si l'on interdisait aux hommes l'usage d'un ou de deux des aliments qui leur paraissent agréables, ces hommes renonceraient à la philosophie, alléguant qu'il est stupide de lâcher le bien qu'on a pour chercher un bien imaginaire. Quand il s'agit de briguer la faveur populaire ou de se livrer à une foule d'occupations futiles, ils ont le temps, et rien ne les empêche ; mais lorsqu'il s'agit de l'instruction et de la culture des mœurs, ils disent qu'ils n'ont pas le loisir, de façon qu'ils sont très-affairés quand ils ne font rien, et oisifs quand ils sont très-occupés.

Archytas de Tarente, pythagoricien, irrité des fautes graves commises par ses serviteurs, mais contenant sa fureur, s'écria : « Comme je punirais ces vauriens, si je n'étais pas en colère ! »

Les pythagoriciens mettent un très-grand soin à s'assurer des amis, dans la conviction que l'amitié est le plus grand bien de la vie.

On admire avec raison, et on apprécie souverainement, les motifs de leur amitié réciproque. Était-ce leur habitude, le genre de leur exercice ou leur éloquence qui inspirait cette bienveillance à ceux qui entraient dans la société des pythagoriciens ? C'est ce que personne n'a pu savoir, malgré tout le désir qu'en aient eu plusieurs profanes. Ce qui explique pourquoi leur secret était si bien gardé, c'est qu'il était défendu aux pythagoriciens de rien mettre par écrit, mais de conserver les préceptes dans leur mémoire. — Pythagore avait, entre autres, prescrit à ses disciples de jurer rarement, mais quand ils avaient fait un serment, de le garder fidèlement et de veiller à son exécution ponctuelle. Ce précepte de Pythagore était loin d'être celui de Lysandre le Lacédémonien et de Demade l'Athénien. Le premier soutenait qu'il fallait amuser les enfants avec des osselets, et les hommes avec des serments ; le second établissait en principe qu'il fallait en toutes choses, conséquemment aussi en matière de serment, consulter ses intérêts ; qu'il fallait voir si, en parjurant, on obtenait quelque profit immédiat, ou si, en gardant son serment, on ne perdait pas son bien. L'un et l'autre ne regardaient donc pas le serment comme la base de la bonne foi, mais comme un moyen de faire des dupes et de se procurer un gain honteux.

*Excerpt. de Virt. et Vit.*, p. 555. — Pythagore recommandait à ses disciples de s'engager rarement par le serment, mais d'être religieux observateurs des serments qu'ils auraient faits.

Le même Pythagore, consulté sur l'usage le mieux réglé des plaisirs de l'amour, disait qu'il ne fallait point avoir de commerce avec les femmes pendant l'été, et que pendant l'hiver, il fallait en user sobrement. En général, il regardait les plaisirs charnels comme nuisibles à l'homme, et il croyait que l'habitude des plaisirs de l'amour produisait le dépérissement des forces et avançait le terme de la vie.

* *Excerpt. Vatican.*, p. 32. — Pythagore, interrogé un jour par quelqu'un quand on devait se livrer au plaisir de l'amour, répondit : « Toutes les fois que tu voudras être beaucoup moins que tu n'es. » — Les pythagoriciens distinguaient dans l'homme quatre âges : enfance, adolescence, jeunesse, vieillesse ; ils disaient que chaque âge répondait à une des saisons de l'année : au printemps l'enfance, à l'automne l'âge viril, à l'hiver la vieillesse et à l'été la jeunesse.

*Excerpt. de Virt. et Vit.*, p. 555. — Pythagore enseignait que, pour offrir aux dieux un sacrifice qui leur fût agréable, il fallait se présenter, non avec des habits magnifiques, mais avec des vêtements décents et propres ; que non-seulement le corps doit être pur de toute souillure, mais que l'âme doit se trouver dans un état de parfaite chasteté.

\* *Excerpt. Vatican.*, p. 32. — Le même Pythagore disait que les sages devaient prier les dieux pour les sots ; car, disait-il, les sots ne savent pas quels sont les vrais biens de la vie qu'il faut demander aux dieux. — Il disait encore qu'il fallait être simple dans ses prières et ne pas nommer en détail les bienfaits qu'on demande, tels que la puissance, la beauté, la richesse, et d'autres biens semblables ; car souvent chacune de ces choses, quand elles sont vivement désirées, conduisent à notre perte. C'est ce dont on peut se convaincre en se rappelant ces vers des *Phéniciennes* d'Euripide, où Polynice, invoquant les dieux, commence ainsi : « Portant ses regards sur Argos, » et finit par ces mots : « Pour lancer de mon bras cette flèche dans le sein de mon frère [1]. » Car, croyant demander aux dieux les dons les plus beaux, il ne prononçait, en réalité, qu'une imprécation.

*Excerpt. de Virt. et Vit.*, p. 555. — Pythagore enseignait à ses disciples beaucoup d'autres belles maximes ; il excitait en eux l'amour de la sagesse, élevait leur courage et les portait à la pratique de la constance et des autres vertus. Aussi les Crotoniates lui rendirent des honneurs semblables à ceux que l'on rend aux dieux.

\* *Excerpt. Vatican.*, p. 32, 33. — Pythagore appelait l'étude de sa secte, amour de la sagesse (philosophie), mais non pas sagesse. Il critiquait ceux qui, avant lui, avaient été appelés les sept sages. Car, disait-il, aucun homme n'est sage ; en raison de la faiblesse de sa nature, il ne peut rien conduire à sa perfection ; mais celui qui imite les manières et la vie d'un sage doit porter plus convenablement le nom de philosophe. —Cependant, malgré les grands progrès que Pythagore et ses disciples avaient fait faire à la philosophie, malgré les importants services qu'ils avaient rendus aux États, ces philosophes n'échappèrent pas à l'envie [2] qui gâte tout ce qui est beau : je crois qu'il

---

[1] Euripide, *Phéniciennes*, v. 1393-1384.
[2] Au lieu de χρόνος, temps, que porte le texte, je propose de lire le mot φθόνος, envie.

n'existe pas d'institution humaine assez belle pour qu'elle échappe aux atteintes d'une longue jalousie.

*Excerpt. de Virt. et Vit.*, p. 556. — Un des habitants de Crotone, nommé Cylon, homme le plus influent de la ville, tant par ses richesses que par son crédit, demanda à être admis dans l'école de Pythagore. Mais il essuya un refus à cause de la violence et de la dureté de son caractère, qui l'avait porté à fomenter des troubles, et le rendait avide du pouvoir. Ne pouvant supporter cet affront, il se déclara ennemi de toute la secte, forma un parti contre elle et ne cessa, dès lors, de lui faire une guerre à outrance, tant par ses discours que par ses actions.

Lysis le pythagoricien, étant venu à Thèbes en Béotie, fut le précepteur d'Épaminondas; il en fit un homme accompli dans toutes les vertus, et s'attacha tellement à lui, qu'il le choisit pour son fils adoptif. Ainsi Épaminondas, ayant puisé à l'école pythagoricienne les principes de la fermeté d'âme, de la frugalité et de toutes les autres vertus, devint non-seulement le premier des Thébains, mais encore le premier de son siècle.

Ceux qui écrivent l'histoire de la vie des hommes célèbres qui ont vécu avant nous, s'imposent une tâche bien pénible, il est vrai, mais ils rendent en même temps un très-grand service à la société. En effet, l'histoire, en nous montrant les faits remarquables, honore les hommes vertueux et rabaisse les méchants, distribuant également aux uns la louange qu'ils ont méritée, aux autres le blâme qu'ils ont encouru. La louange, si l'on peut s'exprimer ainsi, est un prix de lutte qui se donne à peu de frais, et le blâme est un châtiment qui ne fait pas de blessure. Il importe donc de savoir que la mémoire que l'on laisse après la mort est conforme à la vie que l'on a menée, afin que l'on passe son temps, non pas à élever des monuments de marbre, qui n'occupent qu'un point de l'espace, et qui sont bientôt détruits par le temps, mais bien plutôt à se livrer à l'étude de la science et à la pratique des autres vertus dont la renommée s'étend partout. Le temps, qui absorbe tout, immortalise les belles actions; il les rajeunit même. Un noble zèle s'empare des esprits pour imiter ces beaux modèles. Le souvenir de ces grands hommes, qui vivaient il y a des siècles, est aussi présent à notre intelligence que s'ils vivaient de notre temps.

\* *Excerpt. Vatican.*, p. 33. — Cyrus, roi des Perses, après la conquête de la Babylonie et de la Médie, espérait se rendre maître de toute la terre ; car après avoir soumis des peuples grands et puissants, il s'imaginait qu'aucun roi, qu'aucune nation ne pourrait résister à ses armes ; tant il est vrai que ceux qui s'élèvent à une puissance extraordinaire ne savent plus supporter la fortune comme il convient à un homme !

*Excerpt. de Virt. et Vit.*, p. 556, 557. — Cambyse était naturellement maniaque et imbécile ; mais son avénement à un grand empire le rendit très-cruel et orgueilleux.

Après la prise de Memphis et de Peluse, Cambyse le Perse, enivré de sa prospérité, fit ouvrir le tombeau d'Amasis, ancien roi d'Égypte. On trouva le corps embaumé dans un cercueil ; Cambyse fit battre de verges ce cadavre insensible et exerça sur lui toute sorte d'outrages ; enfin il ordonna de le réduire en cendres. Comme les Égyptiens ne sont pas dans l'usage de brûler les morts, il pensait qu'en faisant brûler Amasis, mort depuis longtemps, il lui ferait subir le plus fort des châtiments.

Cambyse, sur le point de porter la guerre en Éthiopie, envoya une partie de son armée contre les Ammoniens, en ordonnant à ses généraux de piller le temple de l'oracle, de le brûler et de réduire en esclavage tous les habitants des environs.

*Excerpt. de Legat.*, p. 619. — Lorsque Cambyse, roi des Perses, se fut rendu maître de toute l'Égypte, les Libyens et les Cyrénéens, qui étaient venus au secours des Égyptiens, lui envoyèrent des présents et lui promirent de faire tout ce qu'il leur commanderait.

\* *Excerpt. Vatican.*, p. 33. — Polycrate, tyran des Samiens, avait envoyé des trirèmes pirates dans les parages les plus favorables ; il rançonnait tous les navigateurs et ne restituait les prises qu'à ses alliés. Quelques-uns de ses familiers l'en ayant blâmé, Polycrate répondit : « Tous mes amis me savent bien plus de gré de la restitution que je leur fais qu'ils ne seraient contents s'ils n'avaient rien perdu. »

Les actions injustes sont généralement suivies de près d'un châtiment proportionné. — Tout bienfait qui n'entraîne aucun repentir porte un beau fruit, l'éloge de la part des obligés; et lors même que tous ne seraient pas reconnaissants, il y en a au moins un qui, par sa reconnaissance, dédommage de l'ingratitude des autres.

*Excerpt. de Virt. et Vit.*, p. 557. — Quelques Lydiens, pour se soustraire à la tyrannie du satrape Orœtès, se réfugièrent à Samos, emportant de grandes richesses, et se rendirent en suppliants devant Polycrate. Celui-ci les accueillit d'abord avec bienveillance, mais peu de temps après il les fit tous égorger et s'empara de leurs biens.

Thessalus, fils de Pisistrate et homme sage, renonça à la tyrannie. Ses concitoyens, charmés de l'amour qu'il venait de témoigner pour l'égalité, lui accordèrent une très-grande considération; tandis que les autres fils de Pisistrate, Hipparque et Hippias, violents et injustes, demeurèrent les tyrans de la ville. Ils accablaient les Athéniens d'outrages, et Hipparque par son amour pour un jeune homme d'une beauté remarquable, s'exposa aux plus grands dangers. [Harmodius et Aristogiton] formèrent le projet d'attaquer les tyrans et de rendre la liberté à leur patrie. Aristogiton seul eut la gloire de montrer dans les tortures une fermeté d'âme invincible. Dans le moment suprême, il conserva deux grands sentiments inébranlables : la fidélité pour ses amis et la haine pour les tyrans.

\* *Excerpt. Vatican.*, p. 34. — Aristogiton a montré à tout le monde qu'une âme bien trempée peut supporter les plus grandes douleurs du corps. — Zénon le philosophe, soumis à la torture pour avoir tramé une conspiration contre le tyran Néarque, et interrogé sur ses complices, s'écria : « Plût à Dieu que je fusse aussi maître des autres parties de mon corps que je le suis de ma langue ! »

*Excerpt. de Virt. et Vit.*, p. 557, 558. — Zénon, voulant délivrer sa patrie de la domination cruelle de Néarque, entra dans une conspiration formée contre ce tyran ; mais il fut découvert, et lorsqu'on l'eut mis à la question, Néarque lui demanda quels étaient ses complices. « Plût au ciel, s'écria Zénon, que je fusse maître de ma personne comme je le suis de ma langue! » Aussitôt Néarque fit redoubler les tortures; Zénon les supporta pendant quelque temps ; mais voulant se délivrer des tourments, et en même temps se venger du tyran, il employa l'expédient suivant : au moment où les bourreaux redoublèrent d'efforts, il feignit de céder à la violence de la douleur, et s'écria : « Arrêtez! je vais dire toute la vérité. » Néarque fit aussitôt cesser les tortures. Zénon le pria de vouloir bien s'approcher de lui, ajoutant qu'il avait à lui dire des choses que personne autre que lui ne devait savoir. Le tyran s'étant empressé de venir auprès de Zénon, et lui ayant présenté son oreille pour mieux entendre, celui-ci la saisit fortement avec les dents. Aussitôt les bourreaux accoururent et employèrent toute sorte de tourments pour forcer Zénon à lâcher prise, mais celui-ci n'en mordait que plus fort. Enfin les bourreaux, ne pouvant vaincre Zénon, furent obligés d'avoir recours aux prières pour lui faire desserrer les dents. Ce fut ainsi que Zénon se délivra des tortures et tira vengeance de son ennemi.

* *Excerpt. Vatican.*, p. 34, 35. — Ceux qui forment les projets les mieux arrêtés ne peuvent souvent venir à bout de les exécuter, comme si un sort fatal prenait à tâche de faire sentir aux hommes leur faiblesse. — Mégabyze, le même que Zopyre, fils du roi Darius, se déchira à coups de fouet et se mutila le corps pour se faire transfuge et livrer aux Perses Babylone. On rapporte que Darius, affligé de cet acte de dévouement, s'était écrié qu'il aimerait mieux que Mégabyze, s'il était possible, ne fût pas mutilé que de soumettre dix Babylones, bien que cette ville fût déjà en son pouvoir. — Les Babyloniens choisirent Mégabyze pour leur chef; car ils ignoraient que ses offres de service n'étaient qu'un stratagème pour les perdre. — L'accomplissement des choses est un témoignage suffisant de la vérité des prédic-

tions. — Darius, déjà maître de presque toute l'Asie, désirait soumettre l'Europe. Son ambition insatiable reposait sur la confiance qu'il avait dans les forces des Perses; il embrassait dans ses projets toute la terre, estimant honteux que les rois, ses prédécesseurs, eussent vaincu les plus grandes nations, et que lui, disposant de puissantes armées comme personne avant lui n'en avait commandé, n'eût encore rien accompli.

Les Tyrrhéniens ayant, par crainte des Perses, évacué l'île de Lemnos, disaient qu'ils agissaient ainsi pour obéir aux ordres d'un oracle, et ils livrèrent cette île à Miltiade. Comme le chef des Tyrrhéniens qui fit cette donation s'appelait Hermon, il arriva que depuis lors les présents de ce genre sont appelés *hermoniens*.

*Excerpt. de Virt. et Vit.*, p. 558. — Sextus, fils de Lucius Tarquin, roi des Romains, fit un voyage dans la ville de Collatie, et vint loger chez Lucius Tarquin, neveu du roi, qui avait épousé Lucrèce, femme aussi belle que sage. Son mari étant à l'armée, Sextus, l'hôte de la maison, se leva une nuit et alla surprendre Lucrèce couchée seule dans sa chambre. Barrant soudain l'entrée et tirant son épée, il lui dit qu'il allait tuer un esclave qu'il avait à sa disposition, et qu'il la tuerait ensuite elle-même, comme l'ayant trouvée en adultère avec cet homme, et qu'elle passerait ainsi pour avoir été justement punie par le plus proche parent de son mari. Il l'engagea donc à prendre le parti de satisfaire à ses désirs en silence; il lui promit que, pour prix de ses faveurs, il lui ferait de grands présents, et que, si elle voulait vivre avec lui, il l'élèverait au rang de reine, la faisant ainsi passer de la maison d'un simple citoyen dans le palais des rois. Lucrèce, épouvantée d'un événement si inattendu, et craignant que sa mort ne parût la preuve d'un adultère, garda le silence. Sextus étant parti à la pointe du jour, Lucrèce appela toutes les personnes de sa maison et les conjura de ne pas laisser impuni cet attentat impie commis contre la parenté et l'hospitalité. Puis, déclarant qu'il ne lui était plus permis de voir la lumière du soleil, après avoir essuyé un pareil outrage, elle s'enfonça un poignard dans le cœur et expira.

*Excerpt. Vatican.*, p. 35-39. — Lucrèce, déshonorée par Sextus, se punit, en se tuant, d'une faute involontaire. Nous jugeons convenable de ne pas passer sous silence une si noble action. Nous estimons digne d'une gloire immortelle celle qui, en se donnant volontairement la mort, laisse un si bel exemple à la postérité : les femmes qui veulent se conserver pures, doivent prendre Lucrèce pour modèle. Tandis que d'autres femmes cachent avec soin ce qui leur est arrivé, même lorsque le bruit en est public, afin de se soustraire à la punition de leur crime, Lucrèce, publiant elle-même ce qui s'était passé en secret, trancha ses jours et laissa dans la fin de sa vie sa plus belle défense. Pendant que les autres femmes cherchent leur excuse dans la violence, à laquelle elles auraient cédé, celle-ci a payé de sa mort l'outrage de la violence, afin d'ôter à la médisance le prétexte d'avoir cédé volontairement; car les hommes étant naturellement disposés à médire, elle enleva à ses détracteurs tout sujet d'accusation, regardant comme une honte que les autres pussent dire que, femme légitime, elle avait été dans les bras d'un homme autre que son mari. Enfin, coupable de la peine de mort à laquelle les lois condamnent l'adultère, elle s'infligea elle-même cette peine plutôt que de préférer vivre plus longtemps, et s'acquit ainsi par la mort, à laquelle nous devons tous payer notre dette, au lieu de blâme, les plus grands éloges. Ainsi donc, par le moyen de sa vertu, elle troqua une vie mortelle contre une gloire éternelle ; elle exhorta ses parents et tous ses concitoyens à exercer une vengeance implacable contre les auteurs de l'outrage qu'elle avait subi. — Le roi Lucius Tarquin, régnant tyranniquement et par la violence, faisait, sous de fausses accusations, mourir les plus riches citoyens de Rome, afin de s'approprier leurs biens. Lucius Junius, orphelin, et le plus opulent de tous les Romains, excitait par ce double motif la cupidité de Tarquin, son oncle. Il était le convive habituel du roi, et feignait d'être fou tout à la fois pour donner le change à l'envie soupçonneuse du roi et pour attendre le moment favorable d'exécuter son plan et de renverser la royauté.

Les Sybarites marchèrent avec trois cent mille hommes contre les Crotoniates; mais ils succombèrent dans cette guerre injuste. Ils n'avaient pas su supporter convenablement leur prospérité, et prouvèrent par leur destruction qu'il faut se tenir bien plus sur ses gardes dans la prospérité que dans l'infortune.

Diodore s'exprime ainsi sur Hérodote : Nous avons fait en passant cette remarque, non pour faire un reproche à Hérodote, mais pour faire voir que les plus beaux discours violentent d'ordinaire la vérité.

Il faut honorer la vertu, même chez les femmes. — Les Athéniens, vainqueurs des Béotiens et des Chalcidiens, s'emparèrent aussitôt après le combat de la ville de Chalcis. Avec le dixième du butin fait sur les Béotiens, ils fabriquèrent un char d'airain et le déposèrent dans la citadelle. On y voyait tracée l'inscription suivante : « Les enfants d'Athènes, vainqueurs des Béotiens et des Chalcidiens, ont dompté, par la guerre et dans les chaînes d'une prison obscure, l'orgueil de leurs ennemis, et ont consacré à Minerve ces juments d'airain comme le dixième de leurs dépouilles. »

Les Perses ont appris des Grecs à brûler leurs temples, et ils n'ont fait qu'user de représailles.

Les Cariens, battus par les Perses, interrogèrent l'oracle pour savoir s'ils devaient admettre les Milésiens dans leur alliance. Le dieu répondit : « Jadis les Milésiens étaient braves. » — La crainte d'un danger éminent leur fit oublier leur jalousie mutuelle et les força à armer promptement les trirèmes.

Hécatée de Milet, envoyé en députation par les Ioniens, demanda pourquoi Artapherne se défiait d'eux. « Parce que, répondit Artapherne, les Ioniens ont été si mal traités dans la guerre que je crains qu'ils n'en conservent le souvenir. — Eh bien, reprit Hécatée, si les mauvais traitements t'inspirent de la défiance, tu rendras par des bienfaits les villes ioniennes affectionnées aux Perses. » Artapherne accepta ce conseil, rendit aux villes leurs anciennes lois et ne leur fit payer que des impôts facultatifs.

L'envie, qui chez beaucoup de citoyens avait été depuis longtemps tenue cachée, éclata soudain dès que l'occasion se présenta. Ils s'empressèrent de donner la liberté aux esclaves, aimant mieux rendre libres des esclaves que de donner le droit de cité à des hommes libres.

Datis, général des Perses et Mède d'origine, tenait, par tradition, de ses ancêtres que Médus, fondateur de l'empire des Mèdes, était d'origine athénienne. Il envoya donc dire aux Athéniens qu'il était là avec une armée pour réclamer le royaume de ses pères; il ajouta que Médus, un de ses ancêtres, avait été chassé de son royaume par les Athéniens, et qu'il était venu en Asie fonder l'empire de la Médie. Dans le cas où on lui rendrait le trône, il pardonnerait aux Athéniens leur premier tort et leur expédition contre Sardes; mais s'ils refusaient, ils seraient traités avec plus de rigueur que les Érétriens. Miltiade, sur l'avis des dix généraux, répondit que, d'après le discours des envoyés, Datis devrait être plutôt souverain de la Médie que de la ville des Athéniens, puisque c'était un Athénien qui avait fondé la monarchie des Mèdes, et qu'Athènes n'avait appartenu à aucun homme Mède de nation. Sur cette réponse Datis se prépara au combat.

*Excerpt. de Virt. et Vit.*, p. 559. — Hippocrate, tyran de Géla, ayant vaincu les Syracusains, vint camper aux environs du temple de Jupiter. Il surprit le prêtre même et quelques Syracusains qui s'empressaient d'enlever des offrandes d'or et surtout le manteau de Jupiter, fabriqué avec une masse d'or. Il les traita comme des profanateurs, et leur ordonna de rentrer dans la ville. Il s'abstint lui-même de toucher aux offrandes, tant pour s'acquérir de la gloire, que parce qu'il était convaincu que dans une guerre si grave il ne devait rien entreprendre contre les dieux. De plus, il croyait qu'en agissant ainsi il inspirerait aux Syracusains de la méfiance contre ceux qui étaient à la tête de l'État en les montrant plutôt empressés de s'enrichir qu'occupés de gouverner démocratiquement et d'après les principes de l'égalité.

Théron d'Agrigente était, par sa naissance, par ses richesses, et sa bienveillance envers le peuple, non-seulement le premier de ses concitoyens, mais encore le premier de tous les Siciliens.

Miltiade, père de Cimon, mourut dans la prison de l'État, où il était détenu pour dettes. Son fils, pour faire ensevelir le corps de son père, se mit lui-même en prison et se chargea d'acquitter la dette.

Ce même Cimon, qui avait eu la noble ambition de s'illustrer dans la conduite des affaires publiques, devint dans la suite un excellent général, et dut à son propre mérite l'exécution de plusieurs combats glorieux.

Les Grecs périrent aux Thermopyles en combattant courageusement.

\* *Excerpt. Vatican.*, p. 39, 41. — Thémistocle, fils de Néoclès, reçut un jour la visite d'un homme riche qui le priait de lui trouver un riche gendre. Il l'exhorta donc à chercher non pas les richesses qui manqueraient d'un homme, mais un homme qui manquât de richesses. Le conseil ayant été agréé, Thémistocle conseilla à cet homme de donner sa fille à Cimon. Devenu par là riche, Cimon sortit de sa prison et fit poursuivre les magistrats qui l'avaient incarcéré.

Au moment où Xerxès descendit en Europe, tous les Grecs envoyèrent solliciter l'alliance de Gélon. Celui-ci déclara qu'il accorderait son alliance et fournirait des munitions de guerre, si les Grecs voulaient lui donner le commandement sur terre ou sur mer. Une telle prétention fit rejeter cette alliance, bien qu'un si grand secours et la crainte de l'ennemi eussent pu porter les Grecs à céder à Gélon l'honneur du commandement.

La fierté des Perses, indépendamment qu'elle commande aux désirs du cœur, [fait mépriser] les présents. La cupidité des tyrans ne néglige pas les petits cadeaux.

La défiance est la plus fidèle gardienne de la sûreté.

Les enfants maltraités viennent se plaindre auprès de leur père ; les villes ont recours à leur métropole.

L'avarice des tyrans ne se contente pas du bien légitime, mais appète le bien d'autrui....

..... Il ne laissa pas aux ennemis de la dynastie le temps de se consolider.

Vous êtes les descendants de ces hommes qui, en mourant, vous ont légué la gloire de vertus immortelles..... Le prix de cette alliance n'exige pas de l'argent, que nous voyons si souvent méprisé même par l'homme enrichi le plus vil; mais il veut les louanges et la gloire pour laquelle les hommes de bien n'hésitent pas à mourir. En effet, la gloire est d'un prix supérieur à l'argent.... Les Spartiates ont reçu de leurs pères non pas, comme les autres hommes, des richesses, mais le courage de mourir avec joie pour la liberté, et la coutume de placer les biens de la vie au-dessus de la gloire.

Pendant que nous désirons tirer des forces du dehors, ne rejetons pas celles de l'intérieur, et tout en cherchant l'inconnu, ne perdons pas ce qui nous est connu. Ne nous laissons pas intimider par la puissance de l'armée des Perses, car c'est le courage et non le nombre qui décide la victoire. Nos pères nous ont transmis la vie à condition de mourir pour la patrie en cas de besoin. Craindrions-nous des hommes qui marchent au combat, couverts d'ornements d'or, comme des femmes qui vont à la noce? Non-seulement la gloire, mais la richesse ne sont-elles pas le prix de la victoire? Le courage ne craint pas l'or que le fer amène d'ordinaire captif, mais l'habileté des chefs. Toute armée qui dépasse les proportions ordinaires se nuit le plus souvent à elle-même. Avant que toute la phalange ait entendu le commandement, nous aurons déjà fait ce que nous voulons.

## LIVRE VINGT ET UNIÈME (?).

*Excerpt. de Virt. et Vit.*, p. 559. — Antigone, qui de simple particulier devint souverain et le plus puissant roi de son temps, n'était pas encore satisfait des faveurs que lui prodiguait la fortune; mais, voulant s'emparer injustement des États de plusieurs monarques, il perdit en même temps son royaume et la vie.

\* *Excerpt. Vatican.*, p. 42. — Ptolémée, Seleucus et Lysimaque, marchèrent de concert contre le roi Antigone ; mais ce qui les avait poussés à cette communauté d'intérêts, ce n'était pas de l'amitié, mais la peur. — Les éléphants d'Antigone et de Lysimaque combattaient de manière à faire voir que la nature les avait doués d'autant de courage que de force.

Les hommes doués d'un jugement sain doivent fuir tout vice, mais surtout la cupidité ; car cette passion, en excitant quelques hommes à l'injustice par l'appas de l'intérêt, est pour tous les hommes la cause des plus grands maux. Étant, pour ainsi dire, la mère de tous les crimes, elle précipite dans d'incalculables calamités, non-seulement les particuliers, mais encore les plus grands rois.

Antigone, roi d'Asie, faisait la guerre à quatre rois ligués contre lui, savoir : Ptolémée, fils de Lagus, roi d'Égypte; Seleucus, roi de Babylone; Lysimaque, roi de Thrace, et Cassandre, fils d'Antipater, roi de Macédoine. Il tomba percé de flèches dans une bataille qu'il leur livra, et fut enseveli avec une pompe royale. Son fils, Démétrius, se rendit auprès de sa mère, Stratonice, qui demeurait alors en Cilicie, s'empara des trésors du royaume, et s'embarqua avec sa mère pour Salamine, ville de Cypre, que possédait Démétrius.

\* *Excerpt. Vatican.*, p. 42, 43 — Seleucus, après le partage du royaume d'Antigone, se rendit en Phénicie à la tête de son armée, et essaya, d'après le traité conclu, de se mettre en possession de la Cœlé-Syrie. Mais Ptolémée avait d'avance occupé les villes de cette contrée et se plaignait de ce que Seleucus, quoique son ami, eût la prétention de s'approprier un pays appartenant à Ptolémée, et, de plus, que, malgré sa coopération dans sa guerre contre Antigone, les rois ne lui eussent donné aucune part du pays conquis. A ces plaintes, Seleucus répliqua qu'il était juste que les vainqueurs restassent maîtres des pays conquis; que pour ce qui concernait la Cœlé-Syrie, il ne prendrait pour le moment aucune détermination à cause de l'amitié qui l'unissait à Ptolémée, mais que plus tard on se consulterait pour savoir comment il faut agir avec des amis trop ambitieux.

*Excerpt. Hœschel.* [1], p. 490. — Corcyre, que Cassandre, roi des Macédoniens, assiégeait par mer et par terre, était sur le point de tomber au pouvoir de l'ennemi, quand elle fut tirée du danger par Agathocle, roi de Sicile, qui incendia tous les navires macédoniens.

*Excerpt. Vatican.*, p. 43. — Dans cette lutte, personne ne voulut céder le terrain : les Macédoniens cherchaient à sauver leurs navires, et les Siciliens tenaient non-seulement à vaincre les Carthaginois et les Barbares de l'Italie, mais encore à faire voir à toute la Grèce combien ils étaient supérieurs aux Macédoniens qui avaient conquis l'Asie et l'Europe. — Si Agathocle, après avoir débarqué son armée, était tombé sur les ennemis, il aurait facilement taillé en pièces les Macédoniens; mais, ignorant la nouvelle qui s'était répandue et la terreur qui s'était emparée des troupes, il se contenta de débarquer ses soldats et d'élever un trophée, comme s'il eût voulu montrer la vérité du proverbe : La guerre est un jeu de hasard. En effet, l'ignorance et l'erreur secondent souvent puissamment la force des armes.

*Excerpt. Hœschel.*, p. 490. — A son retour de Corcyre, Agathocle vint rejoindre son armée, et, apprenant que pendant son absence les Liguriens et les Tyrrhéniens avaient réclamé à son fils Archagathus le paiement de leur solde, il les fit tous passer au fil de l'épée, au nombre d'au moins deux mille hommes. Les Bruttiens ayant fait paraître à ce sujet leur mécontentement, il se mit à assiéger leur ville, nommée Etha. Mais les Barbares rassemblèrent de grandes forces, et l'attaquèrent pendant la nuit à l'improviste; il perdit deux mille soldats, et revint à Syracuse.

*Excerpt. de Virt. et Vit.*, p. 559. — Agathocle ayant appris

---

[1] Aug. Vind., in-4, 1603.

que pendant son absence les Liguriens et les Tyrrhéniens avaient exigé insolemment de son fils Archagathus le paiement de leur solde, il les fit tous passer au fil de l'épée, au nombre d'au moins deux mille hommes.

*Excerpt. Hœschel.*, p. 490. — Agathocle rassembla ses forces navales et passa en Italie. Comme il avait l'intention de conduire une armée sur Crotone, il fit dire à Ménédème, tyran de cette ville, qui était son ami, de n'avoir aucune crainte; de plus, voulant enlever cette ville par surprise, il feignit d'envoyer, avec une flotte royalement équipée, sa fille Lanassa en Épire, où elle devait se marier. Au moyen de cette feinte, il trouva la ville sans défense. Il en fit aussitôt le siége, l'entoura d'un mur qui s'étendait d'une mer à l'autre, ensuite, par des balistes et des mines, il renversa le plus grand édifice de Crotone. A cette vue, les Crotoniates, effrayés, ouvrirent leurs portes et reçurent Agathocle et son armée. Les soldats, se jetant dans la ville, pillèrent les maisons et massacrèrent les habitants. Agathocle conclut un traité avec les Iapyges et les Peucétiens, barbares du voisinage; il leur fournit des bâtiments et partageait leurs prises. Il laissa ensuite une garnison à Crotone, et mit à la voile pour retourner à Syracuse.

Diyllus, historien athénien, a écrit en vingt livres une histoire universelle; Psaon de Platée, son continuateur, y a ajouté trente livres.

Fabius étant consul, les Romains, dans leur guerre avec les Tyrrhéniens, les Gaulois, les Samnites et autres peuples alliés, tuèrent plus de cent mille hommes, d'après le témoignage de Duris.

*Excerpt. Hœschel.*, p. 490, 491. — Antipater tua sa propre mère par jalousie. Le roi Démétrius assassina Alexandre, frère d'Antipater, qui avait imploré son secours; il assassina pareillement le parricide Antipater, avec qui il ne voulait pas partager la royauté.

*Excerpt. Vatican.*, p. 43, 44. — Le roi Démétrius avait fait arrêter tous ceux qui, dans les assemblées, avaient coutume de parler contre lui, et qui, dans toutes les circonstances, contrariaient ses projets; mais il les relâcha aussitôt, disant qu'il vaut mieux pardonner que punir.

*Excerpt. de Virt. et Vit.*, p. 539. — Les Thraces, ayant fait prisonnier Agathocle, fils de [Lysimaque], le renvoyèrent avec des présents; ils en agirent ainsi dans l'intention de se procurer un refuge auprès de ce prince si la fortune leur était contraire, et dans l'espérance que Lysimaque, touché par un tel acte de générosité, leur rendrait leur pays, dont il s'était emparé; car ils n'espéraient plus pouvoir le reconquérir par la force des armes, à cause de l'alliance que venaient de conclure entre eux presque tous les plus puissants rois.

\* *Excerpt. Vatican.*, p. 44. — Pendant que l'armée de Lysimaque souffrait de la famine, ses amis lui conseillaient de chercher son salut ailleurs que dans son camp. Mais Lysimaque leur répondit qu'il était injuste de quitter son armée et ses amis, et de s'assurer un honteux salut.

*Excerpt. de Virt. et Vit.*, p. 559, 560. — Dromichétès, roi des Thraces, accueillit le roi Lysimaque avec toutes les marques de bienveillance et d'amitié; il lui donna le nom de père, et le conduisit avec ses enfants dans une ville nommée Hélis. Après la destruction de la puissance de Lysimaque, les Thraces accourus en foule s'écriaient qu'ils voulaient qu'on leur livrât le roi fait prisonnier, afin de le punir, prétendant que le peuple, qui avait pris part aux dangers de la guerre, devait avoir le droit de délibérer de quelle manière il fallait traiter les captifs. Mais Dromichétès s'opposa à la punition du roi et fit voir aux soldats qu'il était de leur intérêt de le sauver. Car s'ils faisaient périr Lysimaque, les autres rois ne manqueraient pas de s'emparer de ses États, ce qui probablement était plus à redouter pour leur nation que tout ce qu'ils avaient éprouvé; tandis qu'en accordant la vie à Lysimaque, ils devaient s'attendre à ce que ce roi, en reconnaissance d'un si grand bienfait, leur accorderait, sans qu'ils eussent à courir aucun danger, les places qui appartenaient jadis aux Thraces. Cette opinion ayant prévalu, Dromichétès chercha parmi les prisonniers les amis de Lysimaque, ainsi que tous ceux qui étaient employés à son service, et les amena au roi. Ensuite, il offrit un sacrifice, et invita au festin Lysimaque et ses amis, ainsi que les Thraces les plus distingués. Il eut soin de faire préparer deux salles; dans l'une il fit placer pour Lysimaque et sa suite le tapis royal qui se trouvait parmi le butin; dans l'autre il y fit mettre pour lui et ses amis quelques couches de paille. Il avait fait également préparer deux dîners, dont l'un, composé des mets les plus recherchés et les plus variés, fut servi aux prisonniers sur une table d'argent; l'autre, qui était destiné aux Thraces, consistait en légumes et en viandes préparés avec la plus grande simplicité et placés sur une table de bois. Enfin les prisonniers buvaient le vin dans des coupes d'or et d'argent, tandis que Dromichétès et les autres Thraces buvaient dans des verres de corne ou de bois, selon l'usage des Gètes. Sur la fin du repas, Dromichétès remplit de boisson une énorme corne, et, ayant nommé Lysimaque son père, il lui demanda lequel des deux festins lui avait paru le plus digne d'un roi, de celui des Macédoniens ou de celui des Thraces. Lysimaque répondit que c'était celui des Macédoniens.....

\* *Excerpt. Vatican.*, p. 44, 45. — « Pourquoi donc, reprit Dromichétès, as-tu quitté tes mœurs et renoncé à une vie si brillante ainsi qu'à un bel empire pour venir chez un peuple barbare, ayant des mœurs si sauvages, habitant un pays froid et manquant de fruits cultivés? » A cette question Lysimaque répondit qu'il avait entrepris cette expédition par ignorance, mais qu'à l'avenir il essaierait d'être un ami et un allié fidèle des Thraces; enfin qu'il ne le céderait à personne dans sa reconnaissance pour ses bienfaiteurs. Dromichétès fut charmé de cette réponse, et rentra dans les pays que Lysimaque lui avait enlevés, le ceignit du diadème et le renvoya.

*Excerpt. de Virt. et Vit.*, p. 460. — Le roi Démétrius s'étant rendu maître des autres villes, traita les Béotiens avec beaucoup d'humanité. Car, à l'exception de quatorze habitants qui étaient les principaux moteurs de la révolte, il accorda le pardon à tous les autres.

*Excerpt. Hœschel.*, p. 491. — Agathocle, ayant rassemblé ses forces, passa en Italie, avec une armée de trente mille hommes d'infanterie et de trois mille cavaliers. Il confia le commandement de sa flotte à Stilpon et lui ordonna de faire une invasion dans la contrée des Bruttiens. Stilpon avait déjà commencé de ravager les propriétés littorales, quand il fut assailli par une tempête qui lui enleva le plus grand nombre de ses navires. Mais Agathocle investit la ville d'Hippone, et s'en rendit maître à l'aide de ses balistes. Les Bruttiens, saisis de frayeur, lui envoyèrent des députés pour traiter de la paix ; il reçut d'eux six cents otages, laissa une garnison dans la ville, et retourna à Syracuse. Mais les Bruttiens, infidèles à leurs serments, attaquèrent la garnison qu'il avait laissée dans la ville et l'égorgèrent ; ils délivrèrent ainsi leurs otages et secouèrent le joug d'Agathocle.

Il vaut mieux pardonner que punir.

Le plus souvent les chefs d'armées, lorsqu'ils éprouvent de grands revers, suivent l'impulsion de la multitude dont ils redoutent l'opposition.

Les Thébains s'étant révoltés pour la seconde fois, le roi Démétrius investit leur ville, la prit d'assaut, et ne fit mourir que dix hommes, auteurs de cette révolte.

Agathocle envoya son fils Agathocle au roi Démétrius pour lui offrir son amitié et faire alliance avec lui. Le roi accueillit avec beaucoup d'empressement le jeune homme, le revêtit d'un vêtement royal, lui fit des cadeaux magnifiques et lui donna pour l'accompagner Oxythémis, un de ses amis, en apparence pour garant de cette union, mais en réalité pour explorer l'État de la Sicile.

Le roi Agathocle, depuis longtemps en paix avec les Carthaginois, organisa une puissante armée navale. Il avait l'intention de retourner en Lybie et d'empêcher avec sa flotte les Phéniciens de tirer leurs provisions de blé de la Sardaigne et de la Sicile ; car, dans la guerre précédente, les Carthaginois, maîtres de la mer, avaient préservé leur patrie d'un grand danger. Agathocle avait deux cents bâtiments à quatre et même six rangs de rames ; mais il ne put exécuter son dessein, par les raisons que je vais faire connaître. Un jeune homme d'Égeste, nommé Ménon, pris au sac de cette ville, fut employé au service du roi à cause de sa grande beauté. Il paraissait très-satisfait de sa position, car il était du nombre des favoris du roi ; mais le désastre de sa patrie et le déshonneur qu'on lui faisait subir, avaient fait naître en lui un profond sentiment de haine qui devait se manifester à la première occasion où il aurait pu se venger du tyran. Le roi, déjà avancé en âge, avait confié le commandement des armées qui tenaient la campagne à Archagathus. Celui-ci était le fils d'Archagathus, tué en Libye, et par conséquent petit-fils d'Agathocle ; il était d'un courage et d'une hardiesse extraordinaires. Pendant qu'il campait au pied de l'Etna, le roi, qui voulait avoir pour son successeur au trône son fils Agathocle, recommanda celui-ci aux Syracusains, en leur manifestant son intention de lui laisser l'empire ; il l'envoya aussitôt prendre le commandement de l'armée. Il écrivit alors à Archagathus une lettre par laquelle il lui ordonnait de remettre à son fils le commandement des troupes de terre et de mer. Archagathus, voyant que la royauté passait en d'autres mains, prit la résolution de se défaire de tous les deux. Il envoya donc à Ménon d'Égeste un messager pour l'engager à empoisonner le roi ; de son côté, il offrit un sacrifice dans une île où Agathocle le jeune devait aborder, l'invita à un festin, et, après l'avoir enivré, il l'assassina pendant la nuit. Le cadavre, jeté à la mer et poussé par les flots sur la côte, fut reconnu et apporté à Syracuse. Le roi, qui, après le repas, avait l'habitude de se nettoyer les dents avec une plume, en demanda une à Ménon. Celui-ci lui en donna une qu'il avait enduite d'un poison septique[1]. — Le roi, qui était sans défiance, s'en étant servi même plus longtemps que d'habitude, laissa au venin le temps de pénétrer partout dans les gencives. Il se manifesta d'abord des souffrances continuelles, qui de jour en jour augmentaient en intensité, jusqu'au moment

---

[1] Le sang putréfié était un des poisons septiques (φάρμακα σηπτικά) les plus renommés.

où des ulcères putrides incurables couvrirent toute la région des dents. Au moment de mourir, Agathocle fit assembler le peuple et accusa Archagathus d'impiété; il engagea la multitude à le venger et promit de rendre à la ville le pouvoir démocratique. Puis Oxythémis, l'envoyé du roi Démétrius, plaça sur le bûcher Agathocle, tout près de rendre l'âme, et le fit brûler respirant encore, mais ne pouvant, dans le triste état où il se trouvait, faire entendre sa voix. Ainsi Agathocle, qui, pendant l'exercice de sa puissance, avait commis tant de meurtres, et qui avait été envers ses compatriotes d'une cruauté égale à son impiété envers les dieux, eut une fin digne d'une vie si déréglée. Il avait régné vingt-huit ans et vécu soixante-douze ans, comme le rapportent Timée de Syracuse, Callias, autre Syracusain qui a écrit une histoire en vingt-deux livres, et Antandre, frère d'Agathocle et historien lui-même. Les Syracusains, ayant repris le gouvernement démocratique, s'emparèrent des biens d'Agathocle et renversèrent les statues qu'on lui avait élevées. Ménon, l'auteur de la mort du roi, s'échappa de Syracuse, et se tint dans le camp d'Archagathus. Tout glorieux d'avoir détruit la royauté, il tua aussi Archagathus. Devenu maître de l'armée, il s'attira l'affection de la multitude par des discours bienveillants, et résolut de faire la guerre aux Syracusains pour s'emparer du gouvernement.

*Excerpt. de Virt. et Vit.*, p. 560, 561. — Archagathus avait un courage et une audace bien au-dessus de son âge, car il était alors très-jeune.

L'historien Timée, qui relève très-vertement les erreurs des historiens qui l'ont précédé, et dont l'ouvrage est d'ailleurs écrit avec une rare fidélité, a inventé beaucoup de choses inexactes pour ce qui concerne l'histoire d'Agathocle, à cause de la haine qu'il avait vouée au tyran. Exilé de la Sicile par Agathocle, et n'ayant pu se venger tant que le roi vivait, il se servit après la mort de celui-ci de l'histoire pour calomnier à jamais la mémoire du souverain. Aux vices nombreux d'Agathocle, Timée en ajouta beaucoup d'autres de son invention. Il lui enlève la gloire de ses succès et n'attribue qu'à lui seul tous les revers, tant ceux dont il fut la cause, que ceux qui dépendaient de la fatalité du sort. Cependant on convient généralement qu'Agathocle était un général habile, entreprenant et bravant les dangers avec sang-froid; et pourtant Timée ne se lasse pas, dans le cours de ses récits, de l'appeler lâche et poltron. Qui ne sait que de tous les souverains aucun, avec de si faibles moyens, n'avait acquis une royauté aussi considérable! Issu d'une famille pauvre et obscure, réduit à travailler de ses mains pour vivre, il ne dut qu'à son propre talent, non-seulement de se rendre maître de toute la Sicile, mais encore de conquérir une partie de l'Italie et de la Libye. La partialité de cet historien est surprenante : après avoir prôné le courage des Syracusains, il traite comme le plus lâche des hommes celui qui les vainquit. Ces contradictions sont une preuve irrécusable que Timée a sacrifié à sa haine et à son ressentiment contre Agathocle la vérité qu'il devait à l'histoire. Aussi l'on ne doit pas ajouter foi aux cinq derniers livres de son ouvrage qui contiennent le récit des exploits d'Agathocle.

Callias de Syracuse mérite aussi d'être blâmé. La protection que lui accorda Agathocle et les bienfaits dont il le combla, firent trahir la vérité de l'histoire : cet historien ne cesse de prodiguer à son bienfaiteur des éloges qu'il n'a point mérités. Agathocle, impie envers les dieux et cruel envers les hommes, est, selon Callias, l'homme le plus pieux et le plus humain. Agathocle avait enrichi cet historien d'une partie des biens dont il avait dépouillé les Syracusains; et ce dernier lui prodiguait toute espèce d'éloges, trouvant, à ce qu'il paraît, commode de payer de cette monnaie la munificence royale.

*Excerpt. Hœschel.*, p. 493. — Les Syracusains firent partir le général Hicétas avec des troupes pour faire la guerre à Ménon. Il resta maître de la campagne pendant quelque temps; les ennemis évitaient le combat. Mais les Carthaginois étant venus avec des forces supérieures se joindre à Ménon, les Syracusains furent forcés de donner aux Phéniciens quatre cents otages, de terminer la guerre et de rappeler les bannis. Les troupes mercenaires, privées de leur droit dans l'élection des magistrats, firent éclater dans la ville de Syracuse une grave révolte. Les Syracusains et les soldats mercenaires avaient pris les armes. Le sénat envoya une députation aux deux partis, et ne parvint, à force de prières, à apaiser la révolte qu'à la condition que les soldats mercenaires vendraient, dans un temps fixé, ce qu'ils possédaient et sortiraient de la Sicile. Après cet arrangement, les étrangers quittèrent à l'époque désignée la ville de Syracuse ; arrivés au détroit, ils furent accueillis par les Messiniens comme amis et comme alliés. Ils égorgèrent pendant la nuit les habitants dans leurs maisons où ils les avaient généreusement reçus. Ils épousèrent ensuite les femmes et se rendirent maîtres de la ville. Ils la nommèrent Mamertine, du nom de Mars, appelé *Mamers* dans leur dialecte.

Ceux qui ne participent pas au gouvernement démocratique n'ont pas non plus droit aux décrets d'un tribun du peuple.

*Excerpt. de Virt. et Vit.*, p. 561. — Les soldats mercenaires quittèrent Syracuse, conformément au traité, et furent accueillis par les Messiniens comme amis et comme alliés. Ils égorgèrent pendant la nuit les habitants qui les avaient généreusement accueillis dans leurs maisons, épousèrent leurs femmes et se rendirent maîtres de la ville.

*Excerpt. de Virt. et Vit.*, p. 561, 562. — Lorsque Démétrius était prisonnier à Pella, Lysimaque envoya à Seleucus une députation pour l'engager à ne point laisser échapper de ses mains Démétrius, qui était le plus ambitieux des hommes et qui n'avait épargné aucun des autres rois ; il lui promit même de lui donner deux mille talents s'il le faisait périr. Mais Seleucus adressa de vifs reproches aux députés qui l'exhortaient à violer sa foi et à tremper dans le meurtre d'un homme qui lui était attaché par les liens de la parenté ; il écrivit ensuite à son fils Antiochus, qui se trouvait alors en Médie, pour lui demander son avis sur la manière dont il devait se conduire à l'égard de Démétrius, quoiqu'il eût déjà résolu de lui rendre la liberté et de le rétablir dignement sur le trône. Il agissait ainsi pour partager avec son fils la reconnaissance que lui devrait, pour un si grand bienfait, le roi Démétrius, dont Antiochus avait épousé la fille Stratonice, qui lui avait donné plusieurs enfants.

*Excerpt. Hœschel.*, p. 493, 494. — Il faut se rendre redoutable à ses ennemis, et se montrer constamment bienveillant envers ses amis.

Si dans un temps où vous méconnaissiez vos intérêts, vous vous êtes laissé gagner par des discours flatteurs, aujourd'hui, que vous voyez en réalité les maux du pays, adoptez d'autres principes.

Il est de la nature de l'homme de se tromper parfois dans les affaires de la vie; mais retomber plusieurs fois dans les mêmes fautes, c'est le propre d'un insensé. Aussi doit-on s'attendre à un châtiment d'autant plus grand qu'on aura commis plus de fautes.

Il y a des citoyens qui sont arrivés à un tel degré de cupidité qu'ils voudraient rehausser l'éclat de leurs maisons par les malheurs de la patrie.

Ceux qui maltraitent les personnes qui portent du secours aux malheureux, comment traiteraient-ils les malheureux eux-mêmes?

Il faut pardonner à ceux qui ont commis des fautes, si l'on veut passer tranquillement le reste de sa vie.

Il n'est pas nécessaire de punir impitoyablement tous ceux qui commettent des fautes; mais il faut châtier ceux qui ne se corrigent pas.

Parmi les hommes, la douceur l'emporte sur la colère, et la bienveillance sur le châtiment.

Il est beau et noble d'étouffer la haine et de la remplacer par l'amitié, car la première pensée de l'homme réduit à la misère est d'avoir recours à ses amis.

\* *Excerpt. Vatican.*, p. 45. — Quand un soldat étranger manque de vivres, il commence d'ordinaire par piller ses amis.
— L'ambition, naturelle à tous les rois, n'épargnera pas une semblable ville.

*Excerpt. Hœschel.*, p. 494. — L'ambition est innée dans l'homme ; il est donc difficile de s'en défaire entièrement.

Chez soi, on peut étaler le faste et se revêtir de superbes vêtements ; mais en entrant dans une ville libre, il faut se soumettre à ses lois.

Celui qui hérite de ses ancêtres d'un nom illustre et d'un diadème voudra aussi hériter de leur gloire ; car il serait honteux de porter le nom de Pyrrhus, fils d'Achille, et de n'être qu'un Thersite.

Plus est grande la gloire à laquelle on parvient, plus on s'intéresse à tout ce qui a contribué à nos succès. On ne doit donc pas chercher à obtenir par l'injustice et le déshonneur, ce qu'on peut acquérir glorieusement et à la satisfaction de tout le monde.

Hommes ! il est beau de pouvoir tirer des fautes d'autrui notre propre sécurité.

On ne doit pas préférer les étrangers à ses parents, ni la haine des ennemis à la bienveillance des alliés.

## LIVRE VINGT-DEUXIÈME (?).

*Excerpt. Hœschel.*, p. 494, 495. — Les Épirotes ont pour maxime non-seulement de combattre pour leur patrie, mais encore d'exposer leur vie pour défendre leurs amis et leurs parents.

Décius, tribun militaire des Romains, mis à la tête de la garnison de Rhégium, fit égorger, à cause du roi Pyrrhus, les habitants de cette ville, et s'empara de leurs biens et de leurs femmes. Ses soldats, qui étaient Campaniens, se conduisirent dans cette circonstance comme les Mamertins qui avaient massacré les Messiniens. Décius ayant réparti inégalement le butin fait sur ces malheureux, fut lui-même chassé de Rhégium et exilé par les Campaniens. Les Mamertins vinrent à leur secours, et formèrent une armée avec le reste de leur argent. Décius, atteint d'une maladie des yeux, fit venir auprès de lui un médecin renommé ; mais ce dernier, pour venger sa patrie outragée, appliqua des cantharides sur les yeux du malade, qu'il priva ainsi de la vue, et s'enfuit de Messine.

*Excerpt. de Virt. et Vit.*, p. 562. — Les Romains avaient envoyé une garnison à Rhégium. Le tribun militaire Décius, Campanien de naissance, remarquable par son avidité et son audace, se proposa d'imiter la cruauté des Mamertins. Ceux-ci, ayant été accueillis par les Messiniens comme des amis, s'emparèrent néanmoins de leur ville, égorgèrent leurs hôtes dans leurs propres maisons, et s'emparèrent de leurs femmes et de leurs biens. Les Campaniens qui formaient, sous le commandement de Décius, la garnison que les Romains avaient établie à Rhégium, imitèrent l'exemple de cette cruauté. Ils égorgèrent les habitants de Rhégium, s'emparèrent de leurs biens et s'installèrent dans la ville, comme s'ils l'avaient prise par les armes. Mais Décius, commandant de la garnison, qui avait vendu les biens de ces infortunés et fait une répartition inégale du butin, fut lui-même chassé de Rhégium par les Campaniens, ses complices. Toutefois leurs crimes ne restèrent pas impunis. Décius, affecté d'une grave maladie des yeux, fit venir auprès de lui un médecin très-habile. Celui-ci, saisissant avec empressement l'occasion de venger sa patrie, frotta avec des cantharides les yeux du malade, qui perdit ainsi totalement la vue; puis il se sauva de Messine.

*Excerpt. Hœschel.*, p. 495. — Il y avait en Sicile plusieurs tyrans : Hicétas à Syracuse, Phintias à Agrigente, Tyndarion à Tauroménium, et d'autres encore dans des villes moins importantes. Phintias et Hicétas, qui étaient en guerre, se livrèrent bataille près d'Hyblée, et Hicétas remporta la victoire. Ils se faisaient des invasions réciproques, ravageaient les propriétés, et rendaient le pays inculte. Hicétas, fier du succès de ses armes, se mesura avec les Carthaginois; mais il fut vaincu près du fleuve Téria et perdit beaucoup de soldats. Phintias fit bâtir une ville qu'il nomma *Phintiade*, et la donna à habiter aux Géléens expulsés de leur patrie. Cette ville est située sur les bords de la mer. Ayant renversé les murs et les maisons de Géla, il en transporta les habitants à Phintiade, qu'il entoura d'un mur, et y fit élever une place publique fort belle, ainsi que des temples.

Toutes les villes qui étaient en son pouvoir se soulevèrent contre lui à cause de sa cruauté, et chassèrent ses garnisons ; mais les habitants d'Agyre se révoltèrent les premiers.

*Excerpt. de Virt. et Vit.*, p. 562. — Phintias, gouvernant les citoyens avec violence et faisant périr beaucoup de citoyens riches, s'était attiré la haine de ses sujets. Mais s'apercevant qu'ils étaient sur le point de se révolter, il changea de conduite, gouverna avec plus de douceur, et retint ainsi ses sujets sous son autorité.

*Excerpt. Hœschel.*, p. 495. — Les Gaulois égorgèrent le roi Ptolémée, après avoir taillé en pièces et entièrement détruit les troupes macédoniennes.

La *victoire cadméenne* est passée en proverbe. Ce proverbe signifie que les vainqueurs sont aussi affligés que les vaincus qui ne courent aucun danger en raison de leur puissance.

*Excerpt. de Virt. et Vit.*, p. 562. — Ptolémée, roi des Macédoniens, encore bien jeune et ignorant l'art militaire, était d'un caractère léger et étourdi ; il ne prévoyait point ce qui lui aurait été utile : il n'écouta point ses amis lorsqu'ils lui conseillaient d'attendre les troupes auxiliaires qui étaient en retard.

Apollodore, aspirant à la tyrannie, et voulant s'assurer du dévouement de ses complices, invita un jeune homme de ses amis à un sacrifice. Là, après l'avoir immolé, il en donna à manger les entrailles aux conjurés et les invita à en boire le sang mêlé avec du vin.

Le même Apollodore arma des Gaulois, les combla de présents, et en fit des satellites dévoués qui, par leur férocité naturelle, étaient propres à exercer toute sorte de cruautés. Il acquit de très-grandes richesses par la confiscation des biens des riches particuliers. L'augmentation de la solde des troupes et les largesses qu'il fit aux indigents lui firent un parti redoutable. Se livrant alors sans réserve à ses sentiments cruels et cupides, il se mit à extorquer aux citoyens leurs richesses. Il mit aux tortures un grand nombre d'hommes et de femmes pour les forcer à lui apporter tout l'argent et tout l'or qu'ils possédaient. Il avait pour instigateur et pour maître de ces actes tyranniques un certain Calliphon, Sicilien, qui avait longtemps habité les palais des nombreux tyrans de la Sicile.

*Excerpt. Vatican.*, p. 46. — Le roi Pyrrhus perdit beaucoup d'Épirotes qui avaient passé avec lui en Italie. Un de ses amis, qui lui était attaché par les liens de l'hospitalité, lui demanda s'il était content du succès de la bataille. « Encore une pareille victoire, répondit-il, remportée sur les Romains, et il ne me restera plus un seul de ces soldats qui m'ont accompagné en Italie. » En effet, tous les succès qu'il avait obtenus étaient des victoires cadméennes : les vaincus n'étaient pas tout à fait abattus en raison de leur puissance, et le vainqueur avait essuyé autant de pertes et de dommages que le vaincu.

Cinéas, envoyé par Pyrrhus pour traiter avec les Romains, se montra habile dans cette députation, et offrit de magnifiques présents aux hommes les plus influents; mais ces derniers ne les acceptèrent pas, et lui répondirent tous unanimement qu'il ne convenait pas de recevoir des présents pendant que la guerre durait; mais dès que la paix serait rétablie, et que Pyrrhus serait devenu l'ami des Romains, ils agréeraient volontiers des présents qu'ils pourraient accepter sans reproche.

*Excerpt. Hœschel.,* p. 495, 497. — Phintias, le fondateur de Phintiade, tyran d'Agrigente, vit dans un songe le dénoûment tragique de sa vie : il avait lancé un sanglier, lorsque l'animal, se précipitant sur lui, lui traversa les flancs avec ses défenses, et lui ôta la vie par cette large blessure.

Hicétas, après avoir été pendant neuf ans souverain de Syracuse, fut chassé de cette ville par Thynion, fils de Maméus.

Thynion et Sostrate, successeurs d'Hicétas, engagèrent une seconde fois Pyrrhus à venir en Sicile.

Les Mamertins, qui avaient égorgé les Messiniens, firent un traité d'alliance avec les Carthaginois, et décidèrent en pleine assemblée qu'ils s'opposeraient à l'entrée de Pyrrhus dans la Sicile. Mais Tyndarion, tyran de Tauroménium, était bien disposé pour le roi, et était prêt à ouvrir à ses troupes les portes de la ville.

Les Carthaginois ayant fait alliance avec les Romains, embarquèrent cinq cents hommes sur leurs propres vaisseaux; ils se dirigèrent ensuite sur Rhégium, et attaquèrent cette ville ; mais ils furent contraints d'en lever le siége, et mirent le feu aux bois qu'ils y avaient rassemblés pour construire des vaisseaux; ils continuèrent à garder le détroit et à observer le passage de Pyrrhus.

Thynion, qui avait sous sa puissance l'Ile, et Sostrate, maître de Syracuse, se faisaient la guerre avec dix mille soldats; mais tous deux, fatigués de ces hostilités, envoyèrent une députation à Pyrrhus.

Pyrrhus fit la guerre en Italie pendant deux ans et quatre mois. Lorsqu'il se disposait à son départ, les Carthaginois assiégeaient Syracuse par terre et par mer; ils avaient en station dans le grand port une flotte de cent navires et une armée de terre de cinquante mille hommes, campée auprès de la ville; ils tenaient par là les habitants renfermés dans leurs murs et dévastaient sans obstacle le territoire de Syracuse. Les Syracusains, fatigués de cette guerre, n'eurent plus d'espoir qu'en Pyrrhus qui avait épousé Lanassa, fille d'Agathocle, dont il eut un fils nommé Alexandre. Ils lui envoyaient donc chaque jour des députés. Pyrrhus fit embarquer ses soldats, ses éléphants et tout son bagage, partit de Tarente et arriva en dix jours à Locres. De là, traversant le détroit pour se rendre en Sicile, il aborda à Tauroménium. Après avoir fait alliance avec Tyndarion, souverain de la Tauroménie, il reçut un renfort de soldats, et fit voile pour Catane. Les habitants l'accueillirent magnifiquement et lui décernèrent des couronnes d'or. Ce fut là qu'il fit débarquer des troupes et les dirigea sur Syracuse, tandis que sa flotte marchait de concert, toute prête à un combat naval. Lorsque Pyrrhus s'approcha de Syracuse, les Carthaginois, qui avaient fait partir trente de leurs bâtiments pour les besoins du service, n'osèrent pas tenter le combat avec le reste de leur flotte. C'est pourquoi Pyrrhus entra dans Syracuse sans courir aucun danger. Thynion lui livra l'Ile ; les Syracusains et Sosistrate lui remirent les autres quartiers de la ville. Sosistrate était maître d'Agrigente et de plusieurs autres villes, et il avait une armée de plus de dix mille hommes. Pyrrhus rétablit l'union entre les Syracusains d'une part, et Thynion et Sosistrate de l'autre ; cette paix lui valut la plus haute considération. Les armes et toutes les machines de guerre qui étaient dans la ville lui furent remises. Il reçut en outre cent vingt navires pontés et vingt autres non pontés ; le vaisseau royal avait neuf rangs de rames. Toute la flotte de Pyrrhus, y compris les bâtiments qu'il avait amenés, se montait à plus de deux cents voiles. A cette même époque, des députés envoyés par Héraclide, tyran de Léontium, vinrent proposer à Pyrrhus de lui livrer cette ville, ainsi que les forts et les troupes, composées de quatre mille fantassins et cinq cents cavaliers. D'autres députés se rendirent en grand nombre à Syracuse pour lui offrir des villes et leur alliance. Pyrrhus reçut tous ces députés avec une grande bienveillance, et les renvoya chez eux ; il se flattait de se rendre maître de la Libye.

Le port de Corinthe porte le nom de Léchée.

Brennus, roi des Gaulois, vint faire la guerre en Macédoine avec une armée de cent cinquante mille hommes d'infanterie munis de grands boucliers, et de dix mille cavaliers. Une foule nombreuse de marchands forains et deux mille chariots suivaient cette armée. Il perdit dans cette expédition beaucoup de soldats, et son armée était déjà très-affaiblie lorsqu'il pénétra dans la Grèce pour piller le temple de Delphes. Là il perdit dans de nombreux combats plusieurs milliers d'hommes, et fut lui-même atteint de trois blessures. Sentant qu'il n'avait pas longtemps à vivre, il fit assembler ses Gaulois, et, prenant la parole, il leur conseilla de l'achever ainsi que tous les blessés, de brûler leurs chariots et de retourner promptement dans leur patrie ; il leur conseilla aussi de faire roi Cichorius. Puis Brennus, s'étant enivré, se poignarda lui-même. Cichorius le fit ensevelir et fit tuer les blessés ainsi que ceux que le froid ou la faim avait rendus infirmes, et dont le nombre s'élevait à environ vingt mille hommes. Il se mit ensuite en route avec le reste de l'armée, reprenant la même route qu'ils avaient suivie. Les Grecs, embusqués dans les défilés, tombaient sur l'arrière-garde qu'ils massacraient et s'emparaient de tous leurs bagages. Arrivés aux Thermopyles, les Gaulois, qui n'avaient déjà plus de vivres, perdirent dans ce passage encore vingt mille hommes. Enfin ils périrent tous dans le pays des Dardaniens qu'ils traversaient, et il n'en resta pas un seul qui pût revoir son pays.

* *Excerpt. Vatican.*, p. 46-47. — Brennus, roi des Gaulois, étant entré dans un temple, ne regarda pas les offrandes d'or et d'argent qui s'y trouvaient ; il prit seulement les images de pierre et de bois et se mit à rire de ce qu'on avait supposé aux dieux des formes humaines et qu'on les eût fabriqués en bois ou en pierre. — A l'époque de l'invasion des Gaulois, les habitants de Delphes, se voyant menacés d'un danger imminent, interrogèrent le dieu pour savoir s'il fallait enlever du temple les richesses, les enfants, les femmes, et les transporter dans les villes voisines les plus fortifiées. La pythie répondit aux habitants de Delphes que le dieu ordonnait de laisser les offrandes et les autres ornements des dieux dans le temple, qu'il prendrait tout sous sa garde et avec lui les vierges blanches. Il y avait dans le temple deux chapelles très-anciennes, l'une consacrée à Minerve Pronaos, et l'autre à Diane : ces déesses étaient supposées être désignées par l'oracle sous le nom de *vierges blanches*.

*Excerpt. Hœschel.*, p. 497-499. — Pyrrhus, ayant rétabli les affaires dans Syracuse et Léontium, se dirigea sur Agrigente. Pendant qu'il était en route, quelques messagers, montés sur des bâtiments, vinrent lui dire que la garnison des Carthaginois avait été chassée de la ville où on l'avait gardée seulement pour empêcher Phintias de se proclamer tyran d'Agrigente ; ils lui annonçaient en même temps que la ville allait se livrer à lui, et conclure une alliance. En effet, dès que le roi eut atteint Agrigente, Sosistrate lui livra la ville ainsi que les troupes, composées de huit mille hommes d'infanterie et de huit cents cavaliers, soldats aguerris et qui ne le cédaient en rien aux Épirotes eux-mêmes. Il reçut la soumission de trente autres villes dont Sosistrate était le souverain. Après cela, Pyrrhus envoya chercher à Syracuse des machines de siége, ainsi qu'une grande quantité d'armes de trait. Puis, il envahit les possessions des Carthaginois avec une armée de trente mille hommes d'infanterie, de quinze cents cavaliers et de quelques éléphants. Il soumit d'abord la ville d'Héraclée, défendue par une garnison carthaginoise. Il s'empara ensuite d'Azones. Les Sélinontins se joignirent au roi, ainsi que les habitants d'Halycie, d'Égeste et beaucoup d'autres villes. La ville d'Érycine était défendue par une garnison carthaginoise considérable, et, par sa position, elle était très-difficile à prendre; Pyrrhus résolut de l'assiéger et de la prendre d'assaut. Il fit donc approcher ses machines de guerre. Le siége fut long et opiniâtre; le roi, qui voulait se couvrir de gloire et marcher sur les traces d'Hercule, monta le premier sur les remparts, et là, combattant en héros, il tailla en pièces tous les Carthaginois qui se précipitaient sur lui. Ses amis vinrent à son aide, et la ville fut prise de vive force. Après avoir mis une garnison, il s'avança vers Égine, ville très-forte et très-bien située près de Panorme. Les Iétiens s'étant soumis volontairement, il vint aussitôt se présenter devant Panorme, ville qui possède le plus beau port de la Sicile; c'est de là même qu'elle tire son nom. Il l'emporta de même d'assaut; et, s'étant emparé de la forteresse d'Erctes, il devint maître de toutes les possessions des Carthaginois en Sicile, à l'exception de Lilybée. Les Carthaginois avaient bâti cette ville après que le tyran Denys leur eut enlevé Motye. Ils peuplèrent Lilybée avec les débris de la population de Motye. Pendant que Pyrrhus était occupé des préparatifs de siége, les Carthaginois débarquèrent à Lilybée des forces considérables; et comme ils étaient maîtres de la mer, ils y firent parvenir une grande quantité de blé, des machines de guerre et des armes de trait. Cette ville étant en grande partie baignée par la mer, les habitants défendirent l'accès du côté de la terre par des tours nombreuses et par un vaste fossé. Ils envoyèrent cependant des députés au roi pour lui proposer un traité de paix et pour lui faire l'offre d'une somme d'argent très-considérable. Mais Pyrrhus refusa cet argent; il était même disposé à laisser Lilybée aux Carthaginois; mais ses courtisans, ainsi que les députés des villes, le détournèrent d'une telle résolution, lui conseillant de ne laisser aux Carthaginois aucune entrée en Sicile, de les chasser de l'île entière, et de ne laisser à leur empire d'autre limite que la mer. Aussitôt le roi dressa son camp près des murs de la ville, et les fit battre à coups redoublés; mais les Carthaginois le repoussèrent vigoureusement tant par leur nombre que par la puissance de leurs machines de guerre. En effet, ils avaient une telle quantité de catapultes pour lancer des traits et des pierres, que le mur de la ville n'était pas assez vaste pour les contenir. Aussi les projectiles pleuvaient-ils sur les assiégeants qui tombèrent ou furent blessés en si grand nombre que Pyrrhus faillit succomber. Outre les machines de guerre qu'il avait apportées de Syracuse, il entreprit d'en construire d'autres; il fit aussi miner les murs pour les faire crouler. Mais la résistance des Carthaginois d'une part, et de l'autre la nature d'un sol rocailleux sur lequel était bâtie Lilybée, décidèrent Pyrrhus à regarder cette ville comme imprenable et le forcèrent à lever le siége qui avait duré deux mois. Le roi tourna alors ses vues du côté de la mer dont il voulut se rendre maître avec une flotte considérable, afin de débarquer des armées en Libye.

* *Excerpt. Vatican.*, p. 47. — Pyrrhus, ayant remporté une victoire célèbre sur les Gaulois, déposa dans le temple de Minerve Itonis les boucliers des ennemis et les plus précieuses dépouilles; il y traça l'inscription suivante : « Ces boucliers, enlevés aux audacieux Gaulois, ont été consacrés à Minerve Itonis par Pyrrhus le Molosse, après la déroute de toute l'armée d'Antigone; qu'on ne s'en étonne pas, car les Æacides sont vaillants aujourd'hui comme autrefois. »

Se sentant coupables de tant de crimes, ils s'attendaient à un châtiment proportionné.

*Excerpt. de Virt. et Vit.*, p. 563. — Pyrrhus livra au pillage la ville d'Aigues qui était le lieu où résidait la cour des rois de Macédoine, et y laissa une garnison de Gaulois. Ceux-ci, ayant appris que c'était une ancienne coutume d'enterrer avec les rois une grande quantité d'argent, violèrent les tombeaux, se partagèrent l'argent qu'ils en avaient retiré, et dispersèrent les ossements. La voix publique rejeta tout l'odieux de cette profanation sur Pyrrhus, qui ne châtia point les Barbares, parce qu'il avait besoin de leurs secours dans la guerre.

*Excerpt. Hœschel.*, p. 499, 500. — Les Mamertins, qui s'étaient établis à Messine et avaient pris un grand accroissement, mirent des garnisons dans plusieurs forteresses de la province. Ils levèrent des troupes composées de soldats armés à la légère pour secourir promptement la province de Messine qui venait d'être attaquée par Hiéron. Celui-ci, abandonnant le territoire ennemi, s'empara de vive force de Myla et fit quinze cents prisonniers. Il s'empara ensuite de plusieurs autres places et marcha sur Ameselum, ville située entre le territoire des Centoripiens et des Agyriens. Quoique cette place fût extrêmement forte et défendue par une nombreuse garnison, il l'emporta d'assaut et la détruisit de fond en comble. Il fit grâce à la garnison, l'incorpora dans son armée, et donna le territoire de la ville aux Centoripiens et aux Agyriens. Ensuite Hiéron, à la tête d'une puissante armée, marcha contre les Mamertins, et força la ville d'Alesa à se rendre. Les Abacéniens et les Tyndarites lui ouvrirent avec empressement les portes de leurs villes. Les Mamertins se trouvèrent ainsi resserrés dans un espace étroit. Car du côté de la mer de Sicile, Hiéron possédait Tauroménium près de Messine, et, du côté de la mer d'Étrurie, il avait la cité des Tyndarites. Envahissant le territoire de Messine, il vint camper sur les bords du fleuve Létanus, avec une armée de dix mille fantassins et de quinze cents cavaliers. Les Mamertins, commandés par Cios, formaient de leur côté une armée de huit mille fantassins et de mille cavaliers. Cios fit assembler les aruspices, et, après avoir offert un sacrifice, il les interrogea sur le sort de la bataille. Ceux-ci répondirent que les dieux indiquaient, par les entrailles des victimes, qu'il passerait la nuit dans le camp ennemi; il fut donc tout joyeux comme s'il allait se rendre maître de l'armée du roi. Il rangea aussitôt ses troupes en bataille et se mit à traverser le fleuve. Hiéron avait dans son armée deux cents bannis de Messine, hommes braves et courageux. Il leur adjoignit quatre cents hommes d'élite et leur ordonna de tourner la colline voisine nommée le Thorax, et de prendre les ennemis par derrière. Quant à lui, il rangea son armée en bataille, et attaqua les ennemis de front. La cavalerie commença le combat, tandis que l'infanterie, postée sur une hauteur le long du fleuve, profitait de l'avantage de sa situation. Pendant quelque temps le combat se soutint également de part et d'autre; enfin ceux qui avaient tourné le Thorax tombèrent à l'improviste sur les Mamertins et tuèrent facilement des soldats déjà fatigués. Cernés de toutes parts, les Mamertins prirent la fuite; ils furent tous taillés en pièces par les Syracusains qui les poursuivirent avec acharnement. Le général des Mamertins, après s'être défendu vaillamment, succomba sous le nombre des blessures. Il fut pris respirant encore, porté dans le camp du roi et confié aux soins des médecins. Ainsi s'accomplit la prédiction des aruspices, suivant laquelle Cios devait passer la nuit dans le camp ennemi. Pendant que le roi mettait beaucoup d'empressement à faire soigner son prisonnier, on amena devant lui des chevaux pris dans le combat. Cios, reconnaissant dans le nombre le cheval de son fils, crut que ce jeune homme avait été tué. Emporté par le chagrin, il déchira l'appareil [1] de ses blessures et paya de sa vie la mort de son fils. En apprenant que tous les soldats de Cios avaient péri dans la bataille avec leur général, les Mamertins résolurent d'implorer en suppliants la clémence du vainqueur. Cependant la fortune ne permit pas que l'état de leurs affaires fût tout à fait désespéré. Annibal, général des Carthaginois,

---

[1] Il y a dans le texte le mot βαφή, que l'interprète latin a rendu par *ligatura*.

croisait en ce moment avec sa flotte devant l'île de Lipari. A la nouvelle de cette défaite imprévue, il s'empressa de se rendre auprès d'Hiéron, en apparence pour le féliciter, mais en réalité pour lui tendre un piége. Hiéron, ajoutant foi aux paroles d'Annibal, resta dans l'inaction. De son côté, Annibal se rendit à Messine où il trouva les Mamertins disposés à livrer leur ville. Il les détourna de ce projet, et leur accorda un prompt secours en faisant entrer dans la ville un renfort de mille soldats. Les Mamertins, qu'une si grande défaite laissait sans espoir, furent ainsi rassurés. Hiéron, joué par Annibal, renonça au siége de Messine et revint à Syracuse, après avoir remporté des succès signalés. Mais dans la suite les Carthaginois et Hiéron ayant échoué devant Messine, se concertèrent ensemble et s'engagèrent par un traité à attaquer cette ville avec toutes leurs forces réunies.

## LIVRE VINGT-TROISIÈME (?).

*Excerpt. Hœschel.*, p. 500, 501. — La Sicile est la plus belle de toutes les îles; elle peut contribuer infiniment à la puissance d'un empire.

Annon, fils d'Annibal, vint en Sicile, rassembla ses troupes dans Lilybée, et s'avança jusqu'à Sélinonte. Il laissa son armée de terre dans le camp qu'il établit près de cette ville, se rendit à Agrigente, fortifia la citadelle et engagea le peuple à combattre dans les rangs des Carthaginois. De retour dans son camp, il reçut la visite des députés que lui envoya Hiéron pour traiter de leurs intérêts communs. Car ils s'étaient engagés à faire ensemble la guerre aux Romains s'ils ne se retiraient pas promptement de la Sicile. Ils réunirent leurs troupes auprès de Messine; Hiéron dressa son camp sur la colline nommée la Chalcidique; les Carthaginois campèrent sur le territoire d'Eunes, tandis que leurs navires vinrent jeter l'ancre près du cap Pélore. Ils tenaient ainsi Messine étroitement bloquée. Aussitôt que le peuple romain eut connaissance de cette entreprise, il envoya Appius Claudius, l'un de ses consuls, avec une forte armée qui marcha droit sur Rhégium. De là il dépêcha à Hiéron et aux Carthaginois des députés pour les sommer de lever le siège de Messine; ils devaient en même temps dire à Hiéron que l'intention des Romains n'était point de lui faire la guerre. Hiéron leur répondit que les Mamertins, qui avaient détruit Camarine et Géla et s'étaient emparé de Messine de la manière la plus révoltante, étaient avec raison serrés de près; qu'il ne convenait nullement aux Romains, qui vantaient tant leur bonne foi, de protéger des assassins qui avaient violé les serments les plus sacrés; enfin que si les Romains entreprenaient la guerre pour soutenir des hommes si pervers, il serait évident pour tout le monde que leur pitié n'était qu'un prétexte pour masquer leur ambition, et qu'en réalité ils n'avaient d'autre but que de se rendre maîtres de la Sicile.

* *Excerpt. Vatican.*, p. 48, 49. — Les Carthaginois, après avoir combattu les Romains sur mer, et redoutant la gravité de la guerre dont ils étaient menacés, envoyèrent une députation auprès du consul pour conclure un traité d'amitié. Après de longs débats, et après avoir échangé des paroles très-dures, les Carthaginois dirent qu'ils s'étonnaient que les Romains eussent osé passer en Sicile, tandis que Carthage tenait le sceptre de la mer; et qu'il était évident pour tous que tant que les Romains ne garderaient pas l'amitié de cette nation, ils ne devaient même pas se laver les mains dans les eaux de la mer. Les Romains répondirent qu'ils conseillaient aux Carthaginois de ne pas leur apprendre à trop hanter la mer, et que les Romains, en fait d'écoliers, avaient toujours surpassé leurs maîtres. « Jadis, ajoutaient-ils, nous nous servions de grands boucliers carrés; les Tyrrhéniens combattaient avec des boucliers d'airain, en phalange serrée, et nous mettaient en fuite; mais ils furent à leur tour vaincus depuis que nous avions adopté leur armure. Plus tard, nous avons été en guerre avec d'autres nations qui faisaient usage des boucliers d'aujourd'hui et des piques; nous avons adopté l'une et l'autre arme, et l'avons emporté sur ceux qui nous avaient servi de modèles. Nous

avons appris des Grecs à assiéger des villes, à battre les murs avec des machines de guerre, et nous avons réduit à l'obéissance les villes qui nous avaient fait connaître ces inventions. Que les Carthaginois nous apprennent donc aujourd'hui à combattre sur mer, et bientôt l'on trouvera les disciples supérieurs aux maîtres. »

*Excerpt. Hœschel.*, p. 501, 503. — Les Romains employèrent d'abord dans la guerre des boucliers carrés ; mais plus tard, ayant vu que les Tyrrhéniens avaient des boucliers d'airain, ils en firent fabriquer de semblables et vainquirent ce peuple.

Le consul Appius ayant abordé à Messine, Hiéron crut que les Carthaginois lui avaient livré passage, et se réfugia à Syracuse. Après un combat où les Carthaginois furent vaincus par les Romains, le consul assiégea Égeste ; il y perdit un grand nombre de soldats, et revint à Messine.

Les deux consuls, arrivés en Sicile, assiégèrent la ville des Adranites et la prirent d'assaut. Ensuite, ils mirent le siége devant la ville des Centoripiens, et, pendant qu'ils étaient campés près des *Cours d'airain*, ils reçurent une députation envoyée par les habitants d'Alaise. La frayeur s'emparant en même temps de plusieurs autres villes, elles envoyèrent également des députés pour demander la paix aux Romains et leur offrir de se rendre. Ces villes étaient au nombre de soixante-sept. Les Romains reçurent les troupes de ces villes, et vinrent assiéger Hiéron dans Syracuse. Celui-ci, voyant les Syracusains mal disposés à son égard, dépêcha aux consuls des parlementaires pour conclure un accommodement. Ceux-ci, qui ne voulaient faire la guerre qu'aux Carthaginois, accueillirent volontiers cette proposition. Ils conclurent une paix de quinze ans avec Hiéron qui leur donna cent cinquante mille drachmes[1], et leur rendit leurs prisonniers. De leur côté, ils le laissèrent maître de Syracuse et des villes soumises aux Syracusains, telles qu'Acra,

---

[1] Environ quatorze cent mille francs.

Léontium, Mégare, Élorus, Nétina et Tauroménium. Pendant que ces choses se passaient, Annibal aborda avec une flotte à Xiphonia, allant au secours d'Hiéron; mais, ayant appris ce qui venait d'avoir lieu, il se retira.

Les Romains assiégèrent plusieurs jours les bourgs d'Adranon et de Macella, et se retirèrent sans avoir obtenu aucun résultat.

Les Égestéens, soumis d'abord aux Carthaginois, embrassèrent le parti des Romains. Les Halicyens suivirent cet exemple; mais les villes d'Ilarum, de Tyrittum et d'Ascelum furent prises d'assaut par les Romains. Les habitants de Tyndaris, saisis de frayeur dans une pareille circonstance, voulaient aussi se donner aux Romains. Mais les Carthaginois, se défiant de leur intention, prirent pour otages les principaux habitants de la ville, les emmenèrent à Lilybée et y transportèrent encore le blé, le vin et toutes les provisions.

Philémon, poëte comique, auteur de quatre-vingt-dix-sept drames, vécut quatre-vingt-dix-neuf ans.

Les troupes qui, réunies aux Romains, assiégeaient Agrigente, et dont les unes étaient employées à creuser des fossés, les autres à construire des palissades, étaient au nombre de cent mille hommes. Les Phéniciens, après s'être défendus vaillamment contre les assiégeants, rendirent la ville d'Agrigente aux Romains.

Annon l'ancien fit passer de Libye en Sicile des forces considérables composées de cinquante mille fantassins, de six mille cavaliers et de soixante éléphants, au rapport de l'historien Philinus d'Agrigente. Ce même Annon, parti de Lilybée à la tête de toutes ses troupes, se rendit à Héraclée. Il reçut dans cette ville des députés qui lui offrirent Erbesus. Annon, continuant la guerre, perdit dans deux combats trois mille fantassins, deux cents chevaux et quatre mille prisonniers; trente de ses éléphants furent tués et trois autres blessés.

Entelline était aussi une ville......

Annon, agissant avec beaucoup d'habileté, fit périr par un

stratagème les troupes ennemies et ses adversaires personnels. Les Romains s'emparèrent d'Agrigente après un siége de six mois. Ils en firent sortir tous les esclaves, au nombre de plus de vingt-cinq mille. De leur côté, ils avaient perdu trois mille hommes d'infanterie et cinq cent quarante chevaux. Les Carthaginois dégradèrent Annon après l'avoir condamné à une amende de six mille pièces d'or; ils le remplacèrent dans le commandement des troupes par Amilcar qu'ils envoyèrent en Sicile. Les Romains, ayant entrepris le siége de Mystratum, construisirent beaucoup de machines de guerre; mais, au bout de sept mois, ils se retirèrent sans avoir obtenu aucun résultat et après avoir perdu beaucoup de monde. Amilcar rencontra les Romains près de Thermes, leur livra bataille, les vainquit, leur tua six mille hommes, et peu s'en fallut qu'il ne détruisît toute l'armée. Les Romains avaient réduit le fort Mazaris. Le Carthaginois Amilcar s'empara encore une fois de Camarine qui lui fut livrée par trahison, et, peu de jours après, Enna tomba en son pouvoir de la même manière. Il fortifia Drepanum, en fit une ville d'où il transporta les habitants d'Éryx; il avait rasé cette dernière ville, à l'exception de son temple. Les Romains assiégèrent Mystratum pour la troisième fois, s'en emparèrent, la détruisirent de fond en comble, et vendirent à l'encan les habitants qui avaient survécu à cette destruction. Ensuite le consul se porta sur Camarine et l'assiégea sans pouvoir s'en emparer; mais ayant reçu de la part d'Hiéron des machines de guerre, il en vint à bout et vendit à l'enchère la plupart des Camarinéens. Presque en même temps, des traîtres lui livrèrent Enna : une partie de la garnison fut massacrée, l'autre se réfugia chez les alliés. De là il marcha sur Sittane, et emporta cette ville d'assaut. Il jeta des garnisons dans quelques autres places et marcha sur Camicum, forteresse qui appartenait aux Agrigentins. Il la prit par trahison, et y mit une forte garnison. A cette époque la ville d'Erbessus fut abandonnée par ses habitants. Le fleuve Halycus.....

* *Excerpt. Vatican.*, p. 49, 51. — Annibal, général des

Carthaginois, vaincu dans un combat naval et craignant d'être puni par le sénat, inventa le stratagème suivant : il envoya un de ses amis à Carthage, en le chargeant des instructions qu'il jugeait les plus utiles. L'envoyé arriva à Carthage, et, introduit dans le sénat, il dit qu'Annibal l'avait chargé de demander conseil pour savoir s'il fallait attaquer avec deux cents bâtiments les Romains qui n'en avaient que cent. Les sénateurs s'écrièrent que cette autorisation était accordée. « Eh bien ! reprit l'envoyé, la chose est déjà faite, et nous sommes vaincus; mais Annibal n'est pas coupable, puisqu'il a agi d'après vos ordres. » Annibal savait que ses concitoyens calomniaient d'ordinaire les généraux après l'événement, et il échappa ainsi aux accusations dont il était menacé. — Ayant été dans les guerres précédentes accusés d'avoir succombé, les chefs étaient impatients de faire évanouir les calomnies par ce combat naval.

Rien ne pouvait inspirer plus de terreur aux Carthaginois qu'une défaite. Ils avaient été assez puissants pour détruire aisément une flotte ennemie en pleine mer, et ils n'osaient pas seulement repousser [les Romains]. Pendant que les Romains s'approchèrent de la côte sans conserver aucun ordre dans leurs rangs, il s'éleva un vent violent, et les Carthaginois auraient pu, sans courir aucun danger, prendre les bâtiments avec tout leur équipage. S'ils étaient descendus dans la plaine, ils auraient pu combattre à forces égales et déployer avec avantage toutes les divisions de leur armée, enfin ils l'auraient facilement emporté sur les ennemis. Mais n'ayant pour le moment en vue que la position forte de la hauteur qu'ils occupaient, et n'ayant pris, soit timidité, soit impéritie, aucune mesure utile, ils furent complétement battus.

Les Carthaginois étant fortement découragés, le sénat envoya trois des plus illustres citoyens auprès d'Attilius pour traiter de la paix. Annon, fils d'Amilcar, était à la tête de cette députation; il prononça un discours approprié à la circonstance, et engagea le consul à se conduire modérément à l'égard des vaincus et d'une manière digne de Rome. Mais Attilius, enflé de ses succès et oubliant l'instabilité de la fortune, fit des propositions si dures que la paix n'aurait été qu'un joug. Voyant que les députés étaient indignés, le consul ajouta que les Carthaginois devaient, au contraire, lui savoir gré, puisque, n'étant plus à même de défendre leur liberté, ni sur terre ni sur mer, ils devaient accepter toute concession comme un don. Annon ayant répondu avec franchise, le consul prononça des menaces hautaines et ordonna aux envoyés de se retirer au plus vite, en ajoutant ces mots : « Les braves doivent ou vaincre ou céder au vainqueur. » Le consul, qui, dans cette circonstance, oublia les maximes de sa patrie, et ne respecta pas la vengeance des dieux, reçut bientôt le châtiment que méritait son insolence.

Tous les hommes se souviennent d'ordinaire de la divinité dans l'infortune; et souvent, dans le bonheur, ils méprisent les dieux comme une fiction. Mais dans l'adversité ils sont de nouveau saisis d'une crainte naturelle. C'est ce qui arriva surtout aux Carthaginois. Épouvantés des dangers suspendus sur leurs têtes, ils cherchèrent à rétablir les sacrifices depuis longtemps négligés, et agrandirent le culte des dieux.

Xanthippe le Spartiate conseillait aux généraux de marcher contre les ennemis; il ajoutait qu'il leur donnait ce conseil, non pour les exhorter au combat, tandis qu'il se trouverait lui-même hors de danger, mais pour leur faire voir qu'il était persuadé qu'en agissant ainsi ils auraient facilement le dessus; que d'ailleurs il commanderait lui-même dans ce combat et qu'il serait le premier à payer de sa personne. — Pendant le combat, Xanthippe le Spartiate parcourait à cheval tous les rangs et engageait les fantassins en fuite à revenir à la charge. Quelqu'un lui ayant dit qu'il était facile d'exhorter les autres au combat, tandis que lui-même était à cheval, Xanthippe sauta aussitôt à terre, remit son cheval à l'un de ses domestiques, parcourut à pied les rangs des soldats, et les conjura de ne pas causer la défaite et la destruction de toute l'armée.

Tout est facile et possible à la sagesse; en toute chose le

génie l'emporte sur la force. De même que le corps est l'esclave de l'âme, de même aussi les grandes armées doivent obéir à la prudence de leurs chefs. — Le sénat sanctionna tout, conformément à l'intérêt.

*Excerpt. Hœschel.*, p. 504. — Il est facile de vaincre ses ennemis, quand on suit un avis salutaire — Le blâme qui accompagne les fautes des autres sert à corriger ceux qui suivent la même pente; mais la louange accordée aux belles actions a entraîné beaucoup de cœurs à la pratique de la vertu. — N'ayant pu soutenir la prospérité, comme un poids trop lourd, il se priva d'une grande gloire et précipita sa patrie dans de grands malheurs.

*Excerpt. de Virt. et Vit.*, p. 563. — Nous croyons que l'histoire doit faire connaître la conduite des généraux, tant dans leurs succès que dans leurs revers; car si, d'un côté, le blâme qui accompagne les fautes des autres sert à corriger ceux qui pourraient tomber dans les mêmes erreurs, d'un autre côté, la louange accordée aux belles actions conduit bien souvent les hommes à la pratique de la vertu. En conséquence, qui pourrait s'empêcher de blâmer l'imprudence et l'orgueil d'Attilius? Il ne put soutenir la prospérité, comme un poids trop lourd; il se priva d'une grande gloire, en même temps qu'il précipita sa patrie dans de grands malheurs. Pendant qu'il pouvait faire une paix aussi avantageuse pour Rome qu'elle était humiliante et honteuse pour Carthage, et s'acquérir, chez tous les peuples, une éternelle renommée de clémence et d'humanité, il fit tout le contraire : insultant au malheur des vaincus, il leur offrit de telles conditions de paix qu'elles excitèrent la colère de la divinité, et portèrent les vaincus désespérés à recourir à la force des armes. Une telle conduite changea subitement la face des affaires. D'un côté, les Carthaginois, d'abord accablés de leur défaite, se ranimèrent et taillèrent en pièces l'armée ennemie; de l'autre côté, les Romains furent tellement consternés d'un si grand revers, que ces guerriers, jusqu'alors regardés comme invincibles dans les combats sur terre, n'osèrent plus se montrer en bataille rangée. Ainsi prit naissance la guerre la plus longue dont on ait jamais parlé. Les combats n'eurent lieu que sur les bâtiments. Les Carthaginois en détruisirent un nombre infini, tant ceux qui appartenaient aux Romains que ceux fournis par leurs alliés. Plus de cent mille hommes périrent dans ces combats. Pour se faire une idée des sommes dépensées, il suffit de considérer quelle quantité d'argent devait être employée à l'armement de tant de navires, pendant une guerre qui dura quinze ans. L'auteur de ces désastres n'eut pas le moins à souffrir. L'opprobre et l'ignominie obscurcirent la gloire qu'il s'était d'abord acquise, et son exemple apprendra à jamais aux autres à se montrer modestes au sein de la puissance. Mais ce qui devait torturer le plus ce général, c'était d'être forcé de supporter l'insolence et les outrages de ceux qu'il avait traités avec tant d'arrogance, alors qu'ils étaient malheureux, et d'avoir perdu par cette conduite le droit qu'a l'infortuné à la clémence et à la compassion.

Par son courage, Xanthippe délivra les Carthaginois des dangers qui les menaçaient, et il changea l'état des affaires. Il terrassa les Romains victorieux et releva le courage des Carthaginois, abattus et s'attendant à leur entière destruction, au point de leur faire mépriser leur ennemi naguère si redoutable. La gloire de Xanthippe se répandit sur toute la terre, et un suffrage universel accueillit le récit de ses exploits. On ne pouvait se lasser d'admirer le changement surprenant produit par un seul homme. C'était par lui que les Carthaginois, naguère bloqués étroitement par les ennemis, étaient devenus tout à coup les assiégeants de ces mêmes ennemis, tandis que les Romains, qui devaient à leur valeur l'empire de la terre et de la mer, resserrés dans une petite ville, s'attendaient de jour en jour à être réduits. Au reste, on ne doit point s'étonner que la science de l'art militaire, réunie à une grande expérience, triomphe des difficultés regardées comme insurmontables.

*Excerpt. Hœschel.*, p. 504. — Lorsque les Romains eurent abordé en Libye avec une puissante armée sous le commandement du consul Attilius, ils vainquirent d'abord les Carthaginois, prirent beaucoup de villes et de forteresses, et taillèrent en pièces une nombreuse armée. Mais le Spartiate Xanthippe, général à la solde des Carthaginois, ne fut pas plutôt arrivé, que les Carthaginois remportèrent sur les Romains de grandes victoires et détruisirent leur armée. On se battit ensuite sur mer; et, de ce côté, les Romains perdirent beaucoup de navires et d'hommes : on évalue le nombre des morts à environ cent mille.

La honte et l'ignominie furent le partage d'Attilius, naguère couvert de gloire. Ses malheurs apprirent aux autres à se montrer modérés quand on a le pouvoir. La plus grande souffrance qu'il dut éprouver, ce fut bien de se voir obligé de supporter l'arrogance et la domination de ceux qu'il avait traités avec la dernière rigueur, alors qu'ils étaient malheureux, et de s'être ainsi privé lui-même de l'intérêt et de la compassion qui accompagnent presque toujours l'infortune[1].

Il abattit ceux qui avaient été toujours victorieux; il releva ceux qui se croyaient près de leur ruine, et leur fit mépriser l'ennemi.

On ne doit pas s'étonner si l'habileté d'un général, réunie à l'expérience, viennent à bout des difficultés regardées comme insurmontables. Il n'y a rien d'impossible au génie, car l'art l'emporte sur la force. — De même que le corps est l'esclave de l'âme, de même les grandes armées doivent se soumettre à l'habileté de leurs chefs.

Le sénat doit tout diriger conformément à l'intérêt public.

Philistus était un historien....

*Excerpt. Hœschel.*, p. 505, 506. — Les Romains, passés en Libye, firent la guerre aux Carthaginois; ils leur enlevèrent vingt-quatre navires. Les Romains échappés réunirent le reste de leurs troupes, et se dirigèrent sur la Sicile. Ils éprouvèrent un grand désastre en face de Camarine : ils perdirent trois cent quarante vaisseaux longs, et trois cents bâtiments destinés tant au transport des chevaux qu'au transport des munitions. La mer,

---

[1] Ces répétitions sont très-fréquentes dans les fragments de Diodore, que les faiseurs d'éditions auraient dû coordonner avec un peu plus de soin.

depuis Camarine jusqu'à Pachinum, était couverte de débris de navires et de cadavres. Hiéron accueillit avec beaucoup d'humanité ceux qui avaient pu se sauver, leur distribua des vêtements, des vivres, pourvut à tous leurs besoins et les fit transporter sains et saufs à Messine. Après le naufrage des Romains, le Carthaginois Carthalon assiégea Agrigente, la prit d'assaut, y mit le feu, et fit abattre les murailles. Ceux qui survécurent se réfugièrent dans l'Olympium. Malgré ces pertes considérables, les Romains construisirent une nouvelle flotte, se portèrent sur Céphalidium avec deux cent cinquante bâtiments, et se rendirent maîtres de cette place par trahison. Passant de là à Drépanum, ils en firent le siége; mais Carthalon étant venu au secours de la ville, ils furent obligés de se retirer et ils se dirigèrent sur Panorme. Ils mouillèrent dans le port tout près des murailles, débarquèrent leurs troupes, creusèrent des fossés et entourèrent la ville de palissades. Le pays étant couvert de bois jusqu'aux portes de Drépanum, ils élevèrent des retranchements garnis de fossés d'une mer à l'autre. Ensuite les Romains livrant des assauts continuels, battirent les murs en brèche, à l'aide des machines de guerre, se rendirent maîtres des faubourgs et tuèrent beaucoup de monde. Le reste des citoyens se réfugia dans l'ancienne ville. Ils envoyèrent des députés aux consuls pour leur demander seulement la vie sauve. Les Romains consentirent à laisser la liberté à tous ceux qui donneraient deux mines par tête et prirent possession de la ville. Dix mille personnes furent rendues à la liberté pour la rançon convenue; mais les autres, au nombre de treize mille, ainsi que tout le butin, furent vendus à l'enchère. Cependant les Iétiens chassèrent la garnison phénicienne et livrèrent leur ville aux Romains. Les habitants de Solonte, de Pétra, d'Enna et de Tyndaris suivirent cet exemple. Enfin les consuls, laissant une garnison à Panorme, revinrent à Messine.

L'année suivante[1], les Romains se mirent en mer pour la

---

[1] Quatrième année de la CXXXI<sup>e</sup> olympiade; année 253 avant J.-C.

seconde fois, dans l'intention de pénétrer dans la Libye ; mais, repoussés par les Carthaginois, ils revinrent à Panorme. Là ils s'embarquèrent pour retourner à Rome ; mais ils éprouvèrent une nouvelle tempête, dans laquelle ils perdirent cent cinquante vaisseaux longs, ainsi qu'un grand nombre de bâtiments chargés de chevaux et de butin. Le gardien des portes de Thermes, voyageant pour ses affaires particulières, fut pris par des soldats romains. Il fit dire au consul que, dans le cas où il obtiendrait la liberté, il lui ouvrirait pendant la nuit une des portes de la ville. Il fut mis en liberté, et l'on fixa l'heure du rendez-vous. Le consul envoya pendant la nuit un détachement de mille hommes auxquels on ouvrit la porte au moment convenu. Les principaux des Romains entrèrent les premiers, firent fermer la porte et ordonnèrent de ne laisser entrer personne ; ils voulaient s'emparer seuls des richesses de la ville. Mais ils furent tous massacrés et subirent ainsi un châtiment digne de leur cupidité.

Plus tard, les Romains s'emparèrent de Thermes et de Lipare. Ils assiégèrent aussi le fort d'Ercta, mais ils ne réussirent point dans leur entreprise, quoiqu'ils eussent une armée de quarante mille fantassins et de mille cavaliers. Asdrubal, général des Carthaginois, blâmé vivement par ses concitoyens à cause de son inaction, traversa, à la tête de toute son armée, les défilés de Sélinonte pour se rendre à Panorme. Il passa le fleuve qui coule aux environs de cette ville, et vint camper près des murs ; il ne fit pas creuser de fossés ni élever de palissades, méprisant trop l'ennemi pour avoir recours à ces précautions. Des marchands apportèrent dans le camp une grande quantité de vin ; les Celtes s'enivrèrent, poussèrent des clameurs et produisirent des troubles. Le consul Cécilius, tombant alors sur eux, les battit complétement, et leur prit soixante éléphants qu'il envoya à Rome où ils causèrent une grande surprise.

*Excerpt. de Virt. et Vit.*, p. 565. — Amilcar de Carthage, surnommé Barcas, et Annibal, son fils, ont été les plus grands capitaines des Carthaginois. Ils portèrent, par leurs exploits, la puissance de leur patrie au plus haut degré.

## LIVRE VINGT-QUATRIÈME (?).

*Excerpt. Hœschel.*, p. 506, 508. — Les Carthaginois ayant détruit Sélinonte en transportèrent les habitants à Lilybée. Cependant les Romains abordèrent à Panorme avec une flotte composée de deux cent quarante vaisseaux longs, d'un grand nombre de bâtiments de transport et de soixante corcyres [1]. De là ils passèrent à Lilybée et en commencèrent le siége. Ils creusèrent d'abord un fossé qui s'étendait d'une mer à l'autre, puis ils construisirent des catapultes, des béliers, des tortues, et comblèrent l'embouchure du port en y submergeant quinze corcyres remplies de pierres. L'armée romaine était forte de cent dix mille hommes, tandis que les assiégés n'avaient que sept mille fantassins et sept cents cavaliers. Ils reçurent de la part des Carthaginois un renfort de quatre mille hommes, ainsi que des provisions de vivres, et reprirent courage avec Artabas. Les Romains voyant ces troupes entrer dans la place, comblèrent pour la seconde fois la bouche du port avec des pierres et de la terre, en ayant soin de bien consolider ces matériaux au moyen de grandes poutres assujetties par des ancres. Mais une mer houleuse détruisit tous ces travaux. Les Romains construisirent aussi une machine propre à lancer des pierres. Les Carthaginois élevèrent un mur dans l'intérieur de la ville. Les Romains comblèrent aussitôt le fossé extérieur creusé autour de la ville, ayant soixante coudées de longueur et quarante de profondeur. Ils engagèrent ensuite un combat au pied du mur bâti le long de la mer, et mirent des troupes en embuscade du côté opposé. Pendant que les assiégés se portaient sur la muraille où l'on se battait, les soldats mis en embuscade se hâtèrent d'escalader la première enceinte, et s'en emparèrent. Mais le général carthaginois, instruit de cette attaque, tomba sur ce corps de troupes, lui tua dix mille hommes, et força le reste à s'enfuir. Puis, secondés par un vent violent, les ennemis brûlèrent les machines des Romains, leurs tortues, leurs pétroboles, leurs béliers et

---

[1] Espèce de navire de charge, que les Corcyréens paraissent avoir mis en usage.

leurs catapultes. Les Carthaginois, voyant que les chevaux leur étaient inutiles dans les défilés, les envoyèrent à Drépanum où ils furent d'un grand secours aux troupes qui occupaient cette place. Les Romains, après l'incendie de leurs machines, eurent à souffrir d'une maladie pestilentielle et de la disette des vivres (car eux seuls et leurs alliés se nourrissaient de viandes); de sorte qu'en peu de jours ils perdirent dix mille hommes. Ils étaient donc décidés à lever le siége. Mais Hiéron, roi de Syracuse, leur ayant envoyé une grande quantité de blé, leur courage se ranima, et ils reprirent les travaux du siége. Cependant les Romains, ayant élu de nouveaux consuls, donnèrent le commandement de l'armée au consul Claudius, fils d'Appius. Ce consul fit, à l'exemple de ses prédécesseurs, combler le port, et de nouveau la mer détruisit ces travaux. Claudius, présomptueux à l'excès, équipa deux cent dix bâtiments d'élite, et se porta sur Drépanum pour y combattre les Carthaginois; mais il fut vaincu et perdit cent dix-sept navires et vingt mille hommes. Jamais les Carthaginois ni aucun autre peuple n'avaient encore livré une bataille navale aussi sanglante, ni remporté une victoire aussi signalée. Et ce qui est encore plus surprenant, c'est que, dans une si grande affaire, les Carthaginois, avec dix navires, ne perdirent pas un seul homme et n'eurent que peu de blessés. Quelque temps après, Annibal fit partir pour Panorme un triérarque avec trente vaisseaux qui amenèrent à Drépanum un convoi de vivres enlevés aux Romains. Là, ayant complété leurs approvisionnements, ils abordèrent à Lilybée et remplirent de biens cette ville encore assiégée. Il arriva, en outre, de Carthage, le général Carthalon avec soixante-dix vaisseaux longs et autant de navires de charge. Il attaqua les Romains, coula bas quelques bâtiments et en tira cinq à terre. Apprenant ensuite qu'une flotte romaine était sortie de Syracuse, Carthalon, après avoir fait approuver son dessein par ses collègues, alla à la rencontre de l'ennemi avec cent vingt de ses meilleurs navires. Les deux flottes se trouvaient déjà en vue à la hauteur de Géla, lorsque les Romains, frappés de terreur, se dirigèrent dans le port de Phintias, laissant les navires de charge et les autres bâtiments à peu de distance de la côte. Les Carthaginois poursuivant les Romains, il s'engagea un combat sanglant. Les premiers coulèrent bas cinquante-quatre grandes barques, dix-sept vaisseaux longs, et en mirent treize hors de service. Après cela, les Carthaginois, arrivés sur la rive du fleuve Alycus, donnèrent leurs soins aux blessés. Le consul Junius, ne sachant rien de ce qui venait de se passer, sortit de Messine avec trente-six vaisseaux longs et un grand nombre de bâtiments de charge. Après avoir doublé le promontoire de Pachinum, il prit terre aux environs de Phintias où il apprit avec épouvante ce qui avait eu lieu. Voyant ensuite fondre sur lui toute la flotte des Carthaginois, le consul, encore plus effrayé, brûla à l'instant les treize bâtiments qui avaient été mis hors de combat, et se dirigea sur Syracuse, où il espérait trouver un asile chez Hiéron. Mais, serré de près par l'ennemi, à la hauteur de Camarine, il chercha à gagner la terre à travers les bas-fonds et les nombreux récifs qui se trouvent en cet endroit. Comme il s'était élevé une violente tempête, les Carthaginois, doublant le cap Pachinum, se retirèrent dans un lieu bien abrité. De leur côté, les Romains perdirent, dans la position périlleuse où ils se trouvaient, tous les navires de charge, et plus de cent cinq vaisseaux longs dont deux seulement ne furent pas endommagés; la plupart des équipages avaient péri. Le consul Junius recueillit dans ces deux vaisseaux les débris de sa troupe, et se retira dans le camp romain, sous Lilybée. Il surprit pendant la nuit le fort d'Éryx, et s'en empara; après avoir fortifié Égithallus, appelé aujourd'hui *Acellus*, il y laissa une garnison de huit cents soldats. Carthalon, instruit que la position d'Éryx était occupée par l'ennemi, y débarqua pendant la nuit un détachement de troupes, et, attaquant la garnison d'Égithallus, composée de trois mille hommes, il la mit en déroute, en tua une partie et força le reste à s'enfuir vers Éryx. Les Romains, dans leur première expédition navale, perdirent trente-cinq mille hommes et presque autant de prisonniers.

\* *Excerpt. Vatican.*, p. 52. — Les Carthaginois choisirent pour incendier les machines les hommes les plus avides d'argent et les plus audacieux, au nombre de trois cents ; car l'audace et l'avarice poussent les hommes à braver tous les dangers. Il arrive souvent que, dans les assauts et les attaques des murs, les plus vaillants tombent, parce qu'ils s'étaient volontairement exposés aux plus graves dangers.

*Excerpt. de Virt. et Vit.*, p. 565. — Arrivé en Sicile, Claudius prit le commandement des troupes qui assiégeaient Lilybée, et convoqua une assemblée dans laquelle il blâma hautement la conduite des consuls ses prédécesseurs. Il leur reprocha d'avoir fait la guerre avec nonchalance et de s'être abandonnés aux plaisirs de la table, au luxe et à l'oisiveté. Enfin, il ajouta que les Romains étaient plutôt assiégés par l'ennemi qu'ils ne l'assiégeaient eux-mêmes. Cependant Claudius, d'un caractère ardent et d'un esprit versatile, agissait souvent comme un insensé ; car il imita les généraux qu'il avait blâmés. Il éleva des digues dans la mer et chercha par tous les moyens à combler l'entrée du port. Il était d'autant plus répréhensible qu'il pouvait profiter de l'expérience de ses prédécesseurs, qui avaient déjà échoué dans leurs tentatives. Il était naturellement sévère. Il châtia avec rigueur le soldat romain, tout en se conformant aux lois de la patrie ; quant aux alliés, il les faisait battre de verges. La noblesse de son origine et l'illustration de ses aïeux le rendirent tellement orgueilleux qu'il méprisait tout le monde.

\* *Excerpt. Vatican.*, p. 52. — Étant sur le point d'être pris, il se réfugia sur le rivage, redoutant moins un naufrage que le danger dont le menaçaient les ennemis.

*Excerpt. de Virt. et Vit.*, p. 565. — Amilcar, avant d'être général, avait montré les grandes qualités qui sont l'apanage d'une belle âme, et lorsqu'il eut le commandement, il fut l'ornement de sa patrie par son amour pour la gloire et par sa bravoure.

Il l'emportait sur tous ses concitoyens par son habileté, sa bravoure et son expérience dans l'art de la guerre ; en un mot, il était aussi bon roi que vaillant guerrier.

* *Excerpt. Vatican.*, p. 52, 53. — Il ne découvrit à personne ses desseins, sachant très-bien que si de pareils stratagèmes sont communiqués aux amis, ils sont ou rapportés aux ennemis par des transfuges, ou ils inspirent de la crainte aux soldats frappés de la grandeur du danger. — Amilcar avait ordonné à ses troupes de s'abstenir du pillage. Vodostor négligea cet ordre et perdit beaucoup de soldats. En tout temps la bonne discipline est cause de beaucoup d'avantages. Ainsi les fantassins ayant remporté précédemment un succès, en perdirent non-seulement le fruit, mais encore ils faillirent tous périr; les cavaliers, au contraire, qui n'étaient pas plus de deux cents, non-seulement échappèrent au danger, mais ils procurèrent encore aux autres le moyen de se sauver. — Amilcar envoya des hérauts pour traiter de l'enlèvement des morts. Mais le consul Fundanius engagea les envoyés, s'ils avaient le sens commun, de traiter, non pour les morts, mais pour les vivants. Après cette superbe réponse, Fundanius essuya bientôt de tristes revers, de sorte que beaucoup de monde y vit la vengeance céleste d'une pareille insolence. — Lorsque Fundanius envoya des hérauts pour demander la sépulture des morts, Barcas fit une réponse toute différente : « Je fais, disait-il, la guerre aux vivants, mais je suis en paix avec les morts. » Et il accorda la sépulture.

*Excerpt. de Virt. et Vit.*, p. 565, 566. — Annon, naturellement porté aux grandes choses, et avide de gloire, avait sous son commandement une armée inoccupée : il entreprit donc une expédition dans le dessein d'exercer ses soldats, de les nourrir au dépens du pays ennemi, et de soulager Carthage des frais de l'entretien d'une armée; le seul but qu'il se proposait, c'était de contribuer à la gloire et à la prospérité de sa patrie.

Annon s'empara d'Hécatompyle. Des vieillards portant des branches d'olivier vinrent en suppliants implorer sa clémence. Ce général, dominé par l'amour de la gloire, et préférant la générosité au châtiment, se contenta de prendre trois mille otages, et laissa à la ville sa liberté et ses richesses. Les citoyens lui exprimèrent leur reconnaissance en lui décernant des couronnes et en lui accordant de grands honneurs. En même temps ses soldats, fraternisant avec les habitants, prenaient place avec eux aux festins où régnaient l'abondance et la plus vive allégresse.

* *Excerpt. Vatican.*, p. 53, 54. — On se battit à la fin avec tant de bravoure que les chefs eux-mêmes s'exposaient des deux côtés au premier rang. C'est pourquoi les revers les plus inattendus arrivent quelquefois par le fait des hommes les plus vaillants. Ceux qui surpassaient leurs adversaires par leur grandeur d'âme, furent pris après que leur navire eut été coulé bas, vaincus non par le courage, mais par la fatalité du sort. A quoi en effet sert le courage, lorsqu'après un naufrage on ne peut poser le pied sur la terre ferme, et qu'on tombe ainsi entre les mains de l'ennemi?

*Excerpt. de Virt. et Vit.*, p. 566. — La mère de ces jeunes gens, affligée de la mort de son mari, et croyant qu'il était mort par manque de soins, engagea ses fils à sévir contre les prisonniers. On enferma donc ces captifs dans une chambre si étroite, qu'ils étaient obligés de s'y tenir accroupis comme des bêtes sauvages. Ils furent ensuite privés de nourriture pendant cinq jours; Vodostor mourut de souffrance et de faim; mais Amilcar, doué d'une plus grande force, résistait encore quoique n'ayant aucun espoir. Bien souvent, les larmes aux yeux, il implorait la pitié de cette femme, en lui rappelant les soins qu'il avait donnés à son mari. Mais elle, inexorable et étouffant tout sentiment d'humanité, fit enfermer pendant cinq jours le cadavre de Vodostor avec Amilcar, et ne fit donner à ce dernier un peu de nourriture que pour prolonger ses souffrances. Amilcar, voyant ses supplications sans succès, invoqua, à grands cris, Jupiter hospitalier et tous les dieux qui veillent sur les hommes; il se plaignait de subir un traitement inhumain en retour de bons procédés. Cependant Amilcar ne mourut pas, soit par un effet de la miséricorde divine, soit par une faveur inattendue de la fortune. Il allait succomber aux exhalaisons délétères du cadavre et à l'excès des souffrances, lorsque des domestiques de la maison racontèrent à quelques personnes ce qui se passait. Indignées de cela, ces personnes coururent en instruire les tribuns du peuple. Le crime étant avéré, les magistrats mandèrent à leur tribunal les Attilius et faillirent les condamner à la peine capitale comme ayant déshonoré le nom romain. Ils les menacèrent d'un châtiment proportionné, si les accusés ne s'empressaient de rendre aux captifs tous les soins convenables. Les fils s'en prirent à leur mère, brûlèrent les restes de Vodostor, firent parvenir les cendres à ses parents, et retirèrent Amilcar du triste état où il se trouvait.

*Excerpt. Hœschel.*, p. 508. — Il y avait à Longon, à Catane, une forteresse appelée Italium. Cette forteresse fut assiégée par Barcas le Carthaginois.....

Les plans et les ruses de guerre que les généraux communiquent à leurs amis sont souvent révélés aux ennemis par des déserteurs, et ces révélations intimident les soldats qui se croient à la veille d'un grand danger.

Barcas, faisant voile pendant la nuit, fit débarquer ses troupes et vint à leur tête occuper le mont Éryx, à trente stades de distance; il s'empara de la ville et massacra tous les habitants, à l'exception d'un petit nombre qu'il fit transférer à Drépanum.

En tout temps et en toutes circonstances l'ordre est la meilleure garantie du succès.

\**Excerpt. Vatican.*, p. 54. — Barcas, accompagné de Gescon, écouta quelque temps en silence la lecture des conditions de paix que les députés des Romains étaient venus lui apporter. Mais lorsqu'il entendit qu'il fallait livrer les armes et les déserteurs, il ne se contint plus, et ordonna aux députés de partir au plus vite. « Il vaut mieux, disait-il, mourir en combattant que racheter sa vie à des conditions aussi honteuses. » Il savait très-bien que la fortune se déclare volontiers pour ceux qui sont dans l'adversité; le malheur d'Attilius fut l'exemple le plus frappant de l'instabilité du sort.

*Excerpt. Hœschel.*, p. 509. — Le consul Lutatius fit voile pour la Sicile avec trois cents vaisseaux longs et sept cents navires de charge, en tout mille bâtiments; il vint mouiller dans le port des Éryciniens. Annon, parti de Carthage avec deux cent cinquante vaisseaux longs et quelques bâtiments de transport, arriva dans l'île Hiéra. De là il se dirigea vers Éryx, et se porta à la rencontre des Romains; une grande bataille s'ensuivit. Dans cette bataille, les Carthaginois perdirent cent dix-sept navires, dont vingt avec tous leurs équipages; les Romains [prirent] quatre-vingts bâtiments, dont trente furent consacrés aux dieux et cinquante partagés comme butin; ils firent en outre six mille Carthaginois prisonniers, au rapport de Philinus; et seulement quatre mille quarante, suivant d'autres historiens. Quant aux autres navires, ils profitèrent d'un vent favorable pour s'enfuir à Carthage.

Le courage est inutile lorsque le bâtiment est submergé; le corps de l'homme, privé de sa base de sustentation, est livré par la mer au pouvoir des ennemis.

Les Romains avaient fait pendant vingt-quatre ans la guerre aux Carthaginois. Après le siége de Lilybée, qui avait duré dix ans, les deux nations conclurent un traité de paix.

## LIVRE VINGT-CINQUIÈME (?).

*Excerpt. Hœschel.*, p. 509. — Épicure le philosophe dit dans son livre des *Maximes fondamentales* que la vie du juste est calme, tandis que la vie de l'injuste est pleine d'agitation. Dans cette brève sentence est renfermée une grande vérité, capable de corriger la méchanceté des hommes. En effet, l'injustice, la mère de tous les maux, prépare de très-grandes calamités, non-seulement aux particuliers, mais encore à des populations entières, aux peuples et aux rois.

Il y avait dans l'armée carthaginoise, des Ibériens, des Celtes, des Baléares, des Libyens, des Phéniciens, des Liguriens et des esclaves demi-grecs. Ces troupes se révoltèrent....

*Excerpt. Hœschel.*, p. 510. — L'expérience démontre de combien le talent d'un général est supérieur à la routine irréfléchie du soldat.

Il est d'une grande importance de se montrer modéré, même envers les coupables, et de ne commettre aucune action inhumaine.

De retour de la Sicile, les mercenaires des Carthaginois se révoltèrent pour les motifs suivants : ils demandèrent une indemnité exorbitante pour les chevaux qu'ils avaient perdus en Sicile, ainsi que pour les autres pertes qu'ils y avaient éprouvées. Ils firent la guerre pendant quatre ans et quatre mois. Enfin ils furent massacrés par Amilcar Barcas, qui s'était distingué en Sicile en combattant les Romains.

*Excerpt. de Virt. et Vit.*, p. 566, 567. — Les Carthaginois, pendant vingt-quatre années de guerres continuelles contre les Romains, ont eu à soutenir des luttes terribles et à braver d'immenses dangers; mais ils n'avaient pas encore été exposés à des calamités aussi grandes que celles que leur causa la guerre qu'ils avaient à soutenir contre les mercenaires offensés. En privant ces étrangers de la solde qui leur était due, les Carthaginois faillirent perdre leur puissance en même temps que leur patrie. Ces mercenaires offensés se révoltèrent sur-le-champ et plongèrent Carthage dans les plus grands maux.

*Excerpt. de Virt. et Vit.*, p. 567. — Les Carthaginois envoyèrent aux révoltés un héraut pour traiter de l'enlèvement des morts. Mais Spondius et les autres chefs des rebelles, exaspérés jusqu'à la férocité, ne se contentèrent pas d'opposer leur refus à cette demande ; ils firent dire de ne plus leur envoyer à l'avenir de héraut chargé d'une mission quelconque, car ils étaient décidés à faire subir le même supplice à tous ceux qui viendraient de leur part. Ils décrétèrent ensuite que tout Carthaginois fait prisonnier serait de même mis à mort; que les alliés des Phéniciens, faits prisonniers, auraient les mains coupées, et seraient après cette mutilation envoyés à Carthage. Spondius et les autres chefs, par une conduite aussi cruelle que sacrilége, déterminèrent Amilcar, qui jusqu'alors s'était conduit avec humanité, à user de représailles envers les rebelles qui tombèrent en son pouvoir. Aussi h

outrageusement livrés aux bêtes féroces qui leur arrachèrent la vie au milieu d'atroces douleurs. Les habitants d'Hippacris et d'Utique se révoltèrent, massacrèrent la garnison carthaginoise, et jetèrent les cadavres du haut des murs. Non-seulement ils les privèrent de la sépulture, mais ils refusèrent aux envoyés carthaginois la permission de les enlever pour leur rendre le dernier devoir.

*Excerpt. Vatican.*, p. 55, 56. —..... Aussi arriva-t-il que les rebelles, pendant leur siége, furent tout autant assiégés par le manque de vivres. — Ils ne le cédaient pas en bravoure à l'ennemi, mais ils souffraient beaucoup par l'impéritie de leurs chefs. C'était là encore un exemple qui démontrait de combien la prudence du chef l'emporte sur l'ignorance d'un particulier et sur la routine du soldat. — La divinité semble leur avoir infligé un châtiment mérité de leurs crimes. — Amilcar fit mettre en croix Spondius. Mathos attacha à la même croix Annibal, qu'il avait fait prisonnier, de telle façon que la fortune semblait tour à tour favoriser et humilier ceux qui avaient outragé la nature humaine. Les deux villes renoncèrent à l'espoir de la paix, parce que, dans leur première tentative, elles s'étaient elles-mêmes fermé la voie à toute pitié et à toute réconciliation.

*Excerpt. de Virt. et Vit.*, p. 567. — Amilcar, surnommé Barcas, rendit à sa patrie les plus grands services. Il combattit les Romains en Sicile, et en Libye les mercenaires et les Libyens rebelles qui assiégeaient Carthage. Les preuves qu'il donna de son courage et de sa bravoure dans ces deux guerres lui acquirent justement l'admiration de tous ses concitoyens. Mais, la guerre libyque étant terminée, il vécut familièrement avec les hommes les plus pervers, qui lui procurèrent de grandes richesses, qu'il augmenta encore par ses exactions. Son autorité s'accrut par sa renommée et ses bienfaits envers ses concitoyens; et il obtint pour un moment le commandement de toute la Libye.

*Excerpt. Vatican.*, p. 56. — Les Celtes, supérieurs en nombre et fiers de leur force et de leur courage, combattaient négligemment, tandis que Barcas cherchait à suppléer au nombre par la bravoure et l'expérience. Les premiers semblaient donc à tout le monde sagement conseillés; mais la fortune donna aux choses une tournure inespérée, et Barcas se tira heureusement d'un engagement périlleux et dont le succès semblait désespéré.

*Excerpt. de Virt. et Vit.*, p. 567. — Amilcar, investi du commandement dans Carthage, augmenta la puissance de sa patrie. Il conduisit une flotte jusqu'aux colonnes d'Hercule et à Gadire, et de là dans l'Océan. Gadire est une colonie de Phéniciens. Cette ville est située aux extrémités de la terre sur les bords de l'Océan; elle a un port. Amilcar fit la guerre aux Ibériens, aux Tartésiens, ainsi qu'à Istolatius, général des Celtes, et à son frère; il les tailla tous en pièces; et l'on trouva parmi les morts les deux frères avec d'autres chefs les plus distingués. Il fit trois mille prisonniers qu'il incorpora dans son armée. Indortès rassembla ensuite cinquante mille soldats, s'enfuit avant de combattre, et se retira sur une hauteur qu'il abandonna pendant la nuit, lorsqu'il s'y vit cerné par les troupes d'Amilcar. Il perdit dans sa fuite la plus grande partie de ses troupes, et il fut fait lui-même prisonnier. Amilcar, après lui avoir crevé les yeux et lui avoir fait endurer des tortures, le fit mettre en croix. Il rendit ensuite à la liberté les autres prisonniers, qui étaient au nombre de plus de dix mille. Il entraîna plusieurs villes dans son parti par voie de persuasion, et soumit plusieurs autres par ses armes. Asdrubal, gendre d'Amilcar, envoyé à Carthage par son beau-père pour combattre les Numides rebelles, leur tua huit mille hommes, fit deux mille prisonniers et réduisit les autres en servitude en leur imposant un tribut. Amilcar soumit plusieurs villes dans l'Ibérie, en fonda une très-grande, qui, à cause de sa situation, reçut le nom de *Acra-Leucé*. Il s'avança ensuite sur la ville d'Hélice, la mit en état de siége, et envoya la plus grande partie de ses troupes avec ses éléphants dans *Acra-Leucé* pour y prendre leurs quartiers d'hiver, et garda auprès de lui le reste de son armée. Le roi Orisson, qui feignait d'être du parti des Carthaginois en combattant les assiégés, tourna tout à coup ses armes contre Amilcar. Celui-ci fut mis en fuite, et, ne pouvant sauver ses fils et ses amis qu'en changeant de route pendant la vive poursuite que lui faisait le roi, il se jeta dans un grand fleuve, où, renversé de son cheval, il périt dans les eaux qui l'entraînèrent. Ses deux fils, Annibal et Asdrubal, parvinrent à se retirer sains et saufs dans *Acra-Leucé*.

Amilcar, mort bien longtemps avant nous, mérite que l'histoire fasse son panégyrique.

\* *Excerpt. Vatican.*, p. 56. — Annibal sachant par expérience que la douceur rapporte plus de profit que la violence, préféra la paix à la guerre. — La ville entière, attentive aux nouvelles qui se répandaient sans cesse, et inquiète des bruits qui couraient, vivait dans une grande anxiété.

*Excerpt. Hœschel.*, p. 511, 512. — Asdrubal, gendre d'Amilcar, en apprenant le malheur de son beau-père, se mit en marche et vint à *Acra-Leucé*, avec plus de cent éléphants. Proclamé général par le peuple et les Carthaginois, il augmenta son armée de cinquante mille fantassins exercés, de six mille cavaliers et deux cents éléphants. Il attaqua d'abord le roi Orisson et fit massacrer tous ceux qu'il regarda comme les auteurs de la déroute d'Amilcar. Il se rendit maître de douze villes de l'ennemi, ainsi que de toutes les villes de l'Ibérie. Il épousa la fille du roi de cette contrée. Tous les Ibériens le proclamèrent général absolu. Il fonda ensuite sur les bords de la mer une ville à laquelle il donna le nom de *Nouvelle Carthage*, et plus tard, voulant surpasser la puissance d'Amilcar, il en éleva une autre. Il était alors à la tête d'une armée de soixante mille fantassins, de huit mille cavaliers et de deux cents éléphants. Il périt assassiné par un de ses domestiques, après avoir exercé le commandement pendant neuf ans.

Les Celtes réunis aux Gaulois pour combattre les Romains, formèrent une armée de deux cent mille hommes. Ils l'emportèrent dans un premier combat. Ils furent encore victorieux dans une seconde bataille et tuèrent l'un des consuls. — Les Romains avaient sept cent mille fantassins et soixante-dix mille cavaliers. Vaincus dans les deux premiers combats, ils remportèrent une grande victoire dans le troisième, tuèrent quarante mille hommes et firent prisonnier le reste de l'armée. Des deux rois qu'avaient combattus les Romains, le plus puissant se coupa la gorge et l'autre fut pris vivant. Émilius, nommé proconsul en récompense de la bravoure qu'il avait déployée, fit des incursions dans le pays des Gaulois et des Celtes, y prit un grand nombre de villes et de forteresses, et enrichit Rome des dépouilles qu'il recueillit.

Hiéron, roi de Syracuse, vint au secours des Romains dans la guerre celtique, en leur envoyant du blé que les Romains lui payèrent à la fin de la guerre.

Après le meurtre d'Asdrubal le Carthaginois, l'armée se trouvant sans chef, on investit du commandement Annibal, fils aîné d'Amilcar. La ville de Sagonte fut assiégée par Annibal. Les habitants rassemblèrent les vases sacrés, tout ce qu'ils avaient d'or et d'argent dans leurs maisons, ainsi que les pendants d'oreilles et les ornements des femmes, et firent fondre tous ces objets précieux mêlés avec de l'airain et du plomb, afin de rendre l'or inutile. Ils firent ensuite une sortie générale, et après une héroïque résistance qui coûta beaucoup de monde à l'ennemi, ils furent tous passés au fil de l'épée. Les femmes égorgèrent leurs enfants et se pendirent elles-mêmes. Ainsi Annibal s'empara de cette ville sans en retirer aucun profit. Les Romains accusèrent Annibal d'avoir violé les traités; mais n'obtenant point de satisfaction, ils commencèrent la guerre nommée *Annibalique*.

\* *Excerpt. Vatican.*, p. 56, 57. — Le plus ancien des députés envoyés de Rome, introduit dans le conseil des Carthaginois, montra aux sénateurs les plis de sa toge et leur dit : « J'apporte la paix et la guerre; je m'en remets au choix que vous ferez de l'une ou de l'autre. » Le roi des Carthaginois répondit : « Je m'en rapporte à vous-même. — Eh bien, reprit le Romain, je vous apporte la guerre. » Aussitôt la plupart des Carthaginois s'écrièrent à haute voix qu'ils l'acceptaient.

Après la prise de la ville de Victomela, les habitants se réfugièrent dans leurs maisons, auprès de leurs enfants et de leurs femmes, pour y trouver une dernière consolation, si toutefois les larmes et les embrassements de ceux qui vous sont chers peuvent être une consolation pour ceux qui doivent mourir. La plupart d'entre eux mirent le feu à leurs maisons, se jetèrent dans les flammes avec leur famille, et trouvèrent un tombeau sous les cendres de leurs foyers. Quelques-uns eurent assez de force d'âme pour tuer auparavant les leurs et se donner ensuite la mort eux-mêmes, aimant mieux tomber par leurs propres mains que par celles d'un ennemi insolent.

*Georg. Syncell. Chronograph.*, p. 267. — Antigone, fils de Démétrius et tuteur de Philippe, régna douze ans sur les Macédoniens, et neuf seulement, au rapport de Diodore de Sicile.

## LIVRE VINGT-SIXIÈME (?).

*Excerpt. Hœschel.*, p. 512, 513. — Il n'y a aucun poète, aucun historien ni aucun écrivain, dans quelque genre que ce soit, qui puisse contenter ses lecteurs en tout point. Il n'a pas été donné à la nature humaine, si accomplie qu'elle soit, de pouvoir obtenir une approbation universelle. Phidias, doué d'un talent merveilleux pour faire des statues en ivoire; Praxitèle, qui faisait revivre sur la pierre les passions humaines; Apelle et Parrhasius qui, par la beauté de leur coloris, portèrent la peinture au plus haut degré de perfectionnement, n'ont pas été assez heureux pour échapper à toute censure. Qui fut meilleur poète qu'Homère? Quel orateur fut supérieur à Démosthène? Qui vécut plus sagement qu'Aristide ou Solon? Cependant la critique n'a pas épargné leur renommée, leurs talents et leurs vertus; ils étaient hommes, et, quelque supérieurs qu'ils aient été dans leurs travaux, la faiblesse humaine ne leur a pas permis d'être exempts de défauts. Il existe des hommes envieux et d'un esprit étroit, qui, peu sensibles à la beauté des grandes choses, se mettent à la recherche de quelques défauts pour les critiquer, empressés de se faire valoir aux dépens des autres. Ils ignorent que toute œuvre dépend de son mérite intrinsèque et non du point de vue sous lequel un étranger l'envisage. On ne saurait donc trop s'élever contre la sotte industrie de ceux qui, pour se donner de l'importance, font ressortir davantage les défauts des autres. Nous voyons dans la nature certains phénomènes qui nous semblent d'une nature malfaisante, comme les gelées blanches et les frimas qui gâtent la beauté des fruits. La neige, par la réflexion des rayons, trouble la vision et nuit à la netteté de la vue. Il en est de même de ces critiques qui, dans l'impuissance de rien faire par eux-mêmes, persiflent les œuvres des autres. Aussi, il convient aux hommes bien pensants d'accorder des louanges à ceux qui ont perfectionné leur art, et de ne pas blâmer ceux à qui la faiblesse humaine n'a pas permis de s'élever. Mais en voilà assez sur les envieux.

\* *Excerpt. Vatican.*, p. 58. — Annibal, cherchant à mettre en défaut la prudence du dictateur Fabius, le provoquait au combat et essayait par des invectives de le forcer à livrer une bataille décisive. Mais il n'y parvint pas, bien que de son côté le peuple romain blâmât le dictateur, et, l'accusant de lâcheté, le surnommait outrageusement le pédagogue. Fabius supporta ces injures tranquillement et sans s'émouvoir.

*Excerpt. Hœschel.*, p. 513. — De même qu'un bon athlète qui se présente dans l'arène après avoir longtemps exercé ses bras et s'être acquis beaucoup d'expérience et de force...

Mendoté de Périnthe a écrit l'histoire de la Grèce en quinze livres, et Sosilus d'Ilium celle d'Annibal en sept.

La légion romaine était composée de cinq mille hommes.

En général, les hommes s'empressent de seconder ceux que la fortune favorise, mais ils accablent ceux auxquels la fortune est contraire.

L'âme qui est immuable de sa nature aura bientôt une destination contraire [de celle qu'elle a maintenant.]

\* *Excerpt. Vatican.*, p. 58. — Les hommes accourent d'ordinaire auprès de ceux qui ont des succès, et ils jettent la pierre aux malheureux.

*Excerpt. Hœschel.*, p. 513. — La ville de Rhodes ayant été renversée par un tremblement de terre, Hiéron de Syracuse lui donna, pour relever ses murs, six talents d'argent[1], de magnifiques bassins d'argent ainsi que de l'argent monnayé, et affranchit de tout impôt les vaisseaux qui apportaient du blé.

La ville nommée aujourd'hui Philippopolis avait jadis en Thessalie le nom de Thèbes Phthiotides.

* *Excerpt. Vatican.*, p. 59. — Dans l'assemblée publique du peuple à Capoue, on délibérait pour savoir s'il fallait abandonner le parti des Romains. Les Capouans invitèrent Pancylus Paucus à émettre son opinion. Ce citoyen, hors de lui-même par la frayeur que lui inspirait Annibal, prononça devant ses concitoyens un discours singulier. « Si, disait-il, les Romains avaient seulement la chance de un pour cent, je ne passerais pas dans le parti des Carthaginois; mais comme il est aujourd'hui évident que l'ennemi est de beaucoup supérieur aux Romains, et que le danger est à nos portes, il faut céder à la force. » Cette opinion fut unanimement accueillie, et le peuple se déclara pour les Carthaginois.

*Excerpt. Hœschel.*, p. 515. — L'habitude du luxe, l'usage d'un lit moelleux, l'emploi des parfums de toute espèce, et une nourriture composée des mets les plus délicats énervent le corps et le rendent incapable de supporter la fatigue : le corps et l'âme deviennent efféminés. En effet, l'homme est naturellement peu porté aux exercices pénibles et à la vie frugale, mais il recherche l'oisiveté et les plaisirs. Ce ne fut qu'après de longs efforts qu'Annibal parvint à prendre les villes des Romains et le territoire des Bruttiens; qu'il s'empara plus tard de Crotone, et qu'il emporta d'assaut Rhégium. Commençant la guerre à l'Occident depuis les colonnes d'Hercule il la continua jusqu'à Crotone, et soumit tout le pays des Romains, à l'exception de Rome et de Naples.

* *Excerpt. Vatican.*, p. 59 et 60. — La nature humaine montre de la répugnance pour un travail continuel et une mauvaise nourriture, tandis qu'elle recherche l'oisiveté et une vie

[1] Trente-trois mille francs.

sérieuse. — Une grande variété de principes régnait dans les villes qui balançaient incertaines d'un côté et de l'autre. — Il est facile de voir que les amitiés changent avec les vicissitudes de la fortune. — Le courage des hommes braves est quelquefois honoré même par les ennemis. — Beaucoup de femmes, de jeunes filles et de jeunes gens libres, pressés par la famine, suivaient les habitants de Capoue. Car la guerre force quelquefois les hommes qui mènent dans la paix un grand train de vie, à souffrir des choses indignes de leur âge.

*Excerpt. de Virt. et Vit.*, p. 568. — Annibal était né homme de guerre. Ayant, en outre, reçu une éducation toute militaire, et servi plusieurs années sous de grands chefs, il était, pour ainsi dire, rompu au métier de la guerre. Naturellement doué de sagacité et habitué, par un long exercice, aux fatigues militaires, il avait donné de lui de grandes espérances.

Après la victoire d'Annibal, remportée sur Minucius, tout le monde jugea, d'après les faits, que ce dernier avait perdu la bataille par sa sottise et son impéritie. Fabius, au contraire, par sa prudence et son courage, avait sauvé la république.

Dorimaque, général des Étoliens, commit un sacrilége; car, en pillant l'oracle de Dodone, il brûla le temple et n'épargna que le sanctuaire.

L'armée d'Annibal, ayant longtemps vécu dans l'abondance chez les Campaniens, changea complétement de mœurs. Car une vie luxueuse, l'usage de lits mous, de parfums, et de mets splendidement variés, avaient fait perdre cette vigueur et ce courage inébranlable qui caractérisaient les soldats d'Annibal. Le corps et l'âme étaient devenus efféminés et avaient perdu leur ressort.

Annibal, qui reprochait aux Romains leur méchanceté cruelle bien plus que leur arrogance, choisit les fils et les parents des sénateurs, et les mit à mort. C'est ainsi qu'il se vengea du sénat.

Annibal, ennemi acharné des Romains, choisit, parmi les prisonniers, les plus robustes, et les força à se livrer des combats singuliers. Il poussa ainsi frères contre frères, pères contre fils, parents contre parents. Autant la cruauté du Phénicien était odieuse, autant la piété des Romains, ainsi que leur résignation, étaient admirables. Car ni le feu, ni le fer, ni les coups les plus impitoyables ne les purent forcer à porter les mains sur leurs parents; montrant un noble courage, ils expirèrent tous dans les tourments; mais ils ne souillèrent point leurs mains de meurtres impies.

Les rois Gélon et Hiéron étant morts à Syracuse, Hiéronyme, encore tout jeune, leur succéda, et le trône ne fut pas dignement occupé. Ce prince adolescent, corrompu par la société de ceux qui le flattaient, se livra à la luxure, à l'intempérance et à la cruauté d'un tyran. Il violait les femmes, tuait les amis qui lui parlaient avec franchise, confisquait illégalement les biens des habitants et comblait de présents ses adulateurs. Il fut d'abord pour les peuples un objet de haine, puis il devint le point de mire des conspirations, enfin il périt comme tous les méchants souverains.

*Excerpt. de Virt. et Vit.*, p. 569. — Après la mort d'Hiéronyme, les Syracusains assemblés décrétèrent qu'on se vengerait encore des parents du tyran, qu'on tuerait hommes et femmes, et qu'on extirperait toute la race du despote.

Lorsque Magon eut envoyé à Annibal le corps de Sempronius, les soldats, voyant le corps gisant à terre, crièrent qu'il fallait le mutiler et en disperser les morceaux à coups de fronde. Mais Annibal leur dit qu'il était inconvenant de s'emporter sur un corps inanimé. Réfléchissant sur l'inconstance de la fortune, dont il avait un exemple sous les yeux, et admirant la valeur de cet ennemi qui n'était plus, il fit au mort de magnifiques funérailles. Il en recueillit les os, les déposa généreusement dans une urne et les envoya dans le camp des Romains.

Après la prise de Syracuse, les habitants allèrent en suppliants au-devant de Marcellus. Le général romain déclara qu'il épargnerait les personnes libres, mais que leurs biens seraient abandonnés au pillage.

Après la fin de la guerre libyque, ils se vengèrent sur les

Numides Micatanes, ainsi que sur leurs femmes et leurs enfants : ils les firent tous arrêter et les mirent en croix. C'est pourquoi les descendants de ces malheureuses victimes, se rappelant le supplice cruel infligé à leurs pères, sont les ennemis les plus implacables des Carthaginois.

Il [Polybe] n'a pas passé sous silence les vertus signalées d'Asdrubal. Celui-ci était, dit-on, fils d'Amilcar, surnommé Barcas, jouissant d'une immense renommée parmi ses contemporains. Dans la guerre sicilienne, il fut seul, parmi tous les chefs, plusieurs fois vainqueur des Romains. Il mit fin à la guerre indigène et fit le premier passer une armée en Ibérie. Fils d'un tel père, Asdrubal se montra digne de sa gloire héréditaire ; en effet, après son frère Annibal, c'était le meilleur de tous les généraux carthaginois. Aussi Asdrubal garda-t-il le commandement des troupes en Ibérie. Il y livra plusieurs combats, affronta de nombreux périls et sauva l'armée des échecs qu'elle avait essuyés. Poursuivi jusque dans l'intérieur du pays, il parvint, grâce à son courage, à mettre sur pied une grande armée, et atteignit, contre toute attente, l'Italie.

\* *Excerpt. Vatican.*, p. 60, 61. — Le sénat romain, informé que Capoue était entourée d'une double enceinte et présumant qu'elle ne tarderait pas à être prise d'assaut, ne conserva pas cependant une haine implacable contre les assiégés, et décréta, en considération de l'origine commune de Rome et de Capoue, que les habitants qui, avant un délai fixé, rentreraient dans le parti des Romains, seraient amnistiés. Mais les Capouans négligèrent de se rendre à cette invitation philanthropique, se attant d'être secourus par Annibal; ils s'en repentirent lorsqu'il n'y eut plus de remède.

Les Syracusains, après la prise de leur ville, consentirent à ervir comme esclaves pour échapper à la famine, et à recevoir nourriture par ceux qui les achèteraient. C'est ainsi que le rt, indépendamment des malheurs dont ils étaient accablés, duisit les Syracusains à préférer la servitude à la liberté qu'ils étaient donnée volontairement.

Scipion, renvoyant les otages, montra que la vertu d'un seul homme commande souvent tout à la fois aux nations et aux rois.

Indibelès le Celtibérien, gracié par Scipion, profita d'une occasion favorable pour rallumer la guerre. C'est ainsi que ceux qui font du bien aux méchants, ignorent qu'au lieu d'obliger ils se font souvent des ennemis.

Si Asdrubal eût été favorisé de la fortune, les Romains, sans doute, n'auraient pas été en état de lui résister en même temps qu'à Annibal. C'est pourquoi il faut apprécier les qualités d'un homme, non d'après les événements, mais d'après son esprit entreprenant et hardi. Car, dans ce dernier cas, l'homme est le maître de ses actions ; le reste est l'œuvre de la fortune.

## LIVRE VINGT-SEPTIÈME (?).

*Excerpt. de Virt. et Vit.*, p. 570, 572. — Nabis, tyran des Lacédémoniens, tua Pélops encore tout jeune, fils du roi Lycurgue ; car il craignait que ce jeune homme, arrivé à l'âge adulte et exalté par son illustre origine, ne songeât à délivrer sa patrie. Il tua de même les Lacédémoniens les plus considérés, dont il avait dressé la liste. Il prit à sa solde les hommes les plus dépravés, accourus de toute part, et en fit les gardiens de son trône. De tous les pays il afflua à Sparte des sacriléges, des voleurs, des brigands, des condamnés à mort. Voilà les seuls hommes par lesquels il espérait pouvoir conserver la tyrannie acquise par le crime.

Les Crétois, exerçant la piraterie avec sept bâtiments, pillaient un grand nombre de navigateurs. Les marchands en furent découragés ; les Rhodiens, prenant en considération ces actes de brigandage, déclarèrent la guerre aux Crétois.

Pleminius, nommé par Scipion au commandement des Locriens, pilla les trésors de Proserpine, et emporta l'argent sacré.

Les Locriens, indignés de cette profanation, en appelèrent à la foi des Romains. Deux tribuns militaires eurent l'air d'être tout aussi révoltés d'un pareil sacrilége. Ils agissaient ainsi, non par conviction, mais parce qu'ils n'avaient pas eu leur part des sommes enlevées. Mais bientôt la divinité fit éprouver à tous le châtiment que méritait leur crime. Ce temple de Proserpine passe pour le plus célèbre de l'Italie, et il est en grande vénération auprès des habitants. A l'époque où Pyrrhus passa avec des troupes à Locres, les soldats demandaient instamment leur paie. Comme il manquait d'argent, il fut forcé de toucher à l'argent sacré. Aussitôt, pendant son retour, la flotte fut, dit-on, battue par une violente tempête. Pyrrhus, saisi d'une crainte religieuse, apaisa la déesse, et n'effectua son retour qu'après avoir restitué l'argent sacré. Les tribuns militaires, feignant donc de l'indignation, prirent la défense des Locriens, adressèrent de vifs reproches à Pleminius, et menacèrent de le punir. Enfin, ces objurgations devenant de plus en plus véhémentes, les tribuns militaires portèrent les mains sur leur chef, le terrassèrent, lui arrachèrent avec les dents les oreilles et le nez, et lui déchirèrent les lèvres. Cependant, Pleminius fit arrêter les tribuns militaires, et les mit à mort au milieu de tortures outrageantes. Le sénat romain ne fut pas médiocrement alarmé au sujet du pillage du temple ; les partisans de la faction opposée à Scipion, jugeant l'occasion favorable, insinuèrent que Pleminius n'avait agi qu'avec l'agrément de son supérieur. Le sénat fit partir un édile et deux tribuns du peuple avec l'ordre d'amener Scipion à Rome, dans le cas où ils le trouveraient coupable du crime dont on l'accusait ; sinon, de le laisser passer avec ses troupes en Libye. Pendant que ces envoyés étaient encore en route, Scipion fit venir Pleminius et le mit aux fers ; puis il s'occupa de l'exercice des troupes. Les tribuns du peuple admirèrent cette conduite, et en adressèrent des éloges à Scipion. Pleminius fut conduit à Rome ; le sénat le jeta en prison, où il mourut. Les biens de Pleminius furent consacrés à la déesse, et le sénat tira du trésor public ce qui en manquait ; en même temps il décréta que les Locriens seraient libres, et que les soldats qui ne rendraient pas l'argent enlevé à Proserpine seraient condamnés à mort.

Scipion versa des larmes à la vue de Syphax amené devant lui; car il réfléchissait sur le sort de ce roi, jadis si heureux. Songeant ensuite qu'il faut, dans la prospérité, se conduire humainement, il ordonna d'ôter les chaînes au prisonnier; il lui rendit sa tente et lui accorda ses domestiques. Il ne le soumit qu'à une simple surveillance, le traita avec humanité, et l'invitait souvent à sa table.

Sophonisbe, mariée d'abord à Masinissa, puis à Syphax, revint enfin à son premier époux, depuis qu'elle était devenue la captive de Masinissa. Elle était belle, pleine d'agréments, et capable, par ses séductions, de tout obtenir. Attachée aux Carthaginois, elle sollicitait journellement son mari de quitter le parti de Rome; car cette femme aimait singulièrement sa patrie. Syphax, qui connaissait les intrigues de Sophonisbe, en prévint Scipion, et l'engagea à se tenir sur ses gardes. Ce rapport étant également confirmé par Lælius, Scipion ordonna de lui amener cette femme. Comme Masinissa s'y refusait, Scipion lui adressa d'amers reproches. Cédant à la crainte, Masinissa envoya des gens pour s'en saisir. Mais il entra lui-même dans la tente et força Sophonisbe à boire du poison.

Par sa pitié pour les vaincus, Scipion fit de Masinissa un allié fidèle pour tout le reste de sa vie.

Annibal réunit ses alliés et leur déclara qu'il fallait passer en Libye; il leur laissa le choix de continuer ou de quitter le service militaire. Quelques-uns préférèrent suivre Annibal. Quant à ceux auxquels le séjour en Italie plaisait, il les fit entourer par ses soldats auxquels il accorda la permission d'en prendre chacun un pour esclave; puis il fit égorger le reste, au nombre de vingt mille hommes d'infanterie, de trois mille cavaliers, et d'innombrables bêtes de somme.

Quatre mille cavaliers transfuges joignirent Annibal. C'étaient les mêmes qui, après la défaite de Syphax, s'étaient déclarés pour Masinissa. Transporté de colère, il les fit entourer par son armée, les tua à coups de javelots, et en donna les chevaux à ses soldats.

Scipion envoya des députés auprès des Carthaginois. Il ne s'en fallut guère que la populace ne les fît mourir. Mais des citoyens prudents les arrachèrent du danger, et les embarquèrent sur des trirèmes. Les partisans de la démocratie à Carthage engagèrent le monarque[1] à tomber sur ces députés, et à les égorger lorsque les trirèmes qui leur servaient d'escorte retourneraient en arrière. Cette attaque eut lieu en effet. Mais les députés parvinrent à se réfugier à terre auprès de Scipion. Bientôt la divinité manifesta sa puissance à ceux qui avaient conçu ce dessein sacrilége : les députés carthaginois, qui avaient été envoyés à Rome, furent à leur retour assaillis par une tempête et jetés dans la station navale des Romains. Ces députés furent amenés en présence de Scipion. Tout le monde demanda à grands cris à tirer vengeance de ces impies. Mais Scipion s'y refusa, disant qu'il ne fallait pas faire ce que l'on reprochait comme un crime aux Carthaginois. Les députés furent donc remis en liberté, et parvinrent sains et saufs à Carthage, admirant la piété des Romains.

\* *Excerpt. Vatican.*, p. 61, 66. — Nabis, tyran des Lacédémoniens, imagina beaucoup de supplices pour faire souffrir ses concitoyens, dans la conviction d'augmenter sa propre puissance par l'avilissement de la patrie. Cependant je crois qu'un homme méchant arrivé au pouvoir n'a pas l'habitude de supporter sa prospérité en homme.

Le grand prêtre était obligé de ne pas s'éloigner de Rome où il était retenu par les soins du culte. Après le décret porté contre Pleminius, ceux qui, réconciliés avec les Locriens, avaient pillé un grand nombre d'offrandes, furent saisis d'une crainte superstitieuse en voyant le châtiment arrivé aux tribuns militaires et à Pleminius. C'est ainsi que celui qui se sent coupable d'une mauvaise action supporte sa punition en silence et à l'insu des autres. Tourmentés par des remords de conscience, ils rejetèrent ces richesses pour apaiser la divinité.

---

[1] Asdrubal; Polybe, XV, 11.

Un mensonge dit en temps opportun est quelquefois cause de grands biens.

Scipion traita humainement le roi Syphax qu'il avait fait prisonnier, et auquel il avait ôté les chaînes. Car il était d'opinion que les sentiments d'un ennemi ne doivent pas aller au delà de la victoire, et qu'on ne doit jamais insulter au malheur d'un roi prisonnier. Il semble, en effet, qu'un dieu vengeur a les regards fixés sur les hommes pour rappeler leur faiblesse à ceux qui oublient qu'ils sont mortels. Qui ne ferait pas l'éloge de Scipion en le voyant, lui si redoutable aux ennemis, touché de pitié pour les malheureux. C'est ainsi qu'en général ceux qui sont la terreur de leurs adversaires sont pleins de modération envers les vaincus. Aussi la clémence de Scipion envers Syphax reçut-elle bientôt sa récompense.

Pendant une famine qui affligeait les Carthaginois, quelques citoyens turbulents, désirant rompre la paix, exhortèrent le peuple à tomber sur les navires et à faire entrer des vivres dans le port. Lorsque le sénat voulut s'opposer à ce qu'on violât la trève, personne ne l'écouta, car tous s'écrièrent : « Ventre affamé n'a pas d'oreilles. »

Le mal a l'apparence du bien.

Les Carthaginois qui venaient d'outrager les Romains tombèrent, poussés par une tempête, entre les mains de Scipion. Tous s'écrièrent qu'il fallait châtier les impies. Mais Scipion répliqua qu'il ne fallait pas faire ce qu'on reprochait aux Carthaginois.

Il est, selon moi, très-difficile de faire adopter les plus sages conseils : un discours qui flatte les passions semble souvent utile, bien qu'il soit pernicieux pour ceux qui en suivent la teneur.

Il n'est pas beau de vaincre tout le monde par les armes et d'être vaincu par la colère qu'on ressent contre les adversaires malheureux ; ceux qui haïssent les orgueilleux ne doivent pas faire dans la prospérité ce qu'ils reprochent aux autres, car la vraie richesse consiste à supporter son bonheur en homme. Tout le monde proclamera dignes de vaincre ceux qui agissent ainsi, tandis que ceux qui oublient qu'ils sont hommes, sont atteints de la haine qui gâte la gloire de ceux qui sont heureux. Il n'est pas noble de tuer celui qui s'est soumis volontairement, ni louable de mettre à mort les malheureux. Ceux-là sont avec raison notés d'infamie qui, oubliant la faiblesse humaine, enlèvent aux infortunés les asiles communs.

La bienfaisance l'emporte chez les hommes sur la vengeance, et la clémence sur la cruauté envers les vaincus.

Plus on est favorisé par la fortune, plus il faut craindre la fatalité qui s'attache à la vie de l'homme.

Rien chez les hommes n'est stable, ni le bien ni le mal : la fortune arrange tout au hasard ; il faut donc apprendre par le malheur des autres à veiller à sa propre sûreté : celui qui se conduit généreusement envers ceux qui sont dans l'adversité est digne d'être bien traité par le sort. De même que chez les étrangers, l'homme généreux reçoit des éloges éternels, de même il est justement payé par la reconnaissance de ceux auxquels il a fait du bien. L'ennemi même le plus acharné, s'il éprouve les bienfaits de la miséricorde, devient bientôt un ami dévoué.

Chez les sages, les amitiés doivent être éternelles, et les haines mortelles. Car c'est ainsi qu'on se crée le plus grand nombre d'amis et très-peu d'ennemis.

Ceux qui veulent commander aux autres doivent être à la fois supérieurs au reste des hommes, et les surpasser tous en clémence et en modération. La crainte qu'inspire le pouvoir fait que les puissants sont odieux, tandis que la bienveillance envers les vaincus fonde et affermit les empires. C'est pourquoi, si nous voulons veiller aux intérêts de la patrie, il faut prendre garde de ne commettre aucune action cruelle et dure envers ceux qui se sont livrés volontairement. Tout le monde est touché de pitié à l'aspect des malheureux, ne fussent-ils que des étrangers ; tout le monde, au contraire, éprouve de la haine contre ceux qui abusent insolemment de la prospérité, fussent-ils vos alliés ; car chacun rapporte les actions à soi-même ; on partage la disposition d'âme des malheureux et on porte envie à ceux qui vivent dans la prospérité.

Lorsque la plus célèbre de toutes les villes fut si impitoyablement détruite, cet événement se répandit sur toute la terre ; car tout le monde applaudit non-seulement au bonheur des autres, mais on éprouve généralement de la haine contre ceux qui maltraitent les vaincus.

Ne pas supporter en homme la félicité accordée par un dieu, c'est la cause de beaucoup de maux. Ceux qui ne supportent pas en hommes la prospérité ne manquent pas d'occasion pour tomber dans le malheur. Veillez à ce que les hommes ne soient pas réduits au désespoir et changés en braves ; car les animaux les plus timides, si on leur laisse le moyen de s'échapper, prennent aussitôt la fuite, tandis qu'ils se défendent avec une incroyable intrépidité si on les accule dans une impasse. Les Carthaginois, ayant encore l'espoir de se sauver, céderont ; mais s'ils sont réduits au désespoir, ils braveront tous les périls de la guerre. En effet, si on ne laisse, soit aux fuyards, soit aux combattants, d'autre issue que la mort, ils préféreront mourir sur le champ de bataille que de tomber ignominieusement.

Il arrive dans la vie bien des choses inattendues. Dans le malheur, il faut avoir de l'audace et affronter les plus grands périls. Il est beau de ne pas redouter le sort et d'être prêt à tout événement.

Aucun de ceux qui sont arrivés au pouvoir par leurs propres efforts ne le cèdent volontiers aux autres.

Il y a, selon moi, une grande différence dans le malheur, suivant qu'il a été mérité ou non ; il faut bien tenir compte de cette différence. C'est à quoi on reconnaît les hommes bien conseillés. Celui qui succombe sans avoir rien à se reprocher a droit à une commisération générale, tandis que celui qui a commis de grands forfaits, et qui s'est montré insolent et cruel, s'ôte lui-même le droit d'être traité avec pitié. Il est en effet impossible que celui qui a été cruel envers les autres excite de la sympathie lorsqu'il éprouve des revers ; et celui qui a été impitoyable envers les autres ne doit pas prétendre à la pitié des hommes; car il est juste qu'on subisse les mêmes lois qu'on a appliquées à ses semblables.

Celui qui châtie un ennemi commun pour le salut de tous, est évidemment un bienfaiteur de la société, et les bienfaiteurs de la société sont loués comme ceux qui auraient tué les animaux les plus malfaisants. De même, ceux qui puniront les Carthaginois pour la conduite féroce et cruelle qu'ils ont tenue à l'égard de l'humanité, obtiendront, de l'avis de tout le monde, la plus grande gloire. — Chacun affronte intrépidement le danger, lorsqu'on a l'espoir de vaincre, tandis que celui qui se croit d'avance vaincu ne cherche son salut que dans la fuite.

## LIVRE VINGT-HUITIÈME (?).

*Excerpt. de Virt. et Vit.*, p. 572, 573. — Philippe, roi des Macédoniens, engagea Dicéarque l'Étolien, homme audacieux, à exercer la piraterie, et lui donna vingt bâtiments. Il lui prescrivit de rançonner les îles et de seconder les Crétois dans la guerre contre les Rhodiens. D'après les ordres reçus, il capturait les navires marchands, et imposait des contributions aux îles qu'il ravageait.

Philippe, roi des Macédoniens, avait avec lui un certain Tarentin nommé Héraclide, homme méchant, qui, dans ses entretiens particuliers avec le roi, calomniait, par de fausses accusations, les principaux amis de Philippe; enfin, il alla si loin dans sa méchanceté, qu'il fit mettre à mort cinq des premiers membres du conseil. Mais, depuis lors, ses affaires allaient de mal en pis. Ayant suscité des guerres sans nécessité, il faillit perdre son royaume par la force des Romains. Aucun de ses amis n'osait parler franchement au roi ni lui reprocher son incurie, car tout le monde tremblait devant lui. Il marcha sans motif contre les Dardaniens, les défit en bataille rangée, et en passa plus de dix mille au fil de l'épée.

Philippe, roi des Macédoniens, était, outre sa cupidité, si

insolent dans la prospérité, qu'il égorgeait ses amis sans jugement, profanait les tombeaux, et violait les temples. Antiochus, cependant, qui avait entrepris de piller, dans l'Élymaïde, le temple de Jupiter, trouva une fin digne de sa vie en périssant avec toute son armée. L'un et l'autre, s'imaginant que leurs troupes étaient invincibles, furent, après un seul combat, forcés d'obéir aux vainqueurs. Aussi devaient-ils attribuer leur malheur à leurs propres fautes, et les bienfaits qu'ils recevaient, à la générosité des vainqueurs. Au reste, ils pouvaient se convaincre de leurs yeux que leurs royaumes déclinaient, tandis que la puissance des Romains était favorisée par la divinité. Les Romains, qui avaient entrepris alors, ainsi que plus tard, des guerres justes, respectaient les traités et la foi jurée, et, dans toutes les entreprises, ils n'invoquaient pas légèrement l'assistance des dieux.

Philippe, roi des Macédoniens, manquant de vivres, ne cessa de dévaster le pays d'Attalus jusqu'à la ville de Pergame. Il détruisit les temples élevés autour de Pergame, renversa le beau Nicéphorium, ainsi que d'autres monuments admirés pour leurs sculptures. Car il était irrité contre Attalus, et ne le trouvant pas alors sous la main, il exhala sa fureur contre ces monuments.

Philippe le Macédonien s'avança sur Athènes, et vint camper près de Cynosargues. Puis, il incendia l'Académie, détruisit les tombeaux et les temples des dieux. Il assouvit ainsi sa fureur, non pas seulement en faisant du mal aux Athéniens, mais surtout en offensant les dieux; aussi, déjà maudit des hommes, il devint alors un objet d'exécration. Les dieux lui infligèrent bientôt un châtiment mérité. Après avoir tout perdu par son incurie, il ne dut son pardon qu'à la générosité des Romains.

Philippe voyant que la plupart des Macédoniens étaient mécontents de lui, à cause de l'amitié qu'il portait à Héraclide, il le fit mettre en prison. Cet homme était né à Tarente; par sa méchanceté il avait fait de Philippe, naturellement doux, un tyran acerbe et impie. Aussi Héraclide était-il exécré par tous les Macédoniens et les Grecs.

La renommée d'Annibal s'était répandue sur toute la terre. Chacun s'empressait de le voir dans toutes les villes où il passait.

*Excerpt. Vatican.*, p. 66, 67. — Non-seulement les délits commis dans les transactions de la vie privée sont punis par la vindicte des lois, mais les rois eux-mêmes reçoivent de la divinité le châtiment de leurs tentatives criminelles. Car, de même qu'il y a une législation pour les citoyens d'une république, de même il y a pour les gouvernants un dieu rémunérateur qui distribue à la vertu de justes récompenses, et qui inflige des peines méritées aux hommes cupides et criminels.

Marcus Émilius se rendit à Abydos auprès de Philippe. Après qu'il lui eut communiqué le sénatus-consulte relatif aux alliés, Philippe répondit : « Les Romains feront bien de rester fidèles aux traités, mais s'ils les violent, je me défendrai, j'en atteste les dieux, contre les auteurs d'une guerre injuste. »

Philippe s'étant aperçu du découragement de ses soldats, les exhorta au combat en leur disant qu'il n'arrivait aux vainqueurs rien de ce qu'ils redoutaient, et que, pour les vaincus, il était indifférent par combien de blessures ils mourraient. Ceux qui fréquentent les hommes dépravés deviennent d'habitude comme eux.

Les Épirotes ayant envoyé des députés à Philippe et à Flaminius, ce dernier ordonna à Philippe d'évacuer toute la Grèce, afin qu'elle fût sans garnisons et indépendante, et d'indemniser convenablement ceux qui avaient été attaqués en violation des traités. Mais Philippe répondit qu'il devait conserver intact l'héritage de son père, qu'il retirerait cependant les garnisons des places obtenues par sa conquête, et que l'indemnité serait fixée par un arbitrage. Flaminius répliqua qu'il n'y avait pas besoin d'arbitrage, qu'il fallait dédommager ceux qui avaient éprouvé des pertes, et que ses instructions reçues du sénat portaient qu'il fallait mettre en liberté, non pas une partie, mais la totalité de la Grèce. « Quelle condition plus dure, s'écria Philippe, les Romains pourraient-ils m'infliger s'ils étaient vainqueurs ? » Et à ces mots il s'en alla transporté de colère.

*Excerpt. de Legat.*, t. III, p. 619. — Nabis et Flaminius avaient envoyé des députés à Rome pour négocier une trêve. Après que ces députés eurent exposé au sénat l'objet de leur mission, les sénateurs résolurent de ratifier le traité et de rappeler de la Grèce les garnisons et les armées. A la nouvelle de cet accommodement, Flaminius convoqua les Grecs en une assemblée générale et leur exposa les bienfaits que les Romains leur avaient accordés. Quant aux affaires de Nabis, il ajouta que l'on avait fait tout ce qui était possible. « Les Grecs, disaient-ils, sont libres ; ils n'ont plus de garnisons, et, ce qui plus est, ils peuvent se gouverner d'après leurs propres lois. » Il ne demanda aux Grecs d'autre faveur que de lui permettre de chercher en Grèce les Italiotes servant comme esclaves, et de les renvoyer dans le délai de trente jours ; c'est ce qui arriva.

\**Excerpt. Vatican.*, p. 68. — Pendant qu'Antiochus, roi de l'Asie, était occupé à rétablir la ville de Lysimachie, il reçut les députés envoyés par Flaminius. Introduits dans le conseil, ces députés engagèrent Antiochus à évacuer les villes soumises à Ptolémée ; enfin ils se demandaient avec surprise dans quel but il avait fait passer en Europe des troupes de terre et de mer, si ce n'est pour faire la guerre aux Romains. Antiochus leur répondit qu'il s'étonnait, au contraire, que les Romains eussent des prétentions sur l'Asie, tandis qu'il ne s'occupait nullement des affaires de l'Italie. Il ajouta, qu'en rétablissant Lysimachie, il ne faisait de tort ni aux Romains ni à aucune autre nation ; que relativement à Ptolémée, il espérait n'avoir aucun sujet de dispute puisqu'il allait lui donner sa fille en mariage. Après ce discours les Romains se retirèrent assez mécontents.

*Excerpt. de Legat.*, p. 620. — Le sénat donna de nouveau audience aux envoyés de la Grèce, et leur parla avec bienveillance pour se les rendre favorables dans la guerre qu'il allait entreprendre contre Antiochus. En même temps le sénat répondit aux envoyés de Philippe, que s'il gardait son serment, on lui remettrait les tributs imposés, et on lui rendrait son fils Démétrius. Le sénat délégua ensuite dix de ses membres pour entendre les instructions des envoyés du roi Antiochus. Ces membres réunis, le chef de la députation, Ménippe, s'exprima en ces termes : « Nous sommes venus pour conclure, au nom d'Antiochus, un traité d'alliance et d'amitié avec les Romains. Le roi s'étonne et demande de quel droit les Romains lui enjoignent de ne point se mêler des affaires d'Europe, d'évacuer certaines villes et de ne pas percevoir de plusieurs sujets les tributs qui lui sont dus. Ces prétentions ne sont point d'ordinaire celles d'un allié indépendant, mais celles d'un vainqueur. C'est cependant ce langage impérieux que lui ont tenu à Lysimachie les envoyés romains. Antiochus n'a jamais fait la guerre aux Romains, et s'ils veulent accepter son alliance, il est prêt à la leur accorder. » A ce discours Flaminius répondit : « Il y a dans cette négociation deux objets distincts ; le sénat accordera volontiers l'un, et si le roi promet de ne pas se mêler des affaires de l'Europe, les Romains, de leur côté, ne se mêleront pas des affaires de l'Asie. Si Antiochus rejette cet arrangement, qu'il sache que les Romains viendront au secours de leurs amis opprimés. » Les envoyés répondirent qu'ils ne consentiraient jamais à un pareil traité, humiliant pour la dignité du roi. Le lendemain, le sénat déclara aux Grecs, que si Antiochus persistait à s'immiscer dans les affaires de l'Europe, les Romains se hâteraient d'accourir pour délivrer les Grecs de l'Asie. Les députés de la Grèce applaudirent à cette déclaration ; mais ceux du roi supplièrent le sénat de réfléchir sérieusement sur les dangers auxquels on allait s'exposer de part et d'autre, de ne pas agir prématurément, et de laisser au roi le temps de se consulter et d'y songer eux-mêmes sérieusement.

## LIVRE XXIX (?).

*Excerpt. de Virt. et Vit.*, p. 573. — Ptolémée, roi d'Égypte[1], mérita pendant quelque temps des éloges. Dans le commencement il aimait comme un père Aristomène, son tuteur,

---

[1] Ptolémée Épiphane.

qui administrait sagement le royaume, et il ne faisait rien sans le consulter. Plus tard, corrompu par des adulateurs, il prit en aversion Aristomène qui lui parlait avec trop de franchise, et le força enfin à s'empoisonner en buvant la ciguë. Devenu de plus en plus cruel et tyrannique, et foulant aux pieds la dignité royale, il fut un objet de haine pour les Égyptiens, et faillit perdre sa couronne.

*Excerpt. de Virt. et Vit.*, p. 574. — Le temple de Délium n'était pas très-loin de Chalcis. — Le roi[1] fut maudit par les Grecs pour avoir commencé la guerre contre les Romains par un acte d'impiété. C'est alors que Flaminius, qui se trouvait à Corinthe, prit à témoin les hommes et les dieux que le roi avait le premier commencé la guerre.

Antiochus, en quartiers d'hiver à Démétriade, et âgé de plus de cinquante ans, au lieu de s'occuper des préparatifs de guerre, s'éprit d'une jeune fille d'une grande beauté, et passait son temps à célébrer ses noces et à donner des fêtes splendides. En agissant ainsi, il énerva non-seulement son corps et son âme, mais il attiédissait l'ardeur de ses troupes. Car les soldats, qui avaient passé l'hiver dans les plaisirs et la mollesse, reculaient devant les privations, ne pouvant supporter ni la faim, ni la soif, ni les fatigues. Aussi les uns furent-ils atteints de maladies, tandis que les autres, sortis de leurs rangs, furent abandonnés sur les chemins.

Instruit que les villes de la Thessalie s'étaient déclarées pour les Romains, que les troupes tardaient à venir de l'Asie pour le rejoindre, enfin que les Étoliens, nonchalants, trouvaient toujours des prétextes de différer, le roi Antiochus conçut de vives alarmes. Il fut irrité contre ceux qui lui avaient conseillé cette guerre sans y être préparé, et n'ayant que l'alliance des Étoliens en perspective. Il eut alors de l'admiration pour Annibal, qui avait été opposé à cette guerre, et il plaça tout son espoir en lui. A dater de ce moment, Annibal, dont Antiochus avait jus-

[1] Antiochus.

qu'alors suspecté la loyauté, devint son plus fidèle ami ; et Antiochus n'entreprit plus rien sans le consulter.

Antiochus, vaincu, résolut de quitter l'Europe et de se maintenir par les armes en Asie. Il ordonna aux habitants de Lysimachie d'abandonner en masse leur ville et d'aller habiter les villes de l'Asie. Cette résolution parut insensée à tout le monde : il allait, sans coup férir, livrer aux Romains une ville très-bien située pour empêcher les ennemis de faire passer des troupes d'Europe en Asie. C'est en effet ce que prouva l'événement : Scipion trouva la ville déserte et en tira de grands avantages.

*Excerpt. de Legat.*, V, p. 620. — Les Étoliens envoyèrent à Rome une députation pour traiter de la paix. Le sénat répondit qu'il fallait ou se livrer à discrétion, ou payer sur-le-champ aux Romains mille talents d'argent[1]. Indignés de la dureté de cette réponse, les Étoliens se refusèrent aux ordres du sénat, et couraient à leur perte. Les plus chauds partisans du roi tremblaient, ne voyant aucun moyen de sortir de cette position critique.

*Excerpt. Vatican.*, p. 68, 69. — Dans la guerre, l'argent est, comme dit le proverbe, le meilleur compagnon d'armes ; car celui qui a de l'argent ne manque pas de guerriers. En effet, les Carthaginois réduisirent les Romains à la dernière extrémité : ils furent victorieux dans tant de batailles, non par leur milice nationale, mais par la masse des mercenaires, très-utiles à ceux qui s'en servent et très-redoutables aux ennemis. Avec un peu d'argent on rassemble assez de mercenaires qui s'exposent pour ceux qui les paient, et si l'on est vaincu, on en trouve encore d'autres à opposer à l'ennemi ; tandis que si l'on est une fois battu avec les milices nationales, on perd tout ; avec les troupes étrangères, on est, au contraire, toujours sur pied tant qu'on a de l'argent. Les Romains n'avaient pas d'habitude des troupes mercenaires, et ils n'étaient pas riches.

Les soldats imitent d'ordinaire la conduite de leur chef. —

[1] Cinq millions cinq cent mille francs.

Antiochus expia bientôt sa folie : il apprit par un grand revers à être sage dans la prospérité.

*Excerpt. de Legat.*, V, p. 620 et 621. — En apprenant que les Romains avaient passé en Asie, Antiochus envoya auprès du consul Héraclide de Byzance pour traiter de la paix. Il offrit de payer la moitié des frais de la guerre et de céder les villes de Lampsaque, de Smyrne et d'Alexandrie, qui paraissaient avoir donné naissance à cette guerre. Ces villes, les principales des cités grecques de l'Asie, avaient envoyé une députation auprès du sénat pour obtenir leur indépendance.

Antiochus promit à Publius Scipion, président du sénat, de lui rendre, sans rançon, son fils qu'il avait fait prisonnier lors de son séjour en Eubée. Il lui offrit même une forte somme d'argent, dans le cas où il voudrait lui faire obtenir la paix. Scipion répondit qu'il remercierait le roi de la délivrance de son fils, et qu'il n'avait pas besoin d'argent; enfin que pour le bien qu'il lui souhaitait, il lui donnait le conseil de ne jamais se mesurer avec les Romains, après avoir appris à connaître leur valeur. Antiochus trouva les conditions qu'on voulait lui imposer trop dures, et rejeta les décrets du sénat.

* *Excerpt. Vatican.*, p. 69. — Pour se garantir des caprices de la fortune, Antiochus jugea utile de rendre à Scipion son fils [prisonnier]; il le renvoya donc comblé de magnifiques présents.

*Excerpt. de Legat.*, p. 621. — Avant la défaite d'Antiochus, les députés étoliens, introduits dans le sénat, ne dirent pas un mot de leurs propres torts, mais ils s'étendirent sur les services qu'ils avaient rendus aux Romains. A ce discours, un des sénateurs se leva et demanda aux députés si les Étoliens voulaient se fier à la foi des Romains. Les députés gardant le silence à cette interpellation, le sénat soupçonna les Étoliens de n'avoir pas encore renoncé au parti d'Antiochus, et les renvoya en Grèce sans avoir donné suite à leur mission.

*Excerpt. de Legat.*, p. 621. — Antiochus, renonçant à la guerre, envoya des députés auprès du consul pour le supplier de lui pardonner ses torts et de lui accorder la paix à des conditions acceptables. Le consul, fidèle à la générosité traditionnelle de Rome, et à l'instigation de son frère Publius, accorda la paix aux conditions suivantes : le roi cédera aux Romains l'Europe et les pays situés en deçà du Taurus, avec les villes et les peuples qui s'y trouvent; il livrera ses éléphants et ses vaisseaux longs; il paiera les frais de la guerre, évalués à quinze mille talents euboïques[1]; il livrera aux Romains Annibal le Carthaginois, Thoas l'Étolien, et quelques autres, ainsi que vingt otages désignés par les Romains. Désirant vivement la paix, Antiochus accepta toutes ces conditions, et échappa aux dangers de la guerre.

Après la défaite d'Antiochus, toutes les villes et les souverains de l'Asie envoyèrent des députés à Rome, les uns pour solliciter leur indépendance, les autres pour demander la récompense des services qu'ils avaient rendus à Rome dans la guerre contre Antiochus. Le sénat leur donna à tous de bonnes espérances et ordonna d'envoyer en Asie dix délégués qui devaient, dans toutes les affaires, se concerter avec les généraux. De retour chez eux, les dix délégués se concertèrent avec Scipion et Émilius, et firent publier que le pays situé en deçà du Taurus et les éléphants [d'Antiochus] appartiendraient à Eumène; que la Carie et la Lycie seraient adjugées aux Rhodiens; que les villes, sous la domination d'Eumène, paieraient à celui-ci des tributs, mais que les villes soumises à Antiochus seraient exemptées de tout impôt.

Cnéius Manlius, le proconsul, répondit aux envoyés gaulois venus pour traiter de la paix, qu'il ne conclurait la paix que lorsque les rois viendraient eux-mêmes le trouver.

Le même proconsul, arrivé en Lycaonie, reçut d'Antiochus le blé qui devait être fourni, ainsi que les mille talents[2] qui, aux termes du traité, devaient être payés annuellement.

*Excerpt. de Virt. et Vit.*, p. 575. — Marcus Fulvius[3], géné-

---

[1] Environ quatre-vingt-quatre millions de francs.
[2] Cinq millions cinq cent mille francs.
[3] Marcus Furius, suivant Tite-Live, XXXIX, 111.

ral romain, ayant mal agi envers les alliés de la Ligurie, reçut un châtiment mérité : arrivé comme ami chez les Cénomanes, il leur enleva les armes sans motif légitime. Instruit de cet acte, le consul rendit aux Cénomanes leurs armes, et condamna Marcus à une amende.

Antiochus manquait d'argent ; instruit que le temple de Bélus, dans l'Élymaïde[1], était riche en offrandes d'or et d'argent, il résolut de le piller. Arrivé dans l'Élymaïde, il accusa les habitants d'avoir porté les armes contre lui, pilla le temple, et amassa beaucoup d'argent ; mais il reçut bientôt des dieux une juste punition.

*Excerpt. Vatican.*, p. 69. — Les Thessaliens ayant inopinément recouvré, par l'intervention des Romains, leur indépendance, injuriaient leurs anciens maîtres. Philippe leur dit d'un ton de reproche qu'ils devaient savoir qu'il fait tous les jours soleil. Cette parole jetée au hasard fit soupçonner à ceux qui l'avaient entendue que Philippe se disposait à faire la guerre aux Romains. [Ceux-ci] irrités, décrétèrent que Philippe ne posséderait aucune ville, [à l'exception] de celles de la Macédoine.

*Excerpt. de Legat.*, p. 622. — Pendant que la ligue achéenne était réunie dans le Péloponnèse, les Romains y envoyèrent des députés, déclarant que le sénat était mécontent de la destruction des murs de Lacédémone. Ces murs avaient été, en effet, détruits à l'époque où la ligue achéenne s'était emparée de Sparte, et avait entraîné les Lacédémoniens dans son parti. Après les députés romains, on introduisit ceux d'Eumène ; ils apportaient vingt talents[2], avec lesquels le roi croyait devoir subvenir à l'entretien de la ligue achéenne. Les Achéens refusèrent cet argent. Puis, arrivèrent les envoyés de Seleucus, pour renouveler l'ancienne alliance avec le roi Antiochus. Les Achéens renouèrent cette alliance, et acceptèrent les présents offerts.

---

[1] Canton situé sur le golfe Persique.
[2] Cent dix mille francs.

*Excerpt. de Virt. et Vit.*, p. 575. — Philopœmen, général des Achéens, distingué par sa sagesse, son habileté stratégique, et ses autres qualités, eut, pendant toute sa vie, une conduite politique irréprochable. Il fut plusieurs fois élevé au commandement des armées, et pendant quarante ans il avait été chef du gouvernement. Plus que personne, il avait contribué à l'accroissement de la confédération achéenne; il était doux envers les particuliers, et s'était, par sa vertu, fait estimer des Romains. Cependant il eut une fin malheureuse. Mais, après sa mort, la providence des dieux sembla par des honneurs divins le dédommager des maux qu'il avait soufferts pendant sa vie. Car, indépendamment des honneurs que lui décerna la ligue achéenne, sa patrie lui fit élever une statue, et ordonna de lui sacrifier annuellement un taureau, et [pendant le sacrifice] les jeunes gens devaient chanter des hymnes en l'honneur de Philopœmen.

\* *Excerpt. Vatican.*, p. 70. — En raison de la grandeur de ses exploits, Scipion semblait jouer un rôle plus important que la dignité de la patrie ne devait le permettre. Sur le point d'être traîné au supplice par ses adversaires, il prit la parole et ne dit que ces seuls mots : « Il ne sied pas aux Romains de condamner celui qui a procuré à ses accusateurs la faculté de s'exprimer si librement. » Ces paroles produisirent tant d'effet, que le peuple quitta sur-le-champ l'assemblée; l'accusateur, laissé seul, se retira chez lui couvert de mépris. Une autre fois, le sénat ayant besoin d'argent, et le questeur refusant d'ouvrir le trésor, Scipion prit aussitôt les clefs, dans l'intention de l'ouvrir lui-même, ajoutant que c'était grâce à lui que les questeurs avaient des trésors à fermer. Dans une autre circonstance, quelqu'un lui ayant demandé, dans le sénat, compte de l'argent qu'il avait dépensé pour l'entretien des troupes, Scipion déclara qu'il en avait tenu un registre exact, mais qu'il ne le produirait pas, parce qu'il n'avait de compte à rendre à personne. Comme l'accusateur insistait, Scipion envoya chez son frère, fit apporter le livre de compte, le communiqua au sénat, et ordonna à l'accusateur de recueillir les voix; puis, il demanda aux autres sénateurs pourquoi ils lui demandaient compte de la dépense de trois mille talents, tandis qu'il ne demandait pas celui des dix mille cinq cents talents reçus d'Antiochus; enfin, pourquoi ils ne s'enquéraient pas comment les Romains sont presque en un seul moment devenus maîtres de l'Ibérie, de la Libye et de l'Asie. A ces paroles, impliquant une grave accusation, ni l'accusateur ni aucun des membres de l'assemblée n'osa élever la voix.

*Excerpt. de Legat.*, p. 623. — Lorsque les envoyés des rois de l'Asie arrivèrent à Rome, ceux d'Attalus y furent reçus avec de grands honneurs. On alla pompeusement à leur rencontre, et on leur offrit l'hospitalité et d'autres présents d'usage. Ces rois aimaient beaucoup les Romains; ils obéissaient en tout au sénat, et accueillaient hospitalièrement les Romains qui voyageaient dans leurs États; voilà pourquoi ils furent si bien reçus à Rome. Le sénat donna audience à tous les envoyés, et se montra surtout favorable à ceux du roi Eumène, qui obtinrent pour réponse que le sénat enverrait des députés, et emploierait tous ses moyens pour faire cesser la guerre contre Pharnace.

*Excerpt. de Virt. et Vit.*, p. 576, 577. — Léocrite, général de Pharnace, pressant le siége de Tios[1], força les mercenaires qui s'y trouvaient à rendre la ville; il s'engagea de son côté à les laisser partir avec un sauf-conduit. Après que les mercenaires eurent été escortés hors de la ville, aux termes de la convention, Léocrite reçut l'ordre de Pharnace de les passer tous au fil de l'épée, parce qu'ils avaient antérieurement fait du tort à Pharnace. Fidèle à cet ordre, Léocrite viola la convention, tomba sur les mercenaires sortis de Tios, et les tua tous à coups de flèches pendant la route.

Seleucus, à la tête d'une armée considérable, se disposa à franchir le Taurus pour venir au secours de Pharnace; mais, se rappelant les traités que son père avait conclus avec les Romains... il renonça à son entreprise.

Ceux qui avaient tenté un pareil forfait, ainsi que les meur-

[1] Ville de la Bithynie.

triers de Démétrius, n'échappèrent pas à la punition d'un dieu vengeur. Ceux-là même qui avaient lancé de Rome de fausses accusations, encoururent, peu de temps après, la disgrâce du roi et furent mis à mort. Quant à Philippe, tourmenté le reste de sa vie par des songes et par la conscience d'avoir trempé dans le meurtre de son noble fils, il ne vécut pas deux ans; il mourut consumé par des remords et des chagrins. Persée, l'auteur principal de cet attentat, fut vaincu par les Romains et se réfugia dans l'île de Samothrace; les dieux, irrités du meurtre impie de son frère, restèrent sourds à ses prières.

Tibérius Gracchus, propréteur [en Espagne], poussa la guerre avec vigueur. Bien que jeune encore, il surpassa tous ses contemporains en courage et en prudence. Admiré en raison des grandes espérances qu'il donnait pour l'avenir, il surpassa de beaucoup en gloire ses contemporains.

Le consul Émilius, qui fut aussi le patron des Macédoniens, se faisait remarquer autant par sa noble origine que par sa beauté et son intelligence. Aussi la patrie l'honora-t-elle de toutes les grandes magistratures. Pendant sa vie, il fut comblé d'éloges, et, après sa mort, son nom resta attaché aux intérêts de la république.

\* *Excerpt. Vatican,* p. 71. — La ville de Cémélètes[1], habitée par des brigands et des fugitifs, avait déclaré la guerre aux Romains. Elle envoya des députés à Fulvius pour demander qu'on rendît la lance, le poignard et le cheval de chacun de ceux qui étaient tombés dans le combat, ajoutant qu'en cas de refus, elle recommencerait la guerre. Fulvius, allant au-devant des envoyés, leur répondit : « Ne vous mettez pas tant en peine, je me rendrai moi-même dans votre ville, et j'y serai avant que vous en soyez sortis. » Ajoutant l'acte à la parole, il s'avança sur-le-champ contre les Barbares, sur les traces mêmes des envoyés.

Un ami demanda au roi Ptolémée pourquoi il ne songeait pas à la Cœlé-Syrie, qui lui appartenait de droit : « J'y songe au con-

---

[1] Petite ville de la Gaule transalpine, sur le Var.

traire beaucoup, répondit Ptolémée. — Et quels seront, reprit l'ami, vos moyens de guerre ? — Regarde, reprit le roi, en lui montrant ses amis, ce sont là mes trésors ambulants. »

Persée, quoiqu'il eût contre Rome les mêmes sentiments que son père, s'étudiait à les cacher ; il envoya des députés à Rome pour renouveler l'amitié de son père. Le sénat, bien qu'il connût l'état des choses, renouvela le traité, employant ainsi ruse contre ruse.

Les empires s'accroissent, non pas tant par la terreur qu'inspirent les armes, que par la modération envers les vaincus. C'est ainsi que le sénat, ayant en son pouvoir Thoas, qui lui avait été livré, eut la générosité de l'absoudre des accusations portées contre lui.

*Excerpt. de Virt. et Vit.*, p. 577. — Antiochus, récemment monté sur le trône, mena un genre de vie bizarre et tout à fait différent de celui des autres rois. D'abord, quittant secrètement le palais à l'insu de ses serviteurs, il parcourait la ville, et prenait pour compagnon le premier venu. Ensuite il affectait de se mêler aux gens du peuple, et de boire avec les voyageurs étrangers les plus infimes. Enfin, s'il apprenait que quelques jeunes gens préparaient quelque réunion pour passer leur temps, il s'y rendait aussitôt avec son joueur de flûte et ses musiciens, de sorte que les convives, surpris de cette singularité, s'enfuyaient en partie, tandis que les autres, intimidés, gardaient le silence. Dans d'autres circonstances, il ôtait son manteau royal, et s'enveloppait d'une toge à la manière de ceux qu'il avait vus à Rome briguer les magistratures ; il saluait les particuliers qu'il rencontrait, les embrassait et sollicitait les voix de chacun pour obtenir tantôt la place d'édile, tantôt celle de tribun. Quand il avait obtenu une de ces fonctions, il s'asseyait, selon l'usage des Romains, sur un siége d'ivoire, et donnait audience aux plaideurs pour juger les procès de transactions. Il y déployait tant d'empressement et de zèle que les plus raisonnables ne savaient qu'en dire ; les uns l'accusaient de simplicité, les autres d'idiotisme, d'autres enfin de folie.

*Excerpt. de Legat.*, p. 623. — Les dettes avaient été abolies chez les Étoliens. Cet exemple fut imité en Thessalie; chaque ville vit naître des factions et des troubles. Le sénat supposa Persée être l'auteur de ces troubles, et déclara à ses envoyés qu'il absoudrait Persée de tous les autres crimes, s'il renvoyait de ses États Abrupolis, le Thrace.

Harpalus, envoyé de Persée, ayant gardé le silence, le sénat fit à Eumène les honneurs du siége d'ivoire, et, après l'avoir comblé d'autres attentions, il le renvoya en Asie.

*Excerpt. de Virt. et Vit.*, p. 577. — Après la conspiration tramée contre Eumène, le bruit de la mort de ce dernier se répandit à Pergame, et Attalus devint de plus en plus assidu auprès de la reine [Stratonice]. Eumène, bientôt de retour chez lui, feignit de tout ignorer, embrassa son frère et continua à lui témoigner la même bienveillance.

## LIVRE TRENTIÈME (?).

*Excerpt. de Legat.*, p. 623. — Le sénat décréta immédiatement la guerre contre Persée; il donna audience aux envoyés sans leur faire aucune réponse. Il ordonna aux consuls de publier cette déclaration dans les assemblées, et il fut enjoint aux envoyés et à tous les Macédoniens de sortir de Rome le même jour, et de quitter l'Italie dans l'espace de trente jours. Ptolémée (Philopator), roi d'Égypte, sachant qu'il avait sur la Cœlé-Syrie des droits héréditaires, fit de grands préparatifs pour en disputer la possession les armes à la main; car il espérait recouvrer par les mêmes moyens le pays qu'il avait perdu par une guerre injuste. A la nouvelle de ces préparatifs, Antiochus envoya des députés à Rome, chargés de prendre le sénat à témoin que Ptolémée allait entreprendre une guerre injuste. De son côté, Ptolémée envoya une députation pour s'excuser auprès du sénat et pour lui apprendre que la Cœlé-Syrie était son héritage, et qu'Antiochus l'occupait contre toute justice. En même temps, il offrit aux Romains de renouveler leur traité d'amitié, et fit tous ses efforts pour faire mettre un terme à la guerre contre Persée.

*Excerpt. de Virt. et Vit.*, p. 577, 578. — Cotys, roi des Perses, était un homme expérimenté dans l'art de la guerre et de bon conseil ; c'était du reste un ami excellent et dévoué ; il était sobre et très-sage, et qui plus est, tout éloigné des mauvaises mœurs des Thraces.

Persée, ayant pris d'assaut la petite ville de Chalestre[1], fit passer tous les habitants au fil de l'épée, à l'exception de cinq cents qui s'étaient réfugiés avec leurs armes dans une place forte. Il leur accorda le sauf-conduit qu'ils lui avaient demandé et leur fit déposer les armes. Mais les Macédoniens, soit spontanément, soit sur l'ordre du roi, tombèrent sur ces malheureux, et les massacrèrent jusqu'au dernier.

Charops l'Épirote était fils de celui qui portait le même nom et qui, pendant la guerre contre Philippe, avait envoyé à Flaminius un guide pour conduire les Romains à travers les sentiers des montagnes, et leur procurer le moyen de s'emparer inopinément des défilés. Élevé à Rome, le jeune Charops devint, en considération de son aïeul, l'ami et l'hôte des plus illustres citoyens. D'un caractère audacieux et méchant, il calomniait auprès des Romains les principaux Épirotes et frappait de terreur tous ceux qui pouvaient lui faire de l'opposition, comme s'il était déjà maître de tout l'Épire. C'est ce qui engagea les Épirotes à envoyer des députés en Macédoine, auprès de Persée, et à lui livrer le pays.

Pendant qu'Eumène assiégeait Abdère et renonçait déjà à prendre cette ville d'assaut, il envoya secrètement un député auprès de Python. Celui-ci était un des principaux Abdéritains ; c'était le citoyen le plus influent, tant par ses esclaves que par ses affranchis, au nombre de deux cents. Séduit par de grandes promesses, Python introduisit l'ennemi dans l'intérieur des murs, et Eumène s'empara de la ville. Python, traître à sa cité, n'ayant reçu qu'une récompense modique, succomba au chagrin de voir sa patrie ruinée par sa faute.

*\* Excerpt. Vatican.*, p. 72-74. — Lorsque le bruit se répandit

---

[1] Petite ville de la Macédoine.

à Rome que Persée avait été vaincu par un stratagème et sans la force des armes, quelques-uns voulurent, dans le sénat, louer cet exploit. Mais les plus anciens le désapprouvèrent, disant qu'il était indigne des Romains d'imiter les Carthaginois et de vaincre l'ennemi par la ruse plutôt que par le courage.

Andronicus, qui avait assassiné le fils de Seleucus, éprouva le même sort : coupable d'une action impie et lâche, il tomba sous les coups du destin.

Les souverains ont pour habitude de se tirer du danger en sacrifiant leurs amis.

Le sénat faisait preuve d'une grande prévoyance en s'accommodant aux circonstances et en usant en toute chose de modération. Persée poussait la guerre vigoureusement et tenait la victoire en suspens; beaucoup de Grecs, attentifs à cette lutte, reprirent de l'espoir; mais le sénat, continuant à distribuer aux Grecs de nouveaux bienfaits, gagna un partisan après l'autre, et s'attira l'affection de la multitude. Quel est l'homme d'État avide de pouvoir qui ne voudrait pas imiter cette conduite, ou quel historien ne voudrait pas applaudir à cette prévoyance du sénat? Car tout le monde comprendra que c'est grâce à ces principes que les Romains ont soumis la plus grande partie de la terre : savoir se plier adroitement aux circonstances, tantôt feindre de ne rien voir et de ne rien entendre; tantôt retenir un mouvement de colère inconsidéré; tantôt, mettant de côté la dignité du pouvoir, venir au secours des opprimés, tels sont les principes d'une utilité pratique; telle est aussi la conduite d'un homme parfait, ainsi que d'une assemblée ou d'une ville qui comprend ses intérêts. Le sénat de Rome les donna comme des modèles à suivre aux hommes d'État, ainsi qu'à ceux qui veulent savoir comment il faut se conduire dans les diverses circonstances de la vie.

Persée envoya, au sujet d'une alliance, une députation auprès de Gentius, roi d'Illyrie, alors le plus grand souverain de ces contrées. Celui-ci répondit qu'il voulait faire la guerre aux Romains, mais qu'il n'avait pas d'argent. Persée lui envoya

une nouvelle députation, sans faire mention d'argent. Ayan
reçu la même réponse, Persée lui envoya une troisième députation, ajoutant, en déguisant sa pensée, qu'il connaissait bie
les intentions de Gentius, et qu'il pourrait lui être agréable
si les affaires réussissaient comme il le désirait. Persée, ne vou
lant pas lâcher ses trésors, envoya de nouveau des députés
Gentius, sans lui faire aucune proposition d'argent; il lui fi
entrevoir de grandes espérances, quand l'entreprise serait ter
minée. On est donc embarrassé s'il faut taxer de sottise ou
de folie de pareilles tergiversations. Ces hommes entrepren
nent de grandes choses et exposent leur vie, tandis qu'ils ne
songent pas aux choses les plus nécessaires, et cela sciemment, et ayant dans leurs mains tous les moyens de réussite.
Certes, Philippe d'Amyntas, homme d'un esprit essentiellement pratique, n'épargnait jamais l'argent dans de pareilles
circonstances: en le distribuant à pleines mains, il trouvait aussitôt un grand nombre de traîtres et d'alliés. Aussi Philippe,
compté primitivement au nombre des plus petits rois de l'Europe, laissa-t-il une puissance avec laquelle Alexandre, son
successeur, soumit la plus grande partie de la terre. Mais
Persée, pour n'avoir pas voulu toucher aux grands trésors
accumulés par lui et par ses ancêtres, se priva d'alliés et ne fit
par la suite qu'enrichir ses vainqueurs. Il est certain que s'il
avait voulu porter la main sur ses trésors, il serait parvenu à
faire entrer dans son alliance beaucoup de rois et de peuples.
Quoi qu'il en soit, c'est un bien qu'il n'en ait pas agi ainsi;
car Persée, s'il avait été vaincu [avec ses alliés], aurait entraîné
dans sa ruine les autres Grecs, et s'il avait été vainqueur, il
aurait imposé à ses sujets un joug superbe et intolérable.

*Excerpt. de Virt. et Vit.*, p. 578, 579. — Pendant que
la fortune offrait à Persée une très-belle occasion de détruire
toute l'armée romaine, il demeurait oisif à Dium en Macédoine,
à peu de distance de l'armée romaine qu'il aurait pu écraser.
En effet, il aurait suffi de pousser seulement le cri de guerre et
de faire sonner la trompette pour prendre toute l'armée qui

s'était engagée dans des défilés et des ravins impraticables. Les Macédoniens, postés sur les hauteurs, imitèrent l'exemple du roi et se tinrent négligemment sur leurs gardes.

* *Excerpt. Vatican.*, p. 74, 75. — Pendant que Persée soignait son corps à Dium, l'un des gardes entra dans la salle des bains et annonça la présence de l'ennemi. Le roi en fut tellement épouvanté qu'il sauta précipitamment hors du bain et se heurta violemment la cuisse : « Grands dieux, s'écria-t-il, vous nous livrez donc aux ennemis ignominieusement et sans combat ! »

*Excerpt. de Virt. et Vit.*, p. 579. — Persée, croyant tout perdu, fut complétement découragé; il envoya Nicon, son trésorier, avec l'ordre de jeter à la mer toutes ses richesses qui se trouvaient dans Phacus; il fit ensuite partir Andronicus pour Thessalonique, afin d'y faire brûler au plus vite ses chantiers. Mais Andronicus, mieux conseillé, n'exécuta pas cet ordre à son arrivée à Thessalonique, car il espérait être agréable aux Romains s'il leur procurait toute la flotte. — Le même Persée fit enlever à Dium les statues d'or, et quitta la ville en emmenant tous les habitants avec leurs femmes et leurs enfants, pour se retirer à Pydna. Il n'y a pas de plus grande faute que Persée ait pu commettre.

* *Excerpt. Vatican.*, p. 75. — Les Romains mirent en fuite leur vainqueur. En effet, le désespoir des hommes courageux fait accomplir quelquefois des choses inespérées.

*Excerpt. de Virt. et Vit.*, p. 579. — Les Cydoniates avaient commis une action impie et tout à fait contraire aux mœurs des Grecs : au milieu de la paix, ils avaient été reçus comme amis chez les Apolloniates; profitant de cette circonstance, ils se mirent en possession de la ville, tuèrent toute la population valide et se partagèrent entre eux les femmes et les enfants.

Antiochus [Épiphane], pouvant tuer les Égyptiens tombés en son pouvoir, parcourait les rangs en criant qu'il ne fallait pas les tuer, mais les faire prisonniers. Il recueillit bientôt le prix de cette sage conduite, car elle lui valut la prise de Péluse, et bientôt après la conquête d'Égypte.

\* *Excerpt. Vatican.*, p. 75, 76. — Euléc l'eunuque et Lénée le Syrien, tuteurs du jeune roi Ptolémée, imaginèrent toute sorte de moyens pour accumuler de l'or et de l'argent, et remplirent le trésor royal. Il n'est donc pas étonnant si de tels hommes ont, en si peu de temps, produit sur la scène de si grands changements.

L'eunuque venait de quitter son peigne et sa boîte à parfums, pour troquer les occupations de Vénus contre celles de Mars. Le Syrien, né esclave, tenait encore dans ses mains le livre des comptes qu'il était chargé de tenir, quand il osa porter la guerre en Syrie pour combattre Antiochus, qui ne le cédait à aucun souverain en troupes et en autres ressources. Mais, chose singulière, tous deux étaient absolument inexpérimentés dans l'art militaire, et pourtant ils entreprirent ces grandes affaires sans s'être adjoint aucun conseiller ni aucun bon général. Aussi payèrent-ils bientôt cher leur imprudence, et ils faillirent ruiner le royaume par leur faute. Nous notons ces détails afin qu'on examine bien les causes des bons comme des mauvais succès, et pour qu'on loue ceux qui conduisent bien les affaires, tandis qu'on blâme ceux qui les administrent mal ; en partageant ainsi les entreprises des hommes en deux parties, et discutant convenablement les unes et les autres, nous portons l'esprit du lecteur à l'étude du beau, en même temps que nous rendons l'histoire, autant qu'il est en nous, fructueuse et utile pour tous ; car les combats, tant sur terre que sur mer, de même que les législations, ne diffèrent pas du récit des fables, si on ne les accompagne pas de réflexions. — Les [tuteurs] de Ptolémée convoquèrent une assemblée du peuple, et déclarèrent qu'ils allaient promptement terminer la guerre. Et en cela ils ne se trompèrent pas, car ils mirent bientôt eux-mêmes un terme à leur vie.

Poussés par leur ignorance, ils avaient conçu l'espoir de s'emparer non-seulement de la Syrie, mais encore de tout le royaume d'Antiochus ; ils emmenèrent avec eux la plus grande partie

d'argent et d'or tirés du palais du roi, et en outre une grande quantité de vêtements, d'ornements de femme et de pierres précieuses. Ils disaient qu'ils allaient apporter ces richesses à ceux qui leur livreraient promptement les villes ou les forteresses. Mais ils se trompèrent dans leur calcul, car ces richesses les conduisirent à leur perte.

*Excerpt. de Virt. et Vit.*, p. 579, 580. — Il ne serait pas convenable de passer sous silence la lâcheté de Ptolémée [Philopator]. En effet, ce prince, si éloigné des dangers qui pouvaient le menacer, placé à une si grande distance des ennemis, ne doit-il pas être traité de lâche pour avoir perdu sans coup férir un royaume si grand et si heureux? Si cette lâcheté avait été naturelle à Ptolémée, il n'en aurait guère fallu accuser que la nature; mais comme la suite des événements fit voir que ce roi avait un caractère naturellement ferme et intrépide, il faut rejeter l'origine de sa mollesse et de sa lâcheté sur l'eunuque, son commensal. Cet homme avait corrompu l'âme du jeune roi en l'entraînant, dès son enfance, dans la luxure et le commerce des femmes.

Le roi Antiochus paraissait être un homme habile dans les affaires et être digne de la royauté, si on excepte le stratagème de Peluse.

\* *Excerpt. Vatican.*, p. 76, 77. — Antiochus s'empara de Peluse par un stratagème d'une honnêteté douteuse; car toute guerre, même lorsqu'elle est contraire aux lois des hommes, implique l'observation de certaines règles, savoir : de ne pas violer les armistices, de ne pas tuer les hérauts, de ne pas se venger sur l'ennemi qui s'est confié à la foi du vainqueur. Ces règles, et d'autres semblables,.... Antiochus les observa à peu près comme un délateur observe, devant le tribunal, l'énoncé de la loi : il n'occupa, il est vrai, la ville qu'après l'expiration de la trêve, mais il manqua à la justice et à l'honnêteté sur lesquelles repose toute la société. En considération des

lui qui s'était confié à lui, et chercha à lui enlever tout son empire.

*Excerpt. de Virt. et Vit.*, p. 580. — A la nouvelle qu'un corps d'élite de Gaulois avait passé le Danube pour venir à son secours, Persée, rempli de joie, envoya des émissaires dans la Médique[1] pour presser l'approche de ses alliés. Le chef des Gaulois demanda d'abord la solde convenue, qui s'élevait à cinquante talents. Persée promit de la payer, mais comme il était trop avare pour tenir sa promesse, les Gaulois retournèrent chez eux.

Paul Émile réunit ses soldats en une assemblée et les exhorta à prendre courage. Ce grave citoyen avait alors environ soixante ans, et ses exploits lui avaient valu la plus grande considération chez les Romains. Il avait fait faire de grands progrès à l'art militaire; il battit les Macédoniens autant par son génie que par ses armes. Persée, pour engager plusieurs de ses amis à s'enfuir avec lui par mer, leur donna la permission de se procurer par le pillage environ soixante talents. Abordé à Galepsus[2], il dit, à ceux auxquels il avait permis le pillage, de lui rapporter promptement les meubles, héritage d'Alexandre, ajoutant qu'il leur en rembourserait le prix. Tous firent volontiers ce qu'il leur dit; mais Persée prit ces objets et ne tint pas sa promesse.

* *Excerpt. Vatican.*, p. 77. — Persée ayant repris l'argent dont il avait permis le pillage, et ayant manqué de parole à l'égard de ceux auxquels il avait promis d'en rembourser le prix, montra par son exemple que l'avarice, entre autres maux qu'elle entraîne, prive l'homme de l'usage de sa raison ; car qui ne croirait pas frappé de démence celui qui, étant réduit à la dernière extrémité, ne renonce pas encore à la passion du lucre? Il ne faut donc pas s'étonner que les Macédoniens aient été en guerre avec les Romains, mais qu'ils aient pendant quatre ans toléré un pareil souverain.

*Excerpt. de Virt. et Vit.*, p. 580. — Alexandre avait un na-

[1] Contrée de la Thrace.
[2] Ville de la Sicile.

turel tout différent de celui de Persée. Sa munificence, proportionnée à ses desseins, lui avait procuré un empire; tandis que Persée, par sa lésinerie, rejeta le secours des Celtes, et commit d'autres actions analogues qui amenèrent la chute d'un grand et ancien empire.

*Excerpt. de Virt. et Vit.*, p. 580, 581. — Après la fuite de Persée, Paul Émile chercha le plus jeune de ses fils, Publius l'Africain, qui, fils légitime d'Émilius, devint le fils adoptif de Scipion, le vainqueur d'Annibal. Publius, encore fort jeune, n'avait environ que dix-sept ans; ayant assisté dès son adolescence à tant de combats et pris part aux fatigues de la guerre, il ne se distingua pas moins que son aïeul. Après l'avoir cherché partout..... on le ramena dans le camp, et le consul fut délivré de ses angoisses; car il aimait son fils, non comme un père, mais, pour ainsi dire, comme un amant.

\* *Excerpt. Vatican.*, p. 78. — Le consul Émilius prit Persée par la main, le fit asseoir à côté de lui, et le consola par des paroles appropriées à la circonstance. Il engagea ensuite les membres de l'assemblée, et surtout les plus jeunes, à tourner leurs regards sur le sort de Persée, à ne pas trop se glorifier dans la prospérité, à n'avoir jamais une conduite arrogante, à ne jamais se fier à son bonheur. C'est surtout dans la vie privée et dans les actions publiques qu'il ne faut jamais oublier la mauvaise fortune, et se souvenir qu'on est homme. La différence qui existe entre les sages et les sots, c'est que ces derniers s'instruisent par leur propre infortune et les premiers par celle des autres. Après s'être étendu sur beaucoup d'autres sujets semblables, il toucha les membres de l'assemblée et leur inspira tant d'humilité que les vainqueurs auraient pu se croire les vaincus.

*Excerpt. de Virt. et Vit.*, p. 581. — Émilius traita Persée humainement: il l'invitait à sa table, lui donnait une place dans le conseil, et montrait à tous qu'il était aussi terrible à l'ennemi qui résiste qu'il était doux envers l'ennemi soumis. Une semblable conduite était aussi imitée par les autres chefs, et Rome posséda sans partage l'empire du monde, tant qu'elle eut de pareils hommes pour chefs.

\* *Excerpt. Vatican.*, p. 69. — Les députés des Rhodiens déclaraient être venus pour traiter de la paix, et ils ajoutaient que la guerre était nuisible pour tout le monde.

## LIVRE TRENTE ET UNIÈME (?).

\* *Excerpt. Vatican.*, p. 79, 80. — Dans l'origine, Antiochus déclara qu'il avait fait ces grands préparatifs de guerre, non pour prétendre au royaume d'Égypte, mais pour assurer à Ptolémée l'aîné le trône de son père. Cependant il n'en était pas ainsi en réalité ; en mettant aux prises les deux jeunes gens, il espérait trouver l'occasion de se concilier la reconnaissance [de l'un des deux] et de s'emparer de l'Égypte sans coup férir. En effet, le sort, dévoilant les projets d'Antiochus, fit voir clairement que ce dernier était comme tant d'autres rois, qui mettent leurs propres intérêts bien au-dessus de la morale. — Antiochus alla à la rencontre des envoyés romains ; il les salua de loin de la voix et du geste [en étendant la main droite]. Mais Popilius lui tendit le rouleau qui contenait le décret du sénat, et lui ordonna de le lire. Popilius se conduisit sans doute ainsi afin de ne pas donner la main à Antiochus avant qu'il se fût déclaré ami ou ennemi de Rome. Le roi, après avoir lu le décret, dit qu'il voulait d'abord consulter ses amis. En entendant ces paroles, Popilius fit quelque chose de grave et de hautain en apparence ; tenant dans sa main une baguette de sarment, il traça un cercle autour de l'endroit où se tenait debout Antiochus et le somma de rendre une réponse. Alors Antiochus, saisi d'étonnement à la vue d'un procédé aussi inattendu, et redoutant d'ailleurs la puissance des Romains, dit, dans ce moment d'anxiété où il ne pouvait prendre conseil de personne, qu'il ferait tout ce que les Romains exigeraient. Aussitôt ceux qui se trouvaient avec Popilius offrirent la main au roi et le félicitèrent sur le parti qu'il venait de prendre. L'ordre écrit du sénat était qu'Antiochus devait sur-le-champ mettre un terme à la guerre qu'il faisait à Ptolémée. Le roi, conformément à cet ordre, rappela ses troupes de l'Égypte, car il redoutait d'autant plus la puissance des Romains, qu'il venait d'être informé de la défaite des Macédoniens; s'il n'eût appris cette nouvelle, il n'aurait pas aussi promptement exécuté le décret du sénat.

Quelques sages de l'antiquité ont émis cette belle maxime, qu'il vaut mieux pardonner que punir. Nous estimons ceux qui exercent le pouvoir avec bienveillance, tandis que nous éprouvons de l'aversion pour ceux qui traitent impitoyablement les vaincus. Aussi voyons-nous les uns, tombés dans le malheur, secourus par ceux qu'ils avaient traités très-généreusement, tandis que les autres, tombés dans les mêmes infortunes, éprouvent non-seulement la rigueur du sort qu'ils ont fait subir aux autres, mais ils sont même regardés comme indignes de la compassion accordée aux malheureux. Il n'est pas juste, en effet, que celui qui s'est montré sans pitié envers les autres, éprouve les effets de la puissance du vainqueur, lorsqu'il tombe dans le malheur. Et cependant il y a des gens assez insensés pour se glorifier de la vengeance excessive qu'ils ont exercée envers leurs ennemis. Quelle gloire et quelle grandeur y a-t-il pour les vainqueurs à torturer les vaincus? Quel résultat pouvons-nous espérer d'une victoire remportée, si, abusant avec orgueil de nos succès, nous laissons s'évanouir une brillante renommée, et si nous nous montrons indignes des faveurs de la fortune? Une réputation, fondée sur l'accomplissement des belles actions, est assurément le meilleur résultat que puissent ambitionner ceux qui aspirent au commandement. On ne saurait trop s'étonner en voyant que presque tous ceux qui admirent cette maxime, agissent contrairement à leur opinion, une fois arrivés au pouvoir. Les hommes sages doivent, au sein des grandeurs, songer aux vicissitudes de la fortune, et, vainqueurs de l'ennemi par le courage, ils doivent se laisser vaincre à leur tour par la clémence et la pitié envers les vaincus. Cette maxime a aidé puissamment tous les hommes à parvenir à la grandeur, et surtout ceux qui sont à la tête des gouvernements.

Les hommes vulgaires, lorsqu'ils se soumettent de bon gré, obéissent avec empressement et rendent volontiers des services. Aussi les Romains se sont-ils attachés principalement à gagner la bienveillance des peuples; ils sont guidés, en cela, par une habile politique. Car, en comblant les vaincus de bienfaits, ils leur inspirent une reconnaissance éternelle, et se rendent dignes en même temps de l'admiration de tous les hommes.

Dans la prospérité, les Romains s'occupaient très-attentivement de la manière dont ils devaient tirer parti de leurs avantages, ce qui paraît plus facile que de vaincre les ennemis par les armes; et cependant il en est autrement; car il est plus facile de trouver des gens qui bravent le péril que d'en voir qui sachent se conduire sagement dans la prospérité.

*Excerpt. Vatican.*, p. 80. — ..... Après avoir longtemps supplié et chanté, comme dit le proverbe, le chant du cygne, ils n'obtinrent qu'avec peine des réponses qui les délivrèrent de leurs craintes. Lorsqu'ils se crurent hors des dangers suspendus sur leurs têtes, ils supportèrent les autres inconvénients. La plupart des hommes ne tiennent aucun compte des petits accidents lorsqu'ils s'attendent à de grands malheurs.

*Excerpt. Photii*, p. 515. — Pendant que ces choses se passaient, les envoyés des Rhodiens arrivèrent à Rome pour justifier leur cité de la trahison dont on l'accusait; car dans la guerre contre Persée ils avaient paru favoriser ce roi et trahir l'amitié du peuple romain. Ces envoyés n'ayant pu remplir le but de leur mission, furent très-affligés, et c'est tout en larmes qu'ils abordaient les principaux personnages de la ville. Le tribun du peuple, Antoine, les ayant introduits dans le sénat, Philophron prit le premier la parole pour exposer l'objet de la députation; Astymède parla après lui. Après s'être exprimés sur un ton suppliant, enfin, comme dit le proverbe, après avoir fait entendre le chant du cygne, ils reçurent à peine une réponse qui dissipa leurs craintes; cette réponse était accompagnée de vifs reproches.

..... Ce qui fait voir que les Romains les plus illustres ont entre eux de l'émulation pour augmenter la gloire du peuple qui leur a confié le gouvernement. Dans les autres États, les hommes se jalousent, tandis que les Romains se donnent mutuellement des éloges ; de là il résulte que ceux-ci, ne cherchant qu'à augmenter la prospérité publique, font de très-grandes choses ; au lieu que les premiers, ambitionnant une gloire injuste, se font tort l'un à l'autre, et occasionnent la ruine de la patrie.

*Excerpt. de Legat.*, p. 625. — Dans le même temps arrivèrent de tous les côtés, à Rome, des députés chargés de féliciter le peuple romain des grandes choses qu'il avait entreprises. Les sénateurs leur répondirent avec bienveillance, et les renvoyèrent aussitôt dans leur patrie.

*Excerpt. de Legat.*, p. 624. — Les députés des Rhodiens vinrent à Rome pour se défendre de la trahison dont on les accusait communément ; car dans la guerre contre Persée, en Macédoine, ils avaient embrassé le parti de ce roi et trahi l'amitié des Romains. Ces envoyés, voyant l'animadversion publique soulevée contre eux, furent découragés ; et lorsqu'un des préteurs eut rassemblé le peuple pour l'exhorter à la guerre contre les Rhodiens, ils redoutèrent la ruine de leur patrie ; ils en furent tellement consternés, qu'ils prirent des habits de deuil. Dans leurs rencontres avec leurs amis, ils n'employaient pas seulement des paroles suppliantes, mais ils les conjuraient, les larmes aux yeux, de ne pas adopter des mesures trop cruelles contre leur patrie. Ils furent enfin introduits dans le sénat par un des tribuns du peuple ; ce tribun ôta la parole au préteur qui engageait les Romains à la guerre. Après un long discours dans lequel ils imploraient la clémence, ils obtinrent une réponse qui les délivra de toute crainte ; mais pourtant ils eurent à essuyer les plus vifs et les plus durs reproches.

Dans le même temps, beaucoup d'autres députés arrivèrent. Le sénat donna d'abord audience à Attalus, dont le frère Eumène était gravement soupçonné, d'après des lettres saisies, de s'être allié avec Persée contre les Romains. Plusieurs envoyés de l'Asie formulaient des accusations, principalement les députés du roi Prusias et des Galates. Mais Attalus se justifia sur tous les points, et il fut renvoyé chez lui avec de grands honneurs. Cependant le sénat ne laissa pas de soupçonner la fidélité d'Eumène; Caïus fut donc envoyé dans les États de ce roi pour le surveiller[1].

*Excerpt. de Legat.*, p. 625. — Prusias, indigne du nom royal, ne cessa pendant toute sa vie de flatter honteusement les hommes puissants. Devant recevoir un jour les députés de Rome, il déposa les insignes de la royauté, le diadème et l'habit de pourpre, imita la tenue d'un esclave nouvellement affranchi; la tête rasée, coiffé d'un chapeau blanc, portant la tunique et le cantile[2], il s'avança vers les envoyés et leur dit : « Je me présente à vous comme un affranchi des Romains. » On trouverait difficilement une parole plus basse. Il avait déjà précédemment fait et dit des choses de ce genre. Introduit une fois dans le sénat, il s'arrêta à la porte, en face des membres de cette assemblée, et, les mains baissées, il s'inclina humblement et leur dit : « Je vous salue, ô dieux sauveurs! » surpassant ainsi les flatteries lâches qui ne conviennent qu'à des femmes. Le discours que cet homme prononça devant le sénat fut tel, qu'il serait indécent de le rapporter. Les sénateurs, offensés par les paroles de ce roi, lui répondirent comme le méritait son adulation; car les Romains aiment mieux vaincre des ennemis courageux que des âmes viles et rampantes.

*Excerpt. Photii*, p. 516. — Persée, dernier roi de Macédoine, avait souvent recherché l'amitié des Romains; il leur avait aussi souvent fait la guerre avec une assez forte armée. Enfin Paul Émile le fit prisonnier, et obtint les honneurs d'un triomphe brillant. Persée, quoique accablé par les plus grands malheurs, tels que la relation en paraîtrait fabuleuse, ne voulut

---

[1] Dans l'édition de M. Didot, ce fragment est suivi de deux autres (tirés du traité *des Vertus et des Vices*, et de la *Chronographie* de Syncelle) qui n'ont pas été insérés dans les anciennes éditions, sans doute parce qu'ils n'appartiennent pas à Diodore.

[2] Chaussure des affranchis.

pas cependant quitter la vie. Avant que le sénat eût statué sur son sort, un des préteurs de la ville le fit enfermer avec ses enfants dans la prison *Albaine*. Ce cachot est une caverne souterraine, de la capacité de neuf lits, obscure et infecte à cause de la multitude d'hommes condamnés à mort qui, à cette époque, s'y trouvaient enfermés. Dans cet espace étroit, les malheureux prisonniers, entassés, s'abrutissaient comme des bêtes sauvages. Les aliments et les excréments se trouvant mêlés ensemble, il en résulta une telle fétidité, que personne ne pouvait s'en approcher facilement. Persée y passa sept jours, et fut réduit, par la misère, à implorer le secours des autres prisonniers qui vivaient de leur ration. Ses compagnons, touchés de si grands malheurs, lui donnaient en pleurant une partie de la portion qu'on leur accordait. On lui avait jeté un glaive pour se frapper, une corde pour s'étrangler, avec la faculté de s'en servir s'il le jugeait convenable. Mais rien ne paraît plus doux aux malheureux que la vie, quoiqu'ils endurent des souffrances mortelles. Persée aurait fini ses jours dans cette situation misérable, si Marcus Émilius, président du sénat, jaloux de sa dignité et de la réputation de justice de sa patrie, n'eût déclaré aux sénateurs avec indignation que, s'ils ne craignaient pas les hommes, ils devaient au moins redouter Némésis qui châtie ceux qui abusent insolemment de leur pouvoir. Persée fut donc transféré dans une prison plus douce; mais il se laissa aller à de nouvelles espérances, et sa fin fut misérable comme sa vie. Il vécut ainsi deux ans. Comme il avait offensé ses barbares gardiens, il fut par eux privé du sommeil et il mourut.

*Excerpt. de Virt. et Vit.*, p. 589. — Persée, mis en prison, y aurait perdu la vie si Émilius, président du sénat, jaloux de conserver la dignité et la justice de sa patrie, n'eût interpellé les sénateurs avec indignation [1]....

Le chef des Gaulois, revenu de la poursuite des ennemis, rassembla les captifs, et commit une action aussi barbare qu'étrange : il choisit les plus beaux et les plus robustes, et les im-

---

[1] Ce fragment se termine comme le précédent.

mola aux dieux, comme si de pareils sacrifices étaient agréables aux immortels! Il ordonna que les autres fussent percés de traits; il n'épargna aucun de ceux qui lui étaient attachés par les liens de l'hospitalité ou de l'amitié. Il n'est pas étonnant que les Barbares soient insolents dans la prospérité.

Eumène avait enrôlé des soldats mercenaires; il les paya bien et leur accorda des présents; il leur fit même des promesses, de sorte que tous furent fidèles et bien disposés pour lui. Persée n'avait pas agi de même, car vingt mille Gaulois étant venus s'offrir à lui, il refusa ce secours pour épargner son argent. Mais Eumène, quoiqu'il ne fût pas aussi riche, était très-généreux envers tous les soldats qu'il enrôlait et qui pouvaient être utiles à son parti. Persée, qui ne montrait, au lieu d'une magnificence royale, qu'une parcimonie sordide, vit toutes les richesses qu'il avait conservées avec tant de soin passer, avec ses États, entre les mains des vainqueurs, tandis qu'Eumène, ne voyant rien de plus urgent que de remporter la victoire, non-seulement délivra son royaume d'un grand danger, mais encore eut à sa discrétion toute la nation des Gaulois.

Parmi les entreprises d'Antiochus, il y en a qui sont vraiment dignes d'un roi et d'admiration; quelques autres, au contraire, sont abjectes et viles, et méritent un souverain mépris. Lorsqu'il donnait des jeux solennels, il agissait contrairement aux autres rois : ceux-ci, désireux d'augmenter la prospérité de leur royaume par leurs richesses et leurs forces, cachaient leurs desseins par crainte du peuple romain. Antiochus eut une conduite opposée : il invitait à ses fêtes les hommes les plus célèbres du monde entier, il ornait son palais avec magnificence, et, rassemblant en un seul lieu toutes les richesses de son empire, il mettait tout en évidence, et ne cachait rien aux Romains de ce qu'il aurait dû dissimuler.

Antiochus surpassa tous les souverains par la magnificence des jeux et des fêtes. Cependant l'arrangement des jeux est une occupation basse et méprisable. Il marchait à côté de la procession, monté sur un mauvais cheval; devançant les uns, faisant arrêter les autres, il réglait la marche du convoi; de sorte que si quelqu'un lui eût ôté le diadème, aucun de ceux dont il était inconnu n'aurait pris cet homme, ayant l'apparence d'un médiocre domestique, pour le maître de l'empire. Pendant les repas, il se plaçait aux portes, faisait entrer les uns, prendre place aux autres, et disposait l'ordre de ceux qui portaient les plats. Après cela, il accostait les convives au hasard; tantôt il s'asseyait, tantôt il se couchait auprès d'eux; il posait la coupe sur la table, servait le pain, sautait et changeait de place; il parcourait ainsi les rangs des convives, portant et recevant des santés, et accompagnant le chœur des musiciens. Quelquefois le festin se prolongeait, et, après que la plupart des convives s'étaient déjà retirés, le roi, couvert d'un voile, était porté par des mimes, et posé à terre; ensuite, excité par la musique, il se redressait tout nu, et exécutait, avec les mimes, des danses lubriques qui provoquaient le rire, de manière que tous les convives s'enfuyaient de honte. Cependant chacun de ceux qui avaient assisté à la fête ne pouvait s'empêcher d'admirer la magnificence, la disposition des jeux et la pompe qui entraînaient tant de dépenses. Tout le monde était étonné [des richesses] du roi et du royaume, tandis que, en jetant les regards sur les mœurs blâmables du roi, on avait peine à croire comment tant de vertus et de vices pouvaient être réunis dans une seule personne.

Après que les jeux furent terminés, les envoyés de Gracchus vinrent visiter le royaume. Le roi les accueillit si amicalement que les envoyés ne soupçonnèrent point les intentions du roi, malgré l'offense qu'il avait reçue en Égypte, et dont il semblait conserver le ressentiment. Cependant Antiochus n'était pas le même au fond de l'âme, car il avait pour les Romains une haine implacable.

*Excerpt. Vatican.*, p. 80-83. — Émilius disait à ceux qui admiraient le soin avec lequel il disposait le théâtre, qu'il fallait le même esprit pour arranger les jeux publics et les festins que pour mettre une armée en ordre de bataille.

Il y a des malheureux qui ne trouvent rien de plus doux que

la vie, bien que la mort soit préférable à leur sort ; c'est ce qui était vrai pour Persée, roi des Macédoniens.

Le royaume des Macédoniens était encore dans un état florissant, lorsque Démétrius de Phalère consigna, dans son ouvrage sur la fortune, ces paroles prophétiques sur ce qui devait arriver à ce royaume : « Si l'on se reporte, par la pensée, à une époque assez rapprochée, à environ cinquante ans avant nous, on se fera une idée de la puissance fatale de la fortune. En effet, ni les Perses, ni leur roi, ni les Macédoniens, ni leur roi, n'auraient cru, lors même qu'un dieu le leur aurait prédit, que, cinquante ans plus tard, le nom des Perses aurait complétement disparu, et que les Macédoniens, qui étaient alors à peine connus de nom, seraient les maîtres du monde. La fortune, qui distribue ses biens au hasard et arbitrairement, se montra dans tout son jour en installant les Macédoniens dans l'empire des Perses. Elle leur a départi ses biens, en attendant qu'elle se ravise. » C'est ce qui est arrivé à notre époque. Voilà pourquoi nous avons jugé à propos d'appliquer à la circonstance actuelle ces paroles de Démétrius, qui semblent être plus qu'humaines, car elles prédisent des événements qui ne se sont accomplis que cent cinquante ans après.

A la mort inattendue des deux fils d'Émilius, tout le peuple partagea la douleur du père. Celui-ci convoqua une assemblée, où il prononça un discours dans lequel il rendit compte de ses actions militaires, et qu'il termina par ces paroles : « Au moment, disait-il, de faire passer des troupes d'Italie en Grèce, j'avais observé le lever du soleil pour mettre à la voile ; à la neuvième heure, je touchai à Corcyre sans qu'il manquât un seul soldat. De là, j'arrivai, le quatrième jour, à Delphes, où je sacrifiai sous d'heureux auspices ; cinq jours après, j'atteignis la Macédoine, je me mis à la tête de mes troupes ; dans quinze jours en tout, j'avais forcé les défilés de Pétra, combattu et vaincu Persée. » Enfin, il fit voir aux Romains que, dans ce même nombre de jours, il avait subjugué toute la Macédoine. « Je fus moi-même alors, ajouta-t-il, étonné de ces succès inouïs, et je le fus bien plus encore lorsque, peu de temps après, je devins maître du roi, de ses enfants et de son trésor. Enfin, lorsque l'armée, chargée de butin, revint heureusement et promptement dans la patrie, alors je ne savais réellement pas à quoi attribuer tant de bonheur ; et pendant que tout le monde me félicitait, j'implorais la divinité de préserver la république de tout malheur, ou, si le destin avait décrété quelque coup fatal, de le faire tomber sur moi-même. Aussi, lorsque j'eus le malheur de perdre mes enfants, j'ai sans doute été vivement affligé de cette perte, mais je suis rassuré sur le sort de la patrie, car le coup fatal que le destin jaloux nous réservait a frappé, non pas la république, mais ma propre maison. »

Tout le peuple admira ce discours magnanime et manifesta la plus vive sympathie pour la perte qu'Émilius venait de faire de ses enfants.

Après la défaite de Persée, le roi Eumène éprouva des revers inattendus. Tout en s'imaginant que la destruction du royaume le plus hostile contre lui contribuerait à la sécurité de ses États, il courut les plus grands dangers. C'est ainsi que la fortune renverse ce qui paraît le plus solidement établi ; et, au moment où elle semble nous favoriser, elle détruit, par un changement opposé, ce qu'elle avait bien fait.

Prusias, roi de Bithynie, vint congratuler le sénat et les généraux victorieux. Nous ne devons pas passer sous silence la bassesse de ce roi ; car les louanges qu'on donne aux hommes vertueux portent souvent la postérité à imiter ces exemples, tandis que le blâme qu'on inflige aux méchants détourne beaucoup d'hommes du sentier du vice. Il faut donc user largement du franc parler de l'histoire pour corriger les mœurs.

*Excerpt. de Virt. et Vit.*, p. 584. — Le roi Ptolémée (Philométor), chassé de son royaume, se rendit à pied à Rome. Démétrius, fils de Seleucus, le reconnut, et, frappé de ce changement inattendu du sort, il se conduisit noblement et en roi ; il prit sur-le-champ un vêtement royal, un diadème et un cheval magnifiquement harnaché, et alla, avec ses enfants, au-devant de Ptolémée. Il le rencontra à deux cents stades de la ville, le salua comme un ami, et le pria de se revêtir des insignes de la royauté, d'entrer à Rome d'une manière digne d'un roi et de ne pas s'exposer au mépris du peuple. Ptolémée sut gré des intentions de Démétrius, mais il refusa les présents, et le pria, ainsi qu'Archias, dont il était accompagné, de s'arrêter dans une des villes qui se trouvait sur leur chemin.

* *Excerpt. Vatican.*, p. 84, 85. — Ptolémée, roi d'Égypte, chassé par son frère, se rendit à Rome dans un misérable équipement et accompagné seulement d'un eunuque et de trois domestiques. Il s'informa, pendant la route, de la demeure du dessinateur Démétrius, qu'il avait plusieurs fois accueilli hospitalièrement dans son voyage à Alexandrie ; il vint loger chez ce Démétrius, qui, en raison de la cherté des loyers, habitait à Rome un logement étroit et tout misérable. Qui donc voudrait se fier à ce que le vulgaire appelle le bonheur, ou qui voudrait estimer très-heureux ceux que la fortune favorise outre mesure ? Il est en effet difficile de trouver un cas plus frappant d'un si grand et si inattendu changement du sort. C'est sans aucun motif valable que Ptolémée perdit un si grand royaume et fut réduit à une si misérable condition ; celui qui commandait à tant de milliers d'hommes libres, n'eut plus tout à coup, à son service, que trois esclaves, débris du naufrage de toute sa fortune.

*Excerpt. Photii*, p. 517, 518. — Les rois de Cappadoce font remonter leur origine à Cyrus, et ils affirment aussi qu'ils descendent d'un des sept Perses qui ont fait mourir le mage (Smerdis). Voici comment ils établissent leur généalogie à partir de Cyrus : Atossa était sœur légitime de Cambyse, père de Cyrus ; elle eut de Pharnace, roi de Cappadoce, un fils appelé Gallus qui engendra Smerdis, père d'Artamne, lequel eut un fils nommé Anaphas, homme courageux, entreprenant, et l'un des sept Perses [meurtriers de Smerdis]. C'est ainsi qu'ils font remonter leur origine à Cyrus et à Anaphas qui, selon eux, avait obtenu la souveraineté de Cappadoce sans payer de tribut aux Perses. Anaphas eut pour successeur un fils de même nom. Celui-ci laissa en mourant deux fils, Datame et Arimnée. Datame prit le sceptre ; c'était un homme distingué par son courage guerrier et loué pour son gouvernement ; il combattit brillamment les Perses et mourut sur le champ de bataille. Son fils Ariamnès lui succéda ; il fut père d'Ariarathès et d'Holopherne ; il mourut après un règne de cinquante ans, sans avoir rien fait de digne de mémoire. L'aîné, Ariarathès, hérita du trône ; on dit qu'il aimait extraordinairement son frère et qu'il le promut aux dignités les plus élevées. Il l'envoya au secours des Perses en guerre avec les Égyptiens. Holopherne revint de cette expédition comblé d'honneurs par Ochus, roi des Perses, en récompense de sa bravoure ; enfin il mourut dans son pays, laissant deux fils, Ariarathès et Arysès. Son frère, souverain de Cappadoce, n'ayant pas d'enfant légitime, adopta Ariarathès, l'aîné des fils d'Holopherne. En ce même temps, Alexandre le Macédonien fit la guerre aux Perses et mourut. Perdiccas, chef du royaume, envoya Eumène commander en Cappadoce. Ariarathès tomba dans un combat, et la Cappadoce fut soumise, ainsi que les contrées limitrophes, aux Macédoniens. Ariarathès, fils du dernier roi, renonçant à l'espoir du trône, se retira avec un petit nombre d'amis en Arménie. Peu de temps après, Eumène et Perdiccas étant morts, Antigone et Seleucus occupés ailleurs, Ariarathès obtint d'Ardoate, roi des Arméniens, une armée, tua Amyntas, général des Macédoniens, chassa promptement ces derniers du pays, et recouvra le trône paternel. Ariarathès eut trois enfants dont l'aîné, Ariamnès, hérita de la royauté. Ce dernier contracta avec Antiochus, surnommé le Dieu, une alliance de famille en obtenant pour l'aîné de ses fils, Ariarathès, la main de Stratonice, fille d'Antiochus. Ariamnès, aimant beaucoup ses enfants, ceignit du diadème son fils Ariarathès et l'associa à l'empire. A la mort de son père, Ariarathès régna par lui-même, et, en mourant, il laissa le trône à son fils Ariarathès, encore en bas âge. Ce dernier épousa la fille d'Antiochus le Grand ; elle s'appelait Antiochis. C'était une femme très-astucieuse : n'ayant pas d'enfant, elle en supposa deux à l'insu de son mari, Ariarathès et Holopherne. Quelque temps après, elle devint enceinte, et donna, contre toute attente, le jour à deux filles et à un fils nommé Mithridate. Elle découvrit alors à son mari sa supercherie à l'égard des enfants supposés; elle fit envoyer, avec une faible pension, l'aîné à Rome, et le cadet en Ionie, afin qu'ils ne disputassent pas le trône au rejeton légitime. Ayant atteint l'âge viril, Mithridate changea aussi son nom en celui d'Ariarathès; il avait reçu une éducation grecque, et se distingua par ses qualités personnelles. Il aimait beaucoup son père[1], dont il était de même très-aimé. Cette affection était si grande que le père voulait lui remettre l'empire, mais le fils s'y refusa, disant qu'il ne régnerait jamais du vivant de ses parents. Ariarathès mort, Mithridate hérita de la royauté, et mérita, par sa conduite et ses progrès en philosophie, les plus grands éloges. C'est depuis lors que la Cappadoce, auparavant inconnue aux Grecs, devint le séjour de gens instruits. Ce roi renouvela aussi, avec les Romains, les traités d'amitié et d'alliance. Mais en voilà assez sur la généalogie des rois de Cappadoce, qui font remonter leur origine à Cyrus.

*Syncell. Chronograph.*, p. 275. — Ces rois de Cappadoce ont régné pendant cent soixante ans; le commencement de leur règne coïncide, selon Diodore, avec cette même époque.

*Excerpt. de Virt. et Vit.*, p. 584. — Antipater étant mort dans les tourments, on amena Asclépiade, gouverneur de la ville, qui proclama que Timothée était l'auteur de cette scène tragique, comme ayant provoqué le jeune homme à exercer sur son frère une vengeance injuste et impie. Lorsque tous les principaux chefs, touchés de commisération, cherchaient à s'intéresser à cette affaire, Timothée, alarmé, remit les tortures aux autres accusés, mais il s'en débarrassa secrètement.

Ariarathès, surnommé Philopator, monté sur le trône de ses ancêtres, fit d'abord à son père de magnifiques funérailles. Témoignant ensuite une sollicitude convenable pour ses amis, pour

---

[1] De là le surnom de Philopator.

les chefs d'armée et tous ses sujets, il se concilia l'affection de la multitude.

Mithrobuzanès fut rétabli par Ariarathès sur le trône paternel. Artaxias, roi d'Arménie, ne démentant pas sa cupidité, envoya des députés à Ariarathès, pour l'engager à faire cause commune avec lui, à tuer l'un des deux jeunes gens qu'il avait en son pouvoir, et à s'emparer de Sophène. Mais Ariarathès, reculant d'horreur devant une pareille lâcheté, adressa aux députés de vifs reproches, et écrivit à Ariarathès une lettre dans laquelle il l'exhortait à renoncer à de pareils attentats. Ariarathès s'attira par cette action de grands éloges; et Mithrobuzanès, grâce à la fidélité et à la vertu d'Ariarathès, fut rétabli sur le trône de ses ancêtres.

On vit arriver à Rome des députés envoyés par Ptolémée le jeune et par Ptolémée l'ancien. Le sénat leur accorda une audience, et, après avoir entendu l'exposé de leurs griefs, il décréta que les envoyés de Ptolémée l'ancien quitteraient l'Italie en cinq jours, et que son alliance avec Rome avait cessé d'exister. D'un autre côté, le sénat envoya des députés auprès de Ptolémée le jeune pour lui manifester sa bienveillance et la décision qu'il avait prise à l'égard de son frère.

*Excerpt. Vatican.*, p. 85. — Quelques jeunes gens avaient acheté, au prix d'un talent[1], un bel esclave, et pour trois cents drachmes[2] un tonneau [de poissons] salés du Pont. Marcus Porcius Caton, homme illustre, s'en indigna, et dit au peuple que c'était un indice de la corruption des mœurs et de la décadence de la république, quand un esclave se vendait plus cher qu'un champ, et un tonneau de salaison plus cher qu'une paire de bœufs.

*Excerpt. de Virt. et Vit.*, p. 585. — Paul Émile, le vainqueur de Persée, mourut alors; il était censeur, et, par ses belles qualités, le premier des citoyens de Rome. Lorsque le bruit de sa mort se répandit, et que l'heure de ses funérailles appro-

---

[1] Cinq mille cinq cents francs.
[2] Environ deux cent soixante-dix francs.

cha, toute la ville fut attristée : non-seulement les ouvriers et la populace accoururent au convoi funèbre, mais les magistrats et le sénat suspendirent ce jour-là leurs fonctions. De même les habitants des environs de Rome, qui purent arriver à temps, s'empressèrent de prendre part à cette pompe, tant par curiosité que pour honorer la mémoire du grand citoyen.

*Excerpt. Photii*, p. 518-519. — Après avoir dit combien étaient splendides les funérailles de Paul Émile, le vainqueur de Persée, l'historien ajoute ces paroles : A la mort des plus nobles et des plus illustres citoyens, les Romains fabriquent des images représentant les traits et les contours du corps du défunt ; pendant toute leur vie, ils ont avec eux des artistes qui observent les démarches et toutes les particularités physionomiques des grands citoyens. Les images des ancêtres précèdent le convoi funèbre, de manière que les spectateurs puissent voir à quel rang appartenait le défunt, et de quelles dignités il avait été revêtu.

*Excerpt. de Virt. et Vit.*, p. 585-587. — Paul Émile ne laissa à sa mort que les biens qui avaient été estimés de son vivant. Aucun de ses contemporains n'avait apporté d'Espagne à Rome autant d'or : il s'était emparé des immenses trésors des rois macédoniens ; enfin, il avait eu entre ses mains les plus grandes richesses, et pourtant il ne s'en appropria pas la moindre partie, à de telles enseignes, qu'après sa mort, ses fils, qu'il avait fait adopter[1], ayant hérité de leur patrimoine, ne purent, en vendant tous les meubles, se procurer assez d'argent pour restituer la dot de la femme de Paul Émile : il fallut aliéner une partie des biens-fonds. Aussi, Paul Émile semblait-il avoir surpassé en désintéressement les Grecs les plus célèbres, Aristide et Épaminondas. En effet, ces derniers ont refusé seulement les dons qu'on leur offrait pour se procurer un appui intéressé, tandis que Paul Émile ne toucha même pas aux richesses qu'il avait en son pouvoir. Si la chose paraît à quelques-uns incroyable, il faut bien songer qu'on ne doit pas juger le

---

[1] Par Cornélius Scipion l'Asiatique.

désintéressement des anciens Romains par la cupidité des Romains de nos jours, qui passent pour la nation la plus insatiable.

Puisque nous venons de parler d'un citoyen vertueux, nous allons dire un mot du caractère de Scipion, qui détruisit plus tard Numance, afin que, sachant quel empressement il montra dans sa jeunesse pour l'étude du beau, on ne s'étonne plus qu'il ait fait par la suite tant de progrès dans le chemin de la vertu. Publius Scipion était, comme nous venons de le dire, fils légitime de Paul Émile, qui triompha de Persée, et adopté par Scipion, fils de celui qui avait dompté Annibal et les Carthaginois; il eut donc pour grand-père par adoption Scipion surnommé l'Africain, le plus grand des Romains qui avaient vécu avant lui. Issu d'une telle souche, et héritier d'une race si illustre, il ne se montra pas indigne de la gloire de ses ancêtres. Dès son enfance il fit de grands progrès dans la science des Grecs; à l'âge de dix-huit ans il s'appliqua à la philosophie, ayant pour précepteur Polybe de Mégalopolis, l'historien. Il vécut longtemps avec ce précepteur, et, exercé dans tous les genres de vertu, il surpassa en sagesse, en probité et en grandeur d'âme, non-seulement les hommes de son âge, mais encore tous les hommes plus âgés que lui. Cependant, dans le commencement et avant qu'il se fût livré à l'étude de la philosophie, il passait généralement pour un esprit lent et pour un héritier indigne d'une maison aussi illustre; mais après qu'il eut atteint l'âge adulte, il commença à se distinguer par sa sagesse. Il fut d'autant plus admiré qu'alors les mœurs étaient relâchées, et que les jeunes gens se livraient aux plaisirs de l'intempérance : les uns passaient leur temps avec de jeunes garçons, les autres avec les filles publiques; d'autres, enfin, s'occupaient de spectacles de tous genres, de banquets où ils montraient leur luxe; car, depuis la longue guerre de Persée, les Romains imitèrent bien vite les mœurs dissolues des Grecs, et dépensèrent en réjouissances une grande partie des richesses dont ils s'étaient emparés. Scipion mena un genre de vie tout opposé. Combattant toutes ses passions comme des bêtes féroces, il s'acquit, dans l'espace de cinq ans, une réputation générale d'homme rangé et sage. Après s'être acquis ce genre de réputation, il chercha à se distinguer par sa grandeur d'âme et sa libéralité. Sous ce rapport, il trouva le meilleur modèle dans son père, Paul Émile, pendant tout le temps qu'il vécut... Mais le hasard le servit aussi beaucoup pour faire éclater son désintéressement. Émilie, femme du grand Scipion, sœur de Paul Émile, le vainqueur de Persée, laissa en mourant une grande fortune dont hérita notre Scipion. C'est dans cette circonstance qu'il montra, pour la première fois, la générosité de son caractère. Longtemps avant la mort de son père (Paul Émile), sa mère, Papirie, vivait séparée de son mari; sa fortune privée ne lui suffisait pas pour vivre selon son rang; or, comme la mère de son père adoptif, qui avait toujours partagé la vie et la fortune du grand Scipion, laissa un riche héritage, indépendamment d'un magnifique mobilier et d'un nombreux domestique, Scipion donna à sa mère ce mobilier qui s'élevait à plusieurs talents. Dans les occasions solennelles elle se montrait au public en déployant le luxe et la richesse dont son fils lui avait fait don. Par une pareille conduite, il s'acquit d'abord parmi les femmes, puis parmi les hommes, la réputation d'un citoyen magnanime et pieux. Cette belle action fut admirée dans toute la ville, mais surtout chez les Romains, où personne ne fait volontiers des présents aux autres. Plus tard, Scipion paya de fortes sommes pour la dot des filles de Scipion le Grand : il les paya sur-le-champ intégralement, bien que les Romains n'aient pour habitude de payer les dots qu'en fractions, dans le délai de trois ans. Aussitôt après la mort de son père légitime, Paul Émile, dont il hérita des biens avec son frère Fabius, il accomplit une action belle et digne de mémoire : voyant que son frère était moins riche que lui, il lui donna sa part d'héritage, estimée au delà de soixante talents[1], et il se mit ainsi sur un pied d'égalité de fortune avec son frère. Quoique déjà bien célèbre par sa générosité, il fit un acte plus admirable encore. Son frère Fabius voulait donner, sur le tombeau du père, un combat de gladia-

---

[1] Trois cent trente mille francs.

teurs, mais sa fortune ne suffisait pas pour subvenir à une pareille dépense ; Scipion paya, sur ses propres biens, la moitié des frais. A la mort de sa mère, loin de reprendre les biens qu'il lui avait donnés, il les remit, ainsi que le reste de la fortune, à ses sœurs, auxquelles il ne devait rien, selon la loi. Voilà comment Scipion s'acquit une réputation de probité et de grandeur d'âme, non pas tant par ses grandes dépenses, mais par des dons faits à propos. Quant à la tempérance, il l'acquit, non en dépensant de l'argent, mais en mettant un frein à ses passions. Ce fut à sa vie réglée qu'il dut une santé robuste et les plus belles récompenses. Quant à la vigueur du corps, si nécessaire à tous, mais surtout aux Romains, il l'acquit par de grands exercices ; la fortune le servit encore ici singulièrement : en Macédoine, où les rois s'adonnent le plus à la chasse, il surpassa tout le monde dans ce genre d'exercice.

*Excerpt. de Legat.*, p. 526. — Dans la CLV$^e$ olympiade, Ariarathès envoya à Rome des députés porteurs d'une couronne de dix mille pièces d'or, afin de témoigner de son affection pour les Romains, et annoncer que, par égard pour eux, il avait renoncé à un mariage et à une alliance avec la famille de Démétrius. Gracchus, l'envoyé romain, ayant certifié la vérité de ces assertions, le sénat décerna des éloges à Ariarathès, accepta la couronne offerte, et lui envoya en retour les présents estimés le plus riches.

A cette même époque, les envoyés de Démétrius furent introduits dans le sénat : ils apportaient de même une couronne de dix mille pièces d'or, et les assassins enchaînés d'Octave. Le sénat délibéra longtemps sur la conduite à tenir ; enfin, il accepta la couronne d'or et refusa les deux assassins, Isocrate et Leptine.

\* *Excerpt. Vatican.*, p. 85. — Démétrius envoya des députés à Rome ; ils obtinrent cette dure réponse que Démétrius n'obtiendrait son pardon que lorsqu'il aurait, selon toutes ses forces, satisfait le sénat romain.

*Excerpt. de Virt. et Vit.*, p. 587-589. — Après la défaite

de Persée, les Romains se tournèrent contre ceux qui avaient pris part à la guerre des Macédoniens : ils châtièrent les uns et conduisirent les autres à Rome. Charops, qui passait pour un chaud partisan des Romains, obtint le gouvernement de l'Épire; dans le commencement, on n'eut à lui reprocher qu'un petit nombre de crimes; mais il dévoila ensuite de plus en plus sa méchanceté, et ruina l'Épire. En effet, il ne cessait de poursuivre, sur de fausses accusations, les plus riches habitants; il égorgea les uns, envoya les autres en exil et confisqua leurs biens. Il extorqua de l'argent non-seulement des hommes, mais encore des femmes, avec l'aide de sa mère Philota, d'une cruauté et d'une méchanceté peu communes à son sexe. Il accusa enfin un grand nombre d'habitants d'être opposés au parti des Romains, et les condamna tous à mort.

Opropherne[1], ayant chassé de ses États son frère Ariarathès, fut bien loin d'administrer son empire de manière à s'attirer l'affection de la multitude. Il était avide d'argent et fit périr beaucoup de monde. Il donna à Timothée une couronne de cinquante talents, une autre de soixante-dix talents au roi Démétrius; il leur remit encore six cents talents, et ajouta que, dans un autre moment, il leur donnerait encore quatre cents talents. Voyant que les Cappadociens étaient mécontents, il se mit à en tirer tout l'argent possible, et confisqua, au profit du trésor royal, les biens des habitants les plus distingués. Après avoir amassé d'immenses sommes, il déposa, chez les Priéniens, quatre cents talents qui devaient lui servir contre les caprices de la fortune.

Les Priéniens lui rendirent plus tard cet argent.

Ptolémée l'aîné, grâce à une puissante armée, assiégea son frère et le réduisit à la dernière extrémité. Cependant il n'osa pas le tuer, tant en raison de sa clémence et de leur parenté que parce qu'il craignait les Romains. Il lui accorda donc la vie sauve, et conclut un traité d'après lequel son jeune frère devait se contenter de la possession de Cyrène et d'une certaine quantité de blé fournie annuellement. Voilà de quelle manière

---

[1] Appelé plus haut Holopherne.

inattendue et bienveillante se termina une guerre acharnée entre ces deux rois.

Dès qu'Oropherne vit ses affaires décliner, il s'empressa de solder les mercenaires, parce qu'il redoutait une révolte. Mais manquant pour le moment d'argent, il se vit forcé de piller le temple de Jupiter, construit sur le mont Ariadné, asile depuis longtemps sacré. Il pilla donc ce temple et paya la solde arriérée.

Prusias, roi de Bithynie, ayant échoué dans son entreprise contre Attalus, détruisit le monument sacré appelé Nicéphorium, situé aux portes de la ville[1], et dévasta le temple. Il profana les statues et les images des dieux; parmi ces monuments sacrés, livrés au pillage, se trouvait la célèbre statue d'Esculape, qui passait pour un ouvrage de Phyromaque, chef-d'œuvre de l'art. Le dieu punit bientôt cette action impie : l'armée fut atteinte d'une dyssenterie, et la plupart des soldats en moururent; la flotte fut également malheureuse : assaillis inopinément par une tempête dans le Bosphore, un grand nombre de bâtiments périrent avec tout l'équipage; un petit nombre échoua à la côte. Voilà comment le dieu châtia d'abord ce sacrilége.

*Excerpt. Vatican.*, p. 86, 89. — Les Rhodiens, grâce à leur habileté et à leur autorité, se faisaient payer par les rois des tributs volontaires. Honorant les puissants par des décrets et d'adroites cajoleries, ils parvinrent, avec beaucoup d'astuce, à se faire donner, de la part des rois, de fameux présents. Ils reçurent de Démétrius deux cent mille médimnes de froment et cent mille d'orge; Eumène leur en devait trente mille, lorsqu'il mourut; ce même roi leur avait promis de leur construire un théâtre en marbre. Les Rhodiens, étant les plus fins politiques de la Grèce, virent beaucoup de souverains se disputer l'honneur d'offrir à leur cité des bienfaits........

Dans les combats, il brilla comme une fausse monnaie, et ne fit qu'allumer la guerre par ses fautes.

Il semblait arriver aux Rhodiens ce qui arrive dans la chasse

[1] Pergame.

aux ours : ces animaux, bien que doués en apparence d'une force redoutable, sont facilement mis en fuite par de petits chiens agiles, que les chasseurs lâchent sur eux. Comme les ours ont les pieds tendres et charnus, les chiens leur mordent les pattes, et les obligent de s'asseoir jusqu'à ce que le chasseur vienne les achever. A raison de la lenteur et de la pesanteur de leurs mouvements, ils n'échappent pas à la vitesse des petits chiens. C'est ainsi que les Rhodiens, si renommés dans la tactique navale, tombèrent dans les plus grands embarras, lorsqu'ils se virent inopinément enveloppés par ces radeaux et ces légères barques.

Il y avait en Celtibérie une petite ville du nom de Végéda; comme elle avait pris beaucoup d'accroissement, on résolut de l'agrandir. Le sénat, jaloux de cet agrandissement, envoya des commissaires pour empêcher les constructions, conformément au traité qui portait, entre autres, que les Celtibériens, pour construire une ville, devaient demander la permission des Romains. Un des anciens, nommé Cacyrus, répondit qu'en effet le traité les empêchait de construire des villes, mais qu'il ne leur défendait pas de les agrandir; qu'ils n'avaient pas l'intention de fonder une ville nouvelle, mais de donner plus d'étendue à celle qui existait; qu'ils n'agissaient donc pas contre le traité ni contre le droit commun; que d'ailleurs ils étaient prêts à obéir aux Romains et à leur fournir des secours en cas de besoin, mais qu'en aucune façon ils ne renonceraient à leur construction. Cet avis fut sanctionné par le peuple, et les envoyés le rapportèrent au sénat. Celui-ci rompit le traité et recommença la guerre.

Dans la guerre avec les Grecs, un seul moment peut décider de la victoire; dans celle avec les Celtibériens, la nuit sépare le plus ordinairement les combattants, et la guerre continue avec une égale vigueur, même pendant l'hiver. Aussi pourrait-on appeler la guerre des Celtibériens une guerre de feu.

*Excerpt. de Legat.*, p. 527. — Après la victoire, en hommes sagement prévoyants, ils envoyèrent des députés auprès du consul pour conclure une trêve. Ce dernier, fidèle aux principes superbes de sa patrie, répondit qu'il fallait, ou une soumission absolue aux Romains, ou continuer la guerre avec vigueur.

*Excerpt. Photii*, p. 519. — [Diodore] appelle les Ibériens Lusitaniens. Selon cet historien, Memmius, préteur, fut envoyé avec une armée en Ibérie. Les Lusitaniens tombèrent sur lui au moment de son débarquement, le vainquirent dans un combat, et détruisirent la plus grande partie de son armée. Le bruit de ce succès s'étant répandu, les Arévaces, se croyant supérieurs aux Ibériens, conçurent du mépris pour les Romains; aussi le peuple, réuni en une assemblée, déclara-t-il la guerre aux Romains.

\* *Excerpt. Vatican.*, p. 90. — Le peuple rhodien, malgré son ardeur guerrière, échoua dans ses entreprises et écouta des conseils insensés, semblables à ceux que suivent les hommes atteints de longues maladies : quand ils ont épuisé les traitements prescrits par les médecins et qu'ils ne se trouvent pas encore mieux, ces malades ont recours aux aruspices et aux devins; quelques-uns même mettent leur confiance dans les enchantements et dans toute sorte d'amulettes. C'est ainsi que se conduisirent les Rhodiens; malheureux dans toutes leurs entreprises, ils s'adressèrent à des moyens méprisables, et se rendirent ridicules aux yeux des autres peuples. Ce n'est ni l'équipement ni la grandeur des navires, mais la bravoure de ceux qui les montent qui décide la victoire.

*Excerpt. de Virt. et Vit.*, p. 589. — Les Crétois, ayant abordé à Siphnos, attaquèrent la ville et parvinrent, moitié par ruse, moitié par la terreur qu'ils inspiraient, à se faire introduire dans l'intérieur des murs. Ils avaient promis de ne faire aucun mal aux habitants; mais, naturellement perfides, les Crétois réduisirent la ville en esclavage, pillèrent le temple des dieux, [et retournèrent] en Crète chargés de butin. Mais la divinité leur fit bientôt, et d'une manière inattendue, expier leur crime sacrilége; car, forcés par les ennemis de mettre à la voile pendant la nuit, leurs bâtiments furent assaillis par une violente tempête; la plupart sombrèrent, quelques-uns échouèrent contre des écueils, un très-petit nombre d'hommes parvinrent à se sauver; c'étaient ceux qui n'avaient pas pris part à l'action criminelle commise sur les Siphniens.

## LIVRE TRENTE-DEUXIÈME (?).

*Excerpt. Vatican.*, p. 90. — Les Carthaginois, en guerre avec Masinissa, semblaient avoir rompu le traité conclu avec les Romains. Ils envoyèrent donc des députés [pour s'excuser]. Les Romains répondirent qu'ils savaient ce qu'ils avaient à faire. Cette réponse ambiguë alarma vivement les Carthaginois.

Ceux qui aspirent au pouvoir, l'acquièrent par la prudence et le courage; ils l'agrandissent par la douceur et la clémence, et le consolident par la crainte et la terreur. On en comprendra la vérité en comparant les anciens règnes avec l'empire actuel des Romains.

Les envoyés des Carthaginois allant déclarer que les auteurs de la guerre contre Masinissa avaient été punis, un des sénateurs s'écria : « Pourquoi ne les a-t-on pas punis au moment même de la guerre? pourquoi en a-t-on attendu la fin pour leur infliger leur châtiment? » Les envoyés des Carthaginois gardèrent le silence, n'ayant aucune raison valable à dire pour leur défense. Le sénat émit alors cette réponse obscure et ambiguë : « Les Romains feront ce qu'il faudra. »

*Excerpt. de Virt. et Vit.*, p. 589-590. — Philippe, fils d'Amyntas, trouvant son royaume soumis aux Illyriens, le recouvra tant par les armes que par son génie; il en fit l'empire le plus grand d'Europe par sa clémence envers les vaincus. Ayant remporté une victoire signalée sur les Athéniens, qui lui disputaient la suprématie, il eut bien soin de faire enterrer les ennemis morts, laissés sans sépulture; il renvoya aussi dans leur patrie plus de deux mille prisonniers, sans leur demander aucune rançon. Aussi, ceux qui lui avaient disputé la suprématie, sensibles à la clémence du roi envers les vaincus, lui remirent-ils spontanément le commandement des Grecs ; et ce qu'il ne put obtenir par un grand nombre de combats, il l'obtint des ennemis volontairement par sa seule clémence. Enfin, il affermit son empire par la terreur, en rasant Olynthe, ville de dix mille habitants. Conformément au même principe, son fils Alexandre détruisit Thèbes, et intimida par ce châtiment les Athéniens et les Lacédémoniens, qui auraient pu être tentés de se révolter. Dans la guerre contre les Perses, il se conduisit très-généreusement à l'égard des captifs, et se concilia l'affection des peuples de l'Asie, non-seulement par sa bravoure, mais encore par sa douceur. Et dans ces derniers temps, les Romains, ambitionnant l'empire du monde, l'ont acquis par les armes, mais ils l'ont agrandi par leur clémence envers les vaincus. Loin de se montrer cruels et vindicatifs, ils traitaient les vaincus en amis et en bienfaiteurs plutôt qu'en ennemis. Car, au moment où les vaincus s'attendaient à être punis du dernier supplice, les vainqueurs ne le cédaient à personne en libéralité : ils accordaient aux uns le droit de cité, aux autres des alliances de famille, et rendaient à plusieurs la liberté ; enfin, ils ne maltraitaient jamais personne. Grâce à cette extrême douceur, les rois et les nations se mirent en masse sous la protection des Romains. Mais, devenus maîtres presque du monde entier, ils affermirent leur autorité par la terreur et la destruction des villes les plus célèbres. C'est ainsi qu'ils renversèrent Corinthe, Carthage et Numance, en Celtibérie ; ils exterminèrent les rois, tel que Persée, en Macédoine, et soumirent beaucoup d'autres par la terreur. Les Romains ont surtout à cœur de n'entreprendre que des guerres justes, et de ne rien décréter à ce sujet inconsidérément.

*Excerpt. de Legat.*, p. 527-528. — Les Romains marchèrent contre les Carthaginois. Ceux-ci, informés que leurs ennemis avaient abordé à Lilybée, et n'osant pas leur faire la guerre, envoyèrent des députés à Rome, chargés de remettre à la discrétion des Romains les personnes et les biens des Carthaginois. Le sénat accepta cette soumission, et répondit que, puisque les

Carthaginois étaient sagement conseillés, on leur rendrait lois, pays, temples, tombeaux, liberté, possessions. Mais le sénat n'eut garde de spécifier la ville de Carthage, cachant ses véritables desseins, qui étaient la destruction de cette ville. Il ajouta en outre que les Carthaginois seraient traités en amis, lorsqu'ils auraient donné en otages trois cents enfants de sénateurs, et qu'ils se soumettraient aux ordres des consuls. Les Carthaginois, se croyant délivrés de la guerre, fournirent ces otages non sans beaucoup de lamentations. Les Romains abordèrent ensuite à Utique. Les Carthaginois envoyèrent de nouveau des députés pour demander si les Romains avaient d'autres ordres à leur donner. Les consuls répondirent qu'il fallait franchement rendre les armes et les catapultes. Les Carthaginois en furent d'abord peinés, à cause de la guerre contre Asdrubal; cependant, ils rendirent deux cent mille armes de toute espèce, et deux mille catapultes. Les Romains envoyèrent ensuite demander aux Carthaginois quelques-uns de leurs sénateurs, pour leur faire connaître leur dernier ordre : on leur envoya trente des plus célèbres sénateurs. Le plus âgé des consuls, Manilius, leur répondit alors : « Le sénat de Rome a décrété que les Carthaginois quittent la ville qu'ils habitent, et qu'ils en construisent une autre à quatre-vingts stades de la mer. » A ces paroles, les envoyés éclatèrent en gémissements; ils se jetèrent à terre, pleurant et se lamentant; ce spectacle produisit une impression profonde sur l'assemblée. Après que les envoyés carthaginois se furent un peu remis de leur terreur, Blannon, seul d'entre eux, éleva la voix, et prononça un discours conforme à la circonstance, et dans lequel il fit preuve de courage autant que de franchise; il excita la sympathie des assistants....

Résolus à détruire Carthage, les Romains renvoyèrent les députés, et leur ordonnèrent de porter aux Carthaginois le décret du sénat. Quelques-uns de ces députés, renonçant au retour dans leur patrie, s'enfuirent où ils pouvaient; les autres, aimant mieux revenir chez eux, s'acquittèrent de leur triste mission. La foule alla au-devant d'eux; sans prononcer une parole, ils se frappèrent la tête, levèrent les mains au ciel, et, implorant les dieux, se dirigèrent sur la place publique, où ils apprirent au sénat les ordres des Romains.

*Excerpt. de Virt. et Vit.*, p. 590-591. — Scipion, plus tard surnommé l'Africain, n'était alors que tribun militaire. Pendant que les autres violaient leur serment, et la foi promise aux ennemis, Scipion conservait fidèlement les garanties accordées aux assiégés, et traitait avec douceur ceux qui se remettaient à sa discrétion. Le bruit de cette équité se répandit dans la Libye; aucun des assiégés ne voulut se rendre que sur la foi de Scipion.

... Trois Romains tombèrent dans ce combat, et restèrent sans sépulture. Tous furent affligés de la perte de ces hommes et de leur privation de sépulture. Scipion, avec la permission du consul, engagea Asdrubal, par écrit, à rendre aux morts les derniers devoirs. La chose fut exécutée, et on renvoya les os au consul; Scipion s'acquit par cet acte beaucoup de gloire et une grande réputation auprès des ennemis.

Pseudophilippe ayant vaincu les Romains dans une bataille célèbre, devint cruel et tyrannique : il fit périr un grand nombre de riches sur de fausses accusations, et se souilla du meurtre de plusieurs de ses amis. Il était naturellement féroce et sanguinaire, présomptueux dans ses entretiens, cupide et tout à fait méchant.

*Excerpt. Photii*, p. 519-522. — Après la bataille, Alexandre, accompagné de cinq cents hommes, se réfugia à Abas, en Arabie, auprès du souverain Dioclès, auquel il avait déjà confié son tout jeune fils, Antiochus. Puis, les chefs réunis autour d'Héliade, et qui se trouvaient auprès d'Alexandre, envoyèrent secrètement des députés pour traiter au sujet de leur propre souveraineté, promettant de faire assassiner Alexandre. Démétrius y ayant consenti, ces chefs devinrent non-seulement des traîtres, mais encore les meurtriers du roi.

Il ne faut pas passer sous silence un événement arrivé avant la mort d'Alexandre, et qui, en raison de sa singularité, paraîtra peut-être incroyable. Un peu avant cette époque, le roi Alexandre était allé consulter l'oracle en Cilicie, où existe, dit-on, un temple d'Apollon Sarpédonien. Cet oracle lui avait répondu qu'il fallait se garder de visiter le lieu qui avait vu naître un sujet à double forme. Cet oracle parut alors très-obscur; mais, à la mort du roi, on se l'expliqua facilement par les raisons suivantes. Il y avait à Abas, en Arabie, un certain Diophante, Macédonien d'origine. Il épousa une femme du pays, et en eut un fils de même nom que lui, et une fille appelée Héraïs. Le fils mourut avant l'âge mûr, et la fille, bien dotée, épousa un certain Samiade. Celui-ci, après un an de mariage, entreprit un voyage lointain. Héraïs fut frappée d'une maladie singulière et tout à fait incroyable. Il se déclara une violente inflammation au bas-ventre; cette partie se tuméfiant de plus en plus, il survint beaucoup de fièvre, et les médecins déclarèrent qu'il s'était formé une ulcération au col de la matrice. Ils employèrent donc les remèdes qu'ils croyaient devoir calmer l'inflammation; mais, le septième jour, la tumeur s'ouvrit au dehors, et l'on vit sortir, des parties sexuelles d'Héraïs, un membre viril avec les deux testicules. Cette rupture eut lieu en l'absence du médecin et de tout autre témoin étranger; il n'y avait que la mère et deux servantes. Ces femmes en furent saisies de stupeur; elles donnèrent à Héraïs les soins convenables, et gardèrent le silence sur cet accident. Délivrée de cette maladie, Héraïs continua à porter des vêtements de femme, à garder la maison, et à se conduire comme une femme mariée. Ceux qui en connaissaient le secret soupçonnèrent qu'elle était hermaphrodite, et que, dans ses rapports avec son mari, il n'y avait pu avoir d'autres embrassements que ceux d'homme à homme. Ce secret, cependant, ne s'était pas répandu hors de la maison. Samiade, à son retour, voulut, comme il est naturel de penser, cohabiter avec sa femme; et comme, toute honteuse, elle n'osait pas se découvrir, Samiade se fâcha. Cependant son mari y mit de l'insistance, et, comme de son côté le père d'Héraïs s'opposait au rapprochement, et que la honte l'empêchait d'en dire la raison, la dispute s'alluma. Samiade intenta, au sujet de sa femme, un procès à son beau-père, et l'affaire fut portée devant le tribunal, comme un événement extraordinaire et scénique. Les juges se rassemblèrent; et, après avoir prononcé des discours pour et contre, en présence de l'objet en litige, ils furent bien embarrassés pour savoir à qui ils donneraient raison, au mari ou au beau-père; enfin, ils prononcèrent que la femme devait suivre son mari. Alors Héraïs déclara son véritable sexe, et, se découvrant, elle le fit voir à tous les assistants; rompant le silence, elle demanda avec indignation si on pouvait la forcer à cohabiter avec un homme. Tous en furent stupéfaits, et jetèrent des cris d'admiration; Héraïs, cachant sa pudeur, alla changer les ornements de femme contre le costume d'un jeune homme. Les médecins, en explorant les parties, reconnurent que les organes sexuels mâles avaient été cachés dans une poche ovalaire de la vulve, recouverte d'une membrane contre nature, munie d'un orifice par lequel se faisaient les sécrétions naturelles. Les médecins employèrent donc un traitement convenable pour faire ulcérer et cicatriser le canal urinaire [anormal], et mettre les organes génitaux mâles dans leur état naturel. Héraïs changea son nom en celui de Diophante, servit dans la cavalerie, se battit à côté du roi Alexandre, et se retira avec lui à Abas. Ce fut alors que l'on comprit le sens, auparavant ignoré, de l'oracle : le roi avait paru à Abas, où était né un être à double forme. Samiade, subjugué par l'amour et le souvenir des habitudes du passé, et accablé par la honte d'un mariage contre nature, légua tous ses biens à Diophante, et s'ôta la vie. Ainsi, l'individu né femme s'acquit par sa bravoure la gloire d'un homme, et celui qui était réellement homme se montra plus faible qu'une femme.

Trente ans plus tard, un semblable phénomène se présenta dans la ville d'Épidaure. Il y avait dans cette ville une jeune personne orpheline, réputée fille et nommée Callo. Elle avait une imperforation du canal qui distingue les parties génitales de la femme; dès sa naissance, elle avait, près de la partie appelée *peigne*[1], un canal par lequel s'évacuaient les matières liquides. Arrivée à l'âge de la puberté, elle fut mariée à un de ses concitoyens ; elle vécut ainsi mariée pendant deux ans : impropre à l'acte conjugal, elle était forcée de servir aux plaisirs contre nature. Quelque temps après, il se manifesta dans cette région un phlegmon accompagné d'atroces douleurs. Un grand nombre de médecins furent appelés en consultation; aucun d'eux n'osait répondre de la guérison, lorsqu'un pharmacien promit de guérir la personne : il incisa la tumeur, d'où sortirent des organes sexuels mâles, savoir : des testicules et une verge imperforée. Tous les assistants furent étonnés de cette merveille. Cependant, le pharmacien chercha à remédier au défaut d'imperforation : il fit d'abord une incision à l'extrémité du membre, et la conduisit de manière à produire une perforation jusque dans l'urètre; il y introduisit une sonde d'argent, par laquelle il évacua le liquide trop accumulé, et fit cicatriser le canal après l'avoir fait ulcérer. Ayant, de cette façon, guéri le malade, le pharmacien demanda un double salaire; car, disait-il, au lieu d'une femme malade, je vous rends un jeune homme bien portant. Callo quitta ses navettes et ses travaux de femme, changea son vêtement contre celui d'un homme, prit les habitudes du sexe masculin, et se fit appeler Callon, en ajoutant un *n* à la fin de son nom. Suivant quelques-uns, Callo, avant de se convertir en homme, avait été prêtresse de Cérès, et, comme elle avait vu [dans ce culte] des choses que les hommes ne doivent pas voir, elle fut accusée de sacrilége.

De semblables monstruosités ont été, dit-on, observées à Naples et dans plusieurs autres lieux. La nature n'a pas réuni les deux sexes dans ces êtres biformes, cela est impossible ; mais elle en a tracé les apparences au moyen de quelques parties du corps, pour étonner et tromper les hommes. Nous avons jugé à propos de rapporter ces phénomènes, non pour amuser, mais pour instruire le lecteur. Beaucoup d'hommes, les regardant comme des prodiges, en conçoivent des craintes superstitieuses; ces

---

[1] Κτείς, pubis?

craintes ne s'observent pas seulement chez les simples particuliers, mais chez des nations et dans des cités. Au commencement de la guerre marsique, un habitant des environs de Rome s'était marié avec un Androgyne semblable à ceux dont nous venons de parler. Il dénonça le fait au sénat qui, poussé par la superstition et les aruspices étrusques, ordonna de le faire brûler vif. Cet Androgyne n'était cependant pas une véritable monstruosité, et il périt parce qu'on n'en savait pas convenablement apprécier l'infirmité. Quelque temps après, un semblable Androgyne se vit chez les Athéniens qui, par la même ignorance, le brûlèrent vivant.

On raconte que les hyènes ont les deux sexes réunis, et s'entre-croisent mutuellement. Cependant, il n'en est pas ainsi : les sexes sont simples et distincts, et ce prétendu hermaphrodisme n'est qu'une illusion : la femelle a seulement un appendice semblable à un membre viril, et le mâle en a un qui ressemble à l'organe sexuel femelle. La même observation s'applique aussi à tous les autres animaux ; il naît à la vérité un grand nombre de monstruosités de tout genre, mais elles ne peuvent pas atteindre leur entier développement. Ces remarques doivent suffire pour nous corriger de la superstition. Voilà ce que Diodore rapporte à la fin du trente-deuxième livre de son histoire.

Les murs de Carthage avaient quarante coudées de haut sur vingt-deux de large. Malgré ces moyens de défense, on vit que les machines et la bravoure des Romains l'emporteraient ; la ville fut en effet prise d'assaut et rasée.

\* *Excerpt. Vatican.*, p. 91. — Les femmes des Carthaginois apportèrent leurs ornements d'or ; car, dans cette grave conjoncture, tout le monde était indifférent à la perte des richesses par lesquelles on croyait racheter son salut.

Marcus Porcius Caton, si renommé par sa sagesse, interrogé sur ce que Scipion faisait en Libye, répondit : « Lui seul est sage ; les autres errent comme des ombres[1]. » Le peuple eut tant d'affection pour cet homme qu'il le nomma consul.

[1] *Odyssée*, XV, 195.

*Excerpt. de Virt. et Vit.*, p. 591. — Le peuple aimait tellement Scipion que, bien que l'âge et les lois s'y opposassent, il mit le plus grand empressement à l'investir de l'autorité consulaire.

\* *Excerpt. Vatican.*, p. 91. — La fortune avait, comme à dessein, de part et d'autre, également distribué des auxiliaires.

*Excerpt. Photii*, p. 523. — Masinissa, roi des Libyens, et toujours fidèle aux Romains, vécut, jouissant de toutes ses facultés, pendant quatre-vingt-dix ans. En mourant, il laissa dix enfants, dont il confia la tutelle aux Romains. Masinissa était vigoureux de corps et exercé aux fatigues dès son enfance. Sur pied de bon matin, il restait toute la journée immobile et occupé aux mêmes travaux; une fois assis, il ne se levait de son siège qu'à la nuit; une fois à cheval, il s'y tenait, sans se fatiguer, des journées entières. Ce qui prouvait la bonne constitution et la santé robuste de ce roi, c'est que, à près de quatre-vingt-dix ans, il avait un fils âgé de quatre ans d'une force remarquable. Il s'appliquait avec soin à l'agriculture, et laissa à chacun de ses fils un champ de dix mille plèthres en plein rapport. Il régna pendant soixante ans d'une manière distinguée.

*Excerpt. de Virt. et Vit.*, p. 591. — Le consul romain Calpurnius [Pison], violant les traités, détruisit quelques-unes des villes qu'il avait prises par capitulation. Aussi un génie contraire, pour punir ce crime, sembla-t-il le faire échouer dans ses entreprises, dont aucune ne fut conduite à bonne fin. Le roi Prusias, laid et efféminé, était odieux aux Bithyniens.

\* *Excerpt. Vatican.*, p. 92. — Le sénat envoya des députés en Asie pour mettre un terme à la guerre entre Nicomède et Prusias, père de celui-ci. Il choisit pour députés Licinius, qui avait la goutte, Mancinus, qui avait eu la tête fracturée par la chute d'une tuile, et une portion des os enlevés, enfin, Lucius, qui était tout à fait privé de sentiment. Caton, président du sénat, et qui se faisait remarquer par son esprit, dit, dans l'assemblée des sénateurs : « Nous envoyons une députation qui n'a ni pieds, ni tête, ni cœur. » Ce trait d'esprit eut beaucoup de succès dans la ville.

*Excerpt. Photii*, p. 523. — Nicomède défit son père Prusias, le tua dans le temple de Jupiter où il s'était réfugié, et se mit, par ce meurtre impie, en possession du royaume de Bithynie.

\* *Excerpt. Vatican.*, p. 92. — Pendant le siége de Carthage, Asdrubal envoya une députation auprès de Golossès, et l'invita à un entretien. D'après les instructions du général en chef (Scipion), Golossès offrit à Asdrubal, ainsi qu'à des familles de son choix, un sauf-conduit, un présent de dix talents et cent esclaves. Mais Asdrubal répondit qu'il n'oserait regarder le soleil, s'il cherchait à se sauver pendant que sa patrie était ruinée par le fer et le glaive. Ces paroles, pleines de fierté, forment un grand contraste avec les actes d'Asdrubal. En effet, pendant que la patrie était sur le bord de l'abîme, Asdrubal passait son temps dans de somptueux festins et dans un luxe insultant. Pendant que ses concitoyens mouraient de faim, il allait vêtu de pourpre, et portant une chlamyde magnifique, comme pour insulter aux malheurs de sa patrie. Après la prise de Carthage, Asdrubal, oubliant son orgueil et sa jactance, abandonna les transfuges et se rendit en suppliant auprès de Scipion. Il tomba à genoux, versa des larmes et employa toutes les prières pour attendrir le cœur de Scipion. Celui-ci le consola, et, s'adressant à ses amis, présents à ce spectacle : « Voici, dit-il, l'homme qui, naguère, a refusé de sauver sa vie au prix de beaucoup de biens. Exemple frappant de l'inconstance de la fortune qui trompe inopinément l'orgueil de l'homme ! »

Pendant que Carthage était en feu, et que toute la ville était la proie d'une épouvantable flamme, Scipion ne put retenir ses larmes. Polybe, son précepteur, lui ayant demandé le motif de ses pleurs, Scipion répondit : « Je songe aux vicissitudes de la fortune ; peut-être le moment viendra où Rome aura le même sort. » Et il se mit à réciter ces vers du poëte : « Un jour viendra où la ville sacrée d'Ilion périra, Priam et son peuple[1]. »

[1] *Iliade*, VI, 448.

*Excerpt. de Virt. et Vit.*, p. 591. — Après la prise de Carthage, Scipion montra aux envoyés siciliens présents toutes les dépouilles, et leur ordonna de chercher et de remporter en Sicile ce que les Carthaginois leur avaient autrefois enlevé. On trouva parmi ces dépouilles un grand nombre de tableaux d'hommes célèbres, et de statues, chefs-d'œuvre de l'art ; on y trouva aussi beaucoup de magnifiques offrandes sacrées en argent, en or. Il y avait aussi le fameux taureau d'Agrigente, que Périlaüs avait construit pour le tyran Phalaris, et par lequel périt, le premier, celui qui avait inventé cet ouvrage pour le supplice des autres.

\* *Excerpt. Vatican.*, p. 94-97. — Depuis les temps historiques, on n'a jamais vu la Grèce plongée dans d'aussi grandes calamités ; il serait impossible de les peindre ni de les lire sans verser des larmes. Je n'ignore pas combien il est pénible de raconter les malheurs de la Grèce et de léguer à la postérité le récit de cette histoire ; mais je vois que les leçons de l'expérience peuvent servir aux hommes à réparer des fautes. Ce n'est donc pas les historiens qu'il en faut blâmer, mais plutôt ceux qui conduisent les affaires d'une manière insensée. C'est ainsi que la ligue achéenne succomba, non par défaut de courage militaire, mais par l'impéritie des chefs. A cette même époque, où Carthage cessa d'exister, un malheur non moins grand, ou, pour dire vrai, une grande catastrophe arriva aux Grecs. En effet, tandis que les Carthaginois trouvèrent sous les ruines de leur ville en même temps la fin de leurs souffrances, les Grecs assistèrent, comme témoins oculaires, aux massacres de leurs parents et de leurs amis ; ils virent les têtes tomber sous la hache des licteurs, les villes de la patrie saccagées, les populations insolemment réduites en esclavage ; enfin, après la perte de leur liberté et de leurs franchises, ils tombèrent du faîte de la prospérité dans la plus profonde misère. Ils éprouvèrent ces grands malheurs parce qu'ils avaient entrepris contre les Romains une guerre insensée. Il semblerait, en effet, qu'un démon de rage ait entraîné les Achéens à leur perte. Les généraux étaient la cause de tous ces malheurs : les uns, obérés de dettes, fomentaient des troubles et des guerres, faisaient abolir les dettes, et, soutenus par une foule d'hommes obérés comme eux, ils soulevaient les masses ; quelques autres, poussés par la démence, prenaient des résolutions désespérées. Critolaüs surtout excita la fureur du peuple, et, abusant de sa dignité de magistrat, il accusa publiquement les Romains d'insolence et de cupidité ; il disait qu'il voulait bien avoir les Romains pour amis, mais qu'il ne voulait pas les avoir pour maîtres. Il déclara aux Achéens que s'ils voulaient se montrer hommes, ils ne manqueraient pas d'alliés, mais que s'ils voulaient se conduire en esclaves, ils auraient bientôt des maîtres. Enfin il se vantait déjà d'avoir l'alliance de plusieurs rois et cités. Enflammé par ces discours, le peuple déclara la guerre en apparence aux Lacédémoniens, mais en réalité aux Romains. C'est ainsi que souvent le vice l'emporte sur la vertu, et un conseil pernicieux sur un avis salutaire.

Les poëtes avaient prédit la destinée de Corinthe : « Corinthe, astre brillant de la Grèce. » Cette ville fut détruite par les vainqueurs pour épouvanter la postérité. La ruine de cette ville était un objet de commisération, non-seulement pour les témoins oculaires, mais la postérité, qui en verra les ruines elle-même, sera touchée de pitié. Quel est le voyageur qui ne verserait pas de larmes en voyant ces ruines, vestiges d'une gloire et d'une prospérité qui ne sont plus ! Aussi, cent années après, Caïus Julius César qui, en raison de ses exploits, a été admis au nombre des dieux, rétablit cette ville qu'il avait vue en ruines. — Les âmes atteintes d'affections opposées flottent entre l'espoir du salut et la crainte de la destruction.

*Excerpt. de Virt. et Vit.*, p. 591. — Environ cent ans après, Caïus Julius César, admis au nombre des dieux, visita Corinthe, et, touché de pitié, il s'empressa de relever cette ville de ses ruines. Ce citoyen distingué, par sa clémence, mérite une grande gloire et les éloges éternels de l'histoire. Tandis que ses ancêtres s'étaient durement conduits envers cette ville, il répara par sa clémence le mal qu'ils avaient fait, aimant mieux pardonner que punir. Il surpassa par la grandeur de ses exploits ses prédécesseurs, et, par sa vertu, il s'acquit à juste titre le surnom de divin. Enfin, par son illustre origine, par son éloquence, par ses connaissances militaires et son désintéressement, il mérite les éloges de l'histoire.

## LIVRE TRENTE-TROISIÈME (?).

*Excerpt. Photii*, p. 525-526. — Les Lusitaniens, manquant de chef habile, étaient d'abord facilement vaincus par les Romains; mais, ayant ensuite Viriathe à leur tête, ils firent beaucoup de mal aux Romains. Viriathe était un de ces Lusitaniens qui habitent le littoral de l'Océan ; pâtre et habitué dès son enfance à vivre dans les montagnes, il était doué d'une grande force physique; il surpassait de beaucoup les Ibériens par sa vigueur et l'agilité de ses membres; il était habitué à ne prendre que peu de nourriture, à faire beaucoup d'exercice, et à ne dormir que le temps nécessaire au sommeil. Il ne portait constamment que des armes de fer, se battait contre les bêtes féroces et les brigands; enfin, il fut nommé chef des Lusitaniens, et réunit bientôt autour de lui une troupe de bandits. Il fit de grands progrès dans l'art militaire, et fut admiré non-seulement pour sa force, mais encore pour son habileté stratégique. Il était juste dans la distribution du butin, et récompensait chacun selon ses mérites. Enfin, il parvint à un tel degré de puissance, qu'il se déclara, non plus chef de bandits, mais souverain. Il fit la guerre aux Romains, remporta la victoire dans plusieurs combats, battit le général romain Vitellius avec son armée, le fit prisonnier, le tua avec son glaive, et eut beaucoup d'autres succès, jusqu'à ce qu'enfin Fabius fut désigné pour le combattre. A dater de ce moment, Viriathe commença à décliner. Mais bientôt il reprit courage, l'emporta sur Fabius, et le força à conclure un traité indigne des Romains. Mais Cépion, envoyé contre Viriathe, annula ce traité; il battit Viriathe dans plusieurs rencontres, le réduisit à la dernière extrémité, l'obligea à demander une trêve, et le fit assassiner par ses domestiques. Le général romain frappa de terreur Tautamus, successeur de Viriathe, ainsi que ses partisans, leur imposa un traité, et leur donna un territoire et une ville, où ils devaient s'établir.

*Excerpt. de Virt. et Vit.*, p. 592-593. — Viriathe, chef de brigands, Lusitanien, était juste dans la répartition des dépouilles, il récompensait chacun selon son mérite, et ne s'adjugeait aucune portion des biens communs. Aussi les Lusitaniens lui étaient-ils très-dévoués; ils l'honoraient comme leur bienfaiteur et sauveur.

Plautius, préteur romain, avait mal gouverné sa province; il fut condamné par un jugement du peuple pour avoir avili le nom romain, et fut exilé de Rome.

En Syrie, le roi Alexandre [Bala], qui était incapable par sa faiblesse de porter le fardeau de la royauté, donna le gouvernement d'Antioche à Hiérax et à Diodote. Ayant affaibli le royaume d'Égypte, et se trouvant être le seul rejeton de sa race, il se crut débarrassé de tout danger : il ne chercha plus, comme ses prédécesseurs, à se rendre agréable au peuple, devint de plus en plus tyrannique, et poussa enfin la cruauté et la perversité jusqu'à l'excès. En cela, il suivait, non-seulement ses penchants naturels, mais encore les conseils de celui auquel il avait confié le gouvernement de ses États. Ce ministre (Lasthène), homme sans religion et sans conscience, était l'instigateur de tous les crimes, et poussait le jeune prince aux actions les plus coupables. Ainsi, il fit d'abord infliger des supplices cruels à ceux qui, pendant la guerre, n'avaient pas embrassé son parti. Ensuite, comme les habitants d'Antioche voulaient trop se familiariser avec lui, il rassembla des troupes étrangères et ôta aux habitants leurs armes : ceux qui refusaient de les rendre furent en partie tués dans leur résistance, en partie égorgés avec leurs enfants et leurs femmes dans leurs propres maisons. Comme il en résulta de grands troubles, il mit le feu à la plus grande partie de la ville. Un grand nombre de chefs d'insurrection furent mis à mort, et leurs biens confisqués au profit du trésor royal. Ceux que la crainte ou la haine avait exilés de la patrie erraient en grand nombre dans toute la Syrie, en attendant une occasion favorable pour attaquer le roi. Cependant Démétrius, leur ennemi, ne cessait pas d'égorger les habitants, de les condamner à l'exil, et de leur enlever leurs biens ; enfin, il surpassa de beaucoup son père en cruauté, et pourtant ce dernier, loin de se conduire en roi clément, avait imposé à ses sujets le joug le plus dur. Aussi les rois de cette race furent-ils odieux par leurs crimes, tandis que ceux de l'autre branche étaient aimés pour leur douceur. De là aussi ces luttes de famille et ces guerres continuelles que les Syriens se livraient entre eux, au sujet des princes des deux branches. Car le peuple, séduit par les promesses des rois qui voulaient reprendre le sceptre, était toujours prêt à changer de parti.

*Excerpt. de Legat.*, p. 628. — Les habitants d'Arados jugèrent le moment favorable pour détruire la ville de Marathos[1]. Ils envoyèrent donc secrètement des émissaires auprès d'Ammonius, gouverneur du royaume, pour l'engager à leur livrer Marathos pour trois cents talents. Ammonius détacha Isidore, en apparence pour les besoins du service, mais en réalité pour prendre la ville et la livrer aux Aradiens. Les Marathiens, ignorant que leur perte était résolue, mais voyant les Aradiens en faveur auprès du roi, ne voulurent pas admettre dans leur ville les troupes royales, et se déclarèrent les suppliants des Aradiens. Ils chargèrent donc immédiatement dix des citoyens les plus distingués de partir pour Arados, revêtus du costume des suppliants, et emportant les plus anciennes images de la ville ; ils croyaient ainsi toucher leurs voisins, qui avaient la même origine qu'eux, et détourner la colère des Aradiens par le culte des dieux. D'après les ordres reçus, les envoyés débarqués se présentèrent en suppliants devant le peuple ; mais les Aradiens, dans leur orgueil, foulèrent aux pieds les droits communs des suppliants, et ne tinrent aucun compte ni de la parenté ni de la religion : ils brisèrent insolemment les images des dieux, mar-

---

[1] Ville de la Phénicie.

chèrent dessus, et assaillirent les députés à coups de pierres. Enfin, quelques amis parvinrent à arrêter la fureur du peuple, et ordonnèrent de conduire les envoyés en prison.

*Excerpt. de Virt. et Vit.*, p. 593-594. — Les Aradiens, dominés par leur ressentiment, outragèrent les envoyés de Marathos, pendant que ces malheureux invoquaient le droit sacré des suppliants et l'inviolabilité de leur caractère. Les jeunes gens les plus audacieux, transportés de colère, les tuèrent à coups de flèches. Ceux qui avaient accompli ce meurtre sacrilége accoururent dans l'assemblée, et ajoutèrent encore à leurs crimes en méditant contre les Marathiens un attentat impie : ils enlevèrent les anneaux qu'ils portaient aux doigts, et s'en servirent pour envoyer aux Marathiens une lettre supposée écrite par leurs députés; cette lettre portait que les Aradiens allaient envoyer un corps d'auxiliaires, de telle façon que les Marathiens, convaincus d'avoir véritablement affaire à une troupe d'auxiliaires, l'admirent dans leur ville. Cependant, cette tentative criminelle ne réussit pas : un homme pieux et juste eut pitié de ceux qui devaient subir un sort si malheureux. Les Aradiens avaient enlevé toutes les barques, afin que personne ne pût aller dénoncer leur perfide dessein, lorsqu'un pêcheur, ami des Marathiens, occupé à son métier dans un canal des environs, et privé de sa barque qu'on lui avait ôtée, traversa, pendant la nuit, le bras de mer à la nage, franchit hardiment une distance de huit stades, et dévoila aux Marathiens le complot des Aradiens. Instruits par des espions que leur plan était découvert, les Aradiens renoncèrent à leur perfide entreprise.

Ptolémée [ Physcon ][1], frère de Ptolémée Philométor, débuta dans l'administration de son royaume en commettant de grands crimes. Il fit périr cruellement et injustement beaucoup d'hommes, faussement accusés d'avoir voulu attenter à sa vie; sous divers prétextes, fondés sur de fausses délations, il en condamna plusieurs autres à l'exil, et confisqua leurs biens. Ces actes ex-

---

[1] Il s'était lui-même donné le surnom de *bienfaiteur* (Évergète).

citèrent contre lui l'indignation et la haine de ses sujets. Il régna néanmoins quinze ans.

Viriathe, appuyé sur sa lance, contempla, non pas avec admiration ni surprise, mais avec un air de mépris, le grand nombre de coupes d'or et d'argent, ainsi que les étoffes riches et variées qu'on avait exposées le jour de ses noces. Il parla de beaucoup de choses avec un sens pratique; il laissa entendre, dans une de ses réponses, que l'ingratitude ne manquait pas de prétextes, et qu'il était insensé de se glorifier des dons de la fortune inconstante; enfin, que toutes ces grandes richesses de son beau-père étaient à la disposition de celui qui avait une lance, que ce dernier devait plutôt des remercîments à lui, qui était le maître de tout. Viriathe ne se mit ni au bain ni à table; on lui apporta une table couverte de mets; il prit les pains et les viandes, et les distribua à sa suite; il ne prit lui-même que fort peu de nourriture, et fit amener la jeune mariée. Après avoir fait les sacrifices en usage chez les Ibériens, il fit monter la jeune épouse sur une jument, et la conduisit aussitôt dans les montagnes. Viriathe pensait que la plus grande richesse consiste à être content de ce qu'on a, que la patrie est dans la liberté, et la possession la plus sûre dans le courage. Cet homme montrait beaucoup d'esprit dans ses entretiens; car il était simple, naturel et sans fard.

*Excerpt. Vatican.*, p. 97-98. — Aux noces de Viriathe, on avait exposé beaucoup de richesses. Après y avoir jeté ses regards, Viriathe demanda à Astolpas : « Comment les Romains, en voyant tant de richesses étalées dans les festins, se sont-ils abstenus de s'en emparer quand ils en avaient le pouvoir? » Astolpas répondit que beaucoup de Romains les avaient vues, mais qu'aucun n'avait songé à les prendre ni à les demander : « Pourquoi donc alors as-tu abandonné ceux qui te laissaient jouir de tes biens tranquillement pour t'allier avec moi, homme obscur et sauvage? » — Viriathe était spirituel dans ses entretiens, et cependant il n'avait eu pour maître que la nature. Les habitants de Tycca se déclaraient, dans leur inconstance, tantôt pour les Romains, tantôt pour Viriathe, et comme ils continuaient ce manége, Viriathe railla leur inconstance et leur défaut de jugement, en leur récitant une fable : « Un homme, leur dit-il, d'un âge moyen, avait épousé deux femmes; la plus jeune, voulant que son mari fût du même âge qu'elle, lui arrachait les cheveux blancs, tandis que la plus âgée lui ôtait les cheveux noirs; et enfin, grâce à ces deux femmes, il eut bientôt la tête toute chauve [1]. Un sort semblable est réservé aux habitants de Tycca : les Romains tuent leurs ennemis; les Lusitaniens les leurs, et votre ville sera bientôt déserte. » On rapporte encore beaucoup d'autres bons mots de cet homme, qui n'avait pas fait d'études et qui n'avait d'autre éducation que celle du sens commun. Un homme qui vit selon les principes de la nature a la parole concise et affermie par l'exercice de la vertu. — Une sentence brève et simple s'appelle apophthegme, relativement à celui qui parle, et sentence mémorable relativement à celui qui l'entend.

Quand on est faible et dans une humble condition, on se contente de peu et on aime la justice, tandis que la richesse a pour compagnes l'avarice et l'injustice.

*Excerpt. de Virt. et Vit.*, p. 594. — Pendant son séjour à Laodicée, Démétrius passait son temps dans les plaisirs et les banquets; il continua la même conduite criminelle, et il ne fut point instruit par ses malheurs. Les Cnossiens aspiraient au premier rang : ils y prétendaient tant à cause de l'ancienne splendeur de leur ville qu'à cause de la renommée de leurs ancêtres dans des temps héroïques. Selon leurs traditions, Jupiter avait été élevé chez eux, et Minos, le Cnossien, maître de la mer, avait été instruit par Jupiter, et surpassait de beaucoup en vertu les autres mortels.

*Excerpt. Vatican.*, p. 96. — D'après la tradition, Agamemnon avait maudit les guerriers qui étaient restés en Crète. De là vient un ancien proverbe en usage chez les Crétois, lorsqu'on parle d'un malheur récent : « Hélas! c'est vous, Pergamiens, qui avez attiré sur nous ce malheur. »

[1] La Fontaine a traduit cette fable en vers, liv. I, fable 17.

*Excerpt. de Virt. et Vit.*, p. 514-516. — En Égypte, Ptolémée devint odieux au peuple par sa cruauté et son injustice envers les magistrats. Sa conduite ne pouvait soutenir aucun parallèle avec celle de Ptolémée Philométor : celui-ci était doux et clément, celui-là cruel et sanguinaire. Aussi le peuple n'attendait-il qu'un moment favorable pour s'insurger.

Ptolémée (Physcon), selon les lois des Égyptiens, s'était installé dans la résidence royale de Memphis. Ce roi eut un fils de sa femme Cléopâtre. Rempli de joie, il donna à ce fils le nom de Memphitès, parce que l'enfant était venu au monde au moment où le roi accomplissait un sacrifice dans la ville de Memphis. Pendant les fêtes qu'il donnait à l'occasion de la naissance de son fils, Ptolémée, ne démentant pas ses habitudes sanguinaires, ordonna de mettre à mort les Cyrénéens qu'il avait ramenés en Égypte, et qui étaient accusés de s'exprimer avec trop de franchise sur le compte de sa concubine Irène.

Diégylis, roi des Thraces, à peine monté sur le trône, se laissa aveugler par ses succès inattendus : il traita ses amis et ses alliés non comme des sujets, mais comme des esclaves achetés à prix d'argent ou comme des prisonniers de guerre ; enfin il se conduisit en despote cruel. Il fit mourir dans les tortures un grand nombre de braves citoyens thraces, il en outragea beaucoup d'autres et leur infligea les plus cruels tourments. Rien ne lui était sacré, ni la beauté de la femme ou de l'enfant, ni les richesses d'autrui ; mais il remplit ses trésors de butin. Il ravagea les villes grecques du voisinage, et emmena les habitants captifs ; il outragea les uns et infligea aux autres des supplices atroces. Il se rendit maître de la ville de Lysimachie, soumise au pouvoir d'Attalus : il incendia la ville, choisit parmi les prisonniers les plus considérables et leur infligea les genres de supplice les plus inouïs. Il coupa aux enfants les mains, les pieds et la tête, et les fit attacher et porter au cou des parents ; il ordonna que les maris et les femmes fissent un échange de leurs membres coupés ; quelques-uns de ceux auxquels il avait fait couper les mains furent disséqués le long du dos, et les lambeaux de chair promenés sur des piques. Enfin, ce roi surpassa en cruauté Phalaris et Apollodore, tyrans des Cassandriens. En passant sous silence les autres détails, nous allons rapporter un fait qui montre toute la cruauté sanguinaire de Diégylis. Pendant qu'il célébrait ses noces, selon les anciennes coutumes des Thraces, il fit enlever, au milieu de la route, deux jeunes Grecs, sujets du roi Attalus; c'étaient deux frères d'une rare beauté, l'un avait le menton recouvert du premier duvet, l'autre était presque du même âge. Ils furent tous deux introduits, parés comme des victimes; il fit étendre le plus jeune par ses satellites, et le coupa par le milieu du corps, s'exclamant que les rois ne doivent pas sacrifier comme de simples particuliers. Comme l'aîné, qui aimait beaucoup son frère, pleurait à ce triste spectacle et qu'il se jetait sur le fer du bourreau, Diégylis ordonna à ses satellites de l'étendre de même. Par un raffinement de cruauté, il le divisa d'un seul coup de part en part, aux grands applaudissements des spectateurs. Ce roi commit beaucoup d'autres monstruosités.

Attalus, informé que Diégylis s'était rendu odieux à ses sujets par son avarice et son extrême cruauté, affecta une conduite tout opposée : il renvoya généreusement les prisonniers thraces et fit proclamer partout sa mansuétude. Diégylis infligea les supplices les plus outrageants aux otages de ceux qui avaient quitté le pays [pour se retirer auprès d'Attalus]; quelques-uns de ces otages n'étaient que des enfants très-faibles, tant pour leur âge que pour leur nature. Les uns eurent le corps divisé par morceaux, les autres eurent la tête, les mains et les pieds coupés; d'autres enfin furent attachés à des poteaux ou suspendus à des arbres. Beaucoup de femmes, avant de subir la peine de mort, furent exposées, les vêtements retroussés, aux outrages grossiers des Barbares, dont quelques-uns commettaient ces outrages, sans honte, aux yeux du public. Quelques-uns cependant, doués de sentiments humains, eurent pitié des malheureux.

*Excerpt. de Legat.*, p. 629-630. — Les Numantins et les

Termessiens avaient envoyé des députés à Rome pour traiter de la paix. Les Romains la leur accordèrent aux conditions suivantes : « Chacune des deux villes livrera aux Romains trois cents otages, neuf mille saies, trois mille peaux, huit cents chevaux de guerre et toutes les armes ; à ces conditions, les Numantins et les Termessiens seront reconnus amis et alliés de Rome. » Au jour fixé, les deux villes allèrent remplir les clauses du traité. Mais, lorsqu'à la fin il fallut rendre les armes, un noble regret et l'amour de la liberté s'emparèrent des habitants. Ils se lamentaient entre eux et se demandaient s'il fallait, comme des femmes, se débarrasser de leurs armes ; puis, saisis de repentir, ils se reprochaient réciproquement la conclusion du traité : les pères en voulaient aux fils, les enfants aux parents, et les femmes aux maris. Enfin, revenus à leur ancienne énergie, ils refusèrent de rendre les armes et recommencèrent la guerre contre les Romains.

Tryphon, devenu roi, de simple particulier qu'il était, voulut se faire confirmer dans sa royauté par un décret du sénat. Il fit donc fabriquer une statue de la Victoire, en or, du poids de dix mille pièces d'or, et envoya des députés à Rome pour l'offrir au peuple. Car il se flattait que, tant par intérêt que comme un heureux présage, les Romains accepteraient la statue et lui donneraient le titre de roi ; mais il trouva que le sénat était bien plus fin que lui, que ce fut lui plutôt qui en était la dupe. En effet, le sénat accepta la statue, tant par intérêt que comme un don de bon augure ; mais il l'accepta, non pas au nom de Tryphon, mais au nom du roi (Antiochus) qu'il avait assassiné. Par cette conduite, il montra son horreur pour le meurtre du jeune roi, et refusa d'accepter un don offert par des mains impies.

Les députés de Rome, dont le chef était Scipion l'Africain, arrivèrent à Alexandrie pour visiter tout le royaume. Ptolémée les accueillit avec une grande pompe, prépara de magnifiques festins, et leur montra lui-même son palais et ses trésors. Les envoyés romains, distingués par leur vertu, ne touchèrent qu'à un petit nombre de mets sains, et méprisèrent le luxe comme corrompant l'âme et le corps. A peine jetèrent-ils un regard sur les richesses auxquelles le roi attachait tant de prix; mais ils examinèrent avec soin la situation de la ville, l'importance et les particularités du phare. Ils remontèrent ensuite le Nil jusqu'à Memphis, et admirèrent la fécondité du sol, l'utilité des inondations du Nil, le nombre des villes, leurs innombrables habitants, l'assiette forte de l'Égypte, et les immenses avantages du pays, bien situé pour fortifier et agrandir un empire. Enfin, après avoir vu avec surprise combien l'Égypte était peuplée et bien située, ils furent convaincus que ce pays pourrait devenir un très-grand empire sous des rois dignes d'un tel royaume. Après avoir visité l'Égypte, les députés s'embarquèrent pour l'île de Cypre, et passèrent de là en Syrie. Ils parcoururent ainsi la plupart des contrées de la terre, et, en raison de leur réputation de sagesse, ils reçurent partout le meilleur accueil, et retournèrent chez eux comblés de bénédictions. Car, dans leur voyage, ils s'étaient chargés de la décision des procès; ils avaient réconcilié les uns avec leurs adversaires, appuyé le droit des autres, obligé les turbulents d'obéir à la force, et renvoyé au sénat les affaires les plus difficiles à décider. S'étant mis en rapport avec les rois et les peuples, ils renouèrent les anciens liens d'amitié, et, pour gagner encore dans leur estime, ils en avaient augmenté la puissance; tous, très-satisfaits, envoyèrent des députations à Rome pour faire l'éloge de Scipion, et féliciter le sénat d'avoir envoyé, dans les provinces, de tels émissaires.

*Excerpt. de Virt. et Vit.*, p. 596, 597. — Pendant que Pompée assiégeait la ville appelée Lagni, les Numantins, pour venir au secours de leurs compatriotes, envoyèrent de nuit quatre cents soldats. Les assiégés les reçurent avec des transports de joie, les saluèrent comme leurs sauveurs, et les honorèrent de présents. Mais, peu de jours après, les habitants, frappés de terreur, offrirent de rendre leur ville, à la condition d'avoir la vie sauve. Pompée répondit qu'il ne consentirait à aucun accommodement, à moins qu'on ne lui eût livré auparavant leurs alliés. Les assiégés hésitèrent d'abord à trahir leurs bienfaiteurs; mais, comme le danger pressait, ils envoyèrent des parlementaires pour déclarer qu'ils étaient prêts à racheter leur salut par la perte de leurs alliés. Lorsque ces derniers apprirent ce dessein, qui avait été d'abord tenu secret, ils recoururent à la force; ils profitèrent de la nuit pour attaquer les habitants, et en firent un grand carnage. En entendant ce tumulte, Pompée fit appliquer les échelles contre le mur, et s'empara de la ville. Il fit mettre à mort toute la noblesse, et renvoya sains et saufs les alliés, au nombre de deux cents; car il était touché de pitié pour le courage de ces malheureux, qui devaient être sacrifiés par l'ingratitude; en même temps il voulait, par ce bienfait, inspirer aux Numantins de l'affection pour les Romains. Enfin, il rasa la ville.

Le roi Arsace, grâce à sa clémence et à son humanité, s'attira les biens de la fortune, et augmenta son empire; il en recula les limites jusqu'à l'Inde, et régna tranquillement sur le pays jadis soumis à Porus. Malgré l'immense pouvoir auquel il était parvenu, il n'était ni luxurieux ni insolent, comme cela arrive d'ordinaire à la plupart des souverains; mais il était aussi doux envers ses sujets qu'il était courageux en face de ses adversaires. Enfin, après avoir soumis beaucoup de nations, il enseigna aux Parthes les meilleures institutions qu'il avait observées.

*Excerpt. Vatican.*, p. 98. — Le consul Popilius, sollicité par Viriathe de lui accorder un entretien, résolut de dicter le traité article par article, de crainte qu'en indiquant ces articles à la fois, il ne poussât Viriathe au désespoir et à une guerre à outrance.

*Excerpt. de Virt. et Vit.*, p. 597, 598. — Le corps de Viriathe reçut de magnifiques funérailles : pour honorer le courage de cet homme célèbre, ils (les Lusitaniens) ordonnèrent sur son tombeau un combat de deux cents paires de gladiateurs. Car, de l'aveu de tout le monde, c'était l'homme le plus brave dans les dangers, le général le plus prévoyant, et, ce qui plus est, pendant toute la durée de son commandement, il fut on ne peut plus aimé de ses soldats. Dans la répartition du butin, il ne s'attribuait jamais aucune part injuste ; et la part qui lui revenait, il l'employait à récompenser les soldats de mérite et à soulager les pauvres ; il était sobre, dormait peu, supportait tout genre de travail et de péril, et ne se laissait pas subjuguer par les plaisirs. Voici les preuves évidentes de ses vertus : il avait été, pendant onze ans, le chef des Lusitaniens ; jamais, pendant ce temps, les troupes ne se sont révoltées, et n'ont presque jamais été vaincues. Sa mort mit un terme à la considération des Lusitaniens, privés d'un si grand chef.

Ptolémée [ était devenu odieux ] par sa cruauté, ses meurtres, ses débauches, et l'ignoble épaisseur de son corps, qui lui avait valu le surnom de Physcon. Mais le général Hiérax, homme fort instruit dans l'art militaire, très-éloquent dans les assemblées populaires, conserva le royaume de Ptolémée. Ce roi manquait d'argent, et les troupes allaient passer dans le parti de Galæstès, lorsque Hiérax les solda avec l'argent de sa propre cassette, et apaisa la rébellion. — Les Égyptiens méprisèrent complétement Ptolémée en le voyant se conduire comme un enf*nt dans les assemblées, livré aux plus honteuses débauches, et énervé par l'intempérance.

\* *Excerpt. Vatican.*, p. 99. — La ville appelée Contubris envoya des députés chargés d'ordonner aux Romains de quitter immédiatement le territoire de Contubris, ou de s'attendre à quelque catastrophe ; car tous ceux qui avaient osé envahir cette contrée avec une armée ennemie avaient péri. Le consul répondit aux envoyés : « Les Lusitaniens et les Celtibériens ont le verbe haut et beaucoup d'ambition ; mais les Romains savent châtier les coupables et mépriser les menaces. Il vaut mieux montrer son courage par l'action que par la menace, et les Lusitaniens l'apprendront à leur dépens. » Il pensa qu'il valait mieux mourir glorieusement en combattant que de rendre ses armes et subir le plus honteux esclavage.

Junius exhorta ses soldats : « Il faut maintenant, plus que

jamais, faire preuve de courage, et se montrer dignes des victoires précédentes; l'âme doit résister aux fatigues et l'intelligence fortifier la faiblesse du corps. La vengeance implacable avec laquelle les Romains poursuivent les ennemis est universellement connue, de même que leur extrême clémence envers ceux qui se soumettent. »

*Excerpt. de Virt. et Vit.*, p. 598. — Le consul Émilius, en raison de son extrême obésité et des difficultés qu'il avait à se mouvoir, était impropre au service militaire.

## LIVRES TRENTE-QUATRIÈME ET TRENTE-CINQUIÈME.

*Excerpt. Photii*, p. 524, 529. — Le roi Antiochus[1] assiégeait Jérusalem. Les Juifs soutinrent pendant quelque temps le siége; mais toutes les munitions étant épuisées, ils furent forcés d'envoyer des parlementaires pour traiter de la paix. La plupart des amis du roi lui conseillèrent de prendre la ville d'assaut et d'exterminer la race des Juifs, parce que, de tous les peuples, ils étaient les seuls qui ne voulussent avoir aucun rapport d'alliance avec les autres nations qu'ils regardaient toutes comme leurs ennemies. Ses conseillers insinuaient que les ancêtres des Juifs avaient été chassés de toute l'Égypte comme des gens impies et haïs des dieux; qu'atteints de la leucé[2] ou de la lèpre, ils avaient été, comme des gens impurs, jetés hors des frontières; qu'ainsi chassés, ils étaient venus occuper les environs de Jérusalem, formant le peuple des Juifs, et léguant à leurs descendants leur haine pour le genre humain; que les Juifs avaient adopté des institutions toutes particulières; qu'ils ne mangeaient jamais avec aucun étranger à la même table, et qu'ils ne souhaitaient jamais du bien aux autres. Enfin, les amis du roi rappelaient à leur maître l'ancienne haine que ses ancêtres avaient eue pour cette nation. « Antiochus, surnommé

---

[1] Antiochus VII, surnommé Fidetès, ou le Pieux.
[2] Maladie de la peau, caractérisée par la coloration blanche de la surface cutanée. C'est ce qui lui avait valu le nom qu'elle porte.

Épiphane, ayant soumis les Juifs, entra, ajoutèrent-ils, dans le sanctuaire de leur dieu où le prêtre a seul le droit de pénétrer. Il y trouva une statue de pierre représentant un homme à longue barbe, assis sur un âne et tenant dans ses mains un livre ; il pensa que c'était Moïse, le fondateur de Jérusalem et du peuple juif, et en outre le législateur qui avait prescrit aux Juifs ces institutions misanthropiques et sacriléges. Antiochus.Épiphane, choqué de la haine que les Juifs avaient vouée à toutes les nations, mit beaucoup de zèle à abolir leurs lois. Au pied de la statue de leur législateur, et sur l'autel isolé de leur dieu, il fit sacrifier une grosse truie. Il répandit sur ce monument le sang de la victime, en fit cuire les chairs et ordonna d'arroser avec le jus de la viande les livres sacrés qui contenaient des lois si opposées aux principes de l'hospitalité ; puis il fit éteindre la lampe que les Juifs appellent immortelle et qui brûlait sans cesse dans le temple ; enfin, il força le grand prêtre et les autres Juifs à manger la viande de la victime. » Par ces discours, les amis exhortaient Antiochus à exterminer la race des Juifs ou du moins à abolir leurs institutions, et à les obliger de changer de mœurs. Le roi, magnanime et généreux de caractère, prit des otages, pardonna aux Juifs, leur imposa un tribut, et se contenta de démanteler Jérusalem.

Après la destruction de la puissance des Carthaginois, les Siciliens vivaient depuis soixante ans dans la prospérité, lorsque la guerre des esclaves éclata par la cause que nous allons rapporter. Les Siciliens, arrivés à un haut degré de prospérité, et devenus très-riches, achetèrent un grand nombre d'esclaves. On les faisait sortir par troupeaux des lieux où on les nourrissait, et on leur imprimait aussitôt des marques sur le corps. Les plus jeunes servaient de bergers ; les autres étaient employés à des usages différents. Soumis à de rudes travaux, ces esclaves recevaient très-peu de soins ; ils étaient à peine nourris et vêtus. La plupart d'entre eux vivaient de brigandages, ils formaient des bandes qui se dispersaient dans le pays et le remplissaient de meurtres. Les généraux romains essayaient d'arrêter ces brigandages, mais ils n'osaient pas châtier les coupables à cause de la puissance et de l'autorité de ceux qui étaient les maîtres de ces brigands; ils étaient donc obligés de laisser ravager cette province. En effet, la plupart de ces maîtres étaient des chevaliers romains, et juges dans les procès intentés aux généraux des provinces ; ils étaient donc redoutés des gouverneurs. Enfin, pressés par la misère et accablés de coups, ils trouvèrent leur vie intolérable. Ils se réunirent et concertèrent un plan de révolte qu'ils mirent à exécution.

Il y avait parmi eux un esclave syrien, originaire d'Apamée, et appartenant à Antigène d'Enna; il passait pour un magicien et un faiseur de miracles. Cet homme feignait de recevoir en songe les ordres des dieux et de prédire l'avenir, et faisait, par ce genre de supercherie, beaucoup de dupes. Il alla plus loin : il ne prédisait pas seulement l'avenir par des songes, mais il prétendait voir pendant la veille les dieux, et apprendre d'eux les événements futurs. Parmi les nombreuses prédictions qu'il débitait, il y en avait quelques-unes qui s'accomplirent réellement. Or, comme personne ne trouve à redire aux prédictions fausses, tandis qu'on fait grand bruit de celles qui s'accomplissent, cet homme s'acquit bientôt une grande réputation. Enfin, il faisait l'inspiré, et rendait des oracles en vomissant de la bouche, au moyen de quelque artifice, du feu et des flammes. A cet effet, il se servait d'une coquille de noix, trouée aux deux bouts, et dans laquelle il avait mis du feu et une matière combustible ; en la plaçant ensuite dans la bouche, et en y soufflant, il lançait des étincelles et des flammes. Quelque temps avant la révolte, cet esclave prétendait que la déesse syrienne lui était apparue pour lui annoncer qu'il serait un jour roi ; et il s'en vantait non-seulement devant les autres, mais encore devant son maître. On en riait ; Antigène, pour s'amuser de cette prédiction, appelait, pendant ses repas, Eunoüs [ c'était le nom de cet esclave ]; il l'interrogeait sur sa royauté et lui demandait comment il traiterait les assistants. Eunoüs répondit, sans se déconcerter, qu'il traiterait les maîtres avec douceur ; enfin, par ses lazzi, il excitait le rire des convives dont quelques-uns lui donnaient de fortes portions de leurs mets, le priant, quand il serait roi, de se rappeler ces bienfaits. Cependant, cette prédiction s'accomplit réellement ; Eunoüs devint roi, et il se souvint des convives qui, tout en riant, lui avaient donné des mets de leur table.

Voici l'origine de la révolte des esclaves. Un certain Damophilus, riche habitant d'Enna, homme d'un caractère hautain, traitait ses esclaves avec la dernière rigueur, et sa femme Mégallis ne lui cédait pas en dureté. Exaspérés par de mauvais traitements, les esclaves arrêtèrent entre eux le projet de se révolter et d'égorger leur maître. Ils allèrent trouver Eunoüs pour lui demander si leur projet aurait l'assentiment des dieux. Celui-ci, employant ses prestiges ordinaires, répondit que les dieux y donnaient leur assentiment, et engagea les conjurés à mettre immédiatement leur complot à exécution. Aussitôt quatre cents esclaves s'attroupent, s'arment à la hâte, et se jettent dans la ville d'Enna, ayant à leur tête Eunoüs, qui lançait des flammes de la bouche. Ils pénètrent dans les maisons qu'ils remplissent de carnage, et n'épargnent pas même les enfants à la mamelle : ils les arrachent du sein de leurs nourrices, et les jettent à terre pour les fouler sous les pieds. Il est impossible de dire les violences qu'ils commirent sur les femmes en présence même de leurs maris. Un grand nombre d'esclaves de la ville étaient venus se joindre à leurs camarades. Après avoir assouvi leur vengeance sur leurs maîtres, ils tournèrent leur rage sanguinaire vers d'autres victimes. Cependant Eunoüs, apprenant que Damophilus s'était retiré avec sa femme dans une maison de campagne, près de la ville, détacha quelques-uns des siens qui lui amenèrent Damophilus et sa femme, les mains liées derrière le dos, et subissant, pendant la route, toute sorte d'outrages. Ils n'épargnèrent que la seule fille de Damophilus, parce qu'elle s'était montrée humaine et compatissante pour les esclaves, auxquels elle avait fait tout le bien qu'elle avait pu. Cette circonstance prouve que les excès commis par les esclaves ne provenaient pas d'un instinct cruel,

avaient éprouvés.

Cependant ceux qui avaient été envoyés pour amener Damophilus et Mégallis les traînèrent dans la ville et les introduisirent dans le théâtre où se trouvaient réunis une multitude de rebelles. Damophilus essaya d'abord de plusieurs expédients pour sauver sa vie; il avait déjà entraîné par ses discours une grande partie de la foule, lorsque Hermias et Zeuxis, acharnés après lui, l'appelèrent fourbe; et, sans attendre le jugement du peuple, ils se précipitèrent tous deux sur lui : l'un lui enfonça l'épée dans les reins, l'autre lui trancha le cou avec une hache. Aussitôt après, Eunoüs fut proclamé roi : il ne dut son élévation ni à son courage ni à son habileté militaire, mais uniquement à son imposture, et parce qu'il était le premier auteur de la révolte; il faut encore ajouter que son nom était d'un bon augure, et rappelait la bienveillance envers les sujets[1]. Nommé chef absolu par les rebelles, Eunoüs convoqua une assemblée et fit mettre à mort tous les prisonniers d'Enna qui ne savaient pas fabriquer des armes; quant aux autres, il les employa à des travaux forcés dans les ateliers; il livra Mégallis à la discrétion des femmes esclaves qui, après l'avoir cruellement outragée, la précipitèrent du haut d'une tour. Eunoüs tua ses maîtres, Antigène et Python, se ceignit du diadème, revêtit les ornements royaux, et nomma reine la femme avec laquelle il vivait, Syrienne et sa compatriote. Il forma un conseil d'hommes réputés les plus intelligents; parmi ces hommes il y avait un certain Achéus, Achéen d'origine, distingué par sa prudence et sa bravoure. Dans l'espace de trois jours, il arma, du mieux qu'il put, plus de six mille hommes; il se faisait suivre de gens armés de serpes, de haches, de frondes, de faux, de bâtons brûlés au bout, de broches de cuisine, et saccageait tout le pays. Entouré d'une multitude innombrable d'esclaves, il osa se mesurer avec les généraux romains, et, grâce à la supériorité

---

[1] Εὔνους, bienveillant.

car déjà il commandait plus de dix mille hommes.

En ce même moment, un certain Cléon, Cilicien d'origine, se mit à la tête d'une révolte d'autres esclaves. Tout le monde espérait d'abord que ces deux bandes se feraient réciproquement la guerre, et délivreraient la Sicile en se détruisant l'une et l'autre; mais, contre toute attente, il en arriva tout autrement : les rebelles se réunirent; Cléon, sur un simple commandement d'Eunoüs, se soumit, et vint remplir les fonctions de lieutenant du roi, avec une troupe de cinq mille combattants qu'il avait sous ses ordres. Il y avait près de trente jours que cette révolte avait éclaté. Bientôt après arriva de Rome le général Lucius Hypséus, ayant sous ses ordres huit mille Siciliens; les rebelles, au nombre de vingt mille, lui livrèrent bataille, et remportèrent la victoire. Enfin, peu de temps après, ils formèrent une troupe d'environ deux cent mille hommes, eurent plusieurs rencontres avec les Romains, et furent le plus souvent heureux.

Le bruit de ces succès s'étant répandu, cent cinquante esclaves se conjurèrent, et firent éclater une révolte à Rome même. Plus de mille s'insurgèrent dans l'Attique, à Délos et dans beaucoup d'autres lieux; mais on avait pris partout des mesures efficaces pour faire disparaître ces attroupements et étouffer le germe de la révolte. Cependant le mal s'accrut en Sicile : des villes entières, avec leurs populations, tombèrent au pouvoir des rebelles, qui taillèrent en pièces plusieurs armées, jusqu'à ce qu'enfin, Rupilius, général romain, reprit Tauroménium, après un siège vigoureux : il avait réduit à la plus cruelle famine les rebelles, qui dévorèrent d'abord leurs enfants, puis leurs femmes; enfin, ils se mangèrent eux-mêmes entre eux. Rupilius fit prisonnier Comanus, frère de Cléon, au moment où il allait s'enfuir de la ville assiégée. Enfin, Sarapion, Syrien, ayant livré la citadelle, tous les esclaves fugitifs qui se trouvaient dans la ville tombèrent entre les mains du général romain; celui-ci, après leur avoir infligé des tortures, les précipita du haut d'une tour. De là il se dirigea sur Enna, qu'il assiégea de même, et réduisit les rebelles à la dernière extrémité. Cléon, à la tête d'un petit nombre d'assiégés, fit une sortie, se battit en héros, et tomba couvert de blessures. Rupilius prit la ville par trahison, n'ayant pas réussi à s'en emparer de vive force, parce que la place était trop forte. Eunoüs, à la tête de ses gardes, au nombre de mille, se réfugia lâchement dans quelque lieu inaccessible. Mais ses compagnons, serrés de près par le danger et par le général Rupilius, se poignardèrent réciproquement. Quant au magicien Eunoüs, qui avait été élu roi, il s'était retiré lâchement dans quelque caverne d'où il fut retiré avec quatre de ses complices : un cuisinier, un boulanger, un baigneur et un bouffon. Jeté en prison, il fut rongé par la vermine, et mourut dans la ville de Morgantine, d'une manière digne de ses impostures. Partant de là, Rupilius parcourut toute la Sicile et acheva, avec un petit nombre de troupes, et plus vite qu'on ne l'avait espéré, de purger l'île des brigands. Eunoüs, roi des rebelles, s'était donné le nom d'Antiochus, et celui de Syriens à ses sujets.

*Excerpt. de Virt. et Vit.*, p. 598, 599. — Jamais révolte d'esclaves ne fut plus grave que celle qui éclata en Sicile. Un grand nombre de villes furent plongées dans les plus terribles calamités; une quantité infinie d'hommes, de femmes et d'enfants essuyèrent les plus grands malheurs. Toute l'île faillit tomber au pouvoir des esclaves fugitifs, qui ne mettaient d'autres limites à leur puissance que l'excès des tortures qu'ils faisaient subir aux hommes libres. Ces événements parurent à beaucoup de monde extraordinaires et inattendus; mais, pour ceux qui sont capables d'examiner le fond des choses, ils n'étaient pas arrivés sans raison. Grâce à l'extrême fécondité de l'île, presque tous les habitants s'acquirent de grandes richesses, et affichèrent un luxe et une insolence extrêmes. Les mauvais traitements qu'ils faisaient subir aux esclaves augmentèrent, dans la même proportion, la haine que ces derniers avaient conçue contre leurs maîtres; enfin, cette haine n'eut besoin que d'un moment favorable pour faire explosion. Sans avoir reçu aucun mot d'ordre, des milliers d'esclaves se réunirent pour la destruction de leurs maîtres. La même chose arriva à cette époque en Asie. Aristonicus prétendait à un royaume qui ne lui appartenait pas; des esclaves soulevés contre leurs maîtres, dont ils avaient été maltraités, se joignirent à Aristonicus, et plongèrent plusieurs villes dans de grands malheurs....

[En Sicile] les grands propriétaires achetaient des troupeaux d'esclaves pour faire cultiver leurs terres; ils mettaient les uns aux fers, forçaient les autres aux travaux les plus rudes, et les marquaient tous de signes outrageants. La Sicile entière fut inondée d'une multitude inouïe d'esclaves. Les plus riches Siciliens rivalisaient en insolence, en cupidité, en scélératesse avec les habitants de l'Italie. Ceux-ci, possédant de nombreux esclaves, permettaient à ceux qui faisaient le métier de bergers, et qui étaient habitués au vice, de se livrer au brigandage, parce qu'ils ne leur donnaient pas de nourriture. Cette permission accordée à des hommes qui, par leur force physique, étaient capables de mener à bout toutes les entreprises, à des hommes ayant du loisir, et que le défaut de nourriture devait pousser aux tentatives les plus audacieuses, ne fit bientôt qu'accroître le mal. Ces brigands assassinaient d'abord, dans les endroits les plus fréquentés, les voyageurs isolés sur les routes; puis, ils faisaient irruption dans les maisons de campagne de faibles propriétaires; ils s'en emparaient, pillaient les propriétés, et tuaient ceux qui leur résistaient. Leur audace allant en augmentant, les routes de Sicile n'étaient plus sûres la nuit pour les voyageurs, et il n'y avait plus aucune sûreté pour les habitants de la campagne; tout était rempli de violences, de brigandages et de meurtres. Les bergers, armés militairement, et vivant en plein air, devinrent tous, comme on pouvait s'y attendre, de plus en plus insolents et audacieux. Armés de massues, de lances et de bâtons, ils avaient le corps couvert de peaux de loup ou de sanglier, et présentaient de loin un aspect formidable et guerrier. Ils étaient chacun suivis d'une meute de chiens robustes; ils avaient une nourriture abondante en lait et en viande, et ils s'abrutissaient l'esprit et le corps. Tout le pays était traversé en tous sens par des corps d'armée, comme si les maîtres avaient autorisé l'armement de ces esclaves audacieux. En effet, les généraux romains n'osaient pas mettre un frein à ces débordements, parce qu'ils craignaient l'influence et le pouvoir des maîtres; ils étaient donc obligés de laisser ravager la province par les brigands : la plupart des maîtres d'esclaves étaient des chevaliers romains et juges dans les procès intentés aux gouverneurs des provinces; ils avaient donc une autorité redoutable. — Les agriculteurs italiens achetaient un grand nombre d'esclaves, les marquaient par des signes, ne leur donnaient pas une nourriture suffisante, leur imposaient de rudes travaux, et les rendaient très-malheureux [1].

\* *Excerpt. Vatican.*, p. 100. — Non-seulement, dans l'exercice de la souveraineté, il faut se conduire avec douceur envers ceux qui sont d'une humble condition, mais encore, dans la vie privée, il ne faut pas être dur envers les esclaves; car l'arrogance et la dureté produisent, dans les États et parmi les hommes libres, des guerres civiles; de même que, dans la vie privée, elles soulèvent les esclaves contre les maîtres, et préparent aux cités de terribles désordres. Plus les chefs sont cruels et méchants, plus les sujets sont féroces dans leur vengeance : car celui que le hasard a fait naître dans une basse condition laisse volontiers à ses supérieurs les honneurs et la gloire. Mais, si on lui refuse l'humanité à laquelle il a droit, il se révolte contre les despotes.

*Excerpt. de Virt. et Vit.*, p. 600. — Damophilus, natif d'Enna, homme très-riche, hautain, propriétaire d'une grande étendue de terrain et de nombreux troupeaux, imita nonseulement le luxe des Italiens de la Sicile, mais encore la dureté et les mauvais traitements qu'ils faisaient subir à leurs esclaves. Il parcourait le pays sur des chars à quatre roues,

---

[1] Il est impossible que ces fragments, ainsi que ceux qui suivent, soient intégralement de Diodore ; car il y a de nombreuses répétitions presque littérales.

traînés par de magnifiques chevaux, et entouré de domestiques armés militairement; de plus, il se faisait suivre par une multitude de beaux garçons et par une troupe de courtisans. Dans sa maison de ville et dans ses habitations de campagne, on voyait exposés des ouvrages d'argent ciselé, de riches tapis de pourpre; sa table était d'un luxe royal; enfin, il surpassait les Perses par la somptuosité et la magnificence des repas, de même qu'il l'emportait sur les autres en insolence. C'était d'ailleurs un homme sans conduite et sans éducation, qui devait son immense fortune au hasard; gorgé de biens, il devint d'abord insolent, et prépara à sa patrie de grands malheurs. Propriétaire d'un grand nombre d'esclaves, il les traitait insolemment; il marquait avec un fer ceux qui étaient nés libres dans leur patrie, mais que la guerre avait réduits en esclavage; il enchaînait les uns et les condamnait aux travaux forcés; il employait les autres à garder les troupeaux, et ne leur donnait ni vêtements ni nourriture suffisante. Ce même Damophilus, arrogant et cruel, infligeait chaque jour à quelques-uns de ses domestiques des traitements indignes. Sa femme Mégallis, se réjouissant de ces indignes traitements, se conduisait non moins cruellement envers les servantes qui lui tombaient sous la main. Exaspérés par la hauteur et la dureté de leur maître, et ne sentant que le mal présent, dont ils s'exagéraient la gravité, les esclaves s'insurgèrent.

*Excerpt. Vatican.*, p. 100-101. — Quelques domestiques vinrent un jour tout nus se plaindre auprès de Damophilus d'Enna de ce qu'ils n'avaient pas de vêtements. Il n'écouta pas leurs plaintes : « Comment donc, leur disait-il, vous courez nus sur les routes, et vous ne pouvez pas vous procurer de vêtements? » Il les fit ensuite attacher à des poteaux, les accabla outrageusement de coups, et les renvoya.

*Excerpt. de Virt. et Vit.*, p. 600. — Damophilus, en Sicile, avait une jeune fille, simple de manières et très-compatissante. Elle consolait d'ordinaire les esclaves frappés par ses parents, et apportait des aliments à ceux qui étaient enchaînés; enfin son humanité la faisait extrêmement aimer de tous. C'est pourquoi, se rappelant les bienfaits qu'ils en avaient reçus, les esclaves ne portèrent point les mains sur la jeune fille, et tous la respectèrent religieusement. Choisissant parmi eux les plus robustes, dont le principal était Hermias, ils la firent conduire à Catane, auprès de quelques membres de sa famille.

*Excerpt. Vatican.*, p. 101. — Les esclaves rebelles, furieux contre tous leurs maîtres, les accablèrent de nombreux outrages. Cette vengeance n'était pas l'effet d'un caractère cruel, mais la revanche des injustes traitements qu'ils avaient éprouvés. La nature apprend même aux esclaves à rendre les bienfaits ainsi que les injures.

*Excerpt. de Virt. et Vit.*, p. 601. — Eunoüs, nommé roi, tua et fit périr tous les maîtres. Il n'épargna, en les cachant, que ceux qui, pendant leurs repas, lui avaient témoigné de l'intérêt, s'étaient amusés de ses prophéties, et lui avaient donné généreusement des mets. On a donc lieu de s'étonner des vicissitudes du sort qui, avec le temps, récompense les plus minces bienfaits.

*Excerpt. Vatican.*, p. 101. — Achéus, conseiller du roi Antiochus (Eunoüs), désapprouvant les actions des esclaves fugitifs, leur reprocha leurs excès, et leur prédit qu'ils en seraient bientôt punis. Mais Eunoüs, loin de se fâcher de cette franchise, et de faire périr Achéus, lui donna au contraire la maison de ses maîtres, et le nomma son conseiller.

*Excerpt. de Virt. et Vit.*, p. 601. — Il éclata une autre révolte d'esclaves, et il se fit un attroupement considérable. Un certain Cléon, Cilicien d'origine, des environs du mont Taurus, habitué dès son enfance à la vie de bandit, et gardant en Sicile les haras, ne cessait d'investir les routes et de commettre des massacres. A la nouvelle des succès d'Eunoüs et de ses partisans, Cléon se mit également en révolte, entraîna à sa suite les esclaves du voisinage, et vint ravager la ville d'Agrigente et les environs.

*Excerpt. Vatican.*, p. 101-102. — Le manque d'esclaves

et le besoin qu'on en avait forcèrent les maîtres à reprendre les rebelles, car ils n'avaient pas le choix. — On n'avait pas besoin d'un prodige pour comprendre combien il était facile de s'emparer de la ville. Il était évident, même pour les plus clairvoyants, que la ville, dont les murs, grâce à une longue paix, étaient endommagés et dont la garnison était en partie décimée, ne résisterait pas longtemps aux assiégeants. — Eunoüs, tenant son armée hors de la portée des traits, disait injurieusement aux Grecs et aux Romains, que ce n'était pas lui, mais eux qui fuyaient le danger. Il faisait exécuter, aux yeux des assiégés, des scènes mimiques qui représentaient la rébellion des esclaves contre leurs maîtres, montrant l'insolence orgueilleuse de ces derniers, et le terrible châtiment qui en était la conséquence.

Bien que quelques hommes soient convaincus que la divinité ne se soucie pas des malheurs extraordinaires arrivés aux hommes, il est cependant utile pour la société de graver dans l'esprit de la multitude la crainte des dieux; car peu d'hommes pratiquent la justice par vertu; la plus grande partie du genre humain ne recule devant le crime qu'à cause des châtiments qu'infligent les lois et la divinité.

La populace, loin d'être touchée des immenses malheurs des Siciliens, en fut au contraire enchantée, car elle était jalouse de l'inégalité de la fortune et des conditions. — La jalousie fit que la populace, de triste qu'elle était, devint joyeuse; parce que celui qui jadis jouissait d'une brillante fortune, était maintenant tombé dans la condition la plus misérable; mais ce qu'il y avait de plus cruel, c'est que les rebelles, par un raffinement de cruauté, brûlaient les maisons de campagne, détruisaient les propriétés et les récoltes, mais ils épargnaient les hommes livrés à l'agriculture. La populace, sous le prétexte de châtier les esclaves fugitifs, mais, en réalité, par jalousie contre les riches, parcourait la campagne, pillait les propriétés et incendiait les habitations champêtres.

*Excerpt. de Virt. et Vit.*, p. 601. — En Asie, le roi Attalus, récemment monté sur le trône, eut une conduite toute différente de celle de ses prédécesseurs. Ceux-ci, par leur clémence et leur humanité, avaient fait prospérer leur règne, tandis que celui-là, cruel et sanguinaire, rendit ses sujets malheureux et se souilla de meurtres. Soupçonnant les amis les plus puissants de son père de conspirer contre lui, il résolut de s'en débarrasser. Il choisit donc parmi les mercenaires barbares les plus féroces ainsi que les plus cupides, et les cacha dans quelques chambres du palais; il invita ensuite les amis qui lui semblaient le plus suspects. Ceux-ci étant arrivés, il les fit tous mettre à mort par le ministère sanglant de ses satellites, et, sur-le-champ, il fit infliger le même supplice aux femmes et aux enfants des victimes. Quant aux autres amis, revêtus d'emplois militaires ou civils, il fit assassiner les uns et périr les autres avec toute leur famille. Enfin sa cruauté le rendit odieux non-seulement à ses sujets, mais encore aux peuples voisins, et tous songeaient à se révolter.

* *Excerpt. Vatican.*, p. 103. — La plupart des Barbares prisonniers se tuèrent réciproquement pendant qu'on les transportait, ne pouvant supporter le joug outrageant de l'esclavage. Un jeune homme, encore impubère, qui accompagnait ses trois sœurs, les égorgea pendant leur sommeil; il fut arrêté avant qu'il eût le temps de se tuer. Interrogé sur la cause de ce meurtre, il répondit qu'il avait tué ses sœurs parce qu'il ne leur restait plus rien qui fût digne de la vie; puis, refusant toute nourriture, il se fit mourir de faim. — Les mêmes prisonniers, arrivés aux frontières de leur pays, se jetèrent à terre et embrassèrent le sol, en poussant des gémissements et couvrant leur sein de poussière, de sorte que l'armée en fut touchée de pitié; car chacun, à l'aspect des souffrances de ses semblables, est saisi d'une crainte divine, surtout en voyant que les Barbares les plus sauvages, quand le sort les a séparés de leur patrie, ne perdent pas l'amour pour le sol natal.

*Excerpt. de Virt. et Vit.*, p. 601. — Tibérius Gracchus était fils de Tibérius qui avait été deux fois consul, de celui qui avait conduit des guerres aussi grandes que célèbres, et qui avait sagement gouverné l'État ; il était neveu, du côté des femmes, de Publius Scipion, qui avait dompté Annibal et Carthage. De la naissance la plus illustre de père et de mère, il surpassa de beaucoup ses contemporains en prudence, en éloquence et en instruction ; il pouvait donc être convaincu de sa supériorité sur ses adversaires.

\* *Excerpt. Vatican.*, p. 103-104. — Les peuples affluaient à Rome, comme les fleuves se rendent dans l'Océan, capable de tout recevoir. Décidés à obtenir justice, forts de l'appui de la nouvelle loi, et du magistrat inaccessible à la corruption et à la crainte, ces peuples vinrent appuyer leur cause ; leur défenseur (Gracchus) était décidé à soutenir, jusqu'au dernier souffle de vie, le partage des terres. — Il avait autour de lui, non pas un ramas de turbulents, mais la partie la plus forte et la plus riche du peuple. Aussi la victoire fut-elle longtemps incertaine, se balançant tantôt d'un côté, tantôt de l'autre ; des milliers d'hommes se disputaient avec violence et offraient, dans les assemblées, l'aspect d'une mer orageuse.

Après sa destitution, Octave ne voulant pas avouer qu'il n'était que simple particulier, et n'osant pas remplir les fonctions de tribun, demeura tranquille chez lui. A l'époque où Gracchus proposa un décret pour ôter à Octave l'autorité de magistrat, ce dernier aurait pu faire, par un décret, priver Gracchus de la fonction de tribun militaire. Car, si les deux décrets eussent été légalement adoptés, l'un et l'autre seraient rentrés dans la vie privée, ou ils auraient conservé leur charge, si leur inimitié avait été jugée contraire aux lois.

Entraîné vers sa perte, celui-ci [ Gracchus ] obtint bientôt un châtiment mérité. Scipion saisit un bâton qui se trouvait sous sa main et...... car la colère semble vaincre les obstacles.

Lorsque la mort de Gracchus se répandit dans l'armée, Scipion l'Africain s'écria : « Puissent périr ainsi tous ceux qui tentent de pareils forfaits [1]. »

[1] *Odyssée*, liv. I, vers 47.

*Excerpt. de Virt. et Vit.*, p. 602. — Les esclaves fugitifs syriens coupèrent les mains à leurs prisonniers. Non contents de cette mutilation pratiquée au poignet, ils leur coupèrent encore les bras.

\* *Excerpt. Vatican.*, p. 105. — Les réfugiés qui avaient mangé les poissons sacrés étaient sans relâche poursuivis par le malheur. La divinité, comme pour faire un châtiment exemplaire, les abandonna de tout secours. — Ils ont reçu des dieux une juste punition, et l'histoire leur a infligé un blâme mérité.

*Excerpt. de Virt. et Vit.*, p. 602. — Le sénat, saisi d'une crainte religieuse, envoya en Sicile des commissaires, après avoir consulté les livres sibyllins. Ces commissaires parcoururent toute la Sicile, et vinrent sacrifier sur les autels consacrés à Jupiter Etnéen. Ils entourèrent le temple d'une enceinte, et le rendirent inaccessible à tout le monde, excepté à ceux qui, d'après leurs institutions, y devaient offrir des sacrifices, selon les rites anciens.

*Excerpt. de Virt. et Vit.*, p. 602. — Un certain Gorgus de Morgantine, surnommé Cambalus, homme riche et considéré, étant un jour à la chasse, rencontra une bande d'esclaves fugitifs et s'enfuit à pied dans la ville. Son père Gorgus vint au-devant de lui ; il descendit du cheval qu'il montait et l'offrit à son fils pour qu'il parvînt plus promptement dans la ville. Mais le fils refusa cette offre, ne voulant pas sauver sa vie aux dépens de celle de son père. Pendant qu'ils se conjuraient ainsi l'un l'autre, et qu'ils faisaient assaut de tendresse réciproque, les brigands survinrent et les assommèrent tous les deux.

Zibelmius, fils de Diégylis, affecta la conduite sanguinaire de son père ; ne pardonnant point aux Thraces leurs actes, il arriva à un tel point de cruauté et de méchanceté qu'il punissait ses adversaires en se vengeant sur toute leur famille. Sous les plus légers prétextes il coupait les uns en morceaux, mettait les autres en croix et brûlait le reste vivant. Il égorgeait les enfants sous les yeux et sur les bras de leurs parents ; et, dépeçant leur corps, il en servait les chairs aux plus proches de la famille, renouvelant ainsi les anciens festins de Térée et de Thyeste. Enfin, les Thraces se saisirent de Zibelmius ; mais il était impossible de lui faire subir toutes les tortures qu'il avait infligées aux autres : comment un seul corps aurait-il pu expier les crimes commis envers toute une nation ? Néanmoins, les Thraces rivalisèrent entre eux pour le choix des tortures et des supplices qu'ils devaient faire subir à leur prisonnier.

\* *Excerpt. Vatican.*, p. 105. — Attalus, premier roi de ce nom, consulta l'oracle sur quelque affaire. La pythie répondit spontanément dans ces termes : « Courage, ô toi qui portes des cornes de taureau, tu auras l'honneur de la royauté ; les fils de tes fils l'auront aussi ; mais tes arrière-petits-fils ne l'auront pas. »

*Excerpt. de Virt. et Vit.*, p. 602-603. — Ptolémée, surnommé Physcon, instruit de l'aversion qu'avait pour lui Cléopâtre [sa sœur], et ne pouvant pas la maltraiter autrement, osa se porter à l'action la plus atroce. Imitant la cruauté sanguinaire de Médée, il égorgea dans l'île de Cypre l'enfant nommé Memphitès, qu'il avait eu d'elle et qui était encore très-jeune. Non content de ce crime impie, il y ajouta un forfait plus odieux encore : il coupa les membres du corps de la victime, les mit dans une caisse, et ordonna à un de ses satellites de les porter à Alexandrie. L'anniversaire de la naissance de Cléopâtre étant proche, Ptolémée fit, la veille de cet anniversaire, déposer pendant la nuit, aux portes du palais, la caisse contenant les membres de la victime. A cet événement, Cléopâtre prit le deuil, et sa fureur contre Ptolémée n'eut plus de bornes.

\* *Excerpt. Vatican.*, p. 105-106. — La chaleur tiède du printemps commençait à fondre la neige, les arbres fruitiers, engourdis par le froid de l'hiver, montraient les premiers bourgeons, les hommes se rendaient à leurs travaux, lorsque Arsace, pour sonder l'ennemi, envoya des députés chargés de négocier la paix. Antiochus lui répondit qu'il accorderait la paix à la condition que son frère Démétrius, remis en liberté, lui serait livré, et qu'Arsace, évacuant les États qu'il avait enlevés à ce frère, se contenterait de la possession de son patrimoine et paierait tribut. Blessé de la dureté de cette réponse, Arsace marcha contre Antiochus.

Les amis d'Antiochus l'exhortèrent à ne pas engager un combat contre les Parthes, si supérieurs en nombre, et qui, retirés dans des lieux inaccessibles des montagnes, pouvaient braver la cavalerie. Antiochus ne tint aucun compte de ce conseil, déclarant qu'il était honteux que les vainqueurs craignissent l'audace de ceux qu'ils avaient déjà vaincus. Il exhorta donc ses amis à affronter les périls, et soutint intrépidement le choc des Barbares. — Dès que la mort d'Antiochus fut connue à Antioche, toute la ville prit le deuil, et on n'entendit dans les maisons que des gémissements, surtout de la part des femmes, qui déploraient ce cruel événement. Trois cent mille hommes étaient restés sur le champ de bataille, sans compter ceux qui ne servaient pas dans les rangs. Il n'y avait pas de famille qui n'eût à déplorer quelque perte; parmi les femmes, les unes avaient à pleurer la mort de quelque frère, les autres, celle d'un mari ou d'un fils; beaucoup de jeunes filles et de jeunes garçons, devenus orphelins, se lamentèrent de leur abandon, jusqu'à ce que le temps, le meilleur médecin du chagrin, mit un terme à leur deuil.

*Excerpt. de Virt. et Vit.*, p. 603. — Athénée, lieutenant d'Antiochus, qui avait commis beaucoup de méfaits dans les stations qu'il avait parcourues, et qui avait abandonné Antiochus en donnant l'exemple de la fuite, obtint une punition méritée; car, arrivé dans quelques-uns des villages auxquels il avait fait du mal, il fut chassé des maisons, et ne reçut aucune nourriture. Errant dans la campagne, il mourut de faim.

\* *Excerpt. Vatican.*, p. 106-107. — Arsace, roi des Parthes, ayant fait la guerre à Antiochus, songea à descendre dans la Syrie dont il espérait se rendre maître facilement; mais il ne put entreprendre cette expédition, car le sort lui avait réservé de graves dangers et de nombreux périls. — Je crois, en effet, que la divinité n'accorde jamais un bonheur sans mélange; elle cache comme à dessein quelque bien sous le mal, et réciproquement. Quoi qu'il en soit, la fortune ne démentit pas son caractère : lasse de distribuer ses biens sans cesse au même homme, elle fit prendre à toute la guerre une telle tournure que ceux qui avaient d'abord eu le dessus eurent à la fin le dessous.

Arsace, roi des Parthes, était irrité contre les Séleuciens, et ne leur pardonnait pas le supplice infâme qu'ils avaient fait souffrir à Énius, son lieutenant. Les Séleuciens lui envoyèrent donc des députés et le supplièrent d'oublier le passé. Comme les députés insistaient sur une réponse, Arsace les conduisit à l'endroit où était assis Pitthidès, qu'on avait rendu aveugle, et ordonna de rapporter aux Séleuciens qu'ils devraient tous avoir le même sort. Frappés de terreur, les envoyés oublièrent leurs maux précédents par la crainte des dangers qui les menaçaient ; car les malheurs nouveaux masquent d'ordinaire les calamités anciennes.

*Excerpt. de Virt. et Vit.*, p. 603-604. — Hégélochus, lieutenant de Ptolémée l'aîné, fut envoyé avec une armée contre Marsyas, général des Alexandrins. Il fit celui-ci prisonnier, et détruisit presque toute son armée. Marsyas fut amené devant le roi, et chacun s'attendait à le voir cruellement puni ; mais Ptolémée le renvoya absous : il commençait déjà à se repentir de ses crimes, et cherchait, par une conduite bienveillante, à se rendre les masses plus favorables.

Évémère, roi des Parthes, Hyrcanien d'origine, surpassa en cruauté tous les tyrans connus : il avait fait usage de tous les genres de supplice, et, sous les plus légers prétextes, il réduisit en esclavage beaucoup de familles entières de Babyloniens, et les envoya en Médie pour en retirer le profit de leur vente. Il mit le feu aux marchés de Babylone et à plusieurs temples, et détruisit le plus beau quartier de la ville.

Alexandre, surnommé Zabinas, assiégea Laodicée, occupée par des chefs illustres qui s'étaient révoltés, Antipater, Clonius et Aëropus. Il se conduisit généreusement envers eux, et leur fit grâce ; car il était doux et clément, et montrait beaucoup d'urbanité dans ses entretiens. C'est pourquoi il était bien aimé de beaucoup de monde. Sextius prit une ville des Gaulois, et fit vendre les habitants à l'enchère. Un certain Craton, ami des Romains, eut, à cause de cette amitié, à souffrir, de la part des citoyens révoltés, une foule d'outrages et de tortures; il se trouva enchaîné et emmené avec les autres captifs. Ayant aperçu le consul rendant des sentences, il se fit connaître et raconta les supplices qu'il avait si souvent endurés de la part de ses concitoyens, pour avoir favorisé le parti des Romains. Non-seulement le consul lui accorda un pardon complet, lui rendit ses biens, mais Craton obtint encore, de la générosité des Romains, la permission d'exempter de l'esclavage neuf cents de ses concitoyens à son choix. Le consul, montrant aux Gaulois que les Romains savaient tout à la fois pardonner et punir, se conduisit envers Craton plus généreusement qu'il ne l'avait lui-même espéré.

* *Excerpt. Vatican.*, p. 109. — Le peuple se montra favorable à [Gracchus], non-seulement lorsqu'il eut obtenu la préture, mais encore quand il la briguait. A son retour de la Sardaigne, le peuple alla au-devant de lui, et, à son débarquement, il fut accueilli avec des bénédictions et des applaudissements. Telle était l'extrême affection que le peuple avait pour lui.

Gracchus conseilla, dans l'assemblée du peuple,..... de renverser l'aristocratie et d'établir un gouvernement démocratique; et, après s'être concilié la faveur de toutes les classes, il trouva dans le peuple, non-seulement un auxiliaire, mais, en quelque sorte, l'auteur de son audacieuse entreprise; car, chaque citoyen, séduit par ses propres espérances, était prêt à braver tout danger pour l'adoption des lois qu'il défendait comme ses propres biens. En ôtant aux sénateurs le pouvoir judiciaire pour le conférer aux chevaliers, Gracchus éleva la basse classe au-dessus de la classe aristocratique, et, brisant l'harmonie qui avait existé jusqu'alors entre le sénat et les chevaliers, il rendit le peuple prépondérant; enfin, divisant toutes les classes, il se fraya la voie au pouvoir souverain. Faisant servir le trésor public à des dépenses honteuses et à se faire des créatures, il attira sur lui les regards de tout le monde, tandis que, dans les provinces, il avait rendu l'empire romain odieux à ses sujets; pour s'attacher les soldats, il avait relâché la sévérité de l'ancienne discipline; il introduisit dans le corps militaire l'insubordination et l'anarchie : le mépris pour le chef excita des révoltes. De pareils principes amènent de graves désordres et la perte d'un État.

Gracchus était arrivé à un tel degré de pouvoir et d'arrogance qu'il fit relâcher Octave, que le peuple avait condamné à l'exil; il se contenta de dire que c'était une grâce que sa mère lui avait demandée.

Popilius, condamné à l'exil, fut accompagné hors de la ville par le peuple en armes; car la masse savait que cette condamnation était injuste, et que c'était la corruption qui privait le peuple d'un citoyen habitué à dire la vérité sur le compte des méchants.

Dix-sept tribus refusèrent la loi qui fut adoptée par un égal nombre de tribus; en comptant le suffrage de la dix-huitième tribu, on remarqua qu'il ne manquait plus qu'une seule voix pour sanctionner la loi. Pendant que le jugement du peuple ne dépendait que d'une voix, Gracchus était dans de terribles alarmes, car il s'agissait de sa vie; mais lorsque, par l'adjonction du dernier suffrage, il se vit vainqueur, il s'écria, transporté de joie : « Le glaive est suspendu sur la tête de mes ennemis; pour le reste, nous nous contenterons de ce que la fortune nous octroiera. »

*Excerpt. de Virt. et Vit.*, p. 604. — Alexandre [Zabinas] se défiant de la foule, comme non habituée au métier de la guerre et redoutant les vicissitudes du sort, n'osa pas risquer une bataille : il songea à réunir ses richesses, à enlever les offrandes sacrées et à s'embarquer avec ses trésors la nuit pour se rendre en Grèce. Il avait entrepris, avec quelques Barbares, de piller le temple de Jupiter, lorsqu'il fut surpris et faillit périr avec son armée, recevant ainsi un châtiment mérité. Cependant il parvint à s'enfuir avec un petit nombre des siens et se dirigea sur Séleucie. Mais les Séleuciens, instruits de cette tentative de profanation, lui fermèrent les portes de la ville. Ayant échoué dans son entreprise, Alexandre se dirigea sur Posidium, ne s'éloignant pas des côtes.

\* *Excerpt. Vatican.*, p. 109-110. — Alexandre, après avoir profané le temple de Jupiter, se réfugia à Posidium. Il semblait être poursuivi par un génie invisible, s'attachant à ses pas, et le menaçant sans cesse d'une juste punition. En effet, deux jours après son sacrilège, il fut arrêté et conduit dans le camp d'Antiochus. C'est ainsi que le châtiment suit de près les audacieuses entreprises des impies, et la punition ne se fait pas attendre. Naguère roi et chef d'une armée de quarante mille hommes, le voilà maintenant mis aux fers et exposé aux outrages et à la vengeance de ses ennemis.

Alexandre, roi de Syrie, fut chargé de fers et conduit à travers le camp; personne n'aurait voulu croire cet événement, ni ceux qui l'auraient entendu ni ceux qui l'auraient vu. Jamais on n'aurait cru à la possibilité d'un semblable fait; enfin lorsque la chose fut attestée par des témoins oculaires, il se manifesta une stupéfaction universelle; tous témoignèrent par des cris de sympathie de la puissance du destin. On s'exprima diversement sur l'inconstance du sort, et sur les vicissitudes humaines. — Combien la fortune est instable, et la vie de l'homme changeante!

*Excerpt. de Virt. et Vit.*, p. 604. — Après que Gracchus eut été tué par son propre esclave, Lucius Vitellius, un de ses amis s'approcha le premier du cadavre, et, sans pitié pour le mort, il lui coupa la tête, la porta chez lui, et donna ainsi l'exemple d'une cupidité et d'une cruauté extrêmes. Le consul avait fait proclamer qu'il donnerait, à celui qui lui apporterait la tête de Gracchus, un poids égal d'or; Vitellius perfora le crâne, en enleva la cervelle, et y fit fondre du plomb. Il remit ensuite la tête, et eut en retour le même poids d'or; mais il fut, pendant toute sa vie, noté d'infamie pour avoir trahi l'amitié. Les Flaccus périrent de la même manière.

*Excerpt. de Virt. et Vit.*, p. 605. — Pendant que les rois se combattaient en Libye, Jugurtha remporta la victoire et tua un grand nombre de Numides. Son frère Adherbal se réfugia à Cirta, et, assiégé dans cette place, il envoya des députés à Rome pour prier le peuple romain de ne pas abandonner, au moment du danger, un roi ami et allié. Le sénat fit partir des députés pour ordonner la levée du siége. Jugurtha ne s'étant pas rendu à cette injonction, le sénat envoya d'autres députés d'un rang plus élevé; ils revinrent de même sans avoir réussi dans leur mission. Cependant, Jugurtha entoura la ville d'un fossé, et essaya de réduire les habitants par la famine. Son frère sortit de la ville en suppliant, abdiqua la royauté, et ne demanda que la vie sauve; mais Jugurtha, ne respectant ni les liens du sang ni la voix du suppliant, fit égorger son frère Adherbal. Il fit de même mourir, dans de cruelles tortures, tous les Italiens qui avaient embrassé le parti de son frère.

*Excerpt. de Virt. et Vit.*, p. 605-608. — Le consul Nasica [Scipion] était un homme admiré pour sa vertu et son illustre naissance, car il était de la même origine que les Scipions l'Africain, l'Asiatique et l'Espagnol, ainsi nommés parce que le premier avait soumis la Libye, le second l'Asie, et le troisième l'Espagne. Nasica, outre cette illustre origine, avait pour père et grand-père les citoyens romains les plus célèbres. Tous les deux avaient présidé le sénat, et conservé jusqu'à leur mort le droit de voter les premiers. Son aïeul avait été jugé, d'après un décret du sénat, le meilleur des citoyens. [Voici à quelle occasion] : on avait trouvé écrit dans les livres sibyllins que les Romains devaient élever un temple à la grand'-mère des dieux, et faire apporter la statue de cette déesse de Pessinonte, en Asie; que cette statue devait être reçue, à Rome, en procession solennelle, par toute la population ayant à sa tête le meilleur des hommes et la plus vertueuse des femmes. Le sénat s'étant en tout conformé à cet oracle, déclara Publius Nasica le meilleur des hommes, et Valéria la plus vertueuse des femmes. En effet, Nasica n'était pas seulement estimé pour sa piété, mais connu pour un citoyen prudent et de bon conseil.

Après la guerre d'Annibal, Marcus Caton, surnommé Démosthène, avait coutume de terminer tous les discours qu'il prononçait dans le sénat, par ces paroles : « C'est mon opinion qu'il faut détruire Carthage. » Il répétait souvent ces mots, même lorsque le sénat délibérait sur des questions toutes différentes. Nasica, au contraire, répliquait sans cesse : « Et moi, je pense qu'il faut conserver Carthage. » Ces deux opinions contraires rendaient le sénat très-indécis ; les membres les plus sages du sénat se rangeaient de l'opinion de Nasica : ils pensaient que la puissance de Rome ne devait pas être jugée sur la faiblesse des autres États, mais d'après sa supériorité relativement à des États puissants ; puis, ils ajoutaient : « tant que Carthage subsiste, la crainte que cet État inspire forcera les Romains à rester unis et à gouverner avec douceur et modération, ce qui est le meilleur principe pour conserver et augmenter l'empire. Mais, une fois cette rivale détruite, il y aura des guerres civiles dues à la haine que la cupidité et la méchanceté des magistrats exciteront chez tous les alliés. » Tout cela arriva à Rome après la destruction de Carthage. Des factions démagogiques dangereuses, des lois agraires, des révoltes graves d'alliés, des guerres intestines longues et redoutables, et d'autres désordres suivirent cette prédiction de Scipion. Le fils de ce dernier était déjà âgé lorsque, étant à la tête du sénat, il tua de sa propre main Tibérius Gracchus, qui aspirait à la tyrannie. Le peuple, indigné, fit éclater sa fureur contre les meurtriers ; les tribuns citèrent les sénateurs un à un devant l'assemblée, et leur demandèrent le nom du meurtrier ; tous, redoutant l'exaspération de la foule, nièrent être les complices de l'assassinat, et émirent diverses réponses, lorsque Scipion seul avoua avoir commis ce meurtre, et ajouta que Gracchus avait, à l'insu des autres, aspiré à la tyrannie, mais que ce projet n'avait échappé ni à lui ni au sénat. Le peuple, malgré son indignation, garda le silence pour l'autorité et la gravité de Scipion. Le fils de celui-ci mourut dans l'année où nous sommes[1]; il avait été toute sa vie incorruptible; dans la vie publique comme dans la vie privée, il était philosophe, non-seulement dans ses paroles, mais dans ses actions; il avait hérité de la vertu de ses ancêtres.

Antiochus le Cyzicénien, à peine monté sur le trône, se livra à l'ivrognerie, à d'ignobles plaisirs, et affecta des mœurs indignes d'un roi : il s'amusait dans la société des histrions, des bouffons, des prestidigitateurs, et prenait à tâche d'apprendre leurs artifices; il s'occupait de l'art de faire mouvoir, au moyen de cordes, des animaux argentés et dorés de cinq coudées de haut, et se livrait à beaucoup d'autres inventions semblables. Mais il ne possédait ni l'hélépole ni d'autres machines de guerre qui procurent la gloire et rendent des services. Il aimait la chasse immodérément, et s'y livrait dans des moments inopportuns; souvent, pendant la nuit, et à l'insu de ses amis, il battait la campagne accompagné seulement de deux ou trois domestiques, et faisait la chasse aux lions, aux panthères et aux sangliers. Luttant souvent à bras le corps avec les animaux féroces, il courait quelquefois les plus grands dangers.

Micipsa, fils de Masinissa, roi des Numides, avait plusieurs fils, mais il chérissait particulièrement Adherbal, l'aîné, Hiempsal et Micipsa. C'était le plus généreux des rois de la Libye; il faisait venir à sa cour un grand nombre de Grecs instruits, et vivait dans leur société. Il avait reçu une éducation soignée, et s'était surtout appliqué à la philosophie. Il vieillit sur le trône et dans l'étude de la philosophie.

Un certain Contoniatus, roi d'une ville gauloise nommée Iontora, se faisait remarquer par sa prudence et par son habileté stratégique. Il était l'allié des Romains. Élevé jadis à Rome, et ayant adopté les mœurs et imité la vertu des Romains, il obtint par ces derniers un royaume dans la Gaule.

*Excerpt. Vatican.*, p. 111. — ... Sous le consulat de Carbon et de Silanus,... tant d'hommes ayant été tués, les uns pleuraient des fils ou des frères, les autres, devenus orphelins par la perte

[1] Quatrième année de la CLXVII<sup>e</sup> olympiade; année 111 avant J.-C.

de leurs parents, se lamentaient sur l'abandon de l'Italie; un très-grand nombre de femmes, privées de leurs maris, éprouvaient le sort d'un malheureux veuvage. Mais le sénat, supportant l'infortune avec beaucoup de grandeur d'âme, fit cesser tant de lamentations et de pleurs, bien qu'il souffrît lui-même beaucoup de cette triste catastrophe.

*Excerpt. de Virt. et Vit.*, p. 607-608. — Marius, l'un des conseillers [envoyés en Libye], était, en raison de son humble origine, très-peu considéré du général [Métellus]. Les autres envoyés, célèbres par leurs dignités et leur naissance, étaient très-bien accueillis par Métellus; Marius, au contraire, de race plébéienne, et n'ayant occupé que quelques emplois subalternes, était négligé. Pendant que les autres, fuyant les fatigues de la guerre, se livraient à l'oisiveté et à la paresse, Marius était souvent employé à des missions militaires; il faisait semblant de ne pas remarquer l'outrage qu'on lui faisait; il s'acquittait du service avec exactitude, et devint très-expérimenté dans l'art militaire. Fait pour les combats et les dangers, il s'exposait avec joie au premier rang, et s'attira bientôt une grande réputation de bravoure. Doux envers les soldats, il les comblait de bienfaits, vivait avec eux, et partageait leurs fatigues. Il se rendit ainsi les soldats dévoués : tous, pour lui témoigner leur reconnaissance, s'empressaient de combattre à ses côtés pour la plus grande gloire de leur chef. Toutes les fois que les soldats combattaient sous un autre légat, ils montraient de l'indécision dans les moments les plus décisifs. C'est pourquoi les Romains étaient en général battus sous d'autres chefs, tandis qu'en présence de Marius ils étaient toujours vainqueurs.

*Excerpt. de Legat.*, p. 630-631. — Bocchus, qui régnait en Libye, fit beaucoup de reproches à ceux qui lui avaient conseillé de faire la guerre aux Romains. Il envoya des députés à Marius pour demander pardon, ainsi que l'amitié des Romains, ajoutant que son alliance pouvait leur être très-utile. Marius engagea le roi à s'adresser au sénat. Bocch envoya donc des députés à Rome. Le sénat leur répondit qu'il accorderait volontiers à Bocchus toutes ses demandes s'il obtenait le consentement de Marius. Celui-ci tenait beaucoup à faire le roi Jugurtha prisonnier. Bocchus, en étant instruit, invita Jugurtha à une conférence. Il le fit arrêter, le chargea de fers et le livra au questeur Lucius Sylla, auquel cette mission avait été confiée. C'est ainsi que Bocchus se procura son salut par le malheur de Jugurtha, et fut pardonné des Romains.

## LIVRE TRENTE-SIXIÈME (?).

*Excerpt. Photii*, p. 529-536. — A la même époque où Marius défit Bocchus et Jugurtha, rois de la Libye, dans une grande bataille où périrent plusieurs milliers de Libyens, et que Jugurtha lui-même, arrêté par Bocchus pour se faire pardonner des Romains, fut conduit prisonnier à Rome, les Romains essuyèrent de grands échecs dans la guerre contre les Cimbres qui avaient envahi la Gaule; enfin, à cette même époque, quelques messagers, arrivés de la Sicile, vinrent annoncer la révolte de plusieurs milliers d'esclaves. A cette nouvelle, toute la république de Rome fut vivement alarmée, d'autant plus que près de soixante mille hommes d'élite avaient péri dans la guerre contre les Cimbres, et on n'avait plus à envoyer de nouvelles recrues.

Avant la révolte des esclaves en Sicile, il y avait eu plusieurs soulèvements en Italie; mais ils étaient de courte durée et peu importants, comme si quelque mauvais génie eût voulu annoncer d'avance la gravité de l'insurrection qui allait éclater en Sicile. Le premier de ces soulèvements en Italie eut lieu à Nucérie: trente esclaves avaient tramé une conspiration, mais ils furent bientôt découverts et châtiés; le second éclata à Capoue: deux cents esclaves s'étaient insurgés, mais ils ne tardèrent pas à être exterminés; le troisième soulèvement présenta quelques circonstances singulières. Un certain Titus Minutius, chevalier romain, fils d'un père très-riche, devint amoureux d'une jeune esclave extrêmement belle, mais qui n'appartenait pas à sa maison. Il eut des rapports avec elle, et son amour s'en accrut à un tel point, qu'il l'acheta au prix de sept talents attiques [1], tant était violent ce fol amour. Le maître qui avait consenti à cette vente accorda un délai pour le paiement; car le chevalier avait du crédit en raison de la fortune de son père. Le délai expira; et, n'ayant pas de quoi faire le paiement, il fixa un nouveau délai de trente jours. Au bout de ce terme, il fut encore dans l'impossibilité de payer au maître le prix de la vente; et comme son amour allait toujours en augmentant, il eut recours à la chose la plus insensée : il dressa des embûches à ses créanciers et se proclama roi absolu. Il acheta cinq cents armures, et demanda un terme pour le paiement; il fit transporter ces armures secrètement dans une de ses propriétés de campagne et excita à la révolte ses propres esclaves, au nombre de quatre cents. Puis il se ceignit du diadème, se revêtit d'un manteau de pourpre, s'entoura de licteurs et des autres insignes du pouvoir souverain, et se proclama roi avec le concours de ses esclaves. Il fit d'abord battre de verges ceux qui lui demandaient le prix de sa jeune esclave, et leur trancha la tête. Après avoir armé ses esclaves, il attaqua les maisons de campagne du voisinage et tua cent hommes qui faisaient de la résistance. Bientôt il réunit une troupe de plus de sept cents combattants qu'il divisa en centuries; il fit élever un retranchement et accueillit les rebelles qui se joignirent à lui. Cette rébellion ayant été annoncée à Rome, le sénat prit des mesures sages qui obtinrent un plein succès : il désigna un des généraux qui se trouvaient à Rome, Lucius Lucullus, pour s'emparer des esclaves fugitifs. Ce dernier fit le même jour, à Rome, une levée de six cents soldats, et se rendit à Capoue, où il rassembla quatre mille hommes d'infanterie et quatre cents cavaliers. Vettius [Titus Minutius] instruit de la marche de Lucullus, alla occuper une hauteur forte avec plus de trois mille cinq cents hommes. Dans le premier engagement, les esclaves fugitifs, grâce à leur position qui dominait le champ

---

[1] Trente-huit mille cinq cents francs.

de bataille, eurent d'abord l'avantage ; mais ensuite Apollonius, lieutenant de Vettius, séduit par Lucullus qui lui avait publiquement garanti son pardon, trahit ses complices. Au moment où Apollonius, secondant les Romains, allait porter la main sur Vettius pour l'arrêter, ce dernier, redoutant le châtiment qui l'attendait, s'ôta lui-même la vie, et avec lui périrent immédiatement tous ceux qui avaient pris part à la révolte, à l'exception du traître Apollonius. Ces événements n'étaient que le prélude d'un immense soulèvement qui éclata en Sicile. En voici l'origine.

Pendant son expédition contre les Cimbres, Marius fut autorisé par le sénat à tirer des troupes auxiliaires des nations transmarines. Marius envoya donc des députés auprès de Nicomède, roi de Bithynie, pour lui demander des secours. Ce dernier répondit que la plupart des Bithyniens avaient été enlevés par les percepteurs d'impôts, et servaient comme esclaves dans les province. Le sénat rendit alors un décret, d'après lequel aucun allié de condition libre ne devait servir comme esclave dans les provinces, et les préteurs étaient chargés de l'exécution de ce décret. Il y avait alors en Sicile le préteur Licinius Nerva, qui, conformément au sénatus-consulte, rendit la liberté à un grand nombre d'esclaves : dans l'espace de deux jours, il y en avait plus de huit cents rendus à la liberté. Tous les esclaves de l'île étaient alors enflammés par l'espoir de leur délivrance. Les habitants les plus considérés accoururent pour engager le préteur à renoncer à son entreprise. Nerva, soit par corruption, soit pour plaire aux riches, se désista du jugement de ces causes, et renvoya durement auprès de leurs maîtres les esclaves qui venaient réclamer leur affranchissement. Ces esclaves s'attroupèrent, sortirent de Syracuse, se réfugièrent dans le temple de Paliques, et conspirèrent entre eux. De là, la nouvelle de l'audacieuse entreprise des esclaves se répandit dans beaucoup d'endroits ; le mouvement commença dans le pays des Halicyens : trente esclaves, appartenant à deux frères très-riches, reconquirent les premiers leur liberté, sous le commandement d'un nommé Varius. Ils surprirent d'abord leurs maîtres au sommeil, et les égorgèrent ; ils envahirent ensuite les fermes voisines et appelèrent les esclaves à la liberté. Plus de cent vingt esclaves se réunirent dans cette même nuit. Ils occupèrent ensuite une place forte, la retranchèrent, et reçurent d'autres esclaves tout armés au nombre de quatre-vingts. Le gouverneur de la province, Licinius Nerva, se mit immédiatement à les assiéger ; mais il ne réussit pas dans son entreprise. Lorsqu'il vit que la forteresse était imprenable, il eut recours à la trahison. A cet effet, il promit la vie sauve à Caïus Titinius, surnommé Gadéus, et le séduisit par des promesses. Cet homme avait été depuis deux ans condamné à mort ; il avait échappé à la peine prononcée contre lui, et s'était mis à égorger un grand nombre d'hommes libres dans le pays qu'il avait rempli de ses brigandages ; mais il n'avait fait aucun mal aux esclaves. C'est cet homme que Nerva employa comme instrument de ses desseins. Titinius, prenant avec lui un nombre suffisant d'esclaves dévoués, s'approcha de la forteresse des rebelles comme s'il voulait les aider à faire la guerre contre les Romains. Il fut accueilli avec empressement, et comme il était brave, on le nomma commandant ; il livra la place par trahison. Quant aux rebelles, les uns périrent les armes à la main, les autres, redoutant le châtiment qui les attendait, s'ils tombaient entre les mains de leurs ennemis, se précipitèrent du haut de la forteresse. Telle fut la fin du premier soulèvement des esclaves fugitifs. — Après que les soldats romains eurent été congédiés, quelques messagers vinrent annoncer que Publius Clonius, chevalier romain, avait été assassiné par quatre-vingts esclaves rebelles, et que le rassemblement allait s'accroître. Le général romain, trompé par quelque conseil, laissa, en congédiant la plupart de ses troupes, assez de temps aux rebelles pour se retrancher dans leur position. Il s'avança cependant contre eux avec les soldats qu'il avait sous la main, traversa le fleuve Alba, passa à côté des rebelles qui avaient occupé le mont Caprianum, et atteignit la ville d'Héraclée. Cette marche faisant croire que le général romain n'avait pas osé attaquer les rebelles, un grand nombre d'esclaves prirent part au soulèvement : de tous côtés ils accoururent, se préparèrent de leur mieux au combat, et dans sept jours ils mirent sur pied plus de huit cents combattants, et bientôt après il n'y en eut pas moins de deux mille. Apprenant à Héraclée tous ces rassemblements, le général romain détacha Marcus Titinius avec six cents hommes de la garnison d'Enna. Celui-ci attaqua les rebelles ; mais comme ces derniers avaient l'avantage du nombre et de la position, il fut mis en déroute. Un grand nombre de soldats furent tués; les autres, jetant leurs armes, cherchèrent leur salut dans la fuite. Les rebelles, maîtres d'un si grand nombre d'armes, et ayant remporté la victoire, reprirent encore plus de courage ; enfin, tous les esclaves penchèrent pour la révolte. Les rassemblements augmentant journellement, il y eut en peu de jours plus de six mille rebelles. Ils se réunirent en une assemblée, et, sur la proposition qu'on fit, ils proclamèrent d'abord roi un nommé Salvius, passant pour habile dans les aruspices, et qui jouait de la flûte dans les spectacles de femmes. Ce roi évita le séjour dans les villes qu'il considérait comme propres à donner des habitudes de paresse et de luxe. Il divisa son armée en trois corps, donna à chacun un chef, leur ordonna de parcourir la campagne et de se réunir tous en un seul endroit et dans un temps donné. Par ces excursions, ils se procurèrent un grand nombre de chevaux et de bestiaux, et en peu de temps il y eut sur pied plus de deux mille cavaliers et au moins vingt mille fantassins, tous exercés militairement. Ils attaquèrent soudain la ville forte de Morgantine et l'assiégèrent vigoureusement. Le général romain partit la nuit pour aller au secours de la ville assiégée, ayant avec lui environ dix mille soldats italiens ou siciliens ; il surprit les rebelles occupés à ce siége, attaqua leur camp, et, ne le trouvant gardé que par un petit nombre de soldats, il s'en empara facilement de vive force ; il y trouva un grand nombre de femmes prisonnières et un immense butin. Après avoir pillé le camp, il se dirigea sur Morgantine. Les rebelles firent soudain face à l'ennemi, et, favorisés par leur position, ils l'attaquèrent avec violence et eurent bientôt l'avantage; le général romain fut mis en fuite. Le roi des rebelles défendit, dans une proclamation, de tuer aucun des soldats qui jetteraient leurs armes; la plupart des soldats s'enfuirent donc en s'en débarrassant. Salvius, ayant par ce moyen désarmé les ennemis, reprit le camp, et, après cette victoire signalée, il se trouva maître d'une grande quantité d'armes. Dans ce combat, grâce à la proclamation humaine du roi, il ne tomba pas plus de six cents Italiens et Siciliens; mais il y eut environ quatre mille prisonniers. Depuis ce succès, Salvius vit grossir sa troupe; il doubla son armée, devint maître de la campagne, et essaya de nouveau d'assiéger Morgantine, après avoir proclamé la liberté des esclaves qui s'y trouvaient. Mais, de leur côté, les maîtres firent la même promesse aux esclaves s'ils voulaient combattre les rebelles; les esclaves préférèrent ce dernier parti, et, combattant courageusement, ils firent lever le siége. Le général romain s'étant refusé à leur rendre la liberté, la plupart des esclaves s'enfuirent dans le camp des rebelles.

Dans le territoire d'Égeste, de Lilybée et des lieux voisins, les esclaves furent aussi atteints de la fièvre de révolte. A la tête de ces mouvements était un nommé Athénion, homme courageux, Silicien d'origine. C'était l'économe de deux frères très-riches, et expert dans l'art astromantique; il séduisit d'abord les esclaves qui lui étaient subordonnés, au nombre de deux cents, puis ceux du voisinage, de manière qu'en cinq jours il en eut réuni plus de mille. Nommé roi, il se ceignit du diadème, et suivit une conduite toute différente de celle des autres, car il n'accueillit pas indistinctement tous les déserteurs: il n'enrôla que les plus braves, et força les autres à rester chacun livré aux travaux qui lui étaient assignés; il se procura ainsi des vivres en abondance. Il prétendait que les dieux lui avaient annoncé qu'il serait un jour roi de toute la Sicile, et qu'il fallait épargner ce pays, ainsi que les animaux et les fruits qui s'y trouvaient, comme si c'était les siens. Enfin, il parvint à rassembler plus de dix mille hommes; il osa mettre le siége devant Lilybée, ville inexpugnable. Mais, n'obtenant aucun succès, il renonça à son entreprise, sous le prétexte que les dieux lui en avaient donné l'ordre, et que s'il persévérait dans ce siége, il lui arriverait du malheur. Pendant qu'il exécutait sa retraite, quelques navires, chargés de troupes d'élite mauritaniennes et envoyés au secours des assiégés, entrèrent dans le port de Lilybée. Ces troupes étaient commandées par un nommé Gomon, qui tomba inopinément pendant la nuit sur l'armée d'Athénion ; après avoir tué beaucoup d'ennemis et blessé un non moins grand nombre, il retourna dans la ville. La prédiction d'Athénion frappa d'étonnement les rebelles.

Toute la Sicile était en désordre et offrait une iliade de maux ; car non-seulement les esclaves, mais encore les hommes libres, sans moyens d'existence, se livraient au pillage et à toutes sortes d'excès. Dans la crainte d'être dénoncés, ces misérables tuaient impitoyablement tous ceux qu'ils rencontraient, hommes libres ou esclaves. Les habitants des villes ne regardaient plus guère comme leur propriété que ce qu'ils possédaient en dedans des murailles ; les biens situés en dehors de cette enceinte étaient pour eux des biens étrangers et la proie du plus fort. Beaucoup d'autres excès intolérables étaient commis en Sicile.

Salvius ayant assiégé Morgantine, parcourut le pays jusqu'à la plaine de Léontium, et rassembla une armée formée d'au moins trente mille hommes d'élite. Il sacrifia aux héros paliques, leur consacra une robe de pourpre en action de grâces de sa victoire, se proclama lui-même roi, et fut salué du nom de Tryphon par les rebelles. Ayant conçu le projet de s'emparer de Triocala et d'y établir sa résidence, Tryphon fit venir auprès de lui Athénion, comme un roi mande son général. Tout le monde crut d'abord qu'Athénion revendiquerait pour lui-même l'autorité souveraine, et que la guerre serait facilement terminée en raison de la division qui éclaterait parmi les rebelles ; mais le destin, qui semblait vouloir augmenter les forces des esclaves fugitifs, fit que les chefs restèrent unis. Tryphon se dirigea promptement avec son armée sur Triocala ; Athénion s'y rendit aussi avec trois mille hommes, obéissant à Tryphon comme un général à son roi; il avait détaché le reste de ses troupes avec l'ordre de parcourir la campagne et de soulever les esclaves. Tryphon conçut plus tard des soupçons contre Athénion, et le jeta en prison. Il fit exécuter de beaux travaux pour fortifier encore davantage la place de Triocala, déjà naturellement forte. Le nom de cette place vient, dit-on, de ce qu'elle offre trois avantages[1]. D'abord, elle possède beaucoup de sources d'eau douce; ensuite, des environs admirablement cultivés, pleins de vignobles et d'oliviers; enfin, la place, assise sur un immense rocher imprenable, est extrêmement forte. Tryphon avait fait entourer la ville d'une enceinte de huit stades, ainsi que d'un fossé profond; il y avait fixé sa résidence, et s'était pourvu de toutes sortes de provisions. Il y construisit aussi un palais royal et un forum assez vaste pour contenir un peuple nombreux. Il se composa un conseil dont les membres étaient choisis parmi les hommes les plus sages. Il portait la toge prétexte, et la tunique laticlave quand il siégeait au tribunal. Il était précédé de licteurs armés de haches, et s'entourait de tous les attributs de la royauté.

Le sénat de Rome envoya contre les rebelles Lucius Licinius Lucullus avec une armée de quatorze mille hommes, tant Romains qu'Italiens, auxquels il fallait ajouter huit cents Bithyniens, Thessaliens et Acarnaniens; six cents Lucaniens, commandés par Cleptius, renommé pour son expérience militaire et sa bravoure; enfin un autre corps de six cents hommes. Le total de l'armée avec laquelle le général romain vint occuper la Sicile, s'élevait donc à dix-sept mille hommes. Cependant Tryphon s'était réconcilié avec Athénion et délibérait sur la conduite à tenir dans la guerre contre les Romains. Tryphon était d'avis de combattre à Triocala, tandis qu'Athénion conseillait de ne pas se laisser assiéger, mais de combattre en rase campagne.

Ce conseil ayant prévalu, les rebelles, au nombre d'environ quarante mille, vinrent camper près de Scirthée, à douze

---

[1] Τρία καλά.

stades du camp des Romains. Il y eut d'abord des escarmouches sans interruption; les deux armées se rangèrent ensuite en bataille; le succès fut longtemps incertain, et il y eut beaucoup de morts de part et d'autre. Athénion, à la tête de deux cents cavaliers d'élite, porta la mort dans les rangs ennemis; mais, blessé aux deux genoux et atteint d'une troisième blessure, il fut mis hors de combat; les esclaves découragés prirent la fuite. Athénion, feignant d'être mis à mort, se sauva à la tombée de la nuit. Tryphon et ses compagnons furent mis en déroute, et les Romains remportèrent une brillante victoire; au moins vingt mille rebelles restèrent sur le champ de bataille. Le reste profita de la nuit pour se sauver à Triocala; il aurait été cependant facile au général romain d'exterminer ces débris, s'il s'était mis à leur poursuite. Tous les esclaves furent tellement abattus par ce revers qu'ils se consultèrent entre eux pour retourner auprès de leurs maîtres, et se livrer à discrétion. Cependant l'opinion de se défendre jusqu'au dernier souffle de vie plutôt que de se rendre à leurs ennemis l'emporta. Neuf jours après, le général romain vint assiéger Triocala. Dans le combat qui s'y livra, il y eut beaucoup de morts de part et d'autre; enfin le général romain eut le dessous, et les rebelles reprirent courage. Lucullus manqua à ses devoirs, soit par négligence, soit par corruption. C'est pourquoi les Romains le mirent plus tard en jugement.

Caïus Servilius, envoyé en remplacement du général Lucullus, ne fit non plus rien qui soit digne de mémoire. Aussi fut-il, de même que Lucullus, condamné par la suite à l'exil. A la mort de Tryphon, Athénion hérita du pouvoir. Il assiégeait les villes, dévastait impunément les campagnes et recueillait un immense butin, car Servilius n'osait pas lui résister.

\* *Excerpt. Vatican.*, p. 111. — En apprenant que Caïus Servilius avait passé le détroit de Sicile pour continuer la guerre, Lucullus licencia ses soldats, brûla ses palissades et ses travaux de fortification, afin de ne laisser à son successeur aucune ressource importante pour la conduite de la guerre. Comme on lui reprochait de traîner la guerre en longueur, il crut se faire disculper par l'exemple de son successeur humilié et battu.

*Excerpt. Photii*, p. 536-537. — L'année étant révolue, les Romains nommèrent pour la cinquième fois consul Caïus Marius, avec Caïus Aquillius[1]. Le général Aquillius fut envoyé contre les rebelles, et, grâce à sa bravoure, il remporta sur eux une éclatante victoire. Il engagea lui-même avec Athénion, roi des rebelles, une lutte héroïque; il le tua et fut blessé à la tête. Dès qu'il fut rétabli, il marcha contre le reste des rebelles, au nombre de dix mille. Ces derniers ne résistèrent pas à l'attaque, mais se réfugièrent dans leurs retranchements. Cependant Aquillius ne leur laissa aucun répit, et les réduisit de vive force. Enfin il ne restait plus que mille rebelles sous le commandement de Satyrus. Le général romain songea d'abord à les soumettre par les armes; mais comme ils envoyèrent ensuite des parlementaires, et qu'ils se rendirent à discrétion, Aquillius ne leur infligea pour le moment aucune punition; il se contenta de les envoyer à Rome où ils furent employés à combattre les bêtes féroces dans les jeux publics. Cependant, selon quelques historiens, ces esclaves terminèrent leur vie d'une manière plus éclatante : refusant de descendre dans le cirque pour combattre des animaux, ils se tuèrent eux-mêmes réciproquement sur les autels publics; Satyrus s'ôta le dernier la vie et tomba en héros sur les cadavres de ses compagnons. Telle fut l'issue tragique de la guerre des esclaves en Sicile, laquelle avait duré près de quatre ans.

*Excerpt. de Virt. et Vit.*, p. 608-609. — .... Non-seulement une multitude d'esclaves révoltés, mais encore des hommes libres, sans biens ni ressources, se livraient au pillage et à toutes sortes d'excès. Poussés tout à la fois par leur indigence et leur scélératesse, ils parcouraient le pays par bandes; ils emmenaient les troupeaux de bestiaux, pillaient les fruits déposés dans les greniers, et, pour s'assurer l'impunité de leurs crimes, ils égorgeaient impitoyablement tous ceux qu'ils rencontraient,

---

[1] Quatrième année de la CLXIX olympiade; année 101 avant J.-C.

tant esclaves qu'hommes libres. L'autorité romaine était impuissante à rendre la justice : une licence générale fut l'origine de maux grands et nombreux ; tout le pays était rempli d'excès et de rapines. Les citoyens les plus considérés et les plus riches dans les villes perdirent, par ce changement inattendu de la fortune, non-seulement leurs biens, tombés insolemment entre les mains d'esclaves fugitifs, mais ils durent encore subir les outrages des hommes libres. Aussi, tous les habitants considéraient-ils à peine comme leurs biens les propriétés situées dans l'intérieur des villes ; tout ce qui était situé en dehors des murs fut la proie de la violence. Enfin, les villes étaient remplies de désordres, de troubles et d'anarchie. Les rebelles, maîtres de la campagne, irrités contre leurs seigneurs, animés d'une cupidité insatiable, rendaient le pays inabordable aux voyageurs. Les esclaves, renfermés dans l'intérieur des murs, étaient atteints de la contagion de la révolte, et se rendaient redoutables à leurs maîtres [1].

Le tribun Saturninus affectait des mœurs dissolues ; nommé questeur, il fut chargé de faire transporter à Rome les approvisionnements tirés d'Ostie. Sa négligence et sa mauvaise conduite dans l'administration de la charge qui lui était confiée, lui valurent des reproches mérités. Le sénat lui ôta sa questure pour la donner à d'autres. S'étant corrigé de sa vie licencieuse, et devenu plus sage, il fut jugé digne d'être nommé tribun du peuple.

*Excerpt. Photii,* p. 537-538. — Un nommé Battacès, prêtre de la grand'mère des dieux, arriva de Pessinonte, en Phrygie, à Rome. Admis en présence des magistrats et du sénat, il déclara qu'il était venu par ordre de la déesse dont le temple avait été souillé, et qu'il fallait faire à Rome des expiations publiques. Ce prêtre avait un vêtement et des ornements particuliers, éloignés des mœurs des Romains : il portait une immense couronne d'or et une robe brodée d'or, semblable à celle d'un roi. Il

---

[1] Il y a dans ce fragment plusieurs répétitions parfaitement inutiles, qu'on devrait retrancher dans les éditions de Diodore.

harangua le peuple dans le forum, et inspira à la multitude une crainte superstitieuse : il reçut l'hospitalité, et fut logé aux frais de l'État; mais un des tribuns du peuple, Aulus Pompéius, lui défendit de porter la couronne. Un autre tribun du peuple le fit monter à la tribune, le pressa de questions au sujet de l'expiation publique, et n'en obtint que des réponses empreintes de fanatisme. Le peuple, excité par Pompéius, insulta le prêtre, qui se retira dans son domicile, et n'en sortit plus, disant qu'on avait outragé, non-seulement sa personne, mais encore la déesse. Aussitôt après, Pompéius fut atteint d'une fièvre ardente; une angine violente lui fit ensuite perdre la voix, et il mourut le troisième jour. Cette mort fut considérée par la multitude comme un châtiment divin pour avoir insulté le prêtre et la déesse; car les Romains sont très-superstitieux. Battacès reçut donc la permission de porter la robe sacrée; le peuple l'honora de présents magnifiques; un grand nombre d'hommes et de femmes le conduisirent hors de Rome.

Suivant une coutume des soldats romains, tout général qui, dans un combat, avait fait mordre la poussière à plus de six mille ennemis, était proclamé *imperator*, ce qui équivaut au titre de roi.

*Excerpt. de Legat.*, p. 634. — Des envoyés du roi Mithridate vinrent à Rome pour offrir au sénat une grande quantité de richesses. Saturninus, profitant de cette occasion pour insulter le sénat, fit subir à cette députation de grands outrages. Les envoyés, excités par les sénateurs qui promettaient leur appui, firent mettre Saturninus en jugement pour le faire punir des outrages qu'ils avaient reçus. Ce débat public eut beaucoup de gravité, tant en raison du caractère inviolable des députés, qu'à cause de la sévérité que les Romains avaient toujours montrée contre ceux qui avaient insulté les députations. Saturninus, cité devant le sénat, dont il était justiciable en raison du crime qu'il avait commis, allait être condamné à mort; vivement alarmé du danger qui le menaçait et de la gravité de la lutte qu'il avait engagée, il eut recours au moyen commun de tous les malheureux, à la pitié. Il déposa sa robe splendide pour prendre un vêtement grossier ; il laissa pousser les cheveux et la barbe, parcourut la ville, implora la miséricorde du peuple, tomba à genoux devant les uns, prit les mains des autres, et les supplia, les larmes aux yeux, de venir à son secours ; il leur représentait qu'il était injustement condamné par le sénat, enfin que ses ennemis étaient en même temps ses accusateurs et ses juges. Le peuple se laissa émouvoir par ces supplications : plusieurs milliers d'hommes accoururent vers le tribunal, et Saturninus fut acquitté contre toute attente. Grâce au concours du peuple, il fut réélu tribun.

*Excerpt. de Virt. et Vit.*, p. 609. — Le procès du rappel de Métellus s'agitait depuis deux ans dans les assemblées publiques. Le fils de Métellus avait laissé croître ses cheveux et sa barbe, et, vêtu comme un malheureux, il parcourait la place publique, se jetait aux genoux des citoyens et sollicitait, les larmes aux yeux, le rappel de son père. Le peuple, quoiqu'il ne voulût pas donner l'exemple d'un rappel illégal, fut cependant touché de compassion à la vue du jeune homme qui montrait tant d'affection pour son père ; il rappela Métellus de l'exil et donna à son fils le surnom de *Pieux*, à cause de sa tendresse filiale.

## LIVRE TRENTE-SEPTIÈME (?).

*Excerpt. Vatican.*, p. 112-114. — Depuis que les actes des hommes sont consignés dans l'histoire pour en conserver une mémoire éternelle, la plus grande guerre que nous connaissions est celle des Marses. Cette guerre, en effet, surpasse toutes celles qui l'ont précédée, tant par la bravoure des chefs que par la grandeur des exploits. Le plus illustre des poëtes, Homère, a rendu la guerre de Troie à jamais célèbre par son poëme épique. Dans la lutte entre l'Europe et l'Asie, pendant que les deux plus grands continents se disputaient la victoire, il s'accomplit de si grandes actions d'éclat que la postérité y puisa amplement pour le théâtre des sujets mythiques et tragiques.

Et pourtant ces héros de l'antiquité, dans l'espace de dix ans, n'ont soumis que les villes de la Troade, tandis que plus tard les Romains ont vaincu, dans une seule bataille rangée, Antiochus le Grand, et sont devenus maîtres de l'Asie. Après la guerre de Troie, le roi des Perses marcha contre la Grèce; des fleuves éternels furent desséchés par la foule des guerriers qui suivaient ce roi. Cependant l'habileté stratégique de Thémistocle, unie au courage des Grecs, défit les Perses. A la même époque, trois cent mille Carthaginois débarquèrent en Sicile; Gélon, souverain de Syracuse, par un seul stratagème, et en un clin d'œil, incendia deux cents navires, tua en bataille rangée cent cinquante mille ennemis, et fit un égal nombre de prisonniers. Mais dans la guerre marsique, les Romains avaient à combattre et défirent les descendants de ceux qui avaient accompli toutes ces grandes choses. A une époque plus récente, allant de conquête en conquête, les Romains soumirent la Macédoine d'où était sorti cet Alexandre qui, par son génie et sa bravoure extraordinaires, renversa l'empire des Perses. Carthage, qui avait, pendant vingt-quatre ans, combattu Rome pour se maintenir en Sicile, et qui avait livré les batailles les plus grandes et les plus nombreuses sur terre et sur mer, succomba sous la puissance des Romains. Quoiqu'elle eût pour chef Annibal, le premier par son courage, Carthage fut enfin subjuguée par la bravoure des Romains et des Italiens, ainsi que par les talents de Scipion. Les Cimbres, semblables à des géants, doués d'une force herculéenne, qui avaient détruit plusieurs grandes armées romaines et envahi, avec quatre cent mille hommes, l'Italie, furent, grâce à la vaillance des Romains, entièrement exterminés. Tout le monde adjugea donc la palme de la bravoure aux Romains et aux peuples de l'Italie; mais le destin, qui semblait avoir allumé à dessein la discorde parmi ces peuples, fit éclater une guerre qui surpassait en grandeur toutes les autres; les populations de l'Italie, estimées de tout temps les plus braves, déchirées par des factions intestines, se soulevèrent contre l'autorité de Rome et firent naître cette immense guerre appelée *mar-*

*sique*, du nom des Marses qui étaient les chefs de l'insurrection.

*Excerpt. Photii*, p. 538-541. — Diodore rapporte que la guerre marsique a été la plus grande guerre de son époque. Elle tira, dit-il, son nom des auteurs de la conflagration à laquelle prirent part tous les Italiens contre les Romains. La première cause de cette guerre fut le changement des mœurs qui, de sobres et de modestes, étaient devenues, au grand préjudice des Romains, luxurieuses et dissolues. Cette corruption fit d'abord soulever le peuple contre le sénat; ce dernier appela à son secours les habitants de l'Italie, en promettant de leur donner et de faire sanctionner par une loi les droits de citoyens romains, objet de tous leurs vœux. Mais, comme le sénat ne remplit aucune de ses promesses à l'égard des peuples de l'Italie, il en résulta la guerre que ces derniers firent aux Romains sous le consulat de Lucius Marcus Philippus et de Sextus Julius, dans la seconde année de la CLXXII[e] olympiade[1]. Dans le cours de cette guerre, plusieurs combats furent livrés avec des succès différents; des villes furent prises de part et d'autres, et la victoire balançait incertaine entre les deux partis opposés; enfin, après d'immenses pertes réciproques, les Romains l'emportèrent à peine et consolidèrent leur empire. Voici les peuples qui firent la guerre aux Romains : les Samnites, les Ascolaniens, les Lucaniens, les Picentins, les Nolaniens, ainsi que plusieurs autres peuples et villes. Parmi ces dernières, la plus célèbre et la plus grande était Corfinium; elle était récemment construite et le siége du gouvernement des Italiotes. On y voyait tout ce qui distingue une ville grande et puissante : un forum spacieux, un tribunal, des arsenaux, un trésor et des magasins de provisions. On y avait établi un sénat composé de cinq cents membres, parmi lesquels on choisissait les premiers magistrats et les conseillers de la patrie. Les sénateurs étaient chargés de l'administration de la guerre, et investis d'un pouvoir dictatorial. Ils avaient porté une loi d'après laquelle deux consuls et douze généraux

---

[1] Année 91 avant J.-C.

étaient élus annuellement. Quintus Pompédius Silon, Marse d'origine, l'un des premiers citoyens de sa nation, et le Samnite Caïus Aponius Motylus, distingué par sa renommée et ses exploits, furent d'abord nommés consuls. Ils divisèrent toute l'Italie en deux parties, et en firent des provinces consulaires. Pompédius obtint le gouvernement du pays qui s'étend depuis Cercoles[1] jusqu'à la mer Adriatique, vers l'occident et le nord, et il eut sous lui six généraux; la contrée de l'Orient et du Midi fut adjugée à Caïus Motylus, et on lui adjoignit de même six généraux. Ayant ainsi tout habilement disposé, et, en un mot, réglé leur gouvernement sur celui de Rome et d'après la constitution ancienne, les insurgés portèrent leurs efforts vers la guerre qu'ils avaient à soutenir, et donnèrent à leur métropole le nom d'*Italia*. Dans leur guerre contre les Romains, les insurgés furent victorieux dans la plupart des rencontres, jusqu'à ce que Cnéius Pompéius, nommé consul et général de l'expédition, et Sylla, lieutenant du second consul Caton, parvinrent à remporter sur les Italiens plusieurs victoires signalées, et en brisèrent le pouvoir. Néanmoins, les insurgés continuèrent la guerre, et ils furent plusieurs fois défaits par le général Caïus Cosconius, qui avait été envoyé en Iapygie. Réduits par cette défaite à un très-petit nombre, les Italiens évacuèrent leur métropole Corfinium, d'autant plus promptement que les Marses et tous les peuples voisins avaient fait leur soumission aux Romains; ils allèrent transporter leur siége à Æsernia, chez les Samnites. Ils se choisirent ensuite cinq généraux, parmi lesquels ils donnèrent le commandement en chef à Quintus Pompédius Silon, à cause de son expérience et de sa réputation militaire. Celui-ci, avec l'assentiment des autres chefs, mit sur pied une grande armée, et réunit, avec les troupes anciennes, un total d'environ trente mille hommes; il donna en outre la liberté aux esclaves, les arma du mieux qu'il put, et en forma un corps de près de vingt mille hommes d'infanterie et de mille cavaliers. Il attaqua ensuite les Romains,

---

[1] Suivant Ortellus, cette ville était située dans les Gaules.

commandés par Mamercus, mais il leur tua peu de monde, et perdit au contraire plus de six mille hommes.

En ce même temps, Métellus prit d'assaut Venuse, ville considérable de l'Apulie, et défendue par de nombreuses garnisons ; il fit plus de trois mille prisonniers. Les Romains devenant de plus en plus victorieux, les Italiens envoyèrent une députation auprès de Mithridate, roi du Pont, alors puissant par ses troupes et ses ressources militaires ; ils le prièrent d'envahir l'Italie et de marcher contre les Romains, ajoutant qu'après leur jonction ils renverseraient facilement la puissance de Rome. Mithridate répondit qu'il conduirait des troupes en Italie lorsqu'il aurait soumis l'Asie ; c'est ce qui l'occupait alors. Les rebelles, tout à fait abattus, désespérèrent donc de leur salut ; il ne restait qu'un petit nombre de Samnites et de Sabelliens occupant Nola, et, de plus, les partisans de Lamponius et de Clepitius avec les débris des Lucaniens. La guerre marsique allait être terminée, lorsque les dissensions intestines se renouvelèrent à Rome : beaucoup de citoyens distingués recherchaient le commandement des troupes dirigées contre Mithridate, parce que de grandes récompenses étaient le prix de cette lutte. Caïus Julius et Caïus Marius, pour la sixième fois consul, se disputaient ce commandement, et les suffrages de la multitude étaient également partagés.

D'autres troubles encore éclatèrent dans Rome. Le consul Sylla partit de Rome, se rendit auprès des troupes rangées autour de Nola, frappa de terreur plusieurs peuples voisins, et les força à se rendre et à livrer leur ville. Pendant que Sylla était à la tête de l'expédition dirigée contre Mithridate en Asie, Rome fut déchirée par de graves dissensions et par des guerres civiles. Marcus Aponius, Tibérius Clepitius et Pompéius (Pompélius), commandant les débris de l'armée des Italiens confédérés, séjournaient dans le pays des Bruttiens ; après avoir, pendant longtemps, assiégé la ville forte d'Isia, sans avoir réussi à la rendre, ils laissèrent un détachement pour continuer le siége, et se portèrent, avec le reste de l'armée, sur Rhégium, dont ils poussèrent vigoureusement le siége, dans l'espérance qu'une fois maîtres de cette ville, ils feraient facilement passer des troupes en Sicile, et pourraient s'emparer de l'île, la plus opulente qu'il y ait sous le soleil. Mais le général Caïus Urbanus, grâce à une nombreuse armée et à son ardeur guerrière, frappa de terreur les Italiotes, et leur arracha Rhégium. Plus tard, les partisans de Sylla et de Marius fomentèrent des troubles parmi les Romains, dont les uns se déclaraient pour Sylla, les autres pour Marius. Le plus grand nombre d'entre eux succomba dans les guerres, le reste se soumit à Sylla, victorieux. Voilà comment s'éteignit la guerre marsique, ainsi que la plus grande des guerres civiles.

*Excerpt. de Virt. et Vit.*, p. 609-610. — Les Romains, dont les lois et les mœurs étaient anciennement très-bonnes, parvinrent en peu de temps à un tel degré de puissance, qu'ils eurent le plus célèbre et le plus grand des empires dont l'histoire fasse mention. Mais, à une époque plus récente, la soumission de tant de peuples et une longue paix firent changer, pour la perte de Rome, les anciennes mœurs. Pour se délasser du métier des armes, les jeunes gens se livraient à la mollesse et à l'intempérance; car les richesses satisfaisaient à leurs désirs. Dans la ville, on préférait le luxe à la frugalité, l'oisiveté aux exercices militaires; enfin, l'on regardait comme heureux, non pas celui qui était doué de vertus, mais celui qui passait tout le temps de sa vie dans les plus grandes réjouissances. Des repas somptueux, des parfums recherchés, des tapis brodés, des tricliniums richement ornés, des meubles en ivoire, en argent, et en d'autres matières précieuses artistement travaillées, devinrent de plus en plus à la mode; on dédaignait les vins qui ne flattaient que médiocrement le goût; il leur fallait du Falerne, du Chio, et tout autre vin semblable qui flatte le palais; on dépensait des sommes immenses pour des plats de poisson et d'autres mets recherchés. Les jeunes gens portaient dans le forum les étoffes les plus molles, transparentes et fines comme celles que portent les femmes. Tous ces objets de luxe, propres à engendrer une mollesse pernicieuse, s'élevèrent bientôt à des prix incroyables : une amphore de vin se vendait cent drachmes[1]; un pot de salaison du Pont, quatre cents drachmes[2]; les cuisiniers qui excellaient dans leur art étaient payés quatre talents; et les concubines, distinguées par leur beauté, se payaient un grand nombre de talents. Pendant que ce luxe effréné faisait des progrès, quelques magistrats essayèrent dans les provinces de ramener les anciennes mœurs, et proposèrent, en raison de leur autorité, leur propre vie comme le meilleur modèle à suivre.

* *Excerpt. Vatican.*, p. 114. — Marcus Caton, homme sage et distingué par la pureté de ses mœurs, se prononça dans le sénat contre le luxe qui envahissait Rome. « Dans cette seule ville, s'écriait-il, un pot de salaison du Pont se vend plus cher qu'une paire de bœufs, et un mignon plus qu'un esclave. »

*Excerpt. de Virt. et Vit.*, p. 610. — Quintus Scœvola mit le plus grand zèle à corriger par ses vertus la dépravation des mœurs. Envoyé comme préteur en Asie, il choisit pour conseiller le meilleur de ses amis, Quintus Rutilius; il le consultait dans toutes les affaires d'administration de sa province. Le préteur jugea convenable de subvenir avec sa fortune privée aux dépenses de sa maison et à celles de sa suite. Par sa vie sobre et frugale, ainsi que par une justice incorruptible, il parvint à relever sa province de l'état déplorable où elle avait été plongée; car les fermiers de l'État, précédemment envoyés en Asie, ayant pour associés ceux qui exerçaient à Rome le pouvoir judiciaire[3], avaient rempli la province de leurs excès.

Lucius Scœvola, administrant la justice avec probité et impartialité, purgea la province de tous les sycophantes, et réprima les iniquités des fermiers de l'État. Il donnait des juges équitables à tous ceux qui avaient été offensés; il faisait condamner les fermiers mis en cause et les forçait à restituer aux

---

[1] Plus de quatre-vingt-dix francs.
[2] Plus de trois cent soixante francs.
[3] Les chevaliers, *equites*.

parties lésées les dommages pécuniaires qu'ils leur avaient faits ; tout crime capital était puni de mort. Un jour, l'esclave qui administrait les biens d'un des agents du fisc stipula, d'accord avec ses maîtres, une forte somme d'argent pour racheter sa liberté ; mais Scœvola fit hâter le jugement, et condamna l'esclave au supplice de la croix avant qu'il se fût racheté[1].

Le même Lucius Scœvola livrait aux offensés les fermiers de l'État condamnés devant la justice. Il arrivait que ceux qui, peu de temps auparavant, au mépris des lois et entraînés par leur avarice, avaient commis tant d'exactions criminelles, étaient, contre toute attente, livrés à un châtiment mérité par ceux-là mêmes qu'ils avaient offensés. Il pourvut sur sa propre cassette aux dépenses ordinaires des généraux et de sa suite, et ramena bientôt l'affection des alliés pour Rome.

* *Excerpt. Vatican.*, p. 114 et 115. — Le préteur, par sa prudence et par des secours sagement répartis, fit cesser la haine que les provinces avaient conçue contre l'empire de Rome ; il reçut de ceux auxquels il avait fait du bien les honneurs divins, et de ses concitoyens de nombreuses récompenses.

Il nous faut aussi parler de ceux qui, sortis d'une condition humble, ont dirigé leurs efforts vers des entreprises différentes de celles que le destin leur avait préparées ; car les grands comme les petits sont animés du même zèle pour se distinguer par leurs œuvres.

*Excerpt. de Virt. et Vit.*, p. 610 et 611. — Lucius Asyllius, dont le père avait été questeur, fut envoyé comme proconsul en Sicile ; il trouva cette province dans un état déplorable, mais il la releva par de très-belles institutions. A l'exemple de Scœvola, il choisit pour compagnon et conseiller le meilleur de ses amis, Caïus, surnommé Longus, zélé imitateur de la sagesse des anciennes mœurs ; il lui adjoignit Publius, le plus distingué des chevaliers établis à Syracuse. Indépendamment des biens de

---

[1] C'était sans doute un esclave qui avait commis quelque crime, et qui, pour échapper au supplice dont il était menacé à cause de sa condition d'esclave, voulait se faire affranchir.

la fortune, Asyllius se faisait remarquer par ses qualités éminentes : les sacrifices, les restaurations de temples et les offrandes qu'il fit aux dieux, témoignent de sa piété; la conservation intacte de ses sens jusqu'au dernier moment de sa vie atteste sa tempérance ; son humanité se manifesta dans la distinction avec laquelle il accueillait les hommes instruits, et dans les bienfaits qu'il donnait aux dépens de sa propre fortune à ceux qui se livraient à quelque art libéral. Asyllius, vivant sous le même toit que ses deux conseillers, administrait avec eux la justice, et faisait tous ses efforts pour rétablir les affaires de sa province. Ne cherchant dans l'exercice du pouvoir judiciaire que l'intérêt de la république, il débarrassa le forum des faux délateurs, et mit le plus grand soin à secourir les faibles. Tandis que les autres proconsuls nommaient d'ordinaire des tuteurs aux orphelins et aux veuves sans parents, Asyllius se déclara lui-même le protecteur de ces personnes. Il jugeait leurs causes avec sagesse et discernement, et venait en aide à tous les opprimés. Enfin, il employa tout le temps de son administration à réparer les torts publics et privés, et ramena dans l'île l'ancienne prospérité.

\* *Excerpt. Vatican.*, p. 115. — Le sénat avait menacé Gracchus de lui faire la guerre pour avoir transporté aux chevaliers le pouvoir judiciaire; mais Gracchus s'écria courageusement : « Dussé-je mourir, je ne cesserai pas de poursuivre les sénateurs l'épée dans les reins. » Cette parole fut comme un oracle justifié par l'événement. Gracchus, ayant aspiré à la tyrannie, fut mis à mort sans jugement.

La famille des Drusus jouissait d'une grande influence à raison de sa noble origine et de son humanité envers les citoyens. Une loi venait d'être proposée et récemment sanctionnée; quelque citoyen écrivit par plaisanterie au bas de son vote : « Cette loi concerne tous les citoyens, à l'exception des deux Drusus. »

*Excerpt. de Virt. et Vit.*, p. 614. — Marcus Livius Drusus était encore très-jeune et doué des meilleurs avantages : fils d'un père célèbre que le peuple romain avait singulièrement affectionné en raison de son illustre origine et de ses vertus, il était le plus éloquent orateur de son temps, le plus riche de tous les citoyens, et s'était, par l'exécution fidèle de ses promesses, acquis un grand crédit ; il était en outre rempli de noblesse d'âme et semblait être le seul chef du sénat.

\* *Excerpt. Vatican.*, p. 116 et 118. — Comme le sénat rejetait les lois proposées par Drusus, celui-ci dit : « Bien que j'aie le pouvoir de m'opposer à la publication des décrets du sénat, je n'en ferai aucun usage, sachant fort bien que les coupables recevront bientôt leur châtiment. » Il ajouta que les lois qu'il avait proposées devaient entraîner l'abolition de celles qu'il avait fait rendre sur l'exercice du pouvoir judiciaire; cela fait, tout homme incorruptible n'aurait à redouter aucune accusation, tandis que ceux qui avaient pillé les provinces, seraient punis comme corrupteurs, de telle façon que les envieux qui voulaient amoindrir sa gloire ne firent par leur décret que se créer des embarras.

Serment de Philippe : « Par Jupiter Capitolin, par Vesta de Rome, par Mars, patron de cette ville, par le soleil, principe de tous les germes, par la terre, la bienfaitrice des animaux et des plantes, par les demi-dieux, fondateurs de Rome, et par les héros qui ont contribué à l'accroissement de sa puissance, je jure que l'ami ou l'ennemi de Drusus sera aussi le mien, que je n'épargnerai pas ma vie, ni celle de mes enfants ou de mes parents, si l'intérêt de Drusus et de ceux qui sont liés par le même serment, l'exige. Si, par la loi de Drusus, je deviens citoyen, je regarderai Rome comme ma patrie, et Drusus comme mon plus grand bienfaiteur. Je communiquerai ce serment au plus grand nombre possible de citoyens. Puissent, si je garde mon serment, tous les biens m'échoir en partage; et que le contraire arrive si je viole mon serment[1]. »

On célébrait un jour des jeux publics, et le théâtre était rempli de spectateurs, lorsque les Romains égorgèrent un comédien qui jouait sur la scène, sur le prétexte qu'il ne remplissait pas conve-

---

[1] M. Dindorf fait observer avec raison que ce serment est celui des Italiens qui s'engageaient envers Drusus.

nablement son rôle. Tout le théâtre se remplissait de trouble et de terreur, lorsque le hasard amena sur la scène un personnage satirique approprié à la circonstance ; il était Latin d'origine et s'appelait Saunion ; c'était un bouffon très-habile de son métier ; il excitait le rire non-seulement par ses paroles, mais encore par son silence et les différentes poses de son corps ; il y avait d'ailleurs en lui quelque chose de séduisant ; aussi jouissait-il d'une grande réputation dans les théâtres de Rome. Les Picentins, pour priver les Romains du spectacle que venait leur procurer ce facétieux acteur, résolurent de le tuer. Saunion, instruit du sort qui l'attendait, s'avança sur la scène au moment même où venait d'être commis le meurtre du comédien ; et, s'adressant aux spectateurs, il leur dit : « Citoyens spectateurs, les entrailles de la victime nous sont favorables ; que le mal qui vient d'arriver se change en bien ! Je ne suis pas Romain, mais je suis tout comme vous sous la verge des licteurs ; je parcours l'Italie et je vais à la chasse des faveurs en faisant rire et en procurant du plaisir ; faites donc grâce à votre hirondelle, à laquelle les dieux permettent de nicher sans danger dans toutes vos maisons ; enfin il n'est pas juste de commettre une action qui vous ferait beaucoup pleurer. » Le bouffon mêla à ses paroles une foule d'autres facéties qui faisaient rire, et il obtint sa grâce de la multitude apaisée.

*Excerpt. de Virt. et Vit.*, p. 612. — Pompédius, chef des Marses, tenta une entreprise grande et hardie. A la tête de dix mille contumaces qui tenaient des poignards cachés sous leurs habits, il s'avança sur Rome dans l'intention d'entourer le sénat d'une masse armée, et de réclamer les droits de cité, ou, en cas de refus, de mettre la ville à feu et à sang. Caïus Domitius marcha à sa rencontre et lui demanda : « Où vas-tu, Pompédius, avec cette foule nombreuse ? — A Rome, répliqua Pompédius, pour obtenir le droit de cité réclamé par les tribuns du peuple. » Domitius lui répondit qu'il l'obtiendrait sans danger et bien plus honnêtement en ne forçant pas la main au sénat qui, pour accorder une semblable faveur à ses alliés, voulait être, non pas violenté, mais prévenu. Pompédius fut persuadé par ce sage conseil, et retourna chez lui. C'est ainsi que Domitius arracha sa patrie à de grands périls par une conduite beaucoup plus prudente que celle du général Servilius à l'égard des Picentins; car Servilius, loin de traiter ces derniers comme des hommes libres et alliés, les outragea comme des esclaves, et les menaça de sa colère, pour son propre malheur et pour celui des Romains. Domitius apaisa par des paroles douces la fureur des rebelles, et les ramena à des sentiments de bienveillance.

* *Excerpt. Vatican.,* p. 118-120. — Ils partagèrent le butin avec les soldats, afin de leur faire goûter les plaisirs que procure la guerre et de les rendre plus dispos à combattre pour la liberté. Marius conduisit son armée dans la plaine des Samnites, et vint camper en face des ennemis. Pompédius, investi du commandement en chef des Marses, fit aussi avancer ses troupes. Les deux armées s'étant approchées l'une de l'autre, leur attitude guerrière se changea en une humeur pacifique. Arrivés à portée de vue, les soldats de l'un et de l'autre parti reconnurent un grand nombre de leurs hôtes, de leurs parents, de leurs compagnons d'armes, enfin beaucoup de ceux avec lesquels ils étaient liés par des alliances de famille. Une sympathie naturelle les força donc à échanger des paroles bienveillantes; ils s'appelaient réciproquement par leurs noms, et s'exhortaient à ne pas se souiller du meurtre de leurs parents; déposant leur appareil guerrier, ils se tendaient la main droite, et s'embrassaient cordialement. Marius, témoin de ce mouvement, sortit aussi des rangs; Pompédius en fit de même, et les deux chefs s'entretinrent amicalement. Pendant que ces chefs causaient longuement sur la paix et le droit de cité tant désiré, les deux camps se remplirent de joie et de belles espérances, et, au lieu d'une bataille, il y eut une fête. Par des discours appropriés les généraux invitèrent les combattants à un accommodement, et tous s'abstinrent avec joie d'une lutte sanglante.

Bien qu'il n'eût pas d'origine illustre et qu'il manquât de ressources pour avancer, il acquit, contre toute attente, la considération et la gloire la plus grande. La fortune tourne d'ordinaire comme il convient; elle accable ceux qui machinent contre les autres quelque injustice. On peut être quelque temps tyran; mais les iniquités du tyran ne tardent pas à recevoir leur châtiment.

Un Crétois vint trouver le consul Julius [César] et s'offrit comme traître : « Si par mon aide, lui dit-il, tu l'emportes sur les ennemis, quelle récompense me donneras-tu en retour? — Je te ferai, répondit César, citoyen de Rome, et tu seras en faveur auprès de moi. » A ces mots, le Crétois éclata de rire, et reprit : « Un droit politique est chez les Crétois une niaiserie titrée; nous ne visons qu'au gain; nous ne tirons nos flèches, nous ne travaillons sur terre et sur mer que pour de l'argent. Aussi je ne viens ici que pour de l'argent. Quant aux droits politiques, accorde-les à ceux qui se les disputent et qui achètent des fariboles au prix de leur sang. » Le consul se mit à rire et dit à cet homme : « Eh bien, si nous réussissons dans notre entreprise, je te donnerai mille drachmes en récompense[1]. »

Les Æsernitains, pressés par la famine, chassèrent les esclaves de leur ville par mesure de prévoyance; car les circonstances les obligeaient de tout tenter et d'assurer leur salut par la perte des autres. Frappés de ce terrible malheur, les esclaves se retirèrent et changèrent la cruauté de leurs maîtres contre la clémence des ennemis..... Les Æsernitains se nourrissaient de chiens et d'autres animaux : la nécessité les forçait à vaincre des répugnances naturelles et à faire usage d'une nourriture abominable et insolite.

*Excerpt. de Virt. et Vit.*, p. 612. — Un nommé Agamemnon, natif de Cilicie, fut pris par les Romains et jeté en prison pour avoir commis des meurtres et divers attentats sur des alliés de Rome. Il fut remis en liberté par les Picentins, et, reconnaissant de ce bienfait, il servit avec empressement dans leur

[1] Environ neuf cents francs.

armée. Habile dans le métier de brigand, il ravagea le territoire ennemi avec une bande de soldats qui lui ressemblaient.

Les Pinnésiens étaient plongés dans de terribles malheurs. Ayant pour les Romains un attachement inviolable, ils savaient faire taire leurs souffrances morales, et laissaient assassiner leurs enfants sous leurs yeux.

* *Excerpt. Vatican.*, p. 120-122. — L'âme de l'homme participe de la nature divine : elle prédit quelquefois l'avenir, et prévoit dans les fantômes qu'elle se crée les événements futurs. C'est ce qui arriva aux femmes des Pinnésiens : elles se lamentaient d'avance du malheur qui devait leur arriver.

Les Italiens avaient conduit au pied des murs de la ville les enfants des Pinnésiens ; ils menaçaient de les égorger si ces derniers ne se détachaient pas de l'alliance de Rome. Les Pinnésiens, prêts à tout souffrir, répondirent : « Si vous nous privez de nos enfants, nous en ferons facilement d'autres ; mais nous resterons fidèles aux Romains. » Ces mêmes Italiens, désespérant de prendre la ville par voie de persuasion, firent un acte d'une grande cruauté : ils amenèrent les enfants près de l'enceinte, et ordonnèrent à ceux qui devaient mourir d'implorer la pitié de leurs pères, d'élever leurs mains au ciel et de conjurer le soleil, qui contemple la vie de tous les hommes, de sauver ces êtres innocents. Leur ardeur guerrière était telle qu'ils ne voulaient le céder à personne, en bravant intrépidement tous les dangers. Inférieurs en nombre aux assiégeants, ils voulaient les surpasser en courage.

Les Italiens, qui avaient si souvent combattu brillamment pour l'empire de Rome, effacèrent alors au moment du danger, par leur bravoure, l'éclat de leurs victoires précédentes. De leur côté, les Romains, luttant contre leurs anciens sujets, ne voulaient pas leur paraître inférieurs.

Lamponius s'élança sur Crassus dans la conviction que le peuple ne devait point combattre pour les chefs ; mais que les chefs, au contraire, devaient combattre pour le peuple.

Les Romains et les Italiens se battaient pour l'enlèvement des récoltes; ils ne cessaient de s'entre-tuer dans leurs rencontres; ils se disputaient et s'arrachaient, par défaut de vivres, les gerbes de blé teintes de leur sang. Les soldats n'attendaient pas la voix de leurs chefs : chacun faisait bon marché de la vie, aimant mieux mourir glorieusement par le fer de l'ennemi que par la faim.

*Excerpt. de Virt. et Vit.*, p. 112-113. — Sylla, par son administration sage et énergique, s'était acquis une grande réputation à Rome; le peuple le jugea digne du consulat. Sylla était renommé par sa bravoure et son habileté stratégique; enfin, il était évident qu'il parviendrait aux plus hautes dignités.

Après la victoire remportée en Asie sur les généraux romains, Mithridate fit un grand nombre de prisonniers; il les gratifia tous d'un vêtement et des vivres nécessaires, et les renvoya dans leur patrie. Le bruit de l'humanité de Mithridate s'étant partout répandu, les villes mirent un grand empressement à se rallier au roi. On vit arriver de toutes les villes des députés porteurs des décrets qui l'appelaient dans ces villes et qui lui donnaient le surnom de dieu et de sauveur. C'est pourquoi, à l'arrivée du roi, tous les habitants des villes se portaient à sa rencontre, en habits de fête, et poussant des cris de joie.

Pendant que Mithridate était victorieux en Asie, et que les villes abandonnaient incontinent l'alliance des Romains, les Lesbiens résolurent non-seulement de se rendre eux-mêmes au roi, mais encore de lui livrer Aquillius, qui s'était réfugié à Mitylène où il était malade. Ils choisirent donc les jeunes gens les plus robustes et les envoyèrent au domicile d'Aquillius; ils tombèrent sur lui, le chargèrent de fers, et le firent remettre au roi comme un très-beau présent. Quoiqu'il fût encore bien jeune, Aquillius n'hésita pas à accomplir une action héroïque. Pour prévenir ceux qui devaient s'emparer de lui, il préféra la mort à un supplice outrageant et honteux; il se tua de sa propre main, et, frappant de terreur ceux qui le voyaient accomplir cette action, il les empêcha de s'approcher de lui. Il s'ôta donc la vie sans obstacle, se délivra des maux qui le menaçaient, et s'acquit une immense renommée.

Enfin, dans ce combat naval, les Rhodiens avaient pour eux, à l'exception de la supériorité du nombre, tous les autres avantages, pilotes habiles, navires exercés aux manœuvres, rameurs expérimentés, chefs instruits, soldats courageux. Du côté des Cappadociens, il n'y avait que défaut d'expérience, manque d'exercice et indiscipline, cause de tous les malheurs. Cependant ils ne le cédèrent pas aux Rhodiens en ardeur guerrière, car, ayant le roi pour témoin de leur intrépidité, ils cherchaient par leur dévouement à gagner son affection. Supérieurs seulement par le nombre de leurs navires, ils tâchaient d'envelopper de toutes parts les bâtiments ennemis.

*Excerpt. Vatican.*, p. 122. — Marius se rendait journellement au champ de Mars, où il s'habituait aux exercices militaires : il tenait à corriger la faiblesse et la lenteur de la vieillesse par des fatigues et des travaux journaliers.

*Excerpt. de Virt. et Vit.*, p. 613-614. — Caïus Marius, l'homme le plus célèbre de son temps, ambitionnant de beaux exploits, dédaigna pendant sa jeunesse l'argent; par les grandes actions qu'il accomplit en Libye et en Europe, il acquit une célébrité et une gloire immenses. Mais désirant dans sa vieillesse s'approprier les trésors du roi Mithridate et les richesses des villes de l'Asie, il perdit tout; et, voulant injustement enlever à Cornélius Sylla la province qui lui était échue, il éprouva des malheurs mérités. Non-seulement il n'obtint pas les richesses qu'il convoitait, mais encore il perdit par son avarice sa propre fortune, qui fut confisquée au profit de l'État. Condamné à mort par les lois de la patrie, il se déroba aussitôt à la peine infligée, et erra en fugitif dans la campagne. Enfin, il se sauva chez les Numides, en Libye, où il vécut sans esclaves, sans ressources, sans amis. Plus tard, pendant que Rome était déchirée par des guerres civiles, Marius se joignit aux ennemis de sa patrie; non content de son rappel, il alluma une nouvelle guerre et obtint, pour la septième fois, le consulat; mais, instruit par ses propres malheurs, il n'osa tenter l'inconstance de la fortune: prévoyant la guerre dont Sylla menaçait Rome, il s'ôta volontairement la vie. Laissant après lui des germes féconds de la guerre civile, il fut pour son fils et pour sa patrie la cause des plus grandes calamités. Forcé de combattre des ennemis plus forts que lui, ce fils périt misérablement dans le souterrain où il s'était réfugié.

Le peuple romain et les habitants des villes de l'Italie, engagés dans une guerre ancienne, tombèrent dans les malheurs qu'on leur avait préparés. Deux des plus célèbres Romains, Scœvola et Crassus, assassinés sans jugement, en plein sénat, présageaient l'abîme de maux dans lequel devait être plongée l'Italie : la plupart des sénateurs, hommes distingués, furent égorgés par Sylla; au moins cent mille soldats périrent dans les séditions et dans les combats, et tout cela arriva parce que Marius avait dans l'origine trop ambitionné les richesses.

\* *Excerpt. Vatican.*, p. 122-124. — Les richesses, objet de dispute pour les hommes, causent quelquefois de grands malheurs à ceux qui les ambitionnent; elles les portent à des actions injustes et criminelles, et, fournissant un aliment à l'intempérance, entraînent les insensés aux œuvres les plus coupables. Aussi voit-on ces hommes tomber dans la plus grande infortune et entraîner à leur perte des villes entières. Telle est la puissance pernicieuse de l'or pour les hommes qui, en insensés, le préfèrent aux autres biens, et qui, dans leur insatiable cupidité, appliquent à chaque chose ces vers des poëtes :

« Or chéri, le plus beau don des mortels, plus doux qu'une mère. »

Et puis :

« Que l'on m'appelle méchant pourvu que je gagne de l'argent. »

Et encore ces vers:

« Or chéri, germe de la terre, de quel amour tu enflammes les mortels ! tu es le tyran de tous, tu fais la guerre à Mars avec des forces supérieures, tu apaises l'univers; les arbres et les animaux féroces suivaient Orphée à ses accents mélodieux; mais toi, tu entraînes la terre entière, la mer et le dieu de la guerre, qui dompte tout. »

Cependant à ces vers on aurait dû préférer ceux-ci qui ordonnent tout le contraire :

« Vénérable sagesse, combien tu me plais ; je refuse l'or, le brillant rayon de la fortune et le royaume de Jupiter, si je n'ai pas la sagesse. C'est bien loin de là que gît le beau trésor que l'homme doit désirer..... »

## LIVRES TRENTE-HUIT ET TRENTE-NEUF (?).

\* *Excerpt. Vatican.*, p. 124. — Des députés furent envoyés auprès de Cinna pour traiter de la paix. Cinna leur répondit : « Je suis sorti de Rome consul, et je n'y rentrerai pas homme privé. »

Métellus s'approcha ensuite avec son armée du camp de Cinna. Ils convinrent, dans un entretien qu'ils eurent ensemble, que Cinna resterait chef d'armée, et Métellus le premier lui donna ce titre ; mais ils furent l'un et l'autre blâmés de tout ce qu'ils avaient fait. Marius se montra, et déclara qu'étant déjà vainqueur, il ne pouvait pas résigner un pouvoir qui lui avait été donné par la divinité même. Métellus, de retour à Rome, eut une violente querelle avec Octave, comme s'il avait trahi les consuls et la patrie. Octave disait qu'il n'accorderait en aucune manière à Cinna le gouvernement absolu de Rome, et que, fût-il abandonné de tout le monde, il saurait se conserver digne du commandement, et qu'avec ses partisans........ Enfin, il ajouta que s'il ne lui restait plus aucun espoir, il mettrait le feu à sa maison, livrerait aux flammes sa personne et ses richesses, et mourrait intrépidement en homme libre.

*Excerpt. de Virt. et Vit.*, p. 614. — [Cornélius] Merula fut nommé consul à la place de Cinna, après que celui-ci eut conclu la paix à la condition d'être prorogé dans le consulat. Il sembla se conduire en bon citoyen ; par ses discours dans le sénat et dans l'assemblée du peuple, il se prononça sur les intérêts de la république, et promit de donner le premier exemple de la concorde. Nommé consul contre son gré, il se démit de cette charge en faveur de Cinna, et redevint aussitôt simple citoyen. Le sénat envoya des députés pour se réconcilier avec Cinna et le ramener dans la ville.

*Excerpt. Photii*, p. 542. — Cinna et Marius tinrent conseil avec les principaux chefs de l'armée et délibérèrent sur les moyens d'affermir la paix. Ils décidèrent donc de mettre à mort tous les ennemis les plus influents et capables de disputer le pouvoir suprême, afin qu'ayant débarrassé leur faction de tous les obstacles, ils pussent, avec leurs amis, administrer impunément, et comme ils l'entendaient, les affaires de la ville. Ils violèrent donc incontinent les traités conclus, et ordonnèrent partout des exécutions sanglantes sans aucune forme de procès. Quintus Lutatius Catulus, qui avait remporté un triomphe éclatant sur les Cimbres, et qui était très-aimé de ses concitoyens, fut publiquement accusé d'un crime capital par un tribun. Redoutant le danger d'une fausse accusation, il se rendit auprès de Marius, et implora son secours. Marius avait été autrefois l'ami de Lutatius, mais devenu alors son ennemi, à cause des soupçons qu'il avait conçus contre lui, il ne répondit que par ces mots : « Il faut mourir ! » Catulus, désespérant de son salut, et voulant mourir sans recevoir d'outrages, termina ses jours par un moyen tout particulier. Il se renferma dans une chambre fraîchement peinte, et, ajoutant aux émanations de la chaux par du feu et de la fumée, il s'asphyxia par la respiration d'un air corrompu[1].

(*M. Planudii ex Dione Cassio excerpta in Maii N. C.*, vol. II. p. 548, et Suidas, v. Σύλλας.)

La guerre civile qui devait éclater à Rome sous le consulat de Sylla, fut, au rapport de Tite-Live et de Diodore, annoncée par beaucoup de présages : le ciel étant sans nuages et l'air parfaitement pur, on entendit une trompette rendant un son aigu et

---

[1] Cette remarque prouve que les anciens étaient tout aussi bons observateurs que nous. L'asphyxie de Catulus était en effet produite par un air irrespirable, savoir le gaz acide carbonique, résultat de la combustion.

plaintif; tous ceux qui l'entendirent perdirent la raison de frayeur. Les devins étrusques déclarèrent que ce prodige annonçait une révolution dans le genre humain; ils ajoutaient qu'il existait huit races d'hommes différentes par leurs mœurs, que la divinité avait assigné à chacune d'elles un certain espace de temps qui finissait avec la période d'une grande année; qu'à la fin de cette période et au commencement de celle qui suit, il apparaissait quelque signe miraculeux, soit sur la terre, soit dans le ciel; que les sages savaient aussitôt qu'une race d'hommes à mœurs différentes avait pris naissance et que les dieux prenaient moins soin de l'ancienne. Qu'il en soit ainsi ou autrement, c'est ce que je ne veux pas examiner ici.

* *Excerpt. Vatican.*, p. 125. — Cinna et Marius furent bientôt atteints de la vengeance divine, après les massacres des citoyens et les violences commises envers les hommes. Sylla avait seul échappé à ses ennemis; après avoir détruit en Béotie les troupes de Mithridate, pris Athènes d'assaut, et fait de Mithridate un allié, il se mit à la tête de son armée et rentra en Italie. En très-peu de temps, il tailla en pièces les armées de Cinna et de Marius, se rendit maître de toute l'Italie, égorgea tous les partisans de Cinna, souillés de sang, et extermina jusqu'au dernier rejeton la race de Marius. Beaucoup d'hommes modérés regardèrent le châtiment des auteurs de tant de meurtres comme infligé par la providence des dieux. Aussi ce châtiment doit-il être une excellente leçon pour ceux qui marchent dans le sentier de l'impiété.

*Excerpt. de Virt. et Vit.*, p. 614-615. — Sylla, manquant d'argent, porta les mains sur trois temples remplis d'offrandes d'argent et d'or : celui de Delphes, consacré à Apollon, celui d'Épidaure à Esculape, et celui d'Olympie à Jupiter. Il trouva le plus de richesses dans le temple d'Olympie, parce que, de tout temps, ce dernier avait été respecté comme un asile sacré. Quant au temple de Delphes, la plupart des offrandes en avaient été enlevées par les Phocidiens dans la guerre sacrée. Sylla s'étant ainsi emparé de beaucoup d'argent, d'or et d'autres objets précieux qu'il avait trouvés dans ces temples, réunit une grande masse de richesses destinées aux dépenses des guerres qui devaient éclater en Italie. Bien qu'il n'eût pas craint de toucher aux trésors sacrés, il consacra aux dieux, par forme d'expiation, un champ [ dont les revenus annuels étaient employés à des sacrifices ]. Il disait en plaisantant qu'il remporterait toujours la victoire, puisqu'il avait pour auxiliaires les dieux qui lui avaient fourni tant d'argent.

[ C. Flavius ] Fimbrias, ayant une grande avance de chemin sur [ Valérius ] Flaccus, eut le temps de commettre un forfait : désirant s'attacher ses soldats, il leur permit de ravager le territoire des alliés, de le traiter en pays ennemi, et de réduire en esclavage tous ceux qu'ils rencontreraient. Les soldats accueillirent avec joie cette permission, et amassèrent en peu de jours un immense butin. Ceux qui avaient souffert de ce pillage vinrent se plaindre auprès du consul. Celui-ci en fut affligé, et leur ordonna de le suivre, afin de leur restituer leur bien. Il commanda lui-même à Fimbrias, avec des menaces, de rendre aux propriétaires les biens qu'il leur avait enlevés. Fimbrias en rejeta la faute sur les soldats, comme ayant agi contre sa volonté; en même temps il leur disait en particulier de ne pas obéir aux ordres donnés, et de ne pas rendre les biens dont la possession était sanctionnée par le droit de la guerre. Ainsi, quoique Flaccus prescrivît avec des menaces de restituer ce qui avait été pillé, les soldats n'en tinrent aucun compte, et des troubles éclatèrent dans l'armée.

Fimbrias, ayant passé l'Hellespont, excita ses soldats au pillage et à toutes sortes de violences; il imposa sur les villes des sommes d'argent qu'il distribuait à ses troupes. Celles-ci, enhardies par une licence sans frein et enflammées par l'espoir du butin, aimaient Fimbrias comme leur bienfaiteur commun. Il assiégea les villes qui ne s'étaient pas soumises, les prit d'assaut et les livra en pillage à ses soldats. C'est ainsi qu'il leur abandonna Nicomédie.

Le même Fimbrias entra comme ami dans la ville de Cyzique,

accusa les plus riches citoyens d'un crime capital; pour intimider les autres, il en condamna deux d'entre eux à être battus de verges, et leur trancha la tête. Il confisqua ensuite leurs biens, et, par ses exécutions sanglantes, il inspira aux autres une telle frayeur qu'ils vinrent forcément lui apporter leurs biens pour racheter leur vie.

* *Excerpt. Vatican.*, p. 129. — Fibrinus [Fimbrias] plongea en peu de temps la province dans de grands malheurs; on devait s'y attendre de la part d'un homme qui, au prix d'une si grande impiété, avait acquis le pouvoir de faire tout ce qu'il voulait. Semblable à la foudre, il ravagea la Phrygie, dévasta tout ce qu'il rencontrait, et rasa une ville entière. Enfin il périt de sa propre main, et expia par sa mort les nombreux meurtres qu'il avait commis.

*Excerpt. de Virt. et Vit.*, p. 615-616. — Cnéius Pompée, ayant choisi le métier des armes, endurait des fatigues journalières, et bientôt il fut le premier dans l'art militaire. Dédaignant l'oisiveté, il passait nuit et jour dans les exercices de la guerre; il menait une vie sobre, s'abstenait de bains et de tous les plaisirs du luxe; il mangeait assis et employait pour le sommeil moins de temps que n'en exige la nature; il préparait pendant la nuit la tâche pour la journée, et veillait pour s'instruire dans les devoirs d'un chef d'armée. Par ses études habituelles et incroyables, il devint un véritable athlète dans le métier des armes. Aussi, il mit sur pied et équipa une armée en bien moins de temps qu'un autre n'aurait mis à faire ces préparatifs. Lorsque le bruit de ses exploits parvint à Rome, personne n'en tint d'abord compte, parce qu'on songeait, non aux qualités, mais à la jeunesse de Pompée, et on s'imaginait qu'il y avait beaucoup d'exagération dans ce qu'on en disait. Mais comme d'autres exploits vinrent confirmer ce bruit, le sénat envoya contre lui Junius [Brutus]; Pompée le vainquit et le mit en fuite.

* *Excerpt. Vatican.*, p. 125-127. — Cnéius Pompée fut bien récompensé de ses vertus; on lui adjugea la palme de la

bravoure. Il déploya toujours les mêmes talents, et informa Sylla par des lettres des progrès qu'il avait faits. Sylla, dans son admiration pour ce jeune homme le plaçait au-dessus de beaucoup d'autres, et, s'adressant sur un ton de reproches aux sénateurs qui étaient avec lui, il leur disait de suivre ce modèle. Il ajouta qu'il admirait ce jeune homme pour avoir arraché au pouvoir de l'ennemi une si grande armée, tandis que des hommes plus âgés et plus élevés en dignité n'avaient pas même risqué leurs domestiques pour servir d'auxiliaires.

Les habitants d'Utique brûlèrent vif Adrien, commandant de la ville. Cet acte, quelque cruel qu'il fût, n'était pas même poursuivi juridiquement à raison du genre du supplice infligé.

Sous le consulat de Marius et de celui de son fils, beaucoup de soldats, qui, d'après la loi, avaient fini leur temps de service militaire, s'empressaient de partager avec les jeunes conscrits les dangers de la guerre; les plus âgés montraient aux plus jeunes ce que peut l'exercice militaire, l'habitude de garder les rangs, et l'expérience de la guerre.

Dans les villes comme parmi les populations, on faisait des enquêtes sévères et multipliées pour savoir quelles étaient les dispositions des esprits envers [Marius et Sylla]. On était donc obligé de dissimuler et de donner raison à ceux qui étaient en présence : ceux qui étaient chargés de lever des troupes pour l'une des factions ennemies se trouvaient souvent en face les uns des autres, et, par les luttes qu'ils engageaient entre eux, ils mettaient à nu la véritable opinion des villes.

Marius, manquant des provisions nécessaires, fut abandonné de ses soldats. Marcus Perpenna, gouverneur de la Sicile, lui resta seul fidèle. Sylla lui envoya des députés et l'exhorta à embrasser son parti; mais, loin de se rendre à cette invitation, Perpenna conserva tout son attachement pour Marius et déclara avec des menaces qu'il passerait avec toutes ses forces de Sicile en Italie, et viendrait enlever Marius de Préneste.

*Excerpt. Photii*, p. 544. — La guerre marsique était à peine terminée que Rome devint le théâtre d'une grave guerre civile, sous le commandement de Sylla et du jeune Caïus Marius, fils de ce Marius qui avait été sept fois consul. Dans cette guerre, beaucoup de milliers d'hommes périrent. Sylla demeura vainqueur, et, devenu dictateur, il se donna le surnom d'Épaphrodite (favori de Vénus), et ce surnom, quelque ambitieux qu'il fût, ne se démentit point. Victorieux dans les combats, Sylla mourut d'une mort naturelle, tandis que Marius, après avoir noblement résisté à Sylla, fut vaincu et se réfugia à Préneste avec quinze mille hommes. Il se renferma dans cette ville et y soutint un long siége; enfin, abandonné de tous, et ne voyant aucun moyen de salut, il fut forcé de recourir au bras d'un de ses fidèles esclaves pour se délivrer de ses maux : après avoir tranché d'un seul coup la vie de son maître, cet esclave se tua ensuite lui-même. Telle fut l'issue de cette guerre civile; les débris de la faction de Marius résistèrent encore pendant quelque temps à Sylla, jusqu'à ce qu'ils succombèrent.

*Excerpt. de Virt. et Vit.*, p. 616. — Scipion, dont les troupes avaient été corrompues, se vit abandonné de tout le monde et désespérait déjà de son salut, lorsque Sylla lui envoya des cavaliers qui devaient l'escorter partout où il voudrait. Scipion quitta aussitôt les insignes de sa magistrature et rentra forcément dans la vie privée; mais, grâce à la clémence de Sylla, il fut sans retard renvoyé dans la ville qu'il avait lui-même désignée. Quelque temps après, il reprit les insignes de l'autorité consulaire, et se mit de nouveau à la tête d'une nombreuse armée.

Les hommes les plus considérés de Rome furent égorgés sur de fausses accusations. Parmi ces victimes, on remarque le grand prêtre Mucius Scœvola, citoyen éminent et qui termina sa vie d'une manière indigne de ses hautes qualités. Par bonheur pour les Romains, le meurtre de ce grand prêtre ne souilla pas le sanctuaire le plus respecté; car il ne dépendait pas de la cruauté des sicaires que Scœvola n'eût été immolé sur le foyer sacré de Vesta et qu'il n'eût éteint de son sang le feu qu'une crainte religieuse entretient de tout temps.

Les éloges qu'on donne aux hommes de bien ainsi que les blâmes qu'on inflige aux méchants portent très-souvent les hommes aux bonnes œuvres.

... Des hommes capables de donner de bons conseils et d'exécuter les résolutions prises....

*Excerpt. de Virt. et Vit.*, p. 616-618. — La table de proscription ayant été exposée sur le forum, un grand nombre d'habitants accoururent pour la lire. La plupart étaient touchés du sort de ceux qui devaient mourir. Parmi ces curieux, il y en eut un qui, aussi méchant qu'insensible, railla les condamnés, et se permit des invectives insultantes. La vengeance divine atteignit sur-le-champ ce railleur impudent et lui infligea une punition méritée. En effet, il trouva son nom parmi ceux des proscrits; se cachant aussitôt la tête, il fendit la foule, dans l'espérance d'échapper et de sauver sa vie. Mais reconnu par un de ses voisins, il fut arrêté et exécuté aux applaudissements de tous les assistants.

La Sicile avait été pendant longtemps privée de la justice régulière. Pompée s'appliqua à rétablir les tribunaux; dans les affaires publiques et privées, il rendit des arrêts si équitables et si impartiaux que personne ne l'emportait à cet égard sur lui. Bien qu'il n'eût encore que vingt-deux ans, et que, dans un âge si tendre, les plaisirs fassent taire la raison, il se conduisit pendant son voyage dans cette île avec tant de sagesse et d'austérité que tous les Siciliens admiraient avec étonnement la vertu de ce jeune homme.

\* *Excerpt. Vatican.*, p. 127, 128. — Spartacus, le Barbare, se montra reconnaissant envers son bienfaiteur; car la gratitude est une vertu que la nature enseigne même aux Barbares.

L'honneur d'une victoire remportée par la force des armes est également partagée par les chefs et par les soldats; mais les succès, dus à l'habileté stratégique, ne doivent être attribués qu'au chef seul.

Un irrésistible désir de se révolter contre les Romains s'était emparé de Barbares.

Les malheurs des autres nous devraient servir de règle de conduite dans des dangers semblables.

## LIVRE QUARANTIÈME (?).

*Excerpt. de Legat.*, p. 631, 632. — Les Crétois gardèrent pendant quelque temps la paix que Marc-Antoine avait conclue avec eux. Plus tard, dans un conseil réuni pour délibérer sur les intérêts de l'État, les plus âgés et les plus sages proposèrent d'envoyer des députés à Rome, de se défendre des crimes qu'on leur imputait, et d'essayer d'apaiser le sénat par des caresses et des prières. Les Crétois envoyèrent donc en députation à Rome les citoyens les plus distingués. Ceux-ci, visitant tous les sénateurs individuellement dans leurs maisons, s'adressaient d'une voix suppliante à ceux qui jouissaient de quelque autorité dans le sénat. Enfin ils furent introduits dans l'assemblée, se justifièrent habilement des crimes dont on les accusait, et, après avoir rappelé en détail les services qu'ils avaient rendus aux Romains, ainsi que leur ancienne alliance, ils finirent par prier les sénateurs de rétablir les Crétois dans l'ancienne amitié et alliance de Rome. Le sénat écouta ce discours avec bienveillance, et rendit un décret par lequel les Crétois étaient absous de toutes les accusations, et reconnus amis et alliés de l'empire. Mais Lentulus, surnommé Spinther, fit en sorte que ce décret ne reçût pas son exécution. Les Crétois retournèrent dans leur pays.

Il fut souvent question des Crétois, auxquels on reprochait de s'associer aux pirates; c'est ce qui détermina le sénat à publier un décret, d'après lequel les Crétois devaient envoyer à Rome tous leurs bâtiments, jusqu'aux embarcations à quatre rames, remettre en otages trois cents habitants des plus distingués, livrer Lasthène et Panare, et payer, comme une dette publique, quatre mille talents d'argent[1].

Les Crétois, informés de la teneur de ce décret, se réunirent en conseil. Les plus sages étaient d'avis qu'il fallait se soumettre

---

[1] Vingt-deux millions de francs.

à tous les ordres du sénat; mais Lasthène et ses partisans, qui se sentaient coupables, craignirent d'être renvoyés à Rome et d'y être punis; ils excitèrent donc le peuple à défendre son antique liberté.

\* *Excerpt. Vatican.*, p. 128. — Pompée, pendant son séjour à Damas, en Syrie, reçut la visite d'Aristobule, roi des Juifs, et de son frère Hyrcan, qui se disputaient la royauté. Plus de deux cents Juifs des plus notables se rendirent auprès de l'*imperator;* ils lui représentaient que leurs ancêtres, préposés à l'administration du temple, avaient envoyé une députation à Rome, et obtenu du sénat la présidence des Juifs libres et indépendants, que cette nation ne devait pas être gouvernée par un roi, mais par un grand prêtre; qu'Aristobule et Hyrcan régnaient contrairement aux lois de la patrie et avaient asservi les citoyens contrairement à la justice; qu'enfin ils n'avaient acquis la royauté que soutenus par un grand nombre de mercenaires, et à l'aide de violences et de nombreux meurtres. Pompée différa le jugement des deux frères qui se disputaient la royauté; mais il adressa à Hyrcan de vifs reproches pour avoir violenté les Juifs et offensé les Romains; il ajouta que Hyrcan méritait un avertissement plus sévère, mais qu'en raison de l'antique clémence des Romains, il lui pardonnerait à condition qu'il serait désormais plus soumis.

*Excerpt. Photii*, p. 542, 543. — Avant de décrire la guerre contre les Juifs, nous croyons devoir donner quelques détails sur l'origine et les institutions de cette nation. Il se déclara anciennement en Égypte une maladie pestilentielle; le peuple fit remonter à la divinité l'origine de ce fléau; comme le pays était habité par de nombreux étrangers, ayant des mœurs et des cérémonies religieuses très-différentes, il en résulta que le culte héréditaire était négligé. Les indigènes crurent donc que, pour apaiser le fléau, il fallait chasser les étrangers. C'est ce qu'on fit sur-le-champ. Parmi ces exilés, les plus distingués et les plus vaillants se réunirent, selon quelques historiens, pour se rendre en Grèce et dans quelques autres contrées; ils avaient à leur tête Danaüs, Cadmus et d'autres chefs célèbres. Mais la plus grande masse envahit ce qu'on appelle aujourd'hui la Judée, assez voisine de l'Égypte, et tout à fait déserte à cette époque reculée. A la tête de cette colonie était un nommé Moïse, homme d'une sagesse et d'un courage rares. Il vint occuper ce pays, et fonda, entre autres villes, celle qui porte le nom de Jérusalem, et qui est aujourd'hui très-célèbre. Il construisit aussi le temple le plus vénéré chez les Juifs; il institua le culte divin et les cérémonies sacrées, donna des lois, et fonda un gouvernement politique; il divisa le peuple en douze tribus, parce que ce nombre était réputé le plus parfait, et correspondait aux douze mois de l'année. Il ne fabriqua aucune idole, parce qu'il ne croyait pas que la divinité eût une forme humaine, mais que le ciel qui environne la terre est le seul dieu et le maître de l'univers. Les institutions religieuses et les coutumes qu'il établit sont tout à fait différentes de celles des autres nations; par éloignement pour les étrangers, il introduisit des mœurs contraires aux principes de l'humanité. Il choisit les hommes les plus considérés et les plus capables de régner sur toute la nation, et les investit des fonctions sacerdotales; il leur assigna le service du temple, du culte divin et des cérémonies religieuses. Il leur remit le jugement des causes les plus importantes, et leur confia la garde des lois et des mœurs. C'est pourquoi les Juifs n'ont pas de roi, et le gouvernement de la nation est entre les mains du prêtre réputé le plus sage et le plus vertueux; on lui donne le nom de grand prêtre, et on le considère comme le messager des ordres de Dieu. C'est lui qui, dans les assemblées et dans d'autres réunions, transmet les commandements de Dieu, et, en cet instant solennel, les Juifs se montrent si soumis qu'ils se prosternent immédiatement à terre, et adorent le grand prêtre qui leur interprète les ordres divins. A la fin des lois se trouvent écrits ces mots : *Moïse a entendu ces paroles de Dieu, et les transmet aux Juifs.* Ce législateur a même porté son attention sur ce qui concerne l'art militaire; il obligea les jeunes gens d'acquérir de la bravoure par les exercices, et la force de supporter toutes les fatigues. Il entreprit aussi plusieurs expéditions contre les peuples voisins, conquit beaucoup de terres qu'il distribua par portions égales aux simples particuliers; mais il en donna de plus grandes aux prêtres, afin qu'ils eussent assez de revenus pour se livrer assidûment au culte divin. Il n'était pas permis aux simples particuliers de vendre les terres qui leur étaient échues en partage, afin que des gens cupides n'achetassent ces terres au préjudice des pauvres, et ne fissent diminuer la population. Moïse obligea les habitants de la campagne à élever soigneusement leurs enfants, et comme ce soin exigeait peu de dépenses, la race des Juifs devint de plus en plus nombreuse. Les coutumes qui concernent les mariages et les funérailles diffèrent beaucoup de celles des autres nations. Sous les diverses dominations qui furent établies plus tard, sous la domination des Perses et sous celle des Macédoniens qui renversèrent l'empire des derniers, les Juifs modifièrent en grande partie leurs anciennes institutions par leur mélange avec les autres peuples. Voilà ce que rapporte Hécatée de Milet.

\* *Excerpt. Vatican.*, p. 128, 130. — Pompée fit inscrire, sur un monument qu'il éleva, les actions qu'il accomplit en Asie. Voici une copie de cette inscription : « Pompée le Grand, fils de Cnéius, *imperator*, a délivré le littoral de la terre, et toutes les îles en deçà de l'Océan, de la guerre des pirates ; il a sauvé du péril le royaume d'Ariobarzane, investi par les ennemis; il a conquis la Galatie, les contrées ou provinces plus éloignées de l'Asie, ainsi que la Bithynie ; il a partagé la Paphlagonie, le Pont, l'Arménie, l'Achaïe, l'Ibérie, la Colchide, la Mésopotamie, la Sophène, la Gordienne ; il a soumis le roi des Mèdes, Darius, le roi des Ibériens, Artocès, Aristobule, roi des Juifs, Arétas, roi des Arabes Nabatéens, la Syrie, voisine de la Cilicie, la Judée, l'Arabie, la Cyrénaïque, les Achéens, les Iozyges, les Soaniens, les Hénioques et les autres peuplades établies entre la Colchide et le Palus-Méotide, ainsi que les rois de ces pays, au nombre de neuf ; enfin tous les peuples qui habitent entre le Pont-Euxin et la mer Rouge ; il recula l'empire de Rome jusqu'aux limites de la terre ; il conserva les revenus des Romains et les augmenta encore ; il enleva aux ennemis les statues, les images des dieux, ainsi que d'autres ornements, et consacra à la déesse douze mille soixante pièces d'or et trois cent sept talents d'argent[1].

Lucius Sergius, surnommé Catilina, homme opiniâtre, médita une révolte. Le consul Marcus Cicéron prononça un discours sur les troubles qui devaient éclater et apostropha Catilina, cité devant le tribunal. Catilina répliqua qu'en aucune façon il ne se condamnerait lui-même à l'exil, de son propre gré, et sans jugement. Cicéron demanda alors aux sénateurs s'il fallait chasser Catilina de la ville. A cette interpellation la majorité garda le silence ; Cicéron, employant un autre moyen pour connaître exactement l'opinion du sénat, demanda une seconde fois aux sénateurs s'ils s'opposeraient à l'exil de Catilina. Tous s'écrièrent alors d'une seule voix qu'ils ne voteraient pas cet exil, et se montraient mécontents de ce que Cicéron avait répété deux fois la même question au sujet de Catilina. Le consul reprit alors : « Lorsque le sénat ne croit pas devoir condamner un accusé à l'exil, il manifeste son opinion par de vives clameurs, il est donc évident que le sénat vote l'exil[2]. » Catilina répondit qu'il se consulterait avec lui-même et se retira.

Le moins est l'ennemi du plus, comme dit le proverbe.

*Tzetz. His.*, II, 54. — Virgile, Lucien, Galien, Plutarque, Diodore, Georges le chroniqueur et plusieurs autres font mention de cette Cléopâtre....

*Diod.*, I, 5. — ..... Au commencement de la guerre celtique à laquelle finit notre histoire.

*Ibid.*, III, 38. — On n'a qu'une faible connaissance de cette partie du monde, ainsi que des îles Britanniques et du nord. Mais nous décrirons les pays septentrionaux, voisins des régions inhabitables par le froid, lorsque nous en serons au temps de

---

[1] Les pièces d'or, évaluées en dariques, représentent à peu près une somme de trois cent trente-deux mille six cents francs ; la seconde somme équivaut à un million six cent cinquante mille francs.

[2] Ce passage est très-probablement altéré.

César qui, après avoir soumis à l'empire des Romains des contrées si éloignées, a procuré aux historiens des documents qui leur manquaient.

*Ibid.*, V, 21. — De nos jours, Jules César, divinisé pour ses exploits, est le premier qui ait subjugué cette île. Après avoir dompté les Bretons, il les força à payer tribut. Mais nous parlerons de cela avec détail en temps convenable.

*Ibid.*, V, 22. — ...Mais nous parlerons en détail des coutumes et des autres particularités du pays, lorsque nous écrirons l'histoire de l'expédition de César en Bretagne [1].

\* *Excerpt. Vatican.*, p. 131. — Quelques livres de cet ouvrage, avant que nous les eussions retouchés et mis la dernière main à leur rédaction, nous furent volés et publiés prématurément. Comme leur composition ne nous satisfait pas, nous les désavouons. Afin que la publication de ces livres ne gâte pas le plan de notre ouvrage, nous avons cru devoir faire cette déclaration, pour ne laisser aucun prétexte à l'ignorance : nous avons traité notre sujet en quarante livres; dans les six premiers nous avons consigné l'histoire mythologique, antérieure à la guerre de Troie. Mais, faute de documents, nous n'avons pu y mettre aucun ordre chronologique exact.

## FRAGMENTS DONT LE RANG EST INCERTAIN.

*Eustath. ad Odyss.*, XX, p. 1896, 55, et XXIV, p. 1962, 25. — Diodore, en parlant de ces choses, distingue entre eux les Sicaniens et les Sicules.

Diodore, en parlant, dans un des dix [premiers] livres, des habitants de la Sicile, connaît la distinction qu'il faut faire entre les Sicules et les Sicaniens.

*Tzetz. ad Lycophr.*, v. 717. — Diodore de Sicile et Oppien disent que Naples a été fondée par Hercule.

---

[1] Ces quatre derniers alinéa, que nous aurions pu retrancher sans inconvénient, ont été gratuitement rangés au nombre des fragments de Diodore dans les éditions les plus récentes de cet historien.

*Eudocia*, p. 322, et *Tzetz. ad Lycoph.*, v. 355. — Le palladium de Minerve avait trois coudées de long et était en bois. Il tomba, dit-on, du ciel, et vint choir à Pessinonte, en Phrygie. Au rapport de Diodore et de Dion, cette ville doit son nom au grand nombre de guerriers qui tombèrent en cet endroit lors du combat que se livrèrent, à cause du rapt de Ganymède, Tantale, amoureux de Ganymède, et son frère Ilus.

*Eustath. ad Odyss.*, I, p. 1390. — Diodore rapporte qu'un pic, qui semble être le sommet de toute la chaîne des Alpes, reçoit des indigènes le nom de *rachis du ciel*.

*Evagrius, Eccl. Hist.*, I, 20, p. 275, 21. — Pour approfondir ce sujet...., il faut consulter Strabon le géographe, Phlégon et Diodore de Sicile, qui en ont parlé avec détail.

*Tzetz. schol. ad exeges. Iliad.*, p. 126, 4. — Suivant Diodore de Sicile, Zoïlus n'a écrit autre chose que ce livre contre Homère.

*Georg. Syncell.*, p. 284. — Au rapport de Diodore, Ptolémée le jeune a régné quinze ans après son frère aîné, et a commis beaucoup d'iniquités. Il épousa sa propre sœur Cléopâtre; il accusa faussement un grand nombre de citoyens de conspirer contre lui : il condamna les uns à mort, les autres à l'exil et confisqua leurs biens.

*Tzetz. Hist.*, III, p. 154. — Plutarque, Denys, Diodore et Dion ont écrit l'histoire des Catons et des Scipions.

*Suidas.*, v. Ἀντικατέστησαν. — Diodore : Ceux qui restaient, se firent entre eux la guerre.

*Ibid.*, v. Ἐντείνας ἑαυτόν. — Diodore : Il s'était livré à la vie militaire et pleine de privations.

*Ibid.*, v. Ἐξακριβωθέντες. — Diodore : Le roi avait mis à l'épreuve la force physique, l'audace et la férocité de ces hommes.

*Ibid.*, v. Κλίμακες. — Diodore : On apporta ensuite huit cents échelles auxquelles étaient attachées des armures magnifiques.

*Ibid.*, v. Στεγανόν. — Diodore : Les Romains se construisirent des huttes et établirent leurs quartiers d'hiver.

*Ibid.*, v. Συνεῖχεν. — Diodore : Il en fit des soldats, en se proposant pour modèle.

*Ibid.*, v. Ὑποστάς. — Diodore : Ils promirent aussi de prêter leur appui à cette entreprise.

*Ibid.*, v. Χαλάσω. — Diodore : Le roi se laissa séduire par ces paroles et lui permit de faire tout ce qu'il voudrait.

*Ibid.*, v. Χρῶμα. — Diodore : Le Barbare, frappé à coups de verges, demeura impassible comme une bête sauvage : il ne changea ni de regard ni de couleur.

FIN.

# INDEX.

## A

ABDÉMON, roi de Salamine, détrôné par Évagoras, XIV, 98.
ABDÉRITAINS (les) en guerre avec les Triballes, XV, 36.
ABULÈTE, satrape de Darius, livre la ville de Suse à Alexandre, XVII, 65.
ACADÉMIE, détruite par Philippe, fragments, XXVII.
ACANTHOPOLIS, ville de la Libye, I, 97.
ACARNANIENS (les) sont vainqueurs de Cnémus, XII, 17.
ACCOUCHEMENT, chez les Kyrniens et les Liguriens, IV, 14 et 20.
ACHÉMÈNES, commande l'armée des Perses contre les Égyptiens, XI, 74.
ACHÉRUSIA, lac de l'Égypte, près de Memphis, I, 96.
ACONIT, plante vénéneuse, IV, 45.
ACORIS, roi d'Égypte, envoie du secours à Évagoras, roi de Cypre, XV, 2-3; il fait alliance avec Gao, général des Perses, 9.
ACRIDOPHAGES, peuple qui se nourrit de sauterelles, III, 29.
ACTÉON, fils d'Aristée et d'Autonoée; sa mort, IV, 81.
ACTISANÈS, roi des Éthiopiens, devient roi d'Égypte; son gouvernement; sa manière de punir les criminels, I, 60.
ADA, sœur d'Idriée, lui succède sur le trône de Carie, XVI, 69; détrônée par son frère Pixodarus, elle est rétablie sur le trône par Alexandre, XVII, 24.
ADHERBAL, roi des Numides, fragm, XXXIV.
ADMÈTE accueille Thémistocle, XI, 56.
ADMÈTE, général d'Alexandre, est tué au siége de Tyr, XVII, 45.
ADMÈTE épouse Alceste, IV, 53.
ADOPTION (mode d'), IV, 39.
ÆACIDE, père de Pyrrhus, XVI, 72.
ÆÉTÈS, roi de la Colchide, IV, 45-48.
ÆGITHALLUS, place fortifiée par le consul Junius, fragm., XXIV.
ÉNÉE, sa piété, fragm., VII.
ÆROPUS, roi des Macédoniens, XIV, 84.
AGALASSES (les), peuple de l'Inde, sont vaincus par Alexandre, XVII, 96.
AGATHOCLE. Son histoire jusqu'à l'époque où il s'empare de la tyrannie, XIX, 2-9; son expédition à Messine; les Carthaginois le forcent à se retirer, XIX, 65; il sévit contre les Abacéniens, 65; les Agrigentins lui déclarent la guerre, XIX, 70; ils font bientôt alliance avec lui, 71; il fait des préparatifs de guerre contre les Carthaginois, 72; il s'empare de la ville des Messiniens, 102; il ravage les possessions des Carthaginois en Sicile, 102; il massacre les Centoripiniens, 103; il défait Dinocrate et Philonide, 104; il s'empare de Géla, dont il massacre les citoyens, 107; vaincu par les Carthaginois, il se réfugie à Géla, 108-109; il passe en Afrique, XX, 5; il brûle ses vaisseaux, 7; il met en déroute les Carthaginois, 8-11-12; il fait annoncer sa victoire à Syracuse, 16; il s'empare de plusieurs villes carthaginoises, 17-18; il remporte sur les Carthaginois de grands avantages, 33-34-38; il trompe Ophellas, roi de Cyrène, et le fait périr, 40-42; il se déclare roi, 54; sa cruauté envers les habitants d'Utique, 54-55; il retourne en Sicile, 55; il défait les Carthaginois, 61; il taille en pièces les Agrigentins, 62; il offre des sacrifices aux dieux pour cette double victoire, 63; il passe une seconde fois en Afrique pour secourir son fils qui avait éprouvé deux défaites, 63; il est repoussé par les Carthaginois, 64; il prépare une nouvelle expédition en Afrique; il désigne son fils Agathocle pour son successeur; mais il est empoisonné par son petit-fils et brûlé vivant; perte de ses biens; destruction de ses statues, fragm., XXI; Timée et Callias, historiens d'Agathocle, se sont l'un et l'autre écartés de la vérité, ibid.
AGATHYRNUM, ville fondée par Agathyrnus, V, 8.
AGATHYRNUS, fils d'Éole, V, 8.
AGÉSILAS, roi des Lacédémoniens, son expédition, XIV, 79; vainqueur de Tis-

saperne, 80; défait les Thraces, 83; ravage l'Argolide, XIV, 97; son éloge, XV, 31; il n'ose attaquer les Thébains, 32; son expédition en Asie, XV, 59; il combat les Thébains, 34; il défend Sparte contre Épaminondas, XV, 83; il est elu, par Tachos, commandant des mercenaires, XV, 92; il rétablit Tachos sur le trône d'Égypte; il meurt; son corps est embaumé, 93.

AGIS, roi des Lacédémoniens, XII, 35; il échappe au châtiment qu'il avait encouru pour avoir fait la paix avec les Argiens, XII, 78; il est vaincu par les Athéniens, XIII, 72, 73; il avertit les Lacédémoniens qu'Épaminondas va attaquer Sparte, XV, 82.

AGIS, roi des Péoniens, XVI, 1.

AGIS succède à Archidamus, roi des Lacédémoniens, XVI, 63 et 88; il soumet la plupart des villes de Crète à la domination des Perses, XVII, 48; il meurt héroïquement, 63.

AGNON, général athénien, fait le siège de Potidée, XII, 46.

AGRIGENTINS, embellissement de leur ville, XI, 25; ils sont vaincus par les Syracusains près d'Himère, XII, 8; fertilité de leur territoire; beauté et richesse de leurs monuments; luxe des habitants, XIII, 81-82; leurs combats contre les Carthaginois; siège et prise de leur ville, 85 et suiv.; les généraux agrigentins sont lapidés, 87.

AGYRIS, souverain des Agyrinéens, combat les Carthaginois, XIV, 95, 96.

AGYRIS remplace Thrasybule au commandement, XIV, 99.

AIGLE, vénéré des Égyptiens, I, 87.

AILES de Dédale et d'Icare, IV, 77.

AIMNESTUS est livré par Denys à la vengeance des Ennéens, XIV, 11.

ALCÉTAS est vaincu par Antigone; description de la bataille, XVIII, 44, 45; sa mort, 46; outrages faits à son corps, 47.

ALCIBIADE, général des Athéniens, envahit l'Argolide, XII, 78; il rétablit le gouvernement démocratique à Argos, XII, 81; il engage les Athéniens à entreprendre la guerre de Sicile, XII, 84; il se réfugie à Sparte, XIII, 5; il rend un grand service aux Athéniens, 37; il est acquitté par le peuple; ses exploits, 42; vainqueur des Lacédémoniens, 50-51; il est privé de son commandement et se condamne lui-même à l'exil, XIII, 73-74; refus de ses offres aux généraux athéniens, XIII, 105; il est assassiné par les émissaires de Pharnabaze, XIV, 11.

ALCIDAS, navarque des Lacédémoniens, XV, 46.

ALCMÉON vainquit les Thébains, IV, 66.

ALEXANDRE, frère d'Olympias, succède à Arymbas, XVI, 72.

ALEXANDRE le Spartiate est vaincu et tué par les Argiens, XV, 64.

ALEXANDRE, sacrificateur, prédit les succès d'Alexandre, XVII, 17.

ALEXANDRE, fils d'Amyntas, ne règne qu'un an, XV, 60.

ALEXANDRE, fils d'Amyntas, roi de Macédoine, périt par la trahison de Ptolémée l'Alorite, XVI, 2.

ALEXANDRE, fils de Philippe, roi de Macédoine; son éloge et son origine, XVII, 1; il se crée une armée bien disciplinée, 2; il est nommé chef absolu de la Grèce, 4; il vient établir son camp sous les murs de Thèbes, 8; il défait les Thébains et fait raser leur ville, 11 et suiv.; il fait passer son armée d'Europe en Asie; énumération de ses troupes, 17; il échange son bouclier dans le temple de Minerve, 18; il attaque les Perses, 19; il tue Spithrobate, 20; il s'empare de Sardes, 21; il licencie sa flotte, 22; il fait le siège d'Halicarnasse; description de ce siège, 24; il attaque les Marmaréens, 28; il est guéri d'une grave maladie par le médecin Philippe; description de la bataille d'Issus dans laquelle Alexandre est victorieux, 33 et suiv.; il traite avec beaucoup d'égards Sisyngambris, mère de Darius, ainsi que les autres captives, 37-38; il refuse les offres de Darius, 39; il entre dans la Phénicie; la résistance des Tyriens, 40; description du siège de Tyr, 41 et suiv.; prise de Tyr, 46; il s'empare de Gaza, 48; il consulte l'oracle d'Ammon, 49; prédiction de l'oracle, 51; il fonde Alexandrie et revient en Syrie, 52; il refuse les nouvelles offres de Darius; sa réponse, 54; il passe le Tigre, 55; son profond sommeil le jour de la bataille d'Arbèles, 56; disposition de l'armée d'Alexandre, 57; bataille d'Arbèles où Alexandre est vainqueur, 58 et suiv.; il se rend à Babylone; il récompense ses soldats, 64; il reçoit des troupes de la Macédoine, du Péloponnèse, etc.; il séjourne dans l'éparchie de Sittace; il s'empare du palais du roi à Suse, 65; trésors renfermés dans le palais; incident singulier, 66; il franchit le Tigre; il s'empare de toutes les villes de l'Uxiane, 67; revers qu'il éprouve au défilé des roches Susiades; défaite des ennemis, 68; il se dirige sur Persépolis; passage de l'Araxe; bienfaits dont il comble huit cents Grecs mutilés par les Perses, 69 ; Persépolis est livrée au pillage des Macédoniens, 70 ; il s'empare des trésors de la citadelle de Persépolis ; description de cette citadelle, 71 ; il décide les Macédoniens à le suivre dans de nouvelles entreprises ; sa générosité envers les soldats, 74 ; il soumet toutes les villes de l'Hyrcanie jusqu'à la mer Caspienne, 75 ; il est vainqueur des Mardes, 76 ; visite de Thalestris, reine des Amazones ; il imite le luxe des Perses, 77 ; Satibarzane, satrape de Darius, s'enfuit à l'approche d'Alexandre, 78 ; Alexandre fait mettre en jugement Philotas, Parménion, Alexandre de Lyncette, 80 ; il est bien accueilli des Arimaspes et des Cédrosiens ; il soumet l'Arachosie, 81 ; il marche contre les Paropamisades, 82 ; il traverse le Caucase ; il fonde dans la Médie une ville nommée Alexandrie ; il livre Bessus aux frères de Darius, 83 ; il se met à la poursuite des Barbares, 84 ; il s'empare du rocher d'Aornos, 85 ; il reçoit la tête d'Aphricès, chef indien ; il traverse l'Indus, 86 ; il est vainqueur de Porus, roi des Indiens ; description de cette bataille, XVII, 87-88-89 ; il traverse un pays très-fertile, 90 ; il soumet les Adrestes, les Cathéens ; il rend à Sopithès son royaume, 91 ; combat de quatre chiens contre un lion, 92 ; il envahit les États de Phégée et lui laisse son royaume ; il se propose d'attaquer les Gandarides, 93 ; dénûment de l'armée macédonienne, 94 ; Alexandre met un terme à son expédition, 95 ; il reçoit des présents des Sibes ; les Agalasses, 96 ; il court risque de se noyer, 97 ; action d'éclat d'Alexandre, 98-99 ; il assiste à un combat singulier, 100-101 ; il ravage le pays des Brachmans, 102 ; plantes servant de contre-poison, 103 ; il soumet les Arbites, les Cédrosiens, etc., 104 ; les Orites ; il pénètre dans la Cédrosie, 105 ; il imite le triomphe de Bacchus ; séjour dans la ville de Salmonte, 106 ; il épouse, à Suse, Statira, fille aînée de Darius, 107 ; il fait périr plusieurs satrapes infidèles, 108 ; il fait proclamer à Olympie le retour des bannis ; il punit les Macédoniens révoltés, 109 ; il incorpore des Perses dans son armée ; il assigne une paie convenable aux enfants de l'armée macédonienne ; il arrive à Ecbatane, 110 ; il soumet la nation des Cosséens, 111 ; son arrivée à Babylone, 112 ; il reçoit des envoyés de presque toute la terre, 113 ; il s'occupe des funérailles d'Héphestion, 114-115 ; plusieurs prodiges annoncent la mort d'Alexandre, 116 ; mort d'Alexandre, 117 ; soupçon d'empoisonnement, 118 ; le corps d'Alexandre est transporté en Égypte ; description de cette translation, XVIII, 26-27-28.

ALEXANDRE, fils de Polysperchon, s'empare de Munychie et du Pirée, XVIII, 65.

ALEXANDRE de Lyncette est mis aux fers par Alexandre, roi de Macédoine, XVII, 32 ; il est accusé d'avoir conspiré contre Alexandre, roi de Macédoine, et condamné à mort, XVII, 80.

ALEXANDRE, tyran de Phères ; ses sujets se révoltent, XV, 61 ; il défait les Thébains, 71 ; il fait égorger les habitants de la ville de Scotusse, 75 ; il défait les Athéniens, XV, 95 ; il est assassiné, XVI, 11.

ALEXANDRE BALA, roi de Syrie, fragm., XXXII et XXXIII.

ALEXANDRIE ; description de cette ville, XVII, 52.

ALOÏADES, leur taille extraordinaire, IV, 85.

ALUN (mines d'), V, 10.

AMASIS, roi d'Égypte ; durée de son règne, I. 68

AMASIS, législateur égyptien, I, 95.

AMAZONES, leurs exploits ; elles sont vaincues par Hercule, II, 45-46.

AMAZONES d'Afrique ; leur antique origine, III, 52 ; leur genre de vie, III, 53 ; leur expédition, III, 54 ; leurs conquêtes ; fin de leur expédition, III. 55.

AMILCAR, chef des Carthaginois, est vaincu et tué à Himère, XI, 20 et s.

AMINIAS, Athénien, frère du poëte Eschyle, obtient le prix de la valeur au combat de Salamine, XI, 27.

AMMON (temple d'). Sémiramis interroge l'oracle sur le temps de sa mort, II, 14.

AMMON (temple d'). Description, XVII, 50 ; réponse de l'oracle à Alexandre, roi de Macédoine, 51.

AMPHICTYONS, XVI, 23 ; leurs sentences sont annulées, 24 ; ils décident de faire la guerre aux Phocidiens, 28 ; leurs décisions à l'égard de Philippe et des Phocidiens, 60.

AMPHIPOLIS. Magistrature des Syracusains, XVI, 70.

AMPHIPOLIS. Les Athéniens y envoient une colonie, XII, 32 ; histoire de cette ville ; sa soumission à Brasidas, XII, 68.

AMYNTAS, fils de Philippe, est établi sur le trône par les Thraces, XII, 50.

AMYNTAS tue Pausanias, roi de Macédoine, et lui succède, XIV, 89.

IV. 40.

AMYNTAS, père de Philippe, remonte sur le trône d'où il avait été chassé, XIV, 92; il fait la guerre aux Olynthiens, XV, 19; sa mort, 60.

AMYNTAS, fils d'Antiochus, fait une expédition en Égypte, il périt dans un combat, XVIII, 48.

ANAXAGORE, accusé d'impiété, XII, 39.

ANAXICRATE, collègue de Cimon, périt héroïquement dans l'île de Cypre, XII, 3.

ANAXIMÈNE de Lampsaque, historien, XV, 89.

ANAXIS, historien, XV, 95.

ANDROGÉE, fils de Minos; son triomphe et sa mort, IV, 60.

ANDROMAQUE, fonde Tauroménium, XVI, 7.

ANE (fable de l'), I, 97.

ANIMAUX SACRÉS d'Égypte, leur culte, I, 83-84; les trois explications données à leur sujet par le vulgaire, I, 86.

ANNIBAL, l'ancien, général des Carthaginois, fait des préparatifs contre la Sicile, XIII, 44; il assiége Sélinonte et s'en empare, XIII, 51 et suiv.; il assiége Himère et s'en empare, XIII, 59 et suiv.; son entrée triomphale à Carthage, 62; son expédition contre les Agrigentins, XIII, 79, 80 et suiv.; il meurt de la peste, 86.

ANNIBAL le jeune, frère d'Asdrubal, assiége Sagonte, fragm., XXV; ses exploits, ibid., XXVI, XXVII, XXVIII, XXIX.

ANTANDROS. Place prise par les généraux Aristide et Symmaque, XII, 72.

ANTÉE gouverne une partie de l'Égypte pendant l'absence d'Osiris, I, 17.

ANTHREDON, description de cet animal ailé, XVII, 75.

ANTIGONE obtient en partage, après la mort d'Alexandre, la Pamphylie, la Lycie et la grande Phrygie, XVIII, 3; il bat Eumène, 40; il défait Alcétas, 44-45; il outrage le corps d'Alcétas, 47; il invite Eumène à faire cause commune avec lui, 50; il fait la guerre à Arrhidée; il s'empare d'Éphèse et de plusieurs autres villes, 52; il trame un complot contre la vie d'Eumène, 62; il s'empare des forces navales de Clitus, 72; il s'avance pour combattre Eumène, 73; il est dupe d'un stratagème d'Eumène qu'il trompe à son tour, XIX, 26; bataille livrée; victoire incertaine, 27-31; il ramène son armée en Médie, 32; il le vainqueur; Eumène lui est livré, 37-43; il le fait périr; il passe l'hiver dans la Médie, 44; il fait périr Python; il se dirige vers la Perse, 46; il y reçoit les honneurs royaux; il partage entre ses amis les provinces de l'Asie, 48; il assiége Tyr, 58; il réunit son armée à celle de Démétrius, 93; il fait la paix avec Cassandre, Lysimaque, Ptolémée, XIX, 105; Antigone fait périr Cléopâtre, sœur d'Alexandre, 37; confédération de Lysimaque, Seleucus, Ptolémée contre Antigone, 106; Antigone conduit son armée contre Lysimaque, 108-109; Antigone livre un combat à Ipsus où il perd la couronne et la vie, XXI, fragments.

ANTIMACHUS, poète, XIII, 108.

ANTIOCHUS de Syracuse, historien, XII, 71.

ANTIOCHUS, pilote d'Alcibiade, est vaincu par Lysandre, XIII, 71.

ANTIOCHUS Ier, Soter, épouse Stratonice, fragm., XXI.

ANTIOCHUS II, surnommé le Dieu, fragm., XXXI.

ANTIOCHUS III, le Grand, envoie des députés à Rome, fragm., XXVII.

ANTIOCHUS IV, Épiphanus, profane le temple des Juifs, fragm., XXXIV.

ANTIOCHUS VI, Sidetès, assiége Jérusalem, fragm., XXXIV.

ANTIPATER, un des généraux d'Alexandre, est laissé en Europe, XVII, 17; il combat Memnon, XVII, 62; il livre un combat aux Lacédémoniens, XVII, 63; il envoie des soldats à Alexandre, 65; il obtient en partage, après la mort d'Alexandre, la Macédoine et les provinces qui en dépendent, XVIII, 3; il est vaincu par Léosthène, 12; il est assiégé dans Lamia, 13; il réunit les Macédoniens en une seule armée dont il prend le commandement en chef, 15; Antipater prend d'assaut les villes de la Thessalie, 17; il accorde la paix aux Athéniens et change la forme de leur gouvernement, 18; il fait la guerre avec Cratère aux Étoliens, 24-25; il est investi de l'autorité suprême de la régence; il procède à un nouveau partage des satrapies, 39; il désigne Polysperchon comme tuteur des rois et commandant en chef des troupes; il nomme son fils Cassandre chiliarque, 48; il fait périr Demade; sa mort, 48.

ANTIPHILE est nommé au commandement des troupes grecques, XVIII, 13; il défait les Macédoniens, XVIII, 15.

ANTISTHÈNE d'Agrigente; sage conseil qu'il donne à son fils, XIII, 84.

ANUBIS, héros égyptien, I, 18.

ANYTUS, nauarque athénien, est mis en jugement, XIII, 64.

AORNOS, rocher, est pris par Alexandre, roi de Macédoine, XVII, 85.

APELLE, général des Syracusains, XI, 88.

# INDEX.

APHRICÈS, chef indien, est tué par des assassins qui portent sa tête à Alexandre, roi de Macédoine, XVII, 86.
APIS. Explication de son culte, I, 85.
APOLLON, fils de Jupiter, V, 72; ses inventions, 74; sa lutte avec Marsyas, 75; son culte chez les Hyperboréens, II, 47; il tue les Cyclopes, IV, 71; son séjour chez Admète, VI, 6; il tue les enfants de Niobé, IV, 74.
APOLLONIADE, souverain des Agyrinéens, est détrôné, XVI, 82.
APRIÈS, roi d'Egypte; durée de son règne; expédition contre l'île de Cypre et la Phénicie; sa défaite, sa mort, I, 68.
ARABIE. Description de ce pays et de ses habitants; asphalte, II, 48.
ARABIE HEUREUSE. Productions : le calamus, le jonc, la myrrhe, l'oliban, le costus, la casie, le cinnamomum, la résine, le térébinthe, le boratus, l'or apyre, bêtes féroces, l'autruche, le camélo-pardalis; pierres précieuses, etc., II, 49-50-51-52-53-54.
ARABIQUE (golfe). Sa position, III, 38; description de ce golfe et de ses bords, III, 39-40 et suiv.
ARBACE, Mède d'origine, conspire contre Sardanapale, II, 24; il est vaincu par Sardanapale, ibid., 25; il défait Sardanapale, 26; il prend la ville de Ninive, 27 et 28.
ARBÈLES. Description de la bataille livrée entre Darius, roi des Perses, et Alexandre, roi des Macédoniens, XVII, 58 et suiv.
ARBIANE, roi de l'Asie, II, 32.
ARBRES d'une espèce particulière, XVII, 90.
ARCADIENS (les), se soulèvent, XV, 59; ils l'emportent sur les Lacédémoniens, XV, 62; ils font une expédition dans la Laconie, 64; ils prennent d'assaut Pallène, 67; ils sont vaincus par les Lacédémoniens, 72; ils remportent une victoire sur les Éléens, XV, 77.
ARCÉSILAS obtient en partage, après la mort d'Alexandre, la Mésopotamie, XVIII, 3.
ARCHÉANACTIDES (les), rois du Bosphore cimmérien, XII, 31.
ARCHÉLAÜS, roi des Macédoniens, s'empare de Pydna, XIII, 49; sa mort, XIV, 37.
ARCHIDAMUS, roi des Lacédémoniens, ravage l'Attique, XII, 51; il assiége Platée, XII, 47; il est tué en combattant dans l'armée des Tarentins, XVI, 88.
ARCHIMÈDE, sa machine à puiser de l'eau, V, 37; sa mort, fragm., XXVI.

ARCHON obtient en partage, après la mort d'Alexandre, la Babylonie, XVIII, 3.
ARCHONIDE fonde une ville, XIV, 16.
ARCHONIDIUM, ville fondée par Archonide, XIV, 16.
ARCHYLAS récompensé par Denys pour sa bravoure, XIV, 53.
ARDÉE, ville colonisée par les Romains, XII, 34.
ARÉTAS, roi des Nabatéens, fragm., XL.
ARÉTHUSE, fontaine consacrée à Diane, V, 3.
ARGÉE prétend à la royauté de Macédoine, XVI, 2; il est vaincu par Philippe à Méthone.
ARGENT (minerai d'), V, 35 et suiv.
ARGÉSIPOLIS, général lacédémonien, fait la guerre aux Olynthiens, XV, 22; sa mort, 23.
ARGÉSIPOLIS meurt après un an de règne, XV, 60.
ARGIENS (les). Leur prérogative; discipline, XII, 75; ils lapident leurs généraux, XII, 78; leur succès et leurs revers, XII, 79; ils emportent d'assaut Ornée, XII, 81; ils font une expédition dans la Laconie, XV, 61; auxiliaires des Perses en Égypte, XVI, 47; ils sont récompensés par le roi des Perses, 51.
ARGINUSES (îles). Leur position, XIII, 97.
ARGONAUTES. Leur expédition, IV, 42 et suiv.
ARGOS. Renversement de la démocratie; gouvernement aristocratique; rétablissement de la démocratie, XII, 80; une violente insurrection, XV, 57-58.
ARIAMNÈS Ier, roi de Cappadoce, fragm., XXXI.
ARIAMNÈS II, fils d'Ariarathe, fragm., XXXI.
ARIARATHES, souverain de la Cappadoce, est vaincu par Perdiccas, XVIII, 16.
ARIDÉE, satrape de Cyrus, XIV, 21.
ARIÉUS, roi de l'Arabie, allié de Ninus, I.
ARIMASPES (les) ont reçu le nom d'Évergètes de Cyrus, XVII, 81.
ARIOBARZANE meurt après un règne de 26 ans, XVI, 90.
ARIOBARZANE occupe le défilé des roches Susiades XVII, 68.
ARISTAZANE le Perse, lieutenant de Nicostrate, XVI, 47.
ARISTIDE, général des Athéniens, s'empare d'Antandros, XII, 72; il se distingue à la bataille de Platée, XI, 29; il accompagne Pausanias dans l'expédition contre Byzance, 44; il entraîne les alliés dans le parti des Athéniens, 44; il est surnommé le Juste, 47.
ARISTOCRATE est envoyé par les Lacédémoniens au secours des Zacynthiens, XV, 45.

ARISTOCRATES, vainqueur des Lacédémoniens au combat naval des îles Arginuses, XIII, 99; il est condamné à mort, 101; il est exécuté, 102.

ARISTOGÈNE, vainqueur des Lacédémoniens au combat naval des îles Arginuses, XIII, 99; il s'enfuit pour échapper au jugement des Athéniens, 101.

ARISTON, pilote corinthien, donne aux Syracusains un conseil très-utile, XIII, 10.

ARMISTICE, entre Pharnabaze et Dercyllidas, XIV, 39.

ARMOEUS, roi d'Égypte, fait construire la plus grande pyramide, I, 64.

ARRHIDÉE, fils de Philippe, est proclamé roi sous le nom de Philippe, XVIII, 2; il est chargé du soin de faire construire un char pour transporter les dépouilles d'Alexandre dans le temple d'Ammon, 3; description de cette translation, XVIII, 26-27-28; Arrhidée et Python sont nommés tuteurs des rois et chefs absolus de l'armée, 36; il assiége les Cyzicéniens, 51.

ARSAMÈNE commande les cavaliers de l'aile gauche de l'armée perse, XVII, 19.

ARSÈS, fils d'Ochus, monte sur le trône, XVII, 5.

ARSITE, commandant de la cavalerie paphlagonienne, XVII, 19.

ARTABANE assassine Xerxès, XI, 69; il est lui-même tué par Artaxerxès, 69.

ARTABAZE prend le commandement des Perses après la défaite de Mardonius, XI, 31. Il est envoyé par Artaxerxès contre les Égyptiens, 74; il est vaincu par Cimon, XII, 3; il est envoyé contre Datame, XV, 91; en révolte contre le roi des Perses, il est secouru par Chorès, l'Athénien, XVI, 22; il rentre en grâce auprès du roi des Perses par l'intermédiaire de Mentor, XVI, 22.

ARTAXERXÈS. Guerre avec les Athéniens sur mer et dans l'île de Cypre; traité concernant l'affranchissement des villes grecques de l'Asie, XII, 3-4.

ARTAXERXÈS (Longue Main) s'avance avec son armée pour combattre Cyrus, XIV, 22; sa victoire, 23; réponse des Grecs à ses députés, 25; traité entre Artaxerxès et les Grecs, 26; il déclare la guerre à Évagoras, XIV, 98; il fait la guerre aux Lacédémoniens, 99; guerre entre ce roi et Évagoras, roi de Cypre, XV, 2 et suiv.; il fait juger Téribaze, 19; il disgracie Oronte, 11; il propose aux villes grecques de conclure une paix générale, 38; il fait la guerre aux Égyptiens, 41; préparatifs de guerre, 90; expédition, 91; il pardonne à Tachos, roi d'Égypte, 92; il meurt après un règne de 43 ans, 93.

ARTAXERXÈS (Ochus) fait de grands préparatifs de guerre, XVI, 40; il menace de sa vengeance les Phéniciens rebelles, 41; il concentre ses troupes à Babylone, 42; il s'avance vers la Phénicie, 43; il demande des soldats aux Grecs, 44; la ville de Sidon lui est livrée par Tennès, souverain de Sidon, qu'il fait ensuite tuer, 45; il marche contre l'Égypte, 46-47; il prend possession de l'Égypte, 51.

ARTÉE, roi des Mèdes, II, 32; il est vaincu par Parsode qui s'était mis à la tête des Cadusiens, II, 33.

ARTÉMISE, reine de Carie, XVI, 45.

ARTÉMISIA, sœur et femme de Mausole, XVI, 36.

ARTHYNÈS, roi des Mèdes, règne vingt-deux ans, II, 34.

ARTYCAS, roi de l'Asie, règne cinquante ans, II, 32.

ARYMBAS, roi des Molosses, XVI, 72.

ASCALON, ville de Syrie; lac des environs, II, 4.

ASIE. Topographie, XVIII, 5-6.

ASOPUS, fils de l'Océan, père de douze filles, IV, 72.

ASPADAS, nommé par les Grecs Astyage, fils et successeur d'Astibaras, est vaincu par Cyrus, II, 34.

ASPHALTE, matière employée en Babylonie pour les constructions et le chauffage, II, 12; description de cette matière et du lac qui la contient, II, 48.

ASPHALTITE (lac), II, 48; XIX, 98.

ASSYRIENS, formant la majeure partie de la population de la ville de Ninus, II, 3; leur empire tombe au pouvoir des Mèdes, après avoir subsisté plus de 1360 ans, II, 21.

ASTIBARAS, roi des Mèdes, règne quarante ans; il meurt à Ecbatane, II, 34.

ASTROLOGIE des Chaldéens, I, 81.

ASTYDAMAS, poëte tragique, XIV, 43.

ASTYOCHUS, fils d'Éole, V, 8.

ATALANTE, origine de cette île, XII, 59.

ATHÉNIENS. Ils soumettent les habitants de l'Eubée, XII, 7; ravages de la peste; causes de ce fléau, XII, 58; colonie égyptienne, I, 28; ils recouvrent l'Eubée, XII, 22; ils s'emparent de la ville des Scionéens et la donnent pour demeure aux Platéens, XII, 76; ils concluent une trêve avec les Lacédémoniens, XII, 74; ils déclarent la guerre aux Syracusains; leurs préparatifs; mutilation des statues de Mercure, XIII, 2; ils condamnent à la peine de mort Diagoras l'*Athée*, 6; ils sont vaincus par les Syracusains dans un combat naval, 10 ; une éclipse de lune les empêche de quitter la Sicile, 12 ; ils sont battus sur mer et sur terre, 13-15-16-17 ; leur défaite, 19 ; châtiment des captifs, 33 ; rétablissement du gouvernement démocratique, 38 ; victoire remportée sur Mindarus, 40 ; prise de Cyzique, 40 ; victoire remportée sur les Lacédémoniens, 46 ; double victoire remportée sur les Lacédémoniens et leurs alliés, 50-51 ; ils refusent les propositions de paix des Lacédémoniens, 52-53 ; ils défont les Lacédémoniens à Chalcédoine, 66 ; ils s'emparent des villes de l'Hellespont, 68 ; ils l'emportent sur les Lacédémoniens, 72-73 ; ils retirent le commandement à Alcibiade, et nomment dix généraux, 74 ; ils affranchissent les villes grecques de la domination des Perses, XII, 3-4 ; leur succès et leur revers à Chéronée, XII, 6 ; ils défont les Mégariens, XII, 5 ; ils remportent une victoire signalée à Potidée, XII, 27 ; guerre avec les Lacédémoniens au sujet de Pylos, XII, 61 et suiv. ; ils envoient du secours aux Léontins, XII, 53-54 ; expulsion des Éginètes de la ville d'Égine ; expédition de Périclès, XII, 41 ; maladie pestilentielle dans Athènes ; Périclès ravage le littoral du Péloponnèse ; il est condamné à une amende, 45 ; ils envoient une flotte au secours des Corcyréens, XII, 33 ; ils remportent une victoire près de Pallène et assiégent les Potidéates, 34 : ils envoient une colonie à Potidée, XII, 46 ; ils sont vaincus par les Bottiéens secourus par les Olympiens, XII, 47 ; ils sont vaincus à Délium par les Thébains, XII, 69-70 ; ils ravagent le littoral du Péloponnèse, XII, 42 ; ils remportent une victoire navale aux îles Arginuses sur les Lacédémoniens, XIII, 99-100 ; ils font périr leurs généraux, 101-102 ; Callixenus, l'auteur de cet arrêt de condamnation, est jeté en prison, 103 ; ils portent Philoclès au commandement de l'armée, 104 ; ils sont vaincus par les Lacédémoniens sur mer et sur terre, 106-107 ; établissement de trente magistrats, XIV, 3 ; cruauté des trente tyrans, 4-5-6 ; les Athéniens sont nommés chefs de la confédération des villes grecques, XV, 28 ; ils déclarent la guerre aux Lacédémoniens, 29 ; ils l'emportent sur les Lacédémoniens dans un combat naval, 31-35 ; ils envoient du secours aux Corcyréens, 46-47 ; ils envoient du secours aux Lacédémoniens, 63 ; ils combattent les Thébains à Mantinée, 85 ; ils sont vaincus par Alexandre, tyran de Phères, 95 ; ils envoient le général Mantais pour combattre Philippe, XVI, 2 ; ils attaquent l'île de Chio, 7 ; ils terminent la guerre sociale, 22 ; ils déclarent la guerre à Philippe, XVI, 51 ; ils se rendent coupables de sacriléges, 57 ; ils se préparent à résister à Philippe et envoient des députés aux Béotiens pour les engager à faire cause commune avec eux, 84 ; ils se réunissent aux Béotiens, 85 ; ils sont vaincus par Philippe, 86 ; ils condamnent à mort leur général Lysiclès, 88 ; ils complottent avec Attalus contre Alexandre, roi de Macédoine, XVII, 3 ; ils envoient une députation à Alexandre, 4 ; leurs inquiétudes au sujet de la demande d'Alexandre de lui livrer les dix orateurs qui s'étaient prononcés contre lui, 15 ; ils déclarent la guerre à Antipater, XVIII, 8 ; ils confient à Léosthène la conduite de cette guerre, 9 ; ils invitent les autres Grecs à combattre pour la liberté commune, 10 ; ils envoient un renfort de troupes à Léosthène, 11 ; ils obtiennent la paix d'Antipater qui change la forme de leur gouvernement, 18 ; ils font périr plusieurs magistrats, 65 ; ils font la paix avec Cassandre, 74.

ATIZYÉS, chef distingué des Perses, perd la vie en combattant contre les Macédoniens, XVII, 21 ; il succombe à la bataille d'Issus, XVII, 31.

ATLANTES. Leur mythologie, III, 56-57.

ATLAS. Son histoire, III, 60.

ATRAPÈS obtient en partage, après la mort d'Alexandre, la Médie, XVIII, 3.

ATTALUS, un des courtisans les plus influents de Philippe, outrage Pausanias, XVI, 93 ; il conspire contre Alexandre, roi de Macédoine, XVII, 2 ; il est assassiné à Hécatée, 5.

AUGURES envoyés par les dieux aux Tyriens, XVII, 41.

AUGURES qui apparaissent aux Thébains, XVII, 10.

AULUS POSTHUMIUS, dictateur, fait la guerre aux Èques ; sa sévérité envers son fils, XII, 64.

AUTOLYCUS, orateur populaire, est mis à mort par les Trente, XIV, 5.

## B

BABYLONE. Ville de la Mésopotamie, fondée par Sémiramis; description de ses murs, de ses fortifications, de ses monuments, II, 7; jardin suspendu, 10; Évemère, roi des Parthes, brûle les temples, fragm., XXXIV.

BACCHUS. Plusieurs dieux de ce nom, III, 62-63-64; expédition de Bacchus, III, 65; plusieurs villes se disputent l'honneur d'avoir donné le jour à Bacchus, III, 66; son expédition dans l'Inde, ses découvertes, ses institutions; origine de la tradition au sujet de la naissance de Bacchus, II, 38; ses bienfaits, son expédition, IV, 3; autre Bacchus, IV, 4; épithètes de Bacchus, IV, 5; description du lieu où il fut élevé, III, 69, 70; combat de Bacchus contre les Titans, III, 71-72; Bacchus né cornu, III, 73-74.

BACTRES, capitale de la Bactriane, II, 6; assiégée par Ninus, prise par Sémiramis, 6-9.

BAGISTAN. Mont consacré à Jupiter, II, 13.

BAGISTANE. Contrée remarquable par sa fertilité, XVII, 110.

BAGOAS, un des généraux du roi des Perses en Égypte, XVI, 47; il accuse Lacratès auprès du roi des Perses, 49; il implore le secours de Mentor, 40; il empoisonne son souverain; il périt à son tour par le poison, XVII, 5.

BAGODARAS, un des compagnons de Bessus, se retire auprès d'Alexandre, roi de Macédoine, XVII, 83.

BALLONYMUS. Son élévation au trône, XVII, 47.

BAPTÊME DES VAISSEAUX. Voir la note 2, XVI, 66.

BARATHRES (les). Voir la note 4, XVI, 46.

BARZANÈS, roi de l'Arménie, vaincu par Ninus, II, 1.

BASILÉE (île), V, 23.

BATTUS fonde la ville de Cyrène, fragm., VIII.

BÉLÉSYS, commandant des Babyloniens, conspire contre Sardanapale, II, 24; il seconde les rebelles, 25-26-27; il est condamné à mort et gracié par Arbace, 28.

BÉLUS, Jupiter des Babyloniens, II, 8; son temple, 9; fils de Neptune et de Libya; son émigration; ses institutions, I, 28.

BÉOTIENS (les). Ils l'emportent sur les Athéniens près de Chéronée, XII, 6; ils battent les Athéniens à Délium, XII, 69-70; ils défont les Lacédémoniens, XIV, 82; ils se déclarent pour la défense du temple de Delphes, XVI, 29; ils sont vaincus par les Phocidiens, 30; ils sont vainqueurs dans trois combats contre les Phocidiens, 37; ils ravagent le territoire des Phocidiens, 38; ils reçoivent des secours de Philippe, 59; ils se réunissent aux Athéniens contre Philippe, 85; ils sont vaincus par Philippe, 86.

BÉOTIQUE (guerre). Son origine, XV, 25.

BERNUS, montagne de la Thrace, fragm., XXXI.

BESSUS, satrape de Bactres, assassine Darius, roi des Perses, XVII, 73; il se proclame lui-même roi et fait des préparatifs pour résister à Alexandre, 74; Alexandre le livre aux frères de Darius; son supplice, 83.

BOCCHORIS, roi d'Égypte, I, 65; législateur égyptien, I, 94.

BORCANIENS, peuple de l'Asie; II, 2.

BOTTIÉENS (les) l'emportent sur les Athéniens, XII, 47.

BOUC de Mendès, I, 84; culte en honneur du principe de la génération, I, 88.

BRASIDAS, le Spartiate, sauve Méthone par sa bravoure, XII, 43; sa valeur, XII, 62; il s'empare de Mégare; son expédition, XII, 67-68; il livre bataille à Cléon; sa mort, XII, 74.

BRENNUS, chef des Gaulois, envahit la Grèce, fragm., XXII.

BRETAGNE. Soumise la première fois par Jules César; description de cette île, V, 21-22.

BRIQUES enduites d'asphalte, II, 7.

BRITOMARTIS, fille de Jupiter, surnommée Dictynna, V, 77.

BRUTTIENS. Leur origine, XVI, 15.

BURA, ville du Péloponnèse, éprouve de grands tremblements de terre, XV, 48; leur cause, 49.

BUSIRIS, roi d'Égypte, fondateur de Diospolis la Grande, ou Thèbes; description de cette ville, I, 45-46; il est tué par Hercule, IV, 27.

BUTÈS, fils de Borée, se suicide, V, 50.

BYZANCE. Siége de cette ville par Théramène; elle est livrée à Alcibiade, XIII, 66-67; elle est assiégée par Philippe, roi de Macédoine, XVI, 76; levée du siége, 77.

BYZANTINS (les) et les Chalcédoniens, réunis aux Thraces, égorgent tous leurs prisonniers, XII, 82; ils demandent aux Lacédémoniens un commandant militaire, XIV, 12.

## C

CADMUS épouse Harmonie, fille de Vénus, V, 48; il apporte l'alphabet en Grèce, V, 57 et suiv.; son voyage; fondateur de Thèbes, IV, 2; il élève un temple à Neptune dans l'île de Rhodes, V, 58.

CAILLES. Manière de leur faire la chasse, I, 60.

CALANUS, philosophe indien, termine sa vie sur un bûcher, XVII, 107.

CALLAS, à la tête d'un détachement de Macédoniens, livre une bataille aux Perses, XVII, 7; fils d'Harpalus, un des généraux d'Alexandre, XVII, 17.

CALLIADÈS, vainqueur des Lacédémoniens au combat naval des îles Arginuses, XIII, 99; il est condamné à mort et exécuté, 101-102.

CALLIAS, chef des envoyés plénipotentiaires d'Athènes, chargés de faire un traité de paix avec Artaxerxès, XII, 4.

CALLIBIUS, général de la garnison lacédémonienne à Athènes, est gagné par les Trente, XIV, 4.

CALLICRATIDAS succède à Lysandre dans le commandement sur mer; combat acharné entre Callicratidas d'une part et les Athéniens réunis aux Mityléniens de l'autre, XIII, 76 et suiv.; son expédition, sa mort héroïque, XIII, 97-98-99.

CALLIPE succède à Dion dans le commandement, XVI, 31; il est défait par Hipparinus, 36; il rend aux Rhégiens leur indépendance, XVI, 45.

CALLISTHÈNE, historien, XIV, 117; XVI, 14.

CALYDNA (île DE), V, 54.

CAMBYSE, roi des Perses, pille les temples d'Égypte, I, 46, 95; son caractère, fragm., X; sa cruauté exercée sur Amasis, ibid.

CAMILLE, dictateur, remporte plusieurs victoires, XIV, 117.

CAMPANIENS (les) s'emparent de Cumes, XII, 76; ils aident Denys à se rendre maître de Syracuse, XIV, 9; ils égorgent les habitants d'Entella, ibid.

CANAL conduisant dans Ecbatane les eaux du lac et de la rivière d'Oronte, II, 13.

CARCINUS, général athénien; ses exploits dans le Péloponnèse, XII, 42-43.

CARPATHOS (île de), V, 54.

CARTHAGINOIS (les) soumettent Hécatompyle, IV, 18; ils détruisent Héraclée, en Sicile, 23; ils exploitent les mines de l'Ibérie, V, 38; leur défaite près d'Himère, XI, 21, 24; leurs guerres en Sicile, XIII, 43, 63, 79, 80, 86, 96; XIV, 46, 47, 54; XV, 15, 17, 73; XVI, 5, 66, 73; XIX, 102, 104; XX, 9, 10.

CASPIENNE (mer). Elle nourrit diverses espèces de serpents et de poissons, XVII, 75.

CASSANDRE obtient la Carie en partage après la mort d'Alexandre, XVIII, 3; il est nommé chiliarque par son père Antipater, 48; ses projets, 49; il se rend auprès d'Antigone, 54; il s'empare du Pirée, 68; il assiége Salamine, 69; il fait partir Nicanor avec une flotte, 72; il attire dans son parti un très-grand nombre de villes de la Grèce, 74; il fait périr Nicanor, 75; il se dirige du Rhoxane en Macédoine contre Olympias, XIX, 35; il assiége Olympias enfermée dans Pydna, 36; il la réduit aux dernières extrémités, 49; il s'empare de Pydna, de Pella, d'Amphipolis, 50; il fait périr Aristonoüs et Olympias, 51; il épouse Thessalonice, sœur d'Alexandre, 52; il fonde la ville de Cassandria, 52; il met en prison Rhoxane et son fils, 52; il fait de pompeuses funérailles à Euridice et au roi Philippe, 52; il entreprend une expédition dans le Péloponnèse, ibid., 53; il entraîne dans son parti plusieurs villes du Péloponnèse, 54; Ptolémée lui envoie des députés; il se joint à Ptolémée et fait des préparatifs de guerre, 57; il assiége Cenchrée; il prend Orchomène, 63; il revient du Péloponnèse dans la Macédoine, 64; il entreprend une expédition contre les Étoliens, 67; il fait la guerre à Télesphore et Médius, généraux d'Antigone, 75; il lève le siége d'Orée, prend Orope, fait alliance avec les Thébains et revient dans la Macédoine, 77; il marche contre les Apolloniates, XIX, 89; il est proclamé régent de la Macédoine, 105; il fait périr Alexandre et Rhoxane, 105; il s'adjoint Ptolémée, général d'Antigone, 19; il engage Polysperchon à faire périr Hercule, fils d'Alexandre, 28; il conclut la paix avec Ptolémée, 37; il se proclame roi, 53; il fournit du blé aux Rhodiens assiégés par Démétrius, 96; il combat en Thessalie contre Démétrius, 107; il conclut un accommodement avec Démétrius, 111.

CASSITÉRIDES (îles), V, 38.

CATANE. Ville livrée à Denys par Arcésilaüs, XIV, 15.

CATAPULTE (invention de la), XIV, 42.

CATHÉENS, peuple de l'Inde ; pourquoi les femmes sont brûlées sur le bûcher de leurs maris, XVII, 91.
CÉBALINUS dénonce à Alexandre la conspiration de Dimnus, XVII, 79.
CÉCRYPHALIA, ville du Péloponnèse, XI, 78.
CÉDROSIE, habitants de cette contrée, XVII, 105.
CELTES (les). Leur apparition en Italie, XIV, 113 ; ils battent les Romains, 114 ; ils s'emparent de Rome et assiégent le Capitole, 115 ; ils sont repoussés, 116-117 ; ils sont envoyés par Denys au secours des Lacédémoniens, XV, 70.
CELTIBÉRIENS. Leur histoire, V, 33-34.
CENTAURES (les). Leur histoire, IV, 69-70.
CENTORIPIENS, habitants de la Sicile ; XIII, 83 ; XIV, 78 ; XVI, 32.
CÉPHALUS de Corinthe réforme les institutions publiques des Syracusains, XVI, 82.
CÉPUS. Espèce de singe, III, 35.
CÉRASTES. Espèce de serpent, I, 87.
CERCINA, petite île, V, 12.
CÉRÈS. Époque de son apparition dans l'Attique, I, 29 ; elle institue des mystères en l'honneur d'Hercule, IV, 14 ; la Sicile lui est consacrée, V, 2 ; elle cherche sa fille Proserpine, 4 ; fêtes en son honneur, V, 4 ; ses bienfaits envers les hommes, 66.
CERSOBLEPTE, roi des Thraces, est vaincu par Philippe, XVI, 71.
CÉTACÉS, XVII, 105-106.
CHABRIAS l'Athénien ; son expédition, XV, 30 ; il fait la guerre aux Lacédémoniens, 32 ; général d'Acoris, roi des Égyptiens, XV, 29 ; commandant des Athéniens contre les Béotiens, 68-69 ; il l'emporte sur les Lacédémoniens, XV, 34-35 ; il est assassiné, 36.
CHABRIAS, nauarque de Tachos, XV, 92 ; il meurt dans un combat naval près de Chio, XVI, 7.
CHABRYS, fils de Chembès, I, 64.
CHALCÉDONIENS (les) vaincus par Alcibiade, XIII, 66.
CHALDÉENS. Leur antiquité ; leur astrologie, II, 29 ; détails de leur science, 30-31 ; ils prédisent la mort d'Alexandre, XVII, 112.
CHAMEAUX. Leur description, II, 54.
CHARÈS, général des Athéniens, dénonce ses collègues, XVI, 21 ; les Athéniens n'approuvent point sa conduite, 22 ; il commet plusieurs crimes, XV, 95 ; combat près de Chio, XVI, 7 ; il est vainqueur des Argiens, XV, 75 ; il prend la ville de Sestus, XVI, 34.

CHARIDÈME est mis à mort par Darius, XVII, 30.
CHARONDAS, célèbre législateur, XII, 11 ; ses lois, 12-19.
CHEIRISOPHUS, général lacédémonien, XIV, 19 ; commandant en chef pendant la retraite des dix mille, 27.
CHÉLONOPHAGES. Peuplade sauvage, III, 21.
CHEMBÈS, roi d'Égypte ; pyramide qu'il éleva, I, 63.
CHIENS. Remarquables par leur force ; combat contre un lion, XVII, 92.
CHORONMÉENS. Peuple de l'Asie, II, 2.
CIGUË. Poison, XIV, 37, note 1.
CIMBRES. Leur histoire, V, 32.
CIMON, fils de Miltiade ; son expédition contre les Perses ; ses victoires sur terre et sur mer ; sa mort, XII, 3-4.
CIRCÉ, célèbre empoisonneuse ; son histoire, IV, 45.
CISSIDE, nauarque de Denys, est vaincu par Timothée et Iphicrate, XV, 47.
CITIUM, ville de l'île de Cypre, XII, 3.
CLÉARQUE le Lacédémonien, commandant des Péloponnésiens, XIV, 19-22-23-24-25-26 ; commandant militaire des Byzantins ; sa conduite, XIV, 12 ; il est vaincu par Panthœdas et comblé de richesses par Cyrus, 12 ; condamné à mort ; sa fuite, XIII, 106.
CLÉARQUE devient tyran d'Héraclée, XV, 81 ; est tué, XVI, 36.
CLÉOMBROTE, roi des Lacédémoniens, marche contre les Thébains, XV, 51-52-53 ; sa mort à Leuctres, 55.
CLÉOMÈNE, roi des Lacédémoniens, XV, 60.
CLÉON, nauarque des Athéniens, fait prisonniers, dans l'île de Sphactérie, trois cents Lacédémoniens, XII, 63.
CLÉON, le démagogue, s'empare de Torone, XII, 73 ; sa mort, 74.
CLÉOPOMPE, général des Athéniens ; ses exploits, XII, 44.
CLIMAT. Différentes températures, III, 34.
CLITUS, surnommé le Noir, sauve Alexandre, XVII, 20 ; il commande l'aile droite à la bataille d'Arbèles, XVII, 57.
CLITUS, nauarque macédonien, l'emporte sur les Athéniens, XVIII, 15 ; il est vaincu et tué, XVIII, 72.
CNÉMUS, chef des Lacédémoniens, envahit l'Acarnanie ; il est vaincu, XII, 47 ; il tente de s'emparer du Pirée, XII, 49.
CNOSSE, ville de Crète, fondée par Minos, V, 78.
COCALUS, roi de Sicile, IV, 77.
COENUS commande la phalange des Elimiotes à la bataille d'Arbèles, XVII, 57 ; il est blessé, 61.

COLYMVITHRA. Piscine construite par Dédale, IV, 78.
COMÈTES. Époque de leur apparition, I, 81.
CONON, chef des forces navales des Perses, XIV, 39; il est nommé général athénien, XIII, 74; combat sur mer; il défend Mitylène; 77 et suiv.; il défait les Lacédémoniens dans le combat naval des îles Arginuses, XIII, 99-101; il remporte une victoire navale sur les Lacédémoniens, 83-84; il fait relever les murailles d'Athènes, 85; il est mis aux fers, 85.
CORAGUS, Macédonien, est vaincu dans un combat singulier par Dioxippe d'Athènes, XVII, 100-101.
CORCYRÉENS. Origine de leur guerre avec les Corinthiens, XII, 30; en guerre avec les Lacédémoniens, XV, 46-47; victoire navale remportée sur les Corinthiens, XII, 31-33.
CORINTHE. Troubles et meurtres, XIV, 86.
CORINTHIENNE (guerre). Origine de cette guerre, XII, 30; les Corinthiens viennent au secours des Epidamniens, *ibid.*
CORINTHIENS (les). Ils sont vaincus par les Corcyréens, XII, 32-33; leurs démêlés avec les Corcyréens, XII, 57; ils envoient du secours aux Syracusains, XIII, 7-8; ils envoient aux Syracusains Timoléon, XVI, 65.
CORSE (île de), V, 13.
COS. Accroissement de cette ville, XV, 76.
COSSÉENS (les) sont vaincus par Alexandre, XVII, 111.
CRATÈRE, un des généraux d'Alexandre, XVII, 57; il vient au secours d'Antipater, XVIII, 16; il prend d'assaut les villes de la Thessalie, 17; il épouse Phila, l'aînée des filles d'Antipater, 18; il fait la guerre aux Etoliens, 24-25; sa mort, 30.

CRÈTE (île de), III, 71; 61, 80; IV, 17.
CRINIPPE, nauarque de Denys, est vaincu par Timothée et Iphicrate, XV, 47.
CRITIAS, général des trente tyrans; sa mort, XIV, 33.
CROCODILE du lac Mœris, I, 84.
CROCODILES. Honneurs divins rendus à ces animaux, I, 89.
CROTONIATES (les) remportent une victoire sur les Sybarites, XII, 9-10.
CTÉSIAS, de Cnide. Son opinion sur la grande monarchie des Mèdes, II, 32.
CTÉSIAS, l'historien, XIV, 46.
CTÉSICLÈS arrive au secours des Zacynthiens, XV, 46; il tue Mnasippe, 47.
CUIVRE (mines de), V, 36 et suiv.
CUMES (ville de), livrée au pillage par les Campaniens.
CURÈTES. Leur histoire, V, 65.
CYANÉES (les) ou îles Bleues, situées près du Bosphore de Thrace, XII, 4.
CYBÈLE. Son histoire, III, 58-59.
CYCLADES (les), V, 84.
CYCNUS. Son histoire, V, 83.
CYDONIE, ville de Crète, V, 78.
CYNAMOLGUES, peuplade sauvage, III, 31.
CYNÈGES, peuplade sauvage, III, 25.
CYNOCÉPHALES, espèce de singe, I:I, 35.
CYPRE (île de), I, 68; IV, 37; XI, 3; siége et soumission des villes de cette île par Cimon, XII, 3-4; révolte des rois de Cypre, XVI, 42.
CYRÉNÉENS (les). Leurs dissensions intestines, XIV, 34; ils sont en guerre avec Thimbron, XVIII, 19 et suiv.; ils perdent leur indépendance, 21.
CYRUS marche contre son frère Artaxerxès, XIV, 19 et suiv.; bataille; mort de Cyrus, 23-24.
CYRUS l'ancien, change le nom des Arimaspes en celui d'Évergètes, XVII, 81.

# D

DACTYLES IDÉENS. Leur histoire, V, 64.
DAMIS. Moyen employé pour résister à la force des éléphants, XVIII, 71.
DANAÜS. Son émigration, I, 28.
DAPHNIS. Son histoire, IV, 84.
DARDANUS (ville de), V, 48.
DARIUS, roi des Perses, confie à Memnon le commandement de l'armée, XVII, 29; il fait de nombreuses levées de troupes, 31; il est vaincu par Alexandre à la bataille d'Issus, 33 et suiv.; il fait à Alexandre des offres d'accommodement, 39; nouveaux préparatifs, 53; bataille d'Arbèles; défaite et fuite de Darius, 58 et suiv.; il est assassiné par Bessus, XVII, 73.

DARIUS, père de Xerxès, législateur des Égyptiens, I, 95.
DATAME, général célèbre; sa mort.
DÉCEMVIRS, rédaction des lois, XII, 23-25.
DÉDALE construit le labyrinthe de Minos, I, 61.
DÉFILÉ des portes siliciennes; description, XIV, 20.
DÉLIENS (les) sont rétablis dans leur île par les Athéniens, XII, 77.
DÉLIUM, en Béotie. Prise de cette ville, XII, 69-70.
DEMADE. Son éloquence, XVII, 15; il est condamné à mort par Antipater, XVIII, 48.

**Démétrius Poliorcète**, fils d'Antigone, se retire auprès d'Antipater, XVIII, 23; il combat dans la bataille livrée à Eumène, XIX, 40; il épouse Phila, fille d'Antipater, 59; il se dirige sur Ptolémée; il campe à Gaza, 80; ses amis le dissuadent de combattre; ses soldats l'encouragent, 81; bataille; défaite, 81-84; il se retire à Azote, 85; Ptolémée lui accorde la sépulture des morts, 85; Démétrius séjourne à Tripolis où il rassemble des soldats, 85; il est vainqueur de Cillès, général de Ptolémée, 93; envoyé contre les Arabes Nabatéens, il assiège inutilement Pétra, 96; lac Asphaltite, 98; il s'empare de Babylone qu'il trouve sans défense, 100; il combat dans la Cilicie Léonidas, fils de Ptolémée, XX, 19; il songe à rendre la liberté aux villes de la Grèce, 45; il s'empare du Pirée, 45; il rend aux Athéniens leur gouvernement démocratique, 45; il s'empare de Munychie, 45; il est comblé d'honneurs par les Athéniens, 46; il délivre les Mégariens, 46; il institue un sénat tiré des villes alliées, 46; il passe en Cypre, 47; il taille en pièces l'armée de Ménélas, 47; il envoie les prisonniers en Syrie, 47; il fait le siége de Salamine, 48; il est vainqueur de Ptolémée, 49; il soumet les villes de Cypre, 53; il reçoit de son père le titre de roi, 53; il fait une expédition contre Ptolémée, 73-74; il obtient au siége de Rhodes le surnom de *Poliorcète*, 83-88-91-99; il fait périr Alexandre et Antipater, XXI, fragments; sa clémence envers les Thébains, XXI; il est retenu captif à Pella en Syrie, XXI; Séleucus veut le rendre à la liberté, XXI.

**Démocrite**, le philosophe, I, 98; XIV, 11.

**Démophile**, fils de l'historien Éphore, XVI, 14.

**Démophon**, devin; prédiction qu'il fit à Alexandre, XVII, 98.

**Démosthène**, le général, est vaincu par les Thébains à Délium, XII, 69-70; son conseil prudent, XIII, 12; il est pris dans sa fuite, 19, et mis à mort, 33.

**Démosthène**, l'orateur le plus éloquent des Grecs, XVI, 54; il est envoyé auprès des Béotiens, XVI, 85; convaincu de corruption, il est condamné par les Athéniens, XVII, 108.

**Denys l'ancien**, XIII, 91; il rappelle les exilés, 92; il vient au secours de Géla, 93; il est nommé général en chef, 94; Denys se fait donner une garde, 95; il se proclame le tyran de sa patrie; il épouse la fille d'Hermocrate, 96; il marche au secours de Géla, 109 et suiv.; son retour, 111; sa maison est pillée, 112; il entre de force dans Syracuse; massacre, 113; conclusion de la paix avec les Carthaginois, 114; insurrection des Syracusains contre Denys, XIV, 8-9; il s'empare des armes des Syracusains et affermit son autorité, 10; il fortifie les Épipoles par une vaste enceinte, 18; il fonde la ville d'Adranum, 37; armements, 41-42-43; il exhorte les Siciliens à faire la guerre aux Carthaginois, 45 46; son expédition, 47-48; il fait le siége de Motye et s'en empare, 48 et suiv.; il demande du secours aux Grecs, 62; discours de Théodore le Syracusain contre Denys, 65 et suiv.; discours de Pharacidas, 70; il défait les Carthaginois, 72; il se rend maître de plusieurs villes, 78; il passe l'hiver à Naxus, 87; résistance des assiégés; fuite de Denys, 88; il défait Magon, général des Carthaginois, 90; il se met en marche pour repousser les Carthaginois, 95; il accueille les propositions de paix des Carthaginois, 96; il est vaincu par les habitants de Rhégium, 100; expédition de Denys contre l'Italie, 103, il tue Héloris et presque tous ses soldats, 104; il reçoit des couronnes d'or, 105; il impose des conditions de paix aux Rhégiens, 106-107; il envoie aux jeux olympiques des quadriges et des poëmes, 109; il se rend maître de Rhégium, 111; il se consacre ses loisirs à la poésie, XV, 6-7; guerre entre Denys et les Carthaginois, XV, 15; il est vainqueur des Carthaginois, 16; il est vaincu par les Carthaginois, 17; il fait la guerre aux Carthaginois; sa mort, 73; cause de sa mort, 74.

**Denys le jeune**, XV, 74; il fait de magnifiques funérailles à son père, 74; son caractère indolent, XVI, 5; il entre en négociation avec les Syracusains qui ont secoué le joug de sa tyrannie, 11; il envoie des députés à Dion, XVI, 16.

**Dercéto**, déesse syrienne; son histoire, II, 4.

**Dercyllidas**, général des Lacédémoniens; son expédition, XIV, 38.

**Dettes**. Corps des parents morts donnés en garantie, I, 93.

**Diagoras l'athée** est condamné à mort par les Athéniens, XIII, 6.

**Diane**, II, 46; IV, 34, 44; V, 3, 46, 72-73, 76.

**Dioclès**, législateur; sa fin tragique,

XIII, 33; honneurs rendus à Dioclès, 35.
DIODORE DE SICILE, natif d'Argyre; ses voyages; plan de son histoire, 1.
DIOMÉDON, vainqueur des Lacédémoniens au combat naval des îles Arginuses, XIII, 99; il est condamné à mort, 101; son discours; sa mort, 102.
DION, fils d'Hipparinus; son caractère, XVI, 6; il renverse le trône de Denys le Jeune, 9; il délivre les Syracusains, 10; il fait achever le mur d'enceinte de Syracuse, 13; il est regardé comme le seul sauveur de sa patrie, 20; sa mort, 31.
DIONYSIODORE, historien, XV, 95.
DIOXIPPE d'Athènes, athlète, XVII, 100-101.
DORIENS, IV, 37 67; V, 80; XI, 3, 11; XII, 12; XVI, 29.
DOUZE TABLES (les), XII, 26.
DRANGIENS. Peuple de l'Asie, II, 2.
DUCÉTIUS fonde la ville de Palica, XI, 90-92; souverain des Sicules; fonde Calcacté, XII, 8; sa mort, 29.
DURIS, l'historien, de Samos, XV, 60.

# E

EACUS. Histoire de ses fils, IV, 72.
EAU DU SOLEIL. Description de ce fleuve, V, 44.
ECBATANE, capitale de la Médie, II, 13.
ÉCHÉCRATE enleva la vierge prophétesse, XVI, 26.
ÉCLIPSE de lune, XIII, 12.
ÉDIFICE AUX SOIXANTE LITS, XVI, 83.
ÉGESTÉENS (les) vaincus par les Sélinontins, XII, 82; en guerre avec les Sélinontins, XIII, 43; leurs revers, leurs succès, 44.
ÉGINE, ville peuplée de colons athéniens, XII, 44.
ÉGINÈTES, XI, 78; leur expulsion de la ville d'Egine par les Athéniens, XII, 44.
ÉGYPTE. Berceau du genre humain; fertilité du sol; description du Nil, configuration du pays, etc., I, 10-76; lois et tribunaux, I, 76-80.
ÉGYPTIENS. Leur culte des animaux, etc., I, 89-90; leur nourriture; pain fait avec le lotus, I, 43.
ÉGYPTUS, fils du dieu du Nil, donne son nom à l'Égypte, I, 51.
ÉGYPTUS. Ancien nom du Nil, I, 63.
ELECTRUM, V, 23, note 1.
ÉLÉPHANTINE (île D'), I, 88.
ÉLÉPHANTOMAQUES. Peuplade sauvage, III, 26.
ÉLÉPHANTS (chasse aux), III, 26-27; employés dans les combats, II, 16-19.
ÉLIENS (les). Leurs guerres avec les Athéniens, XII, 43; leur traité avec les Lacédémoniens, XIV, 34; ils envahissent la Laconie, XV, 64; ils sont vaincus par les Arcadiens, XV, 77; ils défont les mercenaires sacrilèges, XVI, 63.
EMBAUMEMENT, XV, 93. Voir la note 1; trois sortes de funérailles, I, 91.
ÉMERAUDE. Description, II, 52.
ENFANTS des prêtres Égyptiens; leur instruction; des Égyptiens; leur entretien, I, 80-81.
ENNA, ville de Sicile, V, 3.
ENTELLA, ville de la Sicile, investie par les Carthaginois, XVI, 67.
ÉOLE. Son histoire, V, 7-8.
ÉOLIENNES (îles). Leur description, V, 7.
ÉPAMINONDAS, général des Thébains; son discours, XV, 38; son portrait, 39; commandant des Thébains; sa sagacité, 53-54; bataille de Leuctres, 55-56; descente dans le Péloponnèse, 62 et suiv.; il fait rétablir la ville de Messène, 66; il défait les Lacédémoniens, 68; il sauve l'armée des Thébains, 71-72; il combat Lachès, général athénien, 79; il marche sur Sparte et en fait le siège, 82-83; bataille de Mantinée, 86; sa mort; 87; son éloge, 88.
ÉPHORE, historien, IV, 1; XVI, 11.
ÉPIDAMNE, ville prise par les Corcyréens, XII, 31.
ÉPIDAMNIENS. Leur origine, XII, 30.
ÉQUES (les) sont vaincus par les Romains, XII, 64; XIV, 117.
ÉRECHTHÉE, ancien roi d'Athènes, était originaire d'Égypte, I, 29.
ÉRIGYIUS de Mitylène, commande la cavalerie des Péloponnésiens, à la bataille d'Arbèles, XVII, 57; il tue Satibarzane dans un combat singulier, 83.
ÉRIPIDAS. Son expédition, XIV, 38.
ERRUCA, ville des Volsques, XIV, 11.
ÉRYX, ville de la Sicile, IV, 23, 83.
ESCARBOUCLES. Leur description, II, 52.
ESCULAPE, célèbre médecin; son histoire et celle de ses fils, IV, 71.
ÉTAIN (mines D'), V, 22-38.
ÉTÉOCLE, fils d'OEdipe; son histoire, IV, 65.
ÉTÉONICUS défait les Athéniens, XIII, 106.
ÉTHIOPIENS. Leur origine et leur piété, III, 2-3; caractères, mœurs, lois et coutumes, 4-8; description; opinion des Éthiopiens sur les dieux; mode de sépulture, etc., 9; éléphants,

serpents, *ibid.*; mines d'or, exploitation, *ibid.*, 12-13-14.
ÉTION, nauarque des Athéniens, est vaincu par Clitus, XVIII, 15.
ETNA. Description, V, 4-5-6.
ÉTOLIENS (les) sont en guerre avec Antipater et Cratère, XVIII, 24-25-38.
EUBÉE. Périclès remet ce pays sous l'obéissance des Athéniens, XII, 7.
EUBÉE (l'île D') est ravagée par une guerre intestine, XVI, 7.
EUDAMIDAS est nommé général des Lacédémoniens, XV, 20; il envahit le territoire des Olynthiens, 21.
EUDOXE, astronome, I, 98.
EUMÈNE obtient en partage, après la mort d'Alexandre, la Paphlagonie, la Cappadoce, XVIII, 3; il est vainqueur de Néoptolème, 29; il défait l'armée de Cratère et tue Néoptolème, 30-31-32; il est vaincu par Antigone, 40; il se retire dans la place forte de Nora, 41-42; il est invité par Antigone à faire cause commune avec lui, 50; réflexions sur les vicissitudes de la fortune de ce général, 53; il est invité à prendre la défense des rois, 57; Olympias l'engage à secourir les rois et elle-même, 58; il franchit le Taurus et arrive en Cilicie, 59; il raconte un songe, 60; il fait dresser une tente magnifique; il enrôle des soldats, 61; il fait avorter un complot tramé par Antigone, 63; il échappe à la poursuite de Seleucus, 73; il appelle à son secours les satrapes des provinces supérieures, XIX, 12; nombre des troupes qu'il reçoit des provinces supérieures, 14; il établit la concorde parmi ses alliés, 15; il s'attache Eudamus, chef indien, 15; il fortifie les rives du Tigre, 17; il se dirige sur la Perse, 21; il abaisse l'orgueil de Peuceste, 23; il tombe malade, 24; il loue l'armée de sa constance et de sa fidélité, 25; bataille; victoire incertaine, 26-31; il se dirige sur la Gabiène, 34; nouvelle inattendue de l'arrivée d'Antigone, 37; il se sert d'un stratagème pour avoir le temps de rassembler ses troupes, 38; combat; défaite d'Eumène, 39-43; sa mort, 44.
EUPHORE le Sicyonien s'empare de la tyrannie, XV, 70.
EUPHRATE, fleuve de l'Asie, II, 11.
EURIPE (L'). Les Chalcidéens comblent le détroit de l'Euripe, XIII, 47.
EURIPIDE. Époque de sa mort, XIII, 103.
EURYBIADE, commandant de la flotte grecque, XI, 12.
EUTHYCRATE et Lasthène livrent par trahison la ville d'Olynthe, XVI, 53.
ÉVAGORAS, roi de Cypre. Son origine et sa puissance, XIV, 98; guerre entre ce roi et Artaxerxès, XV, 2 et suiv. Évagoras accepte les conditions de paix de Téribaze, 8-9; il est tué par Nicoclès, 47.
ÉVAGORAS est conduit au supplice, XVI, 46.
EXPÉDITION des Perses contre l'Égypte, XV, 41 et suiv.

# F

FACULTÉ de l'âme de connaître l'avenir, XVIII, 1.
FEMMES. Leur condition chez les Égyptiens, I, 80.
FER (minerais de), V, 13.
FIDÉNATES (les) se défendent contre les Romains, XII, 80.
FORTUNÉES (îles), V, 82.
FUNÉRAILLES chez les Éthiopiens, II, 15; chez les Égyptiens, I, 92.
FURIUS (Marcus) obtient les honneurs du triomphe, XIV, 93.

# G

GABIÈNE, contrée de l'Asie, XIX, 26.
GADIRA, ville fondée par les Phéniciens, V, 20.
GALATÈS, fils d'Hercule, V, 24.
GALÉRIA envoie au secours d'Entella mille hoplites qui sont massacrés par les Carthaginois, XVI, 67.
GANGE, fleuve de l'Inde, II, 37.
GAO, commandant de la flotte des Perses, défait Évagoras dans un combat naval, XV, 3; il abandonne le parti du roi, 9; il est assassiné, 18.
GAULE. Description de ce pays, V, 25 et s.
GAULOS, colonie des Phéniciens, V, 12.
GÉLÉENS (les). Guerre entre les Géléens et les Carthaginois, XIII, 108 et suiv.
GELLIAS d'Agrigente. Son opulence, XIII, 83; sa mort, 90.
GLAUCUS, dieu marin; sa prédiction, IV, 18.

GORGIAS, le rhéteur. Son éloquence et ses artifices de rhétorique, XII 53.
GORGIAS, général des Thébains, XV, 39.
GRACES (les). Leur histoire, V, 72-73.
GRECS qui ont rapporté de l'Égypte en Grèce les lois, coutumes et usages des Égyptiens, I, 76-78.
GRECS (les), XI, 1 et suiv.; huit cents Grecs, mutilés par les Perses, sont comblés de bienfaits par Alexandre, XVII, 69; dix mille prisonniers grecs sont relâchés sans rançon par Denys, XIV, 95.
GROTTE. Description, IV, 78.
GUERRE BÉOTIQUE, XIV, 81.
GUERRE SACRÉE, XVI, 23-39.
GUERRE SOCIALE, XVI, 7-22.
GYLIPPE, général des Lacédémoniens, est envoyé au secours des Syracusains, 7-8; son discours, 28 et suiv.

## H

HANNON, navarque des Carthaginois, marche contre Syracuse, XVI, 67.
HARMATELIA se soumet à Alexandre, roi de Macédoine, XVII, 103.
HARPALUS, gouverneur infidèle; sa fuite; sa mort, XVII, 108.
HÉCATE, célèbre empoisonneuse, IV, 45.
HÉCATÉE est chargé par Alexandre de faire mourir Attalus, XVII, 2-5.
HÉCATOMNUS, souverain de la Carie, est chargé par Artaxerxès de faire la guerre à Évagoras, XIV, 98; il envoie du secours à Évagoras, roi de Cypre, XV, 2.
HÉLÈNE. Son enlèvement, IV, 63.
HÉLIADES (les), V, 56 et suiv.
HÉLICE, ville du Péloponnèse, éprouve de grands tremblements de terre, XV, 48; leur cause, 49.
HÉLIOS, premier roi d'Égypte, I, 13.
HÉLORIS, général de Rhégium, XIV, 87-90; sa mort, 94.
HÉMITHÉE. Son histoire, V, 62 et suiv.
HÉPHÆSTION, favori d'Alexandre, est blessé à la bataille d'Arbèles, XVII, 61; il est envoyé par Alexandre contre le neveu de Porus, 91; son retour de l'Inde, 93; sa mort, 110.
HÉRACLÉE, origine du nom de cette ville, XII, 59; ville fondée par les Tarentins, XII, 36.
HÉRACLÉOTES (les). Leur défaite, XII, 77.
HÉRACLIDE est associé à Dion dans la guerre contre Denys, XVI, 16.
HÉRACLIDES. Leur histoire, IV, 57-58.
HERCULE règne dans l'Inde, II, 39-46; sa généalogie, sa naissance, IV, 9; victoire remportée sur Erginus, IV, 10; il étouffe le lion de Némée, tue l'hydre de Lerne, IV, 11; il prend le sanglier d'Érimanthe, vainqueur des Centaures, IV, 12; il s'empare de la biche aux cornes d'or, chasse les oiseaux du lac Stymphale, nettoie les étables d'Augéas, amène le taureau de Pasiphaé, IV, 13; jeux olympiques institués par Hercule, IV, 14; combat contre les géants; délivrance de Prométhée, IV, 15; il combat les Amazones et apporte la ceinture d'Hippolyte, IV, 16.
HERMAPHRODITES, IV, 6.
HERMÈS. Ses inventions, I, 16.
HERMOCRATE. Sa maxime pour arriver à la célébrité, XVI, 91.
HERMOCRATE de Syracuse, condamné à l'exil, XIII, 4-18-19-63; sa mort, XIII, 75.
HÉRODOTE. Son opinion sur la monarchie des Mèdes, II, 32.
HÉSIONE, fille de Laomédon, délivrée par Hercule, IV, 42.
HEURES (les). Leur histoire, V, 72-73.
HICÉTAS, vainqueur de Denys, s'empare de Syracuse, XVI, 68; il perd Syracuse, 69; sa mort, 82.
HIÉRON, roi des Syracusains, XI, 66.
HIMÈRE. Siège et prise de cette ville par Annibal, XIII, 59 et suiv.
HIPPARINUS, fils de Denys, défait Callipe et recouvre l'héritage de son père, XVI, 36.
HIPPOCRATE, général des Lacédémoniens, vaincu par les Thébains à Délium, XII, 69-70; il est tué par les Athéniens, XIII, 66.
HIPPOLYTE, fils de Thésée, sa mort, IV, 62.
HIPPONICUS, général des Athéniens, rejoint Nicias à Tanagre, XII, 65.
HISTOIRE. Son importance et son utilité, I, 1; II, III.
HISTOIRE des premiers rois; impossibilité de la connaître, I, 9.
HOMÈRE. Son séjour en Égypte, I, 97.
HORUS aide sa mère Isis à poursuivre la vengeance du meurtre d'Osiris; mort de Typhon et de ses complices, I, 21.
HUILE DE CÈDRE employée dans l'embaumement, I, 91.
HYALA, ville célèbre; son gouvernement, XVII, 104.
HYLOPHAGES. Peuplade sauvage, III, 24.
HYPANIS. Description de ce fleuve, XVII, 93.

HYPERBORÉENS (les). Origine de ce peuple, II, 47.
HYPÉRION. Son histoire, v, 66-67.

HYRCANIE. Fertilité de ce pays, XVII, 75.

# I

IAMBULUS. Son voyage, II, 55-60.
IAPYGES. Leur guerre avec les Tarentins, XI, 52.
IBÉRIENS envoyés par Denys au secours des Lacédémoniens, XV, 70.
ICARE. Son histoire, IV, 77.
ICHTHYOPHAGES. Pays qu'ils habitent ; leurs mœurs, III, 15-20.
IDA. Description de cette montagne, XVII, 7.
IDRIÉE succède à Artémise, reine de Carie, XVI, 45 ; sa mort, 19.
ILLYRIENS (les) battent les Macédoniens, XVI, 2 ; ils sont vaincus par Philippe.
IMILCAR, général des Carthaginois, s'empare d'Agrigente et y passe les quartiers d'hiver, XII, 79-80 et suiv.; il rase la ville d'Agrigente, fait la guerre aux Géléens, 108 et suiv.; traité de paix conclu avec Denys, 114 ; il attaque les vaisseaux des Syracusains, XIV, 49 ; combat entre Imilcar et Denys à Motye, 50 ; Imilcar s'empare de Messine, 56 et suiv.; il assiége Syracuse par terre et par mer, 62 ; son impiété ; changement de fortune, 63 ; il démolit les tombeaux, 63 ; il perd son armée, 71-72 ; il s'enfuit pendant la nuit, 75-76.
INDE (l'). Description de ce pays, II, 16-17, 35, 42.
INDUS, fleuve de l'Inde, II, 18, 37.
INONDATIONS dans le Péloponèse, XV, 48-49.
IPHICRATE, d'Athènes, XIV, 86 ; ses succès, 91 ; il dépose le commandement, 92 ; il sert dans l'armée d'Artaxerxès contre les Égyptiens, XV, 41-44.
ISAURIENS (les) sont vaincus par Perdiccas qui donne la ville en pillage à ses soldats, XVIII, 22.
ISCHOLAS. Sa mort, XV, 64.
ISIS. Ses noms, sa science, ses cures nombreuses, I, 25 ; son gouvernement juste et bienfaisant, I, 22, 43.
ITALIE. Recensement de la population valide avant l'époque d'Annibal, II, 5.
IXION. Son histoire, IV, 69.

# J

JARDIN SUSPENDU de Babylone ; sa description, II, 10.
JASION. Son histoire, V, 48.
JASON, un des Argonautes ; son histoire, IV, 48 et suiv.
JASON porte du secours aux Thébains, XV, 54 ; il s'empare de plusieurs villes, 57 ; il est mis à la tête du gouvernement des Thessaliens, sa mort, 60.

JÉRUSALEM, assiégée par Antiochus, XXXIV, fragm.
JUGURTHA, XXXIV, fragm.
JUIFS, colonie des Égyptiens, I, 28 ; leurs mœurs, 94 ; XXXIV, XL, fragm.
JUNON (statue de) à Babylone, II, 9.
JUPITER. Son histoire, I, 12, 97 ; III, 61 ; Jupiter Triphylien, V, 44 ; Jupiter Libérateur, XI, 72 ; sa statue à Babylone, II, 9.

# K

KÉPHREN, frère et successeur de Chembès ; pyramide qu'il éleva, I, 64.

KETÉS ou PROTÉE, roi d'Égypte ; ses transformations, I, 62.

# L

LAC de l'Éthiopie, sa description, II, 14.
LACÉDÉMONIENS (les). Leur conduite injuste envers les Hilotes, XII, 67 ; ils prennent la place d'Hysies ; nouvelle invasion dans l'Argolide, 81 ;
ils concluent une trêve avec les Athéniens, 74 ; leur guerre avec les Athéniens au sujet de Pylos, 64 et suiv.; ils s'emparent de Platée, 76 ; ils sont vaincus par les Athéniens dans un combat naval, 48 ; leur invasion,

leur ravage dans l'Attique, 6 ; ils font des préparatifs pour la guerre du Péloponnèse, énumération de leurs alliés, 41 ; invasion dans l'Attique, 42, 45 ; leur victoire sur les Argiens, 79 ; ils envoient du secours aux Syracusains, XIII, 7, 8 ; ils rompent la trêve conclue avec les Athéniens, 8 ; ils s'emparent de Décélie, 9 ; ils défont les Athéniens dans un combat naval à Orope, 34 ; leur défaite sur mer par les Athéniens, 46-50-51 ; ils font des propositions de paix aux Athéniens, 52 ; ils s'emparent de Pylos, 64 ; la garnison de Byzance, commandée par un chef lacédémonien, est détruite, 67 ; ils attaquent Athènes et sont repoussés, 72-73 ; ils sont vaincus par les Athéniens dans un combat naval aux îles Arginuses, 99-100 ; ils battent les Athéniens sur mer et sur terre, 106 ; ils assiégent Athènes et dictent des conditions de paix, 107 ; ils mettent une garnison à Athènes, XIV, 4 ; ils obtiennent la suprématie sur terre est sur mer, affermissent la tyrannie de Denys, 10 ; ils font la guerre en Asie, 79 et suiv. ; ils envoient du secours aux Phocidiens, 81-82 ; ils rappellent Agésilas de l'Asie, 83 ; ils sont vaincus sur mer par Conon, 83 ; ils perdent l'empire de la mer, 84 ; ils sont vainqueurs des Grecs, 86 ; ils tentent de ressaisir l'empire de la mer, 97 ; ils envahissent l'Élide, 17 ; ils envoient des troupes aux trente tyrans d'Athènes, 32 ; ils font la guerre aux Messéniens, 34 ; ils déclarent la guerre à Artaxerxès, 36 ; ils font le siége de Mantinée, XV, 5 ; ils s'emparent de Mantinée, 12 ; ils font la guerre aux Olynthiens, 19 ; ils s'emparent de la Cadmée, 20 ; ils sont vaincus par les Olynthiens, 21 ; ils ravagent le territoire des Olynthiens, 22 ; les Olynthiens sont soumis aux Lacédémoniens, 23 ; les Lacédémoniens sont forcés d'évacuer la Cadmée, 27 ; préparatifs de guerre, 30 ; ils font la guerre aux Thébains, 32 et suiv. ; ils sont vaincus par les Athéniens dans un combat naval, 34-35 ; ils soutiennent les gouvernements oligarchiques, 45 ; ils font la guerre aux Corcyréens, 46-47 ; préparatifs de guerre contre les Thébains, 50 ; ils leur déclarent la guerre, 51 ; ils sont vaincus par les Thébains à Leuctres, 55-56 ; ils sont vaincus par les Arcadiens, 62 ; ils demandent du secours aux Athéniens, 63 ; dévastation du territoire des Lacédémoniens qui défendent courageusement Sparte contre les Béotiens, 65 ; ils sont vainqueurs des Arcadiens, 72 ; ils combattent les Thébains à Mantinée, 86-87 ; ils soutiennent les Phocidiens dans la guerre sacrée, XVI, 29 ; ils sont victorieux des Argiens et prennent Ornée d'assaut, 34 ; ils font la guerre aux Mégalopolitains, 39 ; ils appellent les Grecs à la liberté, XVII, 62 ; guerre entre les Lacédémoniens et Antipater, 63 ; vaincus par Antipater, ils envoient des députés en Asie, auprès d'Alexandre, 73.

LACRÉTÈS le Thébain, général des auxiliaires du roi de Perse, XVI, 17 ; il assiége Péluse, 49.

LAÏUS, roi de Thèbes, IV, 64.

LAMACHUS, un des généraux de l'expédition contre la Sicile, XII, 84 ; sa mort, XIII, 8.

LAMIAQUE (guerre). Son origine, XVII, 111, et XVIII, 8.

LAMPSAQUE. Prise de cette ville par Lysandre, XIII, 104.

LAOMÉDON. Ses promesses à Hercule, IV, 42-49.

LARANDÉENS (les) sont vaincus par Perdiccas et le roi Philippe, XVIII, 22.

LASION, place forte, XIV, 17.

LASTHÈNE le Thébain, XIV, 11, et Euthycrate livrent par trahison la ville d'Olynthe à Philippe, XVI, 53.

LAVINIUM, prise d'assaut par les Romains, XIII, 6.

LÉANDRIAS le Spartiate, XV, 54.

LÉGISLATEURS des Égyptiens, I, 94-95.

LÉONIDAS, roi des Lacédémoniens, aux Thermopyles, XI, 4-24.

LÉONNATUS obtient en partage la Phrygie de l'Hellespont après la mort d'Alexandre, VIII, 3 ; il vient au secours des Macédoniens, 14 ; sa mort, 15.

LÉONTINS (les) implorent le secours des Athéniens contre les Syracusains, XII, 53 ; se soumettent à Denys, XIV, 14-15.

LÉOSTHÈNE, général athénien, vaincu par Alexandre de Phères, et condamné à mort, XV, 95.

LÉOSTHÈNE, l'Athénien, est nommé commandant en chef des mercenaires renvoyés par les satrapes, XVII, 111 ; il reçoit l'ordre des Athéniens de faire la guerre aux Macédoniens, XVIII, 9 ; il défait les Béotiens, 11.

LÉOTYCHIDE l'emporte sur les Perses, XI, 34 et suiv.

LEPTINE, général de Denys, XIV, 48-53-102, XV, 17-45.

LESBIENS (les). Leur défection, reddition de Mitylène, XII, 55.

LESBOS (île de), V, 81.

LESBOS, fils de Lapithès, V, 81.

LÉTANUM, ville fondée par les Athéniens, XII, 34.
LEUCÉ, ville fondée par Tachos, XV, 18.
LEUCON, roi du Bosphore, XIV, 93; XVI, 31.
LEUCTRES. Origine du nom de cette ville, XV, 54; bataille de Leuctres, 55-56.
LIBYENS. Description, III, 49; phénomène extraordinaire, III, 50-51.
LIGUE de plusieurs villes grecques contre les Lacédémoniens, XIV, 82.
LILYBÉENS. Leur guerre avec les Égestéens, XI, 86.
LINUS. Ses connaissances, sa mort, III, 67.
LION nourri à Léontopolis, I, 84.
LIPARI (ile de), V, 7.
LIPODORUS trahit Philon, XVIII, 7.
LOCRIENS (les) sont vaincus par les Phocidiens, XII, 80; sont vaincus par Philomélus, XVI, 24-28; leur territoire est ravagé, 25; ils sont défaits par les Phocidiens, 30.
LUCANIENS (les), leur guerre avec les Thuriens, XIV, 101-102.
LUCIUS JULIUS, maître de la cavalerie de Posthumius, XII, 64.
LYCOMÈDE de Tégée, XV, 59.
LYCOPHRON, meurtrier d'Alexandre, tyran de Phères, XVI, 14; vaincu par Philippe, 35.
LYCTUS, place prise d'assaut, XVI, 62.
LYCURGUE, célèbre orateur, fait condamner à mort Lysiclès, général des Athéniens, XVI, 88.
LYCURGUE, législateur grec, I, 94.
LYDIE, II, 2; XVIII, 3, 39.
LYSANDRE, général des Lacédémoniens, fait des préparatifs de guerre; il reçoit des subsides de Cyrus, XIII, 70; il défait Antiochus, pilote d'Alcibiade, 71; son expédition; prise de quelques villes, XIII, 104; il défait les Athéniens sur mer et sur terre, et fait prisonnier leur général Philoclès, 106; il assiége Athènes, 107.
LYSIAS, vainqueur dans un combat naval près des îles Arginuses, XIII, 99; sa mort, 101-102.
LYSICLÈS, général des Athéniens, est condamné à mort, XVI, 88.
LYSIMAQUE obtient en partage la Thrace et les nations qui avoisinent la mer du Pont, XVIII, 3; il fait la guerre au roi Seuthès, 14; il est engagé par Ptolémée à faire la guerre à Antigone, XIX, 56; Antigone, de son côté, l'engage à ne pas rompre leurs liens d'amitié, 56; il se réunit à Ptolémée et fait des préparatifs de guerre, 57; ses succès dans plusieurs combats, 73; il devient l'ami d'Antigone, 105; il fonde Lysimachie, XX, 29; à l'exemple d'Antigone, il se déclare roi. 53; il fournit du blé aux Rhodiens assiégés par Démétrius, 96; il se réunit à Cassandre, à Seleucus et à Ptolémée pour faire la guerre à Antigone, 106; il passe en Asie, 107; Lysimaque, avec Ptolémée et Seleucus, fait la guerre à Antigone, XXI, fragments.

# M

MACÉDOINE. Origine de ce nom, I, 20.
MACÉDON, fameux guerrier, I, 18.
MADÉTÈS, parent de Darius, occupe les passages de l'Uxiane, XVII, 67.
MAGON, nauarque des Carthaginois, XIV. 90-95-96; sa défaite et sa mort, XV, 15.
MALADIE pestilentielle qui décime les Carthaginois, XIV, 70-71; voir la note 1.
MALADIE pestilentielle à Carthage, XV, 24.
MALADIES. Moyens employés pour s'en garantir, I, 82.
MALUM, ville maritime de Cypre, XII, 3.
MANDANÈS, fils et successeur d'Arbace, II, 32.
MANLIUS, consul, obtient les honneurs du triomphe, XVI, 90.
MANTIAS, général des Athéniens, XVI, 2.
MANTINÉENS (les) sont assiégés par les Lacédémoniens, XV, 5; leur ville prise par les Lacédémoniens, 12; en guerre avec les Tégéates, 31; demandent du secours aux Athéniens et aux Lacédémoniens, XV, 82; sont vaincus par les Lacédémoniens, XII, 79.
MARDES (les) sont vaincus par Alexandre, XVII, 76.
MARMARÉENS (les) se dérobent à la vengeance d'Alexandre, XVII, 28.
MARON. La culture de la vigne, I, 18.
MARSEILLE, entrepôt célèbre, V, 32, 38.
MARSYAS vaincu par Apollon, III, 59.
MAUSOLE, souverain de la Carie, XVI, 36.
MAZÉE, général de Darius; Tigre, XVII, 55-59-60.
MÉCYBERNE, ville située dans le voisinage d'Olynthe, XII, 77.
MÉDÉE, fille d'Hécate; son histoire, IV, 46-51.
MÈDES (monarchie des). Opinion d'Hérodote sur cette monarchie; celle de Ctésias de Cnide, II, 32.

MÉDICAMENTS, IV, 51.
MÉDIUS, souverain de Larisse, s'empare de Pharsale, XIV, 82; il forme le projet de renverser la dynastie des Héraclides, XIV, 13; sa mort, XIV, 81.
MÉGABYZE, commandant des Perses dans la guerre de Cypre, XII, 3-4.
MÉGALOPOLIS. Fondation de cette ville, XV, 72.
MÉGALOPOLITAINS (les) assiégés par Polysperchon, XVIII, 70 et suiv.
MÉGARIENS (les) sont livrés aux Athéniens par trahison, XII, 66; Brasidas fait rentrer dans l'alliance des Lacédémoniens, 67; ils s'emparent de Nysée, XIII, 65.
MÉLAMPE, I, 97.
MÉLÉAGRE, un des généraux d'Alexandre, XVII, 57; il obtient la Lydie en partage après la mort d'Alexandre, XVIII, 3.
MÉLOS (île de), détruite par les Athéniens, XII, 80
MEMNON, commandant des troupes envoyées par les Assyriens aux Troyens, II, 22.
MEMNON le Rhodien, général de Darius, se rend maître de la ville de Cyzique, XVII, 7; il conseille de transporter en Europe le théâtre de la guerre, XVII, 18; il commande l'aile gauche de l'armée perse, 19; il est investi du commandement suprême; il est assiégé dans Halicarnasse par Alexandre, 24 et suiv.; sa mort, 29.
MEMNON rentre en grâce auprès du roi des Perses, par l'intermédiaire de Mentor, XVI, 52.
MEMNON, gouverneur militaire de la Thrace, se révolte contre Alexandre, roi de Macédoine, XVII, 62.
MEMPHIS, ville fondée par Uchoréus, I, 51.
MÉNAS, roi d'Égypte, I, 43-45
MENDE, ville de la Pallène, XII, 72.
MENDÈS, célèbre par le labyrinthe qu'il fit construire, I, 61.
MÉNON de Larisse, commandant des Thessaliens, XIV, 19.
MÉNON de Pharsale est tué par Polysperchon, investi du commandement militaire de la Macédoine, XVIII, 38.
MÉNONÈS épouse Sémiramis, II, 5; se pend de désespoir, II, 6.
MENTOR livre Sidon, XVI, 45; il commande en Égypte un corps de mercenaires, 47; il se rend maître de Bubaste, 49; sa conduite envers Bagoas, 40; il soumet toutes les villes rebelles à l'autorité du roi, 52.
MERCURE égyptien, I, 15, 16, 43.
MERCURE grec, IV, 2; V, 46.
MESSÈNE. Son origine et son histoire, XV, 66.
MESSÉNIENS (les) sortent de la Grèce, XIV, 34.
MESSINE. Description de cette ville. Voir la note 1, XIV, 56.
MESSINIENS (les), vainqueurs des habitants de Rhégium, XIV, 87.
MÉTON, célèbre astronome, établit la période de 19 ans, XII, 36.
MIEL, symptômes étranges, XIV, 30.
MIEL distillé par les feuilles d'un arbre, XVII, 75; voir la note 3, au bas de la page 253 du tome III.
MILET. Renversement du gouvernement démocratique, XIII, 104.
MILON, l'athlète, défait les Sybarites, XII, 9.
MINAUTAURE, I, 61, IV, 77.
MINDARUS, nauarque des Lacédémoniens, XIII, 38; il est vaincu par les Athéniens, 40; naufrage, 41; sa mort, 50, 51.
MINERVE, surnommée Tritogénie et Glaucopis, I, 12.
MINERVE PRONÉA, XI, 11.
MINES D'OR, XVI, 8.
MINOA, ville fondée par Minos, XVI, 9.
MINOS, fils de Jupiter, IV, 61.
MINOS, roi de Crète, I, 61.
MINOS, législateur, I, 94.
MITHRIDATE, successeur d'Ariobarzane, XVI, 90.
MITHROBARZANE, général des Cappadociens, XVII, 21.
MNASÉOS, général des Phocidiens est vaincu et tué par les Béotiens, XVI, 38.
MNASIPPE, nauarque des Lacédémoniens, XV, 47.
MNÉVÈS, législateur égyptien, I, 94.
MOERIS, roi d'Égypte. Description du lac qu'il fit creuser, I, 51-52.
MOPHIS, roi indien, XVII, 86.
MOTYE. Description de cette ville; elle est assiégée et prise par Denys, XIV, 48 et suiv.
MUSÉGÈTE, surnom d'Apollon, I, 18.
MUSES. Leur histoire, IV, 7.
MYCÉRINUS, roi d'Égypte; pyramide qu'il éleva, I, 64.
MYRRHE, employée dans l'embaumement, I, 91.

# N

NABATÉENS, peuple de l'Arabie.
NARBONNE, colonie des Romains, V, 38.
NAXOS (île de), V, 50 et suiv.
NECTANEBIS, roi des Égyptiens, XV, 42.

NECTANÉBOS, roi des Égyptiens, XVI, 47; causes de sa défaite; il se porte sur Memphis, 48; il abdique la couronne et s'enfuit en Éthiopie, 51.
NÉOGÈNE, tyran de la ville d'Orope, XV, 30.
NÉOPTOLÈME, est vaincu par Eumène, XVIII, 29-31.
NEPTUNE, IV, 42, 59; V, 53, 55. Sa vengeance, IV, 68.
NESSUS, centaure
NESTOR. Ses ancêtres, IV, 68.
NICANOR, fils de Parménion, commande les *Argyraspides* à la bataille d'Arbèles, XVII, 57; il s'empare du Pirée, XVIII, 64; il livre à Cassandre le Pirée et les clefs du port, 68; il est vaincu dans un combat naval, 72; il périt assassiné par ordre de Cassandre, 75.
NICANOR soumet la Syrie et la Phénicie pour Ptolémée, XVIII, 43.
NICÉRATUS, fils de Nicias, est mis à mort par les Trente, XIV, 5.
NICIAS s'empare de Cythère et de Nisée, et sévit contre les habitants de Mélos, XII, 80; il dissuade les Athéniens d'entreprendre la guerre de Sicile, XII, 83; il demande du secours aux Athéniens, XIII, 8, 12; sa harangue, 15; sa fuite, 19; sa mort, 33.
NICIAS, général athénien, assiége Mélos; il défait les Thébains; il s'empare de Cythère, de Thyrée, XII, 65.
NICOCLÈS, l'eunuque, tue Évagoras, XV, 47.
NICOMÈDE, tyran des Centoripiens, est chassé de sa ville par Timoléon, XVI, 82.
NICOSTRATE et Nicias s'emparent de Mende; ils font le siége de Scione, XII, 73.

NICOSTRATE, général des Argiens, XVI, 44, 41.
NIL, surnommé Aëtos (aigle); Égyptus, I, 19; son parcours; division de ce fleuve; les cataractes, I, 22; crues de ce fleuve; historiens qui ont parlé de la crue du Nil: Hellanicus, Cadmus, Hécatée, Hérodote, Xénophon, Thucydide, Éphore, Théopompe, I, 37; îles formées par le Nil; l'île Méroé, le Delta, canal appelé fleuve de Ptolémée, I, 33; diverses espèces d'animaux qu'il nourrit: le crocodile, l'ichneumon, l'hippopotame, I, 35; description du Delta; fertilité du terrain arrosé par le Nil; machine d'Archimède; énumération des racines, des plantes, etc., utiles aux indigents et aux malades, I, 34; poissons du Nil; moissons abondantes dues à la crue des eaux de ce fleuve; Niloscope, I, 36; opinion des prêtres égyptiens sur les sources de ce fleuve, I, 37; cause de sa crue; opinions de Thalès, d'Anaxagore, d'Hérodote, de Démocrite, d'Éphore, etc., I, 38-41.
NILÉUS, roi d'Égypte, I, 63.
NINUS, roi des Assyriens, défait les Babyloniens, II, 1; conquérant de l'Asie, 2; il fonde une ville qui porte son nom; description de cette ville, 3; épouse Sémiramis, 3; immense levée de troupes pour conquérir la Bactriane, 5; conquête de Bactres, 7.
NINYAS, fils et successeur de Sémiramis, II, 20-21.
NISYROS (île de), V, 54.
NYPSIUS, lieutenant de Denys, XVI, 18-19.
NYSA, ville fondée dans l'Inde par Osiris, I, 19.
NYSA, ville de l'Arabie heureuse, I, 15.

# O

OBÉLISQUE. L'une des sept merveilles du monde, II, 11.
OCÉAN. Explication de ce nom, I, 12.
OCHUS, roi des Perses, XV, 93.
OCHUS, roi des Perses, est empoisonné par Bagoas, un des généraux de sa garde, XVII, 5.
OEDIPE. Ses malheurs, IV, 64-65.
OENOMAÜS se donne la mort, IV, 74.
OENOPHYTES. Défaite des Béotiens, XI, 83.
OENOPIDE de Chio, 96-98.
OIES. Manière artificielle de faire éclore leurs œufs, I, 71.
OLYMPIAS, mère d'Alexandre, XVII, 32; après la mort d'Antipater, Polysperchon la fait venir de l'Épire, XVIII,

49; elle écrit à Eumène, 58; elle s'adresse à Nicanor, 65; de retour en Macédoine, elle fait périr Philippe, Eurydice, Nicanor, frère de Cassandre, et plusieurs des amis de ce dernier, XIX, 11; Cassandre prend les armes contre elle, 35; Olympias se retire dans Pydna où elle est assiégée par Cassandre, 35-36; elle est réduite à la dernière extrémité, 49; elle cherche son salut dans la fuite, mais elle est prise par Cassandre, 50, et tuée, 51.
OLYNTHE est saccagée, XVI, 53.
OLYNTHIENS (les) sont en guerre avec les Lacédémoniens, XV, 19 et suiv.; ils se soumettent aux Lacédémoniens, 23; ils s'emparent de Mécyberne, 77.

ONOMARQUE est mis en croix, XVI, 61.
ONOMARQUE succède à Philomélus, XVI, 31; il est proclamé chef absolu, 32; son expédition, 33; sa mort, 35.
OPHELLAS défait Thimbron et le fait prisonnier, XVIII, 21.
OR (mines d'), V, 36 et suiv.
OR (mines d'). Exploitation, III, 12-13-14.
OR NATIF, V, 27.
ORACLE de Delphes, son origine, XVI, 26.
ORCHOMÈNE est détruite par les Thébains, 79.
ORDRE CHRONOLOGIQUE suivi par Diodore de Sicile, I, 5.
ORESTE, roi des Macédoniens; sa mort, XIV, 37.
ORIGINE du monde, I, 6-8.
ORION, IV, 85.
ORITES. Singulière coutume de ce peuple, XVII, 105.
ORONTE, général d'Artaxérxès, XV, 2; il offre des conditions de paix à Évagoras, 9; il accuse Téribaze, 8; il est disgracié, 11; il est nommé généralissime, 91.
OROPIENS (les) sont vaincus par les Thébains, XIV, 17.
ORPHÉE. Mystères qu'il apporte en Grèce, I, 23; il conjure un orage, IV, 43.
OSIRIS et ISIS, bienfaiteurs du genre humain, I, 14.
OSIRIS, divinité égyptienne, I, 11-27.
OSTÉODE (île d'), V, 11.
OSTRACISME, XI, 55.
OSYMANDIAS, roi d'Égypte; description de son tombeau, I, 47-48-49.
OURSES (les), IV, 80.
OXATHRÈS, frère de Darius, se distingue à la bataille d'Issus, XVII, 34.
OXYARTE, roi de Bactres, obtient en partage la satrapie située près du Caucase, XVIII, 3.
OXYARTE, roi de la Bactriane, se défend contre Ninus, II, 6.

## P

PACHÈS, général des Athéniens à Lesbos, XII, 55.
PAIX générale entre les villes grecques, XV, 38-39-70-76-50.
PALICA, ville fondée par Ducétius, XI, 90.
PALIQUES (dieux). Description de leur temple, XI, 89.
PALLÈNE, ville prise d'assaut par les Arcadiens, XV, 67.
PAMMÈNE défait les satrapes dans deux grandes batailles, XVI, 34.
PAMMÈNE, général athénien, ravage plusieurs petites villes dans le territoire de Mégalopolis, XV, 94.
PANCHÉA (île), V, 42 et suiv.
PANIONIE (la), assemblée générale des neuf villes de l'Ionie, XV, 40.
PANTHOEDAS est vainqueur de Cléarque, XIV, 12.
PAPYRUS, I, 80.
PARMÉNION, général d'Alexandre, XVII, 5-7-17-60-80.
PARTHÉNIENS (les) fondent Tarente en Italie, XV, 66.
PARYSADÈS succède à son frère Spartacus, roi du Pont, XVI, 52.
PARYSATIS, mère d'Artaxerxès, XIV, 80.
PASIPHAÉ, IV, 77.
PAUL ÉMILE, fragm., XXV, XXX, XXXI.
PAUSANIAS tue Philippe, roi de Macédoine, XVI, 93-94.
PAUSANIAS, XI, 29-32-33-44.
PAUSANIAS, roi des Lacédémoniens, XI, 29-32-33-34; XIII, 75; XIV, 17-81-84-89.
PÉLASGES, V, 61; XI, 60.
PÉLIAS, roi des Thessaliens, IV, 40; ses cruautés, 50; sa mort, IV, 52.
PÉLOPIDAS, général des Thébains, XV, 39; il fait une expédition dans le Péloponnèse, 62 et suiv.; son expédition en Thessalie, 67-71-75; sa mort, 80; son portrait, 81.
PÉLUSIAQUE (embouchure), I, 67.
PÉONIENS (les) ravagent la campagne des Macédoniens, XVI, 2; ils sont vaincus par Philippe, 4.
PERDICCAS, roi des Macédoniens, XII, 34.
PERDICCAS commande les Orestiens et les Lyncestiens à la bataille d'Arbèles, XVII, 57; il est blessé dans cette bataille, 61; il est vaincu et tué par les Illyriens, XVI, 2.
PÉRICLÈS, fils de Périclès, défait les Lacédémoniens au combat naval des îles Arginuses, XIII, 98-99 et suiv.; il est condamné à mort et exécuté, 101-102.
PÉRICLÈS, chef de l'expédition contre Eubée, XII, 7; assiège Samos, 23; sa prévarication cause de la guerre du Péloponnèse, XII, 38; il est déclaré coupable de sacrilége, 39; il conseille la guerre, 39; puissance de sa parole, 40; il fait ravager le littoral du Péloponnèse, 42-44; sa mort, 46.

PÉRINTHE est assiégée par Philippe, XVI, 74-75; description de cette ville, 76; levée du siége, 77.
PÉRINTHIENS (les) se défendent contre Philippe, qui assiége leur ville, XVI, 74 et suiv.; ils reçoivent du secours des Byzantins, 74; du roi des Perses, 75; des Athéniens, 77.
PERSÉE, fils de Jupiter, IV, 9.
PERSÉE, roi de Macédoine, fragm., XXIV, XXX.
PERSÉPOLIS, métropole de l'empire Perse, est livrée au pillage des Macédoniens, XVII, 70; description de la citadelle, 71; incendie, 72.
PÉTALISME, ostracisme des Syracusains, XI, 87.
PEUCESTE obtient en partage la Perse proprement dite, XVIII, 3.
PHALOECUS, général des Phocidiens, XVI, 38-56-59; sa vie aventureuse, 61-62; sa mort, 63.
PHARNABAZE, satrape de Darius, fournit des secours aux Lacédémoniens, XIII, 36; combat avec les Lacédémoniens, 49-50-51; il fait assassiner Alcibiade, XIV, 11; il remporte une victoire navale sur les Lacédémoniens, 83; il leur fait perdre l'empire de la mer, 84.
PHARNABAZE, général des Perses contre les Égyptiens, XV, 41; il défait les Égyptiens, 42; il évacue l'Égypte, 43.
PHARNACÈS, frère de la femme de Darius, est tué en combattant les Macédoniens, XVII, 21.
PHARNUS, roi de la Médie, vaincu par Ninus, II, 1.
PHASÉLIS, ville de la Pamphylie, XII, 1.
PHAULLUS, général syracusain, XI, 88.
PHAYLLUS, frère d'Onomarque, XVI, 35; il fait des préparatifs de guerre, 36; il est vaincu par Philippe, 37; il rase la ville d'Aryca; il meurt de phthisie, 38.
PHÉAX, XI, 25.
PHÉGÉE donne de nombreux présents à Alexandre, XVII, 93.
PHÉNOMÈNE lumineux, IV, 43; phénomènes observés sous le ciel de l'Arabie, III, 48.
PHÉRENDATE est nommé satrape d'Égypte, XVI, 51.
PHIDIAS, le sculpteur, est accusé de s'être approprié de fortes sommes du trésor sacré, XII, 39.
PHILIPPE, commandant de la cavalerie thessalienne à la bataille d'Arbèles, XVII, 57.
PHILIPPE, Acarnanien de nation, médecin, guérit d'une grave maladie Alexandre, roi de Macédoine, XVII, 31.
PHILIPPE, fils d'Amyntas, XVI, 1; il devient roi de la Macédoine, 2; il est l'inventeur de la phalange macédonienne, 3; il défait les Illyriens, 4; il soumet Pydna, etc., 8; il défait les rois de Thrace, de Péonie et d'Illyrie, 22; il détruit Méthone et soumet Pagues, 31; il perd un œil, 34; il est vaincu par les Phocidiens, qu'il défait à son tour, 35; il prend d'assaut Gira; il chasse le tyran Pitholaüs, 52; il prend Mécyberne et Torone; il saccage Olynthe, 53; puissance de l'or, XVI, 54; libéralité de Philippe, 55; il envoie du secours aux Béotiens, 58; il termine la guerre sacrée, 59; il est admis au nombre des amphictyons, 60; il est proclamé chef de toute la Grèce, 64; il envahit l'Illyrie; il chasse les tyrans des villes de la Thessalie, 69; il bat les Thraces et leur impose un tribut, 71; il s'empare d'Élatée et marche sur l'Attique, 84; il entre en Béotie, 85; il bat les Athéniens et les Béotiens, 86; il admire la franchise de Demade, qu'il remet en liberté ainsi que les autres captifs, 87; il est nommé généralissime de la Grèce, 89; il interroge la pythie; il célèbre les noces de sa fille Cléopâtre, 91; il reçoit des couronnes d'or, 92; il est poignardé par Pausanias, 94; son éloge, 95.
PHILIPPE, fils de Balacrus, un des généraux d'Alexandre, XVII, 57.
PHILIPPI, nom donné par Philippe à la ville de Crénides, XVI, 3-8.
PHILIPPI (ville de), XVI, 3.
PHILIPPIQUE, monnaie d'or frappée par Philippe, XVI, 8.
PHILISCUS en députation auprès des Grecs, XV, 70.
PHILISTUS (l'historien), XIII, 103; XV, 89.
PHILISTUS, lieutenant de Denys, vaincu dans un combat naval par les Syracusains, se donne la mort; outrages faits à son corps, XVI, 16.
PHILOCLÈS, général des Athéniens, XIII, 101; il est fait prisonnier par Lysandre, 106.
PHILOMÉLUS, le Phocidien, allume la guerre sacrée, XVI, 23; il s'empare du temple de Delphes, 24; il est vainqueur des Locriens, 25; il force la pythie à s'asseoir sur le trépied, 27; il défait des Locriens, 28; vaincu par les Béotiens, il se donne la mort, 31.
PHILON, principal administrateur du trésor sacré, est mis à la torture et meurt, XVI, 56.
PHILON l'Œnian est vaincu par Python, XVIII, 7.
PHILOTAS, général d'Alexandre, XVII, 7

57; il est accusé de conspirer contre Alexandre et condamné à mort, XVII, 80.

PHÈRES, prise d'assaut par les Athéniens, XII, 43.

PHILOTAS, commandant de la garnison de la Cadmée, XVII, 8.

PHILOXÈNE, poëte dithyrambique, critique les vers de Denys, XV, 6.

PHINÉE, roi d'une contrée de la Thrace, est vaincu par Hercule, IV, 44.

PHOCIDIENS (les) sont vaincus dans trois combats par Philippe, XVI, 37; ils sont vaincus par les Béotiens; ils détruisent la ville d'Arycu, 38; leur territoire est ravagé par les Béotiens, 39; ils sont en guerre avec les Béotiens, 40; ils s'emparent de quelques villes de la Béotie, 56; ils sont mis en déroute par les Béotiens, 58; ils se rendent à Philippe, 59; décrets du conseil des Amphictyons à leur égard, 60.

PHOCION est condamné à mort par les Athéniens; sa défense; sa mort, XVIII, 66-67.

PHOCION l'Athénien soumet Clitarque, tyran d'Érétrie, XVI, 74.

PHOEBIDAS le Spartiate marche contre les Olynthiens, XV, 19; il s'empare de la Cadmée, 20; sa mort, 33.

PHORMION, général des Athéniens, fait le siége de Potidée, XII, 30-17; défait les Lacédémoniens, 48.

PHRATAPHERNE obtient en partage la Parthie et l'Hyrcanie, XVIII, 3.

PHYTON, général des Rhégiens, XIV, 108; sa fin déplorable, 112.

PINDARE, poëte lyrique, XI, 26.

PIRATES (les) l'emportent sur les Éliens, XV, 78.

PIRITHOÜS. Ses prétentions à la main de Proserpine, IV, 63.

PISANDRE, nauarque des Lacédémoniens, est vaincu par Conon, XIV, 83.

PISIDIENS (les) font mourir Alcétas, XVIII, 46.

PISSUTHNÉS, satrape des Perses, vient en aide aux Samiens, XII, 27.

PIXODARUS, usurpateur, XVI, 74.

PLATÉE, ville prise par les Athéniens, XII, 56; rasée par les Thébains, XV, 46.

PLATÉENS (les) sont tués par les Lacédémoniens après la prise de leur ville, XII, 56.

PLATÉENS (les), leurs combats avec les Thébains, XII, 41-42.

PLATON le philosophe est vendu comme esclave par Denys, XV, 7.

'LEISTONAX, roi des Lacédémoniens, XIII, 75.

oison retiré de quelques espèces de serpents, XVII, 103.

POISON septique, IV, 38.

POISSONS. Les Syriens s'abstiennent d'en manger, II, 4.

POLLIS, nauarque des Lacédémoniens, est vaincu par Chabrias, XV, 34.

POLYBIADE, général des Lacédémoniens, soumet les Olynthiens, XV, 23.

POLYCLÈS, général d'Antipater, est vaincu par les Étoliens, XVIII, 38.

POLYCRATE, tyran de Samos, I, 95.

POLYDAMNA, I, 97.

POLYDORE de Phères, souverain des Thessaliens, est empoisonné, XV, 61.

POLYNICE, fils d'OEdipe, son histoire, IV, 65.

POLYSPERCHON commande les Stymphéens à la bataille d'Arbèles, XVII, 57; il tue le général Ménon, XVIII, 38; édit concernant la liberté des villes grecques, XVIII, 55-56; il engage Eumène à devenir le soutien de la cause des rois, 57; il livre aux Athéniens Phocion et ses coaccusés, 66; il soumet les Mégalopolitains, 68; il fait lever à Cassandre le siége de Salamine; il fait périr les partisans d'Antipater, 69; il fait le siége de la ville des Mégalopolitains, 70 et suiv.; il fait partir Clitus avec une flotte, 72; il ramène Olympias en Macédoine, XIX, 11; Callas débauche les soldats de Polysperchon par des largesses, 36; après la mort d'Olympias, il se retire en Étolie, 52; il se lie avec Antigone, qui lui donne le commandement du Péloponnèse, 50; il s'empare de Sicyone et de Corinthe, 74; il réclame Hercule, fils d'Alexandre, XX, 20; gagné par les promesses de Cassandre, il fait périr Hercule; il passe l'hiver dans la Locride, XX, 28.

POLYTROPUS, général des Lacédémoniens, est vaincu et tué par les Arcadiens, XV, 62.

PORTES (les) de la Syrie; description de ce défilé, XIV, 21.

PORTES CASPIENNES, défilé, II, 2.

PORUS, roi des Indiens, est vaincu par Alexandre, XVII, 87-88-89.

POSTHUMIUS le Tyrrhénien est mis à mort par Timoléon, XVI, 82.

POTIDÉATES (les) sont bloqués dans leur ville par les Athéniens, XII, 34; chassés de leur ville, vont s'établir chez les Chalcidiens, 46.

POTIDÉE, ville prise et repeuplée par les Athéniens, XII, 46.

POULES. Manière artificielle de faire éclore leurs œufs, I, 74.

POUTRE IGNÉE, flambeau du ciel, XV, 50. Voir la note 2.

PRIAPE. Son histoire, IV, 6.

PROCLÈS, chef des Nasiens, livre sa patrie à Denys, XIV, 15.
PRODIGES apparus aux Phocidiens, XVI, 58.
PROMÉTHÉE. Explication de ce mythe, I, 19.
PROMÉTHÉE (grotte de), XVII, 83.
PROPHTHASIE, fête instituée par les Clazoméniens, XV, 18.
PROSOPITIS, ile du Nil, XII, 3.
PROTAGORAS, roi de Salamine, XVI, 46.
PROXENUS le Thébain, commandant des Béotiens, XIV, 19-25.
PSAMMITICHUS de Saïs, roi d'Égypte, 66, 67.
PSAMMITICHUS, roi d'Égypte, fait assassiner Tamos, XIV, 35.
PTOLÉMÉE, fils de Lagus, est guéri d'une blessure par les propriétés d'une plante révélée à Alexandre, roi de Macédoine, pendant son sommeil, XVII, 103; il obtient l'Égypte en partage, XVIII, 3; il se concilie l'affection des Égyptiens, XVIII, 14; il range sous son indépendance les Cyrénéens, 21; il honore la mémoire d'Alexandre, 28; il se défend contre Perdiccas, 33 et suiv.; il se rend maître de la Syrie et de la Phénicie, 43; il fait alliance avec Cassandre, 49; il engage les Argyraspides à la défection, 62; il accueille Seleucus; il envoie à Lysimaque et à Cassandre des députés pour les engager à faire en commun la guerre à Antigone, XIX, 56; les rois de Cypre font alliance avec lui, 59; son entretien avec Antigone, 64; il dompte les Cyrénéens rebelles, 79; il forme le projet d'en venir aux mains avec Démétrius, 80; il campe à Gaza, 80; il s'empare de Gaza, 81; il se conduit généreusement envers Démétrius, 85; il soumet les villes de la Phénicie, 85; il s'empare de Tyr, 86; il aide Seleucus à recouvrer la Babylonie, 90; il revient en Égypte, 93; Ptolémée fait la paix avec Antigone, XIX, 105; il fait tuer Nicoclès, roi des Paphiens, 21; il s'empare de plusieurs villes, 27; il fait la paix avec Cassandre; il retourne en Égypte, XX, 37; Démétrius de Phalère se retire auprès de lui, 45; Ptolémée passe en Cypre avec une grande flotte, XX, 49; il est vaincu dans un combat naval, 51-52; il revient en Égypte, 53; à l'exemple d'Antigone, il se proclame roi, 53; il force Antigone à sortir de l'Égypte, 75; il porte du secours aux Rhodiens assiégés par Démétrius, 88; il leur fournit du blé, 96-98; il écrit aux Rhodiens de s'entendre avec Démétrius pour terminer la guerre, 99; les Rhodiens lui décernent de grands honneurs, 100; Ptolémée se réunit à Cassandre, à Lysimaque et à Seleucus contre Antigone, 106; il soumet plusieurs villes de la Syrie; il retourne en Égypte, 113; il combat Antigone réuni à Seleucus et à Lysimaque; il s'empare de la Cœlé-Syrie, XXI.
PTOLÉMÉE l'Alorite est tué par Perdiccas, XVI, 2.
PTOLÉMÉE l'Alorite, fils d'Amyntas, tue son frère Alexandre, XV, 71; il périt par la trahison de son frère Perdiccas, 77.
PYLOS, ville prise par les Lacédémoniens, XIII, 64; le port de cette ville est fortifié par les Athéniens, XII, 61; il résiste aux efforts des Lacédémoniens, 51 et suiv.; la garde en est confiée aux Messéniens, V, 63.
PYRAMIDES, I, 63, 64.
PYRÉNÉES (les), V, 35.
PYRRHUS, roi d'Épire, fragm., XXII.
PYTHAGORAS, fils d'Évagoras, commande les troupes de son père, réunies en Cypre, XV, 1.
PYTHAGORE le philosophe, I, 96-98 et fragments (IX), XII, 9.
PYTHON, orateur célèbre, XVI, 85.

# R

RACINE qui s'éteint difficilement une fois allumée, IV, 51.
RÉOMITHRES, général perse, succombe à la bataille d'Issus, XVII, 34.
RHADAMANTHE, V, 78-79-81.
RHÉA, I, 13; II, 9; V, 66.
RHÉGIENS (les) implorent la clémence de Denys, XIV, 106; assiégés par Denys, 108; ils se rendent à discrétion, 111.
RHEGIUM (ville de), IV, 85.
RHEMPHIS, fils et successeur de Protée, I, 62.
RHÉOMITHRES, commandant de l'aile droite de l'armée perse, XVII, 19.
RHINOCÉROS. Description de cet animal, III, 35.
RHINOCOLURE, I, 60.
RHIZOPHAGES, peuplade sauvage, III. 23.
RHODES (île de), V, 55 et suiv.; XIII, 95.
RHODIENS (les) chassent les partisans des Athéniens, XIV, 97.
RHODOPIS, I, 64.
RHOÏO, V, 62.

INDEX. 495

Rois d'Égypte. Leur manière de vivre; leurs funérailles, I, 70-72.
ROMAINS (les) s'emparent de la ville des Volsques, XIV, 16; ils envoient des colons à Vélétri, 35; ils prennent d'assaut Lavinium, XIII, 6; la ville de Voles, 12; ils soumettent les Èques, XII, 64; ils battent les Volsques, XII, 30; s'emparent de Véies, XIV, 93.
ROSACÈS, frère de Spithrobate, blesse le roi Alexandre, XVII, 20.
ROSACÈS le Perse, lieutenant de Lacratès, XVI, 47.
ROUE (la) du potier, IV, 76.
RUCHE d'or, IV, 78.

## S

SABACON, roi d'Égypte, I, 65.
SACES, peuples de l'Asie, font pendant plusieurs années la guerre aux Mèdes, II, 34.
SACRILÈGES (les) sont frappés de la vengeance divine, XVI, 60 et suiv.
SALAMINE (île de), XI, 13-15 et suiv.
SALAMINE, ville de l'île de Cypre, assiégée par Cimon, XII, 4.
SALMYDESSE (golfe), XIV, 37.
SAMIENS (les). Ils font la guerre aux Milésiens, leur défaite sur terre et sur mer, XII, 27-28.
SAMIUS, nauarque des Lacédémoniens, se joint au nauarque de Cyrus, XIV, 19.
SAMNITES, XVI, 45; XIX, 72; XX, 25.
SAMOS. Siége et prise de cette ville par Périclès, XII, 27-28.
SAMOTHRACE (île), V, 47 et suiv.
SAON. Son histoire, V, 48.
SARDAIGNE (l'île de), V, 15.
SARDANAPALE, dernier roi des Assyriens, II, 23-27.
SARPÉDON, V, 78-79.
SASYCHÈS, législateur égyptien, I, 94.
SATIBARZANE, satrape de Darius, s'enfuit à l'approche d'Alexandre, XVII, 78; il est tué dans un combat singulier, 83.
SATURNE. Son histoire, III, 61.
SATURNE, roi d'Égypte, I, 13.
SATYRUS, fils de Spartacus, XIV, 93.
SAUTERELLES, I, 87.
SCIE (la), IV, 76.
SCIONE, ville de la Thrace, XII, 72.
SCIONÉENS (les) abandonnent l'alliance des Athéniens, XII, 72.
SCORPIONS. Leurs morsures, I, 87; III, 30.
SCOTUSSE. Les habitants de cette ville sont égorgés, XI, 75.
SCYTALISME à Argos, XV, 57-58.
SCYTHES. Accroissement de cette nation, II, 43-44.
SELEUCUS, roi du Bosphore, XII, 36.
SELEUCUS, général d'Alexandre, obtient le commandement des hétaires, XVIII, 3.
SÉLINONTE. Siége de cette ville par les Carthaginois, qui la prennent d'assaut, XIII, 54 et suiv.
SÉLINONTINS (les) en guerre avec les Égestéens, XII, 82; XIII, 43-44; ils sont assiégés par Annibal; prise de leur ville, XIII, 54 et suiv.
SÉMIRAMIS, son nom; sa naissance miraculeuse, II, 4; sa beauté, 5; déguisée en homme, aide Ninus à s'emparer de Bactres, 6; elle fonde Babylone, 7; elle défait Stabrobatès, roi des Indiens, sur les rives de l'Indus, 18; elle est à son tour vaincue, 19; elle fait de grands préparatifs pour aller attaquer les Indiens, 16-17; son abdication; sa disparition, 20.
SÉNATUS-CONSULTE (un) cassé pour la première fois, XIV, 13.
SERMENTS des Grecs assemblés dans l'isthme, XI, 29.
SERPENTS dont la morsure est mortelle, XVII, 90.
SÉSOOSIS fils. Comment il recouvre la vue, I, 59.
SÉSOSIS (SÉSOSTRIS), roi d'Égypte; ses conquêtes, I, 53-55; moyens employés pour se concilier l'affection des Égyptiens, I, 54; législature, 94; manière dont il reçoit les envoyés étrangers, les rois et les gouverneurs des pays conquis; sa mort, 58.
SIBES (les), peuple de l'Inde, XVII, 96.
SIBYRTIUS obtient en partage, après la mort d'Alexandre, l'Arachosie et la Cédrosie, XVIII, 3.
SICANUS, un des trois généraux investis du commandement en chef par les Syracusains, XIII, 4; il est envoyé par les Syracusains pour annoncer la nouvelle de leur victoire, XIII, 11.
SICILE, IV, 85.
SIDON est réduite en cendres, XVI, 15.
SIDONIENS (les) se révoltent contre le roi des Perses, XVI, 41; destruction de leur ville, 15.
SIÉGE D'URANUS, V, 11.
SIMES, race éthiopienne, III, 28.
SIMMA, père adoptif de Sémiramis, II, 4 et suiv.
SIMONIDE, XI, 11.
SINGES de diverses espèces; manière de leur faire la chasse, XVII, 90.

SISYNGAMBRIS, mère de Darius, captive d'Alexandre, XVII, 37-38-118.
SITALCÈS, roi des Thraces. Guerre avec les Macédoniens, XII, 50-51.
SOCRATE condamné à boire la ciguë, XIV, 37.
SOCRATE l'Achéen, commandant des Achéens, XIV, 19-25.
SOGDIANUS, roi de l'Asie, XII, 71.
SOPHILUS. Sa réponse aux envoyés d'Artaxerxès, XIV, 25.
SOPHOCLE, fils de Sophocle, XIV, 53.
SOPHOCLE, poëte tragique; sa mort, XIII, 103.
SOPITHÈS se soumet à Alexandre; il donne à Alexandre des chiens remarquables par leur force, 92.
SOSANE, fille de Ninus, II, 6.
SOSARME, roi de l'Asie, II, 32.
SOURCES thermales, IV, 23.
SPARTACUS succède à Leucon, roi du Bosphore, XVI, 31.
SPARTACUS, roi du Pont, XVI, 52.
SPARTACUS, roi du Bosphore, XII, 36.
SPERMATOPHAGES, peuplade sauvage, III, 21.
SPHINX. Description, III, 35.
SPHODRIADE, commandant des Lacédémoniens, tente de s'emparer du Pirée, XV, 29.
SPITHROBATE, satrape d'Ionie, XVII, 19; il est tué par Alexandre, 20.
SPURIUS MANLIUS mis à mort, XII, 36.
STABROBATÈS, roi des Indiens, fait des préparatifs pour combattre Sémiramis, II, 16; ibid., 17; sa défaite, 18; sa victoire, 19.
STASANOR le Solien obtient en partage, après la mort d'Alexandre, l'Asie et la Drangine, XVIII, 3.
STIBOETÈS, fleuve, XVII, 75.
STRONGYLE, V, 7.
STRUTHIAS, général d'Artaxerxès, fait la guerre aux Lacédémoniens, XIV, 99.
STRUTHOPHAGES, peuplade sauvage, III, 28.
SUSE (la ville de) est livrée à Alexandre; trésors considérables, XVII, 65-66.
SYBARIS. Description de cette ville, XII, 9; elle fut ravagée et dépeuplée par les Crotoniates, reconstruite plusieurs fois, XII, 10.
SYBARIS, rivière de l'Italie, XII, 9.
SYBARITES. Leur établissement aux bords du fleuve Traïs, XII, 22.
SYBARITES vaincus par les Crotoniates, XII, 9 et suiv.; leur vie molle et luxurieuse; fragments, liv. IX.
SYENNESIS, chef de la Cilicie; sa prévoyance, XIV, 20.
SYME (l'île de), V, 53.
SYMMAQUE et ARISTIDE s'emparent d'Antandros, XII, 72.
SYRACUSAINS (les). Ils battent les Agrigentins sur les bords du fleuve Himère, XII, 8; fondent la ville des Trinacriens, 29; ils demandent aux Corinthiens un chef pour administrer leur ville, XVI, 65; ils rappellent les exilés, XIII, 92; ils envoient à Géla un secours de troupes commandées par Denys, 93; ils nomment Denys général en chef, 94; ils donnent à Denys une garde de six cents hommes, Denys entre de force dans Syracuse, 113; les Syracusains, révoltés contre Denys, sont vaincus, XIV, 8-9; ils recouvrent leur liberté, XVI, 10; fête solennelle, 11; combat entre les Syracusains et les mercenaires, 12; ils enlèvent les convois de Denys, 13; ils tuent Philistus, qu'ils jettent à la voirie, XVI, 16; ils sont défaits par Nypsius, 19.
SYRIE, prise pour l'Assyrie, II, 2.

# T

TACHOS, roi des Égyptiens, se dispose à faire la guerre à Artaxerxès, XV, 90; il implore son pardon auprès d'Artaxerxès, 91; il est rétabli sur le trône, 93.
TAMOS, commandant de toutes les forces navales des Perses, XIV, 19; il est assassiné par le roi d'Égypte, XIV, 35.
TAPIRS, peuple de l'Asie, II, 2.
TARENTINS. Guerre avec les Thuriens, XII, 23.
TARSE, ville de la Cilicie, XIV, 20.
TASIACÈS, général perse, succombe à la bataille d'Issus, XVII, 34.
TAUREAU CARNASSIER, III, 35.
TAUREAU SACRÉ, I, 84-85.
TAUREAU (sang de), agissant comme un poison, IV, 50.
TAUROMÉNIUM, ville fondée par Andromaque, XVI, 7.
TÉGÉATES (les) en guerre avec les Mantinéens demandent du secours aux Béotiens, XV, 82.
TÉLÉCLÈS, fils de Rhœcus, I, 98.
TÉLYS, chef des Sybarites, XII, 9.
TENNÈS, souverain de Sidon, livre la ville à Artaxerxès, XVI, 43-45.
TÉRIBAZE, nauarque d'Artaxerxès, XV, 2; il dicte des propositions de paix à Évagoras; il est accusé par Oronte auprès d'Artaxerxès, 8; sa défense; son acquittement, 10; motifs de son acquittement, 11.

# INDEX.

**Ténidate** reçoit d'Alexandre, roi de Macédoine, le gouvernement militaire des Arimaspes et des Cédrosiens, XVII, 81.
**Terre.** Sa dénomination, I, 12.
**Terre sacrée**, I, 59.
**Teucer**, IV, 75.
**Thaïs**, née dans l'Attique, fait incendier la citadelle de Persépolis, XVII, 72.
**Thalestris**, reine des Amazones, XVII, 77.
**Thasiens** (les) fondent la ville de Crénides, XVI, 3.
**Thasus**, en Carie. Cette ville est prise d'assaut par Lysandre, XIII, 104.
**Théaride** est mis à la tête du commandement de la flotte de Denys, XIV, 102.
**Thébains** (les) s'emparent de la ville d'Orope, XIV, 17; auxiliaires grecs des Perses, se battent contre la garnison de Péluse, XVI, 46; ils sont récompensés par le roi des Perses, 51; ils reçoivent du secours des Athéniens et reprennent la Cadmée, XV, 26-27; ils battent les Lacédémoniens, 37; opposition des Thébains à la conclusion de la paix générale entre les villes grecques, 38; caractère des Thébains, 39-50; ils rasent Platée et détruisent Thespies, XV, 46; à l'approche des Lacédémoniens, ils font transporter à Athènes les femmes et les enfants, 52; ils battent les Lacédémoniens à Leuctres, 55-56; ils descendent dans le Péloponnèse, 62 et suiv.; ils attaquent Sparte, 63; ils sont défaits par Alexandre, tyran de Phères, 71; retirent Pélopidas de la prison, 75; ils détruisent Orchomène, 79; ils battent Alexandre, tyran de Phères; ils se montrent hostiles à Alexandre, roi de Macédoine, qui vient établir son camp près de la Cadmée XVII, 3-4; ils demandent des secours aux Grecs, 8; ils sont vaincus par Alexandre, 11 et suiv.
**Thébains** (d'Égypte). Leur calendrier, I, 50.
**Thèbes** ou Diospolis, ville d'Égypte, I, 15.
**Thèbes** (Expédition des sept chefs contre), IV, 65; elle est rasée par Alexandre, roi de Macédoine, XVII, 11.
**Thémésion**, tyran d'Érétrie, s'empare d'Orope, XV, 76.
**Thémistocle**, XI, 2-13.
**Théodore**, fils de Rhœcus, I, 98.
**Théopompe** de Chio, historien, XIV, 84; XVI, 3-71.
**Théramène** fait rétablir le gouvernement démocratique, XIII, 38; vainqueur des Lacédémoniens, 50-51, 98 et suiv.; sa mort, XIV, 3-4-5.

**Thérimaque** le Spartiate, vaincu par Thrasybule, 94.
**Thérippidas** rend la liberté aux Oropiens, XV, 30.
**Thésée.** Ses exploits, IV, 59; il tue le Minotaure, IV, 51; sa mort, IV, 62.
**Thespies** est détruite par les Thébains, XV, 16.
**Thessaliens** (les) sont vaincus par les Phocidiens, XVI, 30.
**Thimalion** envoyé par Tennès à Artaxerxès, XVI, 43.
**Thimbron**, général des Lacédémoniens, battu par Struthas, XIV, 99.
**Thimbron** assassine Harpalus; il fait la guerre aux Cyrénéens, XVIII, 19 et suiv.; il est fait prisonnier par Ophellas, 21.
**Thimbron**, général des Lacédémoniens; son expédition, XIV, 36-37.
**Thraces** (les) dévastent toute la Macédoine, XII, 50; ils sont vaincus par Philippe qui leur impose un tribut, XVI, 71.
**Thrasius**, soldat mercenaire, fomente l'insurrection parmi les troupes de Timoléon, XVI, 78-79-82.
**Thrasybule**, général athénien, XIII, 38; vainqueur de Mindarus, 40-46; vainqueur des Lacédémoniens, 50-51; son expédition, 72; il fait la guerre aux trente tyrans, XIV, 32; il bat leur armée, 33; il est tué par les Aspendiens, 99.
**Thrasylle**, général athénien, XIII, 38; vainqueur de Mindarus, 40-46.
**Thucydide**, son histoire de la *Guerre du Péloponnèse*, XII, 27.
**Thuriens**, leur gouvernement; division des citoyens; leur législateur et leurs lois, XII, 11 et suiv.; ils sont en guerre avec les Lucaniens, XIV, 101-102.
**Thurium.** Origine de la fondation de cette ville, XII, 9-10, 35.
**Tigre**, fleuve de l'Asie, II, 11; XVII, 67.
**Timasithée**, chef des Lipariens, XIV, 93.
**Timoléon**, fils de Timénète, tue son frère Timophane, XVI, 65; il part pour Syracuse avec une flotte, 66; il échappe à la poursuite des Carthaginois et surprend les soldats d'Hicétas, 68; il se rend maître de Syracuse et de Messine, 69; il rédige un code de lois pour les Siciliens, 70; il rend à plusieurs villes leur indépendance, 62; toutes les villes grecques de la Sicile se soumettent à Timoléon; il transporte le théâtre de la guerre dans les domaines des Carthaginois, 78; il livre bataille aux Carthaginois, 79-80-81; il revient à Syracuse où il châtie les mercenaires rebelles; il dicte des conditions de paix aux Car-

thaginois, 82-83; sa mort; honneurs accordés à sa mémoire, 90.
TIMOPHANE tué par Timoléon, son frère, XVI, 65.
TIMOTHÉE, tyran d'Héraclée, du Pont, XVI, 88.
TIMOTHÉE, général des Athéniens, XV, 36, 45, 47, 81; XVI, 21.
TIMOTHÉE succède à Cléarque, tyran d'Héraclée, XVI, 36.
TISIPHON, meurtrier d'Alexandre, tyran de Phères, XVI, 14.
TISSAPHERNE, gouverneur des satrapies maritimes, XIV, 23, 26, 27, 35; il est vaincu par Agésilas; sa disgrâce; sa mort, XIV, 80.
TITHRAUSTE remplace Tissapherne dans le commandement de l'armée des Perses, XIV, 80.
TLÉPOLÈME obtient en partage, après la mort d'Alexandre, la Carmanie, XVIII, 3.
TNEPHACTHUS, roi d'Égypte, I, 45.
TOISON D'OR, son origine, IV, 47.
TOLMIDE, général des Athéniens; sa défaite et sa mort, XII, 6.
TOPAZE, III, 39.
TORCHE ENFLAMMÉE apparaissant au ciel; interprétation de ce phénomène, XVI, 66.
TORONE, ville livrée à Brasidas, XII, 68.
TOURS de bois de sept étages, XIV, 30.
TRACHINE, appelée Héraclée, XII, 59.
TRAITÉ d'Antalcidas, XIV, 110.

TRAITEMENT des malades chez les Égyptiens, I, 82.
TRASYLLE, vainqueur des Lacédémoniens au combat naval près des îles Arginuses, XIII, 99, 101, 102.
TREMBLEMENTS de terre, XII, 59.
TRÉPIED. Origine de sa construction, XVI, 26; tremblements de terre autour du trépied, 56.
TRIBALLES (les) font la guerre aux Abdéritains, XV, 36.
TRINACIE, ville des Siculés; sa destruction, XII, 29.
TRINACIENS (les) sont vaincus par les Syracosains, XII, 29.
TRIPOLIS. Description de cette ville, XVI, 41.
TRIPTOLÈME. Culture du blé, I, 18.
TROGLODYTES, peuplade sauvage, III, 32, 33.
TYNDARIS, ville fondée par les Messéniens, XIV, 78.
TYPHON, frère d'Osiris, I, 21.
TYRANS (les trente); leur règne cruel, XIV, 32.
TYRIENS (les) résistent à Alexandre, qui assiége leur ville, 40; description de ce siége, 41 et suiv.; prise de la ville, 46.
TYRRHÉNIENS (les) ravagent le territoire des Romains, XVI, 36.
TYRRHÉNIENS (les) sont vaincus par les Romains, XIV, 117.

## U

UCHORÉUS, roi d'Égypte, fonde Memphis, I, 51.
URANUS, son histoire, III, 56; sa nombreuse postérité, III, 57.

URINE de femme guérissant la cécité, I, 59.
UXIENS (les). Description de leur pays, XVII, 67.

## V

VAPEURS (les) du feu souterrain, IV, 78.
VÉIES assiégée par les Romains, XIV, 43.
VÉNUS, surnommée la *Dorée*, I, 97.
VÊTEMENT porté par Sémiramis, adopté par les Mèdes et les Perses, II, 6.
VIGNE, découverte par Osiris, I, 15.
VOLSQUES (les), vaincus par les Romains, XII, 30; XIV, 17.
VULCAIN, I, 12, 13.

## X

XANDRAMÈS, roi des Praïsiens et des Gandarides, XVII, 93.
XÉNOPHON. Son expédition, XII, 17.

XÉNOPHON l'Athénien, historien, XV, 80.
XERXÈS, roi des Perses, XII, 64-71.

## Z

ZACYNTHE chasse les magistrats de Lacédémone, XV, 45.
ZALMOXIS, législateur, I, 94.
ZARINE, reine des Saces, II, 31.
ZARKÉE, montagne percée par Sémiramis, II, 13.

ZUPHONES, peuple de la Numidie, XX, 31.
ZYTHUS, boisson chez les Égyptiens, I, 34; chez les Gaulois, V, 26; inventée par Bacchus, IV, 2.

**FIN DU QUATRIÈME ET DERNIER VOLUME.**

www.ingramcontent.com/pod-product-compliance
Lightning Source LLC
Chambersburg PA
CBHW050559230426

**43670CB00009B/1183**